资助项目

国家重点研发计划项目（2017YFA0604801）

中国科学院 青海省人民政府三江源国家公园联合专项（YHZX-2020-07）

中国陆地生态系统通量观测研究网络项目（ChinaFLUX）

国家自然基金面上项目（41877547；31270523；21070437）

青海省科学技术学术著作出版资金

祁连山南麓高寒草甸植被-气候与生产力研究

Study on Vegetation-Climate and Productivity of Alpine Meadows in the Southern Foothills of the Qilian Moutains

▷ 主　编　李英年　张法伟　王春雨　郭小伟　李杰霞

▷ 编　委

祝景彬　杜明远　朱志红　王海东　毛绍娟　贺慧丹

罗方林　吴启华　宋成刚　王建雷　杨永胜　罗　谨

图书在版编目（CIP）数据

祁连山南麓高寒草甸植被-气候与生产力研究 / 李英年等主编. -- 兰州 : 兰州大学出版社, 2023.9
ISBN 978-7-311-06499-0

Ⅰ. ①祁… Ⅱ. ①李… Ⅲ. ①祁连山－寒冷地区－草甸－植被－气候变化－关系－生产力－研究 Ⅳ. ①P463.22②S812

中国国家版本馆CIP数据核字(2023)第111267号

责任编辑 马继萌 宋 婷
封面设计 陈 欣
封面摄影 董宁生

书　　名 祁连山南麓高寒草甸植被-气候与生产力研究
作　　者 李英年 张法伟 王春雨 郭小伟 李杰霞 主编
出版发行 兰州大学出版社 (地址:兰州市天水南路222号 730000)
电　　话 0931-8912613(总编办公室) 0931-8617156(营销中心)
网　　址 http://press.lzu.edu.cn
电子信箱 press@lzu.edu.cn
印　　刷 西安日报社印务中心
开　　本 787 mm×1092 mm 1/16
印　　张 27(插页8)
字　　数 595千
版　　次 2023年9月第1版
印　　次 2023年9月第1次印刷
书　　号 ISBN 978-7-311-06499-0
定　　价 98.00元

(图书若有破损、缺页、掉页,可随时与本社联系)

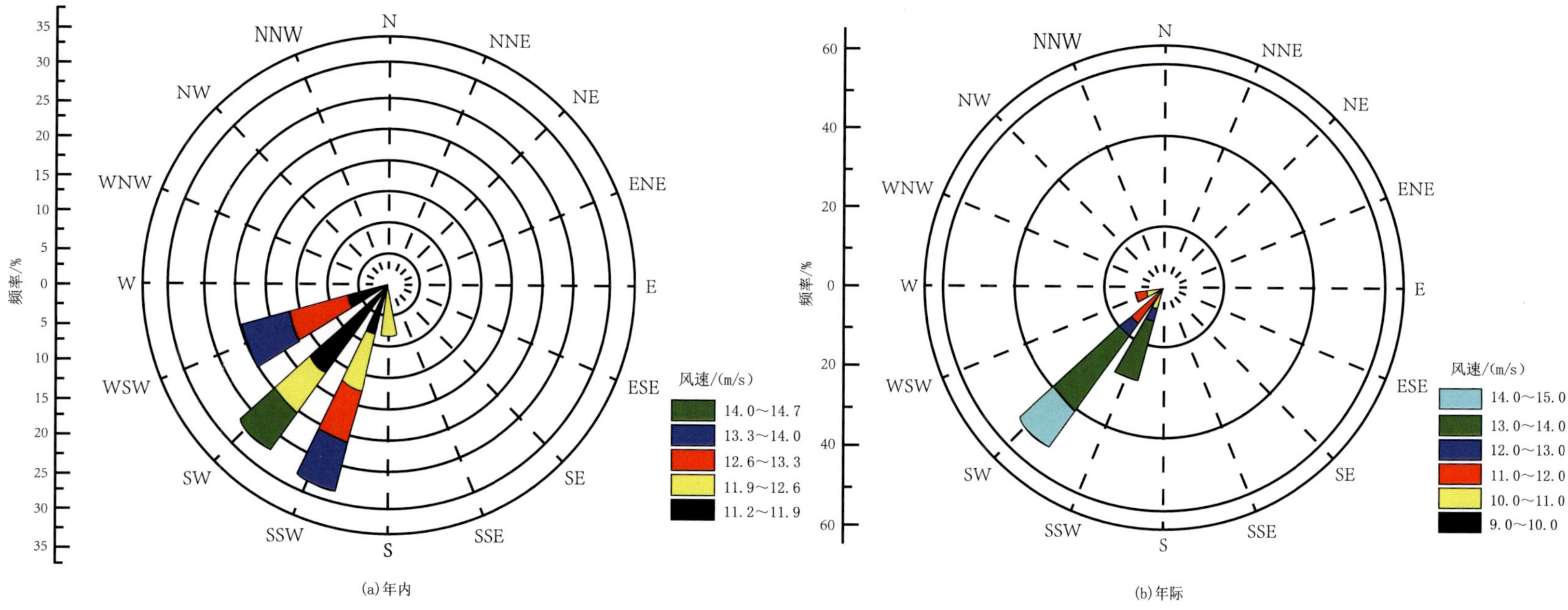

(a)年内

(b)年际

彩图1 祁连山区年内和年际最大风速和风向变化(付建新等,2020)

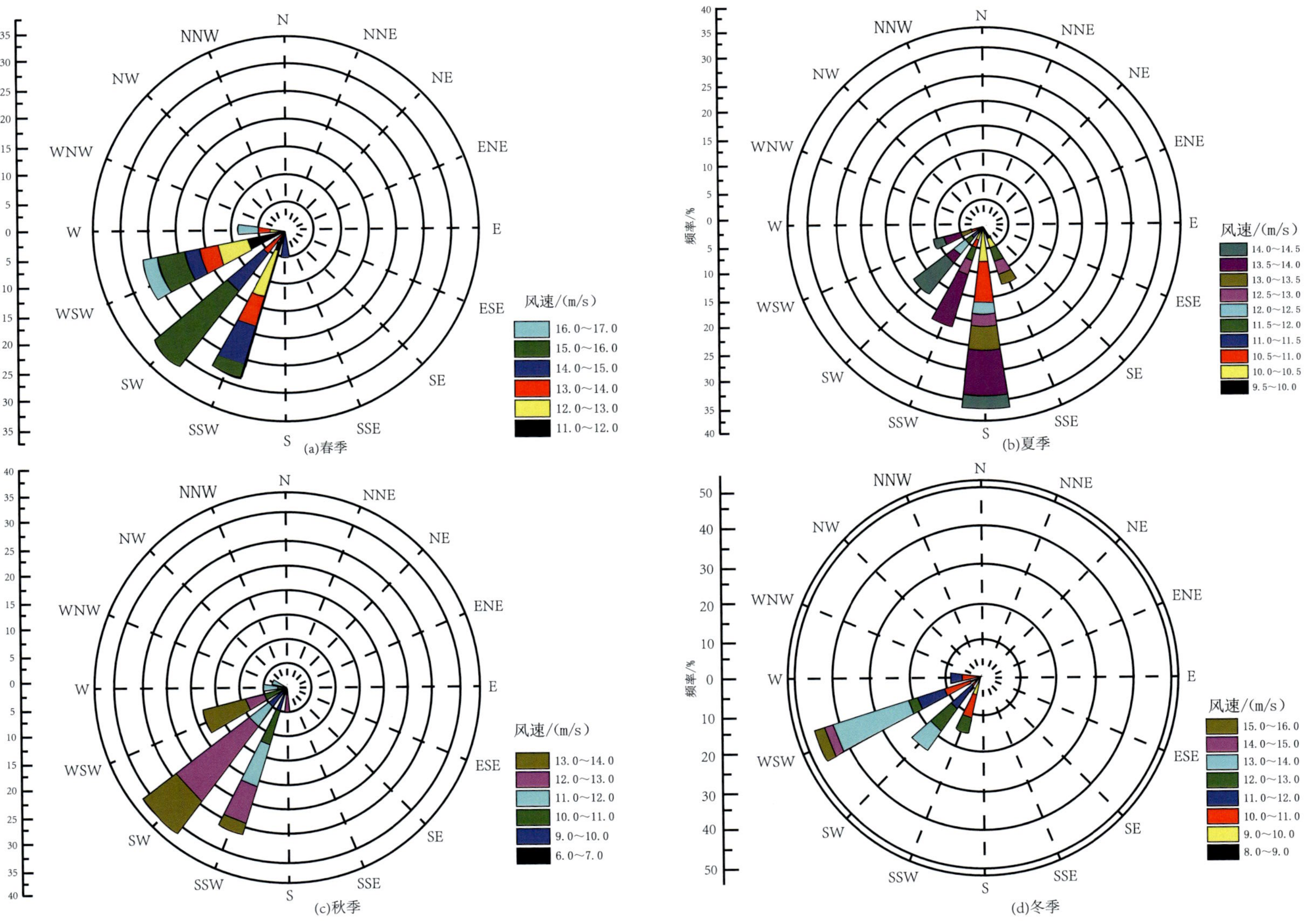

彩图2 祁连山区季节最大风速和风向变化(付建新等,2020)

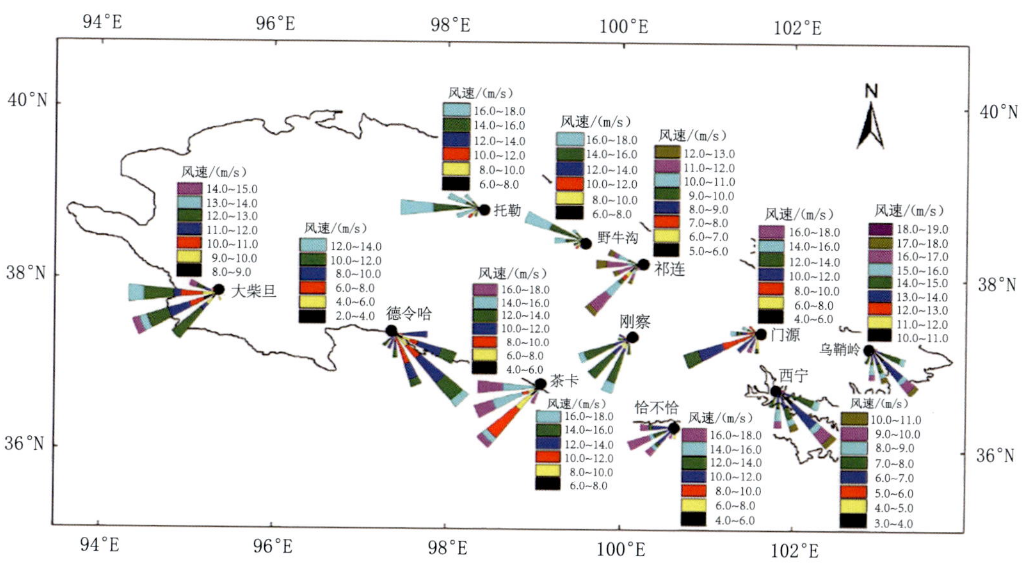

彩图3　祁连山区年际最大风速和风向空间分布(付建新等,2020)

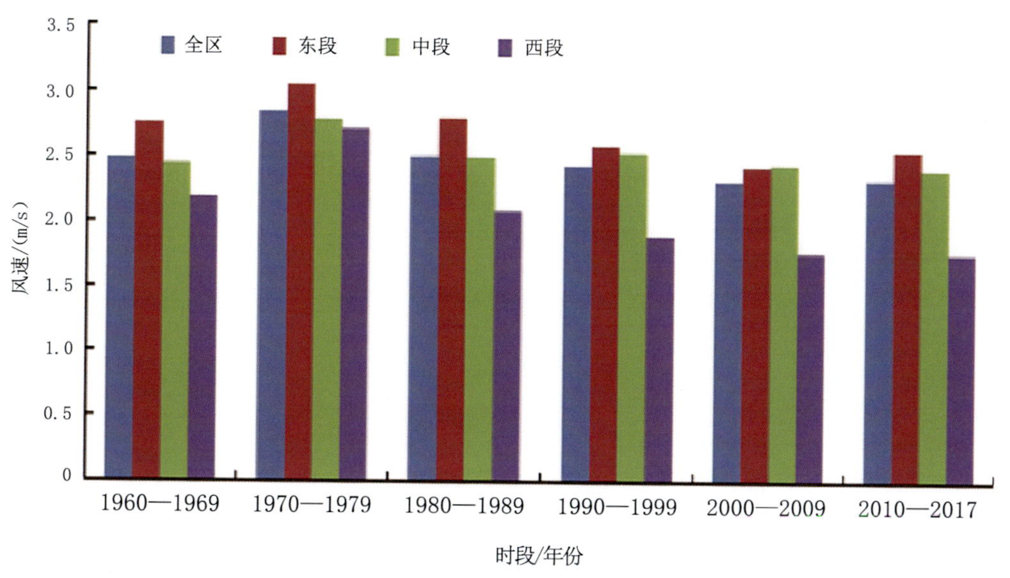

彩图4　祁连山区平均风速年代际变化(付建新等,2020)

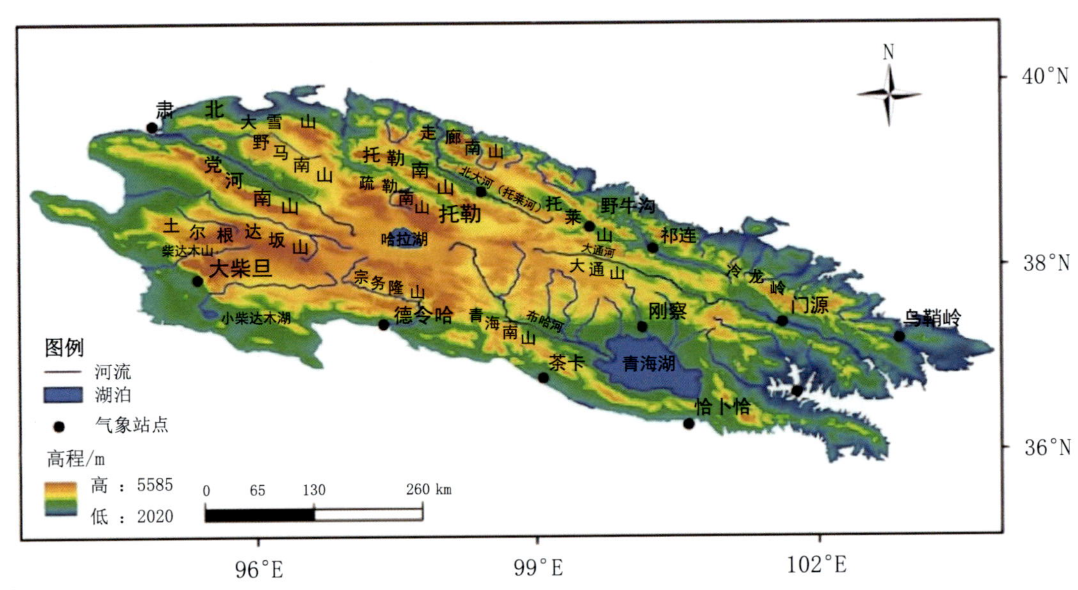

彩图5　祁连山区地形、河谷水流地理

彩图6　青海海北高寒草地生态系统国家野外科学观测研究站全景（远处为祁连山）

彩图7　矮嵩草草甸碳水通量观测区

彩图8　金露梅灌丛草甸碳水通量观测区

彩图9　帕米尔湿地草甸碳水通量观测区

彩图10 海北站区附近祁连山南麓坡地垂直梯度海拔3800 m处微气象观测站

彩图11 海北站区附近祁连山南麓景观

前　言

随着全球气候变暖和人类活动的加剧，青藏高原的环境变化尤为剧烈，并逐渐成为全球变化最为敏感的区域和生物多样性重点保护区，为世界科学界所瞩目。祁连山位于我国西北荒漠区和青藏高原高寒区的过渡区，远离海洋，具有典型的大陆性气候和高原气候特征。在独特的自然环境影响下，其生态系统极其脆弱，气候的微小波动也会使生态系统产生强烈响应与反馈，导致区域生态系统的地理分布格局、生态系统过程与功能发生改变，同时还影响到土壤、植被、生物多样性、生态系统生产力和稳定性等，严重威胁高寒草甸地区生态安全。因此，全面了解祁连山区域高寒草甸气候变化特征、植被生产力形成机制及气候与植被的相互关系，是探究青藏高原高寒草甸及其周边区域生态功能演化的必要基础，也对退化高寒草地的恢复和重建及区域生态文明建设具有重要的指导意义。

影响高寒草地生产力的因素主要有自然因素和人为因素。气候对初级生产力的影响中，温度是最主要的限制因子。由于海拔高度的不同，导致区域温度条件差异悬殊，植物的有效积温相差很大，生长时间长短差异明显，植被系统生产力高低不均。作为青藏高原重要组成部分的青海高原，东北部祁连山地是缓解气候变化的天然屏障，发挥着重要的生态屏障功能作用，已于2021年正式成为中国国家公园之一。由于高寒系统的严酷性，地面长时间尺度的观测相对缺乏，极大地限制了对区域物质循环和能量交换及内在机制的研究，加之高寒植被系统的空间异质性和多样性，使得我们对高寒草地生态系统生态功能评估和管理的认识不足，因而也难以提出因地制宜的适应性管理措施。

2001年，青海省首个基于微气象学的涡度相关法水、热、碳通量监测系统在青海海北高寒草地生态系统国家野外科学观测研究站（全书均简称海北站）的高寒矮嵩草草甸（嵩草草甸）运行，次年又相继在金露梅灌丛草甸（灌丛草甸）、帕米尔苔草湿地草甸（湿地草甸）开展，已有20多年的监测研究，为高寒草甸生态系统生产力分配、气候特征分布等研究提供了基础数据，也为该类同区域高寒草甸系统生产力的时空格局动态变化、驱动机制分析、模拟核算与评估等提供了数据基础，填补了该区域的数据空白。

本书在分析祁连山地总体气候环流背景，阐述了海北站近几十年来基本气候特征、植被群落特征的基础上，系统地分析了近20年来海北嵩草草甸、灌丛草甸、湿地草甸三种高寒草甸植被类型地上地下生物量、总初级生产力、净初级生产力(包括地上净初级生产力和地下净初级生产力)、净生态系统生产力、生态系统呼吸的年际变化过程及其影响的驱动机制,明确了三种草甸植被类型区碳源汇强度。同时,书稿中对祁连山东段南麓坡地山体带气候及植被群落分布状况予以详尽的描述。最后探讨了海北高寒草甸植被群落气候适宜性和稳定性,以及系统生产力的稳定性。本书从基础概念、实际观测方法、数据分析,到气候对植被系统生产力的影响机制过程,内容安排合理,具有很强的科学逻辑性,不仅能为相关领域的科研人员提供丰富的数据基础,也能为地方政府科学决策提供理论支撑。

全书共分七章:第一章以前人研究为基础,介绍了青藏高原大气环流背景下的祁连山地气候分布特征。第二章以海北站长期或短期观测的气候数据、小气候资料为主,结合项目组已发表的有关小气候研究成果,在增补最新监测资料的同时,借鉴青藏高原高寒草甸其他地区的研究成果,探讨了高寒草甸植被基本气候特征,以及小气候状况。第三章主要观测并分析了祁连山南坡气候环境因子随海拔高度变化的有关特征,以及山体垂直带植被分布及年地上净初级生产力,为探讨高寒草地植被对气候变化适应与响应的研究提供科学依据。第四章厘清祁连山南麓海北高寒草甸植被群落特征。第五章以涡度相关法观测区的植被生物量、净初级生产量、总初级生产量、净生态系统生产量(生态系统净交换量)、生态系统呼吸等生态系统生产力的时间变化及其影响机制为重点,并对净初级生产量进行了其季节变化、年际变化的模拟预测。第六章提出了祁连山南麓海北高寒草甸植被系统适宜性和系统稳定性。

本书在撰写过程中,依据生态学、植被学、土壤学、气候学等基本原理,内容丰富、资料翔实,可供包括水文学、农业气候学、土壤学、生态气候学、恢复生态学、草地管理、草地生态学、生态经济研究的科研人员、高校教师和研究生参考。同时,还可作为草地可持续管理政策制定、应对气候变化策略相应部门的管理及技术人员的参考书。

本书是为国内外从事相关研究领域的科技人员提供关于青藏高原高寒草甸气候与植被系统生产力研究方面的参考资料,也可以作为相关领域的研究教材使用。

由于编者的水平有限,本书在编写过程中可能还存在不足之处,请读者在阅读过程中不吝指教。

李英年

目 录

第一章　祁连山地气候背景与生态屏障功能

祁连山是我国西北荒漠区和青藏高原高寒区的过渡区，远离海洋，具有典型的大陆性气候和高原气候特征。研究区东部受西南、东南季风的影响，西部受西风环流的控制，中部处于两种环流系统的交汇处。特殊的地理位置及多样的气候环境，造就了丰富多样的植被类群。因而解释气候变化、人类活动对该地区植被类群的影响就显得极其重要，特别是2021年国家设立祁连山国家公园，对区域气候及植被群落结构、多样性、生产力及其稳定性的调查与分析显得十分必要。也正是如此，在阐述祁连山南麓高寒草甸植被-气候与生产力研究过程的开始，有必要对青藏高原及其东北缘大气环流（气压场、风场、水汽输送）、气候环境（祁连山及周边地区的基本气象要素的日、年、年际变化特征）做详尽的介绍。

第一节　青藏高原及东北缘基本环流形势

一、青藏高原大气基本环流

（一）欧亚环流的季节演变背景

大气环流的变形、波动势必影响到局地天气变化。为此，讨论某地天气气候变化，掌握其环流背景是很有必要的。为了分析青藏高原各主要自然天气季节大气活动中心的环流演变特征，我们选取1、4、7、10月代表四季，以了解自然天气季节的环流形势与演变过程。

1.冬季环流

从冬季北半球平均海平面气压场（图1-1a）和对应的500 hPa平均高度场（图1-1b）可以看到，长达5个月的冬季，是青藏高原上最长的一个自然天气季节，其环流的主要特点是我国地面绝大部分地区受蒙古冷高压控制，冷高压中心在蒙古高原，强度达到1 035 hPa以上。此时，副热带急流稳定在青藏高原南侧，100 hPa极涡深，等高线密集。500 hPa东亚大陆东岸大槽深，新疆脊强。地面气压场上东亚受蒙古高压和阿留申低压两个活动中心控制。

由图1-1a和图1-1b可以看到，在海平面平均气压场上，蒙古冷高压在中国北部偏西，并且很强，强中心位置维持在青海东部地区，并延伸至西藏阿里地区，冷高压前部为一明显的冷空气(寒潮)天气南下过境。该寒潮天气影响到了我国大部分地区，气温降低幅度大，伴随的强降水明显。东北冷涡形成，并加强北上，在东北也形成明显的积雪天气过程。对应的高空500 hPa天气形势图上，在云贵高原和东北西部低压槽活动外，我国大部分地区处在相对平缓的西风环流的等高线控制之下，形成的西西北风明显。

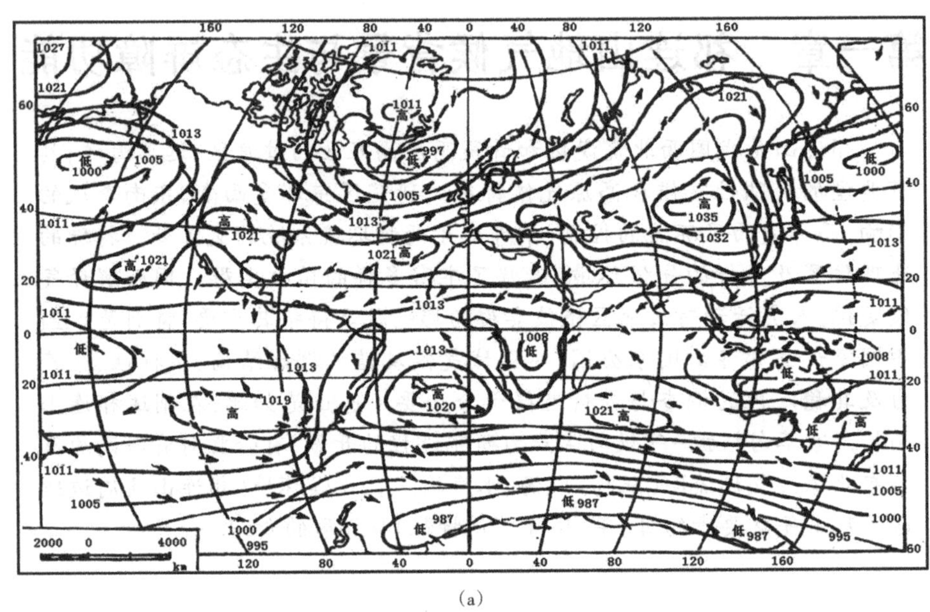

(a)

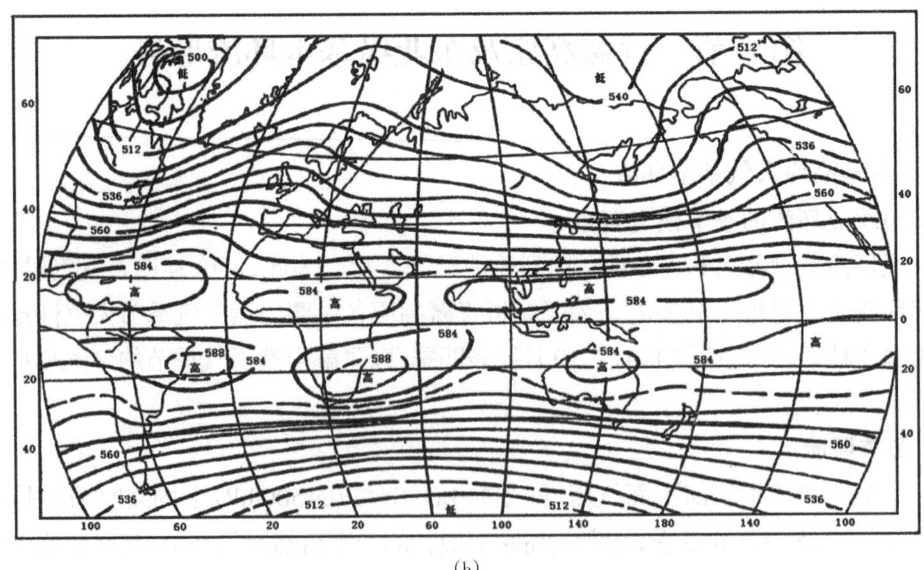

(b)

图1-1　冬季(1月)北半球平均海平面气压场(a)和500 hPa平均高度场(b)

按照环流和天气气候的特点(王江山和李锡福，2004)，青海省一般将冬季分成前冬和后冬。前冬(11—12月)500 hPa新疆脊和东亚大槽处于加强阶段，我国上空偏北气流加强，青海省气温降幅明显。后冬(1—3月)是新疆脊、东亚大槽最稳定和最强时期，也是北风最强的时期，此时青海省的气温达到最低并开始回升。

2.春季环流

春季地面气压场上印度低压和太平洋高压开始生成并逐步加强，蒙古高压和阿留申低压逐渐减弱，形成四个活动中心并存的局面。850 hPa温度迅速回升，表现出夏季大气活动中心的特征。500 hPa长波槽、脊位置均发生了明显的变化，新疆脊和东亚槽明显减弱，并西退10个经度，系统的不稳定性显著加大，活动明显增多。4月100 hPa南亚高压在西太平洋的海面上，5月加强西进至中南半岛。副热带急流前期在青藏高原南侧，后期迅速移到高原北侧，最大风速由60 m/s减弱为40 m/s，急流位置也是全年北移最快的时期。春季环流演变的另一个特点是低空先变、高空后变和南方先变，即东亚大陆印度发展上来的低压逐渐代替减弱的蒙古高压（王江山和李锡福，2004）。

3.夏季环流

图1-2a和图1-2b给出了夏季（7月）北半球平均海平面气压场（a）和对应500 hPa平均高度场（b）。可以看到，夏季地面气压场上东亚大陆为强大的印度低压控制，海洋上为太平洋高压控制。850 hPa高度场平均温度达到一年中的最高值，且东半球较西半球明显。500 hPa新疆脊偏西且很弱，120° E为浅槽，切变线明显。100 hPa极涡显著减弱，西退到西半球，南亚高压迅速加强并登上青藏高原。副热带急流位于青藏高原北侧或北部。根据500 hPa西太平洋副热带高压和100 hPa南亚高压位置移动的阶段性，以及我国相对多雨（或少雨）带的位置变化和阶段性，将夏季分成5月底—6月上半月、6月下半月—7月初、7月上旬末—7月下旬初、7月下旬末—8月上半月、8月下半月—9月初5个阶段（王江山和李锡福，2004）：

第一阶段：中高层环流的主要特点是500 hPa西太平洋副热带高压尚未北跃，100 hPa南亚高压已登上青藏高原，我国东部大陆上空以偏北风为主，低层辐合线和主要雨带由华中退到华南珠江流域一带，华南进入前汛期。而青藏高原东侧的陕西、甘肃、宁夏及青海东部地区出现相对的少雨阶段。

第二阶段：中高层环流发展及变化的主要特点是500 hPa以西太平洋副热带高压第一次北跃过20° N开始至第二次北跃过25° N结束。100 hPa南亚高压中心进入高原且稳定在其上空，脊线位置一般在27°～28° N一带，中心强度达到16 800 gpm，并以西部型居多。华南前汛期结束，长江中下游入梅，西北东部相对少雨期结束，雨期开始。

第三阶段：最主要的特征是500 hPa以西太平洋副热带高压第二次北跃过25°N开始至第三次北跃过30° N结束。100 hPa高压中心北跳到34° N并东移出青藏高原。这个阶段的环流特点是随着西太平洋副热带高压的第二次北跃，长江中下游梅雨结束，北方地区及黄河中下游的雨季开始，青藏高原的西部也进入相对的多雨期。

第四阶段：最明显的特点是500 hPa西太平洋副热带高压和100 hPa青藏高压分别北跃到30° N、34° N以北地区，并且脊线位置或高压中心位置为全年最北的时期。相对多雨带可到达河套、内蒙古以及西北东部的偏北地区，致使这些地区成为全年降水最多的时期。

第五阶段：环流特点是500 hPa西太平洋副热带高压和100 hPa青藏高压开始南退

的初期阶段。蒙古冷高压开始发展并逐渐南侵，华北雨季结束，相对多雨带出现在西北地区东南部和川北一带，并与青藏高原东部地区的相对多雨区连成一片。

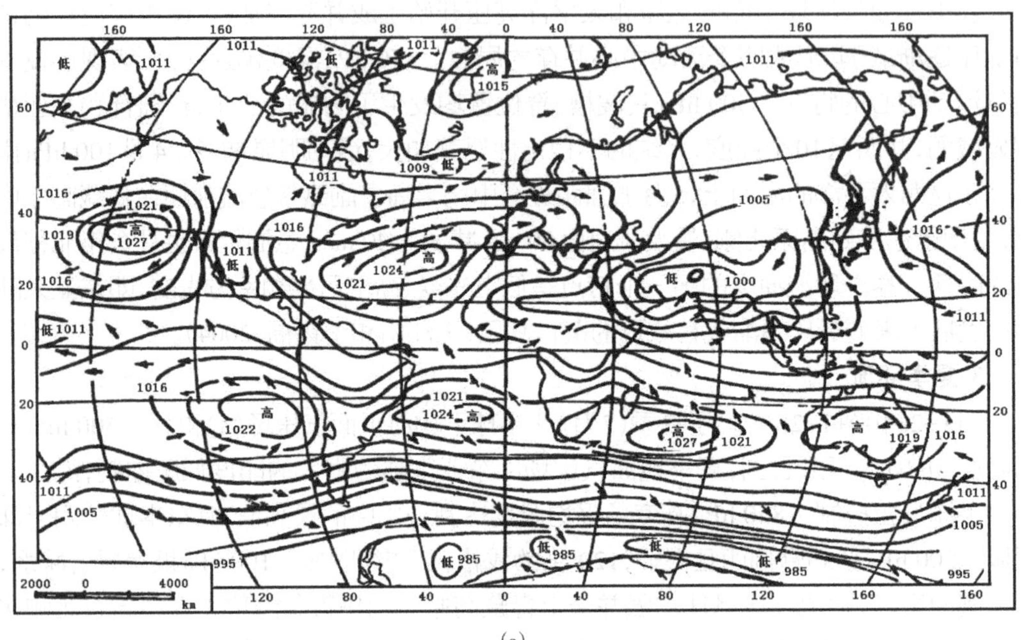

(a)

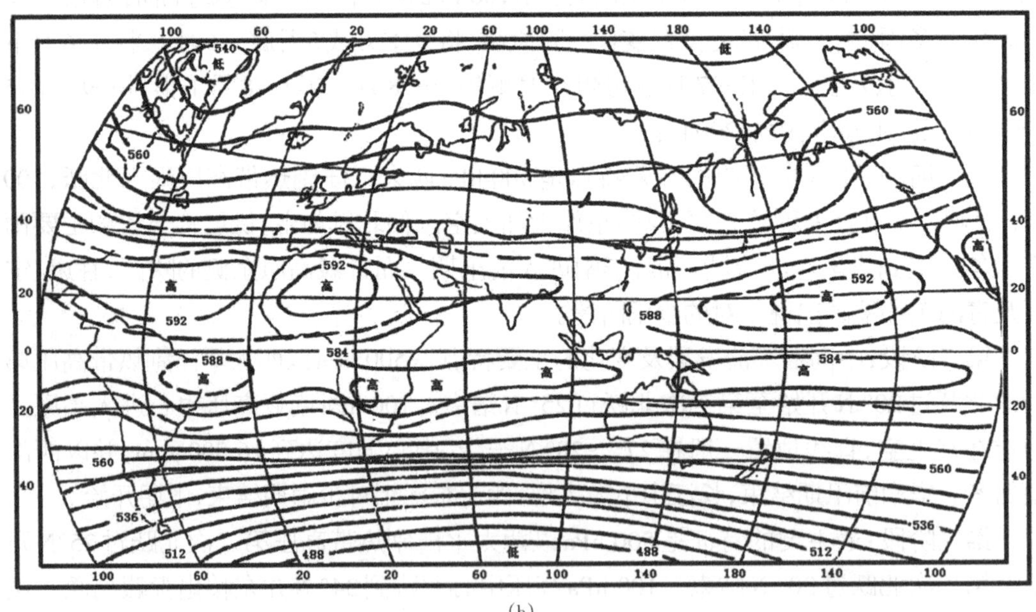

(b)

图1-2　夏季(7月)平均海平面气压场(a)和500 hPa平均高度场(b)

4.秋季环流

秋季地面气压场上蒙古高压和阿留申低压生成并逐渐加强，形成四个活动中心并存的局面。850 hPa高度场平均温度迅速回落，表现为冬季温度环流场的特征。500 hPa新疆脊和东亚槽逐渐明显起来，西太平洋副热带高压的脊线位置明显南撤，高原南侧的南支槽开始活跃起来。100 hPa南亚高压9月下旬下高原，10月中旬入海。副热带急流急剧南撤，9月南退较慢，10月南退最快。初秋受青藏高原大地形的影响气流分支，在高原东部地区容易形成华西秋雨。秋季环流演变的另一个特点是低空流场先变、高空流场后变和北方环流先变，即在东亚大陆上北方加强的蒙古高压迅速南下，加之东亚西北高和东南低的有利地形，往往初秋首次较强的冷空气能长驱直入，到达华南，使我国东南部低层夏季盛行的偏南风迅速被东北风所代替。

(二)欧亚-青藏高原主要环流特点

1.南亚高压(青藏高压)

在100 hPa平均图上，夏季北半球中低纬度在两个大陆上是两个大高压，由于亚非大陆上的高压中心正好在青藏高原上空，故称为青藏高压(也称为南亚高压)。它的范围最大、最稳定，对北半球的环流影响也最大，它是活动于东南亚地区对流层上层的行星尺度环流系统，是北半球的主要大气活动中心。南亚高压的形成和维持与青藏高原的热力和动力作用有着密切的关系，是动力作用和热力作用互相联系和互相转化的，它的形成多来源于副热带西风带动力不稳定长波脊发展所形成的副热带动力性高压单体，当它们伸展移动到高原上空时，强大的高原热力作用使得它受到变性作用，从动力性高压变成热力性高压。

南亚高压中心在我国上空100 hPa上有主要中心与次要中心之别。7—8月主要高压中心集中出现在高原上空的31°～35° N纬带内，并有两个高频中心，东部中心在100° E以东，西部中心在85° E附近。次要高压频数中心在114° E附近。7—8月主高中心的位置比6月北移了5个纬距，而且高原西部主高中心出现概率增多。这些事实说明了盛夏高原的热力作用对南亚高压有重大影响。7—8月东部主高中心与6月份相比有所东移，次高中心比6月份偏北偏东和增多，9月份主高中心与6月相同，又退到高原东南部。

南亚高压脊线位置有明显的季节变化。从多年平均值可以得知，4月份脊线位于15° N附近，5月份很快北移到23° N，以后脊线北进缓慢，6月份在28° N附近，7月在32° N左右，8月最北可达33° N，9月高压脊线又南退到28° N。高压脊线的走向大致与纬圈平行，但5—6月高原的加热作用比同纬度其他地区快，因而这个地区的脊线北进早，致使高原地区的脊线比其东边的偏北。7—8月由于高原地区的加热强而固定，致使已经上了高原的脊线北进变慢，结果高原地区脊线反而比东边的偏南。120° E脊线位置的演变也有明显的阶段性，从初夏到盛夏，它大致有4次明显的北跳。第一次在5月中旬；第二次在6月5—10日，这时脊线跨过25° N；第三次在6月底7月初，脊线由28° N推进到31° N；第四次是7月10—15日，脊线再次北跳到33° N以北。据分析，120° E脊线位置的明显北跳或南退，对青海省中期明显的降水有着一定的指示意义。从上面高压脊线和高压中心的主要特点来看，100 hPa高压脊线的南北位置与高压中心的南北位置有关，也与高压中心的东西位置有关，对同一纬度的高压，其高压中心偏东者，120° E脊线偏北，反之，其高压中心偏西者，120° E脊线偏南。在100 hPa高压中心附近，300 hPa以下总是暖性的，但在高层100 hPa的高压中心和脊线附近有冷中心出现。

南亚高压初上高原的平均日期约为6月10日，最早在5月25日，最迟为6月29日，但80%以上的年份仍在6月份（王江山和李锡福，2004）。南亚高压初上高原的路径有三条：第一条，从东南半岛向北，然后向西北移到青藏高原上空，这与多年的气候平均相似；第二条，从中南半岛向西，然后从印度北部移到青藏高原上空；第三条，从中南半岛向西移到印度，再向北移到伊朗高原，然后再东移到青藏高原上空。南亚高压移上高原标志着哈得莱环流的消失和季风环流圈建立，高原进入雨季。

根据南亚高压中心偏东或偏西位置并考虑高压脊线、西风槽、西太平洋副热带高压等的配置情况，把南亚高压分为三种环流型：东部型环流，带状型环流和西部型环流。其各自的主要特征为：

东部型环流：西风槽在60°～90° E范围内；东部高压强大而稳定，中心位置在90° E以东；90°～120° E脊线呈东高西低走向，120° E脊线在30° N以北，西太平洋副热带高压西伸北跳。带状型环流：中高纬为大低压，西风带无大槽、大脊存在；在60°～135° E范围内，高压外形呈带状，在全过程中高压中心多于两个，且均不稳定。西部型环流：西风槽线在90°～130° E范围内；主要高压中心在100° E以西；90°～120° E高压脊线走向是西高东低。

青海省雨季与南亚高压中心位置有关，一般情况下，当南亚高压中心平均于5月22日北进到25° N，青海省进入雨季，平均降水量骤增，是低涡、切变线活动频繁期，大、暴雨及冰雹等灾害性天气发生集中期。平均于9月23日南亚高压中心退到25° N以南，全省降水量骤减，雨季便告结束。在雨季中，南亚高压东部型是青海多雨型，而西部型则是少雨型。当强大的南亚高压中心稳定在高原上空时，青海为晴热期，2000年的7月就是最好的例子。

2.蒙古冷高压

在冬半年的10月以后，西风急流强度逐渐加强，中国的大部分地区都在西风环流控制之下，西风带的平均大槽位于140° E附近，强度大而明显。青藏高原北部90° E附近为平均脊所在。青藏高原与全国一样，基本气流是西风，在地面上为蒙古冷高压，中心平均处在100°～105° E、45°～55° N附近。蒙古冷高压在冬半年最强盛，其控制范围可达整个东亚地区，且相对稳定。在这个季节，冷高压所形成的气流就是冬季风。该时期，我国北部盛行西北-北气流，长江以南为北-东北气流。蒙古冷高压只有在高空有较强的低压槽移来而地面有气旋发展时才能在短时间内受到破坏，往往是高压槽和地面气旋诱导形成一次新的强冷高压入侵东亚地区的气压系统，会造成一定的强冷空气或寒潮天气过程。这种过程由于受祁连山脉阻隔对青海地区没有直接影响，但尾流倒灌对青海东部地区有一定的间接影响。

春季3—6月，陆地地面增热较快，蒙古冷高压减弱并西移到75° E附近，阿留申低压东移至160° W，我国东北地区出现一低压，鄂霍次克海为一高压。青藏高原分支的南支西风急流带向北移动5个纬度，北支西风急流强度和位置变化不大。高空基本气流由冬季西北风转变为偏西风，并在偏西风带上存在较多的小槽、小脊活动，而且移动均很迅速，导致的降水等过程也迅速。同时，春季随时间推延，南亚的印度低压逐渐扩展到孟加拉湾、缅甸一带，形成低压带，我国东南部的西太平洋副热带高压加强，则由华南出现偏南风开始，逐渐盛行夏季风，雨季开始，青藏高原大部分地区也是如此。

3. 经向环流

冬季和夏季高原与大陆地区冷热源分布的不同，导致了高原上空平均垂直运动的不同。冬季500 hPa和300 hPa高空上高原平均为下沉运动，其强度为-2.3 mm/s，但在200 hPa高空上，下沉运动很小，其强度为-0.1 mm/s。100 hPa高空上是上升运动区，其平均强度为-1 mm/s左右。经圈环流在青海主要表现在，高原及上空出现系统的下沉气流区，冬季天气稳定，天气过程少。又由于高原冬季是个冷源，更增加了青海天气的稳定性。

夏季高原上空平均为上升运动，500、300、200和100 hPa上平均分别为5、6、5和2 mm/s左右。高原南侧的经向环流高达150 hPa以上，北侧的环流圈较小，高度仅稍高于300 hPa。同时，高原南北两边的垂直环流是不对称的，在南边的西南季风是从对流层的下半部（500 hPa以下）爬向高原的，而在高原北面向高原辐合的气流发生在500 hPa左右比较浅薄的一层大气之内。这两支向高原辐合的偏北风和偏南风相遇于30°～35° N范围内，这正是夏季高原上辐合切变线的位置。

4. 纬向环流与西风带槽脊

纬向环流在冷暖空气的输送过程中起到极为重要的作用。当纬向环流相对平缓时，南北暖冷空气交替减缓、南北对峙，冷（暖）空气南下（北上）的次数或强度降低，形成的降水相对较小，不同纬度带温度变化平稳。当纬向环流加大时，南北各纬度地区降水、温度均产生剧烈变化。特别是降水的常年分布格局将发生重大调整，该种情景下旱涝现象频发。纬向环流的平稳与加大实际上与西风带的槽脊相联系。为此，这里重点介绍西风带500 hPa等压面上的槽脊活动状况。

青海省地处青藏高原的东北部，西风带槽脊的活动与青藏高原地形的影响是分不开的。受高原地形的影响，西风带高空槽（脊）经过高原时，高原南北两侧的移动速度是不同的，在高原北部形成反气旋性曲率，在高原南侧形成气旋性曲率，它使得高原北侧有反气旋性涡度生成，所以当高空槽移到高原北侧时强度减弱而移速加快。高空脊移到高原北侧时，强度增强而移速减慢。高空槽（脊）移过高原南侧时情形相反。高空槽在高原东西两侧时，移速减慢，在高原上空时，移速加快或正常。反之，脊在高原东西两侧时，移速加快，在高原上空时，移速减慢或正常。

从500 hPa平均槽脊的分布特征来看（王江山和李锡福，2004），冬季西风带的平均大槽位于140° E附近，强度明显加强，青藏高原北部90° E附近为平均脊所在。春季西风带脊的位置没有大的变化，但强度减弱，5月份东亚大槽明显变宽变平。夏季，西风带平均槽脊的位置与冬季相反，东亚沿海出现高压脊取代原来的东亚大槽，在80°～90° E出现平均槽取代原来的平均脊，槽脊强度都比冬季弱。秋季9月份东亚沿岸130° E附近平均槽开始建立。但在500 hPa平均高度廓线图上，3月底4月初，不论在30° N还是在40° N,新疆脊都比较稳定,青海省均处在其前部的弱西北气流中。在30° N,3月底、4月初,70° E的高压脊有一个加强略东移的过程,其结果使青海省南部的西北气流加强,多波动天气。与30° N相比,40° N的新疆脊更为稳定,且强于30° N,说明青海北部的冷空气活动相对频繁。4月底到6月中旬在30° N、70° E的脊逐渐向西移并减弱,到40° E变平,青藏高原的中、东部和青海南部多低槽活动相对40° N来说,在40° N的新疆脊要强于30° N和70° N的脊。盛夏在中、高纬度60°~80° E的欧亚大陆中部为高压脊,而初夏和盛夏后期,却相反,为低压槽。在40° N,7月第一候,70° E由6月底的高压脊变为低压槽,第二候、第三候70° E又是一个高压脊,7月下旬到8月,70° E转为弱的低压槽,而50°~60° E和90° E分别为脊区,此外,30° E和120° E为低槽区,其中以30° E地中海槽较为明显。相对7月3候、6候,8月的1候、4~6候在青海的北部是西北低槽相对活跃期。在30° N的夏季,40°~60° E和140°~160° E分别为高压脊,这两个地区是副热带高压中心的所在地(王江山和李锡福,2004)。青藏高原的中、东部和青海南部为弱槽区。50° N欧亚范围夏季一般为低槽区。秋、冬季在40° N附近,9月1~3候的青海北部仍为明显的槽区,该槽随着时间的推移逐渐向偏东方向移动加深,取而代之的是西北气流。新疆附近从弱槽区变为弱脊区,并逐渐加强,结果使青海北部的西北气流逐渐趋于明显。从11月第一候到次年4月第二候,青海北部均处于强西北气流控制中。

高空西风槽是影响青藏高原天气的重要天气系统之一,天气学家把移入高原的槽称为“外来槽”,把生成在高原上的槽称为“新生槽”。当槽自高原以西移近高原时,常常在高原西侧分裂、切断,分成南北两段,沿高原两侧东移,按其移动的路径和影响地区,以纬度为界线,将外来槽分成三类,即南支槽、高原槽、北支槽。另外,由于环流遇到青藏高原的大地形作用影响,往往产生新生槽,它们的具体特征如下:

南支槽:是指通过20°~30° N东移的高空西风槽。它在影响高原天气的西风槽中,与北支槽相比,出现的次数较少,夏半年每月平均有3~4次,其中5、6月份最多,尤其是5月份南支槽活动次数占整个夏半年活动次数的55%以上,8月份最少,仅占1%多些,而冬半年影响高原天气的南支槽平均每月有5.1次。由于高原大地形的影响,在高原南侧的90° E附近常常形成动力性低槽,而当南支槽移过这里时,合并加强,移速减慢,甚至呈准静止状态,然后东移减弱或消失。南支槽提供的西南气流和高温、高湿条件为高原低涡、切变线的形成创造了流场条件和能量来源。南支槽对高原天气的影响,主要取决于与其他天气系统的配置状况,单纯的南支槽活动,在高原西部时(90° E以西),一般不会引起高原主体产生明显的降水天气,多为阵性小雨。如果南支槽与高原低涡、切变线共同出现,高原北部有高压脊活动,形成北脊南槽形式,往往造成高原主体及其南部的大范围较强降水。当南支槽与北支槽叠加出现时,则造成冷暖空气在高原主体及其以北交汇,降水主要在高原北部地区,也就是青海省地区。

高原槽:是指通过27°~40° N范围内的西风槽,自70° E以西东移进入高原的西风槽。从统计来看,每月平均出现6次,由于盛夏西风带季节性的北撤,高原以5月和9月高原槽最多,约占总数的50%,而6、7、8月显著减少,尤其是8月份最少,仅占15%左右。在27°～40° N这个范围内，也是高原新生槽的出现地区，高原槽与新生槽相比，两者的次数差别不大。高原槽的东移常常激发高原低涡的形成，对高原天气的影响与南支槽类似。值得注意的是，高原槽可以引起高原地面上的锋生作用，高原槽进入高原带来的冷空气，在高原地面上表现为槽前减压，槽后降温加压有时十分显著。

北支槽：是指通过40° N及其以北东移的西风槽，是影响青海省的主要低槽之一。据资料统计，北支槽以5—9月份出现的次数最多，平均每月有6～7次，即每4～5天有一次北支槽活动。夏季北支槽有时会强烈发展，振幅加大，导致冷空气入侵高原，造成夏季高原上的大范围强烈降温天气，这种现象每月平均有1～2次，尤其在5月和9月最多。9月的强烈冷空气侵入高原，往往引起西太平洋副热带高压南退，是黄河上游汛期结束的象征。虽然盛夏时期强冷空气入侵高原次数较少，但有时可造成大范围的低温冻害。如1967年7月26日的一次北支槽活动，引导强冷空气南下，造成青海省13个县发生严重的霜冻。有的北支槽虽然在高原北部边缘东移，引导的冷空气较弱，却可以激发高原切变线或低涡的生成(即北槽南涡型)，这是高原也是青海省的一种重要降水形式。冬半年(10月中、下旬至次年3月)，高原处在西风带控制下，由于高原的阻挡作用，高原上较少有自西部入侵高原的长波槽，长波槽到达高原西部时，常分裂成南北两个小槽。但值得注意的是，自新疆向东南移动加深的长波槽，并与自西移入高原的短波槽在高原上合并，会引导强冷空气入侵高空，造成高原上的大风雪和强烈降温。如，1974年10月26—28日、1985年10月17日，青藏高原上出现了罕见的大风雪和降温天气，就是高原上初冬强冷空气入侵的结果。

新生槽：青藏高原不仅是外来天气系统十分活跃的地区，而且也是很多天气系统产生的源地，从统计来看，5—9月从高原中部27°～40° N东移的西风槽中有48%是产生在高原的(即新生槽)。一般情况下，暖性低槽基本上都是生成在高原主体上空，由于它与高原热力作用和地形有直接关系，所以，其移动速度缓慢，每天3～4个经距。高原的新生槽，在高原主体上空时多造成阵性降水，降水量一般不大，但当它东移与北支槽或南支槽合并时，往往可造成高原东部地区即青海省的大雨或暴雨。

5.副热带高压

在南北半球的副热带地区，存在着副热带高压带，由于海陆的影响，常常断裂成若干个高压单体，这些单体统称为副热带高压。在北半球，它主要出现在太平洋、印度洋、大西洋和北非大陆上。影响我国及其青藏高原的主要是出现在西太平洋上的副热带高压，被称为西太平洋高压。副热带高压是制约大气环流变化的重要成员之一，是控制热带、副热带地区持久的大型天气系统之一。它的活动不但对中、低纬度的天气变化起着重要的作用，而且对较高纬度环流演变也产生重大的影响。

副热带高压脊呈西南-东北走向，在500 hPa以下各层都较一致，但其脊线的纬度位置随高度有很大变化。冬季，从地面向上，副热带高压脊轴线随高度向南倾斜，到300 hPa以后，转为向北倾斜。夏季，对流层中部以下，多向北倾斜，向上则约垂直，到较高层后又转为向南倾斜，但位于140° E(海洋上)的副热带高压脊轴线在低层随高度仍然是向南倾斜的。这是因为海洋上的热源或最暖区位于副热带高压的南方,而大陆上的热源或最暖区却位于副热带高压的北方。因此在500 hPa以下的低层,海洋上副热带高压脊的轴线随高度往南偏移,而大陆上则往北偏移,这显示了热力因子对副热带高压结构的影响。副热带高压脊的强度总的看来随高度是增强的,但由于海陆之间存在着显著的温度差异,使500 hPa以上的情况就不大相同。夏季,大陆上及接近大陆的海面上温度较高,所以位于该地区上空的高压随高度迅速增强,而位于海洋上空的高压则不然,其在500 hPa以上各层表现得比大陆上的弱得多。至100 hPa以上,太平洋副热带高压已主要位于沿海岸及大陆上空,与地面图相比,形势完全改变。在对流层内高压区基本上与高温区的分布是一致的,每一高压单体都有暖区配合,但它们的中心并不一定配合。在对流层顶和平流层的低层,高压区则与冷区相配合。另外,太平洋副热带高压脊的低层往往有逆温层存在,这是下沉运动造成的。特别当高压脊向西伸展的过程中,逆温更明显。逆温层下部湿度大,上部湿度小。太平洋副热带高压脊中一般较为干燥,在低层,最干区偏于脊的南部,且随高度向北偏移,到对流层中部时,最干区基本与脊线重合。高压的南、北两缘有湿区分布,主要湿舌从大陆高压脊的西南缘及西缘伸向高压的北部。

太平洋副热带高压脊线附近气压梯度较小,水平风速也较小;而其南北两侧的气压梯度较大,水平风速也较大。

西太平洋副热带高压的不同部位,因结构的不同,天气也不相同,在副热带高压特别是在脊线附近,为下沉气流,不利于降水过程的发生,多晴朗少云的天气,地面蒸发强烈,易引起严重的干旱现象的产生。又因气压梯度小,风力微弱,天气则更炎热。北侧与西风带副热带锋区相邻,多气旋和锋面活动,上升运动强,多阴雨天气,而南侧的东风带是热带降水系统活跃的地区。西北侧的西南气流是把印度洋和孟加拉湾的水汽向暴雨区输送的重要通道。因此它的位置变化与我国主要雨带的分布有着密切的关系,与青海省大、暴雨天气也密不可分。

西太平洋副热带高压脊线4月份在15° N,5月份达18° N,6月份达到20° N。从旬的西太平洋副热带高压脊线平均位置来看,在6月中旬后,很快北跳到20° N以北。这段时期,西太平洋副热带高压虽然还没有直接影响青海省,或者仅仅开始影响青海省南部,但是由于副热带高压的活跃和脊线位置的逐渐北抬、6月中下旬印度季风的爆发,使得高原上低层热低压发展、西南气流逐渐加强、水汽的输送增加。7月上旬后,西太平洋副热带高压脊线又一次北跳,脊线越过25° N,并徘徊在25°～35° N范围内,此间印度低压明显加强。从500 hPa月平均图可以看出7月份高压脊线从6月的20° N很快北跳到27° N附近,这时,青海省北部(35° N以北)的降水也显著增多。完整的西太平洋副热带高压可西伸到110° E附近,西伸脊点有时偏西,有时偏东。500 hPa等压面图上,当588线(系588位势什米等高线)北界位置在35° N以北时,青海省降水是偏多的,而588线北界位置在25° N以南,西太平洋副热带高压西伸脊点到130° E以东时,青海省降水就会偏少。另外,从588线西伸脊点和北界位置来看,西太平洋副热带高压在6月中、下旬北跳时，有西伸的过程。7月上旬至8月中旬北界位置有较明显的逐旬北抬，且达到最北位置；西伸脊点逐旬东移并于8月中旬达到最偏东的位置。8月下旬后西太平洋副热带高压回跳时，又有一次西伸的过程，此时青海省往往出现阴雨天气。冬季，西太平洋副热带高压脊线稳定在20° N以南。

西太平洋副热带高压在随季节做南、北位移的同时还有较短时期的活动，即北进中可能有短暂的南退，南退中可能有短暂的北进，且北移常与西进相结合，南退常与东缩相结合。西太平洋副热带高压的这种进退，持续日数长短不一，如果将一个进退算一个周期，则长的周期可达10天以上，短的只有1～2天。一般10天以上的称长周期，10天以下为短周期。西太平洋副热带高压边缘的西进和东退均能在青海省形成一次明显的降水天气过程。

夏季，在500 hPa图上，西藏高原地区常有分裂的暖高压中心出现（南亚高压），当其东移并入西太平洋副热带高压时，则引起后者明显的西进。这时暖平流所引起的正变高数值不需很大就足以使西太平洋副热带高压脊西伸、北进。盛夏前，这种正变高只要达30～60 gpm，就可使西太平洋副热带高压脊线产生明显的北跳。而西风带高压脊引起的正变高要达60～90 gpm才能引起西太平洋副热带高压的西伸、北进。

西太平洋副热带高压的脊线位置与高原热状况有一定的关系，当高原温度出现正距平时，西太平洋副热带高压脊线明显偏北。如正距平在2.0 ℃以上的1961、1966、1967和1972年，以及近20年的很多次，500 hPa西太平洋副热带高压脊线均在33.5° N以北；温度距平在-2.0 ℃以下的1965、1968和1974年，500 hPa西太平洋副热带高压脊线均在32.5 ° N以南。由此可见，青藏高原不仅其雨季来临和结束迟早、降水强度、连阴雨等与西太平洋副热带高压北跳西伸和强度有关，而且其热状况也与西太平洋副热带高压北跳位置有着十分密切的关系，表明西太平洋副热带高压北跳与高原的加热作用之间的正相关关系是明显的。

一般情况下，副热带高压呈东西带状时，副热带流型多呈纬向型，造成东-西向的暴雨。副热带高压呈块状时，副热带流型多呈径向型，造成南-北向或东北-西南向的暴雨。后者常发生于副热带高压位置偏北的时候。当然，在青藏高原及青海地区的主要大气环流特征还表现有其他众多的形式，如500 hPa等压面上的地转西风中的西风和高空急流等，这里不再多介绍。

6.高原切变线

青藏高原是我国东部灾害性天气的上游关键区（徐祥德，2009；师锐和何光碧，2011），在其特殊的地形条件下在高空500 hPa天气图上形成了特有的高原切变线系统（何光碧和师锐，2014；姚秀萍等，2014；李山山和李国平，2017；杜梅等，2020；高媛等，2022）。准东西向的高原切变线称为高原横切变线，指出现在高原上空500 hPa等压面上，三站风向对吹或两站风向对吹且长度大于5个经距的风场辐合线，主要活动在高原中东部的30°～35° N范围内，一般呈准静止状态（青藏高原气象科学研究拉萨会战组，1981；中国气象局成都高原气象研究所和中国气象局成都高原气象委员会，2011）。夏半年半数以上的高原横切变线可引发高原暴雨，1/3以上高原暴雨过程的影响系统为高原横切变线(Zhang et al.，2016；赵大军和姚秀萍，2018；高媛等，2022)。高原横切变线对青藏高原，特别是对三江源及其下游地区天气影响深远。

高原切变线是在青藏高原的动力和热力强迫作用下产生的典型天气系统。Zhang等(2016)对长达30年高原切变线的系统统计表明，夏半年高原横切变线在高原上呈东西向，其活动高频区在32°～35° N。其中，33° N附近存在一个走向大体平行于高原地的高频轴，且具有5—8月逐月南压，9—10月又逐渐北抬的南北摆动特征，但其调整幅度不超过2个纬距(图1-3，姚秀萍等，2021)。横切变线年平均日数为65.3天，表现为明显的年际变化和年代际变化特征。

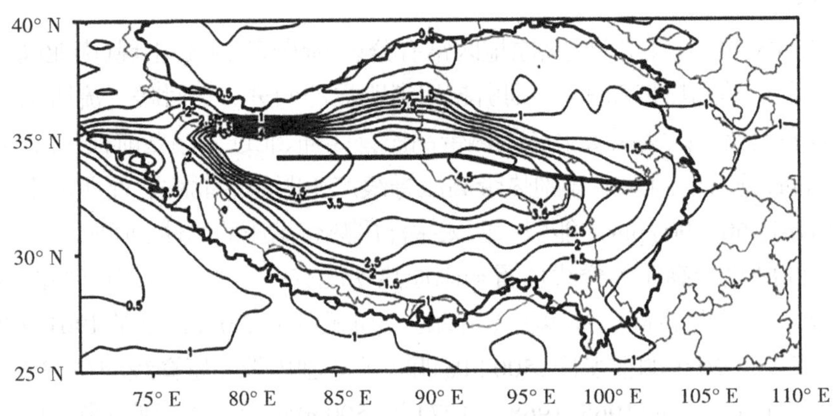

注：等值线表示高原横切变线频率(单位：10^3；粗实线表示平均高频轴)。

图1-3 1981—2013年夏半年高原横切变线累积频率分布

500 hPa切变线生成于伊朗高压和西太平洋副热带高压两高之间的鞍形场中，处于580位势什米闭合低压值中心和272 K高温中心内，比湿大值区的北侧；200 hPa南亚高压北部边缘、西风急流入口区南侧(高媛等，2022)。切变线演变过程中，切变线发展时位涡随之增大。位涡收支诊断表明，青藏高原上空的水汽和非绝热加热对切变线的生成和演变起到重要作用。当边界层感热和辐射加热增强时，上升运动增强，在充足的水汽配合下，大量凝结潜热释放加热大气中层，高层气压升高，辐散增强，高层辐散又进一步使得低层气压降低，辐合增强，最终触发切变线生成或有利于其发展。

青海三江源地区刚好处在该高原切变线南北、东西活动范围，区域降水甚至因降水引导下的温度变化均有明显的协同关系。虽然，高原切变线处在三江源区及羌塘高原，但其南北、东西跳动不仅影响区域降水量分布，也因水平的卷积效应影响到周边区域。

二、青藏高原的季风及与之配合的气压场

(一)东亚季风与高原季风

广义的东亚地区包括了整个中国大陆以及周边其他区域，东亚地区处在全球最大陆地的东岸，东部又是最大的太平洋，西部因青藏高原、帕米尔高原的存在，地形十分复

杂。导致海陆之间的热力差异和高原的热力、动力作用明显，因而使东亚地区形成了全球著名而明显的季风气候区，具有冷干的冬季与热湿的夏季，气候差异比同纬度其他地区更为悬殊，相应的环流特征和天气过程也更具有明显的季节变化。这种季节变化既是海陆和青藏高原对东亚环流和天气系统活动影响的结果，也是大气环流遇高耸的青藏高原发生“变形”后直接影响该地区天气过程的结果，具有一定的正负反馈作用。

如前所述，东亚季风的特点是在东亚对流层底部，由于海陆差异，造成了4个明显的大气活动中心，即蒙古冷高压、阿留申低压、印度热低压和太平洋副热带高压，这4个活动中心几乎也是全球最强的气压系统（全球来讲，阿留申低压的强度比冰岛低压稍弱），因而区域内的季风也就最为明显，风系转换也就很显著。表现出冬季盛行偏北风、偏西风，夏季则以偏南风、偏东风为主导。冬季干燥少雨、寒冷，夏季多降水、相对湿热。

在对流层中部，由于青藏高原及其海陆差异的热力、动力共同作用下，东亚西风带平均环流的高压脊、低压槽在冬、夏二季完全呈现出相反的位相，冬季东亚上空500 hPa等压面图上为青藏高原北部高压脊和亚洲东部沿岸低压槽，在这“一脊一槽”影响下高空基本为西北风。夏季则转变为相反的分布形势，为“一槽一脊”，高空基本气流表现为在30° N以北为西风，以南为偏东风。这与北美冬夏不变的状况有很大的不同。

同时，青藏高原的存在使季风具有很大的复杂性。由于青藏高原上空与四周自由大气之间的热力差异具有明显的季节变化，高原近地表层冬季为冷源，夏季为热源，导致青藏高原四周的风系多变。冬季在高原面北侧为西风，南侧为东风，夏季时则刚好成为相反的风向。而在高原的东侧，冬季为偏西风，夏季转为偏东风。400 hPa以上的自由大气中，冬季整个高原为西风所控制，对流层上部高原的南北两侧各存在一支西风急流。夏季由于高原的加热作用（热岛效应），使南侧西风急流带消失转变为东风急流，高原北侧仍为西风急流，且得到明显的加强。

青藏高原的热岛效应与“冷源”作用不仅在东亚季风气候形成中有重要的影响，还表现在直接影响高原本身及其邻近区域的气候。当夏季出现加热作用时，高原及毗邻地区产生上升气流，上升气流到达高空后即可向四周辐散并下沉，造成局地环流，影响着区域气候。如，印度西南季风沿喜马拉雅山爬坡上升，在高空辐散后，大部分辐散气流向南下沉，形成地面气流向北，而高空的自由大气中又向南输送，高空向南下沉的气流可到达南半球，然后在中低空伴随南半球的东南信风向北流动，越过赤道又到达北半球，受地球偏向力作用而转变为西南气流，再北上与前者提到的沿喜马拉雅山爬坡上升的向南季风合并，构成一个闭合的局地的垂直环流，即季风环流。这个季风环流破坏了该季节里该有的哈得莱环流，其垂直结构对青藏高原乃至青海北侧等邻近区域的天气均产生重要的影响。垂直环流结构一般使青藏高原南、北两侧辐合的气流约于高原面上30°～35° N区域垂直上升，形成了夏季纬向的辐合线，气象学家也叫高原切变线，该切变线常出现小幅度的南北和东西移动，是青藏高原雨季的主要降水系统。而且这个辐合切变线因内部涡度差异较大，可产生许多大小不等的低涡，低涡可迫使降水强度增大，在向西移动的过程中往往造成高原东部及邻近地区夏季暴雨。

汤懋苍等(1979)曾指出,高原地区的风存在三层结构,近地面为山谷风层,风向的日变化明显,年变化不明显,最多风向与次多风向基本相反,且出现频率接近。大气中层为高原季风层,风向的年变化明显,日变化不明显。上层为行星风系,即高原北半部整年为偏西风,南部冬季盛行偏西风,夏季盛行偏东风。这些风向变化中规定1、7(8)月之间盛行风交角≥120°者称为季风。依此推断,在地势相对平坦的青藏高原主体,以及在高原东北侧各为地面季风区(图1-4,汤懋苍等,1979),而且这些地区季风现象明显。同时,距地1 km以下可能受山谷风的影响不予考虑外,在1～2 km的大气层高度季风所能达到的绝对高度及季风出现的范围发现(图1-4),围绕青藏高原存在一块南北宽度约为2 000 km,东西长在4 000 km以上,比高原主体的尺度约大一倍的季风区。其所达到的绝对高度以高原主体为最高,约在6 000 km以上,向四周逐渐降低,其坡度在高原南侧约为1/100,北侧约为1/200,东侧约为1/300,西界可到阿富汗高原,形成了明显的"高原季风",其季风区与高原的热力作用密切相关。

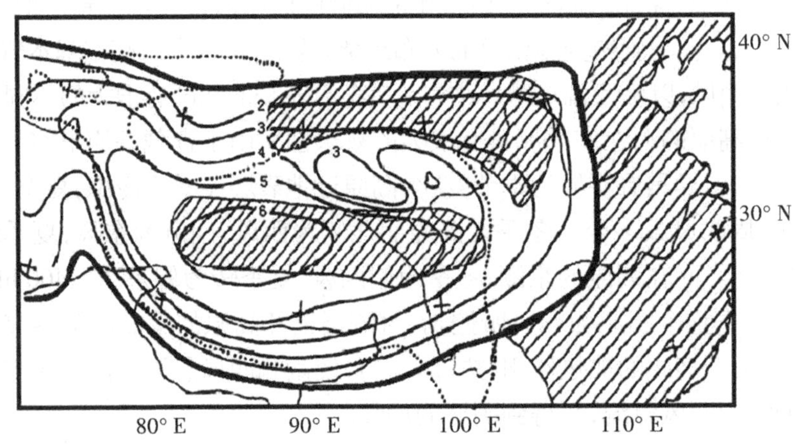

注:细实线为等高度线(km),粗实线为高原季风的界线,阴影区为地面季风区。

图1-4 青藏高原季风范围及其所达高度的等值线图

根据夏季风(偏南风)的厚度划分,高原季风的东界与海陆季风(东南季风)风向基本一致,以高原边缘为最厚,105° E附近可达3 km,由此往东和往西厚度均减薄,到了112° E附近厚度降至2 km以下,再往东到115° E以东偏南风厚度又增至3 km以上。据此,可将夏季偏南风厚度最薄的轴线定为高原季风的东界(图1-4中的粗线)。从地面季风区的分布图来看,这条线基本上就是季风区和非地面季风区之间的分界线。从夏季850 hPa的平均气压场来看,这一界线也是高原热低压(呈气旋性弯曲)与西太平洋副高(呈反气旋性弯曲)之间的分界线。但这只是一条气候的平均界线,在日常天气图上,当太平洋副高西伸或高原热低压很强时,这条界线显著地偏离平均位置。

高原季风与气压具有明显的配合关系。从1月和8月的600 hPa温压场的平均形势图(图1-5和图1-6,汤懋苍等,1979)可以看到,青藏高原的冬夏二季温压场类型截然相反。冬季的11月至翌年3月,高原低层为冷高压控制,属冬季型;6—9月为热低压控制,属夏季型；4、5月和10月为过渡型。夏季在高原（包括伊朗、阿富汗高原）北侧有一条高压带存在，约以1/200的坡度向高原内部倾斜，南边冬、夏气压梯度方向相反。高原南侧冬季沿喜马拉雅山附近有一条低压带，也向高原内部倾斜，坡度约为1/100，在此低压轴线以北的地区气压梯度方向的年变化相反。夏季在高原南侧还有一条高压带存在，位于冬季低压带之南。印度低压位于此高压带的南面，其轴线向南倾斜，上述高压带就是高原热低压与印度低压之间的分界高压。高压带以南气压梯度的方向年变化也相反，这就是印度季风区。高压轴线与冬季的低压轴线之间有一狭长带，气压梯度的年变化一致，与此相对应850 hPa以上的盛行风场年变化也一致（如印度德里、中国帕里），上述高原地区气压场的年变化均有一定的流场与之对应。

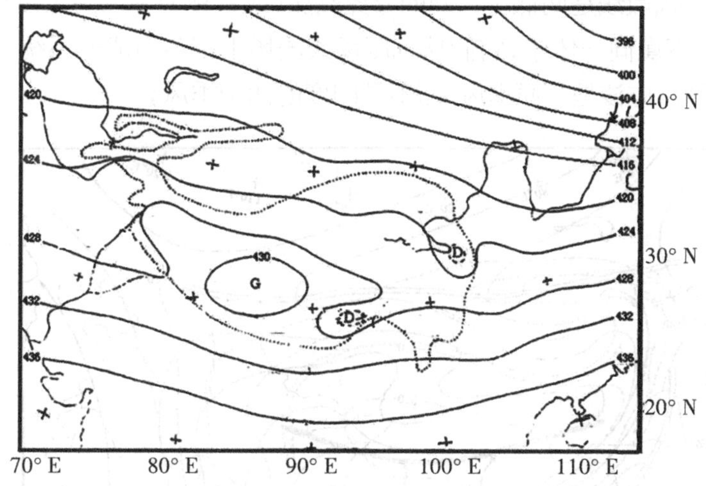

注：点线为地形廓线，实线为等高线（位势什米）。

图1-5　青藏高原及其周边区多年1月600 hPa天气平均形势

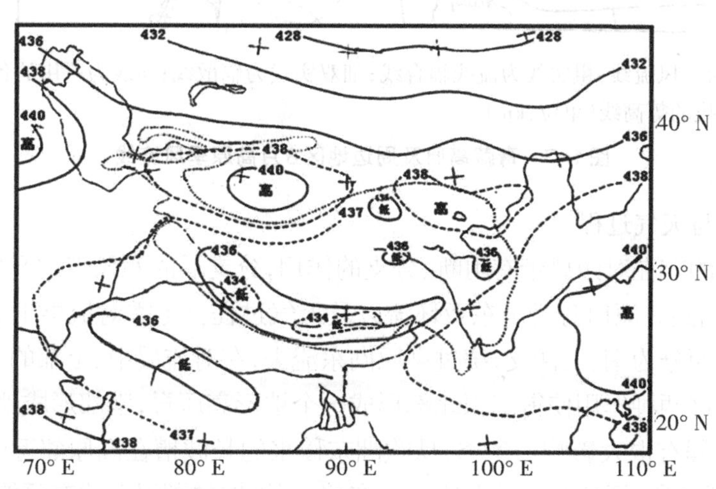

注：点线为地形廓线，实线为等高线（位势什米，其中虚线为437和438位势什米等高线）。

图1-6　青藏高原及其周边区多年8月600 hPa天气平均形势

显然，高原季风的北界与夏季高原北侧的高压轴线是一致的(其位置和倾斜度都基本相同)，高原季风的南界又与冬季高原南侧的低压轴线一致，高原风系的这种相反性年变化是与气压场的年变化相配合的。

从高原冬季风和夏季风的盛行风场流线结构来看，冬季围绕高原呈一反气旋流场，位于高原西部的噶尔、斯利那加等站直到距地5 km都是盛行偏南风，高原南部的拉萨、迪布鲁加、西里古里等站距地1 km左右都有一偏东风层，这一偏东风层应称为高原冬季风。图1-7[图中仅给出了8月高原季风流线图，冬季(1月)高原季风流线图略]是8月份距地1 km左右的盛行风场图，流线是向高原内部辐合的，辐合线大致在33° N附近。与印度季风相对应也有一条风向辐合线，与高原的辐合线之间是一条风向的辐散线。在气压场上，这条辐散线是两低压之间的分界高压(或者称为季风高压带)。可见，高原季风与印度季风不属同一体系，它们从气压场或流场上都各自成一系统。故夏半年影响华西地区的季风，应该是高原季风，而不是印度的西南季风。

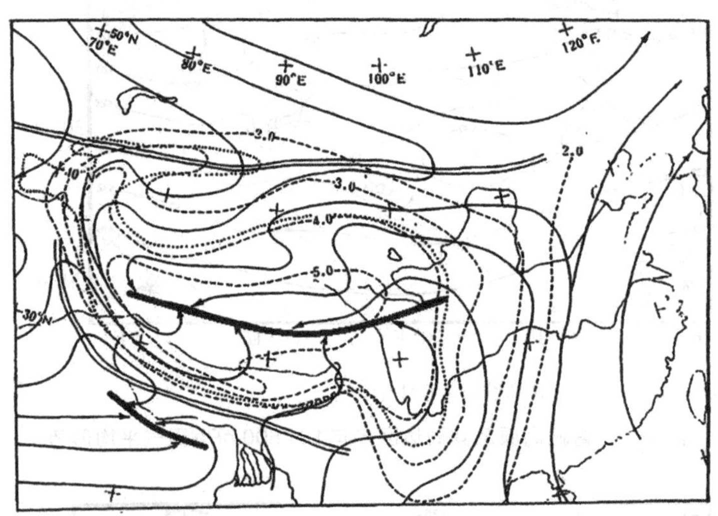

注：细实线为季风流线；粗实线为流线辐合线；细双实线为辐散线；断线为所用的各站距地1 km左右的风向所在海拔的等高线(单位：km)。

图1-7　青藏高原及周边地区8月高原季风流线

(二)环流与天气过程

青藏高原的存在对西风带有阻断、分支的作用，分支后的西风带常产生气流涡旋的变化，进而影响到高原自身乃至东亚环流以及天气过程。冬季对流层下半部的西风带受到高原阻挡而分为南、北两支，绕过高原向东流去，在对流层中、上部的气流则爬坡越过青藏高原。这两种作用使得高原北部形成一个地形高压脊，南部形成地形低压槽，对东亚的天气过程有很大影响。冬季，从欧洲东移来的长波槽在高原邻近就开始减速减弱，往往还分成两段，远离高原的北段迅速东移，至贝加尔湖附近才有可能重新加强，槽的南段或是切断变成冷涡，停滞少动并渐渐就地减弱，或是绕过高原往东移去。但是这并不意味着所有的高空槽都不能越过高原往东移去，当行星锋区位于高原上空时，平直西风中的小槽还是能越过高原的。据拉萨统计，冬季每月可以有5～10次高空槽移过拉萨。槽在爬山时减弱，一般变成衰老系统，气压场表现并不清楚，但温度场上却比较清楚，这种高空槽也能引起恶劣天气(汤懋苍等，1979)。

冬季，高原对其四周的自由大气来说是个冷源，因而加强了南侧向北的温度梯度，使得南支急流强而稳定。孟加拉湾的地形槽，槽前的暖平流对于高原东部的天气过程影响很大，是我国冬半年主要水汽输送通道，强的暖湿空气向我国东部地区输送，是造成该地区持久连阴雨的重要条件，也使得昆仑静止锋和华南静止锋能在较长时间内维持下去，而且还是我国东部的江淮气旋、东海气旋生成的重要条件之一。从孟加拉湾低槽的涡源中，东移的南支急流中的小波动，我国预报员称之为南支槽、印缅槽，它们也是造成我国华南冬季阴雨天气的主要系统。

夏季，北半球的东西风带都向北移动，青藏高原虽固定不变，但因为热力作用和经过高原的气流有季节变化，高原对环流的影响也就显出季节性的差异。由于加热，高原对于周围的自由大气来说是个热源，它使高原上空大气的水平温度梯度在高原北侧增大，在高原南侧变为相反方向(即指向南)。根据热成风原理，高原北侧的西风增大，高原南侧西风被东风取代。高原对大气的摩擦作用使高原北侧的反气旋性涡度相应地明显起来，表现为在700 hPa天气图上常常有一个孤立的闭合小高压在祁连山东南侧的兰州附近生成并东移，小高压东部的偏北风和高压南部的偏东风与这个季节西伸的太平洋高压脊西部的西南风之间形成一条切变线。这是我国夏半年黄河流域降水的主要系统之一。切变线随着两侧气流势力的对比变化而南北摆动，并伴随着雨区南北移动。同时，在夏季，高原500 hPa上高压活动频繁，对我国天气也有重要影响。例如范围较大而稳定的暖高压控制高原不仅会造成高原上干旱天气，而且当这种高压向东移到高原边缘时，还会产生暖而干的辐散下沉气流。这种气流又由于有利的下坡地形而又有所加强，所以它在地势较陡的祁连山北坡最为显著，这是河西走廊在地面图上就有强的热低压发展，吹干热的偏东风，也就是干热风的原因。这在小麦灌浆到乳熟期间会造成小麦严重减产。这种温度的暖高压向东北方经过不断发展与西风带的长波脊或西太平洋副高合并，是造成我国夏季酷暑的一种重要天气过程。

三、700 hPa环流形势下祁连山地的气压与风场

(一)环流形势与气压场

尽管有诸多的气象站在监测风向风速，但受地理环境(特别是所在台站所处的河谷与山脉走向环境)、监测时间与监测频次等条件限制，所得到的风速也并不代表复杂祁连山地的实际情况，但仍有一定的参考价值。

由于祁连山地大部分区域海拔在2 500 m到4 000 m范围，故用700 hPa的环流形势图基本可代表地面天气系统状况。早在1963年汤懋苍(1963)就绘制了700 hPa面上年(图1-8a)、冬季(1月，图1-8b)和夏季(7月，图1-8c)的平均形势图。

从图1-8中可以看到，不论在冬季还是在夏季，700 hPa的高度上祁连山西段为直径约为3 000 m的强大的高压(可称西段高压)，盘踞于疏勒河流域，冬夏存在，而

且强度、位置具有明显季节性变化。在东段山区也是一个高压区(可称作冷龙岭高压),冬季与西段高压相连,在兰州北面的庄浪河流域有一个小的闭合中心,形成高压轴线与祁连山主脉冷龙岭山脊平行的走向;夏季与西段高压断开,成为一个孤立高压,与西段高压相比相对较弱。远离祁连山南部的格尔木北侧、青南的河曲流域为低压控制,可分别称为柴达木低压和河曲低压(也可称为甘青川低压)。高压内部气流辐散,为下沉气流,不易产生降水;低压内部气流辐合,形成上升气流,是降水产生的先决条件。

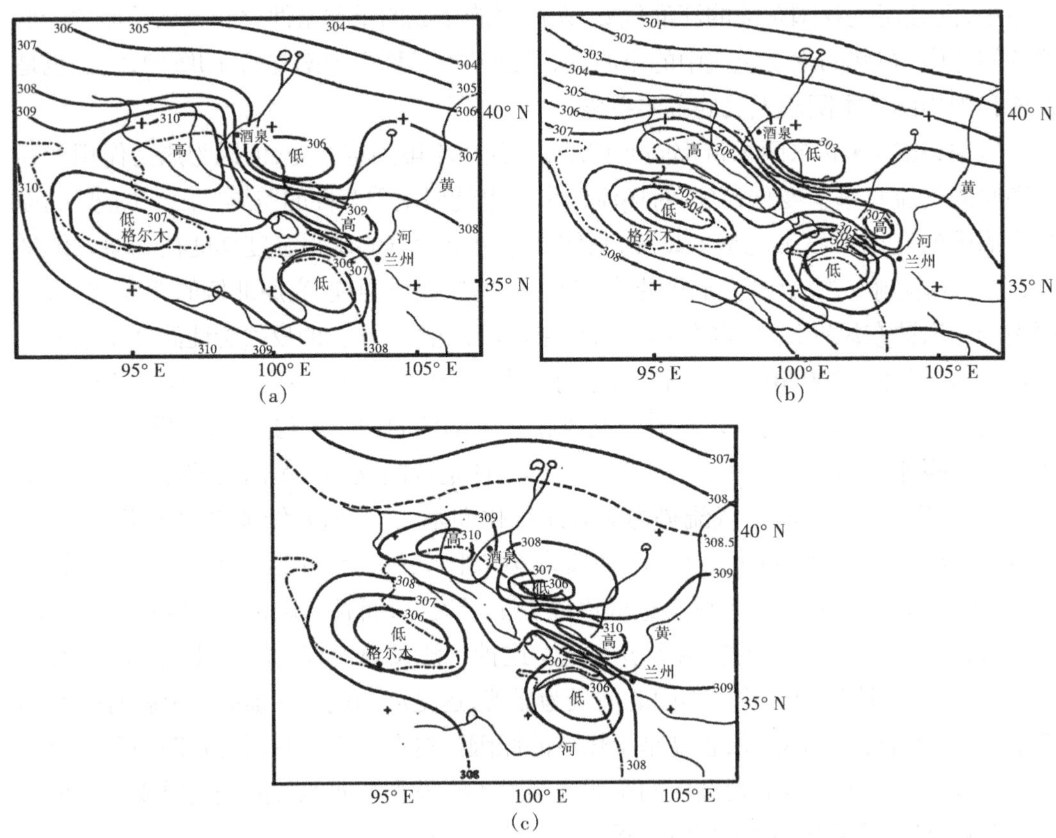

注:▬ ▪ ▬ 300 m高度线,—— 为700 hPa高度廓线。

图1-8 围绕祁连山地绘制的700 hPa年(a)、1月(b,冬季)、7月(c,夏季)的平均气压形势图

祁连山区上述的几个气压系统中,柴达木低压在夏季几乎是天天存在,只在冷空气入侵后的第一天可能遭到破坏,冬半年则出现得少。兰州和西宁之间北面的小高压,实际上也是祁连山东段高压,大部分在祁连山区东半段呈现,以冬半年出现得最多,夏季出现闭合高压的机会较少。河曲低压也是冬半年多,夏季时它总是与高原东部的热低压合二为一,在河曲地区出现闭合低压的机会更少。疏勒河高压也很明显,主要是因天山和祁连山之间经常有地形槽的存在,柴达木又是低压区,这样祁连山区西段就应是一个高压区,疏勒河高压主要是冷空气入侵后易产生,而且随冷空气维持时间长短而维持。黑河低压出现的机会也是不少的。

冬夏二季的高压分布，促使在河西走廊中段的黑河流域为明显的低压区，冬季低压范围小，夏季大，而且具有热低压的特点。在青海湖以东、湟水河以南到积石山脉的黄河河曲地区为低压区。冬季范围较大，强度强；夏季范围较小。在远离青海湖西部的柴达木盆地格尔木稍北侧，冬夏季年均为一个低压所控制，其中冬季低压范围很小，夏季直径范围较大。

上述气压系统的存在，也反映了700 hPa的平均流场(风向)，也就是说，祁连山地区下垫面各地盛行的风向与上述描述的700 hPa环流形势中的西段高压、东段高压(冷龙岭高压)、柴达木低压、黑河低压及河曲低压(甘青川低压)5个中型气压系统有关。在高压维持的边缘，气流为顺时针旋转，低压边缘的气流逆时针旋转。这种在低压与高压的过渡带当气流一致时将加强，形成较强的风速，如在兰州到西宁沿线的湟水流域以东南风为主，乌鞘岭、松山一带全年西北-北风盛行；当气流并非一致而且相反时，将削弱风速，如在酒泉东侧的南北方向、柴达木盆地中西部地区的东南-西北方向风向随两侧高压和低压的强度而改变，风速也较小。

这里再以700 hPa环流形势对气压的日、年变化进行分析。一般情况下气压随气温不同的分布有关，温度较低气压相对较高，但大多数气压日变化中最高最低稍滞后于气温出现最高最低的出现时间，即气压的最高值多出现在上午10:00，最低出现在13:00～14:00。但也因下垫面热力性质及青藏高原对气流的绕流作用与影响，气压日最高出现在23:00左右。气压的日变化中，日较差较大的出现在祁连山南部，而较小的区域在祁连山北侧，出现位置与气温日较差的极小带基本相合。

祁连山地地面气压的年变化主要表现出单峰式和双峰式的变化过程。单峰型最高出现在冬季(多在11月)，最低在7月，该类气压场出现在海拔低于2 000 m的地区；双峰型最高在10月，次高在6月或5月，两个低点分别在2月和7月，常出现在海拔2 000～3 500 m的地区，最低气压出现在7月的地区海拔多在2 000～2 500 m，而最低点出现在2月的地区海拔多分布在2 500 m以上。另外，还有一种气压年变化分布最低出现在1月，最高出现在8月的地区，通常在海拔4 000 m以上的区域。各站气压日较差的年变化可以分为冬季大夏季小、夏季大冬季小两类，祁连山外部区气压日较差夏季大，而内部区域冬季大，其界线基本上就是山区和平地的分界线。

事实上，祁连山西段气压系统的年变化是属于热力性质的，是“高原季风”组成的一部分，而东段高压则冬夏都是动力性的，其成因不一样，冬季是青藏高原大地形东北端的背风黏性绕流高压，夏季是高原季风(偏东风)过祁连山所致的向风面动力高压。因而该高压区冬季是下沉气流，晴干少云，夏季是上升运动，阴湿多雨。黑河低压的成因在冬夏也是不同的，冬季具有背风低压的性质，夏季则是其北面的高原季风高压与冷龙岭向风高压之间的一个过渡低压。

(二)环流形势与风向

一个地区盛行的风向除受气压高低系统的影响，也受到山谷风的影响。晚上气流自山内向外辐散，山区西段中央辐散气流强，辐合线有三条与700 hPa三个平均低压的位置相合;白天气流向山内辐合。表现出无论河谷走向如何,白天都是吹谷风,晚上为山风,也就是说,山区内部的每一座山峰附近都有一小型山谷风环流存在,它们与中型山谷风汇合,使晚上气流流线顺水流方向而下,汇集到各大河谷,并向山外辐散,成为中型山风;白天则是逆水流方向而上,向山内各排高山辐合。山区地形云总是成排出现在各排高山上就是这个因素导致的。但有些地区山谷风的日变化不甚明显,即并不是白天向高原辐合,晚上又自高原辐散,而是自成一个系统。如湟水河流域整日盛行偏东风,河西走廊以北的山外平地整日盛行偏西风,祁连山区中央海拔较高的开阔地区以西北风为主。除这些地区外,祁连山区的山谷风都很明显(通常称中型山谷风),甚至影响到山麓以外50 km左右的范围。

通常,高原地区的风存在三层结构,近地面为山谷风层,风向的日变化明显,年变化不明显,最多风向与次多风向基本相反,且频率相差不大,特别是出现山谷风厚度在1 km以下的,风向的年变化经常被日变化掩盖了;中层为高原季风层,风向的年变化明显,日变化不明显;上层为行星风系(高原北半部整年为偏西风,南部冬季盛行偏西风,夏季盛行偏东风)。风的三层结构中不论是风向还是风速存在相互叠加效应,影响作用明显,最突出的是夏季山谷风比冬季明显,但仍表现出冬季西及西北风向明显,夏季则以东或东南风向为主。这与不同季节的大气环流形势下,气压场不同,导致不同观测点的风向风速不同有着很大的关系。但是,大多数地区出现平均月风向频率往往是最多风向与次多风向基本相反,出现频率相差不大。同时不少气象观测点特别是在那些较狭窄的河谷里的观测点,冬季(特别是12月和1月)风向频率分配中静风频率大,静风频率都是一年中最多,进而也对年内的最多风向频率的代表性产生怀疑。为此,汤懋苍和许曼春(1984)提出盛行风向稳定度(s_p)的概念,即在与最多方向(其频率为f_M)相差大于120°以外的区间挑选一极大风向,称次多风向,其频率为f_C。命:

$$s_p = \left(f_M - f_C\right)/f_M \tag{1-1}$$

上式中f_M,f_C 均取45°范围内的平均值。可见当最多风向与次多风向频率相等($f_M = f_C$)时,$s_p = 0$,属山谷风极端发展、常定性气压系统完全不起作用的情况(下面将看到在气压系统中心附近s_p 值总是很小的)。若$f_C = 0$,则$s_p = 1$,属山谷风不存在,完全是常定性气压系统起支配作用的情况(由平均气压场图上可看到,凡气压梯度特别大的地方,s_p 也很大)。实际上s_p是变化于0～1的。

毫无疑问,一个地区的风向与风速和环流形势主导下的气压场密切联系。祁连山及其周边区域也是如此。图1-9a和图1-9b分别给出了1月(代表冬季)、7月(代表夏季)盛行风向分布(汤懋苍和许曼春,1984)。图中阴影区表示盛行风向稳定度(s_p)小于0.25的地区。1月s_p 小于0.25者,只出现在柴达木低压的中心区域。而7月s_p 小于0.25的站比1月多3倍,可见夏季的山谷风明显比冬季多。由图还可看到,无论是1月还是7月,各个高压中心附近的s_p 值都比较大,说明这几个中型高压的位置比中型低压要稳定得多。由图1-9a和图1-9b与平均气压场图(图1-8)比较发现,盛行风场与平均气压场相互配置，90%以上的测站盛行风向与平均地转风向的交角都小于45°。山区东北侧(也是青藏高原的东北端)的黏性绕流现象明显，西风气流的"脱体线"大致在酒泉附近，在"尾流区"中反气旋涡旋十分清楚，还可以分析出一根反气旋轴线(图中双粗线)，冷龙岭高压以及850 hPa上的河套高压都处在此反气旋轴线上。偏北气流绕过此反气旋轴以后变为偏东气流与越过高原(包括祁连山地)的西风气流相遇，形成一条风向辐合线。当然，这不是同一水平面上的风向辐合，以祁连山区来说，大致是2 600 m以下为绕流东风，2 800 m以上为西风气流。这条辐合线是高原东侧的一条重要气候界线，它从"脱体线"开始，经那曲低压，往南经河曲低压(或称甘青川低压)到川南滇北低压区，最后与昆明准静止锋相连。

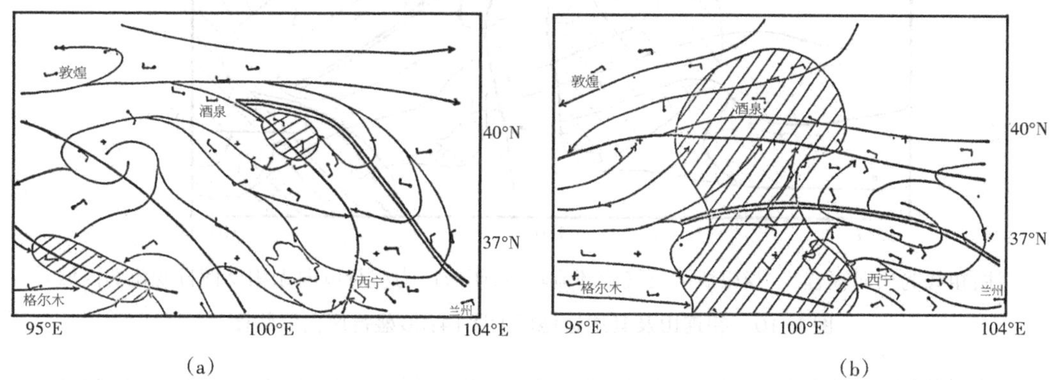

注：粗线为风向辐合线，双粗线为反气旋环流轴线，阴影区为盛行方向稳定度小于0.25的区域。

图1-9　祁连山及其周边地区1月(a)、7月(b)盛行风向流线图

在河西走廊以及山区西段季风现象非常明显，而山区东段及柴达木盆地的南半边，则没有盛行方向的相反性年变化。河西走廊各站大致是4—5月盛行方向开始转变，到9—10月又转换为冬季的盛行风，海拔在3 000 m以上的站(如托勒、野牛沟)盛行夏季风的时间一般是6—9月；海拔4 000 m以上的木里，仅7、8两月盛行偏东风，其余月份均盛行偏西风。由此可见，随着海拔的升高，夏季风的开始时间愈来愈晚，而结束时间则愈来愈早。整个高原夏季风开始与结束时间一致。

位于祁连山山区东段的"东风尾流区"边缘，海拔大致是2 500～2 800 m的大通、湟源、化隆等，风向的年变化很是独特，除11月至翌年1月的3个月外，其余9个月全都盛行偏东风。但这个并不说明夏季风在这个地区维持的时间特别长，而是说明了青藏高原的"背风尾流区"(涡旋区)所达到高度有季节变化，冬季(高原上空西风气流强)所达高度较低，在2 500 m以下，过渡季节所达高度较高(在2 800 m以上)。另外，大柴旦的盛行风向年变化也颇为特殊，3—10月西风盛行，11月至翌年2月东北风盛行，这说明从3月份开始柴达木低压即向北移到了山区西段；11月份山区西段的冷高压开始建立。

从祁连山及其周边地区风向日变化来看，1月夜间(北京时间2:00和8:00)的盛行风向与月平均情况(图1-9)相似。山区内部的东、西两段各自存在着盛行气流的辐散区，青海湖上的盛行气流呈气旋性弯曲。

从1月14:00的盛行风向流线图(图1-10)上可见,整个山区西段盛行偏西风,气流有向山区内辐合的趋势,这与夜间刚好相反,可见即使是在冬季仍然有中型山谷风存在。图1-10上另一显著特点是东段冷龙岭的反气旋环流比夜间弱得多,这表明高原东北侧的尾流高压有着明显的日变化,夜间强,白天弱。

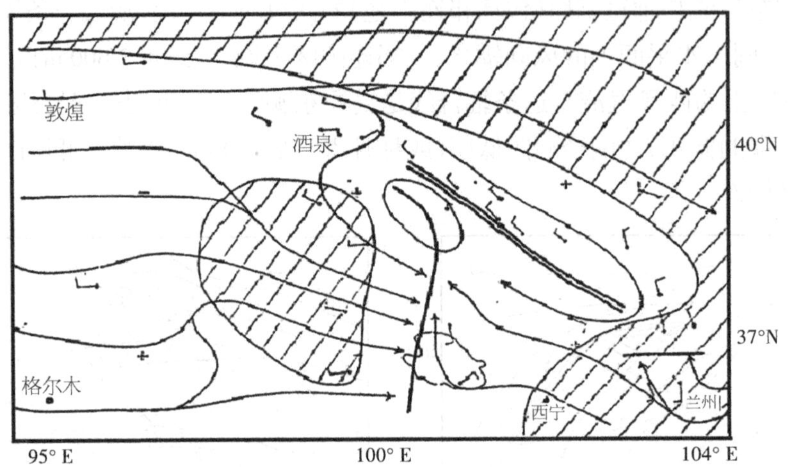

注:粗线为风向辐合线,双粗线为反气旋环流轴线,阴影区为盛行风向无相反性日变化的区域。

图1-10 祁连山及其周边地区1月14:00盛行风向流线图

比较图1-9和图1-10,发现青海湖滨的风有明显的日变化,白天风自湖心辐散,流线呈反气旋式旋转;夜间风往湖心辐合,呈气旋式旋转。从图上还可看到,整个山区风向无明显日变化者只有三块(图1-9中的阴影区),一是河西走廊以北的山外平地(距祁连山脚约50 km以外的距离),整日为偏西风,它不应该属于祁连山中型山谷风的范围之内;二是山内的高海拔地区(如木里、天峻等)也是整日盛行西风,这说明在海拔高而突出的地方,行星西风的动力作用可以掩盖热力作用的日变化;三是湟水谷地整日为偏东风盛行,这也是由一种动力性原因所造成的(高原背风绕流高压和冷龙岭高压终日存在的结果)。

1月20:00盛行风向分布与2:00更为接近,而与14:00相差较大。7月盛行风向的日变化很清楚,中型山谷风表现得极为明显,夜间有一条风向辐散线自西向东横贯整个山区中心,南北两边的山外平地各有一条盛行风的辐合线,也是呈东西走向。在此两辐合线之间,风都是自祁连山区向外辐散,形成明显的中型山风。北边辐合线以北的地区,风向无日变化,无论白天晚上都是偏东风盛行。所以这条辐合线可以看成是祁连山中型山谷风的北界,它离开山脚的距离也是50 km左右。由此再往北,风向的日变化虽然不清楚了,但年变化却很明显,即高原季风仍很明显。这就是说,高原季风与中型(或大型)山谷风之间的关系也类似于海陆季风与海陆风之间的关系。山谷(或海陆)热力作用的日变化只能影响到10 km量级的范围,而它们的年变化所能影响的尺度比日变化要大一个量级以上。

7月份14:00盛行风向分布与夜间几乎刚好相反，气流明显地自山外向山内辐合，通过柴达木盆地可以画出一条盛行风向的辐散线，在其北面盛行风吹向祁连山，南面吹向昆仑山，与夜间完全相反。由此可见，白天气流是自盆地向外辐散，晚上向盆地辐合，无怪乎柴达木盆地多夜雨。

应说明一下，以上的讨论都是把祁连山作为一个整体，只着重描述了中型山谷风现象，而实际出现的山谷风是中型和小型山谷风的叠加，根据夏天我们在山区的实地考察，每到一个河谷里，只要天气不是特别坏，无论河谷走向如何，白天总是有沿河而上的谷风，晚上是顺水而下的山风，几乎没有例外。据此，似乎可以这样推测，白天中型谷风是沿各大河逆水而上，再沿各小河谷分成小型谷风；晚上则是小型山风自各小河顺流而下，汇成中型山风流向山外。

付建新等（2020）基于祁连山区11个气象站点的平均风速、最大风速和最大风速的风向数据，利用多种数学方法和ArcGIS空间分析法对风速和风向的时空变化分布规律做了探讨。他在分析区域风速时空变化时，结合祁连山实际情况和研究需要将研究区进行区段划分（付建新等，2018；张忠孝，2004；符淙斌和王强，1992），东段包括乌鞘岭、西宁和门源，中段包括野牛沟、恰卜恰、茶卡、刚察和祁连，西段包括大柴旦和德令哈。分析祁连山地最大风速的风向变化状况时发现（见彩图1a，付建新等，2020），年内最大风速的风向存在S、SSW、SW和WSW四种风向，SW和SSW的百分比频率均为33.33%，故以西南风和南西南风为主；4月最大风速为14.23 m/s，是年内最大风速的极值。年际最大风速的风向（见彩图1b，付建新等，2020）存在SW、SSW、WSW和S四种风向，其百分比频率分别为57.89%、28.94%、10.53%和2.63%，说明以西南风为主，平均最大风速分别为12.96、12.54、11.19和10.48 m/s。年际最大风速以13～14 m/s为主，其中SW风向的最大风速为9.53～14.75 m/s，占比为40.91% 。

由彩图2（付建新等，2020）可知，春季最大风速的风向百分比频率由大到小依次为SW、SSW、WSW、W和S，分别为31.58%、28.95%、26.32%、7.89%和5.26%，说明春季以西南风为主，其中西南风的平均最大风速为14. 99 m/s，春季年际最大风速以15～16 m/s为主。夏季最大风速的主导风向为南风，百分比频率为36.84%，最大风速为10.09～14.32 m/s。秋季最大风速的风向以SW和SSW为主，百分比频率分别为36.84%和31.58%，平均最大风速分别为12.17和11.06 m/s，秋季最大风速以12～13 m/s为主，占比为31.58%。冬季最大风速的主导风向为西西南风（WSW），百分比频率为47.37%，其中最大风速为13～14 m/s，占比为28.95%。

分析还发现，年际最大风速的风向以西南风为主，而内部差异较明显，东段的西宁和西段的德令哈最大风速的风向以SE为主，东段的乌鞘岭以S和ESE为主，中段的托勒和野牛沟分别以W和WNW为主，其余站点均以SW、WSW或SSW为主（彩图3，付建新等，2020）。东段主要受来自太平洋的东南季风影响，中西段主要受到来自印度洋的西南季风以及西风带的影响。最大风速的最大值和最小值的站点分别是乌鞘岭和德令哈，其值分别为18～19 m/s和2～4 m/s，西宁站点的最大风速为3～11 m/s，相对较小，和其城市化水平有一定关系。

(三)环流形势的风速状况

这里以环流形势为背景,简单描述祁连山区域风速分布与大气环流背景下气压场引导作用的分布特点。分析祁连山及其周边气象站监测的风速资料发现,整个祁连山区年平均风速超过4 m/s的大风区主要分布在河西走廊西段玉门关以北、较为突出的高山区(如木里、乌鞘岭)、东西走向的宽广河谷或盆地(如察尔汗年平均风速达4.0 m/s、布哈河上游天峻达3.8 m/s)。年平均风速在2 m/s以下的则在祁连山区内部南北走向较窄的河谷、东南部的"东风绕流区",西宁也属明显的"东风绕流区"。可以发现,河谷的宽度(以其两相对峙的山脊的水平距离来度量)是影响风速的最主要的因子,海拔的影响尚在其次。在河谷宽度和海拔都相近的地方,山区西段的风速明显地大于山区东段。

祁连山是整个青藏高原向北突出的部分,因而河西走廊上气流的绕流现象很明显。不论是东风还是西风都是在嘉峪关附近风速最大,过了嘉峪关以后由于黏性湍流的作用风速都明显减小,如玉门及以西地区冬季(盛行西风)风速大于夏季,而酒泉及其以东是夏季风速(偏东风)大于冬季。明显地反映出气流的绕流特性。

冬季沿任一条河流溯源而上都可以发现风速随高度变化的统一规律,山外平地风速都较大,进入山内风速立即减小,特别是河谷走向为南北向的峡谷中风速最小,再往上若河流变为东西走向河谷也逐渐变宽的话,风速便显著增大,一直到分水梁上。夏季时山内山外的风速相差不大。这说明冬季空气稳定度大,局地地形对风速的影响很大,夏季空气稳定度小,局地地形对风速的影响相对较小。

山区气候的特色也反映在风速的年变化上,不少地区春天风大,秋天小。但随着局地地形的不同有着颇为特殊的年变化,主要表现在高山地区冬季的11月至翌年2月风最大,夏季的7—8月最小,与自由大气风速的年变化基本一致,如木里等地。在山区的低谷区域,夏季6—7月风速大,冬季(12月至翌年1月)小,与高山地区相反,冷湖、莺落峡、肃南等地,其年变化特点似乎可以说低谷之中的风速大小主要决定于气层的稳定度,而与自由大气的风速关系甚小。另外,山外平地的平原区,春季风速最大,秋季小。而且,绝大多数地区风速的日变化都是下午风大,早上小,一年四季没有例外。只是在祁连山北坡山腰的一些河谷地区,早上山风特大,中午转为谷风以后风速反而减小。

付建新等(2020)还基于祁连山区11个气象站点分析了区域风速的时空变化。从图1-11(付建新等,2020)可知,祁连山区平均风速和最大风速的变化规律既有相似性也有差异性。相似性表现出平均风速和最大风速在全区和西段春季风速均是年内的峰值区,全区域分别为3.06和14.04 m/s,西段分别为2.62和10.81 m/s。差异性主要表现在中段和东段,春季的平均风速依然是年内高峰值区,分别为3.12、3.23 m/s。而中段和东段年内最大风速的峰值区却出现在冬季,分别为12.94和9.66 m/s。各区平均风速的低值区除了东段出现在秋季外,其余均在冬季,而各区最大风速的低值区均出现在夏季,全区最大风速的低值区在秋季。

风速的年际变化表明(图1-12,付建新等,2020),1960—2017年平均风速整体呈下降趋势,与青藏高原平均风速变化趋势基本一致(徐丽娇等,2019),下降率为-0.07 m/(s·10a),从各分段的区域来看,随年际进程风速下降趋势由大到小依次为西段、东段和中段,下降率分别为-0.15 m/(s·10 a)、-0.09 m/(s·10 a) 和-0.03 m/(s·10 a)。

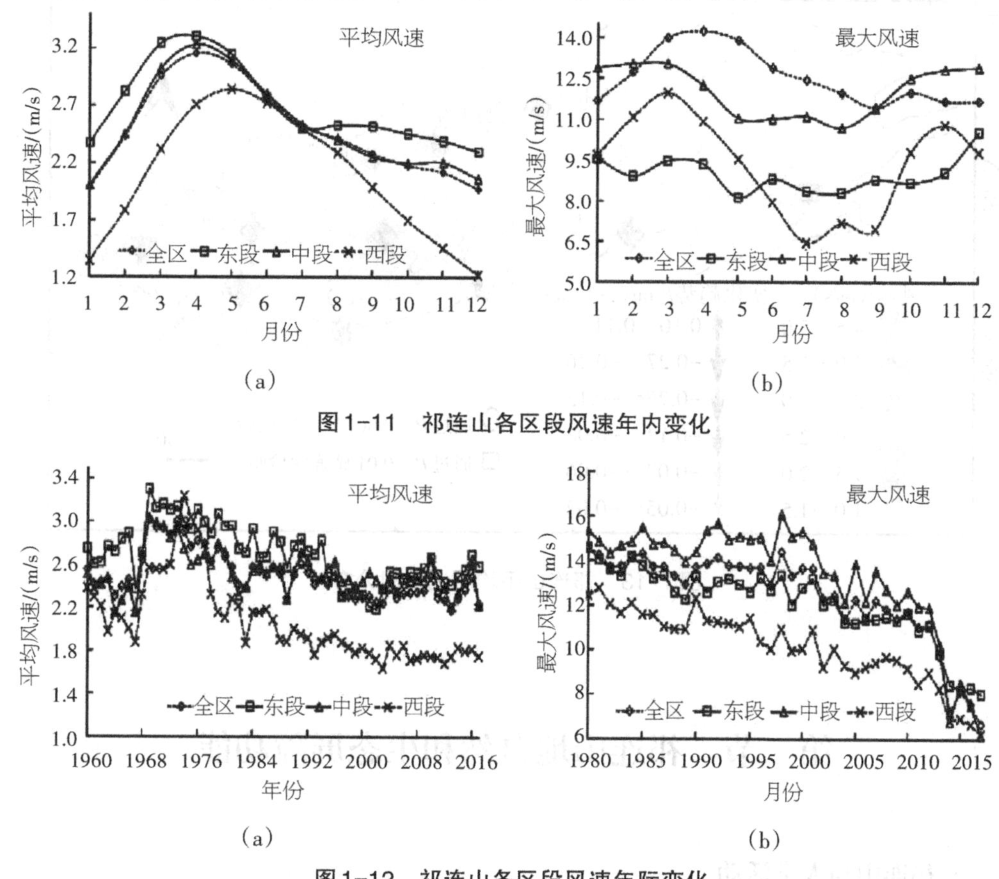

图1-11　祁连山各区段风速年内变化

图1-12　祁连山各区段风速年际变化

特别是1980—2017年的38年来,最大风速下降较快,下降率达-1.56 m/(s·10 a),下降趋势由大到小依次为中段、西段和东段,下降率分别为-1.74 m/(s·10 a)、-1.38 m/(s·10 a)和-1.33 m/(s·10 a)。全区和各区段平均风速和最大风速的变化速率均通过了显著性检验。

1960—2017年的58年祁连山区平均风速的年代际变化表明(彩图4,付建新等,2020),1970—1979年全区和各个区段平均风速最大,1990—1999年全区和东段的平均风速最小,2010—2017年中段和西段的平均风速最小。1960—1979年风速整体上呈上升趋势,之后不同区段变化有所差异,1990—2017年全区和东段有所上升,西段逐渐下降,1990—1999年中段出现一个次高峰。1960—1999年平均风速的变化态势和黑河流域平均风速的变化趋势基本一致(何旭强等,2013)。

付建新等(2020)还分析了风速年际空间分布的变化情况(图1-13),认为祁连山东段、中段和西段平均风速分别为2.70、2.53和2.07 m/s,平均风速自东向西呈递减趋势。乌鞘岭和西宁是全区平均风速最大和最小的站点，分别为 4.95 和 1.47 m/s。83.33% 气象站点平均风速呈下降态势，其中西宁站点的平均风速下降趋势最大，为-0.28 m/(s·10 a)。

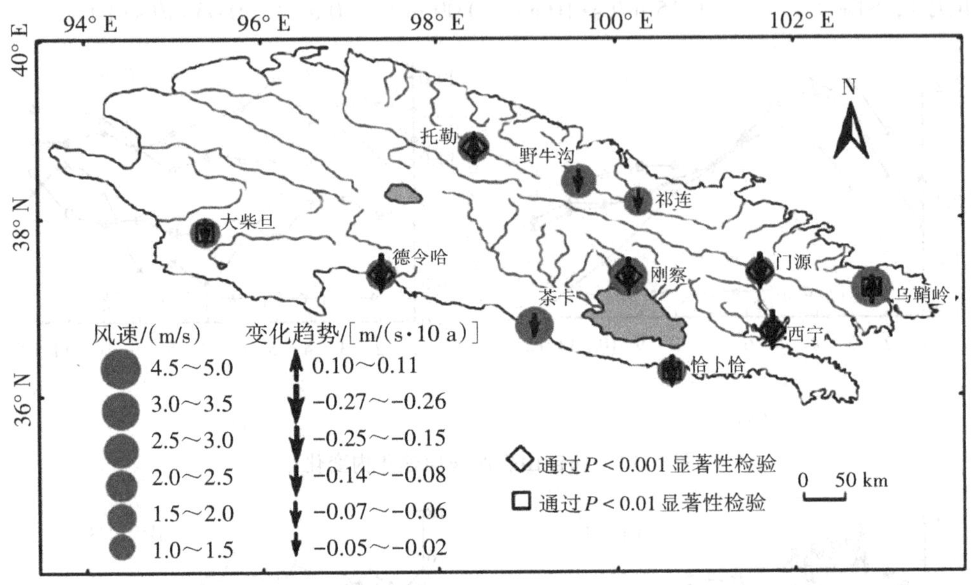

图 1-13 祁连山平均风速空间分布

第二节 祁连山地自然和生态屏障功能

一、祁连山与人类活动

2亿多年前，祁连山所在的地方还是一片汪洋，喜马拉雅造山运动，让祁连山与青藏高原一同隆起。作为青藏高原东北侧的边缘，中国的地形在这里又上了一个台阶。“祁连”系匈奴语，匈奴呼天为“祁连”，祁连山即“天山”之意。李白的“明月出天山，苍茫云海间”中的“天山”，说的就是这条斜卧于青海和甘肃交界处的祁连山脉。在以放牧业为主的匈奴人中，祁连山有着很高的地位。在汉王朝控制河西地区的战役中，祁连山草地发挥着重要的作用，是一片“风水宝地”。祁连山地连绵的雪山、茂密的森林、丰美的水草，不仅是风景游览区，也挡住了来自北方的风沙，西侧的冰山融水更是珍贵的淡水资源，滋养了干旱的河西地区，祁连山可以说是西北地区最重要的一道生态屏障。沿着祁连山的山体，自东南向西北一路行进，降水逐渐减少，周围的景色也从森林逐渐过渡到草原，最后是戈壁荒漠。

其实，早在河西四郡设立之前，祁连山南北两侧早已成为游牧民族活跃的舞台。夏季，这里水草丰美，湿润多雨；冬季，背风阳面的低山地区雪不大，不会完全覆盖牧草，这是适合牧民过冬的"冬窝子"。考古学家在这里发现的游牧遗迹，最早可以追溯到5 000年前。

羌、氐、月氏、乌孙、匈奴、汉、突厥、蒙古等各个民族在这里轮番登台，汉、唐时期中原文明兴盛时，这里是对外开放的窗口，是商贾往来频繁的"经贸特区"，佛教从这里传入中原，丝绸、中药、茶叶从这里远销海外。在魏晋战乱时，前凉、后凉、北凉等河西走廊的割据政权，又保存住了中原文化的火种。习近平提出的"一带一路"倡议的"路"在汉、唐时期就已盛行。可见，祁连山得天独厚的地理位置，造就了其自然景观、自然屏障、生态屏障、畜牧业生产、文化交流等重要的作用。这里则对祁连山地的这些屏障的作用，以及在畜牧业发展中的作用给予简单的叙述。

二、地形屏障作用

横亘在河西走廊南侧的祁连山脉，长达1 000 km以上，宽200～300 km，海拔2 000～4 500 m，面积为15万km^2。祁连山地是由一系列西西北-东南东平行走向的褶皱断块山脉、沟谷和盆地组成，山脉、沟谷沟壑交错、宽窄不等（彩图5）。

祁连山地区域范围包括大坂山山系的青海南山、日月山、拉脊山，其东部可延伸至黄河北岸，到达青海同仁、甘肃临夏等；西至土尔根达坂山和柴达木山；北部为干旱荒漠为主镶嵌绿洲的河西走廊；南部为干旱的柴达木盆地、茶卡，以及半干旱的共和盆地和黄河谷地。祁连山地的地理坐标范围在36°05′～39°30′ N、94°30′～103°30′ E。祁连山地以山地为主，其主体地貌是高山、沟谷和盆地。祁连山脉的西段主要有土尔根达坂山、柴达木山、走廊南山、托勒山、托勒南山、疏勒南山，山体多而巨大，有黑河、托勒河、疏勒河、喀克吐郭勒河谷地和哈拉湖盆地等；东段主要有冷龙岭、大通山、大坂山、青海南山、日月山、拉脊山等一系列山脉，有大通河、湟水河谷地及青海湖盆地等。境内最高山峰为团结峰（岗则吾结峰），海拔5 826.8 m。东段山峰较低，多数海拔4 000 m左右。境内西部的哈拉湖为高原湖泊，海拔4 200 m左右；大通山东南与青海南山之间为我国最大的咸水湖——青海湖，青海湖是我国最大的内陆高原湖泊，湖面海拔为3 260 m，周边地区海拔均为3 500 m以上。域内青海境内沟谷地区的最低点为民和县下川口地区，海拔1 650 m；北部地区海拔可降到1 200 m左右。整个祁连山地区的地势由西北向东南倾斜。

也正是如此复杂多样的祁连山地地形作用，一系列沟壑交错的山脉、盆地，高山对气流的爬坡动力抬升及热力作用下，形成多样的雪山、冰川、草原、森林等自然景观。主要表现在青海甘肃两地（省）中西段海拔多在4 000 m以上终年积雪的雪山，大小冰川2 869条之多，面积达2 000 km^{2}以上，冰储量在800×10^8 m^3，生成了内陆河、外流河、青海湖三大水系，总径流量达到116×10^8 m^3，涵盖西北3省（区）24个县（市、区）。石羊河、黑河、疏勒河等57条大小内陆河涵盖了河西5市及内蒙古的阿拉善盟北部，累计长度达到1 940 km，年径流量达74×10^8 m^3，流域面积27×10^4 km^2，使其形成数十块总面积约为1.93×10^4 km^{2}的绿洲。流域内网状分布的农牧交错带、绿洲，稳住了巴丹吉林、腾格里等沙漠，阻隔了中亚与我国西部大沙漠的融合串联，避免了沙漠东移、南下的扩张；内陆河的布哈河、沙柳河是青海湖主要的水源，布哈河、沙柳河流域集水面积分别为14 337 km^{2}和1 442 km^2，注入青海湖水量多年平均流量分别为7.93×10^8 m^{3}和3.08×10^8 m^3（李岳坦等，2010），保证了青海湖水位的平衡。这些水系及其水汽条件使祁连山地形成了一条横跨三省（区）的西部绿色生态长城，无论气候如何演替，流域如何消长，其生态安全的屏障作用巨大，具有缓冲、自然修复的功能，在应对气候变化中，护佑着南部游牧与北部农耕文化生态界限与文明的发展。

复杂多样的祁连山地地形作用还导致风速、风向变化的异地差异明显，进而影响到降水、温度等分布的复杂性。高大的祁连山可阻隔冷空气直接南下，往往在祁连山北侧底部（西部可延伸至当金山北侧）堆积冷空气，近地面形成明显的“准静止锋”或“冷涡”或“锢囚锋”，这些冷空气与南来的暖湿气流在祁连山脊线及南侧交汇易使水汽凝结而形成较大的降水量，降水日数多，降水量丰沛。而在南坡的湟水谷地、大通河谷冷空气往往自东南向西北“倒灌”，“倒灌”过程中动力爬坡水汽易凝结，将产生较多的降水过程和较大的降水量。类似的天气形势在阿尔金山、天山，以及其他基本为东西走向的高大山脉处均可形成。说明在祁连山地区的陆地自然生态系统中，祁连山的阻隔，致使山脉南北两侧乃至山体东部尾流影响下的东部区域，气候、植被、土壤类型产生很大的改变，如在祁连山北部为戈壁荒漠景观，祁连山东部及东南部则成为尾流影响下的黄土高原，而在祁连山南侧则为青藏高原的高寒草地景观，当然受柴达木盆地四周高山环绕环境影响，远离祁连山的柴达木盆地也是未来戈壁荒漠景观，表现出祁连山地成为蒙新荒漠、黄土高原、青藏高原三大景观类型的交会带。也正是如此，祁连山的天然气候屏障与生态屏障功能作用十分突出。

三、生态屏障与生物多样性维持作用

草地生态系统具有防风、固沙、保土、固碳、持水、维系物种多样性、调节气候、净化空气、涵养水源等生态功能，是自然生态系统的重要组成部分，对维系生态平衡、地区经济和人文历史具有重要地理价值。

祁连山地发育着不同的草地类型。其中，高寒草甸是指在寒冷的环境条件下，发育在高原和高山的一种草地类型，其植被组成主要是冷中生的多年生草本植物，常伴有中生的多年生杂类草。植物种类繁多，莎草科、禾本科以及杂类草都很丰富。密丛性短根茎嵩草属为重要的组成植物。群落结构简单，层次不明显，生长密集，植株低矮，有时形成平坦的植毡。草类如嵩草、羊茅、发草、剪股颖、珠芽蓼、马先蒿、堇菜等，小灌木如金露梅、柳丛、锦鸡儿等，下层常有密实的藓类。典型的草甸在北半球的寒温带和温带分布特别广泛。青藏高原上大面积的高寒草甸土壤有机质含量高，植被生产力均较高，特别是土壤有机碳储量是植被生物量的6～10倍以上，发挥了较高的碳库作用，在全球碳循环中起着十分重要的作用。因此，高寒草甸生态系统对人类未来的生存与发展有着不可代替的巨大生态功能、举足轻重的经济功能和重要的社会功能（孙鸿烈，2005）。

祁连山既有天然地形屏障作用下的人文地理，是人类文明的舞台，还是植物多样性的主要区域，也是动物的天堂。就是因为祁连山的特殊构造、地质条件等，使得该区域的生态资源十分丰富。例如，鹿、麝、豹、熊等几十种的生物种群都在该区域生活。位于祁连山腹地的黑河湿地，是候鸟们补充能量的“驿站”。每年的9月是候鸟迁徙的高峰期，平均每天有几千只鸟在这里休息，补充能量，形成数万只候鸟的栖息地。从青藏高原飞来的斑头雁，抢占了一片片滩涂，这里丰富的软体动物足以宽慰它们的辘辘饥肠，而更多的鸟类，如大天鹅、灰雁、黑翅长脚鹬等，则选择在开阔的水面上寻觅食物。

山谷间茂密的高山灌木丛里生长着各类豆科、莎草类和禾本科植物，它们是马鹿等食草动物最喜欢的食物。高山深处，人们时常能追踪到雪豹的身影，不过更为常见的，还是喜欢卖萌的藏狐和旱獭。这种环境保护着在此繁衍生息的多样生物，为该区域的生态系统构造提供了坚实的基础。

祁连山草地生态环境系统是整个青藏高原生态系统的重要组成部分，在高寒、干旱、缺氧条件下发育形成的生态链极易受人类干扰，产生崩溃性失衡。在气候变暖及人类活动的影响下，近几十年来，高原高寒草原生态系统发生了严重的退化，植物种群及其年龄结构发生变化，生物多样性下降，生产力降低，植被盖度变小，草地系统中牧草种群退化，有毒、有害草种群数量增加，草地生态系统演替过程加剧，土壤侵蚀严重，水土流失严重，草地结构被破坏后丧失了原有的平衡，进而导致功能衰退和恢复稳定性的减弱(牛亚菲，1999)。当然，导致草场生态系统的退化过程是复杂的，既有系统自身演变的内在原因，也有人为因素干扰的外部驱动。但不论怎样，草地生态系统的防风、固沙、保土、固碳、持水、维系物种多样性、调节气候、净化空气、涵养水源等功能屏障作用不可忽视。

四、“冷岛”“湿岛”的“天然水塔”水源效应

祁连山巨大的山体既减缓了西风环流对东部黄河谷地和黄土高原的直接影响，也形成了大气水热循环对祁连山周边环境的调控作用。在气候上，自太平洋远道而来的东南季风，裹挟着暖湿的水汽，致使青海境内除班玛县—久治县—河南县较高区域存在较高的降水量高值区外，在祁连山的阻拦下耗尽了最后的力气转而形成青海境内的第二个降水量高值区，而在祁连山周边稍远的北部、西部、南部则为干旱的河西走廊、阿尔金山、柴达木荒漠戈壁，从而也使祁连山的中部形成了我国东部季风区与西北干旱区的分界线。可以说东南季风为祁连山塑造了粗犷、壮观的山谷冰川。

整个祁连山地区除河流众多外，冰川资源也十分丰富。在海拔4 400 m以上地区终年积雪，发育有现代冰川。在祁连山腹地，总共“流淌”着3 000多条冰川，总储水量达1.32×10^{11} m^3，相当于5个蓄满水的鄱阳湖，在干旱的西北是一座重要的巨型固体水库。据资料，肃北老虎沟里的12号冰川——梦柯冰川，这座冰川长度超过10 km，面积有21.9 km^2，是中国西北地区最大的山谷冰川。而仅青海境内，祁连山的冰川和永久积雪面积为8.46×10^4 hm^2，占全省冰川总面积的18.31%，冰川储量约615.49×10^8 m^3，占全省冰川储量的15.43%，冰川融水量4.97×10^8 m^3，占全省融水量的13.57%，冰川补给径流比例为11.73%。流域内冰川主要分布在黑河(内陆河)和大通河(外流河)两大流域。其中黑河流域冰川面积2.91×10^4 hm^2，冰川储量103.74×10^8 m^3，冰川融水量2.21×10^8 m^3，大通河流域冰川面积0.41×10^4 hm^2,冰川储量12.50×10^8 m^3,冰川融水量0.28×10^8 m^3。该区域的冰川类型主要有冰斗冰川、悬冰川和山谷冰川。这些“固体水库”成了祁连山及周边地区江河的发源地,在祁连山南麓西北部的布哈河、北部的伊克乌兰曲–沙柳河、东北部的唐曲–哈尔盖河及甘子河等补给着青海湖的水量。在祁连山北麓,祁连山北侧的一条河对应着一片绿洲和城市,石羊河对应武威,黑河对应张掖,北大河对应酒泉,党河对应敦煌,这些自汉武帝时期起就存在的城市,一直受益于祁连山水的浇灌。同时,区域内的冰川和永久积雪不仅是众河之源,而且其宝贵的“固体水库”还可起到平枯抑丰和调蓄河流径流的作用。

上述“流淌”着的冰川是“固体水库”,进而形成了祁连山地的“荒漠湿岛”效应。从气候上看,由于祁连山地作为中国腹地的一条天然屏障,高大山脉减缓着冷空气的急剧南下,而南部可使孟加拉湾的西南暖湿气流输送到祁连山东部地区,从而形成了东部相对湿润、西部干燥多风的两个气候类型。祁连山东段(门源、海北)的年降水量在500 mm以上,祁连山西段(托勒)的年降水量不足300 mm。从植被景观上看,祁连山地西段的柴达木盆地和甘肃省的河西走廊等周边地区,呈现一片典型的荒漠植被景观;祁连山东段发育有草甸、草原、灌丛、森林等多种植被类型,形成了东西截然不同的植被景观。同时祁连山西段高大的山体阻拦了西部风沙对东部地区的侵袭,使东部的生态环境保持良好状态,生物多样性丰富,是世界上高寒生物种质资源库之一。在实施中国西部大开发战略中,维护祁连山地生态系统平衡具有重要的意义。

在西北内陆地区,水是最为宝贵的资源,是区域内一切生命的源泉。没有祁连山“湿岛”水源的注入,哈拉湖和青海湖将不复存在,将重演“古楼兰”和“罗布泊”的历史悲剧。没有祁连山“湿岛”效应就没有祁连山水资源的安全,将使区域内的经济发展失去活力,社会发展将停滞不前。为此,保护好祁连山的水资源,就是保护这一地区的生命线,保护了我国西部地区的经济命脉。作为“荒漠湿岛”,祁连山还是那些穿梭于东亚和印度之间的候鸟的理想中转站。“固体水库”由于下垫面寒冷,从祁连山周边地区不同海拔的气象站观测的平均气温按气温垂直递减率推算到650～500 hPa高度上时发现,在同水平高度上,祁连山地中部气温高于四周,形成明显的“冷岛”效应(将在本章第三节单独阐述),这与整个青藏高原为“热岛”的效应有所不同。

五、水资源安全保障及涵养作用

祁连山地不仅有着天然气候的屏障作用,由于高大山脉南北走向,形成明显的气候分界线,因此其生态功能的屏障作用明显。据分析,纵跨青、甘两省的祁连山不仅孕育了我国西北地区的几大内陆河,而且还是黄河一级支流河的发源地,是一座“天然水塔”。一是孕育了黑河、疏勒河、石羊河等河西走廊内陆河水系,年出山径流量约72.64×10^8 m^3,灌溉了河西走廊和内蒙古额济纳旗7×10^4 hm^{2}农田,滋润了120×10^4 hm^{2}林地和620×10^4 hm^{2}草地,为700多万头牲畜和600多万人民提供了生存条件,保障了青海北部和河西走廊地区经济社会的发展。二是发源于祁连山南麓的巴音郭勒河、喀克吐郭勒河和鱼卡河等河流流入柴达木盆地,从而构成了柴达木盆地和哈拉湖水系。

流域总面积 1.94×10^4 km²，年径流量约 8.5×10^8 m³，不仅是高原湖泊哈拉湖和克鲁克湖的重要供水源，而且还为柴达木盆地的绿洲农业和工、矿业的发展提供了宝贵的水资源。三是注入青海湖的50多条河流均发源于祁连山，流域总面积约 2×10^4 km²，年径流量 16×10^8 m³，是高原最美湖泊——青海湖的重要水源地，养育了流域内9万多人口和400多万羊单位的牲畜，是青海省重要的畜牧业生产基地。四是湟水和大通河的发源地。两大外流河流域总面积 3.29×10^4 km²，年径流量约 50×10^8 m³。湟水流域(含大通河)是青海省政治、经济、交通和文化中心，平均人口密度197人/km²，总人口300多万，占全省总人口的59%。近几年来，国家依靠该流域的大通河水，先后实施了引大入秦和引大济湟工程，将大通河水引入甘肃的秦王川和湟水流域，为两流域的缺水问题缓解了燃眉之急。

随着人口增长和经济社会的不断发展，社会对水资源的需求越来越大，祁连山地区水资源短缺的局面更加明显，凸显出保护祁连山冰川、雪山的重要性。冰川、雪山，以及周边环境条件下的冰冻圈，对经济社会的服务功能不可小觑，冰冻圈具有较强的气候调节、径流调节及水源涵养与生态调节功能，人类生存与发展所需要的水源高度依赖于"固体水库"冰冻圈的水对河流的补给。同时，冰冻圈作为特殊下垫面，以其高反照率和特殊的水分保持功能，使地球成为对人类而言气候宜居、生态系统结构稳定的星球。若无冻土的水源涵养作用和水热效应，青藏高原将只能发育荒漠生态系统，而非实际存在的大面积的高寒草甸和高寒湿地生态系统(罗勇等，2020)。

为此，增加区域内的地表粗糙度，提高区域内林草植被涵养水源能力，是切实保护祁连山冰川和永久积雪不至于在短期内消失的重大举措。祁连山地区的水资源主要来自冰川融水、积雪和冻土融水以及降水三个方面。而林草植被在维持冰川、雪线以及增加降雨和涵养水源等方面则起着不可替代的作用。祁连山地的水源涵养林适宜于高寒山地寒冷的气候条件，是西北地区经过严酷自然选择保存下来的生物顶级群落，发挥着稳定的促进降水、涵养水源、改善气候的作用。森林的生态功能主要表现在：一是调节和稳定径流量，促进水资源在时间和空间上的合理分布和有效利用；二是增加山区降水，调节小气候，并使大气中的雾凝结成水，可增加降水20%～30%；三是森林吸收二氧化碳，消减温室效应，维持雪线、冰川的相对稳定。据研究，山区气温每升高1 ℃，雪线将上升几十米，降雨将减少100 mm以上。而祁连山地水资源的减少，主要是森林植被大幅度减少而造成的，不仅影响了小气候，减少了降雨，同时还增加了蒸发量，加剧了干旱，反过来又制约了林草植被的自然恢复。因此，要想解决祁连山地区水资源短缺问题，关键是恢复和增加林草植被，增加山区自然降雨，提高水源涵养能力，实现水资源在空间和时间上的合理分配和有效利用。要想实现这一点，必须要加大森林、草地的保护力度，提高森林质量，恢复结构合理、功能稳定的森林、草地和湿地生态系统，增强生态系统的整体功能。这才是增加祁连山区水资源，缓解区域内水资源供需矛盾和切实保护祁连山冰川和雪山的根本途径。

六、植被资源及区域生态畜牧业发展的重要基地

就青海来看，祁连山地草地资源丰富，区域内草地资源面积511.33×10^4 hm^2，占全省草地面积的13.99%，其中天然草地面积495.88×10^4 hm^2，可利用面积为437.63×10^4 hm^2，另有改良草地7.40×10^4 hm^2，退耕还林(草)的人工草地面积8.05×10^4 hm^2，区域内草地可利用面积合计为453.08×10^4 hm^2，占全省可利用草地面积的14.35%。域内饲养各类草食畜总量636.98万头(只)，占全省饲养草食畜总量的32.23%，折1 006.69万个羊单位，是青海省重要的畜牧业生产基地。这些畜牧业生产基地每年按25%的出栏，按羊单位1 200元计，每年可使当地牧民有12.08亿元的收入，皮毛等收入增加0.5亿元。

域内的环青海湖草原和门源、祁连草原，近20多年来畜牧业生产稳定发展，畜牧生产的各项指标名列前茅，起到了良好的示范作用。青海省已将祁连山地区列为高效生态畜牧业示范基地，用以带动全省草地畜牧业向高效生态畜牧业方向发展。在生态环境保护的前提下，通过退牧还草和退化草地治理，进一步恢复天然草地植被。与此同时，还可以大力发展人工饲草料基地建设，优化农牧业产业结构，在畜草平衡的基础上，建立起高效生态畜牧业的生产体系，在促进生态良性循环同时，大幅度增加农牧民收入，逐步实现人与自然和谐、经济社会可持续发展的良好局面。

祁连山海拔相对较低的区域，是重要的冷凉经济作物种植区。青稞种植既满足牧民群众食用的需要，也为酿酒业提供了大量的原料。这里也是我国重要的油菜种植基地之一。这些青稞美酒和“千里油菜”享誉全国。温凉的气候每年吸引大批游客前来，每年的自行车环青海湖赛将祁连山南麓景色展示给来自世界各地的人们。

七、丰富的自然景观资源

青海湖：青海湖藏语名为“措温布”(意为“青色的海”)。位于青藏高原东北部、青海省境内，地处西宁市的西北部，99°36′～100°16′ E、36°32′～37°15′ N，是中国最大的咸水内陆湖。由祁连山脉的大通山、日月山与青海南山之间的断层陷落形成。青海湖长105 km，宽63 km，湖面海拔3 196 m。湖的四周被四座巍巍高山环抱，北面是大通山，东面是日月山，南面是青海南山，西面是橡皮山。这四座大山海拔在3 600至5 000 m之间。青海湖面积达4 456 km^2，环湖周长约360 km，比著名的太湖大一倍还要多。湖面东西长，南北窄，略呈椭圆形。青海湖平均水深约21 m，最大水深为32.8 m，蓄水量达1 050×10^8 m^3，湖区有大小河流近30条。湖东岸有两个子湖，分别是咸水的尕海(面积48 km^2)和淡水的耳海(面积8 km^2)。青海湖是维系青藏高原东北部生态安全的重要水体。

门源百里油菜花海：青海省海北藏族自治州门源县境内大通河沿岸，南北为皑皑白雪的大坂山和祁连山主脉冷龙岭，大通河横穿东西，盆地里东西向的长川是一片极富高原特色的田园风光区，是我国北方重要的小油菜生产基地之一。如今门源县把一片片油菜花变成了一张旅游品牌，成为青海旅游的一大亮点。从每年的7月初开始，这里就进入了油菜花盛开的季节，开花期大约在7月5日至25日。油菜种植区的两岸发育有森林、灌丛和草甸。

卓尔山:卓尔山属于丹霞地貌,由红色砂岩、砾岩组成。藏语称为"宗穆玛釉玛",意为美丽的红润皇后。卓尔山位于青海省祁连县八宝镇,紧靠八宝河,与阿咪东索(牛心山)隔河相望。站在卓尔山顶视野开阔,四周没有任何遮拦,山对面是一山尽览四季景色的牛心山,左右两侧分别是拉洞峡和白杨沟风景区,背面是连绵起伏的祁连山,山脚下滔滔八宝河像一条白色的哈达环绕在县城周边。处处美景,宛如仙境,令人心旷神怡。卓尔山及其四周为高寒草甸植被,具有较高的固碳持水能力和物种多样性。

仙米国家森林公园:仙米国家森林公园是青海省面积最大的林区,总面积14.8×10^4 hm^2。古松苍柏,风光迷人。春夏之际,林木疏扶,繁花似锦;秋季,硕果摇金,层林尽染;冬季,山头白雪皑皑,山坡松柏苍翠挺拔,堪称人间胜地。有雪龙红山、二郎神藏剑洞、三道峡及东海五色神湖等传说和藏族"华热"民俗风情以及仙米、珠固古寺等。由于受祁连山脉影响,仙米国家森林公园园区地表水和地下水资源都十分丰富,是南部多条黄河水系和北部多条内陆水系河流的发源地。这里植被垂直带谱显著,境内相对高差大于2000 m,生境呈规律性梯度分布,植被类型垂直分布的分异性极为明显,由下而上依次为阔叶混交林带—针阔混交林带—针叶林带—高山灌木林带—高寒草甸带。

祁连山国家公园:祁连山国家公园地处青藏、蒙新、黄土三大高原交会地带的祁连山北麓,是中国重要的生态功能区、西北地区重要的生态安全屏障和水源涵养地。按行政区划划分,甘肃省涉及肃北蒙古族自治县、阿克塞哈萨克族自治县、肃南裕固族自治县、民乐县、永昌县、天祝藏族自治县、凉州区7县(区)及山丹马场(另有涉及酒泉、张掖、武威、金昌、兰州5市及阿克塞、肃北、肃南、民乐、甘州、山丹、永昌、凉州、古浪、天祝、永登11个县[区]的报道)。青海省涉及海北藏族自治州门源县、祁连县,海西州天峻县、德令哈市,共有17个乡镇60个村4.1万人(另有资料记载,青海省涉及海北、海西、海东等10个县及西宁市)。祁连山国家公园是中国首批设立的10个国家公园体制试点之一,总面积5.02×10^4 km^2。甘肃片区3.44×10^4 km^2,占祁连山国家公园总面积的68.5%;青海片区1.58×10^4 km^2,占祁连山国家公园总面积的31.5%。森林、草原、荒漠、湿地均有分布。祁连山国家公园青海省境内包括1个省级自然保护区、1个国家级森林公园、1个国家级湿地公园,其中祁连山省级自然保护区核心区面积36.55×10^4 hm^2,缓冲区面积17.51×10^4 hm^2,实验区面积26.17×10^4 hm^2。

物种多样性:祁连山是中国32个生物多样性保护优先区之一、世界高寒生物种质资源库和野生动物迁徙的重要廊道,是野牦牛、藏野驴、白唇鹿、岩羊、冬虫夏草、雪莲等珍稀濒危野生动植物物种栖息地及分布区,特别是中亚山地生物多样性旗舰物种——雪豹的良好栖息地,有野生脊椎动物28目63科294种,其中兽类69种、鸟类206种,两栖爬行类15种、鱼类6种,国家一级保护野生动物雪豹、白唇鹿、马麝、黑颈鹤、金雕、白肩雕、玉带海雕等15种,国家二级保护野生动物棕熊、猞猁、马鹿、岩羊、盘羊、猎隼、淡腹雪鸡、蓝马鸡等39种;高等植物95科451属1 311种;野生高等植物68科257属617种;属于国家二级保护野生植物的有星叶草、野大豆、山莨菪等32种。列入

《濒危野生动植物种国际贸易公约》的兰科植物16种。祁连山国家公园范围内，河流密布，主要有黑河、八宝河、托勒河、疏勒河、党河、石羊河、大通河7条河流，流域地表水资源总量为60.2亿 m^3。公园内湿地总面积 39.98×10^4 hm^2。草地和森林广袤，草原面积达 100.72×10^4 hm^2，林地 15.24×10^4 hm^2。

金银滩：金银滩草原国家4A级旅游景区，位于青海省海晏县境内。东距省会西宁100 km、南距青海湖28 km，占地570 km^2。西部与宝山和青海湖相邻，北、东部是高山峻岭环绕，南部与海晏县三角城接壤(三角城是西海郡遗址，建于西汉王莽秉政时期)，方圆1100 km^2，有麻皮河和哈利津河贯穿。有30多万头(只)牛羊在这里生息，是典型的牧区。金银滩的黄金季节是7、8、9三个月，鲜花盛开，百鸟飞翔，尤其是百灵鸟儿的歌声，动听迷人。这里是一片碧草如茵的大草原。浮云般的羊群，棕黑相间的牦牛，星星点点地徜徉在青草和野花丛中。穿着藏族传统服饰的藏族民众，骑着骏马悠然地在草原上缓缓而来。远处，山峦起伏，偶有雄鹰飞过的身影，莲花般的蒙古包散落在草原上。金银滩草原牧草肥美、牛羊肥壮，人们以金银遍地来形容这片美丽而富饶的土地，故得名"金银滩"。金银滩草原拥有著名的金滩、银滩大草原，是世界名曲《在那遥远的地方》的诞生地；这里还曾是鲜为人知的神秘禁区，它孕育了中国第一颗原子弹、氢弹，是中国第一个核武器研制基地，是"国家爱国主义教育示范基地"和"国家重点文物保护单位"。

黑河大峡谷：黑河大峡谷，全长约800 km，平均海拔在4 200 m以上，其中有70 km属"无人区"。峡谷内有冰川800处，分布面积超过300 km^2。穿越峡谷的黑河是中国第二大内陆河，流经青海、甘肃、内蒙古三省区，被誉为"河西走廊的母亲河"。黑河大峡谷有独特的地理条件和气候因素，黑河大峡谷内的高原动植物资源极其丰富，是旅游探险的理想去处。峡谷内万仞峥嵘，怪石林立，景致独特。时而狭窄河急，峭壁裸露，如至绝境；时而豁然开朗，坡缓滩阔，别有洞天。气候变化多端，动植物资源丰富。才听雷鸣过银峰，又见艳阳照清泉，奇花异草密布，珍禽异兽出现，人迹罕至，宛如仙境，的确是旅游探险和科学考察的好去处。

岗什卡雪峰：亦名"冷龙岭主峰"。岗什卡雪峰位于青海省门源回族自治县境内，海拔在4 000～5 000 m，雪线高度北坡4 200 m、南坡4 400 m，是祁连山脉东段的最高峰，峰顶常年白雪皑皑，银光熠熠，宛如一条玉龙，也是门源境内群山之首。岗什卡雪峰面积约450 km^2，是祁连山主峰之一，山峰西北—东南走向，在青海境内延伸约280 km，宽30～50 km。盛夏的岗什卡雪峰寒气逼人，在海拔4 500 m以上多有现代冰川，冰川总面积为81 km^2。每当夕阳西下，晚霞漫天时，山顶晶莹瑰丽，熠熠闪光，雪线以下却是广阔的草原和油菜花海。海拔高、地貌复杂，冰川与温泉、湖泊与长河神奇地结合，构成了它内涵深邃丰厚的神韵和峻拔飘逸的气质。岗什卡雪峰山体主要由偏酸性石英角闪岩、片麻岩、斜长角岩、基性火山岩等组成，在构造上属北祁连山加里东褶皱带。峰顶有百万年冰川，积雪终年不化，气候瞬息万变，玄奥莫测，时而蓝天白云，银光熠熠，时而狂风大作，天昏地暗，有时雪崩暴发，龙吟虎啸，飞雪漫卷，令人胆战心惊。每当夕阳西下，晚霞轻飞，山顶晶莹白雪、熠熠闪光，时呈殷红淡紫、浅黛深蓝，犹如玉龙遨游花锦丛中，暮霭升腾，被称为“龙岭夕照”，是门源古八景之一。岗什卡雪峰周围重峦叠嶂，垂直植被分布明显，山顶古冰川人迹罕至，冰瀑冰挂气势雄浑，流水潺潺，彩瀑缤纷，山脚草木苍郁，鲜花怒放，牛羊成群，野生珍稀动物经常出没，是神话中西王母的水晶宫，是当地藏族崇拜的十三大山神中的第一神峰。集现代冰川的壮观和完整的植被带为一体，其自然风光独特美丽，是科学考察、登山探险和旅游观光的理想之地。草原、雪山、村庄、古老的宗教文化和绚丽多姿的民族风情，构成了特色旅游的主题，在旅游市场独树一帜并极富有地域特色。

山丹军马场：山丹军马场于公元前121年由西汉骠骑将军霍去病始创，具有2 100多年的悠久历史。山丹军马场位于河西走廊中部，祁连山冷龙岭北麓的大马营草原，地跨甘青两省、毗邻三市（州）六县，总面积329.54万亩，其中草原184.98万亩，耕地40.3万亩，林地80万亩，其他面积24.26万亩，海拔2 420～4 933 m。山丹军马场地势平坦，水草丰茂，是马匹繁衍、生长的理想场所。山丹军马场自1949年9月建场以来，一直归属军队管理，是亚洲最大的军马繁育基地，也是我国较大的粮油肉生产基地，是国家第一批认可的“中华老字号”企业。

张掖丹霞国家地质公园：张掖丹霞国家地质公园，国内唯一的丹霞地貌与彩色丘陵景观复合区。地处祁连山北麓，位于甘肃省张掖市临泽县城以南30 km，是中国丹霞地貌发育最大最好、地貌造型最丰富的地区之一，是中国彩色丹霞的典型代表，具有很高的科考和旅游观赏价值。2005年11月由中国地理杂志社与全国34家媒体联合举办的“中国最美的地方”评选活动中，张掖丹霞地貌当选为“中国最美的七大丹霞”之一。2015年被全国多家知名网站评选为全球25个梦幻旅行地。方圆100 km的祁连山北麓丘陵地带，以肃南裕固族自治县白银乡为中心，海拔在2 000至3 800 m之间，东西长约40 km，南北宽约5～10 km，数以千计的悬崖山峦全部呈现出鲜艳的丹红色和红褐色，相互映衬各显其神，展示出“色如渥丹，灿若明霞”的奇妙风采的丹霞地貌。当地少数民族把这种奇特的山景称为“阿兰拉格达”，意为红色的山。

第三节　祁连山地及周边地区的气候

一、水汽输送及水汽分布特征

（一）大气的水汽含量

一个地区上空的水汽收支是指借助于气流的输送，通过该地区四周边界输入该地区上空的水汽量与该地区上空各边界输出水汽量的差值（陈海波等，2013）。祁连山是西北地区多条内陆河的发源地。在北麓由东往西多为内陆河，主要分布的三条河流依次为石羊河、黑河和疏勒河；南麓较大的内陆河有布哈河、沙柳河等，而大通河、湟水河则是黄河的主要支流。祁连山系长1 000 km以上，宽度达300 km，平均海拔达4 000 m，由于地形特殊，山区降水量较大，最大年降水量可达600 mm，是河西走廊平原地区最大降水量的3～15倍，也是这一地区的重要水源。而这些水的来源除自身陆地表面发生蒸发和蒸腾补给外，很大的一部分则通过季风形式以大气水汽的形式来补给。而水汽输送路径、水汽含量对祁连山地区的降水量影响是显著的。因此，有必要了解大气水循环研究中空中水汽输送的一些变化特征。

这里引用朱飙等（2019）利用欧洲中心1980—2016年ERA-Interim再分析资料，结合祁连山区周边冷湖、敦煌、格尔木、酒泉、都兰、张掖、西宁、民勤、兰州9个探空站1980—2016年逐旬资料与内陆河径流量资料，给予祁连山区空中水汽含量和水汽年内变化及多年演变特征的介绍。其中，空中水汽含量为从地表到大气顶单位面积的空气柱内的水汽含量，采用下式计算（朱飙等，2019）：

$$\omega = \frac{1}{g}\int_{p_s}^{p_t} q\mathrm{d}p \tag{1-2}$$

式中：ω 为水汽含量（kg/m^2）；q 为比湿（g/g，或 g/kg）；p_s 为地面气压（hPa）；p_t 为大气顶气压（hPa），取300 hPa；g 为重力加速度（m/s^2）。

采用水汽含量计算公式计算祁连山区自地面到300 hPa高度的37年的水汽平均分布状况，表明祁连山区全年平均的单位面积垂直累积水汽含量在3.1～8.6 kg/m^2（图1-14，朱飙等，2019），水汽含量高值区主要分布在祁连山北麓甘肃省境内海拔迅速降低区域，面积较小，水汽低值中心稳定存在于祁连山西段山区中。而且水汽含量随季节变化差异大，水汽充盈的夏季是水汽匮乏的冬季的6倍还多，表现出夏季（6.5～17 kg/m^2）>秋季（2.4～8 kg/m^2）>春季（2.2～6.6 kg/m^2）>冬季（1.0～2.5 kg/m^2）。

采用探空站1980—2016年逐旬资料，计算从地面到300 hPa高度的年均垂直累积水汽含量为4.5～10.3 kg/m^2，同样表现出夏季（5.5～20.6 kg/m^2）>秋季（3.7～10.4 kg/m^2）>春季（3.4～7.7 kg/m^2）>冬季（1.8～6.2 kg/m^2）（图1-15，朱飙等，2019）。其结果与再分析资料计算结果非常接近，也验证了结论的可靠性。但由于探空站点稀疏，且都在祁连山周围，祁连山西段山区中部的低值中心反应不够明显，只能显示出祁连山西段水汽含量一年四季都低于东段。

利用整层大气有效水汽含量公式（杨景梅和邱金恒，2002）：

$$\omega_0 = \frac{1}{\rho g}\int_0^{p_z} \frac{p}{p_0}\sqrt{\frac{T_0}{T}}\, q\mathrm{d}p \tag{1-3}$$

式中：ω_0 为有效水汽含量；ρ 为空气密度；g 为重力加速度；p_z 为计算高度大气上界气压；p 为实际大气压；p_0 为海平面气压；T 为实际温度；T_0 为海平面温度；q 为比湿，采用格点资料计算整层大气有效水汽含量发现，祁连山区多年平均的单位面积垂直有效水汽含量在1.6～5.8 kg/m²，空间分布差异较大，单位面积垂直有效水汽含量高值区主要分布在祁连山东段，祁连山西段明显偏低，春夏秋冬分布类似（图1-16，朱飙等，2019）。

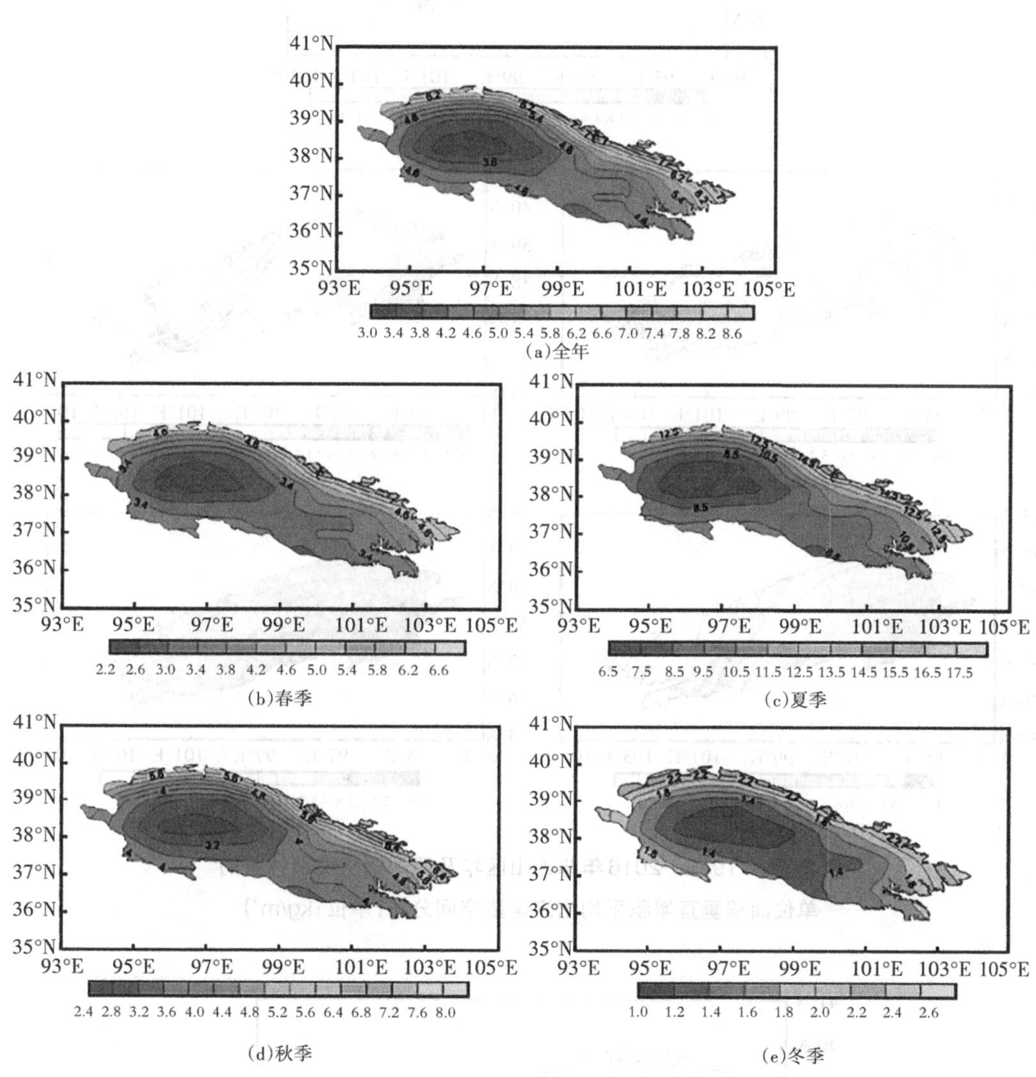

图1-14　1980—2016年祁连山区年及四季格点资料计算的单位面积垂直累积平均水汽含量空间分布（单位：kg/m²）

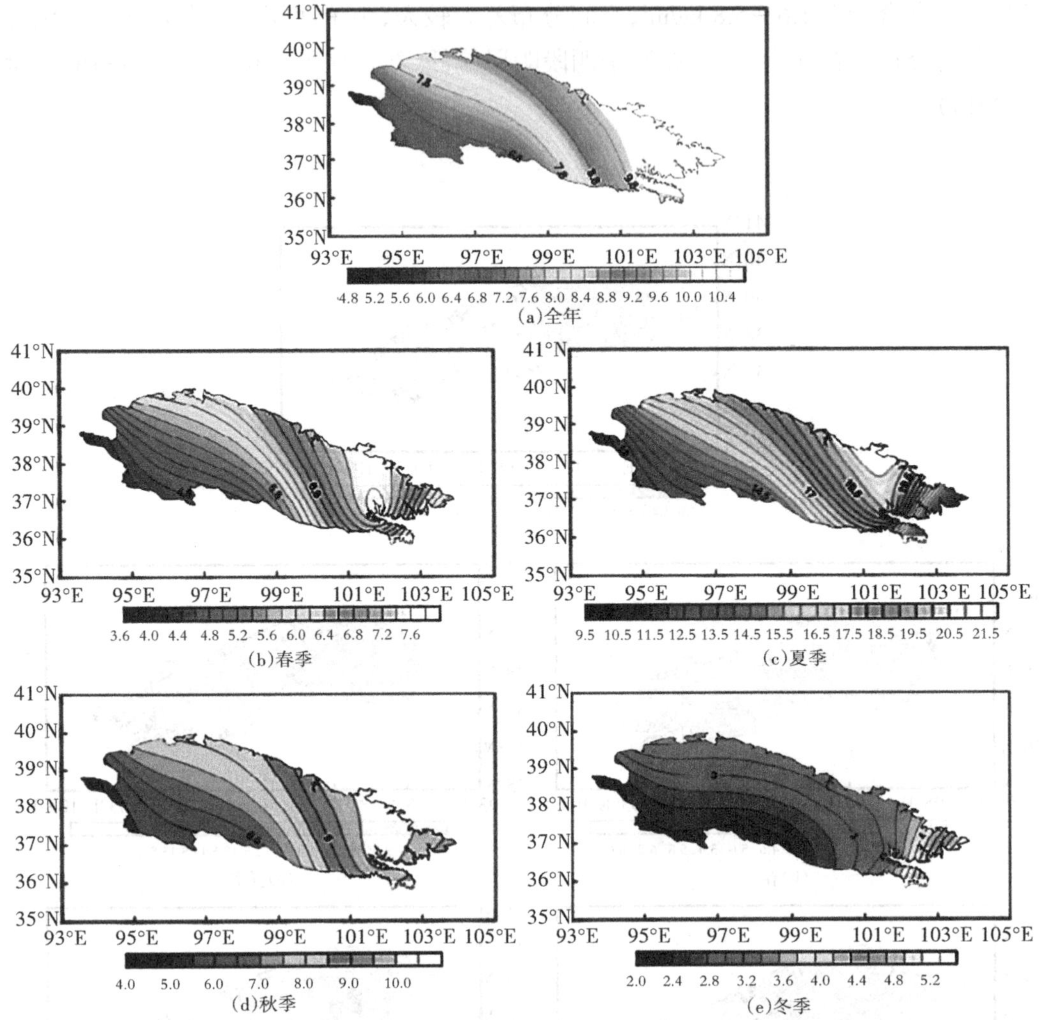

(a)全年

(b)春季

(c)夏季

(d)秋季

(e)冬季

图1-15　1980—2016年祁连山区年及四季探空资料计算的单位面积垂直累积平均水汽含量空间分布(单位:kg/m²)

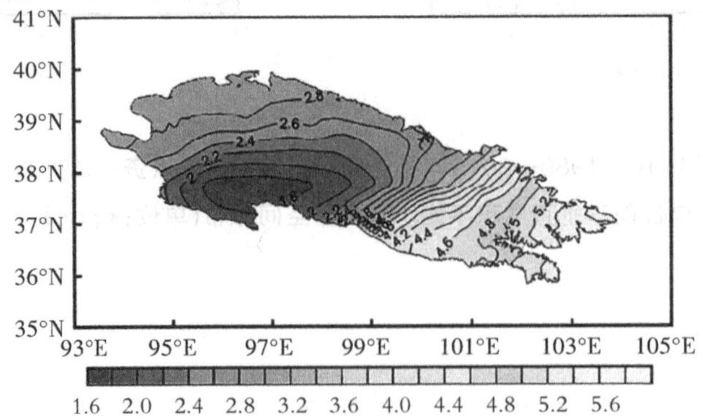

图1-16　1980—2016年祁连山区全年平均单位面积垂直有效水汽含量空间分布(单位:kg/m²)

朱飙等(2019)还利用单位空气柱的水汽含量除以对应格点的空气柱体积,计算了自地面至300 hPa高度的平均水汽密度(图1-17,朱飙等,2019),表明祁连山区多年年平均水汽密度在0.4～1.24 g/m³,水汽密度高值区主要分布在祁连山北麓面积较小区域内,低值区在西段山区海拔4 000～4 500 m区域。各季水汽密度变化差异较大,冬季<春季<秋季<夏季,分别为0.13～0.42 g/m³、0.29～0.98 g/m³、0.33～1.17 g/m³、0.84～2.42 g/m³。

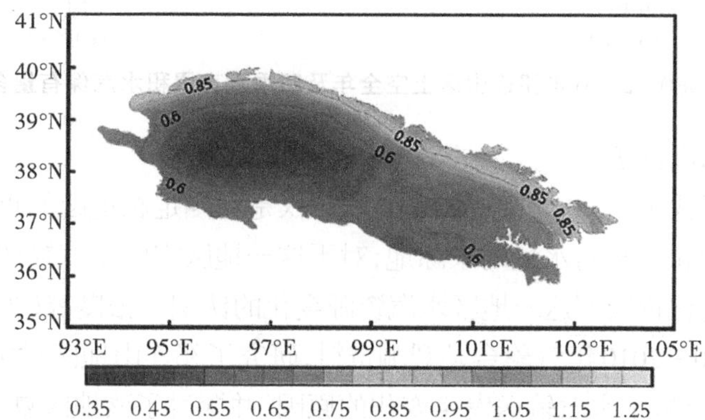

图1-17 1980—2016年祁连山区空中年水汽密度空间分布(单位:g/m³)

利用各格点单位面积垂直累积水汽含量乘以格点代表面积,再对祁连山区所有格点得到的水汽量求和,得到祁连山区地面至高空300 hPa层垂直向总的水汽保有量发现(图1-18,朱飙等,2019),1980—2016年祁连山区上空多年平均总的垂直水汽保有量为3.7×10¹² kg,其中由春季至冬季分别为6.8×10¹¹ kg、19.0×10¹¹ kg、8.0×10¹¹ kg和3.1×10¹¹ kg。37年来祁连山区空中水汽保有量呈现增加的趋势,但在不同季节表现出不同态势,夏、秋季整体呈现增加趋势,冬、春季表现为减少趋势,冬季减少趋势更加明显,这或许与全球变暖背景下,东亚冬季风活动减弱(贺圣平,2013;王会军和贺圣平,2012)有关。

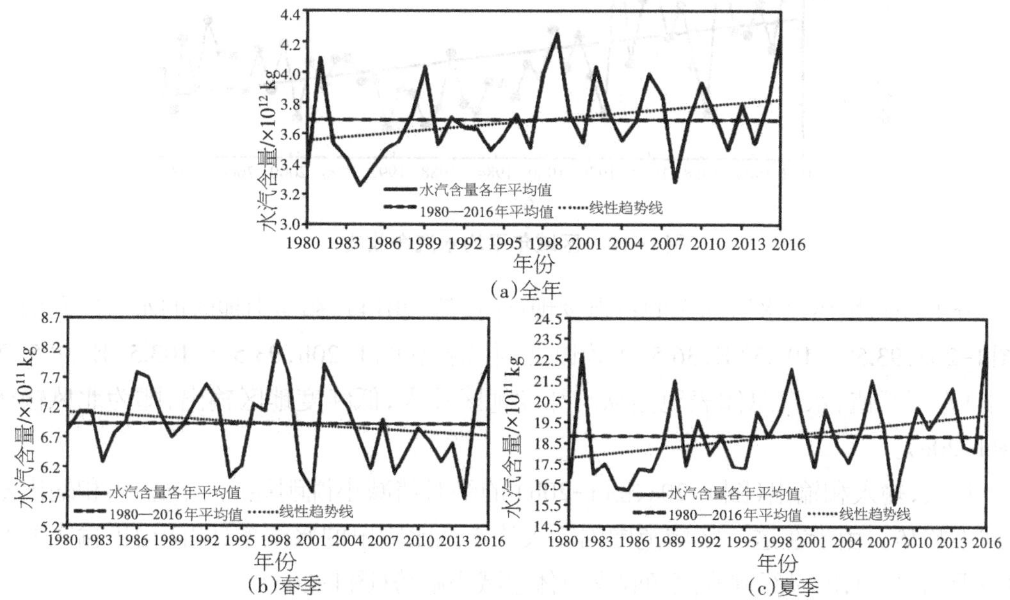

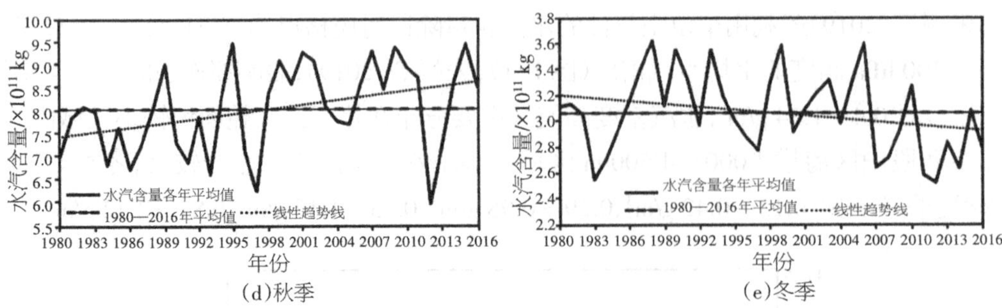

图1-18 1980—2016年祁连山区上空全年及四季垂直累积水汽保有量多年变化

(二)大气的水汽输送

祁连山是位于我国西北内陆的高大山系,不仅是河西走廊地区的重要水源,而且也是黄河支流大通河和湟水河水量的来源地,对于这一地区空中水汽输送变化的分析,能增进人们对气候变化背景下这一地区水汽资源变化的认识。张良等(2014)应用NCEP I再分析资料和1960—2010年气象台站观测资料,研究了祁连山地区过去51年来空中水汽输送变化特征,分析了水汽输送发生变化的原因,并探讨了该地区夏季降水与东亚季风、南亚季风、南海季风、西风带和副热带高压等季风指数之间的关系。

张良等(2014)的研究发现,祁连山地区的水汽净收支近几十年来变化趋势明显(图1-19),20世纪60年代、70年代、80年代、90年代和21世纪初期各年代的平均水汽净收支分别为2.66×10^{11}、2.236×10^{11}、1.227×10^{11}、1.323×10^{11}和1.675×10^{11} m^3,多年平均水汽净收支为1.821×10^{11} m^3。自1960年以来整体上表现为减少趋势。

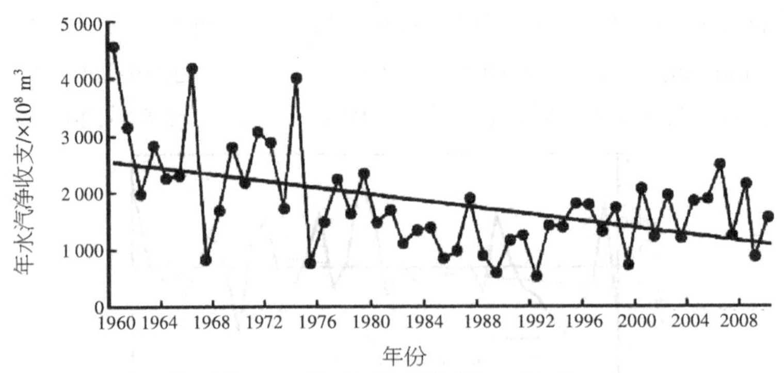

图1-19 区域年平均水汽净收支

分析经向和纬向水汽输送的特点发现(张良等,2014),祁连山地区的水汽经向输入(图1-20a,93.5°～103.5° E、36.5° N为以北)和输出(图1-20b,93.5°～103.5° E、39.5° N以南)为"负"值,水汽总体表现出从高纬度地区输入,低纬度地区输出,即为北风输送(图1-20c)。

其次,输入和输出(图1-20a、图1-20b)的绝对值减小说明经向水汽输入和输出量呈减小趋势。由于在这一区域范围内输入的水汽比输出的水汽多(即南边界输入的水汽多于北边界),所以经向水汽净收支总体呈减小趋势(图1-20c)。

水汽的纬向输送与经向输送不同(图1-21a,36.5°～39.5°N、93.5°E以东),输入值和输出值(图1-21b,36.5°～39.5° N、103.5° E以西)都为正,说明纬向水汽整体表现为由西向东传输,表现为西风输送。然而,由于输出的水汽大于输入的水汽(即西边界输入的水汽小于东边界输出的水汽),故整体表现为纬向水汽净收支(图1-21c)为负,且绝对值表现为减小趋势。

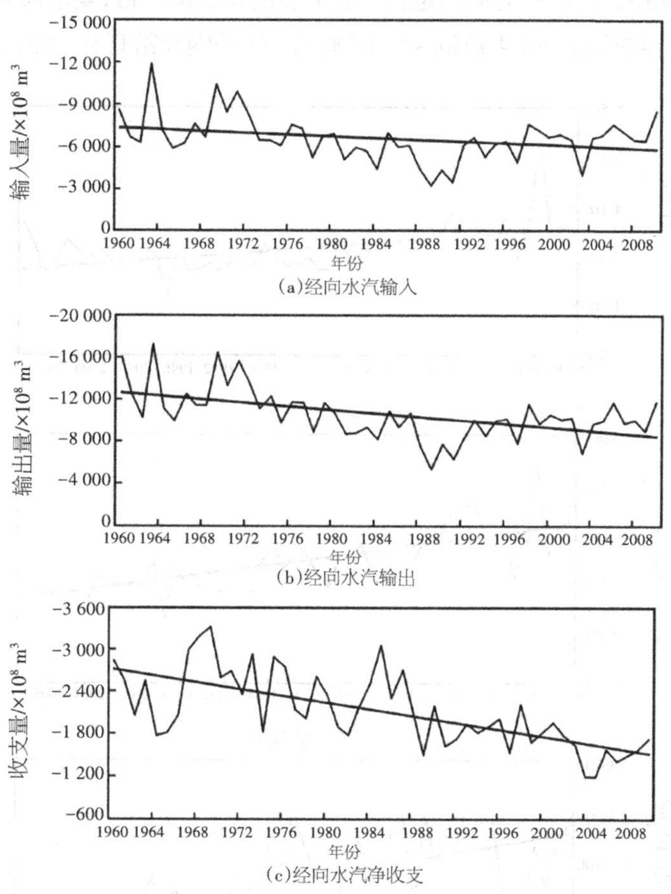

图1-20　区域年平均经向水汽输入量(a)、水汽输出量(b)和水汽净收支(c)

综合分析图1-20和图1-21可以看出,祁连山地区水汽的经向输送量大于纬向输送量,经向水汽输送对水汽总收支的贡献为“正”,即流入的水汽比流出的多;纬向水汽输送贡献为“负”,即流出的比流入的多。且经向、纬向和总水汽收支都呈现减少的趋势。水汽输送量减少是造成水汽净收支减少的直接原因,水汽输送量减少主要由风速减小引起,如经向和纬向风速分别由20世纪60年代的1.9和9.1 m/s减小到21世纪初期的1.8和7.8 m/s,减小幅度分别达5.3%和14.2%(张良等,2014)。需要说明的是,此处的“正”和“负”只是表明经向与纬向各自水汽输入与输出量的差值,与该区域的风向相关,“负”值并非说明对该地区的降水没有贡献。

另外,郭良才等(2007)根据祁连山及其周边地区11个探空站的1981—2002年

1—12月日间每2小时(北京时间8:00和20:00)的资料,运用动力气象学原理计算和分析了祁连山区四季的平均水汽输送、辐散辐合以及区域内的空中含水量等,表明祁连山区大气中的水汽年输入总量为9 392.5×10^8 t,水汽年输出总量为8 031.5×10^8 t,表明在输入该区的水汽总量中只有14.5%成云致雨或留在该区域上空,其余85.5%的水汽成为过路水;区域内年空中含水量为331.2×10^8 t,夏季最多冬季最少,两季比达5∶1;四季中水汽的辐合中心基本维持在甘肃省的河西走廊和青海省的东北部一带,夏季最大[-7.4 g/(g·s)],秋季和冬季次之,春季最小[-1.4 g/(kg·s)],说明这一区域内非常有利于水汽的堆积。

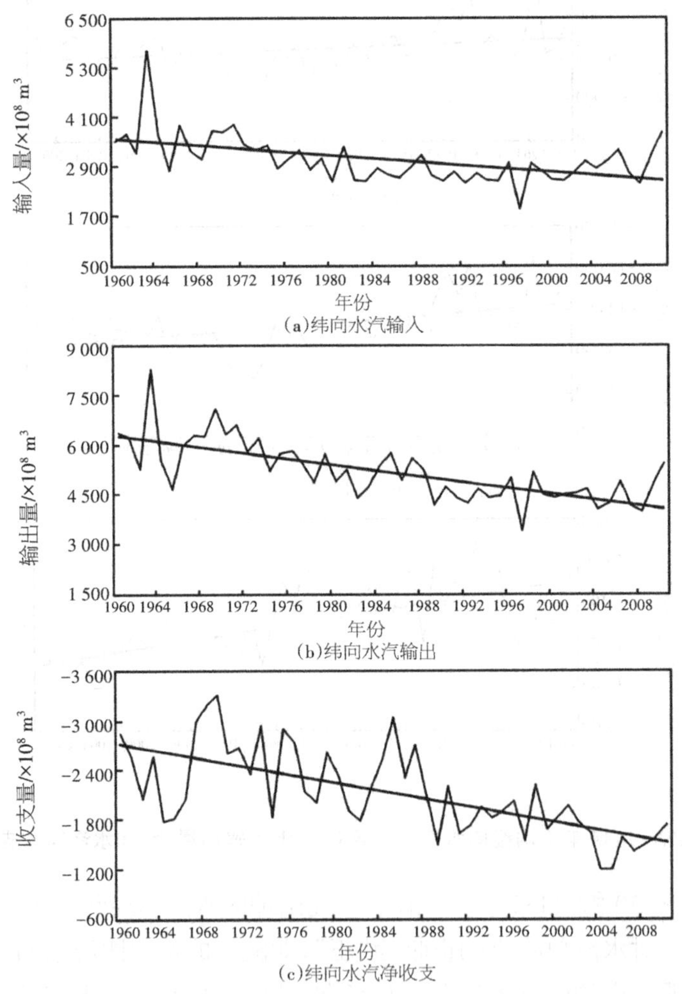

(a)纬向水汽输入

(b)纬向水汽输出

(c)纬向水汽净收支

图1-21　区域平均纬向水汽输入量(a)、水汽输出量(b)和水汽净收支(c)

张强等(2007)对云迹风的研究表明,祁连山大气水汽和地面降水受西风带、偏南季风(南亚季风和高原季风)和东亚季风的共同影响,祁连山西北部大气水汽主要受西风带气流控制,祁连山中南部偏南季风占主导地位,祁连山东北部则是东亚季风的影响比较明显。迎风坡上大气水汽含量在3 500～4 500 m海拔会出现一个峰值;而在背风坡上除东亚季风影响区外大气水汽含量只出现随海拔单调递减趋势,基本上不出现任何峰值。背风坡大气水汽含量总体上要比迎风坡少得多，最多大约能少4.49 kg/m²。无论是大气水汽含量、地面降水还是降水转化率均在东亚季风影响区最大。东亚季风影响区大气水汽含量在迎风坡上的峰值要更强，出现的海拔更低。

陈少勇等（2007）的研究显示，每年11月至次年3月，整个祁连山区以偏北风为主，4—9月逐渐向北移动，偏南风最北到达祁连山中部。周长艳等（2005）的研究也指出，西太平洋副高南侧的东南风水汽输送所能到达的西界为甘肃东南部100° E附近。可以说，在祁连山地区的夏季降水中，东亚夏季风、南亚夏季风、西风带和副热带高压各独立因素均不能起主导性的作用。那么是否表明东亚夏季风和南亚夏季风对于祁连山地区的降水不重要，从前文中夏季降水占全年的降水比重来看，显然不是这样。实际上东亚季风的研究结果表明（张强等，2007），夏季风输送的水汽对于祁连山地区降水具有重要作用。这是因为夏季风环流系统的演变会导致由夏季风携带的、输送到中国大陆的水汽及其源地发生改变（任宏利等，2006；马京津和高晓清，2006）。6、7月中国大陆水汽主要来源于孟加拉湾和南海，8月份主要来源于南海和西太平洋地区。表现出夏季不同月份水汽来源差异性明显。但在对祁连山地区的夏季降水与各季风指数的相关性分析发现（张良等，2014），季风指数高低（季风强弱）并不能够直接反映出不同季风在各月对祁连山区降水的影响。

尽管祁连山地区夏季降水距平与各季风指数和副高指数的年际变化相关性不高（张良等，2014），但是从年代际变化来看乌鞘岭站的降水与东亚季风指数和南海季风指数的年代际变化趋势较为一致，即对祁连山东部地区而言降水与季风指数相联系，表现出夏季降水的水汽来源在地域和时间上存在明显差异。

另外，祁连山地形的抬升作用不可忽视。祁连山地形的强迫抬升作用在很大程度上改变了地形云降水的微物理过程（李海燕等，2009），使云的发展增强，生命期增长，范围更广，对流活动增强，改变了地形云特征，使降水区域扩大、持续时间延长，从而增强了降水强度并使降水总量增加（刘卫国和刘奇俊，2007）。同时，低层水汽由于地形的抬升作用及地形气流与降水气流之间的相互作用，使云中的微物理转化机制受到影响，进而影响到降水的数量和分布。

当然，西北内陆大范围强降水过程的环流形势也影响到夏季风水汽的输送。蔡英（2004）对1981年7月10—13日的强降水过程的分析表明，在西太平洋副高西伸北抬和“西南涡”发展旺盛的环流条件下，来自我国南部地区的水汽，借助高原东侧的偏南风和河西地区的偏东风（当月柴达木盆地盛行热低压），一方面可以使夏季风输送的水汽远至新疆，另一方面会对西北地区的降水增加起到积极的作用，特别是在降水较少的区域（如托勒、茶卡、乌鞘岭）一次强降水特定的环流过程中所产生的降水量在年降水量中占有较大的比重。这些说明，虽然季风指数与祁连山不同区域降水量测站点降水量之间的相关性并不显著，但季风环流尤其是夏季风为祁连山地区较高的降水提供了充足的水分和利于降水的环流形势。

(三)近地面空气水汽压

我国除新疆维吾尔自治区的西北部部分地区受大西洋西风环流影响外，大多地区是东亚季风气候区，受东亚季风影响，祁连山各地空气水汽压(实际上其量值与空气绝对湿度相等)具有明显的日、年变化特征，而且各地变化规律一致。这些变化规律与气温变化的规律是一致的，只是所处地区因空气水汽含量不同水汽压高低有差别，这里不多阐述。尽管祁连山各地水汽压日、年变化均具有相同的变化规律，而其年际变化在全球气候变化过程中有着一定的差异。这里选取祁连县、民乐县两个气象站数据来解释空气水汽压的年际变化状况(图1-22)。

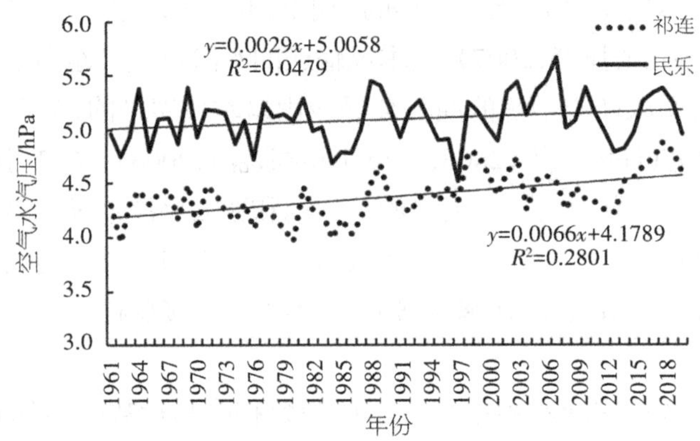

图1-22 祁连山地祁连县、民乐县两个气象站空气水汽压的年际变化

从图1-22可以看到，1961年到2020年的60年间，祁连县(代表祁连山南麓)、民乐县(代表祁连山北麓)两个气象站年平均水汽压分别按0.66和0.29 hPa/100a的趋势增加，只是南麓祁连县地区水汽压增加趋势极为显著($P< 0.001$)，北麓民乐县地区增加趋势显著性稍差些($P< 0.05$)。

统计祁连山南部祁连、门源、刚察、托勒、野牛沟和北部肃北、民乐自1961年到2020年60年平均水汽压分别为4.38、4.94、4.12、3.38、3.64、3.97、5.09 hPa，发现托勒、野牛沟和肃北相对低，而祁连、门源、刚察、民乐相对较高。特别是民乐和门源，地处祁连山南北两侧的东段，东南而来的水汽输送含量较高，是比较高的区域。再往西，东南气流减弱，空气水汽含量减少，空气水汽压下降明显。

分析1961年以来年代际变化表明，各地水汽压均呈现增加的趋势(表1-1)。特别是进入21世纪以来，增加趋势均非常明显。托勒、野牛沟、祁连、刚察、门源、肃北、民乐地区2011—2020年比1961—1970年分别增加了0.30、0.43、0.26、0.46、0.44、0.38、0.06 hPa。

统计世界气象组织(WMO)规定的标准气候年(30年为一标准气候年)的水汽压发现，自1961年以来每30年的标准气候年，其水汽压也是增加的(表1-2)。托勒、野牛沟、祁连、刚察、门源、肃北、民乐地区最近的标准气候年比1961—1990年的标准气候年分别高出0.26、0.29、0.24、0.26、0.35、0.25、0.07 hPa。

表1-1　祁连山南部祁连、门源、刚察、托勒、野牛沟和北部肃北、民乐 1961—2020年平均水汽压的年代际变化

单位：hPa

		1961—1970年	1971—1980年	1981—1990年	1991—2000年	2001—2010年	2011—2020年
南部	托勒	3.27	3.21	3.27	3.47	3.50	3.57
	野牛沟	3.40	3.51	3.59	3.73	3.82	3.83
	祁连	4.29	4.22	4.28	4.47	4.47	4.55
	刚察	3.99	3.94	4.03	4.18	4.22	4.35
	门源	4.73	4.72	4.82	5.04	5.12	5.17
北部	肃北	4.04	3.84	3.65	3.80	4.04	4.42
	民乐	5.03	5.08	5.06	5.03	5.28	5.09

注：表中肃北气象站极少部分数据缺测，采用就近其他气象站数据的线性回归法插补订正得到。

表1-2　祁连山南部祁连、门源、刚察、托勒、野牛沟和北部肃北、民乐 1961—2020年平均水汽压每30年的标准气候年变化

单位：hPa

		1961—1990年	1971—2000年	1981—2010年	1991—2020年
南部	托勒	3.25	3.32	3.41	3.51
	野牛沟	3.50	3.61	3.71	3.79
	祁连	4.26	4.32	4.41	4.50
	刚察	3.99	4.05	4.14	4.25
	门源	4.76	4.86	5.00	5.11
北部	肃北	3.85	3.76	3.83	4.09
	民乐	5.06	5.06	5.12	5.13

注：表中肃北气象站极少部分数据缺测，采用就近其他气象站数据的线性回归法插补订正得到。

从图1-22、表1-1和表1-2可以看出，祁连山南麓地区水汽压随年代进程增加的幅度大于北麓地区，同时表现出北麓地区西部（肃北）增加的趋势大于东部（民乐），而南麓地区东部（如门源与刚察）大于西部（托勒）。总体来看，进入21世纪下垫面植被覆盖率增加，提高了近地表层的水汽含量，同时表明祁连山地气候趋于暖湿化。

二、气温分布特征

（一）气温的日、年及年际变化

气温的日变化与广大北半球的一样，清晨日出前后低，太阳高度达最大后的1～2个小时内高，各地最高最低出现时间具有异质性，早晨到中午和中午到下午上升或下降的速率也有所不同，表现的差异性与海拔、经纬度、植被覆盖度等地理环境的影响有关。

气温的日变化状况与季风气候区的中国大陆一样，上午气温上升速率快，下午降温速率明显，表现的形式均为早晚低、日间高的单峰式日变化过程。只是海拔不同，最低、最高气温不同，日较差也因下垫面植被类型、植被盖度、植被高度，以及土壤湿度的不同而不同。特别是在祁连山中央湿润、半湿润高寒草甸植被区一带的气温虽然较低，但与边缘半干旱地区的气温日较差相比显得较小。同样，气温的年变化也有相同的变化规律，这里不再赘述。

但近几十年气温升高是明显的事实，为此，有必要详尽分析祁连山地近60年来气温的年际变化。分析发现，1961—2020年的60年来，祁连山各地年平均气温的年际变化均具有相同的变化过程（图1-23），祁连、刚察、托勒、民乐四地区60年多年平均气温分别为1.27、-0.08、-2.38、3.76 ℃。自1961年以来，年平均气温分别按3.35、3.37、3.97和5.13 ℃/100a的极显著速率在增加。其中北侧民乐增温速率最大，南侧西部的增温速率大于东部。

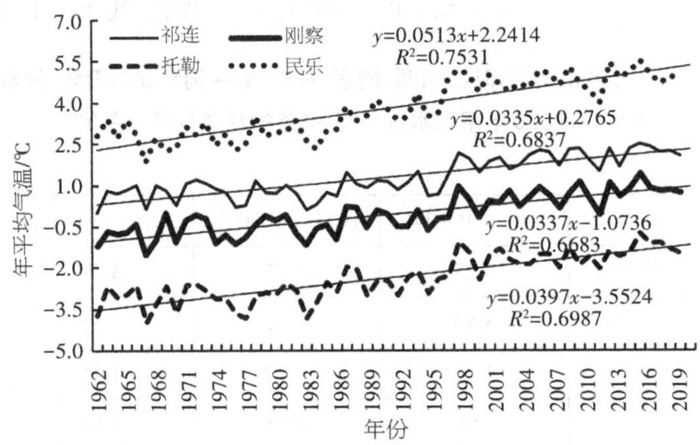

图1-23　祁连山地托勒、祁连、刚察、民乐1961—2020年平均气温的年际变化

表1-3给出了祁连山南部托勒、祁连、刚察和北部民乐自1961年以来年平均气温的年代际变化，发现年代际平均气温自20世纪60年代以来逐年均在升高。而且升高幅度西部（托勒）大于东部（祁连和刚察），北侧（民乐）大于基本同经度的南麓（祁连和刚察）。

表1-3　祁连山南部托勒、祁连、刚察和北侧民乐1961—2020年年平均气温的年代际变化

单位：℃

		1961—1970年	1971—1980年	1981—1990年	1991—2000年	2001—2010年	2011—2020年
南部	托勒	-3.23	-3.07	-2.74	-2.25	-1.64	-1.37
	祁连	0.59	0.81	0.81	1.29	2.00	2.11
	刚察	-0.82	-0.53	-0.40	-0.07	0.59	0.77
北部	民乐	2.70	2.84	3.19	4.15	4.81	4.88

统计30年为标准气候年的年平均气温发现，自1961年以来每30年的标准气候年，其年平均气温也是增加的(表1-4)。托勒、祁连、刚察、民乐地区最近的标准气候年比1961—1990年的标准气候年分别高出1.26、1.06、1.01、1.7 ℃。

表1-4 祁连山南部托勒、祁连、刚察和北侧民乐
1961—2020年年平均气温每30年的标准气候年变化

单位：℃

		1961—1990年	1971—2000年	1981—2010年	1991—2020年
南部	托勒	−3.01	−2.68	−2.21	−1.75
	祁连	0.74	0.97	1.36	1.80
	刚察	−0.58	−0.33	0.04	0.43
北部	民乐	2.91	3.40	4.05	4.61

从图1-23、表1-3和表1-4可以看出，祁连山南麓地区年平均气温随年代进程增加的幅度大于北麓地区，同时表现出北麓地区西部(肃北)增加的趋势大于东部(民乐)，而南麓地区东部(如门源与刚察)大于西部(托勒)。

(二)气温的日、年较差特征

图1-24给出了祁连山及其周边地区年平均气温日较差空间分布。可以看到，祁连山地气温年平均日较差最小的地方出现在山区中央疏勒河、大通河上游交汇的疏勒南山东部，年平均日较差在14 ℃以下；青海湖和祁连山山区西北缘(疏勒南山西北部)也是一低值区，年平均日较差可降低到10 ℃以下。表现出在高山积雪的山顶年平均温度日较差都较小。日较差最大的地方出现在干旱区域，如河西走廊、柴达木盆地的沙漠和戈壁均较高，另外，在山区内部部分河谷也有较大的气温年平均日较差，如，野牛沟的气温年平均日较差在22 ℃以上。

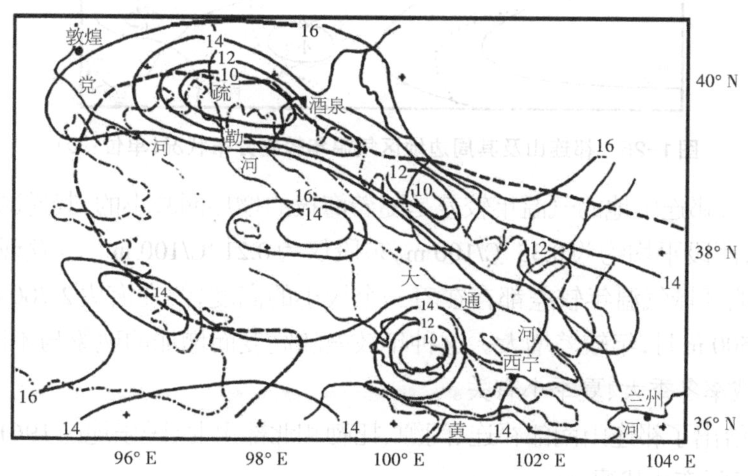

注：— — —气温日较差分为春秋二季高和冬季高夏季低的两类情况分布状况的分界线，———气温日较差等值线，—•—•— 海拔3000 m地形等值线。

图1-24 祁连山及周边地区年平均气温日较差分布

统计祁连山地各气象站气温日较差的年变化可以发现，其日较差的年变化可以分为春秋二季高和冬季高夏季低的两类情况，春秋二季高的区域主要在祁连山地，而冬季高夏季低的区域主要在山地外部的平原、盆地区域。这两种类型的分界线可见粗断线(图1-24)。

冬夏温度极大和极小值的出现时间都表现出高山上最早，向山麓顺次推迟。一般情况下山麓最高温度出现在地方时的14:00，高山上则出现在正午12:00左右。受逆温层影响，高山上和外围山腰地带温度日变化的另一个特点是晚上气温下降很慢，有时甚至晚上温度反而升高。

分析祁连山及其周边地区气象监测数据发现，气温年较差在河西走廊最大(图1-25)，在30 ℃以上(如，安西可达34 ℃)，为区域最大值；柴达木盆地气温年较差接近30 ℃，为另一高值区。但在祁连山山地内部气温年较差相对较低，如青海境内祁连山内部的托勒、祁连、门源分别为28.2、26.0、25.2 ℃；在青海湖附近地区更低，如青海湖东侧的海晏、南侧的江西沟、北侧的刚察气温年较差分别为25.4、23.7、24.3 ℃。同时也表现出祁连山地气温日较差比青南三江源地区高，如祁连山内中部的祁连县气象站监测得到的气温年较差比青南的河南县(21.7 ℃)、玉树市(20.1 ℃)分别高4.3、5.9 ℃，只有在西段的河谷里略高于28 ℃。

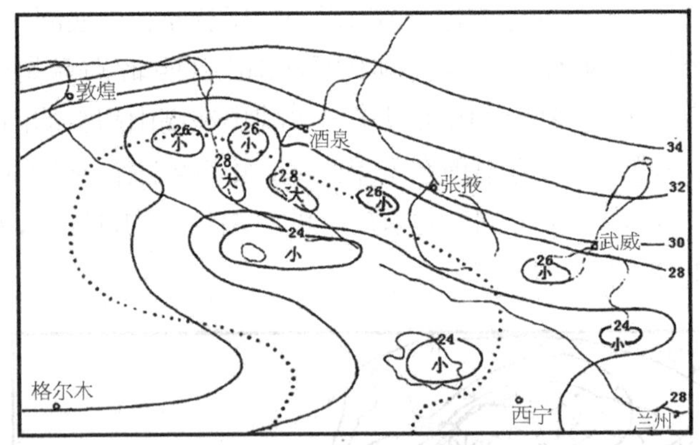

图1-25　祁连山及其周边地区气温年较差分布状况(单位:℃)

一般来说，祁连山地的气温年较差是随着海拔的增加而减小的，其递减率表现出西段大于东段，西段平均约为0.35 ℃/100 m，东段仅为0.21 ℃/100 m。也发现在稍大的河流流域和湖泊区域气温年较差都存在着一个极小的高度，约在海拔2 700 m，而海拔达到3 400～3 500 m时，年较差增大。这种年较差随高度而增加的现象与不同坡向部位，以及气温递减率冬季大、夏季小有关。

图1-26给出了祁连山南部祁连、门源、托勒和北部肃北、民乐地区1961—2020年气温年较差的年际变化状况。

可以看到，1961年以来的60年祁连、门源、托勒、民乐气温年较差平均分别为26.12、25.17、28.06、27.37 ℃。60年来祁连、门源、托勒、民乐气温年较差平均分别按0.3、0.5、

1.0、1.3 ℃/100 a的非显著性速率在下降。其降低趋势所表现的线性回归方程分别为：

$$TA_{祁连} = -0.0030t + 26.214 \quad n = 60 \quad R^2 = 0.0013 \quad P > 0.10 \tag{1-4}$$

$$TA_{托勒} = -0.0104t + 28.377 \quad n = 60 \quad R^2 = 0.0090 \quad P > 0.10 \tag{1-5}$$

$$TA_{门源} = -0.0050t + 25.318 \quad n = 60 \quad R^2 = 0.0037 \quad P > 0.10 \tag{1-6}$$

$$TA_{民乐} = -0.0129t + 27.768 \quad n = 60 \quad R^2 = 0.0122 \quad P > 0.10 \tag{1-7}$$

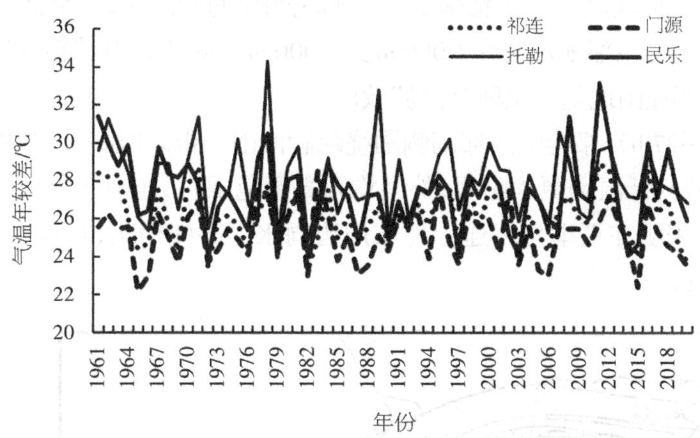

图1-26 祁连山南部祁连、门源、托勒和北部肃北、民乐地区1961—2020年气温年较差的年际变化

从图1-26也可看出，祁连山南麓自东向西的地区1961—2020年气温年较差下降幅度东段大于西段。比较门源与民乐两地发现，年较差下降幅度北部大于南部。这些下降幅度与冬季气温升高明显而夏季升高幅度较低有关，同时与日照时数减少或增加有关。

（三）气温的“冷岛”效应

地区气温的高低表征着区域热量条件的好与差，一定的区域具有对应的温度空间分布，这种分布与大气环流、地形条件有关。祁连山是青藏高原的一部分，但它与高原主体明显可分，自成一个地理单元。其尺度为1 km²，是一典型的中型山区。它处在我国三大气候区（半湿润气候、干旱气候与高原气候）的交汇点附近，具有丰富的气候特色。

在地形复杂地区分析等温线图的方法目前大致有两类：一类是将各站气温按一定的递减率订正到同一个高度上（可称为“订正法”）。此法的优点是高度相近的各点气温可以相互比较，但当高度相差太大时，所绘出的等温线图与实况相差很大，故一般气候图集中不用此种方法。另一类是将地形作一定的平滑，使之成为较有规则的形状，然后再分析此“平滑地形”上的等温线（可称为“地形平滑法”）。此法的优点是对多数测站的高度订正值均较小，故绘出的图与实际温度分布更接近，在气候图集上多采用此方法。但其缺点是对那些海拔与“平滑地形”相距较大的地方，图与实况相差较大。由于祁连山区的气象站绝大部分分布在河谷，故本书可以以河谷的地势为基准，采用“平滑地形”进行气温空间分布形势的绘制与分析。这里给出祁连山地及周边地区“平滑”到海拔3 000 m同一高度上1月（图1-27 a）和7月（图1-27 b）气温分布形势，其中1月和7月可分别代表冬季和夏季。由图1-27 a可见，冬季1月在外围山腰大约1 000 m地形廓线上形成一条“暖带”,大致在祁连山北侧的甘肃玉门—肃南—张掖一线、甘肃永昌南部,而且这条“暖带”的强度(温度逆增的度数)是西段比东段强,外围比山内强。暖脊轴线(图中粗线)大致在海拔2 300 m左右的高度上。分析气温日较差分布发现,“暖带”对应着一气温日较差较小区域,说明这些“暖带”或暖中心在夜间和清晨应该更强。

图1-27 a还看到,在青海湖东部地形廓线稍大于2 000 m的区域也有一个小暖中心。而在祁连山西部南侧围绕疏勒南山一带形成明显的低温区,这个低温“舌”可延伸到祁连山主脉冷龙岭东部地形廓线1 000 m到2 000 m之间的青海默勒—门源—互助地区。表明在冬季祁连山地基本呈现“冷岛”效应。

在夏季(图1-27 b),祁连山西部南侧围绕疏勒南山一带的低温区,东移至冷龙岭东部,相比周边区域其低温场更为明显,外围均为高温范围,祁连山西部南边格尔木西北区域高温明显。表明在夏季与祁连山地域周边同水平高度相比,祁连山地中部的“冷岛”效应更为明显。

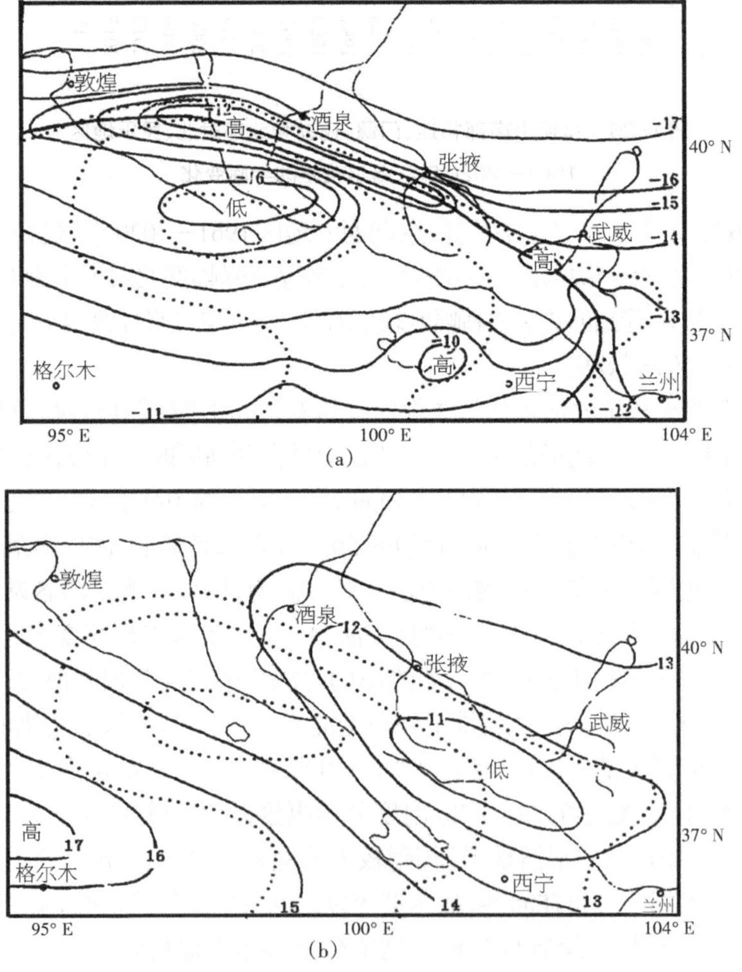

注:点虚线为1 000 m、2 000 m、3 000 m地形廓线。

图1-27 祁连山及其周边地区3 000 m水平面上的平均气温分布状况(单位:℃)

当然，青海湖对温度场的影响很明显，由于图1-27中的温度等值线为1 ℃，故在图上看不到。统计分析青海湖周边区域气象数据发现，从2月开始到9月，青海湖区是一个相对冷区，而10月至翌年2月是一个相对暖区（这点在图1-27a有所显示），而且在湖水尚未封冻的11月和12月湖区的气温比四周要高很多，1月湖面完全封冻后，与周边地区的温差减小明显。分析数据还发现，青海湖湖区气温年变化的位相比其四周也要落后，如山区气象站气温3月比11月高。但青海湖区是两者基本相等，表明青海湖作为一个中型水域（尺度约为100 km）具有"海洋气候"的特色（汤懋苍和许曼春，1983）。

由图1-27还可知，冬季山区东段比西段气温高得多，夏季则相反，说明西段气温年较差较东段大，冬季祁连山山区最冷的地方是在西段的托勒河、疏勒河和党河等的河谷地区；夏季最冷是在东段的大通河中游和冷龙岭附近。这样的温度分布特征与祁连山区上空盛行气流具有相反性的年变化是密切相关的，冬季山区盛行偏西北风，冷空气易在山区西段或北部堆积，山区东段为背风下沉区，温度较高。

三、降水分布特征

（一）降水成因与高原季风

在本节中我们先就高原季风对高原降水的影响做了分析。从青藏高原的整个降水分布来看，在高原的外围有一个少雨带环绕。高原南侧的少雨带在恒河河谷区，刚好是夏季分界高压带的所在地，也是高原季风与印度季风之间的过渡带和印度季风环流圈的下沉气流区。高原北侧的少雨带则从中亚到塔里木盆地再沿中蒙边界东伸，刚好位于夏季高原北侧的高压带中，是我国和中亚的一条最干的区域带，也是世界上纬度最高的一条沙漠带，从这一带往北因受西风带影响降水逐渐增加。从流场上说，这一带是行星西风和高原夏季风（偏东风）之间的分界线。

由于高原夏季风的气流方向不一致，导致高原内部东南多雨、西北干旱。高原东南部，盛行偏南风，空气潮湿；西北部，盛行偏北风，属性干燥。在局部又由于受季风沿河谷溯源不同流向的差异，其雨季与雨量也发生明显的变化，如在大通河谷中上游的盘坡—默里—木里一带，暖湿气流易顺大通河谷溯源而上，动力抬升后水汽凝结，易形成较大的降水分布区，年降水量仅次于青海省降水最高的班玛—久治一线。在湟水谷地，降水量高值区则围绕海东—西宁北部西部呈弧线状，分布在大坂山—日月山—拉脊山—青沙山等一带，并不出现在兰州—西宁一线。

在青海，降水量的季节变化（逐月分布）是不同的，这种分布特征也与季风有关。从全国尺度上看，5月随着高原夏季风的建立，在我国东部东南季风区有一雨季开始出现，是长江中、下游梅雨季节的开始，其雨季中心随时间进程逐渐向北推移，同时高原东侧的高原季风区亦有一雨季开始，并逐渐向北向西推移。这些中心在向北向西推移的过程中，青海地区降水量逐月增加，到7月达最大，部分年份季风区雨季推迟或向北向西推移减缓时降雨量在8月达最大。以后随着高原冬季风的建立，包括整个青藏高原东侧雨量明显减少，而高原以西的阿富汗、中亚等地区雨量增加，雨季相继开始。

有人以6月的降水量减5月的降水量的月际变化来衡量高原季风的北界，发现从河西走廊向东，经关中沿110° E左右南下，直到25° N附近，有一条降水量比5月减少明显的带。这个带的北段大致就是高原季风的北界，其东段大致是高原季风的东界，在这个带的东、西两面雨量都比5月明显增加。该时高原北支西风加强，引起高原北侧低层动力性气压加大，反气旋环流相应增强。

9月在我国东部，沿海陆分布区冬季风形成，而高原地区仍是夏季风盛行，大致是110° E以东为偏北风，110° E以西仍是偏南风，反气旋中心位于晋、豫、陕交界区。由于9月高原季风与海陆季风的这种不同步变化，产生了我国秋天的特殊天气现象，东部海陆季风区"秋高气爽"，高原季风区的华西地区"秋雨绵绵"，这两种气候区的界线就是高原季风区与海陆季风区的界线。

上述分析说明了青藏高原季风气候环境下其降水的基本成因状况。但是，受地面热力效应及周边(如副热带高压、阿留申低压、青藏高压)等局地和大气环流影响与气压形式的不同，其降水格局将发生改变，祁连山地伴随季风的雨季、雨量出现时间、降水强度等有所不同，或早或迟。当然，局地气压系统的不同也将影响到区域气候的变化，如在祁连山北面的河西走廊，黑河流域东端的民乐等地雨量大，往东到永昌以东地区雨量反而有所减少。黑河流域西的嘉峪关以西的疏勒河流域，地形条件有利于西边形成高压，东边形成低压，嘉峪关成为一明显的自然景观的分界线，常年在疏勒河高压控制之下，气流辐散，降水极少。再如，湟水河流域、大通河流域，降水的高值区并非出现在东部，而是随地势逐渐抬高的向西地区，降水量逐渐增加。如兰州年降水量327.4 mm，随湟水河流域向西北，乐都、西宁、湟源年降水量分别为333.7、366.7和527.6 mm；在大通河流域中部的海北站的年降水量(561.1 mm)，比东部门源县年降水量(528.7 mm)高32.4 mm；降水量的这种分布，不仅是气流动力爬坡，热力效应影响的结果，而且与其气压场分布形式有很大的联系。气压形势的不同，也可导致明显的气候分界线，我们知道，祁连山南麓降水明显高于北坡，这是河曲低压和柴达木低压将较潮湿的空气输送到祁连山区，同时又引导着从西面来的干燥空气沿高原主体北缘东南下的结果。而河曲低压输送北山的湿空气是绕高原东缘北上的，水分充足，是造成祁连山区东段多雨的基本原因之一，这股暖湿气流沿湟水河而上，与从柴达木低压南面的西来气流相遇，经常在青海湖附近形成切变线，造成青海湖东面的日月山成了气候的分界线。

另外，山区内部在高压所在位置上常出现一条云量少于三成的少云带，而在山外平地云量可常在五成以上，云也是多呈带状环山绕云，特别是山区西端边缘更为明显。显然，这种分布状况也是山区中气压系统中高低压分布作用的结果。表现出云量和相对湿度大的地方，为高压，出现气流的上升运动区；反之为低压，气流产生下沉运动区。如，在祁连山冬季，山区内部是平均下沉气流区，山外为平均上升运动区，与祁连山年平均气压系统的结构相符。

(二)降水量日、年及年际变化

大多情况下，降水可分为两类。一类是层结稳定性降水，或叫层结稳定的动力性降水。这种降水主要出现在冷暖空气交汇的锋面降水，这类降水过程的垂直运动分布较为均匀，降水量的大小主要取决于空气柱的“湿绝热含水量”，因而与水汽凝结的高度有关，在凝结高度附近降水量最大。在祁连山地湟水谷地、大通河流域，当气流溯源而上，动力爬坡，到达一定高度遇冷空气时易使水汽凝结，进而造成较河谷下游有较高的降水量。另一类降水属大气层结不稳定性降水，这种类型多与对流云相联系，即局地受热不均后产生气流的垂直运动，触发天气能量不稳定的对流性天气过程的降水。此种降水多在白天特别是下午发生，常常在下垫面不均匀的山谷风强盛时多见。这时大范围是晴朗少云天气，空气相对湿度比稳定性大范围阴雨天气降水时要小，因而其凝结高度亦比稳定性降水时高得多，这样最大降水高度就会出现在高山上，比稳定性降水时的最大高度要高得多。但不论怎样，祁连山及其周边地区降水量的日、年及年际变化有相同又有相异的变化特征，而且地区不同，上述的降水性质差异较大，山区不稳定的对流性天气过程的降水较多，北部平原层结稳定的动力性降水较多，南部平原及盆地两种类型降水过程叠加存在。同时，受大气环流形势下高原季风的东南暖湿气流、西风、北方冷空气南下等多重因素影响，降水的地区分布均匀，其变化在夏季多冬季少的特点下又各具特色。

黄颖等（2020）利用祁连山及其周边地区（36°30′～39°30′ N、93°30′～103°30′ E）不同下垫面13个气象站（甘肃境内：肃北、肃南、高台、民乐、永昌、武威、古浪、乌鞘岭；青海境内：托勒、野牛沟、祁连、门源、互助）的欧洲中期数值预报中心ERA-Interim再分析数据集，分析了1979年1月—2017年12月、时间分辨率为3小时、空间分辨率为0.125°×0.125°实测小时降水量的时空分布特征。分析前，他们根据ERA-Interim的平均年降水量将研究区划分为极端干旱区（<50 mm）、干旱区（50～200 mm）、半干旱区（200～400 mm）和半湿润区（400～800 mm），其中极端干旱区、干旱区、半干旱区、半湿润区分别占研究区面积的8.06%、39.40%、34.83%和17.71%。

就研究的13个气象站点来看（黄颖等，2020），平均日降水量仅为0.6 mm，而且极端干旱区、干旱区、半干旱区和半湿润区的4个子区差异较大，图1-28给出了1979—2017年研究区及其各子区域每3个小时累积降水量变化（黄颖等，2020）。可以看出，39年来，半干旱区、半湿润区降水量变化趋势相似，6:00—8:00为降水量的一小峰值，随后逐渐减少，9:00—11:00为一天中降水量最低的时间段，11:00之后降水增加，11:00—20:00降水量大幅增加，21:00—23:00降水量迅速减少，23:00至次日5:00降水量较小，变化平缓。在这39年间，干旱区和极端干旱区降水最大时段在6:00—8:00，最小在21:00—23:00。从图1-28还可看出，研究区日降水量的峰值时段为14:00—20:00，该时间段的降水量占日降水量的35.4%。

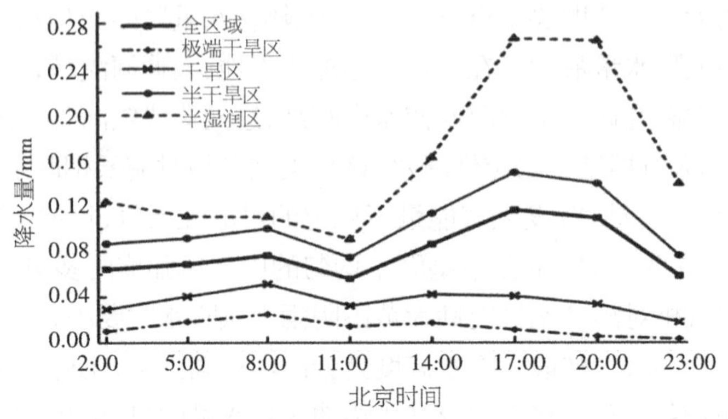

图1-28　1979—2017年研究区及其各子区域逐3 h累积降水量变化

祁连山及其周边地区降水的季节变化也极为明显，降水量自1月开始逐月增加，到7月达最大后下降，到12月达到与1月一样的低降水量时期，表现出单峰式的变化过程。图1-29为1979—2017年祁连山及其周边地区、各子区域逐月平均降水量变化状况（黄颖等，2020），降水量逐月变化中所表现的单峰式变化过程说明，在该区域具有明显的旱季和雨季，而且降水主要集中在夏季及其前后的5—9月，占年降水量的78%以上，而冬季极为寡少。比较1979—2017年39年平均降水量发现，春、夏、秋、冬季的多年平均降水量分别为56.5、125.7、41.3和9.0 mm，分别占年降水量的24.3%、54.1%、17.8%和3.9%。

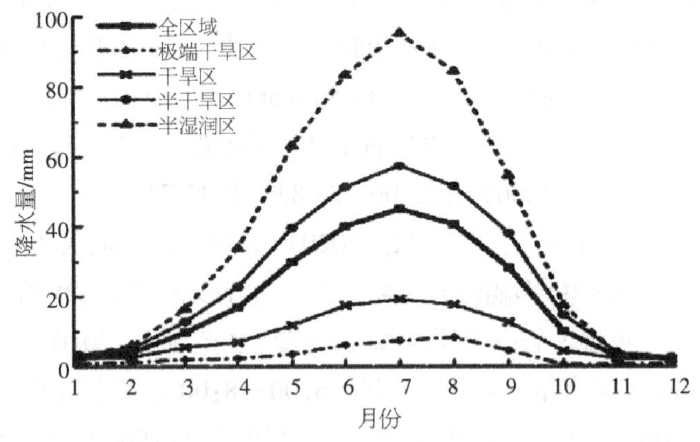

图1-29　1979—2017年研究区及其各子区域平均逐月降水量变化

以上是黄颖等（2020）利用祁连山及其周边地区13个气象站的数据，并将区域划分为极端干旱（年降水量<50 mm）、干旱（年降水量为50～200 mm）、半干旱（年降水量为200～400 mm）、半湿润（年降水量为400～800 mm）4个子区，分析了1979年到2017年年降水量的分布变化状况。

为了说明1961年到2020年60年来祁连山地降水量变化趋势，这里依祁连山南部祁连（中段）、门源（东段）、托勒（西段）和北部东段民乐气象观测资料再做解释。图1-30绘制了上述4站点1961—2020年年降水量的年际变化。可以看到，1961年以来的60年，祁连、门源、托勒、民乐年降水量平均为415.50、394.93、286.54、347.77 mm。60年来，祁连、门源、托勒、民乐年降水量平均分别按127、71、160、128 mm/100 a的速率在增加。增加趋势所表现的线性回归方程分别为：

$$PR_{祁连} = 1.2700t + 376.77 \quad n = 60 \quad R^2 = 0.1306 \quad P < 0.01 \tag{1-8}$$

$$PR_{托勒} = 1.6005t + 237.73 \quad n = 60 \quad R^2 = 0.2019 \quad P < 0.01 \tag{1-9}$$

$$PR_{门源} = 0.7128t + 506.94 \quad n = 60 \quad R^2 = 0.0294 \quad P < 0.01 \tag{1-10}$$

$$PR_{民乐} = 1.2821t + 308.67 \quad n = 60 \quad R^2 = 0.1306 \quad P < 0.01 \tag{1-11}$$

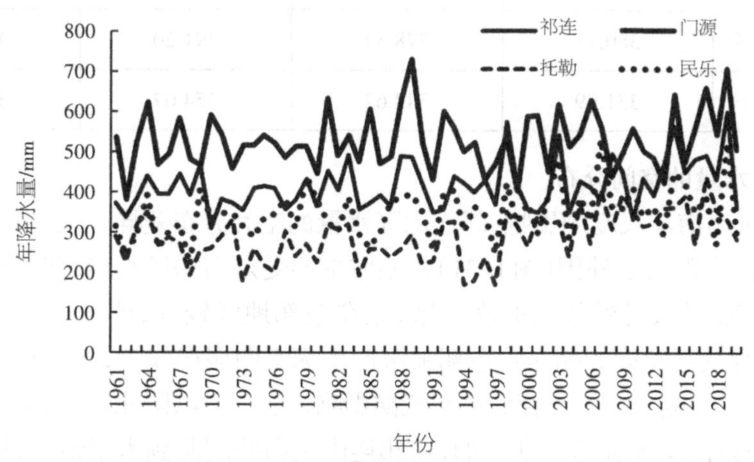

图1-30　祁连山南部祁连、门源、托勒和北部民乐4地1961—2020年年降水量的年际变化

表1-5给出了祁连山南部祁连、门源、刚察、托勒、野牛沟和北部肃北、民乐自1961年以来年降水量的年代际变化，发现年降水量的年代际变化过程中不论是祁连山南麓还是北坡，不论是西部还是东部，与多年平均值相比在20世纪60年代均较低，70年代到90年代处于较低的波动变化中，进入21世纪降水量明显增加。

统计30年为一标准气候年的平均降水量发现，自1961年以来每30年的标准气候年，其年降水量也是增加的（表1-6）。只是增加幅度随不同地区略有差异，特别是南麓门源地区60年来增加幅度相对其他地区较小。

表1-5　祁连山南部托勒、祁连、刚察和北部民乐1961—2020年年降水量的年代际变化

单位：mm

		1961—1970年	1971—1980年	1981—1990年	1991—2000年	2001—2010年	2011—2020年
南部	托勒	271.19	250.89	266.11	255.81	333.38	341.89
	祁连	393.29	387.10	422.67	410.89	412.31	466.76
	刚察	377.05	365.40	399.69	370.54	403.36	453.53
北部	民乐	307.45	348.30	337.52	342.04	382.65	368.66

表1-6 祁连山南部托勒、祁连、刚察和北部民乐1961—2020年年降水量每30年的标准气候年变化

单位:mm

		1961—1990年	1971—2000年	1981—2010年	1991—2020年
南部	托勒	262.73	257.60	285.10	310.36
	祁连	401.02	406.89	415.29	429.99
	刚察	380.71	378.54	391.20	409.14
北部	民乐	331.09	342.62	354.07	364.45

(三)年降水量的空间分布

受地形、远离海洋尺度的影响,祁连山降水量的空间分布差异较大,表现为南麓大于北坡,祁连山内部大于外围(图1-31)。南坡主要受东南季风影响,迎风坡动力爬坡抬升,易使水汽凝结,导致较高的降水量,且在东部地区较高,西部由于东南季风减弱,空气水汽含量经长途的输送及东部地区产生降水而显得较小,导致降水量比东部地区下降明显。北侧受河西走廊的荒漠气候影响,空气干燥,降水较少,其降水主要还是出现在夏季东南季风强盛时期。如,在祁连山南麓的门源到木里地区,年降水量可达到600 mm,而在西部野牛沟到托勒一带,虽然处在祁连山内部,但东南季风到达这里时已减弱,其年降水量最高也只有400 mm左右。离祁连山南北稍远的柴达木盆地、河西走廊降水量更低。

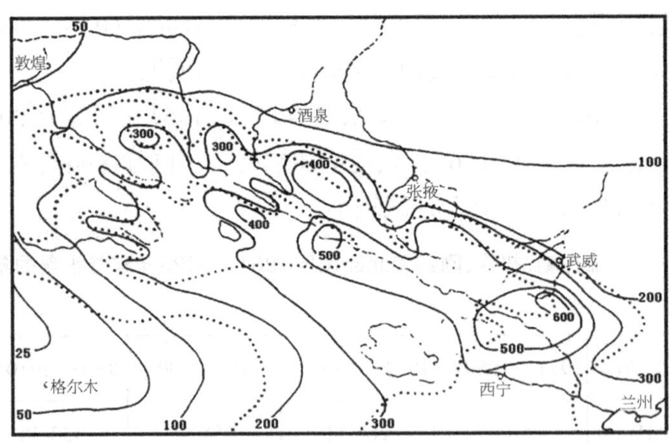

注:点线为平滑后的地形廓线。

图1-31 祁连山及其周边地区年降水量分布图(单位:mm)

从降水量季节性空间分布来看(图1-32,黄颖等,2020),春季降水场形状多为西北—东南向,出现频率为59.0%,降水中心多为2或1个,出现在祁连山中部地区的频率最高,为76.9%,其次是东部,频率为59.0%,降水最大值为140.6 mm。夏季降水场也多为西北—东南向,出现频率为51.3%,其次,降水场呈纬向分布的频率为43.6%,降水中

心个数为1个的频率最高，达79.5%，祁连山中部地区出现降水高值中心的频率最高，达89.7%，西部和东部出现频率较小，且整个区域的降水量较春季增多，最大值超过350 mm。秋季降水场形状不规则，降水中心个数多为2个，中心常出现在祁连山的中部和东部地区，降水量相对于夏季明显变少，最大值仅为108.8 mm。冬季降水场与其他季节差别较大，形状多表现为不规则，降水中心个数多为1个，降水中心常出现在祁连山西部地区，最大降水量仅为30.7 mm，中部和东部地区降水量更为稀少。

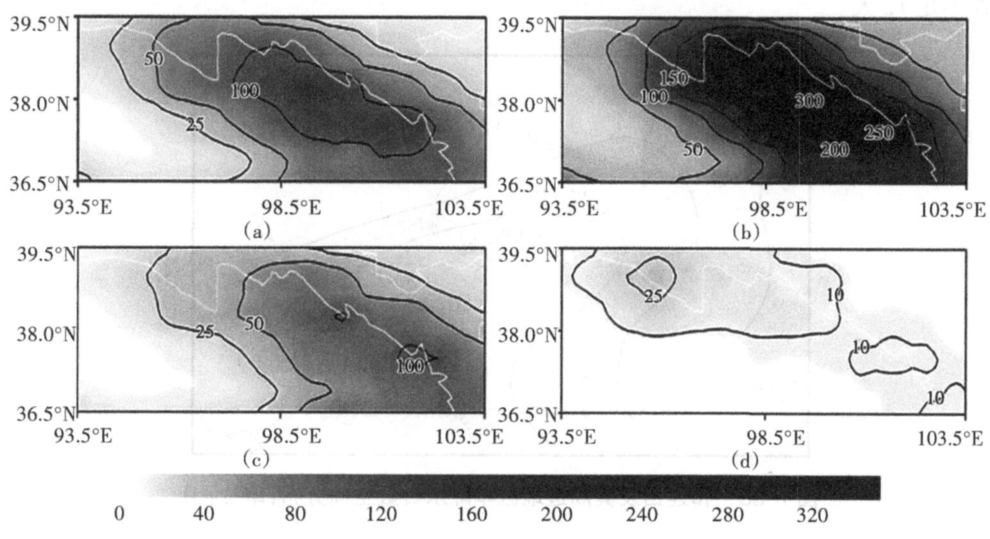

图1-32 1979—2017年祁连山区春季(a)、夏季(b)、秋季(c)、冬季(d)降水空间分布(单位:mm)

祁连山地特殊的地理位置及高海拔对气流的爬坡抬升(热力和动力)作用，表现出降水量分布与海拔有较好的对应关系，海拔越高降水量越大，年降水量最大值出现在祁连山中部的高海拔地区，年降水量最大可超过550 mm，且年降水量场依山体走向常呈西北—东南向分布，中部和东部海拔在3 200～3 600 m地区降水量较大。从图1-32可看出，冷龙岭是整个山区降水量最多的地方，这不单是因为它地势高，更主要的是它位于高原夏季风的迎风面。而在北缘的冷龙岭—走廊南山—大雪山的同高度上，降水量自东向西逐渐减少，特别是从走廊南山主峰再往西降水减少极为明显。在祁连山地的西端，党河南山、土尔根达坂山、柴达木山等高山降水量相差不大，排列的山系冬季降雪所占的比例相当大。这是因为高原冬季风(偏西风)的作用使它们成为迎风面，特别是与西风气流交角较大的党河南山和土尔根达坂山西段降水量更大一些。还发现，疏勒南山是全山区海拔较高的山，也是祁连山区的中心带，这里的年降水量比南面的哈尔科山(哈拉湖南山)和北面的托来南山更多。同时发现，除大通河流域外，祁连山地同高度同经度山区北缘，其降水量比山区内部要多，如肃南的康乐草原山体顶部北缘，那里为高寒草甸+针叶森林，降水量较大，这一点从北向的内陆河径流量也可得到证实。

(四)降水日数及积雪

日降水量≥0.1 mm的降水日数的地理分布与降水量的分布颇为相似。图1-33是年降水日数分布图。可见基本特征仍是从东向西北递减,最多降水日数在大通河中游,互助达150天以上,为全山区最多,比华北同纬度地区要多两倍左右。从一些考察资料来看,山区东段和中段的高山上,年降水日数也要达到150天左右,西段高山上在100天左右(大雪山冰雪观测站是95天)。降水日数最少是在西端山外地区,在20天以下,如冷湖尚不足12天。

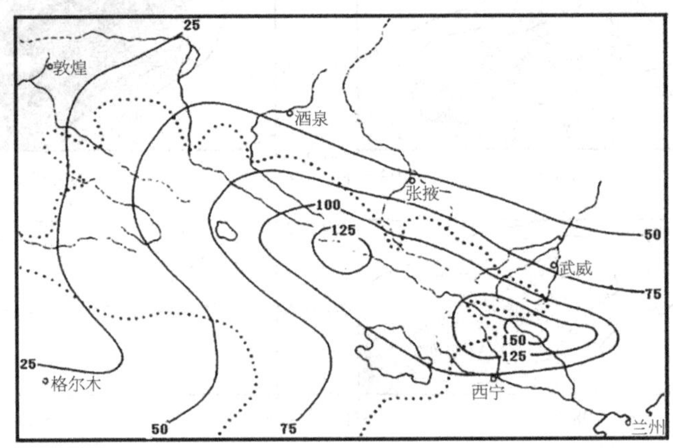

图1-33　祁连山及其周边地区年降水日数空间分布(单位:d)

分析年降水日数随高度的分布与降水量发现,降水日数随高度上升而增加。约在山腰上存在一个"最大高度",由此往上或往下降水日数都减少。4—9月的夏半年各月降水日数分布与年分布是一致的,大通河流域7、8两个月平均月降水日数均在20天以上。冬季各月降水日数的分布是外围山腰最多,最大值达8天以上,山内很少,一般在2天以下。各站降水日数的年变化特征与降水量一样也可以分为两类,大部分站都是单峰型,以7月或8月降水日数最多,12月或1月最少。山区西段有些站最少在10月,次少在春季的3、4月,在1、2月份有一次大峰值,表现为双峰型。各地最大日降水量都较小,一般均小于50 mm,偶有超过50 mm,不过在100 mm以内。但从我们分析海北站山体带降水分布变化来看(见第三章),估计山体带3 800～4 000 m的海拔处可能超过70 mm。

山区东段海拔4 000 m以上地区多为固体(雪)降水,少有液态降水。除了永久积雪区以外,祁连山区的积雪也是不多的。图1-34是最大积雪深度的分布图。可见,随着海拔的升高,积雪深度有逐渐增厚的趋势。木里(海拔4 091 m)最大积雪达31 cm,为全山区之冠。在走廊南山北坡山腰,有一积雪深度较大带,与冬季降水量的分布一致。

冰川上的积雪深度基本上是从秋季开始随时间单调增加,直到春季开始消融时达最大值。这里不多讨论。但可以肯定的是,1月份以前冰川上基本没有积累,是消失期,1月以后积雪开始增加,特别是1月至5月初积雪增加明显。

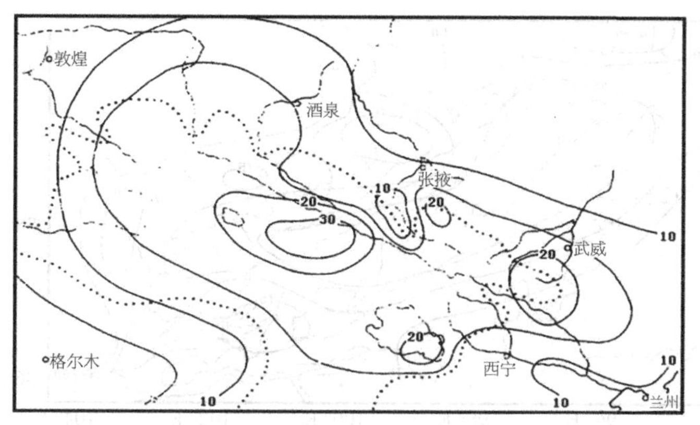

图1-34　祁连山及其周边地区年最大积雪深度空间分布(单位:cm)

青海湖是祁连山地主要的组成部分,青海湖与四周地区相比,上半年(2—6月)是相对少雨区,下半年(7月至翌年1月)是相对多雨区,特别是12月和1月可以划出一闭合的多雨中心。而湖水开始解冻的3月份在湖区可以划出一个闭合的少雨中心。虽然,从年降水量分布图上看不出湖区雨量与四周陆地有多大的差别,但可以断定的是,青海湖对大气所起的冷热源作用只是把降水量的逐月分配比例改变了一下,对年降水总量没有什么影响。同时,青海湖湖水热容量大,对气温变化有一定的滞后影响效应,在9—12月,甚至推迟到1—2月起到"热源"效应,10月至翌年1月湖面所起的热源作用,特别是尚未封冻的11—12月使温度将比湖外高很多,而在3—7月(甚至到9月)将起到"冷岛"作用。这种热力分配条件下,3—7月湖内上升气流明显,降水比湖外要低,在冬季11月至翌年2月降水量可能更低些。

实际上,在山区的气候特点也与青海湖"热源"效应和"冷岛"作用一样。夏半年,山体上部温度较低,山体下部温度较高,易触发强对流天气,而且"雾气"上升时易达到凝结高度,进而形成较多的环山云、地形雨。冬半年,下垫面受热基本均匀而少有对流天气,加之空气干燥,降水也明显减弱。

山地气候还有其特殊的日夜分布特征,正是如此,人们对巴山有"巴山夜雨"多的感觉。祁连山地又是如何?我们也做简单的介绍。简单分析发现,祁连山地1月(图1-35a)和7月(图1-35 b)20:00至次日8:00夜雨量占年总降水量比值分布有着自身的特殊性,表现出冬半年占比较低、夏半年较高,山地自东南向西北山脊线的中央部位较低、南北两侧以及东部和西部较高的特点。

冬半年占年降水日数的比例在山脊线附近30%以内,周边区域高达70%以上,特别是东边的河湟谷地和北坡山体折线以上地区表现最为明显。这主要表现在冬半年的夜间,祁连山周边区域地表辐射冷却快,一定海拔上还处在较高的温度环境下,水汽凝结后易到达地面。而在山脊线附近虽然有较强的地面辐射冷却,但高空的温度仍与地表面接近,其气温随高度变化的垂直梯度小,水汽凝结量相对较弱有关。

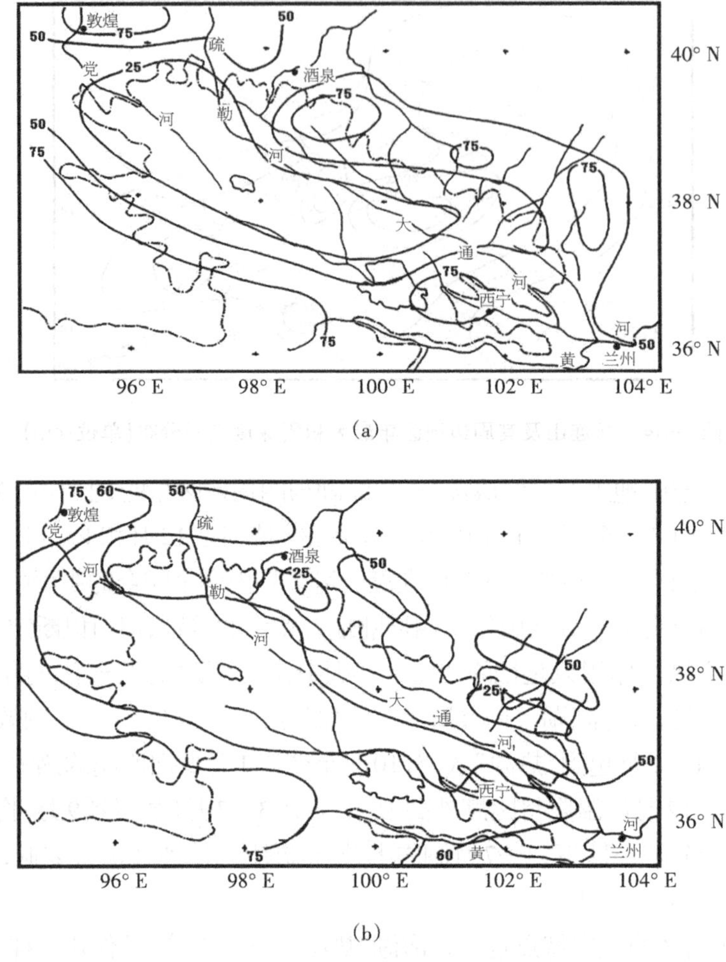

图1-35　祁连山及其周边地区1月(a)、7月(b)夜雨占年降水日数的百分率空间分布

夏半年夜雨占年降水日数的比例在山脊线海拔较高的区域仍保持在30%以内，但涵盖面积较冬半年明显缩小，而周边地区大部分夜雨占比在50%～75%，涵盖范围面积明显扩大。夏半年大范围的夜雨比较高的原因在于午后因地表受热不均，地-气温差明显，气温的垂直递减率大，易触发对流天气，而且山地旺盛的对流天气在日间午后到夜间22:00以前的任何时候均可发生，进而导致夏半年夜雨占比相对较高。这也是在祁连山及其周边地区有"巴山夜雨"的感觉的原因。

四、日照时数分布特征

我们分析祁连山南部祁连、门源、托勒和北部民乐来解释1961年到2020年的60年来祁连山地日照时数变化趋势(图1-36)，发现上述4气象台站1961—2020年年日照时数总量的年际变化。可以看到，1961年以来的60年祁连、门源、托勒、民乐平均日照时数的年总量分别为2 830.09、2 540.82、2 979.08、2 922.52 h。构建4个地区1961年到2020年日照时数变化趋势所表现的线性回归方程分别为：

$$SS_{祁连} = -4.0777t + 2\,954.5 \quad n = 60 \quad R^2 = 0.3421 \quad P < 0.01 \tag{1-12}$$

$$SS_{托勒} = 0.4060t + 2\,966.7 \quad n = 60 \quad R^2 = 0.0059 \quad P > 0.10 \tag{1-13}$$

$$SS_{门源} = -4.9933t + 2\,693.1 \quad n = 60 \quad R^2 = 0.4328 \quad P < 0.01 \tag{1-14}$$

$$SS_{民乐} = 0.462721t + 2\,936.6 \quad n = 60 \quad R^2 = 0.0050 \quad P > 0.10 \tag{1-15}$$

在祁连山南部的中东段（祁连、门源）日照时数年总量自1961年以来出现极为显著的下降趋势（P<0.01），平均分别按408、499 h/100 a的速率在减小。祁连山北部东段（民乐）和南部西段出现不显著的上升趋势（P> 0.10）。

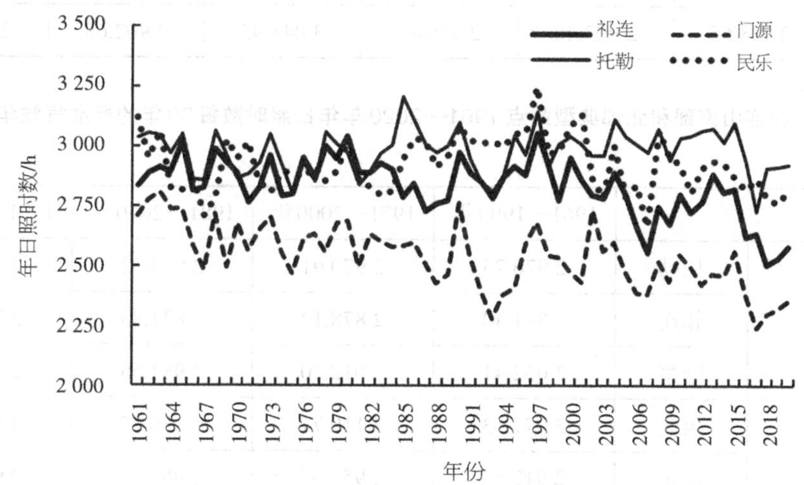

图1-36　祁连山地祁连、门源、托勒和北部民乐
1961—2020年年日照时数的年际变化

表1-7给出了祁连山南部托勒、祁连、刚察和北部肃北、民乐自1961年以来年日照时数6个年代际的变化状况，发现1961—2020年的60年祁连、刚察、托勒、民乐年平均日照时数分别为2 830.09、2 975.14、2 979.08、2 922.52 h。年代际之间波动明显，同时，各地区间年代际出现的最高最低值不一致。统计30年为一标准气候年的年日照时数发现，自1961年以来每30年的标准气候年，其年日照时数也是增加的（表1-8）。托勒、祁连、刚察、肃北、民乐地区最近的标准气候年比1961—1990年的标准气候年分别高出4.7、102.1、19.9 h，而祁连、刚察最近的标准气候年比1961—1990年的标准气候年分别减少102.6、114.5 h。从图1-36、表1-7和表1-8可看出，祁连山南麓地区年日照时数随年代进程增加的幅度大于北麓地区，同时表现出北麓地区西部（肃北）增加的趋势大于东部（民乐），而南麓地区东部（如门源与刚察）大于西部（托勒）。

表 1-7　祁连山南部托勒、祁连、刚察和北部肃北、民乐 1961—2020 年年日照时数的年代际变化

单位：h

		1961—1970年	1971—1980年	1981—1990年	1991—2000年	2001—2010年	2011—2020年
南部	托勒	2 977.62	2 941.41	3 011.16	2 960.16	3 011.64	2 972.46
	祁连	2 900.36	2 895.59	2 848.26	2 890.54	2 756.68	2 689.12
	刚察	3 030.15	3 041.47	3 025.61	2 969.53	2 949.52	2 834.56
北部	肃北	—	3 128.84	3 036.48	3 170.61	3 203.17	3 165.24
	民乐	2 908.65	2 902.46	2 926.47	3 043.95	2 902.68	2 850.90

表 1-8　祁连山南部和北部典型站点 1961—2020 年年日照时数每 30 年的标准气候年变化

单位：h

		1961—1990年	1971—2000年	1981—2010年	1991—2020年
南部	托勒	2 976.73	2 970.91	2 994.32	2 981.42
	祁连	2 881.40	2 878.13	2 831.83	2 778.78
	刚察	3 032.41	3 012.20	2 981.55	2 917.87
北部	肃北	3 077.53	3 110.77	3 136.75	3 179.67
	民乐	2 912.53	2 957.63	2 957.70	2 932.51

注：肃北 1961—1990 年实际上为 1973—1990 年 18 年平均。

第二章　海北站气候特征

中国科学院西北高原生物研究所自1962年建所以来一直从事青藏高原生态与环境研究，率先于1976年正式创建了“海北高寒草甸生态系统定位研究站”，后晋升为国家站改名为“青海海北高寒草地生态系统国家野外科学观测研究站”(以下简称海北站)。海北站建站40多年来，逐步组建了包括气候、土壤、动植物生态、草地生态、动植物生理、家畜生态、微生物生态和数学生态等学科的研究队伍，按照“人与生物圈”计划的研究目标和方法，以生态系统各组分相互协调开展研究工作，对广布于青藏高原的高寒草甸生态系统的结构、功能、能量流动、物质循环及其提高生产力的途径开始了系统研究，积累了大量的水(分)、土(壤)、(大)气、生(物)方面的宝贵资料，并取得了显著的研究成绩。海北站自建站以来，一直进行气象要素的观测，2001年应用涡度相关技术开展边界层通量观测，除常规气象资料的监测，还开展辐射平衡等多项大气要素的监测。本章则以海北站多年或短期观测的小气候资料为主，结合项目组发表的有关小气候研究成果，增补了最新监测资料，同时借鉴青藏高原高寒草甸其他地区的研究成果，探讨了高寒草甸植被基本气候特征，以及小气候状况。

这里需要说明的是，由于海北站离门源县直线距离约40 km，门源县1958年建立国家标准气象站，且同处在大通河谷，属同一气团属性的环流背景下，海北站气象站实际监测的气象数据自1980年6月开始，而部分年份缺失、失真严重，特别是降水量数据失真明显，为了说明海北站长期气候状况，我们以门源气象站监测资料为准，插补延长订正法订正恢复了海北站的月降水量数据、月平均气温数据，同时订正插补了后续分析需要的1981年以来的其他常规气象缺失数据。

第一节　海北站概述

海北站位于青藏高原东北隅的祁连山谷地，行政隶属于青海省海北藏族自治州门源回族自治县门源马场，距西宁市160 km，地理位置为37°29′～37°45′ N、101°12′～101°23′ E，站区地形开阔，海拔为3 200～3 600 m(气象观测站海拔为3 220 m)；北部-西北部为高耸的冷龙岭，山脊平均海拔为4 600 m，主峰——岗什卡峰海拔5 254.5 m，常年积雪，并发育着现代冰川；南-东南以宁张(西宁—张掖)公路为界，与青海浩门农场接壤；西-西南部被永安河、大通河所环绕，与门源县的皇城、苏吉滩二乡毗邻；在站区西南约15 km处是平均海拔4 000 m的大坂山，区域面积约为250×10^4 m^2。在晚古生代以前曾长期沉没于古地中海之下，而在三叠纪以后，这一古老的海盆才伴随着海西、印支、燕山以及晚白垩纪开始的喜马拉雅等构造运动的持续作用下，在千余万年的地质演化历史长河中，以惊人的速度隆升成为现代地球上最年轻、最高亢的高原，它以其独特的自然地理单元影响着欧亚大陆的大气环流系统和各类生态系统的分布格局，高原特殊的生态系统结构与功能、生物的生态适应与进化模式，引起国内外的科学家的极大关注。

青藏高原也被称为地球第三极，由于受控于东南暖湿气流和青藏高压影响，降水自东南向西北逐渐减少，与此相适应分布着森林、高寒灌丛、高寒草甸、高寒草原、高寒荒漠和垫状植被等各类生态系统。在高原独特的自然环境影响下，其生态系统极其脆弱，成为全球变化最为敏感的区域和生物多样性重点保护区，为世界科学界所瞩目，青藏高原作为世界生态系统的脆弱生态带应被高度重视。

自20世纪30年代起，生态系统的研究，在世界范围内普遍受到重视，在国际生物学规划的组织和推动下，开展了大量综合性研究工作。此后，在联合国教科文组织内又成立了“人与生物圈”计划，相继在世界各地建立了许多旨在研究各类生态系统结构、功能的长期定位研究站，并取得了许多阶段性成果。为了深入系统地研究青藏高原各类生态系统的结构、功能过程与机理，在国际生物学规划(IBP)和“人与生物圈”计划的研究规划(MAB)的推动下，1975年中科院西北高原生物研究所夏武平教授以其远见卓识，发挥研究所多学科优势，带领一批科研人员，冲破重重阻力，进行考察选点，于1976年在青藏高原东北部率先创建了海北高寒草甸生态系统定位研究站，按照“人与生物圈”计划的研究目标和方法，以生态系统各组分的相互关系开展研究工作。对广布于青藏高原的高寒草甸生态系统的结构、功能，及其提高生产力途径开始了长期的系统观测和研究示范。在海北站的带动下，中国科学院于1978年在高原古城西宁召开了中国陆地生态系统工作会议，确定在我国不同生态带建立农业、森林、草地生态系统研究站，将我国生态学研究推向了一个新的阶段，缩小了我国生态系统研究与国际的差距。

为加速提高我国科学研究水平，进行体制改革和结构性调整，中国科学院相继在我国选择一批研究基础较好、基础设施较完善和结构合理的科研队伍的野外研究站，晋升为科学院的开放研究站。海北高寒草甸生态系统研究站经专家考察、论证，后经院办公会议批准，于1989年成为首批对国内外开放的野外台站之一。1990年，应我国改革开放和国民经济发展的需求，中国科学院率先在我国不同气候带建立了研究森林、农田、草地和水域等各类生态系统结构、功能及提高生产力为目标的生态网络研究站，旨在为区域和全国经济发展提供理论依据。海北站由于出色的工作和取得的显著成绩，首批加入中国生态网络研究，并成为当时十个重点研究站之一。进入21世纪，随着全球知识经济和信息时代的到来，我国政府决定加大科研投入，面向国家战略需求，面向科学前沿，加强关键技术创新与集成，攀登世界科技高峰，为我国经济建设、国家安全和社会可持续发展不断做出基础性、战略性、前瞻性的重大创新和贡献。鉴于海北站的特殊区域以及取得的重大成果，2006年11月被科学技术部批准为国家站，正式命名为青海海北高寒草地生态系统国家野外科学观测研究站。

该地区位于亚洲大陆腹地，具有明显的高原大陆性气候，东南季风及西南季风微弱。受高海拔条件的制约，气温极低，按气候四季的标准划分，无明显四季之分，仅有冷暖二季之别，干湿季分明，空气稀薄，大气透明度高，年平均空气密度约为0.88 kg/m³。李英年等(2004)曾利用海北站1980—2001年22年的气象资料分析发现，1980—2001年22年的年平均气温为-1.7 ℃，最热的7月平均气温为9.8 ℃，最冷的1月平均气温为-15.1 ℃。年内日最低气温0 ℃以下的天数高达280天左右，与近些年来的结果相比，气温增加明显。年平均气温等与2004年分析的结果相比有大幅度提高。年降水量约580 mm，植物生长季的5—9月降水量占年降水量的80%，冷季的10月至翌年4月长达7个月时间的降水量仅占年降水量的20%。年内日照充足，在植物生长期日平均仍达6.5 h，基本满足植物生长发育所要求的光照时间。年内无绝对无霜期，相对无霜期为20天左右，在最热的7月仍可出现霜冻、结冰、降雪(雨夹雪)等冬季所能出现的天气现象。表现出冷季寒冷、干燥、漫长，暖季凉爽、湿润、短暂。

青藏高原隆起过程所形成的特殊自然环境，海北站主要分布着青藏高原典型的地带性植被高寒灌丛和高寒草甸。高寒灌丛以金露梅灌丛为代表，主要分布在山地阴坡和土壤较为潮湿的滩地及其河流低阶地，群落结构简单，一般为两层。土壤湿度多在40%以上。金露梅(*Potentilla fruticosa*)株高30～50 cm，生长比较密集，群落总盖度可达70%～80%，以金露梅为建群种，伴生种有山生柳(*Salix Oritrepha*)、高山绣线菊(*Spiraea alpina*)等。草本层植物生长稀疏，以线叶嵩草(*Kobresia capillifolia*)、苔草(*Carex dispalata*)为优势种，其他种类有双叉细柄茅(*Ptilagrostis dichotoma*)、羊茅(*Festuca ovina*)、藏异燕麦(*Helictotrichon tibeticum*)、珠芽蓼(*Polygonum viviparum*)、草地早熟禾(*Poa pratensis*)、甘肃马先蒿(*Pedicularis kansuensis*)、高山唐松草(*Thalictrum alpinum*)等。

高寒草甸类型较多，主要有矮嵩草(*Kobresia humilis*)草甸、线叶嵩草草甸、高山嵩草(*Kobresia pygmaea*)草甸和藏嵩草(*Kobresia tibetica*)草甸。其中，矮嵩草草甸分布面积最大，最具代表性，主要分布在海北站区地势平缓、排水通畅的滩地，土壤含水量一般为28%～40%。以矮嵩草为优势，群落覆盖度一般在90%以上，结构简单，多为单层结构，在保护较好的地段，因异针茅(*Stipa aliena*)、草地早熟禾植株比较高大，可成为双层结构。伴生种类较多，常见有异针茅、草地早熟禾、羊茅、紫羊茅(*Festuca rubra*)、垂穗披碱草(*Elymus nutans*)、美丽风毛菊(*Saussurea pulchra*)、麻花艽(*Gentiana straminea*)、摩苓草(*Morina chinensis*)、钉柱委陵菜(*Potentilla saundersiana*)、花苜蓿(*Trigonella ruthenica*)、米口袋(*Gueldenstaedtis diversifolia*)、高山毛茛(*Ranunculus tanguticus*)等。线叶嵩草草甸仅分布在站区九道岭的山地阳坡，以线叶嵩草为单建群种，群落结构简单，种类组成亦较少。

以藏嵩草为建群种的沼泽化草甸主要分布于高山冻土集中分布的地势低洼、地形平缓、排水不畅、土壤潮湿、通透性差的河畔、湖滨、山间盆地，以及坡麓潜水溢出和高山冰雪下缘等低洼的潮湿地带。区域受底层永久冻土层阻隔作用，使降水和冰雪消融水在这里易汇集，水分不能及时外泄和下渗，地下水位升高，甚至溢出地表，导致土壤或地表呈过湿状态。土壤泥炭层深厚，一般在0.2～2.0 m以上。

湿地植被种类组成主要以耐寒湿中生多年生或混生湿生多年草本植物为主。藏嵩草为主要建群种，伴有青藏苔草（*Carex moorcropt*）、黑褐苔草（*C. atrofusca*）、双柱头藨草（*Scirpus distigmaticus*）、斑唇马先蒿（*P. longifloral*）、华扁穗草（*Blysmus sinocompressus*）、帕米尔苔草（*Carex pamirensis*）等，形成高寒沼泽化草甸。在青藏高原特别是江河源区有大面积分布，仅青海省有可利用草场达446×10^4 hm^2，约占全省可利用草场面积的14.4%。

土壤以洪积-冲积物、坡积-残积物及古冰水沉积物为主。在不同水热条件下，受植被改造发育在滩地和阳坡多有草毡寒冻雏形土、山地阴坡多分布暗沃寒冻雏形土以及沼泽地的有机寒冻潜育土大量分布，具有土壤发育年轻、土层浅薄、有机质含量丰富等特征。

第二节 气温

一、气温的年、年际变化

分析海北站1981—2020年的40年来逐月平均气温发现（表2-1），40年年平均气温为-1.04 ℃。自1月开始到12月，气温逐月变化是升高—降低的单峰式变化过程，最暖的7月月平均气温为10.58 ℃，最冷的1月为-14.34 ℃。4—9月月平均气温大于0 ℃，10月至翌年3月月平均气温小于0 ℃。年内就是在最暖的7月也偶出现日最低气温≤0 ℃的气温，全年<0 ℃天数可高达280天左右，表明冷季时间长。该区气温低，最暖的7月早晨常出现0 ℃左右的低温，并伴随有霜冻、静水面结冰以及降雪（雨夹雪）等冬季才有的天气现象，但由于空气湿度、土壤湿度大，较高的水分可在植物产生霜冻前，其界面形成一定的水膜，可使植物免遭伤害。相反低温环境的存在，可在夜间降低植物呼吸作用，利于干物质积累。

分析1961年以来气温变化发现，60年来年平均气温为-1.35 ℃，60年来年平均气温、生长季（5—9月）平均气温、非生长季（10月至翌年4月）平均气温均呈现极显著（$P<0.01$）的波动上升趋势，年平均气温、生长季平均气温升温率达0.31 ℃/10 a，非生长季更为明显，为0.34 ℃/10 a（图2-1）。升温幅度在1961—2020年的6个年代际进程上表现也极为明显，如，6个年代际平均气温分别为-2.03、-1.77、-1.65、-1.50、-0.48、-0.64 ℃（表2-2），特别是最近的2个年代际平均值比1961—1970年平均值分别高1.55和1.39 ℃，比

1961—2020年的60年平均值分别高0.87 ℃和0.71 ℃。同样可以看到，生长季和非生长季平均气温与年平均气温一样在6个年代际进程上升高趋势表现明显，而非生长季气温升高的趋势比生长季幅度更大。

表2-1 海北高寒草甸地区1981—2020年40年常规气象要素月平均分布状况

要素	1月	2月	3月	4月	5月	6月	7月	8月	9月	10月	11月	12月	年均
气温/℃	−14.34	−10.87	−5.66	0.36	4.63	8.26	10.58	9.63	5.54	−0.45	−7.59	−12.90	−1.04
最高气温/℃	−3.04	−0.22	3.37	8.26	12.23	15.26	17.50	17.14	13.50	8.26	2.89	−1.74	7.78
最低气温/℃	−23.58	−20.20	−13.50	−6.44	−2.21	1.53	3.83	3.06	−0.54	−7.05	−15.50	−21.60	−8.51
降水量/mm	2.61	7.74	22.69	35.07	63.05	90.49	107.75	118.61	77.19	27.75	6.82	1.37	561.13
可照时间/h 闰年	305.9	302.9 313.6	369.7	394.3	438.4	439.7	446.6	419.4	371.1	346.4	303.4	296.9	4 434.7 4 445.4
日照时间/h	204.53	190.98	212.29	214.01	219.18	200.24	209.75	209.66	182.02	202.98	213.74	209.44	2 468.83
日照百分率/%	66.86	63.05	57.42	54.28	50.00	45.54	46.97	49.99	49.05	58.60	70.45	70.54	55.67
风速/(m/s)	1.31	1.67	1.94	2.07	2.06	1.82	1.75	1.70	1.67	1.47	1.22	1.16	1.65
水汽压/hPa	1.02	1.38	2.22	3.61	5.20	7.53	9.68	9.12	6.91	4.11	2.04	1.20	4.50
饱和水汽压/hPa	1.71	2.22	3.48	5.44	7.52	10.06	12.50	11.48	8.65	5.61	3.03	1.89	6.13
空气相对湿度/%	60.29	62.44	64.18	66.75	69.56	75.00	77.67	79.54	79.89	73.29	67.41	64.24	70.02
水面蒸发量/mm	48.635	60.923	87.95	125.57	153.56	148.65	149.65	137.51	98.315	78.877	60.163	51.915	1 201.70
平均气压/hPa	687.25	686.45	687.76	690.15	691.80	692.08	692.19	693.64	694.57	694.42	692.13	689.51	690.99
平均冻土深度/cm	146	182	196	196	177	138	163	1	5	11	34	83	198
最大冻土深度/cm	177	214	230	230	230	230	207	1	7	22	56	114	230

数据说明：

（1）海北站自1980年6月开始监测部分气象数据；气温（包括最高气温、最低气温）、降水、日照时间、水汽压、相对湿度、水面蒸发量均为实际监测数据，部分缺测或“失真”数据用同一气团属性、距离海北站直线距离40 km的门源气象站数据订正得到，极个别偶缺测数据采用海北站嵩草草甸微气象-涡度相关法通量观测塔与气象站同期监测数据回归处理插补得到，后文同；插补订正方法见文献（王树廷和王伯民，1984）。

（2）风速、冻土、气压、水面蒸发量为1990—2020年监测数据，部分有缺测，采用门源气象站数据订正插补得到。

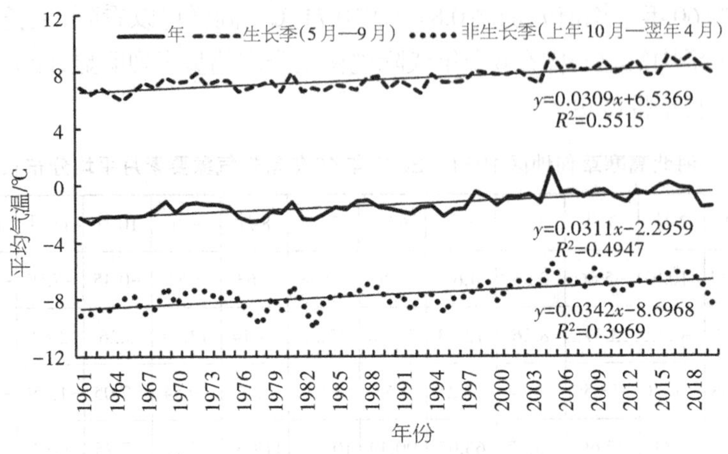

图2-1 海北高寒草甸地区1961—2020年年平均、生长季(5—9月)平均和非生长季(上年10月至翌年4月)平均的年变化

海北站年平均气温自1961年以来的变化趋势与整个青藏高原的变化趋势是一致的,最近的研究表明(杨耀先等,2022),青藏高原相较于北半球的增暖,高原增暖发生时间较早,而且增温速率也比北半球同纬度区域大。自20世纪60年代以来,高原地表气温呈现出持续增暖的趋势,并在90年代末出现的"全球增暖停滞"期间,仍以0.25 ℃/10 a的速率增暖(Duan and Xiao,2015;徐丽娇等,2019)。从图2-1可以看到,海北站区也基本表现相同的趋势。

表2-2 海北高寒草甸地区1961—2020年常规气象要素年代际分布状况

要素	1961—1970年	1971—1980年	1981—1990年	1991—2000年	2001—2010年	2011—2020年
平均气温/℃	−2.03	−1.77	−1.65	−1.50	−0.48	−0.64
生长季平均气温/℃	6.82	7.15	7.07	7.40	8.11	8.32
非生长季平均气温/℃	−8.43	−8.14	−7.90	−7.87	−6.69	−6.77
最高气温/℃	—	—	6.83	7.79	8.29	8.23
最低气温/℃	—	—	−8.80	−9.01	−8.18	−8.18
气温年较差/℃	—	—	24.63	25.59	24.26	25.21
年降水量/mm	563.52	556.21	608.49	518.27	553.23	564.53
生长季降水量/mm	457.75	454.29	485.36	429.44	462.05	451.47
日照时间/h	—	—	2 428.11	2 507.63	2 436.14	2 496.90
日照百分率/%	—	—	54.73	56.50	54.90	56.26
平均气压/hPa	—	—	691.12	691.29	690.85	690.71
平均风速/(m/s)	—	—	—	1.71	1.72	1.57
水汽压/hPa	—	—	4.36	4.47	4.58	4.59
饱和水汽压/hPa	—	—	6.02	6.25	6.34	5.92
相对湿度/%	—	—	68.63	68.06	68.80	74.61

注:生长季指5—9月,非生长季指上年10月至翌年4月。

最高气温、最低气温是日最高最低的表述，不同时期差异较大，如在海北站最暖的7月有时也出现0 ℃以下的日最低气温，在寒冷的1月日最高气温有时可达10 ℃以上。从逐月变化(年变化)来看(表2-1)，月平均最高气温与平均气温一样，月最高出现在7月，为17.50 ℃，1月仅为-3.04 ℃。月平均最低气温在7月仅为3.83 ℃，1月为-23.58 ℃，月最高与最低相差达到41.08 ℃。查阅多年监测的数据表明，极端最高为28.8 ℃，一般年份年内出现25 ℃以上的日数仅在3天以内，而日极端最低可降至-37.10 ℃，每年出现-25 ℃以下的天数可在20天以上。过去由于最低温度是用水银温度表观测，水银温度表观测范围为-39～357 ℃，所观测的最低极限温度接近观测极限，所以，极端最低温度可能还要更低。

实际上，气候是指大气物理特征的长期平均状态降水和气温的变化，与天气气象不同，它具有一定的稳定性。时间尺度为月、季、年、数年到数百年以上的平均状况，一般叫作标准气候。根据世界气象组织(WMO)的规定，一个标准气候计算时间为30年。鉴于此，我们这里也统计了海北站自1961年以来，每30年为一个标准气候下的年平均气温状况，以及植物生长季和非生长季的年平均气温分布状况。

统计发现，1961—1990、1971—2000、1981—2010和1991—2020年的4个标准气候年气温年平均分别为-1.82、-1.64、-1.21和-0.88 ℃(表2-3)，表明4个标准气候年的气温也是逐渐升高的。最近的30年平均值比1961—1990年、1971—2000年、1981—2010年3个标准气候年平均值分别高出0.94、0.76、0.33 ℃。比1961—2020年的60年平均值和1981—2020年的40年平均值分别高出0.44和0.19 ℃。

表2-3 海北高寒草甸地区1961—2020年常规气象要素每30年平均气候态下的变化状况

要素	1961—1990年	1971—2000年	1981—2010年	1991—2020年	1981—2020年	1961—2020年
气温/℃	-1.82	-1.64	-1.21	-0.88	-1.04	-1.35
生长季平均气温/℃	7.01	7.21	7.53	7.92	7.73	7.48
非生长季平均气温/℃	-8.16	-7.97	-7.48	-7.11	-7.34	-7.63
最高气温/℃	—	—	7.64	8.10	7.78	—
最低气温/℃	—	—	-8.66	-8.46	-8.51	—
气温年较差/℃	—	—	24.83	25.02	24.92	—
降水/mm	578.40	559.59	560.18	545.15	561.13	560.71
生长季降水量/mm	465.80	456.36	458.95	447.65	457.08	456.73
日照时间/h	—	—	2 458.80	2 483.37	2 468.83	—
日照百分率/%	—	—	54.94	55.29	55.15	—
气压/hPa	—	—	691.09	690.95	690.99	—
平均风速/(m/s)	—	—	—	1.65	—	—
水汽压/hPa	—	—	4.47	4.58	4.50	—
饱和水汽压/hPa	—	—	6.20	6.17	6.13	—
相对湿度/%	—	—	68.49	70.49	70.02	—

每30年为一个标准气候年下的年平均最高气温、年平均最低气温、生长季和非生长季也具有相同的变化规律，表现出最近的1991—2020年的30年平均值均比前期30年平均值要高。如，最近的1991—2020年的30年最高气温平均值比1981—2010年的30年上升0.46 ℃，而最低气温平均值比上一个30年平均值高0.20 ℃；1991—2020年的30年生长季和非生长季平均值比1961—1990年的30年高出0.91 ℃和1.01 ℃，比1971—2000年的30年平均高出0.71 ℃和0.86 ℃，比1981—2010年的30年平均值高出0.39 ℃和0.37 ℃（表2-3）。

高海拔因素影响，海北高寒草甸地区的气温是比较低的，表2-4给出了海北站年平均气温、年降水量、年日照时数与同纬度地区的新疆皮山、青海德令哈（青海省气象局数据）、甘肃古浪（胡丽莉，2011）、山西太原（龙玉桥和李伟，2011）的比较，以及与同经度的甘肃永昌（甘肃省气象局数据）、青海河南（青海省气象局数据）、四川阿坝（杨宗英和谢洪，2020）的比较。同时，也与祁连山地的其他气象站数据（青海省气象局数据）进行了比较（表2-5）。

表2-4　海北站年平均气温、降水量、日照时间与国内同纬度和同经度的有关地区同期比较

地区	同纬度					同经度		
	海北站	西部		东部		北部	南部	
		新疆皮山	青海德令哈	甘肃古浪	山西太原	甘肃永昌	青海河南	四川阿坝
地理坐标	101.32°E，37.62°N	78.17°E，37.37°N	97.37°E，37.37°N	102.54°E，37.28°N	112.36°E，37.37°N	101.58°E，38.14°N	101.36°E，34.44°N	101.42°E，32.54°N
海拔/m	3 200.3	1 375.4	2 981.5	2 072.4	778.3	1 976.9	3 500.0	3 275.1
气候类型	高原大陆季风气候	暖温带极端干旱气候	高原内陆干旱气候	温带大陆性季风气候	温带大陆性季风气候	暖温带大陆性干旱气候	高原大陆季风气候	高原大陆季风气候
年平均气温/℃	-1.00	11.9	3.9	5.3	9.8	4.8	0.3	2.4
年降水量/mm	561.12	54.0	174.8	356.2	456.9	185.1	579.9	708.6
年日照时间/h	2 447.19	2 470.4	3 036.5	2 631.7	2 675.8	2 884.2	2 759.4	2 412.4

注：与海北同纬度地区系指37.5° N；同经度地区系指101.3° E。

表2-5　海北站月、年平均气温与祁连山及周边地区同期的比较

单位:℃

	地理坐标	月份 1	2	3	4	5	6	7	8	9	10	11	12	年平均
门源	37.38° N,101.62° E,海拔:2 850.0 m	-12.72	-8.37	-2.79	2.81	7.27	10.56	12.46	11.48	7.78	2.19	-5.45	-11.40	1.15
刚察	37.33° N,100.13° E,海拔:3 301.5 m	-13.11	-9.92	-4.69	1.06	5.55	8.73	11.26	10.52	6.42	0.51	-5.98	-10.60	-0.02
祁连	38.18° N,100.25° E,海拔:2 787.4 m	-12.75	-8.84	-3.35	2.93	7.69	11.29	13.26	12.20	8.21	1.93	-5.64	-11.35	1.30
托勒	38.80° N,98.42° E,海拔:3 367.0 m	-17.43	-13.28	-7.43	-0.88	4.27	8.23	10.60	9.68	4.90	-2.18	-10.30	-15.71	-2.46
海北站	37.62° N,101.32° E,海拔:3 200.3 m	-13.49	-10.57	-13.49	0.13	4.46	8.09	10.46	9.76	6.59	0.96	-5.31	-14.96	-1.45

与相同纬度新疆皮山、青海德令哈、甘肃古浪、山西太原地区相比,海北站地区因为海拔较高年平均气温最低,而新疆皮山地区海拔虽然高于山西太原地区,但是因为受到暖温带极端干旱气候的影响,年平均气温新疆皮山比山西太原高2.1 ℃。一般而言,年平均气温在同纬度地区海拔越高气温越低,但是地区年平均气温也受到当地气候影响。与相同经度的甘肃永昌县、青海河南蒙古族自治县、四川阿坝县相比,海北站地区年平均气温也是最低的。甘肃永昌地区虽然纬度最高,但其海拔最低,其年平均气温比海北、青海河南县、四川阿坝县分别高5.8、4.5和2.4 ℃,同纬度地区气温呈现纬度越低气温越高的规律,但也会受到海拔的影响。

二、气温的年较差

利用1981年以来7月与1月平均气温的差值替代气温的年较差,以及月平均最高与最低气温差代替气温年极差发现(图2-2),1981年以来的40年,7月与1月平均气温的差值和月平均最高与最低气温差值有着近乎相同的变化趋势,7月与1月平均气温的差值最小值为22 ℃,出现在1982年,最大值为27.2 ℃,出现在2016年,月平均最高与最低气温最小差值为38.09 ℃,出现在1993年,最大差值为44.44 ℃,出现在2001年。分析表明,月最低气温极大多出现在1月,也有出现在上年度12月的(40年时间出现6次),月最高气温极大多出现在7月,也有出现在8月的(40年时间出现11次)。

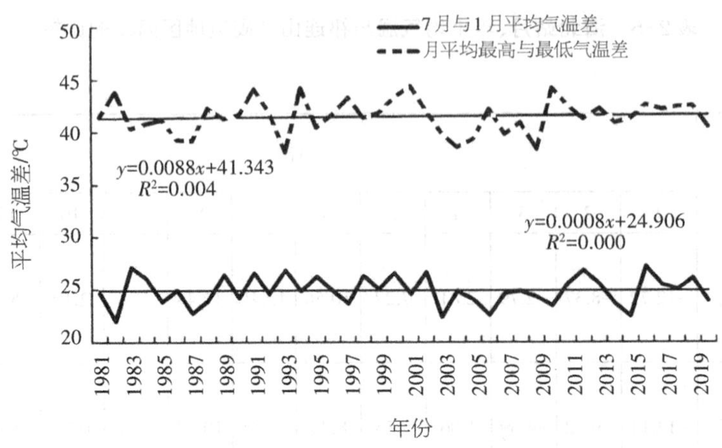

图2–2 海北高寒草甸1981—2020年气温年较差(7月与1月平均气温差)和极差(月平均最高与最低气温差)的年际变化

三、气温稳定通过各界限温度的积温

与各类植物生长一样,高寒草甸植物物候具有类同的变化规律,但也有自身的特点。监测发现,高寒草甸植物的萌动发芽、返青、生长盛期等物候期与日均气温稳定通过≥0、≥3、≥5 ℃的初始期相联系,而≥5 ℃的终止期则是极大多植物生长的结束期。但这也不是不变的,植物物候期在气温稳定通过≥0、≥3、≥5 ℃相关的条件下,也因水分条件(降水和土壤湿度)的不同分布表现出推迟或提早,往往表现出水分条件受到限制较低且温度低,或水分条件保证温度低时,其物候初始期推迟,而在水分条件和温度条件相匹配的状况下(温度高、水分条件保证,或在热量条件保证一定界限温度以上的温度低、水分低时)物候初始期将会正常。但总的来讲,气温稳定通过的各界限温度主控了其物候的初始期。

在祁连山地气温稳定通过≥ 10 ℃的初始期、终止期来得迟去得早,在20世纪仅维持在10～20天,进入21世纪后随全球气温上升,其初终间日数拉长,维持到30天左右,且期间积温也明显增加。这里利用月平均气温数据,采用内插法计算了海北站日平均气温稳定通过≥ 0、≥ 3、≥ 5、≥ 10 ℃的各界限温度的积温及维持天数,分析1961年到2020年各界限温度的年际变化表明(图2–3,其中≥ 3 ℃积温与≥ 5 ℃积温相差在10 ℃·d以内而未列),60年来积温在明显上升。≥ 0 ℃积温最小值、最大值和均值分别为925.2 ℃·d、1 413.27 ℃·d和1 151.04 ℃·d,60年来≥ 0 ℃积温最多增加了52.75%。≥ 5 ℃积温最小值、最大值和均值分别为734.78 ℃·d 、1 245.29 ℃·d和995.33 ℃·d,60年来≥ 5 ℃积温最多增加了69.47%;≥ 10 ℃积温最小值、最大值和均值分别为40.22、541.33 ℃·d和226.28 ℃·d,60年来≥ 5 ℃积温最多增加了53.43%。积温的增加促进了植物生物量的升高,同时更有利于生长周期长的禾本科植物完成种子成熟的生命史。

计算日平均气温通过各界限温度的积温,以及< 0 ℃的负积温的年代际变化(表2–6)发现,从1961年至2020年日平均气温< 0 ℃的负积温逐年升高,平均升高速率为52.44 ℃·d/10 a,其中,2001—2010年相比1991—2000年< 0 ℃的负积温增幅最大达到了

189.07 ℃·d，表明海北站高寒草甸土壤冻结情况自1961至2010年以来逐渐减弱，但2011—2020年< 0 ℃的负积温相比2001—2010年又有所增加。

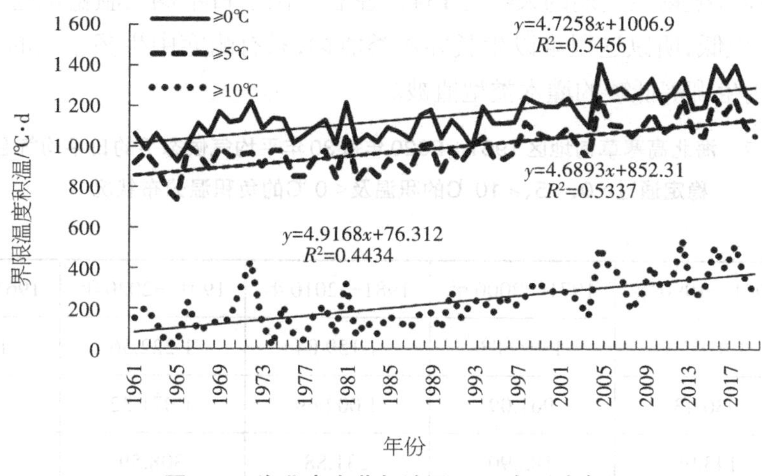

图2-3　海北高寒草甸地区1961年以来气温稳定通过≥ 0、≥ 5、≥ 10 ℃的积温的年际变化

表2-6　海北高寒草甸地区1961—2020年日平均气温稳定通过≥ 0、≥ 5、≥ 10 ℃积温及< 0 ℃负积温的年代际分布状况

单位：℃·d

	1961—1970年	1971—1980年	1981—1990年	1991—2000年	2001—2010年	2011—2020年
≥0 ℃	1 049.11	1 101.42	1 088.66	1 139.40	1 249.07	1 278.62
≥5 ℃	910.05	924.68	923.60	1 002.03	1 082.45	1 129.17
≥10 ℃	123.42	164.84	143.62	243.25	308.78	373.75
<0 ℃	−1 793.26	−1 766.92	−1 711.45	−1 699.67	−1 510.60	−1 531.05

计算每30年平均气候状态下的日平均气温稳定通过≥ 0、≥ 5、≥ 10 ℃的积温（表2-7）发现，海北高寒草甸1961—2020年每30年积温上升显著，并且积温增加速率也是逐渐增加，30年≥ 0 ℃积温升温速率47.53 ℃·d/30a，其中1991—2020年≥ 0 ℃积温相比1961—1990年增加了142.63 ℃·d；海北高寒草甸1961—2020年每30年平均气温通过≥ 3、≥ 5、≥ 10 ℃的积温与30年≥ 0 ℃积温变化趋势一致，1991—2020年≥ 10 ℃积温相比1961—1990年增加了164.63 ℃·d，30年≥10 ℃积温比通过≥ 0、≥ 3、≥ 5 ℃增加幅度更大，表明海北站高寒草甸在30年代际尺度上表现出明显和稳定的年积温升高。

统计表明（表2-7），海北高寒草甸日平均气温稳定通过≥0 ℃的初期约在4月22日，10月16日左右结束，积温约为1 104.4 ℃·d，持续天数173天；日平均气温稳定通过≥5 ℃的初期约在5月21日，9月12日左右结束，积温约为921.2 ℃·d，持续天数约为115

天。日平均气温稳定通过≥ 10 ℃的天数不到10天，积温不足100 ℃·d。若把植物生长期天数以日平均气温稳定通过≥ 0 ℃初期开始到日平均气温稳定通过≤ 5 ℃的末期结束计算，海北站地区植物生长期的天数为134天左右。由于日平均气温稳定通过≥10 ℃的天数少且积温极低，所以这里难以生长乔木类植物，只有耐寒中生多年生的草本植物，另有金露梅、山生柳等低矮的灌木类型植被。

表2-7 海北高寒草甸地区1961—2020年每30年平均气候态下的日平均气温稳定通过≥ 0、≥ 5、≥ 10 ℃的积温及< 0 ℃的负积温分布状况

单位：℃·d

	1961—1990年	1971—2000年	1981—2010年	1991—2020年	1961—2020年
≥0 ℃	1 079.73	1 109.83	1 159.04	1 222.36	1 151.04
≥5 ℃	930.43	961.09	1 002.69	1 071.22	995.33
≥10 ℃	143.96	183.90	231.88	308.59	226.28
<0 ℃	−1 757.21	−1 726.01	−1 640.57	−1 580.44	−1 668.82

海北高寒草甸日平均气温稳定通过< 0 ℃的负积温的绝对值较高，维持时间较长，说明区域冬季寒冷而漫长。通常在10月下旬开始日平均气温稳定在0 ℃以下，到次年4月中旬结束。统计表明，1961年以来，日均气温< 0 ℃的负积温按6.02 ℃·d/a极显著（$P<0.01$）的速率在增加（图2-4）。日均气温< 0 ℃的负积温绝对高值出现在1977年和1962年，1984年以后随年代进程负积温绝对高值降低明显，2015年为负积温绝对值最低，是一个明显的暖冬年。

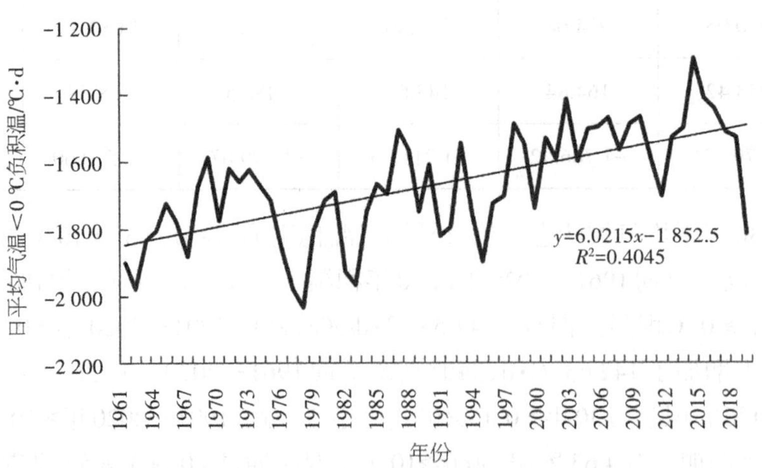

图2-4 海北高寒草甸地区1961年以来气温稳定< 0 ℃的负积温的年际动态

负积温负值较高说明海北站高寒草甸冷季寒冷天气减少，整体来看海北站高寒草甸冷季和暖季都变暖，但是与≥ 0 ℃的积温相比，< 0 ℃的积温增加幅度要大，也就是说< 0 ℃的积温增加幅度更为明显。

第三节　降水

一、降水量的季节分配

从降水的逐月变化(年变化)数据(表2-1)看到,年内降水量自1月(2.79 mm)开始增加,到8月(119.02 mm)达到最大,7月(108.33 mm)比8月稍低,以后至12月逐渐降低,12月仅为1.45 mm。从降水量最少的1月到降水量较多的7月,从降水最高的8月到最低的12月,表现出降水增加和减少的速率在季节交换的秋冬季大于春夏季。

二、年降水量与植物生长季降水量的年际动态

图2-5给出了海北站1961—2020年年降水量的年际动态。可以看到,60年来海北高寒草甸地区年降水量分布在406.80～776.70 mm,年降水总量最高年份出现在1989年,为776.70 mm,1998年和2019年达到755.50 mm和754.70 mm;最低年份出现在1999年和1991年,分别为406.80 mm和425.30 mm,2013年也较低,为426.10 mm。1961—2020年的60年间降水量总体表现出非显著性的"U"变化特征,从20世纪60年代中期到90年代平稳降低,进入21世纪20年代有所增加。60年平均降水量为560.71 mm。

图2-5中也给出了海北高寒草甸植物生长季5—9月降水量的年际动态。从图2-5可看到,生长季降水与全年降水波动一致,1961—2020年海北站地区生长季降水量分布在317.00(1999年)～617.20 mm(1989年),生长季平均年降水总量为456.73 mm,是同期平均年降水总量的81.46%,说明植物生长季降水对于全年降水贡献较大。

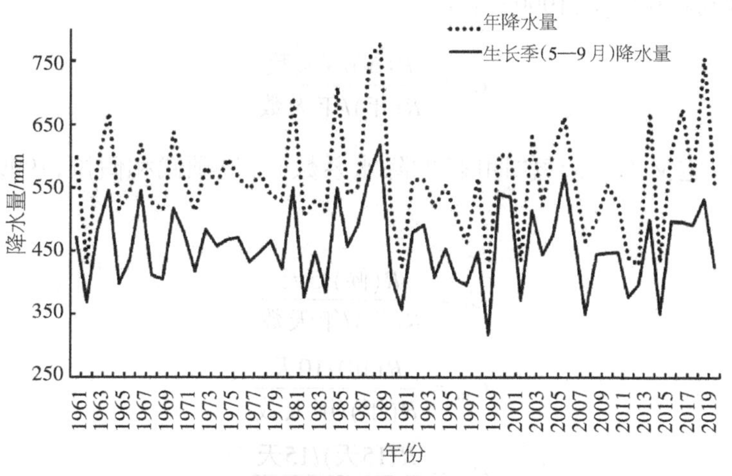

图2-5　海北高寒草甸地区1961—2020年年降水总量、生长季(5—9月)降水总量的年际动态变化

统计1961年到2020年年代际变化发现(表2-2),海北高寒草甸降水呈现波动变化趋势,1971—1980年相比1961—1970年降水量减少7.31 mm,1981—1990年相比1971—

1980年降水量增加52.22 mm，1991—2000年相比1981—1990年降水量减少90.16 mm，2001—2010年相比1991—2000年降水量增加34.96 mm。自1991年开始，海北高寒草甸年代际降水量增加明显，2001—2010年年平均降水量相比1991—2000年平均降水量增加34.96 mm，2011—2020年年平均降水量比2001—2010年增加11.30 mm。1961—2020年生长季降水与年总降水的变化波动基本一致，虽然1991—2000年相比1981—1990年降水减少，但整体来看自1961年至2020年海北高寒草甸生长季降水呈现增加的趋势。

从标准气候年下的降水状况可看到（表2-3），海北高寒草甸1961—2020年每30年的6个标准气候年降水量呈现逐渐降低的趋势，1971—2000年标准气候年相比1961—1990年总降水减少15.08 mm，1981—2010年标准气候年相比1961—1990年总降水减少16.07 mm，1991—2020年标准气候年相比1961—1990年总降水减少30.71 mm。生长季降水量在标准气候年统计方式下也显示了逐步下降的趋势。

与祁连山地及其周边地区相比，门源、刚察、祁连、托勒4地区1961—2016年年降水量分别为527.0、377.3、410.4、267.4 mm，显然，海北高寒草甸地区降水量较高，这是因为区域处在祁连山南麓东部，比更西部的地区来讲，更易接收东南季风带来的暖湿空气，另外，区域处在东南季风迎风坡前部，受动力爬坡抬升作用易达凝结高度，进而形成的降水量较高。

三、雨季与雨强

青藏高原（以下简称高原）干、湿季分明，如何合理划分雨季开始、中断和结束，是研究高原夏季降水一个有实际意义的课题。不少文章对高原雨季开始期已有研究，但由于采用标准不同，且多使用的是单站资料，其结果未能清晰地反映出青藏高原雨季开始期的总体特征，不过表现出区域雨季开始与终结有显著变化。其中，雨季用降水系数（C）法确定（周顺武和假拉，1999），有：

$$C_N = \frac{R(N)/N\text{天数}}{R(\text{年})/\text{年天数}} \tag{2-1}$$

为此，可以定义不同天气“期段”的降水系数有（周顺武和假拉，1999；陈少勇等，2011）：

$$C_5 = \frac{R(\text{候})/5\text{天}}{R(\text{年})/\text{年天数}} \tag{2-2}$$

$$C_{10} = \frac{R(\text{旬})/10\text{天}}{R(\text{年})/\text{年天数}} \tag{2-3}$$

$$C_{15} = \frac{R(15\text{天})/15\text{天}}{R(\text{年})/\text{年天数}} \tag{2-4}$$

$$C_{30} = \frac{R(\text{月})/30\text{天}}{R(\text{年})/\text{年天数}} \tag{2-5}$$

依这些可分别计算候、旬、15天（半月）、月的降水相对系数。其中，雨季开始的标准定义为一场降水后（系指日降水量≥ 5.0 mm，5.0 mm为中雨标准的下限值），C_5、C_{10}、C_{15}、C_{30}均≥1.5，则这个降水日即为雨季的开始日。雨季中断标准则为雨季开始后的第二天起，出现C_{10}< 1.0，也就是说，这场中雨的第二天开始即为雨季中断日。而雨季终止日标准则定义为一年中最后一次中断日为该年雨季终止日。当然，上述计算中用月相对系数较少。

由图2-6看到，1961年以来海北高寒草甸地区降水的雨季开始平均在5月下旬，结束期在9月中旬。年景不同略有差异，1981—2016年的35年时间4月中旬开始的有4次，10月中旬结束的有3次。海北高寒草甸地区处在夏季风北缘，受大通河谷倒灌的东南气流影响，动力爬坡易产生降水，在青海系东南班玛、久治后的第二个较多的高降水区，其雨季也稍早于除东南部外的青海其他地区1～2个旬。

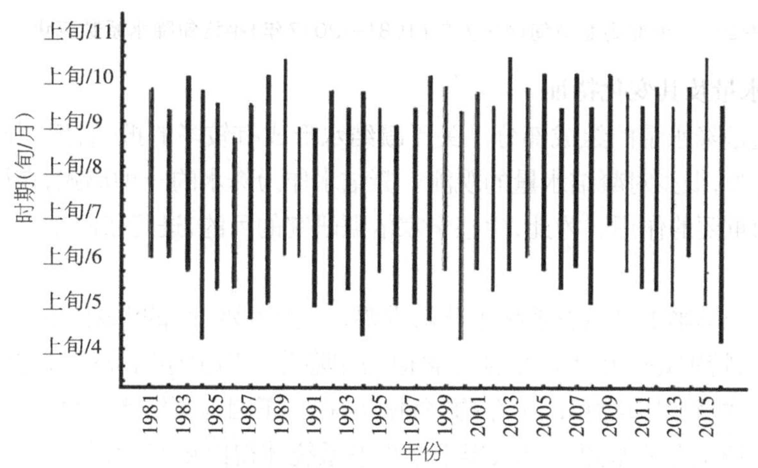

图2-6 海北高寒草甸地区雨季开始与终结分布状况

雨季分布与青藏高原雨季来临和退去的迟早相关联。周顺武和假拉（1999）的研究表明，青藏高原雨季开始最早为东南部，在3月下旬到4月上旬，部分测站在4月下旬到5月上旬，然后向北推移到东北部和那曲中东部，5月下旬至6月上旬雨季开始。再向南、向西，沿雅鲁藏布江中东段雨季开始为6月上中旬，沿雅鲁藏布江西段和那曲西部雨季在6月中下旬开始。可见，雨季开始是由东向西缓慢推进的。我们曾统计过海北站地区1981—2016年雨季开始与终结（旬降水系数≥ 1.5的初始期至结束期）的分布状况（李英年等，2019；图2-7），海北站大多年份雨季是5月上旬开始的（图2-7）。

由于高原区域广，各地处在不同气候区，每年雨季开始的时间存在差异。当然也存在雨季的间歇期。我们针对海北高寒草甸的研究发现，雨季的间歇期通常在7月末到8月初。这从高寒草甸地区降水系数的多年平均可以得到证实（图2-7）。图2-7中显示，降水系数在7月下旬较低，7月前后的6月下旬和8月上旬相对较高，说明海北雨季的间歇期在7月，而6月和8—9月降水相对较强。

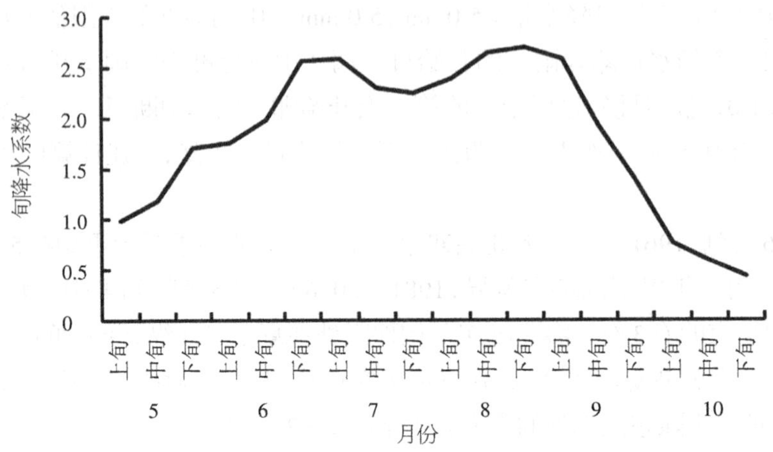

图2-7　海北高寒草甸地区多年(1981—2017年)平均旬降水系数变化

四、凝结水量及其变化特征

凝结水量是降水量的组成部分。关于凝结水形成有较多的报道,但观测仅只是记录有没有出现等,很少对凝结水量的观测。凝结水作为降水的一种形式,在植物生理生态中起到较为重要的作用。为此,生态学家依据研究的目的,进行了凝结水量的观测与研究。

凝结水在干旱半干旱生态系统中非常重要,它是生物结壳的细菌、小动物和植物的重要水分来源,特别是一年生浅根性土著植物和隐花植物生存所需的最起码的水分条件,这可能是一些耐旱植物赖以生存的"命脉"所在。正因为凝结水提供了这些动物、植物乃至细菌维持生存的水源,干旱、半干旱生态系统才得以更好运行。此外,凝结水还弥补了蒸发损耗,减少蒸发支出的"赤字",这也是土壤层水分不会无限减少,土壤层湿度在一定时间内、在一定深度中基本稳定的原因。凝结水的形成弥补了土壤水分蒸发损耗,而土壤水和地下水又处于一个相互转化的有机系统中,因此,也就减少了地下水的损耗。以上表明凝结水也是土壤水的组成部分,凝结水对地下水的补给作用,是土壤水平衡和地下水平衡分析中不可或缺的组成部分。

凝结水的形成对于干旱半干旱区的植物生长在水分滋润、土壤水分转化及减缓蒸发方面作用明显。在寒冷的高寒草甸地区因凝结水在早晨温度下降到0 ℃以下(过低的温度除外),前期形成的"水膜"可保护植物不至于冻伤(李英年和张景华,1998)的意义是显而易见的。但在较湿润的高寒草甸区,特别是植物生长季,凝结水在水循环和水过程中所起的作用可能较小。同时也可以这样理解,在高寒草甸区,植被盖度大,凝结水在植被体或在地表面形成后,一般来讲,当日出照射后还来不及渗透至土壤就蒸发到大气当中了,其实际意义也就相对减弱了。

凝结水的水汽来源有两个方面:一个来源是空气中的水汽,包括近地表空气中的水汽、植物蒸腾作用散逸的水汽、地面蒸发的水汽。白天大部分时间内地表(包括地表植被)温度明显高于空气温度,到晚间气温和地表温度下降,但是,地表温度下降速率明显高于气温。当气温高于地表温度时,水汽在温度梯度作用下由空中向地表运移,成为地面以及植被表面凝结水的水汽来源。另一个来源是地表以下某一深度以上的土壤孔隙中的水汽。众所周知,温度梯度是孔隙中水汽运动的主要驱动力。在地表降温过程中,也引起地表以下土壤温度的下降,但地表降温速率高于地表以下降温速率,在地表以下形成发散型热量零通量面,并随时间而改变深度,在温度梯度的驱动下,热量零通量面以上的水汽向上运移,成为表层土壤凝结水的水汽来源。

我们采用海绵吸收法进行高寒草甸凝结水监测。海绵吸收法是依据经验自制的,其原理是先制作高15 cm、内径20 cm口径的圆形托盘,再用剪刀收集厚10到15 cm、吸水性好的干燥海绵体,将海绵体置入圆形托盘。然后将每个带有编号的海绵体的托盘在专用台秤上称重并记录,称重记录后的6～8个带有海绵体的托盘放置在草甸上,即6～8个重复,而且每个重复间距在8 m以上。放置时间一般在日落后的半小时。次日日出后的半小时内收集带有海绵体的托盘带回实验室,清理杂物后直接用专用台秤称重,并减去放置前的重量,即可得到过去一晚间的凝结水量。

但凝结水量均很低,特别是结霜的水量甚至达到10^{-2}～10^{-3}量级,若采用量杯或台秤测定凝结水量将会导致很大误差,甚至测不到量值。为此,在设定测定面积的基础上,收集到的凝结水量用精度0.001 g的电子秤称重(g),并为了与降水量单位(mm)做比较,换算到mm水量。如,用内口径20 cm圆盘测定的水量可用1 mm水量相当于31.4 g水的重量来换算。

由于海北站对天气现象记录得较少,仅1990—1996年、2002—2003年做过短时的测量,但从当时记录和离海北站40 km外的门源县气象局记录比较,可以得到海北站多年平均出现结霜、结露以及二者之和的相关天数(图2-8,表2-8)。

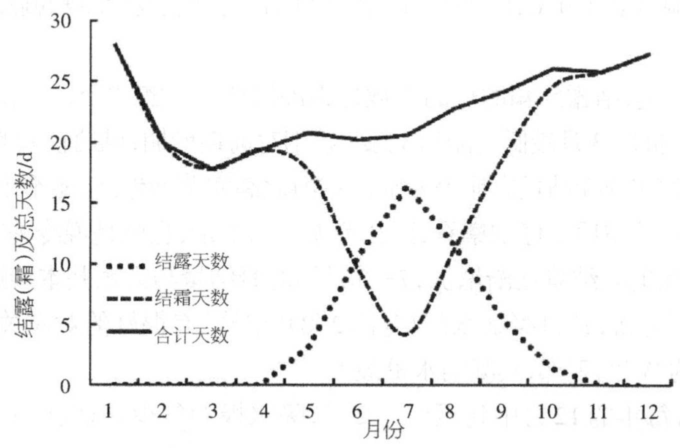

图2-8　海北高寒草甸结霜、结露以及二者之和的多年平均状况

从图2-8可看到,在海北高寒草甸地区,结霜和结露自1月到12月均呈单峰式曲线变化过程。只是结露存在于冷季,一般最低气温常在0 ℃以下,寒冷的11月到翌年3月早晨在-15 ℃以下,季节转化的4月到5月和9月到10月,低于0 ℃的天气也频繁出现。

就是在最暖的7—8月低于0 ℃的天气每年可维持10～15天。这种低于0 ℃的天气条件下也就不会产生结露的现象。就是前半夜有露水，到后半夜也冻结而成为冰，观测时通常按照霜的形式处理了。故结露所表现的形式是4月到11月之间并且7月为最高，4月、11月低的单峰性分布特征。

表2-8 海北站1990—2005年月平均结霜、结露日数及凝结水量

要素	1月	2月	3月	4月	5月	6月	7月	8月	9月	10月	11月	12月	年
结霜日数/d	28	19.92	17.78	19.46	17.86	9.68	4.23	11.43	18.92	24.65	25.78	27.34	225.05
结露日数/d	0	0	0	0	3.19	10.56	16.48	11.44	5.37	1.44	0	0	48.48
总日数/d	28	19.92	17.78	19.46	21.05	20.24	20.71	22.87	24.29	26.09	25.78	27.34	273.53
日最大凝结量/mm	0.08	0.13	0.12	0.64	1.01	2.31	4.53	4.13	3.35	2.42	1.12	0.54	4.53
日最小凝结量/mm	0.00	0.02	0.03	0.06	0.09	0.12	0.56	0.41	0.34	0.08	0.51	0.03	0.00
日平均凝结量/mm	0.01	0.03	0.06	0.18	0.34	0.51	0.97	0.85	0.76	0.57	0.16	0.03	0.38
月总凝结量/mm	0.28	0.60	1.07	3.50	7.16	10.32	20.09	19.44	18.46	14.87	4.12	0.82	100.73

相反，结霜在冷季温度低于0 ℃的任何时候，只要达到条件均可发生，在暖季只有温度出现在0 ℃以下时产生。这就形成了冷季高、暖季低的"V"形单峰式的变化过程。在暖季偶尔还出现温度高于0 ℃，但仍有结霜的可能，这与地表发生冷却剧烈有关，这里不做多的讨论。

从图2-8可看到，结露结霜的总的天数是霜冻增加时结露减少，结露增加时霜冻减少的二者互补得到的。3月最低可能与3月云系相对前期增加，风速较大的原因有关。

露的凝结量和霜的凝结量有显著差别。在海北高寒草甸地区，冬季干燥而寒冷，有时地表或植被表面结霜后不仔细察看，误认为无凝结水量，也就是说冷季霜的凝结量很低，随降水增多，霜的凝结量逐渐增加，7—8月霜的凝结量与露水基本接近。我们观测发现，不论是霜还是露，其日凝结水量与(图2-8)"单峰"有很好的对应关系，在露的倒"V"形上部和霜的"V"的下部，其凝结水量最大。

表2-8表明，每年的12月中旬至翌年2月，降水极为贫少，气温极低，地表面经冬季干燥气候影响形成一定的干土层，空气极其干燥，常出现霜冻现象，凝结水量为0.00～0.54 mm。3—4月大气降水虽有，但降水量仍然很低，早晨气温常维持在-10 ℃到-15 ℃以下，空气稍有湿润但地面凝结水量低，以结霜为主，凝结水量为0.03～0.64 mm。5—6月中旬，地表植物被放牧家畜觅食利用后近似裸露，覆盖度处于最低时期，有一定的降水产生，随温度上升土壤开始融化，空气湿度增加明显，夜间到清晨

往往是由露水向霜冻(冻结)过渡,其凝结水量为0.09～2.31 mm。6月下旬至9月上旬,植物生长后是地表绿色覆盖度最大时期,植物日间蒸腾明显,其间降水量是年内最丰沛时期,近地表气温也较高,常维持在2～8 ℃,偶有0 ℃以下的低温天气伴有的霜冻,但在日出后迅速融化形成露滴,其间形成的凝结水量较高,一般为0.56～4.53 mm。9月中旬至10月下旬,气温降低,早晨地温常在-8 ℃到2 ℃之间,降水减少,露水和霜并存,其凝结水量大多为0.71～3.15 mm。11—12月上旬,降水迅速减少,土壤表层出现日消夜冻,并逐渐稳定,底层冻土源源不断将土壤水分向上层补给,空气湿度比12月至翌年2月高,80%左右的地表被枯草所覆盖,下垫面出现霜冻,凝结水量为0.03～1.12 mm。

还需说明的是,并非每天均可以观测到凝结水量,我们观测的凝结水量仅只是在观测期间未发生天空自然降水量时才能计入凝结水量。也就是说在有雨的晚上不论大小如何,或前期(前半夜)无天空降水,后半夜有降水,那么前半夜无天空降水产生的凝结水并未计入。

高原上天气变化无常,受降水、云系、风速影响凝结水的产生是随机的,有时在前半夜有霜冻或露水,但后半夜发生降水时掩盖了露水的观测,为此,对于一个地区来讲,确切给出其凝结量的年总量是有很大难度的。但联系门源县长期气象数据观测统计与海北站观测分析发现,在海北高寒草甸地区,多年产生霜冻和露水的天数分别在225天和49天左右。

从表2-8可以看到,在海北高寒草甸地区年凝结水量约100.73 mm,这个量要占多年(1980—2017年)平均年总量(569.26 mm)的18.7%,说明在海北高寒草甸地区其凝结水量高。换句话说,若考虑凝结水量并视多年平均凝结水量为100.73 mm,则海北高寒草甸地区下垫面多年平均实际得到的降水量可达到669.99 mm。

第四节　气压

海北站地区气压低,相应含氧量低,自然水的沸点亦较低(约为85 ℃)。1991年到2020年的监测表明,气压在一日中表现为一个最高值一个次高值,一个最低值一个次低值。上午9:00—10:00最高,18:00左右最低。次高值和次低值分别出现在22:00和凌晨5:00左右。气压日较差较小,平均为2～5 hPa,季节转换的4—5月和9—10月较大,最大可达8 hPa。其日变化过程所出现的峰谷值随季节不同而有差异,出现时间也略有不同,如冬季最高出现于11:00,最低出现在16:00—17:00左右。夏季最高值出现在9:00—10:00,而最低则在17:00—18:00。这种分布特征与近地面在各季受热状况不同有关,但各年间随大气环流的调整快慢有着相应的改变,海北站气压变化规律属于高山型格局,即一年中的最高值出现在暖季,最低值出现在冷季。

从表2-1可以看出,1991—2020年的30年监测(有少量年份缺测)表明,海北站地区月平均气压在9、10月最高，2月最低，年内气压分布呈现单峰式的变化过程，年极差较小，平均只有8.03 hPa。变化规律与青藏高原大部分地区的二高二低的形式略有差异，与我国平原地区地面气压1月高、7月最低的形式相反。这种差异主要是受高空气压系统的影响所致。海北站气压年极差比我国东部地区小11 hPa以上，比青海中南部地区小5～8 hPa。

30年来的年际变化表明，年平均气压为689.63～681.80 hPa，多年平均气压为690.89 hPa，年平均最低出现在2012年，为689.63 hPa，次低值为689.68 hPa，出现在2009年；年平均最大出现在1995年，为691.93 hPa，次高值为691.84 hPa，出现在2004年。

第五节　日照时间及日照百分率

一、可照时间及日长

日照时数和日照百分率表征的是一天内太阳光线实际照射地面的时间，研究日照时数变化及时空分布规律，不仅有助于了解某地区气候变化的规律，还可以通过日照时数的变化状况，间接推断该地区的云的变化情况。

海北高寒草甸地区太阳高度角最大81°46′（夏至日中午），最小35°00′（冬至日中午）。晴天状况下若不考虑四周高山遮蔽的影响，夏至日日照时间长达14.61 h，冬至日为9.18 h，二者相差5.43 h。全年可照时间为4 434.70 h(闰年为4 445.40 h)。

二、实际日照时间的年及年际变化

一个地区的实际日照时间受云系、降水、四周高山、大气气溶胶等因素影响明显，将比可照时间低。在表2-1看到，海北高寒草甸年内多年各月实际日照时间表现出冬半年高、夏半年较低的分布特点。冬半年(10月至翌年4月)累积量为1 447.98 h，夏半年的5—9月累积量为1 020.85 h，40年年均日照时间为2 468.83 h，1981—2010年和1991—2020年2个30年平均值分别为2 458.80和2 483.37 h(表2-3)。

日照时间在太阳高度角变化的自然历变化条件下，很大程度受云系、东西高山阻挡和大气气溶胶影响。海北高寒草甸地区自1月开始随太阳高度角的增加而增加，到5月达最大，虽然6月夏至日为太阳高度角最高的时期，但该时期属青藏高原雨季前期，云系阻挡，导致实照时间有所下降，7月以后受太阳高度角降低，其间也受云系影响，实际日照时间逐渐降低，到12月冬至日前后达最低。需要说明的是，6月雨季开始前期，虽然降水量相对7月低，但大气层结相对于7—9月稳定，连阴云天多，导致实际日照时间降低。每年的7月末到8月初，西太平洋副热带高压处于最为强烈时期，海北高寒草甸地区受此影响出现7～10天的晴好天气。另外，7—8月虽然降水较6月多，但地表受热程度加大，大气层结稳定性降低，对流天气明显，对流天气云来云往，接收的太阳辐射明显，促使光照时间较长。这些因素致使海北高寒草甸地区1—12月的实际日照时间呈现

出"W"形的月变化分布特征

图2-9给出了海北站1981年以来近40年年日照时数及日照百分率的变化趋势，其中2009年和2010年监测数据缺测较多未统计，可以发现，1981年以来，海北站地区年均日照时数波动变化，年实际日照时间为2 189.20～2 724.00 h。年最高值出现在2020年和1993年，分别达到2 724.00和2 717.10 h；年最低值出现在1989年和1981年，分别为2 189. 20和2 222. 40 h。20世纪80年代初有所上升后，90年代末出现下降趋势，到2012年后有所增加。2012—2020年海北站年均日照时数为2 555.25 h，比1981—2020年年均日照时数多86.42 h。

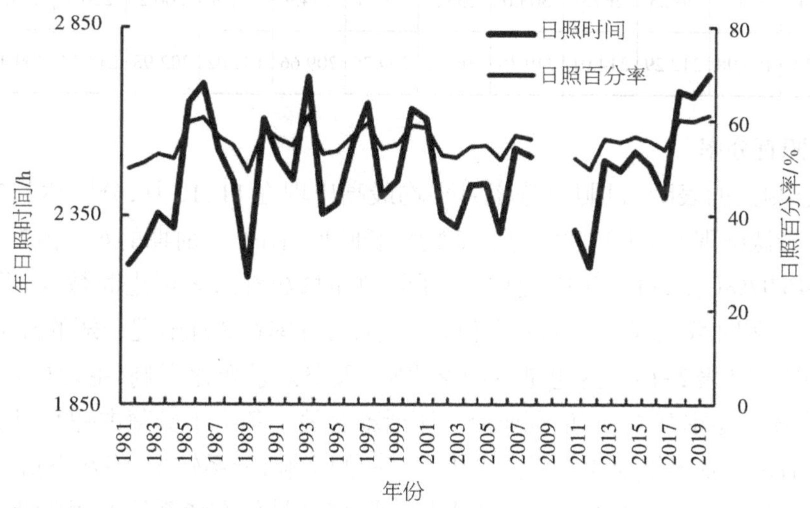

图2-9　海北高寒草甸地区1981—2020年日照时数及日照百分率的年际变化

海北站地区年均日照时间与祁连山地其他地区相比，海北站月、年日照时间更受降水丰富、云系较多的影响，相对较低(表2-9)，月变化与刚察、祁连、托勒一致，表现出5月最高，10—11月次高，在8月出现一个弱的高值的"W"形变化特征。与门源略有差异，但总体基本相同。同时，与祁连山地门源、刚察、祁连、托勒相比，海北站不同月份的日照时数均相对较低，就年总量而言，海北站年日照时数比刚察、祁连、托勒3个地区分别低423.4、204.4、568.9 h，而比门源高20.3 h。地区不同，接收的日照时间是有差异的，这种差异主要与地理纬度有关，同时受观测点四周高山屏障影响，接收的日照时间也有较大的差异。刚察、托勒虽然四周有高山，但在日出日落的东西方，高山低矮，加之托勒纬度更高，虽然冬季接收的日照时间较表2-9中其他观测点相对较短，但夏半年太阳高度角增高及赤纬增加，日照时间比其他4个地区更高，远抵消因冬半年日照时数相对较低的量值，表现有较高的年日照时数，在5个观测点中最高。

而处于河谷的祁连、门源，四周高山高度高，在日出日落时高山遮蔽阳光明显，特别是门源，处在东南-西北走向的冷龙岭和大坂山河谷，冷龙岭和大坂山系祁连山主脉，山体高度达3 700 m以上，大通河谷南北宽度仅在1.0 km左右，这种状况下接收的太阳光照时间明显减少，甚至比地形稍开阔的海北站还低。

表2-9 海北站月和年日照时数与祁连山地周边地区的比较

单位:h

	1月	2月	3月	4月	5月	6月	7月	8月	9月	10月	11月	12月	年总量
门源	176.6	204.6	223.9	212.5	235.7	222.0	200.6	191.4	165.0	186.9	212.6	197.6	2 429.3
刚察	210.9	234.7	268.1	253.1	282.5	229.3	224.3	234.3	221.2	233.7	246.1	234.8	2 873.0
祁连	180.1	217.1	228.3	229.9	274.8	236.8	218.6	226.7	200.7	222.7	220.3	198.0	2 654.0
托勒	214.4	234.2	262.5	267.9	303.0	255.3	255.8	254.9	231.8	260.2	250.5	227.9	3 018.5
海北	204.53	190.98	212.29	214.01	219.18	200.24	209.75	209.66	182.02	202.98	213.74	209.44	2 468.83

三、日照百分率

多年监测数据表明,日照百分率月平均最高出现在11、12月,分别达到70.45%和70.54%,而最低出现在太阳高度角高、植物生长旺盛、雨季中前期的6月和7月,分别为45.54%和46.97%(表2-1),年内变化与实际日照时数一样,表现出时数"U"形变化,实际上在7月日照时数出现一个弱的高值,而日照百分率在8月出现一弱的高值,表现出"W"形变化规律(表2-1)。这也是受雨季来临、天空云系变化影响,主要与夏季西太平洋副热带高压和冬季蒙古-西伯利亚冷高压活动有关。冬半年受蒙古-西伯利亚冷高压控制,天气晴好。夏半年受西太平洋副热带高压的影响,云系较多,降水丰富。但在7月末到8月初,西太平洋副热带高压发展最为强盛,海北站处在该系统的西北缘,受反气旋环流作用,该地区常出现多日的晴好天气,降水少,有对流云产生,但天空多以"环山云"为主,致使8月出现短时较高的日照百分率,形成"W"形分布。

1981年以来,日照百分率年际变化表明,年实际日照时间占可照时间的55.67%,40年变化基本平稳,年际变化差异性较小,最高最低值出现年份基本与实际日照时间一致(图2-9),这从日照百分率年代际变化(表2-2)、30年的标准气候年下的日照百分率状况(表2-3)中可以得到证实。

与祁连山地其他地区相比,海北站月、年日照百分率更低(表2-10),这主要与海北站处在祁连山东部,但又在大通河向高海拔地区的过渡带,顺大通河谷东南而来的夏季暖湿气流,溯源而上,动力爬坡,抬升过程中水汽易凝结,产生较多的云系和降水现象有关。同时,海北站地区与门源一样,该区域处在北有冷龙岭、南临大坂山的宽阔河谷,大小不等的浑圆山体较多,地形复杂,日间受太阳辐射作用,下垫面温度分布因地形作用受热均匀,夜间辐射冷却也极不一致。这种状况下,不论是白天午后,还是夜晚的前半夜,更易触发对流天气过程,降水丰富、云系较多,进而导致海北站实际日照时数相对较少的条件下,日照百分率明显下降。与门源、刚察、祁连、托勒四个监测点相比,海北站日照百分率最低,分别低14%、14%、10%、12%。

表2-10　海北站月、年日照百分率多年平均与祁连山及周边地区的比较

单位：%

	1月	2月	3月	4月	5月	6月	7月	8月	9月	10月	11月	12月	年平均
门源	71	66	60	57	52	51	50	54	51	63	74	75	69
刚察	68	68	70	74	71	69	68	69	62	69	69	68	69
祁连	75	68	65	63	59	57	55	60	62	72	79	78	65
托勒	74	70	68	66	60	58	58	64	63	78	78	76	67
海北	66.86	63.05	57.42	54.28	50.00	45.54	46.97	49.99	49.05	58.60	70.45	70.54	55.67

第六节　空气湿度

一、空气湿度的表述

大气中水发生相态变化中的液态或固态水将降至地面，而水汽高低或多少则是描述大气水分含量的物理量，即大气湿度。一般对于某一高度内的水汽含量传统上直接利用流体静力学方程计算，有（杨大升等，1983；朱乾根等，2000）：

$$W = g^{-1}\int_{p_z}^{p_s} q\mathrm{d}p \tag{2-6}$$

式中：W为某一高度内的水汽含量；q 为比湿；p_z 和p_s 分别为z高度和地面处的气压；g为重力加速度。但该方程计算时易受资料的限制，所幸对于表述大气水汽含量多少的大气湿度指标较多，主要有：

（一）水汽压与饱和水汽压

大气中的水汽所产生的那部分压力称为水汽压（e），也称实际水汽压，单位用百帕（hPa）表示，它是指在温度一定时，单位体积空气中的水汽含量。然而，单位体积空气中的水汽含量有一定的限度，如果水汽含量达到此限度，空气就呈现饱和状态，这时的空气称为饱和空气，饱和空气的水汽压称为饱和水汽压（E），或叫最大水汽压。超过该限度时水汽就开始凝结。

饱和水汽压是温度的函数，这种函数因随温度升高，饱和水汽压显著升高的同时所表现的方式略有不同。鉴于此，克拉伯龙-克劳修斯描述了表达的方程式过程。有：

$$\frac{\mathrm{d}E}{\mathrm{d}T} = \frac{LE}{R_w T^2} \tag{2-7}$$

或：

$$\frac{dE}{E}=\frac{L}{R_w}\frac{dT}{T^2} \tag{2-8}$$

式中：E为饱和水汽压；T为绝对温度；L为凝结潜热；R_w为水汽的比气体常数。对上述公式积分，并将R_w、L、T和E_0代入，则得到：

$$E=E_0e^{\frac{19.9t}{273.17+t}} \tag{2-9}$$

$$E=E_0 10^{\frac{8.5t}{273.17+t}} \tag{2-10}$$

其中：绝对温度$T=273.17+t$，t为摄氏温度（℃）；E_0为$t=0$℃时纯水面上的饱和水汽压。

上式表明，随温度升高，饱和水汽压按指数规律迅速增大。由此可以认为，空气的温度不会对蒸发和凝结起到关键的影响作用，高温时饱和水汽压大，空气中所能容纳的水汽含量增多，因而能使原来已处于饱和状态的蒸发面因温度的升高而变得不饱和，蒸发重新出现。相反，如果降低饱和空气的温度，饱和水汽压减小，就会有多余的水汽凝结出来。同时还可知，饱和水汽压随温度的改变量，在高温时要比低温时大得多。

当然，饱和水汽压与蒸发面的性质、形状等也有很大的关系。这里不多解释。

关于饱和水汽压的计算，研究者也提出不同的计算方法。较为常用的如下（刘昌明，1988；谢贤群等，1991）：

$$e_s=(T_a)=6.1078e^{[17.2694Ta/(237.30+T)]} \tag{2-11}$$

或：

$$e_s=33.8639[(0.00738T_a+0.8072)^8-0.000019(1.8T_a+48)+0.001316] \tag{2-12}$$

Richards（1971）提出的简单公式有（赵茂盛等，2002）：

$$E=1\,013.25\,e^{(13.3185t_R-1.9760t_R^2-0.6445t_R^3-0.1299t_R^4)} \tag{2-13}$$

其中：$t_R=1-\frac{373.15}{T}$，T的单位为K。

气象部门的《湿度查算表》（中国气象局，1986）中规定了纯水平液面和纯水平冰面的饱和水汽压的计算方法，是根据戈夫-格雷奇公式计算得到的，有：

纯水平液面饱和水汽压（e_w；hPa；温度范围为：-49.9～49.9 ℃）：

$$\lg e_w=10.79574\left(1-\frac{T_1}{T}\right)-5.02800\lg\left(\frac{T}{T_1}\right)+1.50475\times10^{-4}\left[1-10^{-8.2969\left(\frac{T}{T_1}-1\right)}\right]+$$
$$0.42873\times10^{-3}\left[10^{4.76955\left(1-\frac{T_1}{T}\right)}-1\right]+0.78614 \tag{2-14}$$

纯水平冰面饱和水汽压（e_{w1}；hPa；温度范围为：-79.9～0.0 ℃）：

$$\lg e_{w1} = -9.09685\left(\frac{T_1}{T} - 1\right) - 3.56654\lg\left(\frac{T_1}{T}\right) + 0.87682\left(1 - \frac{T}{T_1}\right) + 0.78614 \tag{2-15}$$

其中：$T_1 = 273.16\ \mathrm{K}$（水的三相点温度）；$T = (273.15 + t)$；t为摄氏温度（℃）；T为绝对温度（K）。

上式计算是在得到纯水面的基础上得到饱和水汽压的经典计算方法。但在海北站受寒冷气候影响，地表常出现<0 ℃天气，就是在夏半年也常伴随固体降水，降水下垫面常出现“冰面”，其计算的结果也会产生较大的误差。因此，研究者根据实际情况提出较多的模拟计算方法。Richards（1971）提出的简单公式有（赵茂盛等，2002）：

$$E = 1\,013.25\, e^{\left(13.3185t_R - 1.9760t_R^2 - 0.6445t_R^3 - 0.1299t_R^4\right)} \tag{2-16}$$

其中：$t_R = 1 - \frac{373.15}{T}$，$T$的单位为K。

我们（李英年等，2019）反复计算验证发现，采用刘昌明等（1988）提出的计算方法来估算海北站区饱和水汽压较为实际，有：

$$e_s=33.8639[(0.00738T_a+0.8072)^8-0.000019(1.8T_a+48)+0.001316] \tag{2-17}$$

（二）绝对湿度

绝对湿度（a）是单位空气中含有的水汽质量，即空气中的水汽密度。绝对湿度不能直接测定，需要通过其他量间接测定得到。若取水汽压的单位为hPa，绝对湿度的单位取g/m³，则两者之间的关系为$a = 289\frac{e}{T}$（g/m³）。由于地球表面平均温度为16 ℃（289.15 K），故由公式可知，绝对湿度数值约等于水汽压的数值。

（三）相对湿度

相对湿度（f）是空气中的实际水汽压与同等温度条件下的饱和水汽压的比值。用百分比（%）表示，即$f = \frac{e}{E} \times 100\%$。相对湿度接近100%时，表明空气接近于饱和。当水汽压不变时，气温升高，饱和水汽压增加，相对湿度减小。

（四）饱和差

近些年诸多研究者把饱和差（d）也称为饱和亏，是指一定温度条件下，饱和水汽压与实际水汽压之差。它表示实际空气距离饱和的程度。其表达式为$d = E - e$。

（五）比湿

比湿（q）是指一团湿空气中水汽的质量与该团空气总质量（水汽质量加上干空气质量）的比值。一般用g/g或g/kg表示，表示每1 g（或1 kg）湿空气中含有多少g的水汽。有$q = \frac{m_w}{m_d + m_w}$，其中，$m_w$为该团湿空气中水汽含量；$m_d$为该团空气中干空气的质量。由此公式联系气体的状态方程可以推导出$q = 0.622\frac{e}{P}$，其中，e和P分别为空气水汽压和气压，且单位均为hPa。对于某一气团而言，只要其中水汽质量和干空气质量保持不变，不论发生膨胀或压缩，体积如何变化，其比湿都保持不变。

（六）水汽混合比

水汽混合比（γ）是指一团空气中，水汽质量与干空气质量的比值，单位为g/g，有$\gamma = \frac{m_w}{m_d}$。根据定义和气体的状态方程可以推导出$\gamma = 0.622\frac{e}{P + e}$。

（七）露点

假如在空气中水汽压含量不变，气压一定的条件下，使空气冷却达到饱和状态时，此时的温度称为露点温度，简称露点（T_d）。单位与温度相同。在气压一定时，露点温度的高低只与空气中的水汽含量有关，水汽含量愈多，露点温度愈高。所以，露点温度也是反映空气中水汽含量多少的物理量。现实条件下，空气常处于未饱和状态，露点温度常比气温低（$T_d < T$），因此，根据其差值可以大致判断空气距离饱和的程度，而这个差值称作温度露点差。

可以看到，表述空气湿度的物理量很多，这些物理量针对的问题不同其表述的方式不同。本节中我们主要以空气相对湿度、实际水汽压、饱和水汽压来做海北站空气湿度饱和特征的分析。在后续章节中还用到饱和水汽压与实际水汽压差值（称饱和亏）等物理量的变化参数。

二、相对湿度

监测表明，1981—2020年的40年，海北高寒草甸地区多年平均相对湿度高于青海及我国北方大部内陆地区。从表2-1看到，年内相对湿度暖季高，冷季低，最高在8和9月，月平均为79.54%和79.89%，最低出现在1月，月平均为60.29%。一日中相对湿度变化较大，即日较差很大，要达55%以上。日最高出现于6:00～8:00，时常达90%以上，冷季稍低。日最低在15:00～17:00，一般降至30%以下，冷季气温低、风速大时更低。日变化的这种分布，主要是早晨温度低，风速小，大气层结稳定，乱流微弱，水汽不易扩散，相对湿度大。而在下午气温高，风速大，大气层结极不稳定，乱流强烈，近地层水汽易扩散到上空，相对湿度则低，所表现的日变化规律与气温变化刚好相反，且出现的最高值和最低值与气温出现的最低值和最高值有一定的时滞性。

统计1981年到2020年空气相对湿度年际变化发现，40年平均为70.02%，年平均最高值出现在21世纪最近的10年，如2011—2020年年代际平均为74.61%（表2-2），2015年、2016年和2017年分别达到81.86%、81.54%和81.27%（图2-10）。

年平均最低值出现在20世纪中后期的1996年到21世纪最初的2002年，7年平均为66.38%。1981—2010年的30年变化平稳，进入2010年后明显增加，这从年代际的平均变化可明显地看到，如，1981—1990年和1991—2000年2个年代际平均值分别为68.63%和68.06%，而2001—2010年和2011—2020年年代际平均值分别为68.8%和74.51%（表2-2），2011—2020年比1981—2010年年代际平均值增加了6.12个百分点。这种变化也表现在30年平均的标准气候状况下，最近的30年（1991—2020年平均为

70.49%)要比前一个30年(1981—2010年)平均值(68.49%)高1.97(表2-3)。

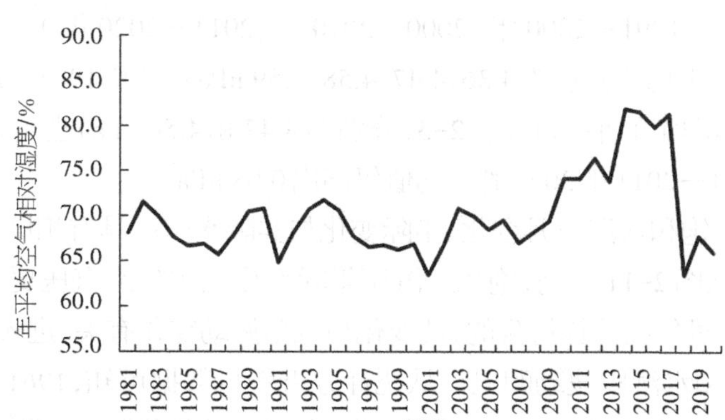

图2-10　海北高寒草甸地区1981—2020年空气相对湿度的年际变化

三、水汽压与饱和水汽压

这里分实际水汽压和饱和水汽压来分析海北高寒草甸地区的水汽压分布状况。与气温变化一样,年内呈现单峰变化曲线(表2-1),暖季高冷季低。水汽压自1月(1.02 hPa)开始逐渐增加,到7月达最大(9.68 hPa),8月以后逐渐下降,至12月降至1.20 hPa。年内最高与最低差值达8.66 hPa。

实际水汽压极端最高可达14.20 hPa,常出现于强雷阵雨前期。极端最低水汽压降至接近于0.00 hPa,出现在冬季极为干旱、温度极低的早晨。实际水汽压的日变化也与气温一样,呈单峰式变化,变化幅度取决于气温变化幅度,日间最低出现于14:00~15:00,最高出现在6:00~8:00,刚好与温度出现最高和最低值同步。但水汽压的日变化较气温日变化平稳,日较差一般为1.50 hPa左右。

图2-11给出了海北高寒草甸地区1981—2020年实际水汽压的年际变化。可以看到,40年来年平均实际水汽压变化相对平稳,年平均最高出现在2005、2016和2018年,为4.82、4.80和4.81 hPa,年平均最低出现在1984和1986年,为4.18和4.09 hPa,1981—2020年海北站地区实际水汽压多年年平均为4.50 hPa。

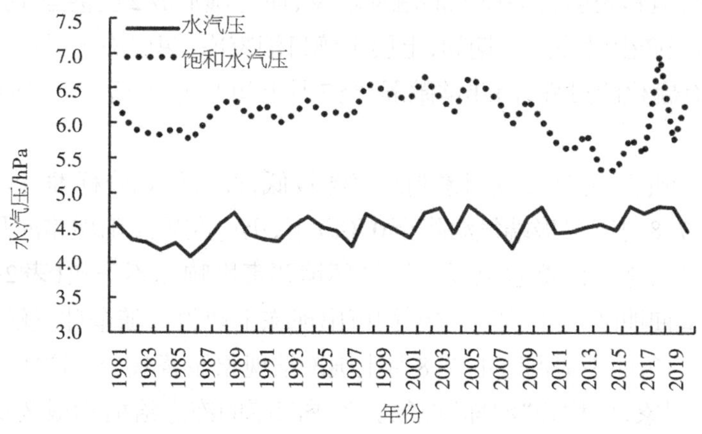

图2-11　海北高寒草甸地区1981—2020年实际水汽压和饱和水汽压的年际变化

40年来，80年代中期增加明显，以后的年际变化中稍有增加，但增加幅度较小。这个从1981—1990年、1991—2000年、2000—2010年、2011—2020年4个年代际变化值（表2-2，4个年代际平均值分别为4.36、4.47、4.58、4.59 hPa），以及1981—2011年、1991—2020年2个气候标准年的平均值（表2-3，分别为4.47和4.58 hPa）也可以看到，最近的30年平均值比1981—2011年30年的平均值仅高出0.08 hPa。

1981—2020年饱和水汽压月变化、年际变化与实际水汽压具有相同的变化规律（表2-1，图2-11），但从图2-11看到，饱和水汽压年际变化比实际水汽压更为明显，这是因为饱和水汽压是通过气温计算得到的，其变化与气温波动变化有关，进入21世纪气温变化幅度大，导致饱和水汽压波动明显。从统计分析资料数据可知，1961年到2020年40年饱和水汽压年平均为6.13 hPa。与实际水汽压一样，其年代际、标准气候年的平均值也是波动变化的，1981—1990年、1991—2000年、2000—2010年、2011—2020年4个年代际变化值分别为6.02、6.25、6.34、5.92 hPa（表2-2），1981—2010年、1991—2020年2个标准气候年的平均值分别为6.20和6.17 hPa（表2-3）。最近的30年平均值与1981—2020年40年平均值相比，偏高了0.04 hPa。

第七节　冻土

一地区的冻土深度既是气候寒冷的标志，又从一定意义上表述了土壤含水量的高低，以及冷季维持时间的长短。在海北站地区，大多冻土属季节性冻土，也有部分斑（岛）状永久冻土维持在沼泽湿地和四周山体垂直带中上部。

大多情况下土壤于9月进入冻融阶段，日消夜冻，10月下旬形成稳定的薄冻土层，以后随冷季来临，天气严寒，冻土深度不断加深，直至来年4—6月（有时甚至在7月）深层冻土达最大。3—4月随太阳高度角增大，土壤表层接收热量后出现融化，并随季节延后融化深度加深，但其表层日消夜冻的融冻现象，使土壤形成2层甚至3层的土壤冻结的分布现象。地表产生融冻过程期间，上层土壤日消夜冻，深层冻土层自上而下逐渐融化，底层向上也有融化的过程，但非常微弱，至7月上旬方可全部消失，表明冻土维持时间很长。

海北高寒草甸地区受高海拔因素制约气温较低，按气象划分标准，这里常年皆冬，就是在最温暖的7、8月因日极端气温降至0 ℃以下，仍可在早晨出现霜冻及土壤表面的冻结现象，而且各月冻土深度也因受气温等环境要素影响而不一致（表2-1）。也就是说，在海北高寒草甸地区，年内任何季节均可出现冻土现象。随全球气候变暖，近十多年气温增加明显的条件下最温暖的7、8月土壤冻结现象显著减少。这些在植物生长季偶尔产生的冻结现象，可称为“湿冻”现象。冬季深厚的冻土给植物根茎安全越冬带来很大的影响，有将根茎拉断、冻伤的可能，但冻土的存在会保持较高的土壤水分含量，为来年牧草进入正常生长发育的初期营养生长阶段提供了自然降水不足的水分补给。同时，冻土的时空变化对于高寒生态系统植被演替和稳定性有着重要意义。

图2-12给出了1990年以来最大冻土深度的年际变化。分析发现，海北站地区季节性冻土多年平均值为198.6 cm。过去的30年中，2001年最大冻土深度达到230 cm，最低为164 cm，出现在1994年。近几年来最大冻土深度呈现增加趋势。

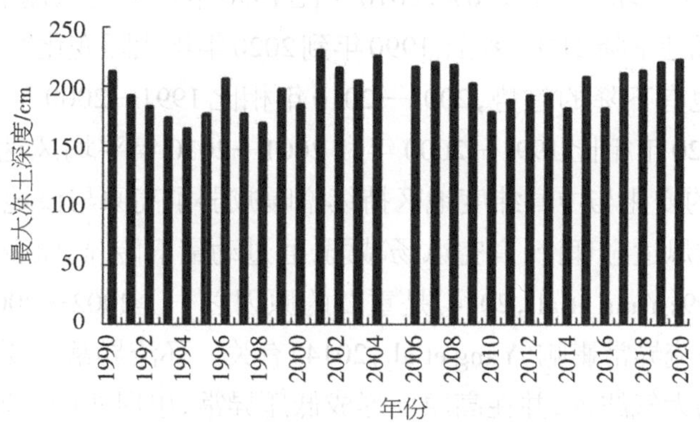

图2-12　海北高寒草甸地区1990—2020年最大冻土深度的年际变化

影响冻土的因素较为复杂，当然温度条件是影响冻土的最主要因素之一。但最大冻土深度还受到土壤湿度、冬季前期温度环境、地表风速等条件的影响。相关分析显示，海北站地区季节性最大冻土深度与气温、月均最低气温显著正相关，与空气湿度、土壤湿度显著负相关。如前所述，在最近的几年来最大冻土深度呈现增加趋势，是由于虽然气温在升高，而且增温趋势冬季明显，但因气温升高，土壤表面蒸发明显加大，致使表层土壤湿度降低，是最大冻土深度加大的重要原因之一。

第八节　风向风速

海北高寒草甸地区因区域地势高亢，南有大坂山、北有冷龙岭做屏障，风速既受到高空强劲西风动量下传的影响，又受到河谷、湿地、地形等影响，是风速较高的地方之一。风速的月际变化中在3月、4月出现最高，最低出现于寒冷的12月（表2-1）。风速的这种分布与高原大部分地区有一定的差异，这是由于冷季高空西风急流带南下，维持于32° N左右的上空，动量下传对海北站地区影响相比于青南高原显得微弱，加之海北站地区在冬季地面受西伯利亚冷高压控制，反气旋环流作用，高空多为下沉气流，近地面辐散，风速较小。自3月开始，随着西风急流带北抬，下垫面热力分布不均，局地对流旺盛，地形风明显，区域风速逐渐加大，可维持到9月左右，3—9月平均风速达1.9 m/s。从10月开始又逐渐减小。

从现有观测到的年平均风速资料分析来看，1990年到2020年的30年(其间有缺测，年内月缺测数少的用门源气象站数据插补订正，月缺测数较多的视年值缺测)年平均风速为1.7 m/s(表2-1，图2-13)，年平均风速最大出现在1991年(2.0 m/s)，年平均风速最小出现在2012年(1.3 m/s)。1990年到2020年的30年间，年平均风速基本呈现出下降趋势，这与整个青藏高原风速下降的变化趋势基本一致(杨耀先等，2022)。统计发现，2000年比1990年年平均风速下降8%，2010年比1990年年平均风速下降15%，2020年比1990年年平均风速下降21%。统计1990年到2020年年代际变化发现(表2-2)，海北站地区平均风速也有下降的趋势，2001—2010年相比1991—2000年平均风速变化不大，但是2011—2020年相比1991—2000年和2001—2010年平均风速分别下降8%和9%。地表面风速的变化与中高纬度地区持续增暖减弱了高原与该地区的经向热力梯度有关。根据热成风适应理论，高空风场减弱，通过动量下传，高原表面风速持续下降(Duan and Wu，2009；Yang et al.，2014)是重要的原因之一。2002—2005年年风速增大可能与东亚地区环流异常影响(Yang et al.，2014)有关。环流异常主要表现为由北大西洋传向青藏高原的大气波列，并在高原上形成低压异常，出现西南风增强，并通过动量下传，增强了地面风速。

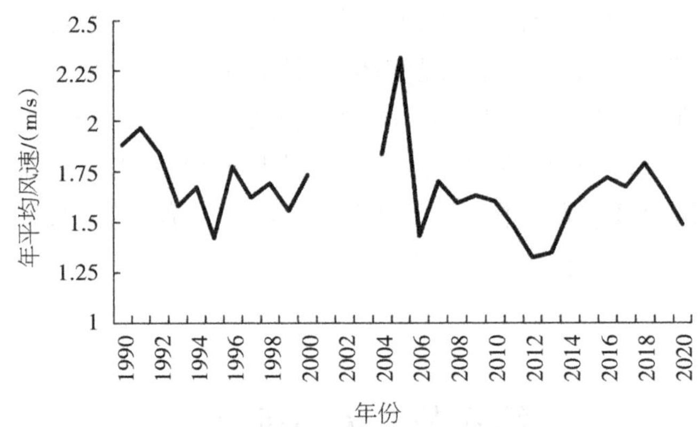

图2-13　海北高寒草甸地区1990—2020年风速的年际变化

在第一章我们已谈到，海北站所属的大通河及其以西海拔在3 000 m以上的托勒、野牛沟盛行夏季风的时间一般是6—9月；海拔4 000 m以上的木里，仅7、8两月盛行偏东风，其余月份均盛行偏西风。但是，实际情况中由于地形走向、山体高度，外加大气环流在每年的差异性分布，夏季风引导的主导风向是略有差异的。这种差异导致海北站区主导风向因季节、因地区不同而略有不同。由于海北站既受南部大坂山、北部冷龙岭的大通河河谷的影响，也受局地复杂地形的作用，年内从2月开始到11月均以偏东北风为主(表2-11)，寒冷的11月和1月以西北风为主，12月北风主导了一定时间。

在青藏高原的中部，冬半年多大风，且以西风为主，出现的频率也较高。如三江源区的玛沁(表2-11)，从10月到翌年4月主导风向为西风，在初夏的5月和夏末的9月主导风向为西北风，而且其偏西风平均频率在12个月中占据很高的比例，远大于夏半年

6—8月东北风的平均频率。而海北站地区，冬半年以偏北风为主导风向，出现的频率比夏半年主导风向的东北风出现频率低，与玛沁截然不同。

表2-11　海北站月主导(最多)风向频率

单位：%

		1月	2月	3月	4月	5月	6月	7月	8月	9月	10月	11月	12月
海北	最多风向	NW	NE	NE	NE	NE	NE	NE	NE	NE	NE	NW	N
	风向出现频率	8	11	14	11	11	11	11	11	13	12	9	9
	静风频率	35	27	22	22	23	28	31	31	30	32	37	38
玛沁	最多风向	W	W	W	W	NW	NE	NE	NE	NW	W	W	W
	风向出现频率	12	12	13	9	7	8	8	7	7	8	8	12
	静风频率	49	43	34	33	33	34	37	40	40	43	48	52

比较海北站与玛沁的静风频率发现，海北站静风出现的频率不论是夏半年还是冬半年均比玛沁低，这主要是冬季受控制的大气环流不同，以及所处地区周围高山地形河谷风影响原因不同所致。

第九节　土壤温度

一、土壤表面(0 cm)温度

需要说明的是，这里的土壤温度是指国家气象站标准裸露地表，且不定期进行松耙处理一致的地表面0 cm温度，以及浅层5、10、20、40 cm土壤温度，而60、80、100、160、320 cm深度系有植被覆盖下的土壤温度，采用的时间均为北京时间。

图2-14给出了2017年1月、4月、7月、10月地表0 cm平均温度的日变化。可以发现，不同月份其日变化明显。在寒冷的1月日最低出现在清晨日出前后的8:00左右，7月因日出提早，日最低也相应提前到7:00左右；季节转换的4月、10月日最低出现时间较不一致，4月出现在7:00，10月出现在4:00—5:00，而且4月、10月从4:00到7:00温度变化较为平稳，这与1月、7月变化较大有所不同，可能是与覆盖植被影响下夜间辐射冷却和白天辐射加热较最冷时期(1月)和最温暖时期(7月)相比较小的原因有关。图2-14表明，从1月日变化振幅最大，7月次之，季节转换时期的4月和10月日变化振幅较小，而且基本接近。

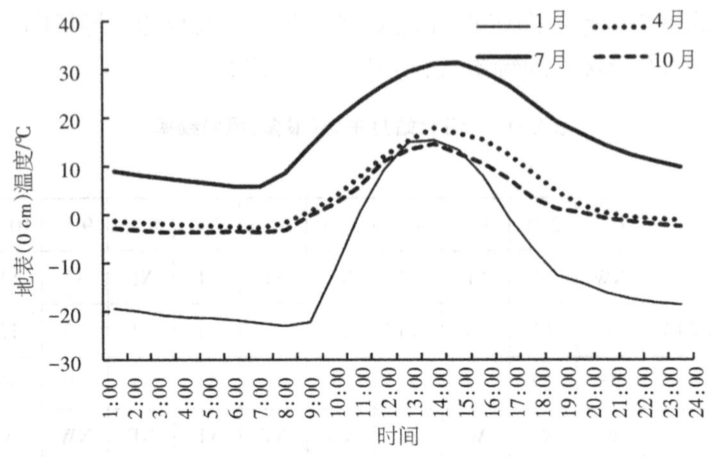

图2-14　海北高寒草甸2017年1月、4月、7月、10月地表0 cm平均温度的日变化

表2-12给出了海北站1981—2020年的40年来土壤温度1—12月年平均变化状况。从表2-12看到，海北站地区地表(0 cm)温度多年平均值为2.54 ℃，地表温度月平均值最低出现在1月(-12.8 ℃)。随着冬季结束春季到来，地表接受太阳辐射增加，地表温度逐月升高，一般在每年3月底4月初地表温度由零下转为零上，4月中旬基本上地表温度可保持在2 ℃左右，保障了春季高寒草甸返青不受冻害。随太阳直射点的北移，海北站地表气温越来越高，地表温度最高值出现在7月，月平均为15.40 ℃，以后随太阳高度角降低，辐射减弱，气温下降，地表温度随之下降，约在10月中旬由正转负。11月中旬后稳定降至-5 ℃以下。

表2-12　1981—2020年海北高寒草甸地区土壤表面(0 cm)及浅层土壤温度多年平均变化统计

单位:℃

要素	1月	2月	3月	4月	5月	6月	7月	8月	9月	10月	11月	12月	年平均
0 cm	-12.84	-7.67	-0.94	5.13	9.27	13.10	15.49	14.11	9.34	2.78	-5.20	-11.57	2.58
5 cm	-10.05	-7.01	-2.31	2.33	6.37	10.23	12.92	12.67	9.24	3.78	-2.03	-7.09	2.42
10 cm	-9.45	-6.83	-2.53	1.22	5.29	9.32	12.28	12.31	9.09	4.04	-1.24	-6.27	2.27
20 cm	-7.76	-5.82	-2.33	0.26	3.95	8.21	11.42	11.87	9.29	4.76	0.03	-4.42	2.45
40 cm	-6.13	-5.18	-2.27	-0.23	2.28	6.54	10.20	11.16	9.41	5.39	1.31	-2.32	2.51
60 cm	-3.22	-3.75	-1.94	-0.60	0.78	4.62	8.46	9.95	8.98	6.27	2.62	0.15	2.69
80 cm	-2.89	-3.83	-2.27	-0.70	0.43	3.82	7.87	9.87	8.88	6.14	2.86	0.44	2.58
100 cm	-1.26	-2.45	-1.37	-0.49	0.13	3.29	7.28	9.05	8.72	6.67	3.45	1.22	2.85
160 cm	0.50	-0.71	-0.75	-0.33	-0.05	1.20	4.66	7.36	7.73	6.60	4.38	2.38	2.70
320 cm	2.91	1.88	1.21	1.03	0.94	1.14	2.70	4.39	5.67	5.86	5.23	4.13	3.13

注:(1)0、5、10、20、40 cm系1981—2004年人工监测数据，监测方法见文献(中国气象局，1983)；2005—2020年为自动气象监测值，其间不论是人工监测还是自动监测，有少部分小时或日记录的缺

测，用海北站嵩草草甸微气象-涡度相关法通量观测塔微气象数据，或与海北站同属一气团属性的门源国家基本气象站数据回归插补订正（王树廷和王伯民，1984）。

（2）60、100系2005—2020年自动监测的平均统计值，有部分日值缺测，用40、80 cm土壤温度或微气象-涡度相关法通量观测塔监测数据择优回归方法插补订正。

（3）80、160、320 cm系1981—2016年人工监测的平均统计值，有少部分月份缺测，用40、60、80、100 cm土壤温度或微气象-涡度相关法通量观测塔监测数据择优回归方法插补订正。

虽然，地表温度月平均值为-13～16 ℃，但日间最高和最低值要比平均值高或低很多。在早晨，因夜间辐射冷却地表温度将比同时间气温和更深层次土壤温度更低，一般气温5 ℃时，地表温度在2 ℃左右；白天受太阳直接照射地表面急剧升温，当气温达到10 ℃时，地表温度已升至15～18 ℃，表现出地表面接收太阳辐射后升温更为迅速，致使地表温度日变化幅度很大，日较差也远大于同期气温及土壤深层地温的日较差。

图2-15给出了地表温度1981—2020年的年际变化。图2-15表明，地表温度随年份进程变化表明，近40年来，地表温度与气温一样出现极显著的升高趋势（$P<0.01$），平均按0.34 ℃/10 a的升温率升高。

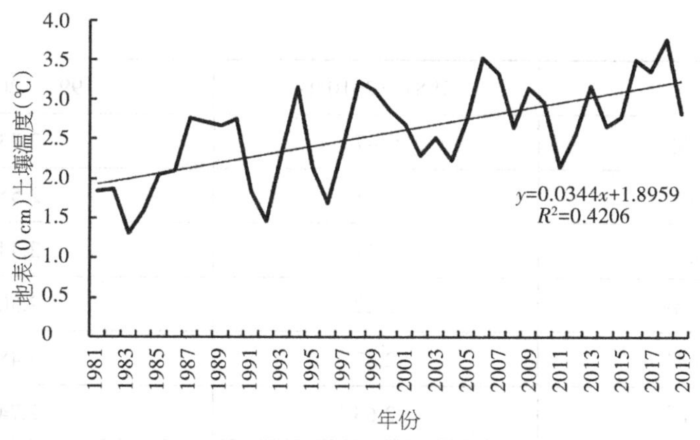

图2-15　海北高寒草甸地区1981—2020年地表温度年际动态

统计1981—2020年地表温度的年代际和标准气候年的变化状况表明（表2-13，表2-14），1981—1990年、1991—2000年、2001—2010年、2011—2020年的4个年代际地表温度平均分别为2.17、2.43、2.81、2.97 ℃，表现出每后一个年代际的地表温度均比前一个年代际平均值增加，增加幅度分别为0.26、0.38、0.16 ℃，其中最近的一个年代际（2011—2020年）平均值比20世纪80年代（1981—1990年）增加了0.80 ℃，比监测数据的1981—2020年的40年平均值高0.43 ℃。30年标准气候年的数值分析也表明（表2-14），最近的30年（1991—2020年）平均值（2.73 ℃）比上一个30年（1981—2010年）平均值（2.47 ℃）高0.26 ℃。这些足以证实，海北高寒草甸地区地表温度与气温一样，自1981年以来增加趋势明显。

表2-13 海北高寒草甸地区1981—2020年土壤温度年代际分布状况

单位:℃

	1981—1990年	1991—2000年	2001—2010年	2011—2020年
地表温度	2.17	2.43	2.81	2.97
5 cm地温	1.67	2.32	2.86	2.45
10 cm地温	1.41	2.11	2.79	2.40
20 cm地温	1.54	2.29	2.82	2.39
40 cm地温	1.83	2.39	2.78	2.28
80 cm地温	2.03	2.65	3.10	2.37
160 cm地温	2.07	2.72	3.12	2.94
320 cm地温	2.62	2.99	3.33	3.51

表2-14 海北高寒草甸地区1981—2020年2个标准气候年的土壤温度分布状况

单位:℃

	1981—2010年	1991—2020年
地表温度	2.47	2.73
5 cm地温	2.28	2.55
10 cm地温	2.11	2.44
20 cm地温	2.22	2.50
40 cm地温	2.37	2.48
80 cm地温	2.63	2.74
160 cm地温	2.64	2.93
320 cm地温	3.05	3.24

二、土壤浅层温度的日变化

图2-16给出了浅层5、10、20、40、60、80 cm土壤温度日变化状况。由图2-16可见,浅层(< 20 cm)的土壤温度日变化规律明显,表现为典型的准正弦波动。> 40 cm土壤层土壤温度日变化较为平稳,接近线性振荡。20～40 cm土壤层作为正弦波动和线性振荡的过渡层。表层土壤温度的正弦波动与太阳辐射的日变化一致,说明表层土壤温度的日变化主要受太阳辐射日变化的影响。同时由图2-16还可知,在中午11:00左右土层出现短暂的同温层,即该层土壤在垂直方向的温度梯度(dT/dz)几乎为0,不存在垂直方向的热量传递。早晨6:00左右5～20 cm的$dT/dz<0$,而20～40 cm的$dT/dz>0$,即20 cm土壤的热量最大。随着太阳高度角的增大,地表获得太阳短波辐射大于地面的长波辐射,这种净的辐射能使地表温度开始升高,5～20 cm的dT/dz逐渐变大,热量向上传递强

度减弱，但由于相位滞后，20 cm 土壤自上节余热量不足以抵消向下的热量传递，20～40 cm 的 dT/dz 慢慢变小。5～10 cm 的 dT/dz 约在 11:00，由负转为正（$dT/dz>0$），即热量开始向下传递。当 10～20 cm 的 dT/dz 和 20～40 cm 的 dT/dz 均趋向于 0 时，同温层出现。但此时太阳高度角接近最大，总辐射能量较强，地表垂向热量传递迅速，致使同温层持续时间较短。

依据温度振幅[$(T_{max}-T_{min})/2$]计算可知，5、10、20和40 cm处土壤温度日变化振幅分别为4.8、2.8、1.2、0.1 ℃，由于土壤温度的日振幅（A）主要受控于太阳辐射，随土壤深度（z）增加呈现出阻尼振荡趋势，符合指数衰减模式（$A = 4.60e^{-6.74z}$，$R^2 = 0.93$）。草原浅层土壤温度日振幅的衰减模式表明太阳辐射的影响强度随土壤深度算术级数增加而几何级数降低。各层土壤温度的最大值出现时间分别为17:00、19:30、22:30、7:00左右，最低值出现时间也是从上层（5 cm）到下层（40 cm ）分别在8:00、9:30、12:00和19:00左右，均表现出出现时间滞后，而且最低值出现时间滞后明显。如果以该时间为土壤温度波动的相位（φ），则土壤温度的相位变化吻合线性延迟模式（$\varphi= 6.14z + 7.67$，$R^2 = 0.95$）。

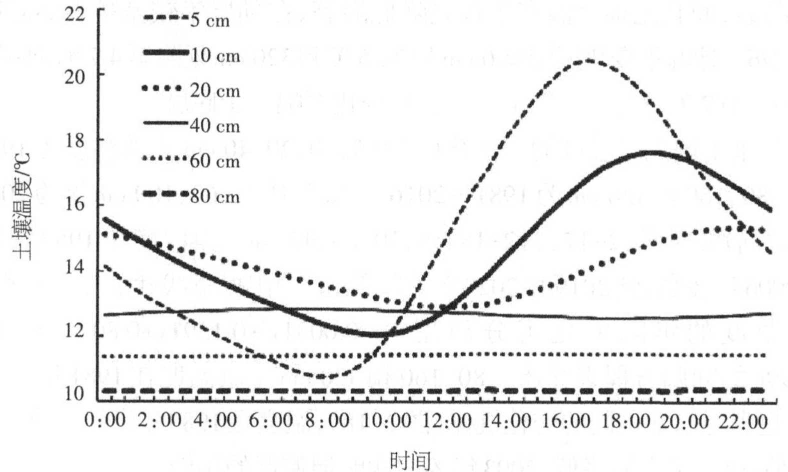

图2-16　浅层土壤温度的平均日变化

上述分析可以看到，60 cm、80 cm层次的温度似乎没有日变化，实际上其日变化振幅为0.06和0.04 ℃，最高最低出现时间滞后长达14个小时以上。因此相对上层，这里不分析土壤深度100 cm到320 cm的日变化了。

三、土壤浅层温度的年及年际变化

多年观测表明（表2-12），海北站浅层5、10、20、40 cm土壤温度均表现出在1月最低，分别为-10.05、-9.43、-7.76、-6.13 ℃，比地表温度（-12.84 ℃）分别高2.79、3.39、5.08、6.71 ℃，自表层到深层土壤温度比地表温度增加幅度明显。自1月开始逐渐上升，到7、8月达最高，土壤上层的5 cm最高值出现在7月，而10、20、40 cm土壤温度最高值推迟到8月，5、10、20、40 cm最高值分别为12.92、12.31 、11.87、11.16 ℃，比7月地表温度最高值（15.49 ℃）分别低2.57、3.18、3.62、4.33 ℃。年内60、80、100 cm土壤温度最低值均出现在2月，分别为-3.75、-3.83、-2.45 ℃，但最高出现在8月。160、320 cm层次的土壤温度最高最低值出现时间滞后明显，最低值分别出现在3和5月，分别为-0.75 ℃和0.94 ℃，最高值出现在9、10月，分别为7.73、5.86 ℃。月平均土壤温度最高最低值出现时间的滞后性按一定的指数规律，月最高值出现时间从0 cm(7月)到320 cm(10月)延后3个月，月最低值出现时间从0 cm(1月)到320 cm(5月)延后5个月。

不同季节土壤温度自5 cm表层到下层160 cm表现的变化规律不同，一般在冬半年的10月至翌年2月自上而下升高，夏半年的5—9月自上而下降低。3月、4月受季节交换时期冻融影响，变化复杂，自上而下波动明显。160 cm土层温度均只有2—5月处在0 ℃以下，且在1 ℃以内，而320 cm层次土壤温度均处在0 ℃以上，最低出现在5月(0.94 ℃)，最高出现在10月(5.86 ℃)。

上述分析表明，海北高寒草甸土壤温度高低主要受控于地表热量的向下传输，这种传输作用下形成耗热的过程和最高最低的滞后现象，进而导致土壤温度自上而下温度的年变化振幅(年较差)下降，5、10、20、40、60、80、100、160和320 cm年土壤温度年较差分别为22.97、21.76、19.63、17.29、13.70、13.70、11.50、8.48、4.92 ℃，年较差不仅表现出自上而下降低明显，而且比地表温度年较差降低显著，在顶层年较差是表层温度年较差(28.33 ℃)的1/6。地温年变化振幅从0 cm的28.5 ℃到320 cm处降至4.7 ℃，平均每10 cm地温年较差降低0.7 ℃左右。当然土壤上层年变化振幅大于底层。

分析40年来土壤浅层温度的年变化(其中5、10、20、40 cm土壤温度为1981—2020年40年数据，80、160和320 cm为1981—2016年36年数据，60、100 cm仅为2005—2020年自动监测数据)发现(图2-17、图2-18)，5、10、20、40 cm土壤温度在1982和1983年最低，2005和2006年较高，到2019和2020年又降低，表现出抛物线性的变化过程，如，5和40 cm土壤温度的年际变化可分别用$y=-0.0031x^2+0.1591x+0.8024$、$y=-0.0025x^2+0.1226x+1.1996$的回归方程来描述。80、160和320 cm土壤温度在1981年以来到2016年的36年间也表现基本相同的变化规律(图2-18)，温度在1985年逐年上升，到2005和2006年达高值，以后又有所降低，2003年为一次明显偏低的年份。

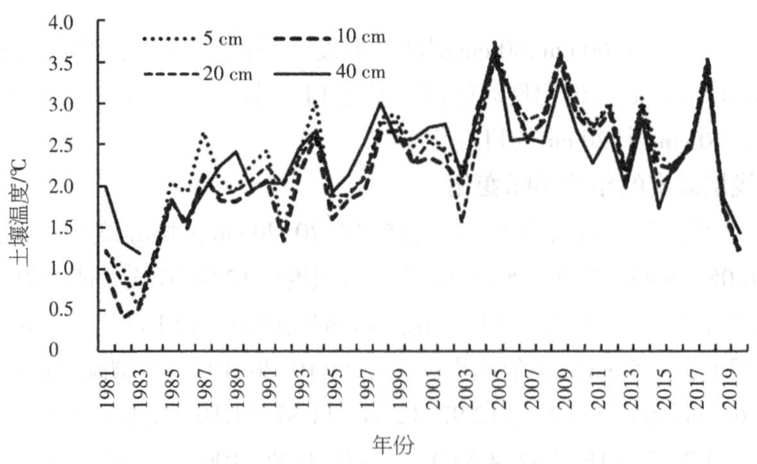

图2-17　海北高寒草甸5、10、20、40 cm土壤浅层温度的年际变化

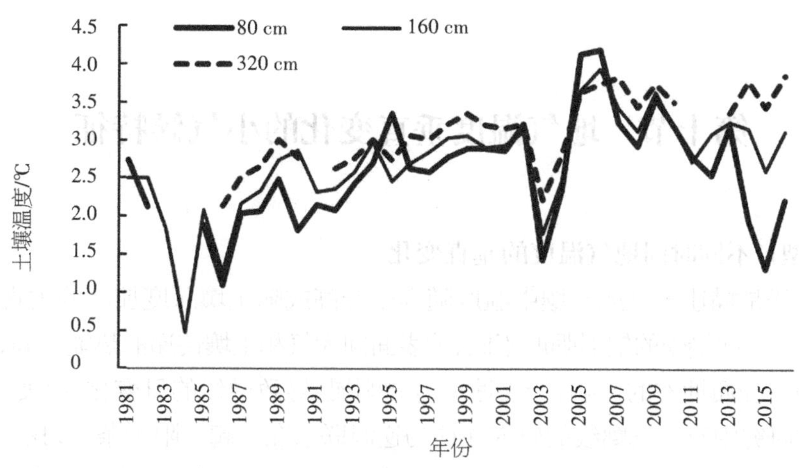

图2-18　海北高寒草甸80、160、320 cm土壤浅层温度的年际变化

多年观测数据表明，海北高寒草甸土壤5、10、20、40、60、80、100、160、320 cm的温度具有大体相同的年均值，多年平均分别为2.42、2.27、2.45、2.51、2.69、2.58、2.85、2.70、3.13 ℃。这些值与多年同期平均气温（-1.04 ℃）相比，高3.46～4.17 ℃，与地表0 cm年平均温度（2.58 ℃）相仿。

毫无疑问，海北高寒草甸地区土壤温度的年代际变化、30年标准气候年的变化均表现出上述相同变化规律，具体数值详见表2-13、表2-14。可以看到的是，随年代进程土壤5、10、20 cm温度增幅大于地表和土壤40 cm温度。同时，从地表到深层，土壤温度1991—2020年的标准气候年平均值比1981—2010年的30年平均值均有所增加，但增加幅度小于同期气温，可以认为，气候变化背景下，海北站地区土壤温度低于气温上升幅度。

同样，我们也进行了海北高寒草甸地区植物生长季（5—9月）和非生长季（上年度10月至本年度4月）地表温度，5、10、20、40 cm土壤温度在1981年到2020年2个标准气候年际40年的平均状况（表2-15），发现1991—2020年和1981—2010年两个标准气候年下，生长季土壤温度变化不明显，地表和土壤20 cm轻微上升，土壤5、10和40 cm土壤温度轻微下降，非生长季气温表现为显著上升，1991—2020年生长季土壤5、10和40 cm土壤温度相比于1981—2010年分别下降0.13、0.09、0.22 ℃，1991—2020年植物非生长季，地表和土壤5、10、20、40 cm土壤温度相比1981—2010年分别上升0.27、0.83、0.95、0.71和0.48 ℃。

表2-15　海北高寒草甸地区1981—2020年生长季土壤温度

单位：℃

土壤层次	1981—2010年		1991—2020年		1981—2020年	
	生长季	非生长季	生长季	非生长季	生长季	非生长季
地表温度	12.19	-4.48	12.27	-4.21	12.18	-4.37
5 cm地温	10.45	-3.69	10.32	-2.86	10.28	-3.32
10 cm地温	9.71	-3.54	9.62	-2.59	9.56	-3.09
20 cm地温	8.99	-2.73	9.03	-2.02	8.88	-2.44
40 cm地温	8.10	-1.78	7.88	-1.30	7.85	-1.51

第十节　地气温度垂直变化的小气候特征

一、典型日不同时间地气温度的垂直变化

温度廓线是描述大气或土壤中温度随高度升高或随土壤深度加深的垂直变化的分布曲线。受地表面接受的辐射强度不同，地表面向大气和土壤传递的热能不同，同时热量传播过程中受介质性态的影响，传播速率差异明显，导致廓线的日变化、年变化均不同。在大气科学研究中对大气廓线的研究往往与逆温联系在一起。限于条件，我们仅做一些海北高寒草甸贴近地面层大气400 cm以下、土壤320 cm以上层次温度廓线的分析。

我们在1999年到2001年曾用中国生态系统观测网络中心提供的微气象观测仪，监测过高寒草甸、高寒金露梅灌丛草甸的温度廓线分布状况，其观测高度分别为50、100、200、400 cm，在土壤层次上分地表温度0 cm，浅层5、10、20、40、60、80、100 cm深度。这里依据2001年的监测数据，分析了高寒草甸类型的温度（气温和土壤温度）垂直分布（即温度廓线分布）状况。为了解释不同季节的温度垂直分布状况，分别罗列了1、4、7、10月每个月16日的垂直变化（图2-19）。

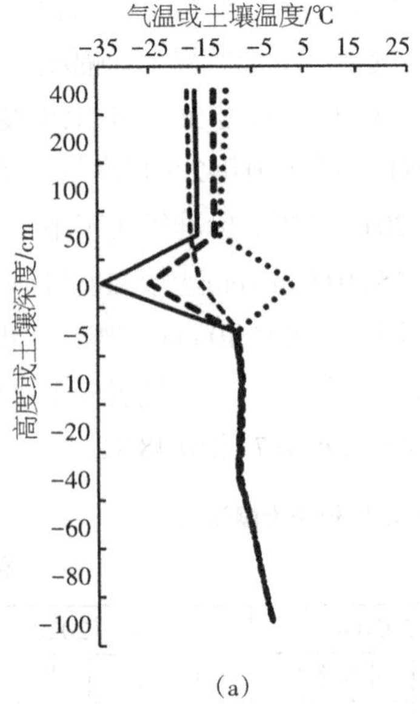

(a)

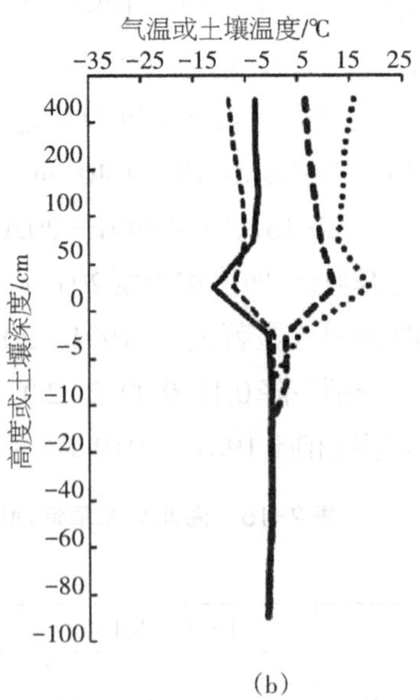

(b)

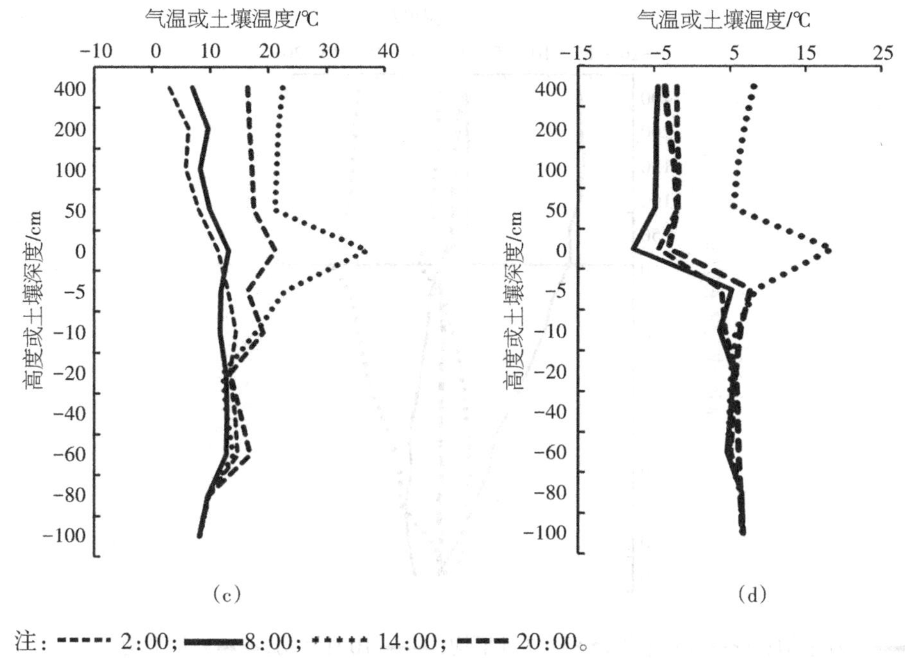

注：------ 2:00；━━━8:00；······ 14:00；▬ ▬ ▬ 20:00。

图2-19 高寒草甸2001年1月16日(a)、4月16日(b)、7月16日(c)、10月16日(d)地气温度的垂直变化

从图2-19看到，海北高寒草甸地气温度的垂直日变化表现为地表温度变化最大，空气温度日变化幅度大于土壤温度变化。春季(4月)50、100、200和400 cm空气温度最高值出现在14:00，最低值出现在2:00，土壤地表和5 cm温度最高值也出现在14:00，但更深层次的土壤(10、20、40、60、80和100 cm)温度上升较空气和地表(0和5 cm)温度上升延后，最高温出现在20:00。春季地表温度极差最大为29.89 ℃，50、100、200和400 cm空气温度随高度上升变化幅度增加，各层空气温度平均极差为20.58 ℃，各层土壤温度随土壤深度增加而变化幅度减小，土壤各层温度平均极差为1.39 ℃；夏季(7月)土壤和空气日变化和垂直变化规律与春季相同，地表和空气温度变化幅度降低，土壤温度受夏季高温影响变化幅度增大，夏季地表温度极差为25.62 ℃，各层(50、100、200和400 cm)空气温度极差15.89 ℃，土壤温度(5、10、20、40、60、80和100 cm)平均极差为3.81 ℃；秋季地表、空气和土壤温度均值下降明显，同时变化幅度也降低，地气温度日变化不明显，土壤5 cm、地表和空气温度仅在14:00与其他时间点有明显差别，其余时间点土壤温度和空气温度差别不大；冬季(1月)是全年地气温度最低的时期，土壤完全冻结，土壤5、10、20、40、60、80和100 cm日变化幅度几乎为零，地表温度因存在冻融循环，变化幅度较大，地表温度日变化极差为37.3 ℃，空气温度日变化幅度较其他季节小，极差为6.55 ℃。

二、年平均地气温度的垂直变化

上述分析了海北高寒草甸不同季节的温度垂直分布状况，就年平均而言，其温度廓线见图2-20。

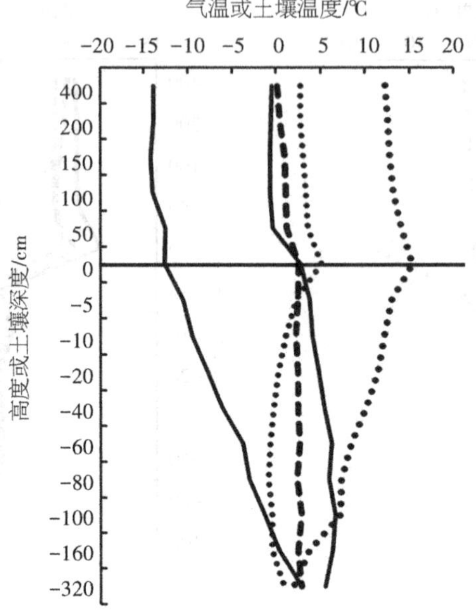

注：1月平均；4月平均；7月平均；10月平均；年平均。

图2-20　高寒草甸2001年年平均地气温度的垂直变化

图2-20表明，各层空气(50、100、200和400 cm)温度年平均值为0.81 ℃，离地表越近其温度越高，各层土壤(0、5、10、20、40、60、80、100、160和320 cm)温度年平均值为2.54 ℃，较各层空气温度年平均值高1.73 ℃，自10至320 cm，随着深度增加土壤温度年平均值有上升趋势，土壤100、320 cm多年平均温度分别为2.85和2.82 ℃，高于其他各层土壤和空气平均温度(见表2-13)。图2-20表明，季节动态上各层空气温度最高值出现在夏季(7月)，最低值出现在冬季(1月)，7月各层空气温度平均值相比1月高26.63 ℃。0、5、10、20、40、60、80和100 cm土壤温度最高值和最低值分别出现在7月和1月，但160和320 cm土壤温度最高值和最低值分别出现在10月和4月，显示出深层土壤温度变化的滞后性，土壤温度变化幅度随着土壤深度增加而降低，土壤地表温度季节变化幅度为28 ℃，而土壤温度季节变化幅度仅为6.79和4.54 ℃。土壤温度与空气温度季节变化基本一致，最高最低值均出现在7月和1月，但是空气温度平均值4月较7月高3.68 ℃，而土壤温度7月较4月高4.44 ℃。

第十一节　土壤湿度

一、土壤水分日变化规律

温度、水分是影响植物生长的主要因子，植物在不同生长时期对热量和水分需求不同。众所周知，植物所需的水分主要来自土壤，土壤水分的变化将直接影响植物生长，从而影响到植物产量。土壤水是指地表面以下至地下水面(潜水面)以上土壤层中的水分,是联系地表水、地下水和生物地球循环的纽带,是物质传输和运移的载体,在水分转换和物质循环中扮演着重要的角色。现今,土壤水的研究主要集中在土壤水分含量、土壤水盐分及其运移规律与土壤水动力学等方面,其研究区域主要集中在湿润和干旱半干旱地区,而对海拔较高环境较为恶劣的高寒草地,尤其是高寒草甸土壤水分的研究相对薄弱。高寒草甸是青藏高原重要的水源涵养区之一,其地域分布广泛,植被类型多样,具有诸多重要的生态功能。研究该区域土壤水分动态变化,对了解该区域土壤水分特征具有重要意义。鉴于此,我们对高寒草甸土壤水分的变化特征等也做了较多的研究工作(刘安花等,2008;刘安花,2008;鲍新奎等,1994;鲍新奎和李英年,1993;李英年等,1996a;李英年,1998b;李英年,1998)。

图2-21展示了2003年1月(冬季)、4月(春季)、7月(夏季)、10月(秋季)矮嵩草草甸0～20 cm土壤水分平均日变化规律。可以看出,各月份日平均土壤含水量随时间变化幅度较小,均表现早晚较高、中午较低的宽“U”形变化趋势,不同月份土壤含水量从8:00—9:00开始降低,12:30—14:00达到最低水平,至20:00逐步回升。这是因为:(1)日间温度上升,风速增大,加大土壤表面的蒸发速率,土壤含水量降低。(2)由于气温越高,植被蒸腾量会增加,造成土壤水分的流失,导致0～20 cm日均土壤含水量在12:30—14:00达日间最低值。

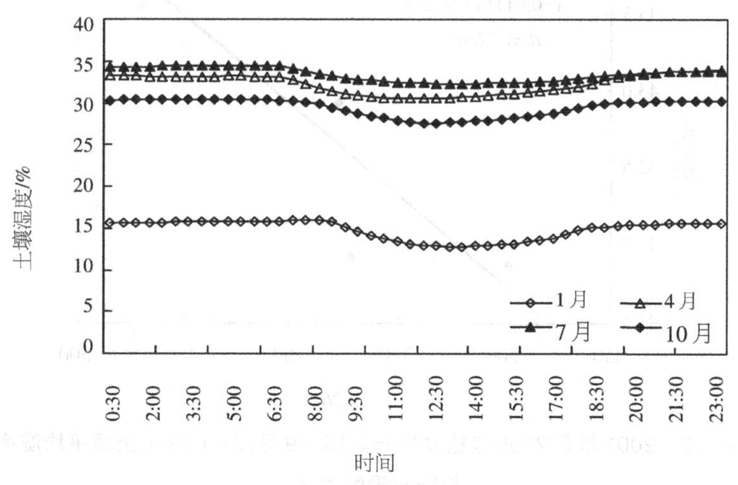

图2-21　2003年不同季节矮嵩草草甸土壤水分月平均日变化

矮嵩草草甸不同月份日平均土壤含水量差异较大(图2-21),其中,7月>4月>10月>1月。这主要是不同月份降水量不同造成的,7月正是海北站(矮嵩草草甸)地区降雨最为丰富的时期,2003年的7月无降水日仅为5 d,月降水量达到106.1 mm(占全年降水总量的近25%)。此外,由于高寒草甸土壤具有很高的地下生物量和土壤有机物质,对降水的阻滞性明显,使7月土壤含水量较高。4月土壤含水量明显低于7月,主要是由于4月季节冻土开始消融,冻融过程使底层土壤水迁移表层,虽然该期降水量少,但消融水的补给,增大了0～20 cm的土壤水分。10月降水较少,从9月份的95.3 mm降到16.4 mm，导致土壤含水量降低，但由于土壤表面覆盖物深厚，土壤蒸发较小，且此时大部分植物停止生长，植物蒸腾下降，0～20 cm土层平均土壤含水量仍较高。1月降水稀少，大气湿度低，风速大，虽然底层季节冻土维持，但土壤表面经长时间的蒸发，形成一定的干土层，土壤含水量最低。

二、植被生长期土壤湿度季节变化

海北高寒草甸区地下水位一般维持在3～6 m左右，但该区土层浅薄，土壤厚度多小于60 cm，60 cm处为砾石接触面，其下部多为砾石结构，加之矮嵩草草甸植物根系多分布在0～20 cm，较深层土壤毛细管数量较少，导致地下水对土壤水分的补给量极低，故地下水对矮嵩草草甸土壤水的补给可忽略不计。因此，自然降水是土壤水分的主要来源。然而，由于年份不同，受大气环流振荡的不同影响，各年间降水量分布差异较大，进而造成不同年份土壤含水量差异较大。

图2-22为2001年到2005年植物生长季(5—9月)0～60 cm月平均土壤含水量与同期降水量的相关关系。可以看到，年平均土壤含水量与同期降水量呈正相关关系，说明在海北高寒草甸地区5—9月降水量的多少决定了这一期间0～60 cm月平均土壤含水量的高低。

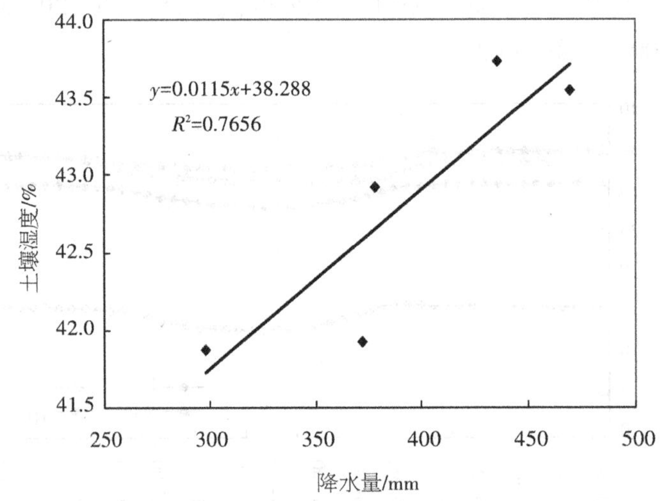

图2-22　2001年到2005年植物生长季(5—9月)0～60 cm土壤平均湿度与降水量的关系

海北高寒草甸地区降水量分布总的趋势是植物生长季多，冷季少，5—9月降水量占到年降水量的79%，而冷季10月到翌年4月仅占年降水量的21%，特别是寒冷的11月到次年3月，降水量仅占年降水量的4%。而且，年际间降水的旬变化差异也显著，最高和最低旬降水量出现时间有所不同。也正是由于不同年降水量及年内降水分布时间的差异，导致不同年际土壤含水量存在较大差异。

图2-23为2001年(贫水年)和2003年(丰水年)植物生长期(5—9月)降水量的旬变化状况。可以看出，2001年和2003年植物生长季前中期(5—7月上旬)降水量均较低，

植物生长季中后期(7月中旬至9月上旬)降水量明显提高且波动加剧。

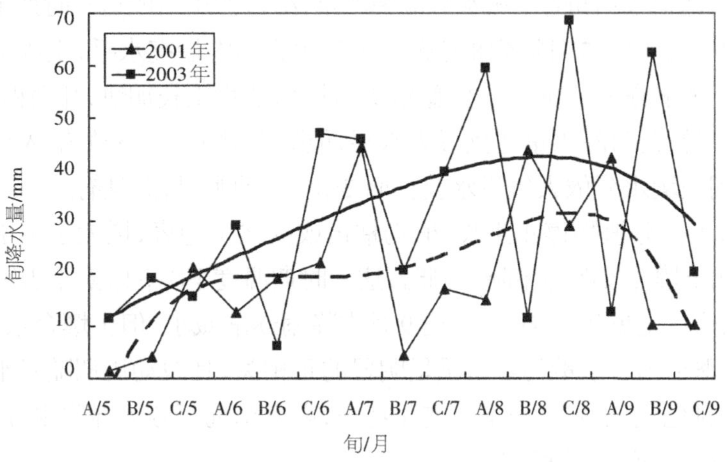

注:A、B、C分别代表上、中、下旬。

图2-23　2001年和2003年植物生长期(5—9月)海北站降水分布

图2-24为2001年和2003年植物生长期海北高寒矮嵩草草甸区0～30 cm和0～60 cm平均土壤含水量的季节变化。可以看出,不论是0～30 cm,还是0～60 cm,其土壤含水量随时间的变化基本表现出上升—下降—波动变化—再上升的趋势。除个别时间外,丰水年(2003年)土壤含水量均高于贫水年(2001年),结合图2-24可以看出,高寒草甸土壤含水量的大小直接取决于降水量。

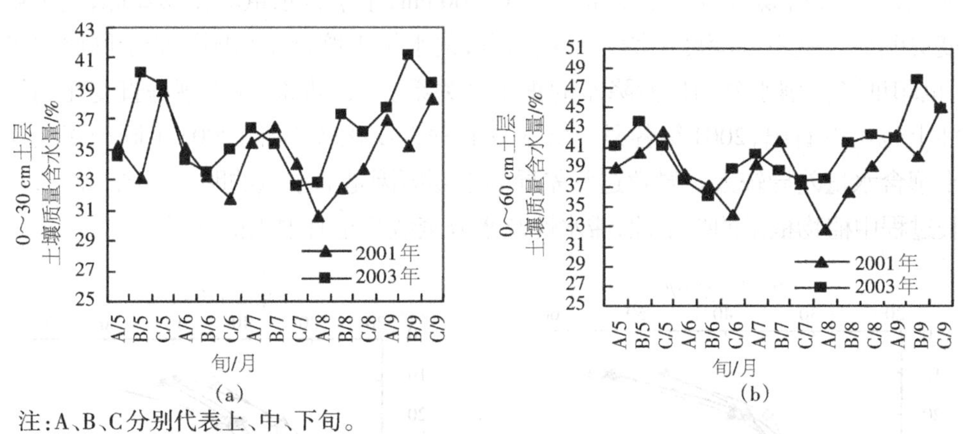

注:A、B、C分别代表上、中、下旬。

图2-24　2001年和2003年植物生长期(5—9月)0～60 cm与0～30 cm土壤水分的旬变化

植物开始生长阶段(4月末到5月初),尽管最低气温常处于0 ℃以下,但气温已开始逐渐回升,季节冻土随天气转暖从地表向深层逐渐融化,底层土壤冻结层水分将在土壤温度梯度作用下源源不断地补充到上层土壤,30～60 cm以下冻结层仍然维持且阻隔了水分的下渗。此时植物刚刚进入萌动发芽阶段,植被叶面积很小,蒸腾较低。由于气温较低,土壤水分蒸发也十分有限。因此,在这一阶段融冻水提高了土壤水分。植物返青期(5月中下旬到6月末),气温逐渐升高,融冻土层增厚,融冻水补给上层土壤水的能力逐渐下降。虽然这一阶段降水有所增加,但由于植物从返青阶段进入旺盛生长初期,土壤蒸发及植被蒸腾明显增加,土壤水分散失严重,综合作用造成这一时期土壤含水量下降明显。植物生长盛期(7月初到8月底),气温达到年内最高水平,土壤季节冻结层完全融化,表层土壤水分可以向深层土壤入渗。此外,植物生长加快,叶面积增大,植物蒸腾明显提高。尽管此时降水量达到最大水平,但降水对土壤水分的输入小于植被蒸散消耗,这个期间土壤水分依大气降水变化而变化,波动明显,而且有所下降。至植物生长末期(9月),大部分植物停止生长,植物枯黄或倒伏于地表,增大了土壤表面的密闭性,植物蒸腾和土壤蒸发明显下降。同时,这一时期温度下降,土壤出现冻结现象,冻结过程使土壤水分稳定聚集。因此,尽管9月末降雨逐渐减小,但土壤含水量逐步提高。整个植物生长季土壤含水量与降水量呈明显的正相关,且波动周期随降水间隔增宽而延长。因此,按照土壤水分这一季节变化特征,高寒草甸可分为春季水分补给期、夏季波动消耗期和冬季冻结水分稳定聚集期。

三、植被生长期土壤湿度垂直变化

同样以2001年和2003年分析土壤水分的垂直变化情况。图2-25为2001年(贫水年)和2003年(丰水年)植物生长期(5—9月)每月20日观测的土壤水分的垂直变化情况。可以看出,2001年和2003年垂直变化总体趋势基本一致,即随土层深度的增加,土壤水分逐渐降低。但在不同垂直深度,不同年份土壤含水量表现不尽相同。不论是贫水年,还是丰水年,0～20 cm层次土壤含水量均变化剧烈,随着深度的增加,土壤含水量迅速降低,贫水年降低程度高于丰水年。20～60 cm,土壤含水量均持续降低,贫水年下降程度更明显。就不同深度土壤含水量而言,贫水年土壤含水量明显低于同层次丰水年,这也印证了土壤水分与自然降水的正相关关系。从不同时间土壤垂直变化曲线的紧凑性上也可以看出,2001年各月土壤水分的垂直变化较小,而2003年同一深度不同月份土壤含水量差异较大。导致这些差异的主要原因是降水量的明显不同,此外,与植物生长过程中植物根系的吸水性、滞水性及水分蒸散等也有很大的联系。

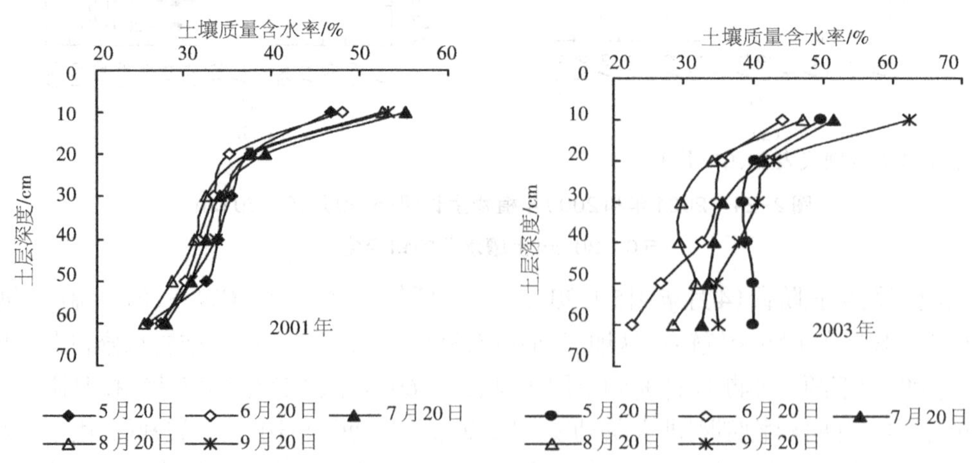

图2-25　2001年与2003年嵩草草甸土壤水分垂直变化

高寒草甸植被根系主要分布在0～20 cm,该层植物根系所占比例最大,也是土壤水分最为丰富的一层,这一层土壤含水量直接影响着植物的生长发育。虽然0～20 cm层蒸散量大,但大气降水可直接快速地补给该层,同时该层也可得到下层土壤水分的补给。可以看出,高寒草甸土壤表层水分既受到降水量、气温、下层土壤水分补给等环境因素的影响,又受到植被枯落物、根系吸收作用等植物因素的综合影响。因此,该层土壤含水量波动情况是整个垂直剖面中最大的一个。20～40 cm为根系微利用层,该层土壤含水量对植物生长也有一定的影响,当上层土壤水分不足时,该层的土壤水分通过毛细管作用可上升到上层土壤。该层土壤含水量受大气降水的影响较小,同时40～60 cm层土壤含水量进一步减少无法向上补给,加之地下水位较深,水分补给困难。因此,20～40 cm层土壤含水量较低。也正是由于这些原因该层土壤水分的波动最小。40～60 cm层土壤含水量较低,又无地下水补给。同时,植被根系无法吸收该层土壤水分,其本身在干旱季节为上层土壤提供的水分也十分有限。因此,40～60 cm土壤含水量随深度加深而不断降低。值得注意的是,40～60 cm层土壤水分主要靠降水补给,其波动也较大。

四、土壤水分年际变化

表2-16给出了海北高寒草甸区2001—2020年植物生长季(5—9月)0～10 cm、10～20 cm、20～30 cm、30～40 cm及0～40 cm整层的土壤平均水分含量。从表2-16看到,海北高寒草甸地区因处在湿润地区,其土壤含水率较高,0～10 cm、10～20 cm、20～30 cm、30～40 cm及0～40 cm整层20年平均分别达到40.27%、31.55%、29.56%、28.70%、32.52%。20年来,0～10 cm、10～20 cm、20～30 cm和30～40 cm层生长季土壤含水量平均值分别为40.27%、31.55%、29.56%和28.70%,

20年来,海北高寒草甸土壤含水量年际变化表现为2001—2008年土壤含水量稍有降低。2008—2020年土壤含水量又表现为上升趋势。但总体表现出,随年代进程变化较为平稳,只是个别年份随降水最高与最低的极端化而呈现最高或最低,如,2001年植物生长季降水量为534.64 mm,当年同期0～40 cm整层土壤含水量为37.57%,均是20年的最高值;再如,2008年降水量为349.70 mm,当年0～40 cm整层植物生长季平均含水量仅为26.11%,均是20年的最低值。但也发现土壤含水量并非与降水量呈现显著的相关性。这种分布可能与植被生长耗水有关,具体因果关系尚需做深入研究。

表2-16 海北站2001—2020年生长季土壤质量含水量

单位:%

年份	0～10 cm	10～20 cm	20～30 cm	30～40 cm	10～40 cm平均
2001	47.7±9.89	36.14±4.05	33.31±4.14	33.12±3.46	37.57
2002	46.55±9.81	37.62±7.01	34.39±6.17	33.19±5.44	37.94
2003	49.06±10.2	39.05±5.72	35.32±4.67	33.87±4.17	39.33
2004	32.59±6.59	27.09±3.71	25.84±5.03	25.11±2.73	27.66

续表2-16

年份	0～10 cm	10～20 cm	20～30 cm	30～40 cm	10～40 cm平均
2005	33.52±9.28	31.91±4.94	35.04±3.47	32.59±2.72	33.27
2006	36.75±6.13	28.88±5.6	27.88±5.76	27.29±5.07	30.20
2007	33.51±5.92	27.78±2.6	26.26±2	25.99±3.8	28.39
2008	32.21±8.17	25.21±4.52	23.85±4.14	23.16±3.69	26.11
2009	36.16±13.66	33.4±5.74	30.1±3.95	32.54±5.43	33.05
2010	42.61±17.89	36±10.41	33.6±8.1	33.94±6.59	36.54
2011	54.8±11.22	38.4±4.73	36.8±6.9	34±5.63	41.00
2012	44.01±9.66	29.58±2.22	26.01±2.03	25.27±2.1	31.22
2013	37.11±6.39	27.47±3.32	26.33±3.02	24.69±2.03	28.90
2014	41.51±6.23	29.33±2.82	27.23±1.79	26.58±1.86	31.16
2015	38.77±7.93	29.33±4.31	27.38±3.62	26.81±3.06	30.57
2016	39±9.44	30.58±4.63	28.23±2.94	26.61±3.11	31.11
2017	39.28±8.85	31.04±5.23	28.77±4.11	27.98±3.41	31.77
2018	40.02±7.1	30.56±3.13	28.67±2.54	27.29±2.41	31.64
2019	39.84±4.2	31.1±2.74	28.53±2.17	27.54±2.23	31.75
2020	40.36±7.72	30.59±4.81	27.72±3.41	26.51±3.04	31.30
平均	40.27	31.55	29.56	28.70	32.52

表2-16还表明，0～10 cm土壤含水量较10～20 cm、20～30 cm和30～40 cm更容易受到气候变化影响而产生较大的波动变化，较深层的土壤含水量比上层的波动减缓。自上层到下层，土壤含水量随土壤深度增加而显著降低。

五、土壤储水量的年际变化

土壤储水量是指自然状况下一定土层厚度的土壤能够容纳的实际水量，以土层深度的mm水量表示。这里分析了海北站综合实验地2001—2020年植物生长期5—9月平均储水量的年际变化。土壤储水量采用下列方法计算（刘昌明等，1999）：

$$W = \rho \times H \times S_D \times 0.1 \qquad (2-18)$$

式中：W为土壤储水量（mm）；ρ为土壤容重（g/cm³）；H为土壤厚度（cm）；S_D为实测的土壤质量含水率；0.1代表把水层定为mm水量的转换系数。

图2-26给出了海北高寒草甸2001—2020年植物生长期5—9月0～40 cm土层平均储水量的年际变化。从图2-26看到，近20年植物生长期0～10 cm、10～20 cm、20～30 cm和30～40 cm土壤层储水量平均分别为28.19、35.34、33.41和32.44 mm，不仅年间变化趋势一致，且年际、各层次之间差异较小。其0～40 cm整层平均储水量在103.9至156.3 mm之间，平均为129.37 mm。但也看到，各层次及0～40 cm整层表现出非显著性（$P>0.05$）的下降趋势。

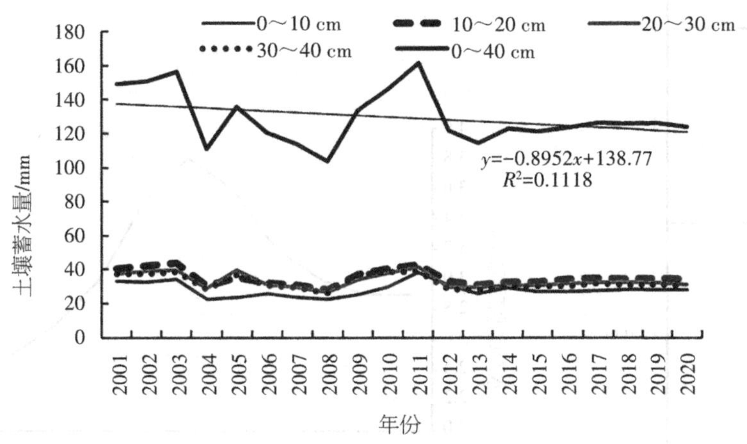

图2-26 海北高寒草甸2001—2020年植物生长期（5—9月）平均储水量的年际变化

六、地下水及土壤水的补给

海北高寒草甸区地下水有上层、中层和下层水（图2-27a），中层以下的水位较深，基本在9.0 m以下，且年内变化平稳。上层水上限在土壤表层以下2.6 m处，埋深3.5 m左右。受地表水渗漏影响显著，具有显著的季节变化（图2-27b）。夏季降水丰富时补给明显，地下水位抬升，冬季降水减少，土壤冻结后地下水位下降明显。虽然显示表土层达2.6 m，实际上并非如此，一般该层次上层土壤为60～80 cm（图2-27b），以下到2.6 m之间以砂壤土或以微小砾石与土混合组成的结构。这些结构中小砾石所占比例很高，加之矮嵩草草甸植物根系多分布在0～20 cm（王启基和王文颖，1998），较深层土壤毛细管数量较少，导致地下水对土壤水分的补给量极低，故地下水对矮嵩草草甸土壤水的补给可忽略不计。因此，自然降水是土壤水分的主要来源，当然还有凝结水的补给。然而，由于年份不同，受大气环流振荡的不同影响，各年间降水量分布差异较大，进而造成不同年份土壤含水量差异较大。也就是说，地下水对土壤水的补给很少，土壤水主要受制于降水及凝结水的补给，并很大程度上随降水的变化而变化。

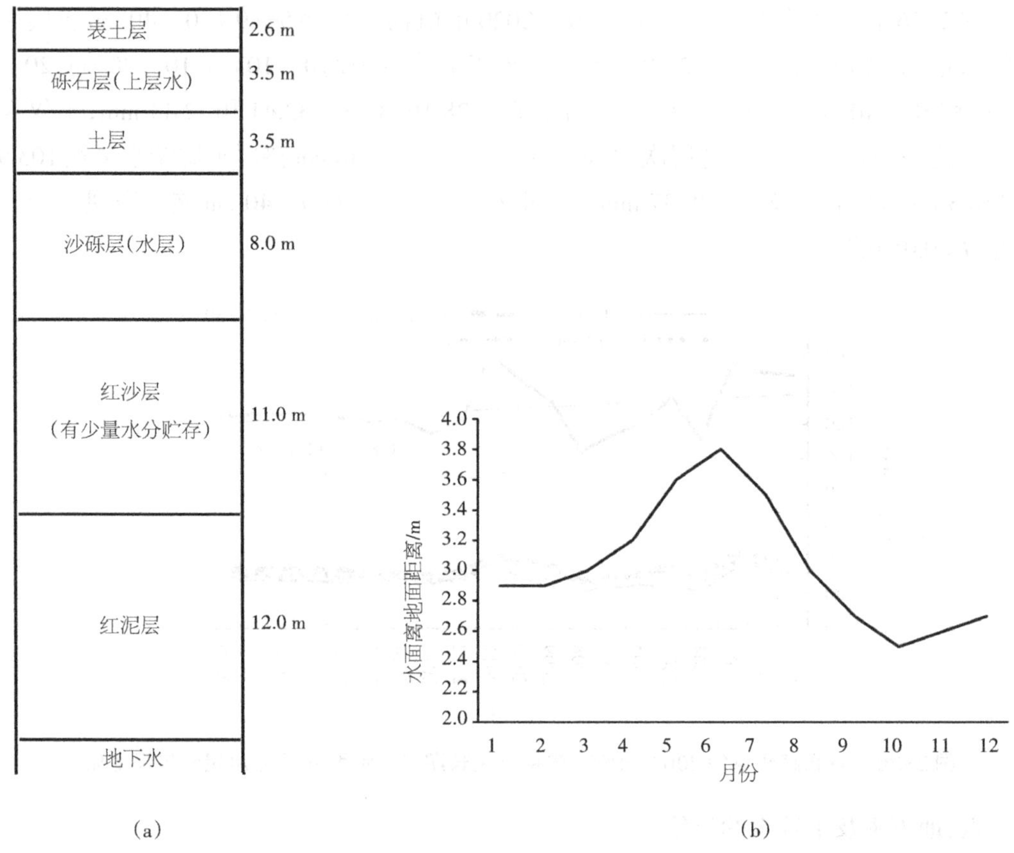

图2-27　海北高寒草甸土壤地下水分布结构及表层水的季节变化

第十二节　蒸发散与湿润指数

一、水面蒸发量

这里所说的蒸发量是指气象站专用20 cm口径，离地面70 cm处的水面蒸发量。该蒸发量一般用来表征该系统的潜在蒸发势。从表2-1看到，海北站地区年内水面蒸发量在1月最低(43.10 mm)。5月、6月和7月最高，分别为145.27、145.59和149.46 mm，8月以后迅速下降，至12月达到1月的水平。水面蒸发量的这种分布与温度、雨季的分布、植被覆盖度等有关。冷季虽然正值干旱时期，但温度低，蒸发量低。5月正是我国北方干旱时期，气温有所升高，近地层风速大，植被覆盖度由于冬春牧事活动及吹风影响地表近似裸露，牧草生长刚进入萌动发芽-返青阶段，空气干燥，而植被蒸腾量又很小，从而导致蒸发量最大。6—8月虽然降水丰富，空气湿度大，但温度高，风速较大，蒸发量大。8月以后，随冷季来临，气温降低，风速减小，蒸发量逐步降低，直至来年2月才有所上升。

分析气象站专用20 cm口径水面蒸发量的年际动态发现(图2-28)，1985—2019年水面蒸发量(其间有5年缺测)20世纪80年代和90年代较低，进入21世纪后水面蒸发量年际波动明显、变化平稳，且在2007年以后有所增加。据现有30年内的数据统计表明（部分年份出现月缺测的也按年份缺测处理），30年平均为1 163.18 mm，其中，植物生长季的5—9月为679.33 mm，非生长季的10月至翌年4月为483.86 mm。

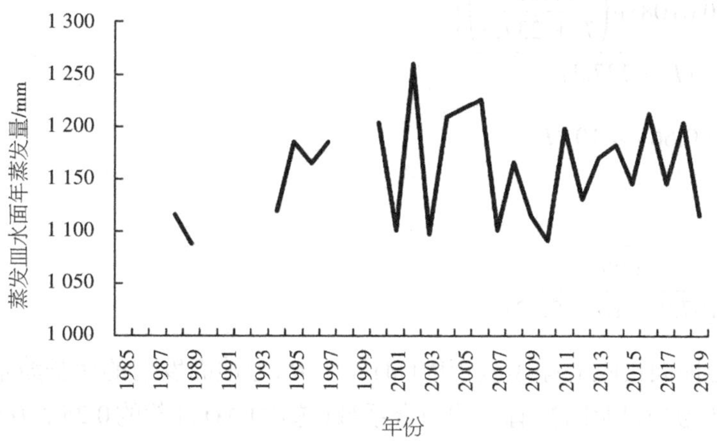

图2-28　海北高寒草甸地区1985—2019年水面蒸发量的年际变化

二、可能蒸散量与湿润指数

可能蒸散是指被低矮绿色植物充分覆盖，对水流没有或仅有微小阻力的一个广阔表面，在保持充足水分供应条件下的蒸散。也就是说，可能蒸散量是指植被表面不缺乏水分（一般可视为下垫面充分湿润）的、高度一致并全面遮盖地表的矮小绿色植物群体在单位时间内的蒸腾量，它包括所有表面的蒸发以及植物蒸腾。可能蒸散表示一种蒸散能力，它不受土壤水分的限制，只受可利用的能量的限制。可能蒸散比自由水面的蒸发更接近于农田蒸散，常用于鉴定不同地区的农田蒸散能力。

可能蒸散与降水一起，分别代表水分的支出和收入，是衡量一个地区湿润状况的重要指标，更全面地鉴定水分资源，在气候学和农业气候学上经常使用。本节讨论了海北高寒草甸地区可能蒸散量与湿润指数状况。

本节中可能蒸散量（潜在蒸散）计算采用1998年联合国粮农组织推荐并修订的Penman-Monteith模型（孟猛等，2004；李英年等，2019；罗谨等，2021），有：

$$ET_0 = \frac{0.408\Delta\left(R_n - G\right) + \gamma \frac{900}{T + 273} u_2 (e_s - e_a)}{\Delta + \gamma(1 + 0.34u_2)} \tag{2-19}$$

式中：ET_0为潜在蒸散；Δ为饱和水汽压曲线斜率（kPa/℃），T为气温（℃），R_n为净辐射（MJ/m²），G为土壤热通量（MJ/m²），γ为干湿表常数（kPa/℃），u_2为2 m风速（m/s），e_s为饱和水汽压（kPa），e_a为实际水汽压（kPa）。各参数的计算方法如下：

$R_n = R_{ns} - R_{nl}$

$R_{ns} = (1 - \alpha)\left(a + b\frac{n}{N}\right)R_0$

$$R_{nl} = 2.45 \times 10^{-9}(0.1 + 0.9\frac{n}{N})(0.34 - 0.14\sqrt{e_a})(T_{kx}^4 + T_{kn}^4)$$

$$G = 0.07(T_{i+1} - T_{i-1})$$

$$\Delta = \frac{4098\left[0.6108 \cdot e\left(\frac{17.27T}{T + 237.3}\right)\right]}{(T + 237.3)^2}$$

$$\gamma = \frac{C_p \cdot P}{\varepsilon\lambda} = 0.665 \times 10^{-3}P$$

$$e_s = \frac{e_a}{RH}$$

$$u_2 = u_{10}\frac{4.87}{\ln(67.8 \times 10 - 5.42)} \tag{2-20}$$

式中：R_{ns}为地面接收的净短波辐射（MJ/m²）；R_{nl}为地面发射的净长波辐射（MJ/m²）；α为反射率；a、b为与日照时数有关的拟合系数（选用FAO推荐的0.25和0.55）；n/N为日照百分率；R_0为天文辐射（W/m²）；T_{kx}^4、T_{kn}^4分别为最高和最低气温对应的绝对温度（K）；T_{i+1}和T_{i-1}分别为上一个月和下一个月的平均气温（℃）；C_p为空气定压比热，取1.013×10^{-2} MJ/(kg·℃)；ε为水与空气分子量之比，取0.622；λ为蒸发潜热，取2.45 MJ/kg；RH为相对湿度（%）；u_{10}为10 m处的风速（m/s）。

由于海拔、地形及下垫面性质的差异会影响到R_n的大小，加之青藏高原地区的辐射很强，对蒸散、地温、气温影响较大（周秉荣等，2011），所以在估算R_{ns}时需要进行地区校正，本文采用了周秉荣等根据三江源地区实测资料进行模拟估算的方法，引入了透射率（t_b）对到达大气顶的太阳辐射进行订正，以提高估算的精度（周秉荣等，2014）。具体方法如下：

$$R_{ns} = (1 - \alpha)\left(a + b\frac{n}{N}\right)R_0 t_b$$

$$t_b = 0.56(e^{0.56M_h} + e^{-0.095M_h})$$

$$M_h = M_0\left(\frac{P_h}{P_0}\right)$$

$$M_0 = \left[1229 + (614\sin H)^2\right]^{0.5} - 614\sin H$$

$$\frac{P_h}{P_0} = \left[\frac{288 - 0.0065h}{288}\right]^{5.256}$$

$$\sin H = \sin\delta\sin\varphi + \cos\delta\cos\varphi = \cos(\varphi - \delta) \tag{2-21}$$

式中：M_h为海拔h的大气量，M_0为海平面上的大气量，P_h/P_0为大气压修正系数，h为海拔，H为太阳高度角，δ为太阳赤纬，φ为纬度；此外，R_0的计算参考周秉荣等（2011）关于青海省太阳总辐射的估算方法。

干湿状况通常用降水量与潜在蒸散量的比值来衡量（王素萍等，2014；王允等，

2014)：

$$K = \frac{R}{ET_0} \tag{2-22}$$

干湿状况的等级划分采用目前最常用的湿润指数法表征，基于1994年颁布的《联合国关于在发生严重干旱和/或荒漠化的国家特别是在非洲防治荒漠化的公约》中制定的中国干湿气候分区标准进行划分，即，<0.03，极干旱气候区；0.03～0.2，干旱气候区；0.2～0.5，半干旱气候区；0.5～1.0，半湿润气候区；>1.0，湿润气候区。

通过计算发现（图2-29），1981年到2020年海北高寒草甸地区可能蒸散量月平均自1月（19.42 mm）开始升高，7月（108.39 mm）达到最高，以后下降，12月（20.16 mm）与1月持平，年内表现出明显的单峰式变化过程。这种变化规律与降水量、温度、水汽压、饱和水汽压等有着相同的变化规律，也就是说，与这些环境要素研究有高度的相关性。但从中也可以看到在植物生长期前期，降水量均小于可能蒸散量，导致水分常处于亏缺状态，8月、9月植物处在生长期后期，植物生长所需降水量可达满足，可能蒸散量大于降水量。

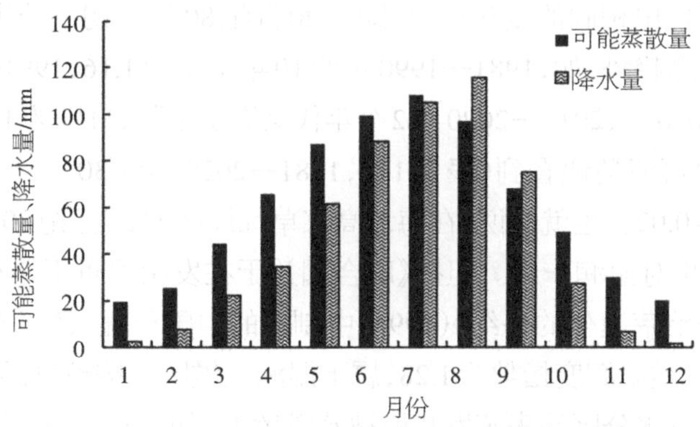

图2-29　1981—2020年海北高寒草甸地区可能蒸散量、降水量

从1981—2020年的40年可能蒸散量年际变化看到（图2-30），可能蒸散量在20世纪80年代较低，到90年代中期达到较高的水平，以后在平稳波动变化中略有升高。这在可能蒸散量的年代际及标准气候年的进程变化中也可以得到印证（表2-17）。从表2-17看到，可能蒸散量在1981—2020年的4个年代际逐渐上升，1991—2000年相比1981—1990年可能蒸散量增加4.56%，2001—2010年相比1991—2000年可能蒸散量增加1.70%，最近的2011—2020年年代际可能蒸散平均值（736.51 mm）均比以前的3个年代际高。标准气候年统计状态下，海北高寒草甸地区1991—2020年的30年平均值（726.66 mm）要比1981—2010年的30年平均值（709.30 mm）高17.36 mm。这些表明，进入21世纪后海北高寒草甸地区可能蒸散量随气候变暖而增加。同时也受其他环境因素的影响，如，40年来海北高寒草甸地区可能蒸散量多年平均为715.45 mm（表2-17），这个值比处在三江源同样是以矮嵩草为建群种的玛沁高寒草甸低（李英年等，2019）。出现这种差异性主要与风速不同有很大的关系，在其他气象要素变化基本相仿的条件下，玛沁年平均风速(2.10 m/s)比海北站(1.65 m/s)高0.45 m/s。

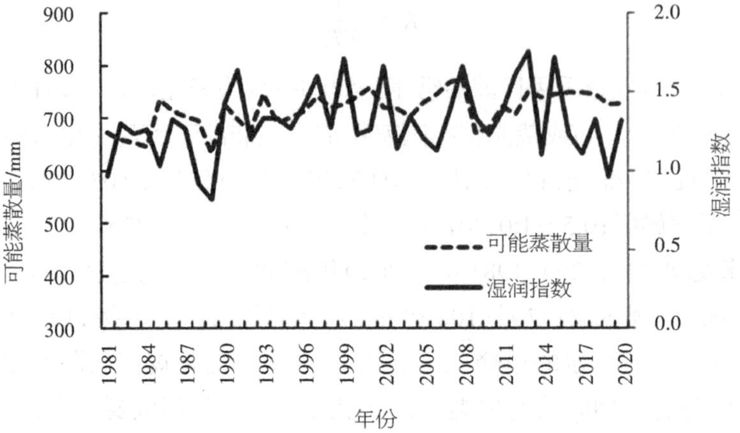

图2-30　海北高寒草甸地区1981—2020年可能蒸散量与湿润指数的年际变化

分析1981—2020年海北高寒草甸地区湿润指数的年际变化发现(图2-30),湿润指数与可能蒸散量表现出相同的变化规律,即在20世纪80年代初上升明显,以后在波动中呈现出非显著下降趋势,如,1981—1990年的10年平均为1.16,1991—2000年很快上升到1.40,2001—2010年、2011—2020年2个年代又有所下降,分别为1.34、1.35,这从30年的标准气候年也可清楚地看到(表2-17),1981—2020年的30年比1991—2020年的30年平均值要高出0.02。也就是说,在海北高寒草甸地区的20世纪80年代气候相对干旱一些,在90年代相对湿润一些。但按《联合国关于在发生严重干旱和/或荒漠化的国家特别是在非洲防治荒漠化的公约》(1994)中制定的中国干湿气候分区标准进行划分而言,其多年平均气候湿润度指数为1.28,属于湿润气候区。按理气候温暖化将导致地区蒸散力加大,地-气水分因地表蒸发和植被蒸腾散失严重,气候趋于暖干化,但由于气候温暖化的同时,区域降水量也在增加,光照时间减少,这种气候环境下湿润指数改变不大,进而导致区域湿润指数的稳定,虽然有短时的气候间歇干旱年,或出现半湿润气候区年景(如,1988年和1989年湿润指数分别为0.92和0.82),但一定时段内的平均气候湿润度仍保持>1.0的湿润气候区状况。

表2-17　海北高寒草甸地区1981—2020年可能蒸散量与湿润指数的年代际变化

年代	年代际				1981—2020年平均	标准气候年	
	1981—1990	1991—2000	2001—2010	2011—2020		1981—2010	1991—2020
可能蒸散量/mm	684.43	715.64	727.83	736.51	715.45	709.30	726.66
湿润指数	1.16	1.40	1.34	1.35	1.28	1.35	1.33

三、实际蒸散量与水分亏缺

实际蒸散量与植物耗水量一致,这里用水量平衡法计算得到。实际水量平衡法是指在给定的时段和地点,依据一定土壤层内水量收支的差额来计算得到的。对于草地来讲，无灌溉，其水量平衡方程可简单表示为：

$$E = P + I_1 + W_f - I_2 - W_s - R_f - \Delta W \tag{2-23}$$

式中：E为区域蒸散量（耗水量）；P为降水量；I_1和I_2分别为地表径流输入（从异地流入）与输出（从测定区流出）；W_f为地下水补充量；W_s为土壤底层渗漏量；R_f为壤中流（有出也有进，这里以输出与输入差值表示）；ΔW为土壤层上一时段与当时时段间贮水的变化量。

由于在高寒草甸试验观测区地势平缓，加之高原地区远离海洋，降水强度不大，可以忽略地表径流，且壤中流进与出差异极小也可忽略。再者，青藏高原草甸土壤发育年轻，土层较薄，一般维持在40～60 cm，其底层多为砾石或已到达石质接触面，故其毛管补给水显得微小，即地下水补充量也可忽略。这样，在高寒草地地区的水量平衡可简单表示为：

$$E = P - W_s - \Delta W \tag{2-24}$$

需要说明的是，蒸散量包括了植被层对降水截留后的蒸发水量（假设是对截留100%的蒸发），那么，其降水实际进入土壤中的有效降水量在计算时可能被高估，但对区域长时间尺度来讲，这种计算耗水量的方法也是适用的。

实际蒸散量测定方法很多，但监测的结果与实际情况可能不相符，失真性较大。在海北站，也用大型Lysimeter方法进行实际蒸散量及渗漏量的监测，但得到的数据也可能存在诸多的问题。近几年海北站持续进行土壤湿度的监测，这里则利用土壤水分储存变化量，利用水量平衡法给出1991—1993年连续3年计算植物生长季实际蒸散量的结果（李英年等，1996a）。其中水量平衡法采用了土壤有效含水量的计算式：

$$W = 0.1 \times \rho \times H \times (S_D - k) \tag{2-25}$$

式中：W为土壤有效含水量（mm）；ρ为土壤容重（g/cm^3）；S_D为土壤湿度（土壤水占干土重的百分数）；k为萎蔫湿度（土壤水占干土重的百分数）；H为土层厚度（cm）；0.1是转换系数。

经过计算得1991、1992、1993年植被生育期5月20日至9月15日3年耗水量及平均状况，见表2-18。

表2-18　植被生育期耗水量

单位：mm

	土壤（0～60 cm）有效含水量		生育期降水量（5月20日至9月15日）	植被生育期耗水量（实际蒸散量）
	初始期（5月20日）	终止期（9月15日）		
1991年	211.8	183.1	318.9	347.6
1992年	204.2	216.8	345.4	332.8
1993年	198.2	168.3	372.7	402.6
平均	204.7	189.4	345.7	361.6

由表2-18可知,高寒草甸植被生育期耗水量(实际上就是实际蒸散量)3年平均为361.6 mm,其中1992年较低(332.8 mm),1993年较高(402.6 mm),相差69.8 mm。虽然各年植被耗水量没有明显表现出随生育期降水量变化的趋势,但仍可以基本反映出降水量多、植被耗水量较大的规律。

夏半年的植物生长季(5月1日至9月30日),1980—1993年多年平均气温为7.0 ℃,多年平均降水量为451.7 mm。1991—1993年5月1日至9月30日3年平均气温为6.9 ℃,降水量为433.4 mm,与同期多年平均相仿,表现出5—9月气候条件与多年平均状况类同。因此,可推测3年平均植被耗水量361.6 mm也能基本反映高寒草甸植被多年的平均状况。

由于气象条件不同以及植物物候期迟早的差异,造成植被在生育期各阶段的耗水量也有着明显的差异。经过3年平均耗水量的统计和比较,其耗水变化基本处于同一变化趋势。就平均而言,植被在生育期中耗水量在7月最多,5月最少,基本呈现单峰型曲线变化(图2-31)。植被耗水量的这种变化与牧草叶面积的变化、返青、营养生长、拔节、开花、乳熟、成熟、枯黄等过程有很大的关系。

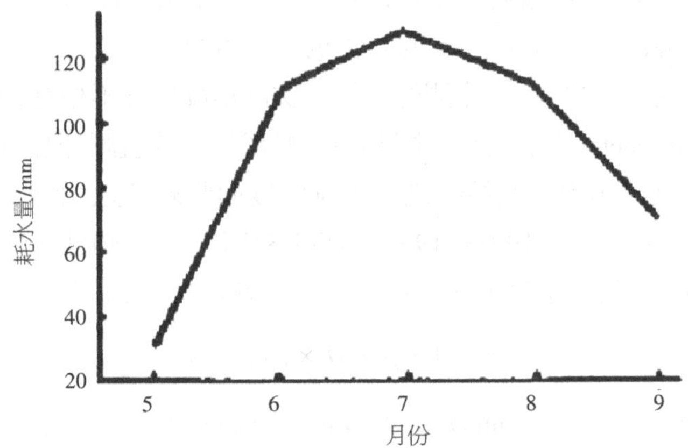

图2-31 高寒草甸植被生育期耗水月变化曲线

我们也依据海北高寒草甸冬季放牧草场的不同牧压梯度地进行了不同牧压梯度下高寒草甸植被实际耗水量的研究(李英年等,2019;贺慧丹,2019)。放牧梯度分冬季放牧草场和夏季放牧草场,均有重牧、中牧、轻牧和封育4个放牧梯度及自然放牧样地。冬季放牧梯度(冬季放牧夏季不放牧)试验在海北站西南方的无名滩,植被类型系高寒矮嵩草草甸。建立的实验样地分别为6 hm^2(400 m×150 m),并将样地均分为12个0.5 ha小区。设计重牧(10.5只羊/ha)、中牧(5.25只羊/ha)、轻牧(3.75只羊/ha)、封育对照(禁牧)4个放牧梯度,每个梯度3次重复的实验,用网围栏隔离每个小区,另辅以旁边的自然放牧草地,即共5种放牧管理方式。放牧绵羊为2~4岁的藏系羯羊,每个小区搭建绵羊栖息和挡雨的小棚,每个样地设饮水槽,人工补给水源。放牧按照当地居民放牧时间,即放牧为当年9月16日到次年5月30日,为期8个半月,260天。

经4年放牧试验后发现,不同牧压梯度下高寒草甸植被实际耗水量在生长季的变化特征基本一致(图2-32)。耗水量表现出自5月有所降低,至6月开始升高,7月耗水量达到最大值,以后逐步下降。这种变化特征是因为5月气温和地温均较低,日最低气温常处于0 ℃以下,因此土壤蒸发量仍然较低;并且,植被刚进入萌动发芽返青期,叶片面积很小,加之受低温环境影响,植被生长非常缓慢,植被蒸腾作用较弱,最终致使5月植被实际耗水量较低。6月植物在有利的水热条件下得以生长,植被盖度明显增加,土壤蒸发量有所降低;虽然这个时期温度逐步升高,降水相对增加,植被生长加快,蒸腾作用增强,但大多数高寒植物叶面积不大,相对于5月蒸腾作用增强程度并不太明显,综合作用下使6月植被耗水量反而降低。7月雨热同期现象最为明显,这个时期温度最高,降水量最大,阳光辐射最为强烈,植被发生强烈蒸腾作用,致使植被实际耗水量最大,大气降水往往满足不了植被耗水的需要。8月气温虽然较高,降水较为丰富,但此时高寒植被已进入灌浆—成熟期,生长速度相对缓慢,植被蒸腾作用减弱,植被耗水量减少;并且,这个时期植被地上生物量基本达到最大,植被盖度接近100%,土壤蒸发的水分减少,所以8月份的植被实际耗水量有所降低。9月初以后气温显著降低,降水也明显减少,大多数植物停止生长,植被蒸腾作用较弱;加之部分植物枯黄或倒伏地表,增大了土壤表面的密闭性,土壤蒸发的水分显著减少,致使植被实际耗水量更低。

植被实际耗水量受到温度、降水、地上生物量、地下生物量、植被盖度、土壤物理性质等因素影响,不同牧压梯度下的植被实际耗水量在同一时期存在一定差异。从图2-32可见,5、6月植被实际耗水量差异较大,7、8、9月差异较小。这是因为生长初期温度较低、降水较少,植被实际蒸散量更多受到地上生物量和植被盖度等因素的影响,从而使得不同牧压梯度下植被的实际蒸散量存在一定差异。7、8月温度较高、降水较为丰富,植被蒸腾作用和土壤水分的蒸发都比较强烈,这个时期温度和降水对实际蒸散量的影响更加明显,因此不同牧压梯度间植被实际耗水量差异较小。9月气温明显降低,降水量减少,但此时植被基本停止生长,并且这个时期植被盖度基本接近100%,所以实际蒸散量差异也较小。但总体上来讲,封育与重度放牧的植被实际耗散量较大。

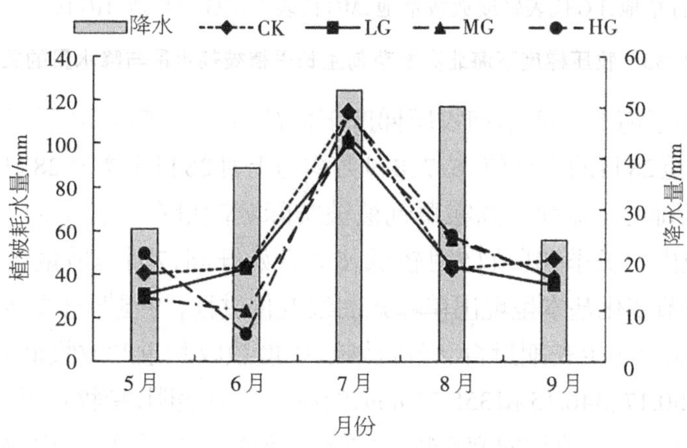

注:CK代表封育草地,LG代表轻度放牧草地,MG代表中度放牧草地,HG代表重度放牧草地。

图2-32　牧压梯度下海北高寒草甸植被耗水量的季节动态

从图2–33可见，在生长季不同牧压梯度下的高寒草甸植被耗水量与降水量存在正相关的关系。其中，封育、轻度放牧、中度放牧的植被耗水量与降水量呈极显著正相关关系，相关系数分别为0.687、0.764、0.710。重度放牧的植被耗水量与降水量呈显著正相关关系，相关系数为0.641。植被生长主要受到温度和降水的影响，降水是区域水量的补给源，也是蒸发蒸腾的水源。在高寒草甸生长初期，温度较低，降水较少，植被生长缓慢，此时土壤蒸发和植被蒸腾相对较少，导致植被实际耗水量较少；7、8月温度较高，降水较多，植被生长速度最快，土壤蒸发和植被蒸腾最为强烈，植被实际耗水量最大。总而言之，蒸散是水分循环的重要部分，降水最终会以蒸散的形式重返大气中，植被耗水量与降水量呈极显著正相关关系。

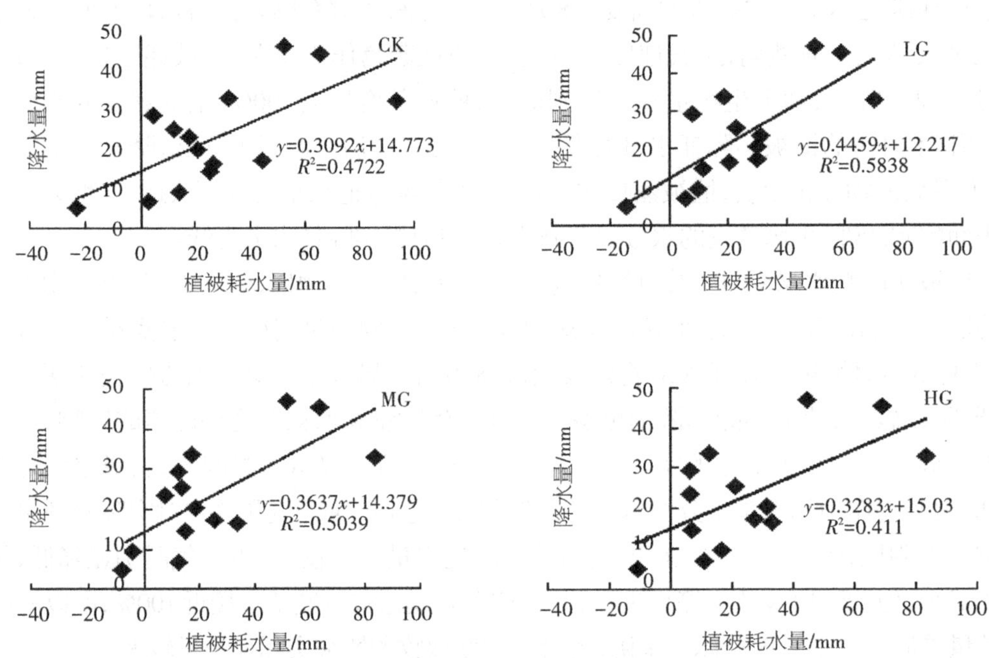

注：CK代表封育草地，LG代表轻度放牧草地，MG代表中度放牧草地，HG代表重度放牧草地。

图2–33　牧压梯度下海北高寒草甸生长季植被耗水量与降水量的关系

表2–19给出了海北高寒草甸牧压梯度下植被生长季植被实际蒸散量的季节变化特征(5月是8日至28日的合计值，6、7、8、9月均为上月28日至本月28日的合计值)。从表2–19可知，不同牧压梯度下高寒草甸植被实际蒸散量在生长季的变化特征基本一致。蒸散量表现出生长季初期的5月较低，6月开始升高，7月蒸散量达到最大值，以后逐步下降。随季节变化基本呈现出单峰式曲线变化过程，与同期气温、降水变化趋势一致。统计发现，在植物生长期封育、轻度放牧、中度放牧和重度放牧植被的实际蒸散量分别为389.37、350.17、346.15和355.74 mm，经统计分析表明，禁牧状况下植被实际蒸散量与放牧地差异显著，在放牧梯度重牧区实际蒸散量高，轻牧次之，中牧最低，但相互间差异不显著。

表2-19　牧压梯度下海北高寒草甸植被蒸散量的季节动态

	放牧强度	月份					生长季合计
		5	6	7	8	9	
降水量/mm		26.0	85.0	79.0	84.0	53.2	327.2
植被蒸散量/mm	长期封育	40.30	96.29	126.60	74.91	51.24	389.37
	轻度放牧	30.48	92.05	122.74	62.12	42.79	350.17
	中度放牧	29.11	74.92	117.08	73.70	51.34	346.15
	重度放牧	49.32	57.34	135.05	69.91	44.12	355.74
水分亏缺量/mm	长期封育	14.32	11.30	47.6	−9.09	−1.95	62.17
	轻度放牧	4.48	7.05	43.74	−21.88	−10.41	22.97
	中度放牧	3.11	−10.08	38.08	−10.30	−1.86	18.94
	重度放牧	23.32	−27.66	56.05	−14.09	−9.08	28.54

根据植被蒸散量与降水量计算出生长季月际植被水分亏缺量(表2-19),5月和7月属土壤水亏缺时期,而8月和9月降水有所盈余。从生长季来看,长期封育、轻度放牧、中度放牧和重度放牧均有水分亏缺,分别是62.17、22.97、18.94和28.54 mm,轻度放牧和中度放牧亏缺量较少,从植被蒸散量与降水量差值的植被水分亏缺量来看,重牧不利于水源涵养,但封育禁牧亦影响水源涵养功能的提高,只有适度放牧有利水源涵养。

在植被生长过程中,不同牧压梯度下的植被蒸散量季节变化与同期降水量存在显著的正相关关系,所不同的是长期封育、轻度放牧、中度放牧和重度放牧条件下,受家畜啃食后残留的枯落覆盖物及植物生长量不同,植物叶面积、覆被等对降水的截留差异较大,导致实际蒸散量与降水量的相关系数有所不同。长期封育、轻度放牧、中度放牧和重度放牧的植被蒸散量均与降水量呈正相关关系,相关系数分别为0.687、0.764、0.710和0.641。

土壤水分的变化主要受降水和蒸散(发)过程的影响,与土壤水分补给量和消耗量的大小密切相关。研究表明,不论是禁牧还是放牧,植被0～50 cm土壤贮水量、植被蒸散量在生长季节变化趋势基本一致。0～50 cm土壤实际贮水量在生长季均表现出5、6月相对较高,7月较低,8、9月变化缓慢,而植被实际蒸散量刚好相反,呈现单峰式变化规律。这种变化与黄土丘陵地区有一定差异。海北高寒草甸地区5月冻结的土壤开始由表层向深层解冻,解冻后的土壤冻结层水分在温度梯度的作用下补充到上层,深层土壤仍然处于冻结状态,阻隔了水分的下渗。加之牧草这时处于返青初期,生长缓慢,植株矮小,叶片面积小,植被蒸腾量低,低温条件下土壤表层蒸发也受到限制,土壤实际贮水量相对较高,但植被蒸散量较低。6月到7月初,降水增多,对土壤水的补给明显,提高了土壤贮水量。植被仍未达到较高的覆盖度,土壤蒸发明显,加上一定强度的植被蒸腾,导致蒸散量增加明显,植被蒸散量高。7月中旬后期,降水减少,植被生长旺盛,叶面积大,该期良好的辐射、热量条件使植被和土壤发生强烈的蒸腾蒸发作用,植被耗水明显,土壤水散失严重,土壤贮水量下降显著。8月到9月初降水又明显增多,虽然植被仍有较高的蒸散量,但降水补给明显,土壤贮水量增加。9月初以后,植被基本停止生长,植被的蒸腾作用减弱,并且此时的生物量最大,一部分枯体倒伏在地表,增大了土壤表层的密闭性,使土壤表层蒸发减弱。同时环境温度降低,土壤出现冻结现象,利于土壤对水分的保持。虽然降水减少,但植被实际蒸散量也显著降低,导致土壤水分略有提高,土壤贮水量随降水波动明显。

尽管不同牧压梯度下土壤贮水量及蒸散量季节变化趋势一致,但牧压梯度作用导致土壤实际贮水量和植被蒸散量在同一时期不一致。从5月8日到9月28日来看,0~50 cm整层土壤平均贮水量表现为封育禁牧＞轻度放牧＞中度放牧＞重度放牧,虽然在生长季不同月份的土壤贮水量有一定的波动变化,但整体上对照的封育禁牧土壤贮水量保持最大。特别是5—6月初,封育禁牧区因常年禁牧,没有放牧家畜的践踏,土体疏松,土壤容重减小,孔隙度增大,禁牧还可使地表覆盖物多,覆盖物起到土壤(植被)—大气界面水分变化的"缓冲器",不仅可延缓降水直接渗入土壤,更大程度上保护土壤水不致大量散失到大气中,而且也有效降低了热量由表层向深层的传递,从而减缓了冻结土壤的融化,使融冻层对土壤水分的补给作用延长,同时,禁牧地因土壤持水能力增强,从而形成了较高的土壤贮水量。而放牧地受家畜啃食和践踏,植被覆盖相对较低,土壤较硬实,土壤贮水量低,且牧压梯度相互间差异小并高低交替。

毫无疑问,植被实际蒸散量受到温度、降水、植物生长过程中地上地下生物量累积、植被盖度、叶面积指数、土壤物理性质等多重因素影响。特别是在高寒草甸的自然生态系统中,降水量是土壤水的主要补给源,也是蒸发蒸腾的水源,即,土壤贮水量除受植物生长过程中发生的蒸散作用影响外,很大程度受降水多少的控制,而土壤贮水量的高低直接或间接地通过地表过程影响到植被的蒸散量。研究发现不论是禁牧还是不同放牧强度试验区,其植被蒸散量与降水量呈现极显著的正相关关系($P<0.01$),因放牧强度不同,其相关程度略有差异,但均达到显著水平。禁牧或放牧强度下植被蒸散量与降水量的相关性还说明,在降水保持一致的状况下,植被蒸散量还受到地表面枯落物、叶面积、生物量、净初级生产力、碎屑物等一系列因素的影响,当然也受到家畜对土壤践踏而导致土壤硬实程度不一致的影响。如,分析植被蒸散量与植被地上地下年净初级生产力呈现负相关趋势,表现出净初级生产力越低,植被蒸散量越高。以上表明,放牧或禁牧通过改变土壤等相关因素而对蒸散量产生影响。

当然,植被覆盖对水分蒸发有着重要的影响(Dawson,1993)。一般来说,高覆盖率的蒸腾作用消耗的水分比低覆盖率要多。但当区域内土壤裸露面积大、紫外线强,且风蚀严重,植被覆盖能起到良好的保护作用,减缓由于温度升高和风力扩散对土壤水分的蒸散(李红琴等,2015)。草地退化后,植被盖度下降,地表趋向裸露,地表反照率上升,进而导致裸地反射能量较多;同时,由于裸地土壤含水率较低,显热通量比例较高,导致大气温度较高(李飞,2014),地表蒸发加快。王根绪等(2003)研究发现,覆盖度低于60%的严重退化草地日蒸散发量和覆盖度较高,但以低矮密根植物分布为主的草地日均蒸散发量均比人工草地植被高覆盖草地高,这主要是人工草地土壤初始含水量低,从而形成明显的较小蒸散发量。

同时,研究还发现,覆盖度相对较高的坡地退化杂草类草甸草地蒸发速率也较低,高覆盖的两类嵩草草甸草地和低覆盖严重退化河滩草地蒸发速率较高,这反映出植被覆盖对水分蒸发与蒸腾的影响,不仅与覆盖度有关,而且与草地地貌部位和土壤初始含水量及土壤结构关系密切。

四、实际蒸散量的年际变化

前面已讲过,对于实际蒸散量的水分测定困难,就是目前用Lysimeter方法测定的值也因受多种因素影响,监测的值其精度也值得怀疑。大多数状况下利用土壤储水变化量、降水量的平衡法得到的值换算精准。作为参考,这里采用水量平衡法计算了2001年到2020年期间植物生长期(5—9月)植被蒸散量的年际变化状况(图2-34)。图2-34表明,海北高寒草甸地区植物生长期20年平均实际蒸散量438.50 mm,20年来与可能蒸散量、降水量具有相同的变化规律,最高出现在2001、2006、2019年,分别为514.12、550.54、511.70 mm;最低出现在2008、2015年,分别为334.56、335.83 mm。另,在2002、2012、2015年也达到356.52、361.32、335.83 mm的次低值。

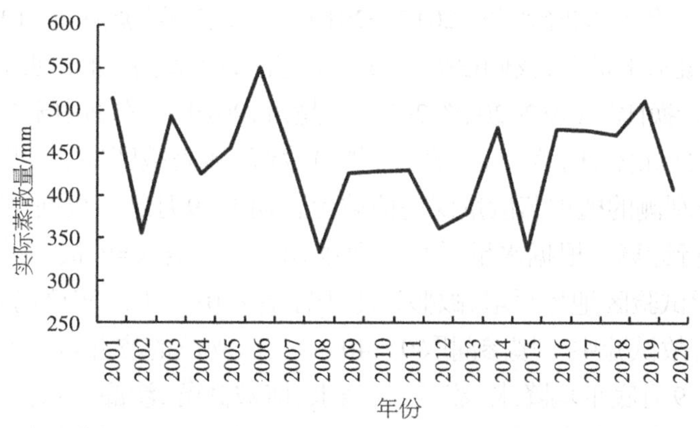

图2-34 海北高寒草甸地区2001—2020年植物生长期植被/土壤实际蒸散量年际变化

张法伟(2018)基于2014年6月1日至2015年12月31日的涡度相关系统直接观测蒸散发数据集,结合水平相距不到1 km处的自动气象站观测的主要环境因子数据(净辐射、空气温度、相对湿度、风速、土壤温度),构建增强回归树模型;同时利用2016年的涡度相关系统的蒸散发观测数据进行模型效果评估;最后采用2005年至2014年的环境因子模拟2005年至2016年的蒸散发数据集,进行蒸散发年际格局和驱动力分析。他分析后发现,2005年至2016年年实际蒸散量在519.8 mm(2012年)到603.4 mm(2016年)之间波动(图2-35),12年平均为567.9±27.1 mm,这个值与当地实际降水量基本接近。他进一步模拟发现,植物非生长季的实际蒸散量(223.8 mm)远远高于同期的平均降水(137.5 mm),而生长季实际蒸散量为344.1 mm,略小于同期平均降水349.3 mm。即高寒草甸在植被生长季表现为水分供应相对充足,而非生长季则表现为缺水。模拟的生长季实际蒸散量较上述用水量平衡法计算得到的量值(438.50 mm)要偏低。

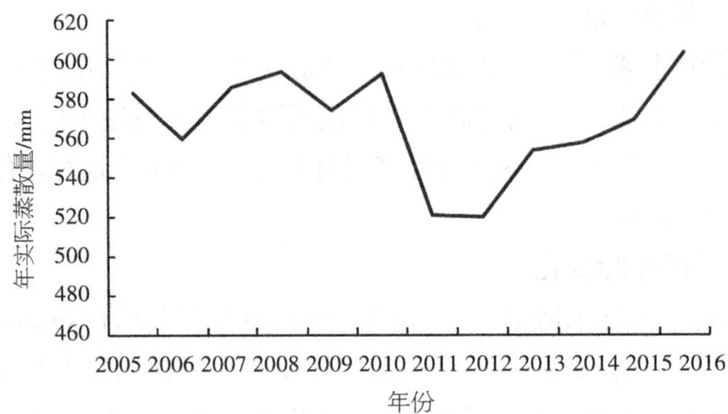

图2-35 基于增强回归树模型模拟的海北高寒草甸地区2005—2016年植被/土壤年实际蒸散量的年际变化

五、大气—植被—土壤水分分配的平均模式

大气—植被—土壤的各类水分经过大气水分的转化、降水量的转化、植被水分的转化、土壤水分的转化实现水分的再分配。最优理论认为植物与植物以及植物与土壤之间有进化上的协同互利性(Escoto-Rodríguez et al.,2014)。

结合海北站多年平均降水量、2017—2019年植被实际蒸散量、1990—1996年和2002—2003年的凝结水量等,我们根据水量平衡方法,计算了海北高寒草甸试验区植物生长期相关水分转换比例(表2-20、图2-36;贺慧丹,2019)。本书中未分析海北站地区土壤渗漏、植被层(绿体、枯落物、地表碎屑物)截留、地表截留等,详见文献(贺慧丹,2019)。由于实验观测的植被蒸散量仅是植被生长期5—9月底的数据,故仅以植被生长期各水分过程进行计算。根据水量平衡法则:降水量+凝结水=植被蒸散量+植被截留+渗漏+径流。由于试验区地势平坦,故假设地表径流为0;由于高寒草甸地区40 cm以下基本属于砾石层,故试验中土壤渗漏取0～40 cm层次观测的渗漏量。通过计算高寒草甸植被生长季5—9月底平均降水、蒸散、凝结水、植被截留、渗漏等数据,根据水量平衡公式得到海北高寒草甸水分分配状况(图2-36)。为了与三江源玛沁地区进行比较,在表2-20中也计算得到玛沁高寒草甸水分输入与输出量各项比。可以看到,玛沁与海北站的降水、蒸散、渗漏、植被层截留、地表径流与植被层凝结水有一定差异,但其变化的总趋势相同。

表2-20 模拟计算玛沁、海北两地高寒草甸水分输入与输出量各项比

单位:mm

5—9月	降水	蒸散	渗漏	植被截留			径流	凝结水
				绿体	枯落物	碎屑		
玛沁	383.5	346.56	11.55	41.35	26.67	7.39	0	50.02
海北	328.4	360.35	22.06	34.13	1.02	1.18	0	90.34

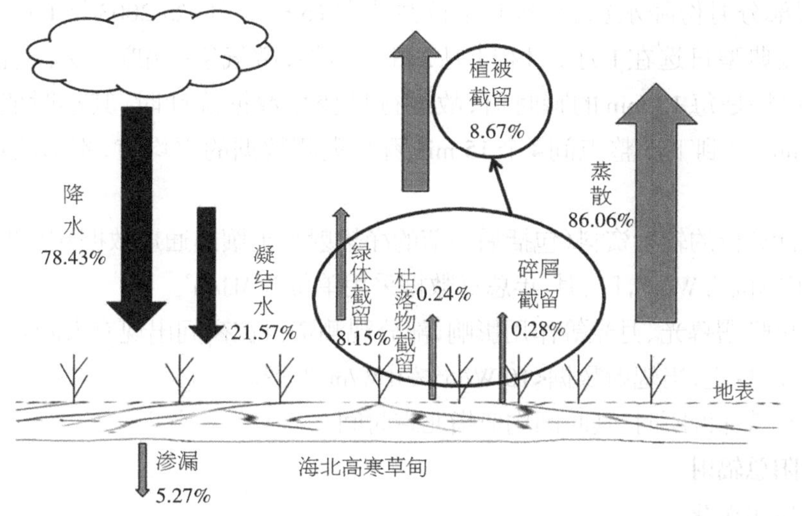

图2-36 海北高寒草甸大气—植被—土壤水分分配

第十三节 太阳辐射及各分光辐射

一、数据说明

太阳总辐射(太阳辐射)包括了太阳短波直接到达地表的辐射和经云、大气水汽及水汽凝结物、尘埃等吸收后再形成到达地表的短波散射辐射。太阳辐射并不直接加热大气,到达地表的太阳辐射,经地表(下垫面)吸收大量的太阳辐射后再经转化供给大气来加热大气,也就是说下垫面是大气的直接热源。太阳辐射是一切生物活动的能量源泉,分析其小时、日、月、年不同时间尺度上的分布状况有其重要的意义。海北站自2000年8月架设微气象-涡度相关法观测系统以来,一直开展太阳辐射及各分波段辐射的观测,并对相关监测数据的相关气候特征在不同年份进行了报道(李英年等,2000,2002b,2003,2006b,2008,2002,2004;李英年和周华坤,2002;刘安花等,2007;王建雷等,2010;乔艳丽等,2008)。本节则是在参考上述已发表的相关文献的基础上,着重于2003年的全年数据,对海北高寒草甸地区的太阳总辐射及分光辐射和地表短波反射辐射进行了分析。

需要说明的是:

(1)本节应用的数据(包括后一节的净辐射和土壤热通量数据)在进行月、年变化的相关分析时以2003年为主,多年值包括了2003年到2020年的观测资料。

(2)进行相关小时和日变化时间尺度上的分析时,采用了2003年的1、4、7、10月数据(紫外辐射采用了2004年的数据)。这4个月可分别代表冬、春、夏、秋季。为了便于比较,在这4个月中尽量选择16日前后有降水的阴雨天和无降水的晴天作为典型日，但因部分月份降水寡少，其典型日并非在16日前后，如2003年1月，降水仅在1日产生，故典型日选在1月1日和1月2日。另外，微气象-涡度相关法观测系统输出的辐射资料是每15 min的瞬时值，故进行日变化数据统计时，其小时值为上次整点后每15 min直到下次整点间4个15 min瞬时观测数据的平均值，本书简称“小时瞬时平均”。

(3)统计分析的辐射资料(包括后一节的净辐射和土壤热通量数据)中，半小时、1小时数据采用单位为W/m²，日、月、年总量数据采用单位为MJ/m²。

(4)因早晚曙暮光、月光等作用影响，部分观测资料在夜间出现有太阳总辐射数据，在处理资料时规定，当辐射数据<10 W/m²按0 W/m²处理。

(5)没有特殊说明时，其时间均值指北京时间。

二、太阳总辐射

(一)日、年变化

太阳从日出开始到傍晚日落，其太阳高度角发生显著的周期变化，导致太阳总辐射日变化从早晨到中午再到傍晚表现出从0 W/m²到最高再到0 W/m²的变化过程。一般在当地太阳时的12:00达最高，表现出一个明显的正态分布状况，而且日最高值随季节不同而不同。当然，在阴雨天气下，太阳总辐射的日变化除早晨日出前或傍晚日落后最低(均在0 W/m²)外，受云系分布影响，将打破常规变化，日变化表现复杂。

表2-21给出了海北高寒草甸地区2003年1、4、7、10月典型晴天日(1月2日、4月15日、7月16日和10月13日)和阴天日(1月1日、4月17日、7月15日和10月12日)太阳总辐射、地表反射辐射小时平均瞬时值的日变化，以及地表反射辐射占太阳总辐射的百分比(%;用*A*1表示)的日变化。

从表2-21看出，晴天状况下海北高寒草甸地区1月2日、4月15日、7月16日、10月13日太阳总辐射小时瞬时平均最高分别可达600、1 001、1 050、829 W/m²以上，出现时间在13:00到14:00，对应日总量分别为12.55、25.22、24.75和15.94 MJ/m²。因季节变化不同，日出(落)时间不一致，加之太阳高度角及大气气溶胶和水汽的不同分布，不同季节所表现的日变化差异明显。一般在日出后辐射通量值随太阳照射的时间推移急剧升高，到13:00(13:15为海北站当地太阳时的正午，是日间太阳高度角最高时期)左右达最大，下午依太阳高度角的降低迅速下降，表现出日间呈现单峰式曲线变化过程。同时，日总量随季节变化差异明显，这种变化不仅与太阳高度在年内不同时期的分布有关，而且也与空气干洁程度、少量云的存在下加大了散射辐射等条件有关。如4月25日正值春季，是年内空气干燥、水汽含量低的干季之一，太阳辐射易到达地表，导致太阳总辐射最高。但在雨季(特别是植物生长期内)时期，太阳总辐射的日变化受云系和降水时间分布影响，日变化规律有所改变，表现较为复杂。

表2-21　海北高寒草甸2003年1、4、7、10月典型日太阳总辐射、地表反射辐射及地表反射辐射占太阳总辐射百分比率的日变化

天空状况	日期（日/月）	要素	北京时间														
			7:00	8:00	9:00	10:00	11:00	12:00	13:00	14:00	15:00	16:00	17:00	18:00	19:00	20:00	21:00
晴天	2/1	E_g	—	—	—	112.87	298.46	458.77	556.88	599.72	566.66	467.67	319.47	135.62	—	—	—
	15/4	E_g	—	79.34	367.12	414.86	551.39	822.63	973.66	1 001.07	941.00	746.80	608.34	360.62	138.51	27.47	—
	16/7	E_g	13.68	75.68	319.84	591.20	735.71	830.31	1 049.99	689.10	707.44	740.74	602.17	117.61	265.12	113.61	40.28
	13/10	E_g	—	—	59.83	158.75	240.98	427.24	650.82	829.38	758.34	636.32	430.79	215.09	25.32	—	—
	2/1	E_r	—	—	—	40.84	79.11	106.64	125.15	135.65	130.53	113.90	91.42	54.89	—	—	—
	15/4	E_r	—	25.61	86.52	86.30	112.66	160.41	190.81	200.79	192.58	155.18	133.19	82.31	30.97	7.66	—
	16/7	E_r	4.88	17.38	70.31	114.96	131.84	145.69	179.08	127.55	127.89	140.88	111.47	26.64	66.17	34.42	16.30
	13/10	E_r	—	—	16.14	37.54	38.32	63.62	100.89	130.14	123.09	108.20	79.96	46.75	6.02	—	—
	2/1	A1	—	—	—	36.18	26.51	23.24	22.47	22.62	23.03	24.35	28.62	40.48	—	—	—
	15/4	A1	—	32.28	23.57	20.80	20.43	19.50	19.60	20.06	20.47	20.78	21.89	22.83	22.36	27.88	—
	16/7	A1	35.69	22.96	21.98	19.45	17.92	17.55	17.05	18.51	18.08	19.02	18.51	22.65	24.96	30.30	40.46
	13/10	A1	—	—	26.98	23.65	15.90	14.89	15.50	15.69	16.23	17.00	18.56	21.74	23.78	—	—
阴天	1/1	E_g	—	—	—	58.74	229.87	305.25	326.16	312.99	353.68	369.21	205.29	75.44	—	—	—
	17/4	E_g	—	58.13	106.50	234.57	205.87	216.43	177.91	301.81	368.69	326.97	177.78	71.92	35.20	—	—
	15/7	E_g	—	70.15	172.68	264.57	143.69	319.77	253.56	526.87	820.95	277.54	248.29	227.24	89.75	26.55	—
	12/10	E_g	—	8.64	66.78	137.27	188.95	209.05	295.76	217.88	165.46	241.85	170.51	70.84	13.23	—	—
	1/1	E_r	—	—	—	17.40	58.07	68.31	68.46	66.63	74.93	82.82	47.31	18.12	—	—	—
	17/4	E_r	—	13.94	22.53	50.32	41.77	42.47	34.48	62.47	77.53	69.19	37.43	14.67	6.24	—	—
	15/7	E_r	—	14.23	33.55	51.35	28.87	62.81	47.94	99.84	144.96	55.63	51.22	44.29	16.78	5.58	1.44
	12/10	E_r	—	—	20.78	36.53	33.27	29.48	41.71	30.56	24.54	36.51	26.08	11.43	2.92	—	—
	1/1	A1	—	—	—	29.62	25.26	22.38	20.99	21.29	21.19	22.43	23.04	24.02	—	—	—
	17/4	A1	—	23.98	21.15	21.45	20.29	19.62	19.38	20.70	21.03	21.16	21.05	20.39	17.72	—	—
	15/7	A1	—	20.29	19.43	19.41	20.09	19.64	18.91	18.95	17.66	20.05	20.63	19.49	18.69	21.00	28.31
	12/10	A1	—	—	31.11	26.61	17.61	14.10	14.10	14.02	14.83	15.09	15.29	16.13	22.07	—	—

注：E_g（单位：W/m^2）、E_r（单位：W/m^2）分别为太阳总辐射、地表反射辐射；A1为E_r占E_g的百分比率（%）。

再如，与上述观测日接近的1月1日、4月17日、7月15日和10月12日太阳总辐射小时瞬时平均最高分别为369.21、368.69、820.95、295.76 W/m²（表2-21），而且出现时间极不一致，出现时间分别在云层较薄或云雨间歇期内，1月1日、4月17日、7月15日和10月12日小时瞬时平均最高出现时间分别在16:00、15:00、15:00、13:00。对应日总量分别为12.45、8.16、12.34和6.42 MJ/m²。可以发现，在阴雨天，受云系多少和厚度的影响，太阳总辐射日变化规律不像晴天有规律，而且日总量分布完全打破日间正态分布的趋势。不仅日最高出现时间差异明显，而且日总量分布变化复杂。如1月1日当日有较薄的高层云存在，并伴有少量降雪，但该日受较大散射辐射影响，太阳总辐射量与晴天的1月2日几乎相同，而在7月15日云层厚、以低云为主，其日太阳总辐射量与阴雨天的7月16日相差达2倍。证实云系多少、厚度、空气水汽含量等与太阳总辐射的吸收、散射辐射等具有很大的关系。

从观测到的资料来看，年内太阳总辐射瞬时最大值接近太阳常数，如2003年6月17日13:30和4月28日14:15分别为1 254和1 239 W/m²，仅比太阳常数（1 360 W/m²；吴国雄和刘辉，1995）小106和121 W/m²，瞬时高值与五道梁地区的测定结果（1 228 W/m²）基本一致（戴加洗，1990）。较大值的出现常在天空有一定中高云存在，且未遮蔽太阳的天气状况下，致使辐射仪不仅接受太阳的直接照射，而且也易接受较高云的散射照射作用，从而具有较强的太阳总辐射。在海北高寒草甸地区太阳总辐射不仅日变化振幅较大，而且所呈现的季节变化亦明显。从2003年太阳总辐射日总量的年变化动态上看到（图2-37），年内日总量超过30 MJ/m²可达15日，而且大多出现在5月和6月，在4月和8月也出现2到3天。日总量小于5 MJ/m²的年内可达18天左右，这些较低的太阳日总辐射量并非出现在太阳高度角较低的月份，大多出现在太阳高度角高的7月和8月，其原因与雨季的阴雨天状况有关。

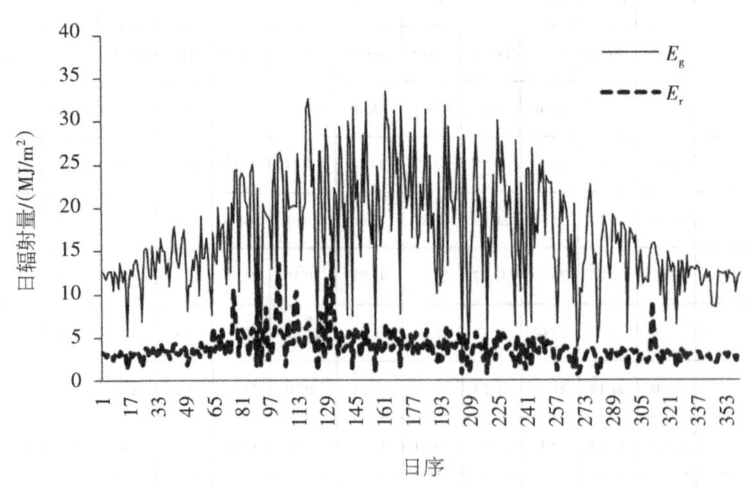

图2-37　海北高寒草甸地区2003年太阳总辐射（E_g）、地表反射辐射（E_r）日总量的年变化

因受雨季的影响，太阳总辐射随季节进程中年（逐月）变化复杂，但从2003年到2020年总体月平均来看（表2-22），太阳总辐射自1月（362.10 MJ/m²）开始迅速增加，短短4个月后的5月增加到年内的最高值，18年平均为685.66 MJ/m²(5月)，以后缓慢降低，至10月降低到474.15 MJ/m²，到太阳高度角最低的12月降低到年内的最低值(348.22 MJ/m²)。表现出年内季节变化明显，在一年中总辐射量季节变化大部呈现单峰式曲线变化(表2-22)。其中，最小出现于每年12月至翌年1月，最大出现于5—6月，3—5月的辐射递增量较5—9月的递减率要大。从表2-22还看到，海北高寒草甸地区植物生长季的5—9月太阳总辐射为3 126.17 MJ/m²，日均20.43 MJ/m²；非生长季的10月到翌年4月为3 148.35 MJ/m²，日均14.85 MJ/m²。4—8月各月平均辐射均大于600 MJ/m²，该期是植物萌动发芽到强度生长乃至净初级生产力形成的关键阶段，较高的太阳辐射提供了充足的光能资源，倘若配合较好的水热条件，对植物净初级生产力的提高有利。

太阳总辐射的年变化分布中，其月总量高低除受在不同季节太阳本身照射下随高度角的变化影响外，很大程度上受制于雨季开始迟早、雨季强度、云层薄厚与分布，以及不同月份空气干洁程度、大气水汽含量高低，进而也导致季节变化年间差异也较大。如，2002年月最高出现在5月，为851.7 MJ/m²，2004年月最高出现在4月，为708.4 MJ/m²，大多数年份月最高出现在5月。4—6月太阳高度角在逐渐升高过程中，雨季还未开始的初期，气候尚处于干燥时期，大气洁净，水汽含量少，使太阳总辐射易到达地表，导致高寒草甸地区具有较高的太阳总辐射。6月以后，雨季开始，空气湿度相对较高，水汽含量大，云系增加，导致太阳总辐射减少。

表2-22　2003—2020年海北高寒草甸地区大气短波辐射、净辐射、土壤热通量及各短波分光辐射占太阳总辐射的比例的月、年平均状况

要素	1月	2月	3月	4月	5月	6月	7月	8月	9月	10月	11月	12月	年总量及年比例
理想辐射/(MJ/m²)	467.80	554.90	812.10	970.40	1 132.20	1 147.70	1 159.10	1 056.30	859.50	688.80	496.20	426.20	9 771.20
太阳总辐射/(MJ/m²)	362.10	396.79	536.39	638.61	685.66	650.17	666.24	611.06	513.04	474.15	392.09	348.22	6274.51
辐射百分率/%	77.40	71.51	66.05	65.81	60.56	56.65	57.48	57.85	59.69	68.84	79.02	81.70	64.21
地表反射辐射/(MJ/m²)	113.31	114.94	153.87	171.68	163.29	132.40	135.93	126.68	99.96	108.01	109.21	99.48	1 528.75
地表反射率/%	31.29	28.97	28.69	26.88	23.81	20.36	20.40	20.73	19.48	22.78	27.85	28.57	24.36
紫外辐射/(MJ/m²)	13.62	16.22	22.70	27.98	31.46	30.35	31.73	29.43	23.32	20.04	14.89	12.87	274.61
紫外辐射率/%	3.76	4.09	4.23	4.38	4.59	4.67	4.76	4.82	4.55	4.23	3.80	3.70	4.38

续表2-22

要素	1月	2月	3月	4月	5月	6月	7月	8月	9月	10月	11月	12月	年总量及年比例
光合有效辐射/(MJ/m²)	133.70	157.88	217.78	248.01	270.94	260.16	271.94	248.81	199.78	182.64	145.19	129.18	2 466.02
光合有效辐射率/%	36.92	39.79	40.60	38.84	39.52	40.01	40.82	40.72	38.94	38.52	37.03	37.10	39.30
红外辐射/(MJ/m²)	215.32	223.43	297.63	343.35	356.66	349.65	342.69	328.34	285.51	270.87	232.99	207.07	3 453.51
红外辐射率/%	59.46	56.31	55.49	55.06	53.74	53.29	53.03	54.59	55.65	57.13	59.42	59.47	56.05
净辐射/(MJ/m²)	47.15	89.15	163.80	227.92	274.25	296.46	324.22	305.33	228.55	153.00	66.53	31.29	2 207.65
土壤热通量/(MJ/m²)	−13.08	−3.08	6.66	21.68	26.25	24.24	19.82	10.93	0.73	−8.85	−16.41	−19.65	49.24

注：(1)太阳总辐射、地表反射辐射、紫外辐射、光合有效辐射、净辐射为2002年9月—2020年12月监测数据；其中，光合有效辐射、紫外辐射在2005、2006、2013、2015年的部分月份或全年缺测较多，月平均按实有月数据统计，年总量按实有年份数据统计；光合有效辐射监测值单位为μE/(s·m²)，为与其他辐射量取相同单位，统计时按1 W/m² ≈ 4.6 μE/(s·m²)计算；地表长波辐射、大气长波辐射、地面有效辐射、地面辐射差额等均为2003年一年的数据。

(2)理想辐射系指大气上界辐射。

在表2-22中还给出了海北高寒草甸地区2003—2020年月平均实际总辐射占当地可能月太阳总辐射的百分率(辐射百分率)。这里的"可能总辐射"是指当地大气不受气溶胶、水汽等影响的应到达地表的辐射总量，是按海北站当地地理纬度(37.6°N)和海拔3 200 m(气压为700 hPa)查算得到的。可以看到，当地年可能总辐射为9 771.20 MJ/m²，且在1—12月期间，随太阳高度角的分布可能总辐射量呈现出年初1月和年末12月低(分别为467.80和426.20 MJ/m²)，7月高(1 159.10 MJ/m²)的较为标准的正态分布状况，但受季节变化过程中的云系等环境要素影响，其辐射百分率的年变化与气象站测定的日照百分率变化趋势一样，表现出"U"形分布，1月和12月高，分别为77.40%和81.70%，6月和7月低，分别为56.65%和57.48%。植物生长期内的5—9月平均为58.45%。非生长季的10月至翌年4月平均为72.90%。受区域多降水、多云系影响，实际辐射百分率并不高，年平均为66.88%。这些比率比当地日照百分率低，特别是5—9月低10～25个百分点。也证实了高原地区因海拔高，太阳总辐射在暖季通过大气层时因大气浑浊、水汽含量高，对太阳辐射削弱明显，而在冷季气候干燥，大气水汽含量下降，晴好天气较多，实际辐射百分率将有所提高。

(二)年际变化

图2-38给出了2003年到2020年18年间海北高寒草甸地区太阳总辐射、地表反射

辐射、紫外辐射、光合有效辐射、红外辐射年际动态。从图2-38看到，太阳总辐射在5 941.64（2012年）到6 438.73 MJ/m²（2015年）之间波动，年际变化基本平稳，标准差为126.72。18年平均为6 274.51 MJ/m²。

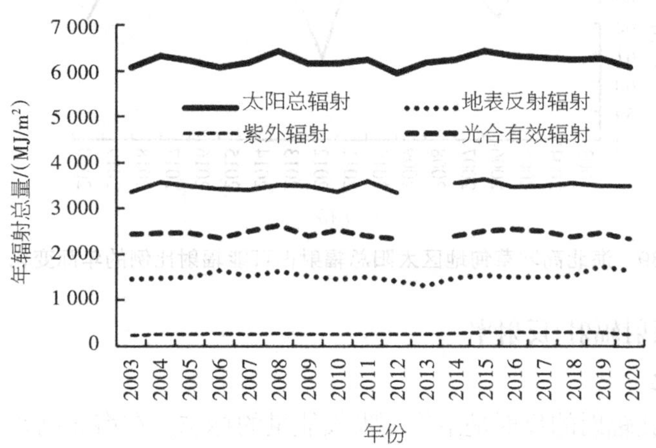

图2-38　海北高寒草甸2003—2020年各波段辐射总量的年际变化

虽然，海北高寒草甸地区年内平均总量达到6 274.51 MJ/m²，但与西北部干旱的柴达木盆地、祁连山北坡等高原高寒草原、荒漠地带相比，其太阳总辐射量一般在这些地区总辐射的下限附近，而比青藏高原东南森林分布区稍高。这是由于在海北高寒草甸地区降水相对丰富，在青海境内除东南部久治和班玛地区外，属另一相对高值区，与雨季云系分布较多有关。

由于各地区日照时间及日照百分率容易获得，为此人们通常对于月实际太阳总辐射采用日照百分率来模拟，我们曾利用早期的监测数据以日照时间模拟过海北高寒草甸地区的太阳总辐射：

$$E_g = E_{g0}\left[0.2244\left(\frac{S}{S_0}\right) + 0.4728\right] \quad (n = 12, R^2 = 0.9536, P < 0.001) \qquad (2\text{-}37)$$

式中：E_g为太阳总辐射；E_{g0}为大气上界理想太阳总辐射（可能总辐射）；S为实际月日照时间；S_0为当地月可照时间。上式模拟拟合率较高，相对误差很低，经显著性检验达极显著检验水平，这给该地区利用日照时数的观测值进行太阳总辐射的估算提供了较好的便利。

与年太阳总辐射量一样，太阳总辐射占可能辐射比例（辐射比）的年际变化也无明显变化趋势（图2-39），围绕多年平均值（64.21%）波动，仅在2012年出现一次较低值（60.81%），但仍处在一定稳定性误差范围内。

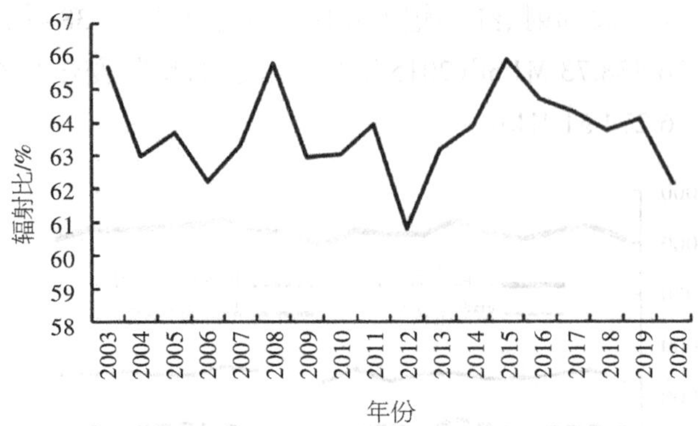

图2-39　海北高寒草甸地区太阳总辐射占可能辐射比例的年际变化

三、地表短波反射辐射、反射率

(一)日、年变化

地表对太阳短波辐射的反射是下垫面吸收能量的标志。在海北高寒草甸地区反射辐射的日变化规律与太阳总辐射日变化同步(表2-21)。一日间,反射率的日变化在不同时期所表现的趋势基本一致,一般在早晚高,中午前后低,日间为"U"形分布,这种分布主要与太阳高度角的变化有关。在太阳高度角低的早晚,地表反射率大。反之,随太阳高度角的增加,太阳辐射中短波的波长部分所占的比重增大,入射角减小,导致反射率减小,其趋势在太阳高度角较低时更为显著。但在地面有积雪时将打破这种变化规律,同时反射辐射的量值增大。如,2003年1、4、7、10的4个典型月天气晴好的典型日1月2日、4月15日、7月16日和10月13日,地面反射辐射小时瞬时平均最大值分别可达135.65、200.79、179.08和130.14 W/m²(表2-21),出现时间除7月出现在12:00到13:00,其他均出现在13:00到14:00,对应日总量分别为3.12、5.37、4.80和2.74 MJ/m²。而在阴雨天的1月1日、4月17日、7月15日和10月12日,地面反射辐射小时瞬时平均最大值分别为82.82、77.53、144.96和41.71 W/m²(表2-21),出现时间分别在16:00、15:00、15:00和13:00,对应日总量分别为3.29、1.74、2.40和1.10 MJ/m²。全年内,瞬时最大反射辐射可达240 W/m²,出现时间与太阳总辐射出现时间相同,但在阴雨天瞬时最大反射辐射出现时间极为不一致。同时也看到,小时瞬时平均最高出现在4月,在太阳高度角高的7月反而低,与4月空气干洁、地表牧草枯黄、地表干燥,而7月空气湿润,湿润的空气水汽含量多等有关。

从日总量来看,日总量最高值也还是出现在空气相对干燥、天空云系较少、太阳高度较高的5—6月,如,2003年反射辐射日总量年分布来看(图2-37),年内反射辐射日总量最大可达14.89 MJ/m²,出现在5月13日,与当日有较厚云层且前日产生降雪有关。全年内反射辐射日总量≥9 MJ/m²以上的天数达10天,这些高值并非出现在夏季,而是多出现在季节转换的4、5月,在11月也可出现。

海北高寒草甸地区反射辐射18年平均年变化表明(表2-22),年内反射辐射在12月最低(99.48 MJ/m²),4月最高(171.68 MJ/m²),表现为波动单峰式变化过程,但这种单峰式变化在1月到4月上升很快，4月到12月缓慢降低，且各年间差异较大。如，2002年年变化过程中最高值出现时间在5月（图2-40），峰值前后相对均匀地上升或下降。而2003年的年变化过程中，最高值出现在4月，前期1月和2月基本一致，后期自4月开始到10月逐渐降低（8月比7月高），到11月又有所增加后再降低（图2-41）。造成年内年变化的差异主要与自然季节变化过程中地表积雪、降水影响下的气候干旱等有关。

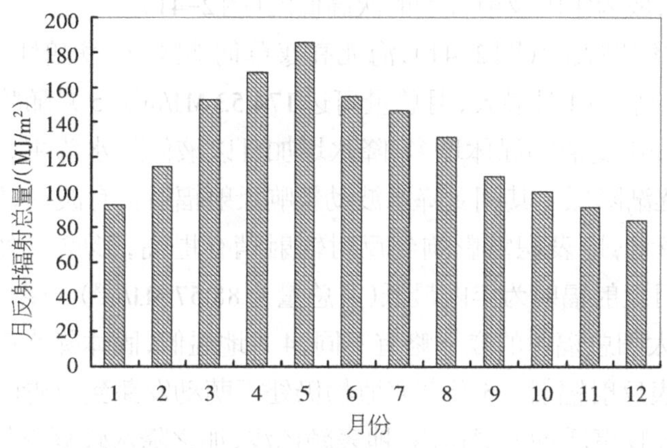

图2-40 海北高寒草甸2002年月反射辐射总量

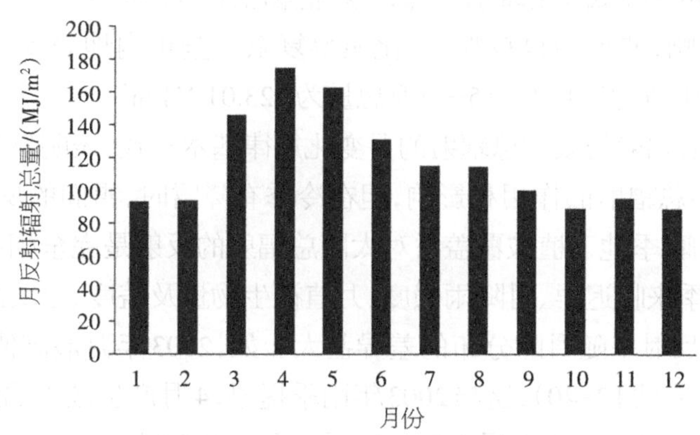

图2-41 海北高寒草甸2003年月反射辐射总量

在海北高寒草甸地区，受季风气候环境的影响，冬季干燥寒冷，空气湿度低，冬季就是有降水其量值也很低，而且受劲风吹动，地表不易形成较厚的降雪，反射辐射并不高。夏季因温度高天空降水以雨的形式降至地表，土壤湿度大、地表植物正值生长，植物绿色覆盖条件的限制下，地表反射辐射较低。而在季节转换时期的春季4、5月或秋季11月，日均温度在0 ℃以下，早晚日落后的最低温度可降至-5 ℃以下，其间也是雨季来临和终结的过渡时期，降水量低于夏季，但与干燥的冬季相比仍然保持较高的水平，所产生的降水多为固体降水（雪），在地表极易产生较厚的积雪。特别是4、5月份土壤处在日消夜冻，深层地温仍然很低，冻土仍然保持在10～140 cm层次，该类环境条件下地表积雪又不易融化，形成的降雪成为“干雪”，进而导致反射辐射明显提高，特别是在夜间有较大降雪的次日，新产生较厚地表积雪的状态下，其反射辐射更高（图2-40，图2-41）。在11月因受整个夏季较高温度的滞后影响，深层土壤维持着较高的温度，土壤表层夜冻日消，倘若同样产生与4、5月相同等级量的降雪状况下，其地表积雪受较高地温的影响，消融快，地表积雪不至于深厚，而且及时融化的降雪提高了土壤表层的湿度，产生的积雪成为“湿雪”，可加大对太阳总辐射的吸收，导致反射辐射有所下降，但与夏季相比，仍可保持较高的水平，成为年内反射辐射的次高值区（图2-41）。

2003年监测的结果表明（图2-41），海北高寒草甸地区反射辐射自1月开始随太阳高度角增大逐渐升高，到4月最大，月总量可达174.53 MJ/m²。5月随牧草萌动发芽、返青、强度生长等过程中受植物绿体增多，降水增加且以液体降水为主，土壤含水率增大的影响，反射辐射逐渐降低。其间受降水波动影响反射辐射稍有波动，如11月降水减少但偶尔伴有固体降水，地表积雪影响到反射辐射稍有提高，形成一次峰值（月总量为95.00 MJ/m²）。12月反射辐射为年内最低（月总量为88.57 MJ/m²）。受地表性质影响，4、5月的这种分布与太阳总辐射的变化略有不同，4月地温低，固体降水高，地面易产生积雪，进而提高了地表反射辐射。5月高寒植物仍处于萌动发芽到返青阶段，地表植被盖度低，地表面因冬春牧事活动近似裸露，地表颜色浅，加之降水较夏季低，空气和地表干燥，故也有较大的反射辐射，仅次于4月，为162.62 MJ/m²。随季节进程所表现的特征基本是，随太阳高度角的降低反射辐射降低，但在植物生长期内的5—9月，由于受降水、云系、大气尘埃等影响，波动性也较强，变化显得复杂。全年内地表反射辐射年总量为1 403.07 MJ/m²，其中植物生长期的5—9月总量为623.01 MJ/m²。

总体而言，反射辐射与太阳总辐射的月变化规律基本一致，表明反射辐射的年变化很大程度上受太阳总辐射的作用和影响，但在冷季有降雪时，雪面的反射能力很大，导致地面有积雪时和暖季地表植被覆盖后对太阳总辐射的反射是完全相反的。同时也表明，不同年景因雨季来临迟早、月降雨强度、月植被生物量及盖度、土壤湿度不同等综合因素影响下，地表反射率随月际分布的差异甚大。如，2003年月最高值出现在4月，而2002年则出现在5月（图2-40），这与2003年雨季提早，4月产生较大的降雪，而2002年雨季推迟到5月，导致2个年份月最大反射辐射出现月份不同有关。

反射率是与植被层辐射平衡和能量平衡有关的重要特征量。不考虑植被反射性能，就不能评价植被对辐射能的利用程度。地表反射率不仅可表征下垫面对太阳总辐射的吸收，而且还可反映出地表下垫面的形态、植被生长状况、土壤气候特征等，是重要的气象要素之一。在分析反射辐射的基础上对反射率状况给予分析是十分重要的。从表2-21看到，晴天状况下，反射率的日变化呈现一弱的“U”形变化过程，中午前后低，最低可在20%以下，早晚高，最高有30%以上。阴天状况与晴天状况大同小异，但量值稍低。2003年10月降水较多年均值偏高明显，较多的降水条件可延缓植被的枯黄，同时较高的降水提高了土壤湿度，这种状况下反射率在10月的日变化中午很低，如晴天的10月13日12:00，反射率仅为15%，阴雨天的10月12日12:00—14:00均在14%。

反射率中午较低值的出现，在年内不同时期略有差异，主要受下垫面性质的影响。

在植物非生长期的11月到次年植物生长初期间，植物枯黄，冬春放牧活动频繁，及其季节干燥、强劲风速等影响，前期地表颜色发黄发白，后期受放牧活动的觅食作用地表近似裸露，该期也是气象干旱时期，土壤表层干燥，有固体降水产生时受低温影响地面积雪不易及时融化，导致反射率增高。自5月开始，随季节进程植物生长加快，降水增多且多以液态降水为主，植被得到生长后盖度加大，植物的绿色体及较高的土壤湿度作用下地表(下垫面)反射率减小，中午前后的反射率值更小。如6—7月间，为海北站牧草旺盛生长期，植物生长极为迅速，植被盖度很大(在80%左右)，并且由于牧草并未进入开花期盛期，植被表面多呈深绿色，致使反射率分布较低，最低可降至0.19左右。而在2—3月的部分日因气候干燥植被枯黄和有降雪，并在地表积雪达5 cm厚的天气状况下，反射率可达50%以上。

从反射率日平均的年变化可以看到(图2-42)，除冬季末期到春季和秋季末2个时段受降雪导致地面积雪覆盖增加了反射率外，反射率总体表现出夏季低冬季高的变化过程。如前所述，冬季末期到春季和秋季末的2个时段内较低的反射率主要还是降雪后地面积雪覆盖所致。这些变化过程可从月平均反射率的年变化直观表现出来(图2-43)。从2003年监测结果来看，海北高寒草甸年平均反射率为23%，其中，植物生长期的5—9月平均为20%，非生长期的10月至翌年4月为25%，反射率最高的春季月平均为27%，而最低的6、7月仅为19%。

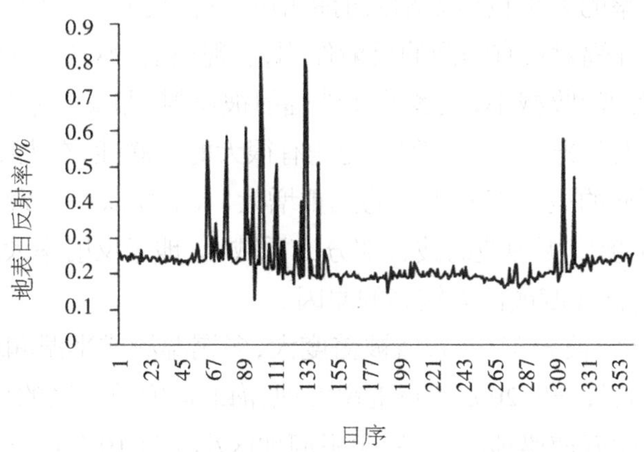

图2-42 海北高寒草甸2003年日反射辐射率的年变化

月平均反射率的年变化表明，若不考虑降水产生积雪的影响，可认为年内反射率值的变化基本表现出“U”形变化结构。但实际中，在太阳高度较低、有降雪的冬季高，如12月虽无产生降雪现象，但反射率平均达24%；3—5月有降雪出现，地表积雪日均在5 d左右，致使3、4、5月反射率分别达27%、29%和25%；在海北高寒草甸区虽5月降水逐渐增加，温度升高，植物进入生长初期，但因温度仍较低，地表常有积雪(特别是有降水产生的早晨与上午)存在，故5月反射率仍保持较高值。随降水增加，温度继续升高，牧草生长发育旺盛的推进，植被盖度加大，以及地表颜色的加深和气候变得湿润，反射率逐渐减小，6—9月反射率值降低。11月以后随牧草生长的开花、结果，以及后期降水减少，气候逐渐变干，反射率将有所升高。

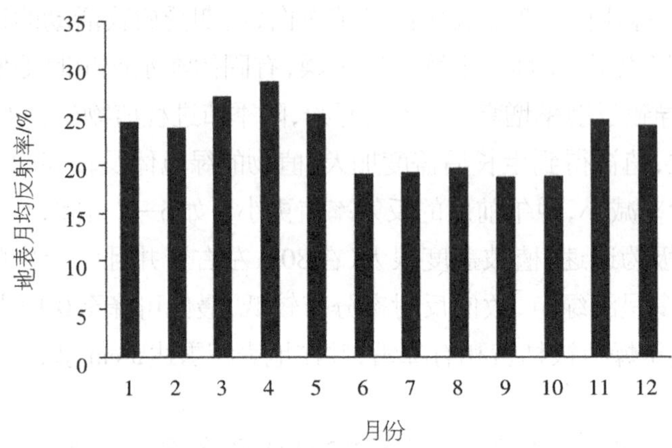

图2-43 海北高寒草甸2003年月平均反射辐射率的年变化

但从2003—2020年18年月平均状况来看（表2-22），多年平均反射率在太阳高度角最低的1月高（31.29%），自1月开始逐渐下降，到9月为最低（19.48%），以后又逐渐升高。植物生长季的6—9月均较低，平均为20.25%；非生长季的11月至翌年4月高达28.71%；季节过渡的5月和10月分别为23.82%和22.78%，表现的规律十分明显。就18年来看，年平均反射率为24.36%。

另外，地面反射率的大小也与太阳入射辐射的波长及地表植物形态有关。在绿色植被区域，植被对红外辐射具有强烈的反射作用，表现出植物对紫外辐射和可见光的吸收加大，对红外辐射的吸收减小，大多数红外辐射被反射，即反射率与光谱的分布亦有很大的关系。同时，太阳光谱又与太阳高度角有很大的关联性，在太阳高度角转向高的时候，太阳辐射中短波的波长部分所占的比重增大，入射角减小导致反射率减小，在太阳高度角低时太阳辐射中更短波的波长部分比重减小，地表反射率大，这是导致高纬度或早晚其反射率相对低纬度或白天较高的原因。

由于高寒草甸区植被分布均匀，植被盖度大，多属湿润或半湿润环境，其地表反射率与其他地区差异明显，分析2003年反射率发现，海北高寒草甸区的反射率比纬度稍高的甘新荒漠地区低，比五道梁地区稍高，比黑河地区小了近10个百分点，与西藏改则地区基本一致（戴加洗，1990）。海北站地区比西藏地区纬度较高，太阳高度角较低，同时与该地区有较好的植被盖度等有关。2000年夏季较为干旱，其反射率的观测结果与2003年我们在同地区的测定相比，高3个百分点，说明气候干燥也是影响反射率的一个重要因素。

（二）年际变化

在讨论太阳总辐射的年际变化时，我们已在图2-38中给出了地表短波反射辐射的年际变化。从图2-38看到，2003—2020年海北站地表反射辐射年总量表现为2003—2006年上升，2006—2013年下降，2013—2019年又上升，18年间在1 315.39 MJ/m²（2013年）到1 743.34 MJ/m²之间波动，标准差97.85 MJ/m²，变化总体平稳，18年来地表反射辐射平均为1 528.75 MJ/m²。

对2003—2020年的18年各年地表反射辐射占太阳总辐射比例（反射率）计算发现（图2-44），其比例在23.04%（2013年）到27.83%（2019年）之间波动，18年平均为24.99%。

反射率的年际动态还表明（图2-44），2003—2020年的18年在植物生长季的5—9月反射率在18.64%（2013年）到22.94%（2019年）之间波动，平均为21.05%，非生长季10月至翌年4月反射率在21.53%（2004年）到33.82%（2006年）之间波动，平均为27.79%。反射率的波动与地表积雪厚度与维持时间长短、土壤湿度高低、植被覆盖程度与颜色有很大的联系，这里不多做解释。

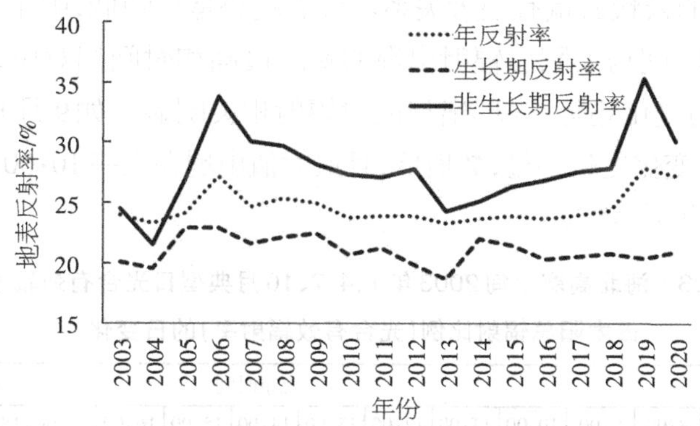

图2-44 海北高寒草甸地区2003—2020年地表反射率年际变化

四、光合有效辐射

（一）日、年变化

同样，为了探讨光合有效辐射日变化特征及占太阳总辐射的百分比，表2-23给出了海北高寒草甸地区2003年1、4、7、10月典型晴天日（1月2日、4月15日、7月16日和10月13日）和阴天日（1月1日、4月17日、7月15日和10月12日）光合有效辐射小时平均瞬时值的日变化，以及光合有效辐射占太阳总辐射的百分比（%，表中用A3表示，称光合有效辐射率），对应的总辐射见表2-23。其中上述天气日期对应有：4月中旬基本为牧草萌动发芽初期，也是植物营养生长初期，地表略残余上年度枯黄牧草；7月中旬是牧草进入强度生长期，生长最为迅速，干物质积累明显，叶面积达最大，植株约高10～20 cm；10月中旬大多数牧草停止生长，部分植物处在末期营养生长阶段，一定高度的植物体受低温和霜冻影响转入枯黄初期。

海北站地区光合有效辐射与太阳总辐射一样表现出明显的日变化特点（表2-23）。早晚低，午后13:00—14:00达最高，只是在不同季节所表现的瞬时最高数值有所不同。太阳高度角高（低）时，光合有效辐射小时瞬时值大（小）。从表2-23看到，在晴天状况下光合有效辐射小时瞬时值最大可达336 W/m²（7月16日13:00），对应日总量为11.31 W/m²。在1月2日14:00可达222 W/m²，对应日总量4.98 MJ/m²。4月15日和10月13日14:00也可达到408和331 W/m²，对应日总量分别为11.12和6.76 MJ/m²。夏季较高的光合有效辐射对正值生长的植物迅速生长和干物质积累非常有利。但不同天气背景下，将发生不同的变化趋势，在阴雨天不一定遵从单峰式的日变化规律。如1月1日、4月17日、7月15日和10月12日的阴雨天，其小时瞬时最高值分别为141、154、353和102 W/m²，出现时间在午后15:00到16:00发生间歇性降水停止的云层稍微转薄时段，对应日总量分别为3.32、3.65、5.83和2.92 MJ/m²。自4月到9月植物生长期的晴天状况下，光合有效辐射的日总量在离夏至日较近的6、7月高，而在植物生长初期及末期低。实际天气条件下，由于受大气云雾、尘埃等影响，情况较为复杂。如7月9日该日全天为蔽光高层云(As op)，云量10.0成，云系变化均匀，时有微量降水。光合有效辐射日变化显得平稳，瞬时最大为99 W/m²，出现在14:00；可以证实，阴天天气背景下，光合有效辐射的日变化与当时的云状云量有很大关系。总的趋势是早晚低，中午前后高，表现出阴天瞬时高值及出现时间与太阳总辐射出现的瞬时最高和时间相对应，但在不同天气背景下，将发生不同的变化趋势，表现出与散射辐射相关明显。如9月18日，天空云层更厚，光合有效辐射日变化更趋平稳，数值低，且最大值出现在上午10:00，为36 W/m²，日变化趋势与晴天条件有所不同。

表2–23　海北高寒草甸2003年1、4、7、10月典型日光合有效辐射及占太阳总辐射比例(光合有效辐射率)的日变化

天空状况	日期(日/月)	要素	北京时间														
			7:00	8:00	9:00	10:00	11:00	12:00	13:00	14:00	15:00	16:00	17:00	18:00	19:00	20:00	21:00
晴天	2/1	PAR/(W/m²)	—	—	—	38.20	106.38	166.39	204.95	222.33	211.12	172.20	116.29	49.19	—	—	—
	15/4	PAR/(W/m²)	—	30.47	141.22	164.36	221.86	335.42	396.53	408.29	386.63	310.55	248.17	145.63	57.60	14.51	—
	16/7	PAR/(W/m²)	7.17	30.31	130.62	247.35	309.33	348.73	436.52	284.13	294.02	310.95	256.55	49.98	109.68	50.54	19.51
	13/10	PAR/(W/m²)	—	—	24.40	63.97	96.28	168.08	258.17	331.30	306.31	260.64	180.68	92.81	14.13	—	—
	2/1	$A3$/%	—	—	—	0.34	0.36	0.36	0.37	0.37	0.37	0.37	0.36	0.36	—	—	—
	15/4	$A3$/%	—	0.38	0.38	0.40	0.40	0.41	0.41	0.41	0.41	0.42	0.41	0.40	0.42	0.53	—
	16/7	$A3$/%	0.52	0.40	0.41	0.42	0.42	0.42	0.42	0.41	0.42	0.42	0.43	0.42	0.41	0.44	0.48
	13/10	$A3$/%	—	—	0.41	0.40	0.40	0.39	0.40	0.40	0.40	0.41	0.42	0.43	0.56	—	—
阴雨天	1/1	PAR/(W/m²)	—	—	—	21.94	81.10	116.10	127.08	122.47	137.85	141.46	78.54	28.83	—	—	—
	17/4	PAR/(W/m²)	—	23.83	42.60	93.83	82.35	90.90	74.72	126.76	154.85	134.06	72.89	28.77	14.57	—	—
	15/7	PAR/(W/m²)	—	27.93	72.17	112.99	62.08	137.33	111.20	227.80	353.95	123.96	108.46	97.71	39.87	11.78	3.11
	12/10	PAR/(W/m²)	—	—	27.68	57.63	80.83	89.26	124.32	94.99	70.71	102.50	71.43	29.49	5.89	—	—
	1/1	$A3$/%	—	—	—	0.37	0.35	0.38	0.39	0.39	0.39	0.38	0.38	0.38		—	—
	17/4	$A3$/%	—	0.41	0.40	0.40	0.40	0.42	0.42	0.42	0.42	0.41	0.41	0.40	0.41	—	—
	15/7	$A3$/%	—	0.40	0.42	0.43	0.43	0.43	0.44	0.43	0.43	0.45	0.44	0.43	0.44	0.44	—
	12/10	$A3$/%	—	—	0.41	0.42	0.43	0.43	0.42	0.44	0.43	0.42	0.42	0.42	0.45	—	—

注：PAR为太阳光合有效辐射；$A3$为PAR占E_g的百分比率。

在表2-23还看到，光合有效辐射率日变化比较平稳，2003年1、4、7、10月典型的1月2日、4月15日、7月16日和10月13日晴天状况下光合有效辐射率日平均分别为38%、41%、43%和43%，而1月1日、4月17日、7月15日和10月12日的阴雨天分别为36%、41%、43%和42%。不论是晴天还是阴雨天光合有效辐射率基本一致，只是季节不同略有差异，如1月的光合有效辐射率较小，在7月最大。同时一日间光合有效辐射率无日变化而言。这与刘建栋等对林农复合地区的研究结果有所不同，刘建栋(1997)认为林农复合地区光合有效辐射率具有早晚日出日落前后相对稍高，而在10:00—17:00时间略低的日变化趋势。

图2-45和图2-46分别给出了2003年光合有效辐射(PAR)日总量及月总量的年变化。2003年的一年中光合有效辐射日总量最大可达到15.24 MJ/m²，≥10 W/m²的仅100天，大部分出现在5—7月，在4月和8月也偶有出现，如4月30日和8月15日曾达14.00和13.24 MJ/m²。年内实际天气状况下光合有效辐射与太阳总辐射变化一样，波动变化较大，但与太阳总辐射、地表反射辐射、紫外辐射等不同的是，光合有效辐射的月总量表现出在5月高，达326.03 MJ/m²，6月次高(为318.41 MJ/m²)，12月和1月为年内最低，分别为142.28和157.23 MJ/m²。

从2003—2020年的18年年内平均月变化来看(表2-22)，光合有效辐射自1月(133.70 MJ/m²)开始逐渐增加，7月达到最高(271.94 MJ/m²)，5月(270.94 MJ/m²)较6月(260.16 MJ/m²)稍高，8月以后下降，到12月达年内最低值，为129.18 MJ/m²。这种变化与太阳总辐射变化一致，但与地表反射辐射不同，年内基本围绕太阳总辐射的变化而变化，所表现的单峰式变化明显。

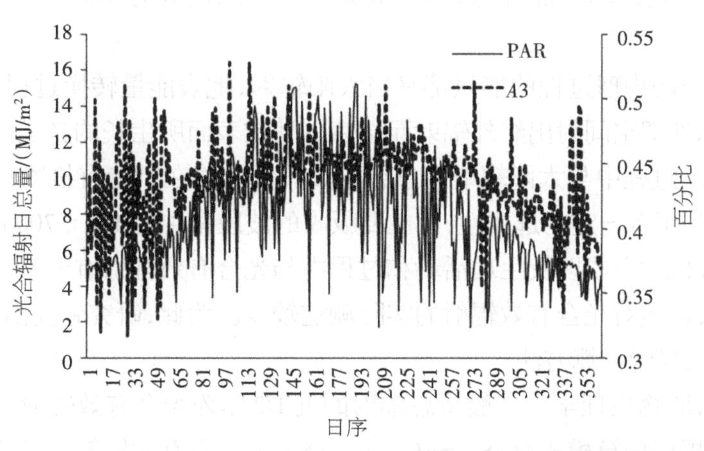

图2-45 海北高寒草甸地区2003年光合有效辐射(PAR)和太阳总辐射(E_g)关系

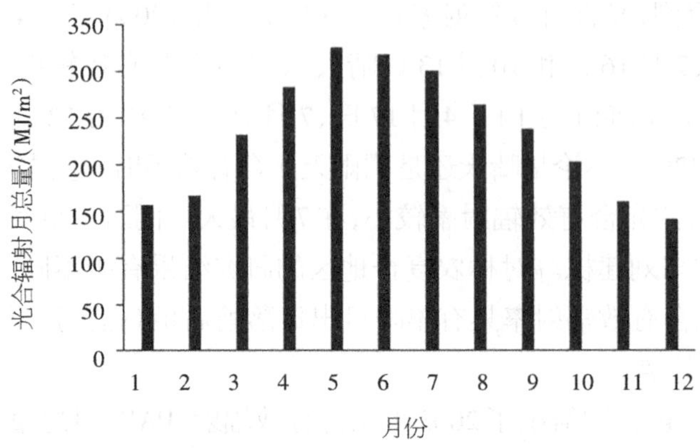

图2-46　海北高寒草甸地区2003年光合有效辐射的年变化

尽管分析光合有效辐射占太阳总辐射比例时发现，光合有效辐射率没有明显的日变化，但是分析年变化发现，光合有效辐射率具有显著的季节变化特征（表2-22）。表2-22表明，光合有效辐射率月变化中，在暖季高冷季低，植物生长季的5—9月平均为40.00%，7月最高（40.82%），1月最低（36.92%）。光合有效辐射率存在这种季节变化与周允华等（1984）对中国各地区的研究相似，但量值稍低2～3个百分点，如他们对北京等8个地区11个测点的研究表明，1月、4月、7月和10月平均分别为41%、41%、44%和44%。其中冷季与海北站地区基本相近，但7月和10月比海北高寒草甸地区偏低。同时，与季国良等（1993）对张掖地区的测定结果比较，也有大同小异的特点，但总体表现出祁连山海北地区光合有效辐射率稍低。一般情况下，光合有效辐射占太阳总辐射比例值的变化与太阳高度角成一定的对数反比关系，即光合有效辐射占太阳总辐射比例值是随太阳高度角的增加而降低，这在周允华和季国良等对不同地区的研究中有所证实。

地球表面一切物理过程的能量都来自太阳辐射，地表能量转换过程从吸收太阳辐射开始，并以向外部空间射出红外辐射而结束。地球表面所生长的各类植物，在其生长发育的生命活动过程中与太阳辐射能息息相关。但植物在制造有机物过程中，对太阳辐射的吸收和利用有一定的选择性，其主要吸收的波段集中于400～700 nm。表现出植物光合作用、有机物合成以及生理活动和过程中与光合有效辐射有着不可置疑的关系。但因条件限制，各地对光合有效辐射的实际测定较少。为此，研究者提出了不少估算光合有效辐射的气候学计算方法。

长久以来，植物生理学家一般将总辐射的近1/2作为光合有效辐射的能量，大多取为0.44～0.50，提出估算模式有：$S_{PAR}=aE_g$，其中：S_{PAR}为光合有效辐射；a为折算系数；E_g为太阳总辐射。然而，因地区间局地地形及海拔不同、气候类型差异等的影响，所提出的估算方法并非通用。从海北高寒草甸地区观测的结果表明，植物生长季发生光合作用的时期应在5—9月，而该期的光合有效辐射占太阳总辐射的比例平均为40.00%，也就是说该期的折算系数将比常提到的0.44～0.50低，用0.40更为贴切。

(二)年际变化

从海北高寒草甸地区2003—2020年光合有效辐射的年际变化(图2-47)看到,光合有效辐射呈现波动变化,但总的趋势平稳。17年来(2013年缺测严重未统计)光合有效辐射年总量在2 335.40(2020年)到2 639.39 MJ/m^2(2008年)之间波动,17年平均为2 466.02 MJ/m^2,其中植物生长期的5—9月为1 251.63 MJ/m^2,月平均为251.23 MJ/m^2,在非生长季的10月至翌年4月为1 214.38 MJ/m^2,月平均为173.48 MJ/m^2,植物生长季的光合有效辐射月平均要比非生长季高。

对2003—2020年光合有效辐射率17年年总量占太阳总辐射比例(光合有效辐射率)计算发现(图2-47),其比例在38.27%(2018年)到41.30%(2010年)之间波动,且自2003年以来有降低的趋势。17年多年平均为39.30%,植物生长期可达到40%,非生长季较低。

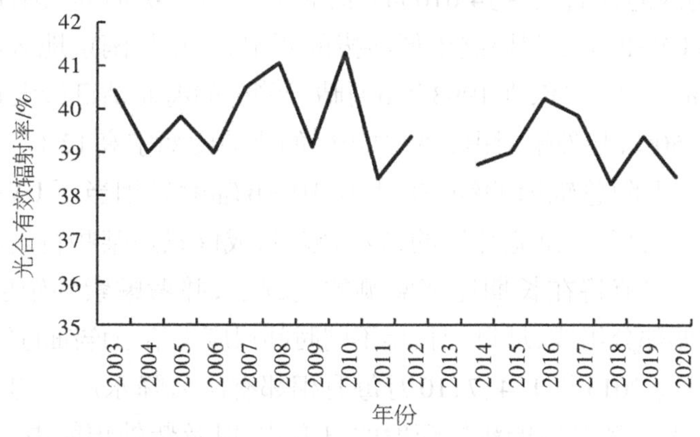

图2-47　海北高寒草甸2003—2020年光合有效辐射率年际变化

五、紫外辐射

(一)日、年变化

紫外辐射是太阳辐射的特殊波段,其能量在太阳总辐射中占很小比例,但因其独特的作用引起人们的关注。紫外辐射一般可分为紫外辐射A波段(UV-A)、紫外辐射B波段(UV-B)和紫外辐射C波段(UV-C)三个波段,其三波段的波长分别为320～400 nm、280～320 nm和<280 nm。UV-C波长量值小且易被大气平流层和对流层的臭氧及氧所吸收,很难到达地球表面而可忽略。到达地球表面的紫外辐射多是UV-A和少量的UV-B。一般情况下UV-A对人的皮肤产生直接着色(色素沉积)作用,UV-B可使人的皮肤引起红斑病,特别是UV-B对植物的生理作用影响极大。青藏高原的植物生长低矮,花卉多呈紫色等均与紫外辐射的影响分不开,当然紫外辐射的存在对人体部分疾病也有积极的杀菌作用。近年来的研究表明,由于地球大气平流层O_3空洞及局部地区O_3保护层的变化,使到达地表的紫外辐射有局部增加的趋势,这不仅对植物生长有重要影响,而且对人类生存直接或间接地构成威胁。为此,了解紫外辐射的变化特征及与环境气象要素的相关性,对紫外辐射的有效预报等具有重要的作用。

青藏高原因海拔高，大气洁净，紫外辐射强于我国东部低海拔地区。紫外辐射会给高寒植物带来有利的和不利的影响。紫外辐射波段较短的部分能抑制植物生长，能杀伤病菌孢子，对大多数植物具有伤害性，波段更短的紫外辐射可直接杀死植物。波长较长的紫外辐射可对植物生长产生刺激作用，表现为能促进种子发芽、果实成熟，并能提高蛋白质含量。在青藏高原高寒草甸明显的特征是，受紫外辐射的强烈影响，高寒草甸植物形态表现出植株低矮、茎部短、粗壮、耐寒、根部发达、叶绿素含量高、叶片较厚、抗倒伏、色彩艳丽、干物质积累迅速。这些特征的形成，无疑是紫外辐射起着调节和控制作用，进而也说明紫外辐射的变化对植物生长的生理作用极其重要。

Madronich等(1998)认为，紫外辐射强度随海拔升高而增加，海拔每升高1 000 m紫外辐射强度大约提高4%～23%。因此，青藏高原成为热带地区以外的全球紫外辐射高值地区。尽管对青藏高原紫外辐射的研究有一些报道，如江灏等(1998)和师生波等(1999)对高海拔地区的五道梁(约4 610 m)、海北站(约3 220 m)的太阳UV-B辐射研究表明，这些地区的UV-B强度明显高于低海拔的西宁、兰州和南京地区(海拔分别为约2 300、1 800和32 m)。并报道，在1993年6月晴天测定的海北站日最大UV-B辐射强度比南京高约40%～50%，紫外辐射占太阳总辐射的比值比西宁高12%。在晴朗的冬季，海北站紫外辐射占太阳总辐射的约2%，其中UV-B辐射只相当于UV-A辐射能量的20%。但大多数的报道多为试验性质的，较为零星，或仅只是某些特定日方面的，缺少长期连续的监测。本节将在长期连续监测的基础上，并考虑紫外辐射可由UV-A和UV-B辐射两大重要部分组成，从日、月、年不同时间尺度上给予详细的分析。

这里尽可能选择2014年1、4、7、10月每月相邻有阴云降水产生的天气(简称阴雨天)和典型晴天作为个例来分析紫外辐射的日变化，以及紫外辐射占太阳总辐射比例(紫外辐射率)的日变化状况(表2-24)。需要说明的是：(1)日变化时段一般指早晚均有曙暮光的白昼时段；(2)表2-24中部分早晚有少量的太阳总辐射，但分析时发现有紫外辐射偏离明显的现象，故未考虑紫外辐射及占太阳总辐射的比值，但从太阳总辐射出现时间可以描述早晚太阳日出日落的时间(当然这里也包含有曙暮光的作用)。

从典型天气的紫外辐射日变化看到(表2-24)，不论是冬季还是夏季海北高寒草甸紫外辐射日变化与太阳总辐射的变化同步，早晚低中午前后高。

从2014年1、4、7、10月的4个典型晴好天气(1月4日、4月13日、7月4日、10月21日)的小时瞬时紫外辐射发现，紫外辐射7月高，1月低，7月4日地方正中午时(12:00)的小时瞬时紫外辐射达54.94 W/m^2，1月4日正午12:00为22.45 W/m^2，4月13日、10月21日正午最高分别为45.21、35.00 W/m^2，介于1月和7月正午最高值之间。4个典型日日平均总量分别为11.38、25.49、31.60、18.90 W/m^2，也是1月低7月高，4月和10月介中。

当产生阴雨天时，上述地方时的早晚低、正午高的分布规律被打破，如，阴雨天的1月3日、4月17日、7月20日、10月10日日间小时瞬时紫外辐射最高值分别出现在11:00、12:00、14:00、13:00，分别为17.30、47.62、15.15、6.82 W/m^2。最高值主要出现在云层薄以及有云但太阳露出的间隙，当太阳高度角最高时有云的遮蔽状况下，并不一定出现瞬时紫外辐射最高值。但在阴雨天整体还是表现出日间太阳高度角相对较高的10:00至14:00瞬时紫外辐射值高，太阳高度角小的10:00前和14:00以后低。相应地，4个典型阴雨日其日总量也明显下降。

表2-24　海北高寒草甸2014年1、4、7、10月典型日太阳总辐射、紫外辐射及紫外辐射占太阳总辐射比例的日变化

要素	天空状况	日期(日/月)	地方时间													平均
			6:00	7:00	8:00	9:00	10:00	11:00	12:00	13:00	14:00	15:00	16:00	17:00	18:00	
总辐射/(w/m²)	晴天	4/1	—	—	118.40	290.50	428.80	536.10	576.00	527.10	469.00	323.70	138.50	—	—	378.68
		13/4	102.30	399.80	649.90	756.70	872.20	996.10	1 050.60	1 011.60	877.90	715.80	519.60	293.10	28.20	636.45
		4/7	168.90	396.38	596.96	796.03	942.90	916.18	1 071.26	1 038.61	953.11	414.71	357.01	393.38	118.42	584.55
		21/10	—	195.8	374.1	648.3	645.3	728.9	748.2	701.9	591.3	424.6	219.6	24.2	—	482.02
	阴雨天	3/1	—	—	128.30	298.90	338.40	409.20	255.50	405.60	266.00	337.50	26.40	—	—	273.98
		17/4	38.50	115.40	197.90	438.90	918.40	989.30	1 026.60	579.00	256.80	267.30	145.70	117.00	—	391.94
		20/7	13.67	15.75	59.58	146.67	90.84	215.72	157.06	149.35	263.79	128.54	104.72	88.00	30.40	112.62
		10/10	—	36.40	75.30	65.00	29.70	42.00	99.90	107.20	35.70	21.00	13.00	—	—	48.06
紫外辐射/(w/m²)	晴天	4/1	—	—	2.41	10.04	16.82	20.54	22.45	21.07	16.75	11.29	3.67	—	—	11.38
		13/4	3.45	12.33	21.35	29.81	38.37	43.03	45.21	41.67	36.38	28.00	19.53	9.43	—	25.49
		4/7	6.74	16.25	27.82	37.99	46.46	47.32	54.94	53.31	48.43	26.39	20.71	17.63	6.84	31.60
		21/10	—	3.4	13.8	24.7	29.3	33.9	35.0	32.4	26.5	17.9	8.5	1.4	—	18.90
	阴雨天	3/1	—	—	2.10	8.94	12.52	17.30	11.78	15.44	11.94	9.50	2.89	—	—	8.40
		17/4	1.40	3.27	8.96	13.79	42.41	47.45	47.62	25.19	12.33	13.09	6.69	6.04	—	17.66
		20/7	—	1.17	3.57	9.14	5.53	12.58	9.54	9.16	15.15	7.67	6.18	5.04	1.73	7.21
		10/10	—	2.34	3.78	3.87	2.09	3.06	6.21	6.82	2.43	1.54	0.97	—	—	2.79
η /%	晴天	4/1	—	—	2.04	3.46	3.92	3.83	3.90	4.00	3.57	3.49	2.65	—	—	3.43
		13/4	3.37	3.08	3.29	3.94	4.40	4.32	4.30	4.12	4.14	3.91	3.76	3.22	—	3.82
		4/7	3.99	4.10	4.66	4.77	4.93	5.16	5.13	5.13	5.08	6.36	5.80	4.48	5.78	5.03
		21/10	—	1.75	3.68	3.81	4.54	4.66	4.68	4.61	4.48	4.22	3.86	5.64	—	4.18
	阴雨天	3/1	—	—	1.63	2.99	3.70	4.23	4.61	3.81	4.49	2.82	10.95	—	—	4.36
		17/4	3.64	2.83	4.53	3.14	4.62	4.80	4.64	4.35	4.80	4.90	4.59	5.16	—	4.33
		20/7	—	7.45	5.99	6.23	6.08	5.83	6.08	6.14	5.74	5.97	5.90	5.73	5.70	6.07
		10/10	—	6.44	5.02	5.96	7.04	7.27	6.22	6.36	6.80	7.33	7.42	—	—	6.82

注：η为紫外辐射占太阳总辐射的百分比。

从表2-24还看到，不同的典型天气条件下，紫外辐射率也有所差异，晴天的1月4日、4月13日、7月4日、10月21日紫外辐射率平均分别为3.43%、3.82%、5.03%、4.18%；阴雨天的1月3日、4月17日、7月20日、10月10日则分别为4.36%、4.33%、6.07%、6.82%，总体表现出阴雨天高晴天低，日间中午前后高临近日出后及日落前低。从季节分布来看，紫外辐射率前半年低后半年高。按理，在阴雨天有大量的空气水汽存在，空气湿度大，对紫外辐射吸收较大，但存在上述相反现象，可能与一定的海拔上，相同地点及相近的日期内，水汽对太阳总辐射的吸收有关。

图2-48和图2-49分别给出了2003年海北高寒草甸太阳总辐射和紫外辐射的逐日总量和月总量的年变化。因紫外辐射是太阳总辐射光谱组成的一部分，可以从图2-48和图2-49看到，一年中紫外辐射在年内变化也与太阳总辐射的年变化同步，年内太阳

高度角相对较高时的6月是年内紫外辐射月总量的最高时期，可达20.10 MJ/m²，而在太阳高度角最低的12月和1月最低，分别为8.78和8.56 MJ/m²，其变化趋势与太阳总辐射的变化趋势一致。对2003年紫外辐射总量的统计表明，海北高寒草甸的紫外辐射年总量为171.69 MJ/m²，其中，植物生长期的5—9月为90.80 MJ/m²，植物非生长季的10月至翌年4月为80.90 MJ/m²。

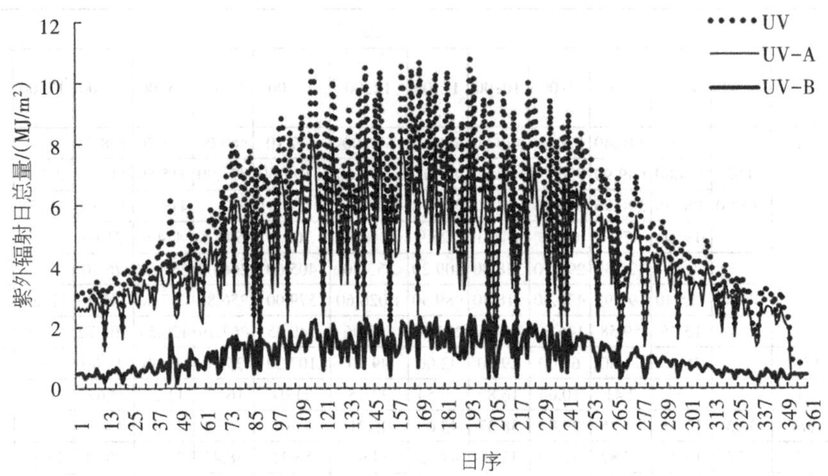

图2-48　海北高寒草甸2003年紫外辐射及各波段辐射逐日总量的年变化

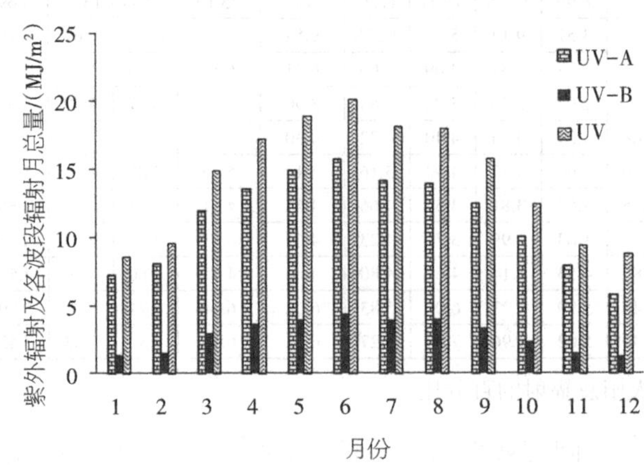

图2-49　海北高寒草甸2003年紫外辐射及各波段辐射逐月日总量的年变化

统计2003年到2020年18年紫外辐射的年变化发现，多年平均与2003年有所不同（表2-22），多年平均的年变化中，紫外辐射月最高出现在5月和7月，分别为31.46和31.73 MJ/m²，最低出现在1、11、12月，分别为13.62、14.89、12.87 MJ/m²，6月（30.55 MJ/m²）比5月和7月均低，这与多年来6月平均降水天数、云系较多有关。6月虽然降水量低于7月和8月，又是年内太阳高度角最高的月份，但该时期西太平洋副热带高压尚处在强盛时期的前期，东南季风加强，海北高寒草甸地区处在雨季开始的前期，大气层结相对7月稳定，云系多但降水量不大，导致6月紫外辐射比5

月和7月低些。5月雨季刚刚开始，云系少，太阳辐射强烈，7月虽然为雨季强盛时期，但对流天气明显，云系流动大，云来云往，而且较多出现“环山云”，太阳遮蔽性降低，从而出现较6月高的紫外辐射量。

在表2-22还列出了紫外辐射率的月平均状况，紫外辐射率的年变化中，也表现出1月、12月低，分别为3.76%、3.70%；5月、7月高，分别为4.59%、4.76%，5—8月为4.50%～4.90%。

一般来讲，纬度、经度不变的条件下，紫外辐射以及紫外辐射率均随海拔增高而增加，Madronich等（1998）曾对不同地区紫外辐射随海拔变化的研究表明，在智利边远山区，高度增加1 km，紫外辐射增加4%～10%，而在瑞士的阿尔卑斯山地区，高度增加1 km，紫外辐射增加9%～23%。陆龙骅和戴加洗等（1980）在进行1976—1977年青藏高原考察后研究证实，我国青藏高原紫外辐射率明显高于东部地区。同样，在其他条件不变的情况下，随纬度增加，由于太阳高度角降低，紫外辐射率也出现降低的可能。在我国西部地区，由于工业化程度相对东部地区较弱，大气污染较轻，又远离海洋，空气干燥，水汽含量低，大气透明度高，空气清洁，对太阳短波辐射的吸收将减小，从而会导致较多的太阳辐射易到达地表。20世纪90年代有关研究指出（郭松和周秀骥，1994；周秀骥和史久恩，1995），青藏高原为“臭氧低谷”区域，也致使紫外辐射率相应增加。但我们认为在不存在“臭氧低谷”或不受“臭氧”的影响下，紫外辐射率基本一致，这从目前的众多研究中可得到证实（江灏和季国良，1996；江灏等，1998；季国良和陈有虞，1985；季国良等，1995；李韧等，2005；吉廷艳、王红丽等，2011；王蕾迪等，2013；沈元芳和况石，2002；胡波，2005；周允华，1986；张兴华等，2012；闭建荣等，2014；祝青林等，2005；肖钟湧等，2019），也就是说，紫外辐射强度高低分布与太阳总辐射有关，海拔增加使得太阳总辐射增强，进而增加了紫外辐射。

（二）年际变化

图2-38给出了海北站紫外辐射的年际变化。从图2-38看到，2003—2020年紫外辐射年总量分布在251.14（2003年）到302.59 MJ/m²（2018年）之间，18年多年平均总量为283.69 MJ/m²，年际差异较小，标准差为18.86 MJ/m²。朱宾宾等（2021）研究2019年呼伦贝尔沙地鄂温克族自治旗辐射发现，该地区的紫外辐射为258.42 MJ/m²，表明与东北的呼伦贝尔沙地相比，海北站要高10 MJ/m²以上。而与青藏高原五道梁地区相比（江灏和季国良，1996；江灏等，1998；季国良和陈有虞，1985；季国良等，1995）稍偏低。

肖钟湧等（2019）利用大气探测卫星AURA搭载的臭氧观测仪所获得的紫外辐射红斑剂量数据，分析了2005—2015年中国紫外辐射的时空变化特征时认为，中国区域2005—2015年平均紫外线辐射呈上升趋势。海北站与这些研究具有相似的变化。

海北高寒草甸18年紫外辐射观测平均年总量274.61 MJ/m²（相当于日间8小时照射通量约为69.68 W/m²）表明，与国际上通用的紫外线辐射对人体皮肤可能损害程度的紫外线指数（UVI）指标（表2-25；沈元芳和况石，2002；祝青林等，2005）和中国气象局关于紫外线指数（表2-26，吉廷艳等，2011）相比，海北高寒草甸地区的紫外线等级属于五级，紫外辐射很强，表明海北站地区紫外辐射对人体皮肤（或眼睛）可能损坏的程度指标是较高的。

表2-25　紫外线强度等级划分及防护措施

<table>
<tr><th colspan="2">UV通量/（W/m²）</th><th>UVI</th><th>防护措施</th></tr>
<tr><td rowspan="3">最弱</td><td>0</td><td>0</td><td rowspan="3">不需要采取防护措施。长期在户外时，于肌肤上涂SPF15+及防UV-A、UV-B面霜或护肤露</td></tr>
<tr><td>0～6</td><td>1</td></tr>
<tr><td>6～12</td><td>2</td></tr>
<tr><td rowspan="2">弱</td><td>12～18</td><td>3</td><td rowspan="2">可以适当采取一些防护措施，如涂擦防护霜等。出门前，于肌肤上涂SPF15+及防UV-A、UV-B面霜或护肤露</td></tr>
<tr><td>18～24</td><td>4</td></tr>
<tr><td rowspan="2">中等</td><td>24～30</td><td>5</td><td rowspan="2">出门前，于肌肤上涂SPF15+及防UV-A、UV-B面霜或护肤露，在户外时应戴帽子、太阳镜</td></tr>
<tr><td>30～36</td><td>6</td></tr>
<tr><td rowspan="2">强</td><td>36～42</td><td>7</td><td rowspan="2">出门前，于肌肤上涂SPF15+及防UV-A和UV-B面霜或护肤露，在户外时应戴帽子、太阳镜、打伞及穿上浅色衣服，避免在10:00至14:00暴露于日光下，或尽可能在遮阴处</td></tr>
<tr><td>42～48</td><td>8</td></tr>
<tr><td rowspan="2">很强</td><td>48～54</td><td>9</td><td rowspan="2">出门前，于肌肤上涂SPF15+及防UV-A和UV-B面霜或护肤露，在户外时应戴帽子、太阳镜、打伞及穿上浅色衣服，尽量避免暴露于日光下。尽可能不在室外活动，必须外出时要采取各种有效的防护措施</td></tr>
<tr><td>>54</td><td>10</td></tr>
</table>

表2-26　紫外辐射等级划分

级别	到达地面的紫外辐射量/（W/m²）	紫外线指数	紫外辐射强度
一级	<5	0～2	最弱
二级	5～9.9	3～4	弱
三级	10～14.9	5～6	中等
四级	15～29.9	7～9	强
五级	≥30	10～15	很强

图2-50为海北高寒草甸地区2003—2010年紫外辐射占太阳总辐射的比例（紫外辐射率）的年际变化。图2-50表明，海北高寒草甸紫外辐射率为4.14%（2003年）～4.85%（2018年），18年平均为4.38%。

季国良等（1995）利用1993年8月至1994年7月太阳总辐射监测数据，计算分析了藏北26个晴天个例的辐射收支特征，发现青藏高原地区太阳紫外总辐射较平原地区强，夏半年紫外总辐射与太阳总辐射的比值超过4%，冬半年则在3.5%左右。藏北高原的紫外总辐射（UV）就其绝对量值看，12月较小，平均日总量为0.44 MJ/m²，4月最大，平均日总量为1.30 MJ/m²。若按紫外总辐射在太阳总辐射中所占比例分析，则12月最小，为3.5%；4月和8、9月均超过4.0%，8月则达到4.4%；年分布为冬小夏大，春季大于秋季。

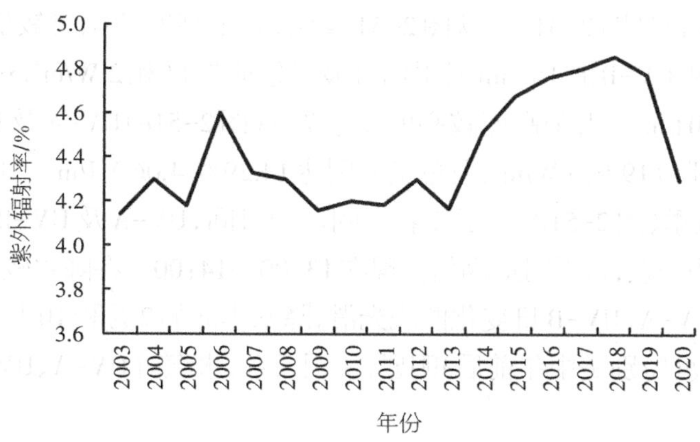

图2-50　海北高寒草甸2003—2020年紫外辐射率年际变化

张兴华等（2012）利用2005—2010年的辐射观测资料对拉萨地区紫外辐射的时间变化特征及紫外辐射与总辐射比值的变化特征进行了分析，发现紫外辐射与总辐射比值存在着明显的季节变化，即夏季最大、春秋次之、冬季最小，6年的平均值为0.0418，月均值基本上维持在0.033～0.052。紫外辐射与总辐射比值的日变化表现为正午大、早晚小的规律，正午最大值可达到0.0454。同时，紫外辐射与总辐射比值也呈现逐年递减的趋势，年均值在2010年为0.0427，相比2005年的0.0446降低了4.3%。

闭建荣等（2014）利用2010年春季民勤加强观测实验的地面辐射资料，分析了民勤沙漠干旱区总紫外辐射的变化特征，并对该地区的紫外辐射进行了估算和模拟。结果表明，紫外辐射和太阳总辐射表现出一致的变化特征，层云对两者的反射能力比卷云强。2010年6月紫外辐射的瞬时最大值为55.92 W/m²，平均日总量为1.07 MJ/m²，紫外辐射与太阳辐射比例的平均值为4.7%，其变化范围在3%～9%。

朱宾宾等（2021）研究2019年呼伦贝尔沙地鄂温克族自治旗辐射发现，紫外辐射在总辐射中所占比例为3.42%～4.95%，年均值为4.64%。

如此来看，海北高寒草甸地区紫外辐射与青藏高原及其北部民勤荒漠地区具有相同的比例，也就是说，紫外辐射量并非直接与海拔有关，而与海拔升高，大气透明度增加后太阳总辐射增强有关，太阳总辐射强弱决定了紫外辐射比的大小。

（三）紫外辐射UV-A、UV-B和UV-C波段的分布状况

在紫外辐射（UV）中，可分为UV-A、UV-B和UV-C，也就是说UV是UV-A、UV-B，乃至UV-C的综合，UV中的这些波段对地球表面的人类活动及其一切生物的生理生态特征具有重要的影响，而UV-C在大气中经水汽、尘埃物，以及其他气溶胶的吸收，特别是臭氧层的吸收，很难到达地表。为此，有必要对UV-A、UV-B做详尽的讨论，但是由于UV-A、UV-B的观测难度较大，我们仅进行了2003—2005年的监测，而且监测的数据缺测较多，故这里仅用上述个别年份的数据来解释UV-A、UV-B在全年内的分布及占紫外辐射（UV）的比例情况。

这里给出了2003年1（冬季）、4（春季）、7（夏季）、10月（秋季）UV-A和UV-B辐射能量的平均日变化情况(图2-51)。从图2-51看到,太阳高度角相对较低的冬季(图2-51a),日间UV-A和UV-B的15 min月平均日最高分别为11和2 W/m²,对应的月总量分别为7.22和1.03 MJ/m²。太阳高度较高的夏季7月(图2-51c)UV-A及UV-B日15 min月平均日最大分别为19和6 W/m²,月总量分别达14.29和4.06 MJ/m²。季节交换期的春季(图2-51b)和秋季(图2-51d)介于二者之间。一日间,UV-A及UV-B日变化与太阳总辐射的变化趋势一致,日瞬时最高值出现在13:00—14:00。在降水较少、气候相对干燥的1月和4月,UV-A、UV-B日变化曲线光滑,降水丰沛的7月和10月,与太阳总辐射的日变化相比波动(特别是中午前后)明显,说明云系、水汽对UV-A、UV-B的影响显得重要。

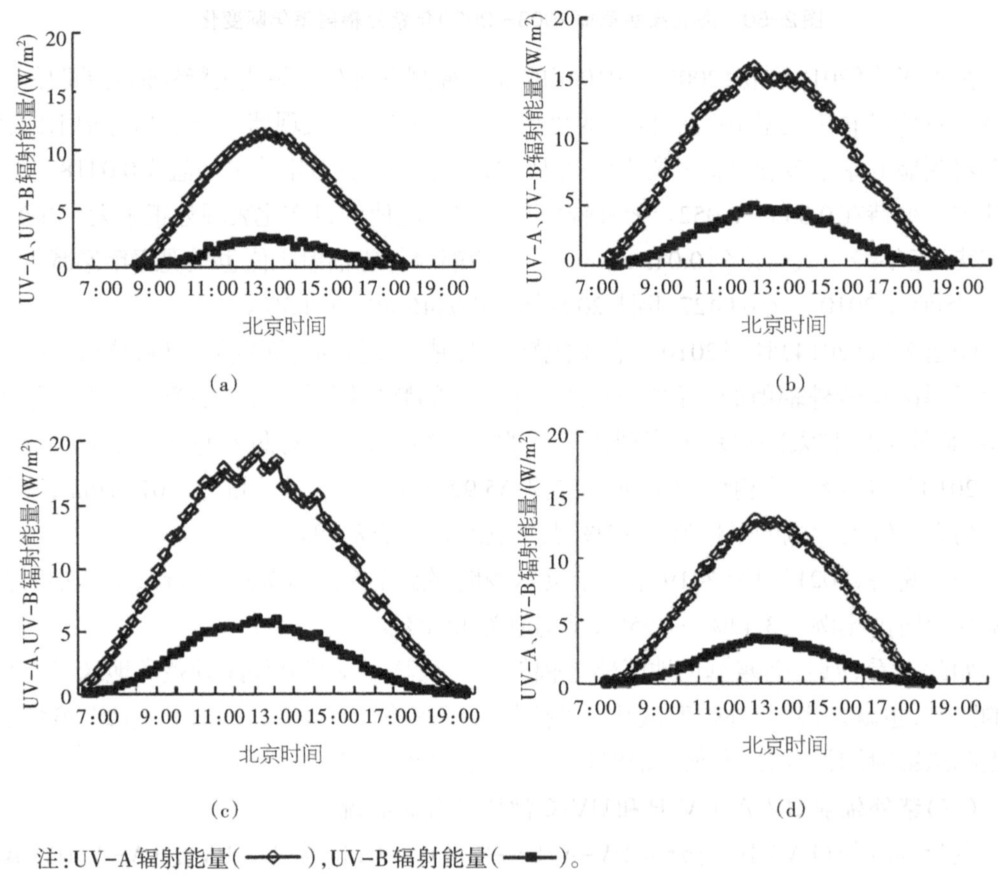

注:UV-A辐射能量(—◇—),UV-B辐射能量(—■—)。

图2-51 海北高寒草甸地区2003年1月(a)、4月(b)、7月(c)、10月(d)UV-A和UV-B辐射能量的平均日变化

统计2003年UV-A、UV-B占紫外辐射(UV)的百分比的月平均来看(图2-52),UV-A和UV-B占UV的比例全年分别为80.40%、19.60%,植物生长季的5—9月分别为78.20%、21.80%,说明在年内UV-A在UV波段中所占的比例夏季低而冬季高,但UV-B波段占UV的比例夏季高而冬季低。

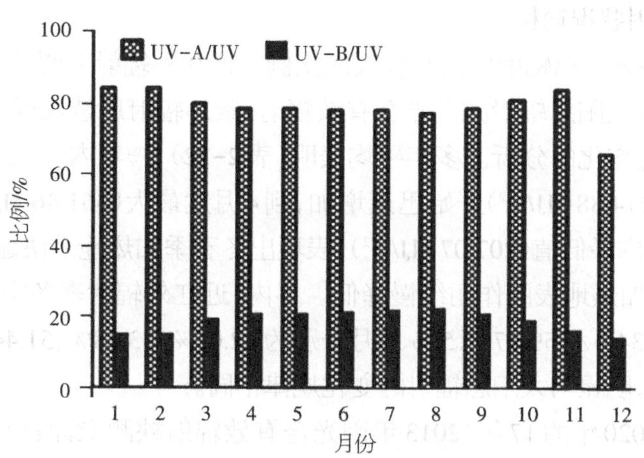

图2-52　海北高寒草甸UV-A、UV-B分别占紫外辐射(UV)比例的年变化

从日、年变化来看，温度(地温、气温)与UV-A、UV-B日或年变化曲线有极显著的正相关，UV-A、UV-B旬总量与旬平均气温和5 cm旬平均地温其相关系数在0.9238以上($P<0.001$)。但不能说明温度变化是紫外辐射的作用，也不能确定紫外辐射影响了温度变化。决定气温的原因有很多，气温受太阳辐射的影响是众所周知的，表现出与大气性质、下垫面性质、地理位置等有关。不同的下垫面具有对太阳总辐射吸收和反射的选择性。温度的升高并非短波辐射的作用，特别是对于气温。温度的升高是在下垫面接受太阳总辐射后，以长波辐射的形式、湍流热交换、潜热交换及土壤热流(传导)的过程来实现的。地温与气温相比，与UV-A、UV-B相关系数相对较高，如UV-B与地温的相关系数达0.9839。这主要是由白天的天空状况、太阳辐射及太阳高度所造成的，当晴天无云时地温高则说明地表接收的太阳总辐射多，紫外辐射量也相应较多。而云系较多的条件下地表接收的太阳总辐射少，故紫外辐射量也少，则地温也低。另外，日(年)间太阳高度角小时，太阳总辐射强度小，紫外辐射就较弱，地表接收的太阳总辐射、紫外辐射小，而中午(夏季)则相反。与地表温度相联系的长波辐射也具有相同的影响特点。不论怎样，在讨论影响UV-A、UV-B的气象因素时，诸多的因素与之有显著的正相关关系，但这些关系并非相互作用的结果，作为太阳总辐射一较小的波段，有些气象因素的影响是直接的，有些是间接的，但不能认为有较高的相关系数就有相互影响的机制问题。

紫外辐射对人的皮肤产生直接着色(色素沉积)作用，使人的皮肤引起红斑病，特别是UV-B对植物的生理作用影响极大。而UV-C的影响更为明显，极大多状况下是引发癌病的主要因素，UV-C被大气水汽、气溶胶、尘埃物、臭氧(O_3)吸收很难到达地表，这从侧面昭示了O_3层的重要性。近年来的研究表明，由于地球大气平流层O_3空洞及局部地区O_3保护层的变化，使到达地表的紫外辐射有局部增加的趋势，这不仅对植物生长有重要影响，而且对人类生存直接或间接地构成威胁。这就要求我们了解紫外辐射的变化特征及与环境气象要素的相关性，做到对紫外辐射的有效预报。

六、近红外辐射状况简析

近红外辐射在太阳总辐射中占有较大的比例。近红外辐射主要是起到加热地球表面的作用。这里按太阳总辐射减去光合有效辐射、紫外辐射后替代近红外辐射并做简单的年和年际动态变化的分析。多年平均表明(表2-22),一年内海北高寒草甸地区近红外辐射在1月(214.88 MJ/m²)开始迅速增加,到4月达最大(361.46 MJ/m²),而后逐渐下降,到12月为年内最低值(207.07 MJ/m²),表现出冬春季加热地表快速,而从夏季开始到严寒的冬季,其加热地表的作用缓慢降低。年内,近红外辐射率冬季高、夏季低,1月和12月分别为59.34%和59.47%,5、6、7月分别为52.02%、53.78%、51.44%,表现出明显的"U"形分布状况,明显与太阳总辐射的变化规律相同。

通过2003—2020年的17年(2013年因光合有效辐射缺测未计算)观测表明(图2-38),在海北高寒草甸地区2003—2020年近红外辐射各年年总量在3 346.86(2012年)到3 626.40 MJ/m²(2015年)之间波动,17年平均为3 483.69 MJ/m²,标准差为82.11MJ/m²,表明其年际间变化差异很小。统计发现,近红外辐射占该期太阳总辐射年际变化在54.50%(2010年)到57.43%(2011年)之间,17年平均为55.78%。由于近红外辐射主要是形成短波辐射供给地表能量部分,对植被的生物学意义没有光合有效辐射、紫外辐射等那么明显,故本文未做较多的讨论。

七、太阳总辐射各分量辐射的分配

众所周知,太阳总辐射是由直接辐射和散射辐射组成的,按波长范围来讲,太阳短波辐射可由不同波长的波段辐射组成,这种组成在一定海拔上具有一定的比例。通过上述分析统计,海北高寒草甸地区2003—2020年紫外辐射、光合有效辐射、红外辐射分别占年总辐射量的4.38%、39.30%、56.05%,占太阳总辐射(100%)比例分配图示见图2-53。

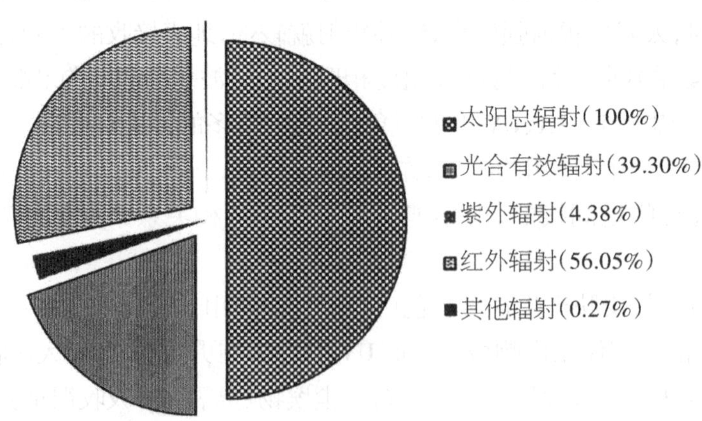

图2-53 海北高寒草甸各波段辐射所占太阳总辐射(假设太阳总辐射为100%)比例图示

第十四节 净辐射与土壤热通量

一、净辐射

(一)净辐射日变化

净辐射是向下和向上(太阳和地球)辐射之差,太阳总辐射与地表指向大气的长波辐射、地面对太阳总辐射反射辐射的差值,其值反映了下垫面接收能量的高低。净辐射作为土壤—植被—大气系统的外部驱动能量,主要以显热通量、潜热通量的形式加热大气边界层底部,也有部分能量以土壤热通量的形式进入土壤,作为土壤增温的强迫能量。同时,还存在因平流作用而被水平移走的能量、植被层物理和生物化学贮存的能量,但这部分能量极小(一般小于占净辐射的5%)而常被忽略。过去,我们曾对净辐射状况有过讨论(李英年等,2000;2003),本节则以2003年观测资料做简单分析与讨论。

图2-54给出了海北高寒草甸地区2003年1、4、7、10月4个季节典型月中典型晴天和阴雨天净辐射的日变化状况。可以看到,不论是晴天还是阴雨天,净辐射在夜间变化较为平稳,日间依季节和阴雨天云量多少的影响变化略有不同。一般情况下,日出后地面受短波辐射的照射温度升高其净辐射从0 W/m²开始转为正值,并随地表温度的增加而提高,到中午地表温度达最高地面长波辐射最大时最大,午后随太阳高度降低,随温度逐渐下降而下降,日落后因大气长波辐射大于地面长波辐射后转为负值,夜间的负值依季节不同而有所不同,暖季负值的绝对值小,冷季大。在晴天状况下,这种变化较有规律,而在阴雨天有所改变,最高值出现时间较为复杂。

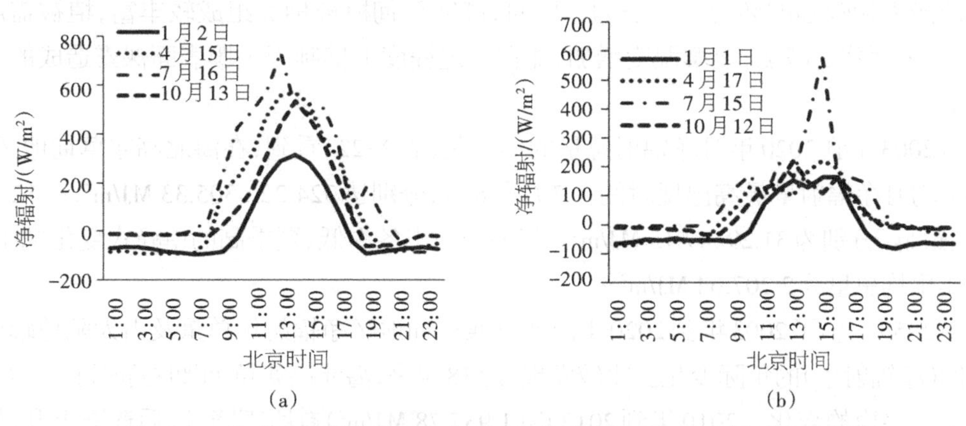

图2-54 海北高寒草甸晴天(a)、阴雨天(b)典型天气下净辐射的日变化

从2003年监测典型日的结果来看,晴天状况下因7月16日系年内地表温度最高时期,故其净辐射最高,该日日小时瞬时平均最高达738 W/m²。寒冷的1月,大地封冻,地表温度极低,净辐射最低,1月2日日小时瞬时平均最高仅为315 W/m²。4月和10月是季节转换时期,净辐射小时瞬时平均最高介于1月和7月之间,只是4月因放牧地表近似裸露,易吸收太阳辐射,而10月地表仍有植物覆盖,且枯黄的植物覆盖物增加了对太阳短波辐射的反射,地表温度较4月低,导致4月的净辐射较10月大。统计晴天状况下2003年1月2日、4月15日、7月16日和10月13日净辐射日总量分别有1.20、9.64、15.86和8.29 MJ/m^2,而阴雨天的1月1日、4月17日、7月15日和10月12日净辐射日总量分别为0.89、2.77、8.01和3.53 MJ/m^2。

(二)净辐射年及年际变化

近地层净辐射表征了大气、土壤间湍流热量及水汽交换的强弱,在土壤—植被—大气连续体的能量转换过程中有着重要的作用,是决定小气候形成的最基本的因素。不同地区因植被类型、土壤条件不同,导致下垫面性质差异很大,这就造成各地植被的反射率、地表吸热等不同,有效辐射也随之发生变化。在净辐射增大的同时,净辐射率(净辐射率是指下垫面的净辐射与总辐射的比值)也相应增大。相同的太阳总辐射情况下,不同下垫面得到的净辐射有所不同,如森林的净辐射是裸地的1.53倍。若净辐射增大则将提供给植被表面的能量也会相应增多,一部分能量用于物质生产,提高土地生产力和能量利用率,带来裸地所没有的经济效益。净辐射减小,则由净辐射供给的潜热通量和显热通量发生相应变化,进而使地区的气候状况发生一定的改变。如果高寒草地退化,使其变为更稀疏草地或裸地,则地区植被或裸地反射率增大,地表吸收热量降低,得到的净辐射能量将会急剧减少。

高寒草甸地区的夏季降水相对高寒草原等地区丰富,土壤湿度高,夏半年一般处于湿润或半湿润气候状态,从而该类地区的潜热通量较大,用于蒸散的能量最多,蒸散量的加大可使区域空气湿度增大,能缓解气象干旱。在高寒草甸地区的植物生长季,由于蒸腾作用使得消耗水量比其他自然表面都大,因此,高寒草甸比高寒草原或荒漠有较大的生产能力和较强的环境改善能力。同时,高寒草甸植被种类组成较丰富,植被盖度大,土壤表面蒸发减弱,土壤湿度增加,能在一定程度上抑制因土壤表面裸露造成的土壤干旱。

由2003年到2020年月净辐射总量的年变化(表2–22)看到,在海北高寒草甸地区,多年平均月净辐射量最高出现时间在7月和8月,分别达324.22 、305.33 MJ/m^2,在12月和1月最低,分别为31.29、47.15 MJ/m^2。年内表现出冬季低、夏季高的单峰式变化规律。18年年平均总量为2 207.64 MJ/m^2。

图2–55给出了2003年到2020年海北高寒草甸地区净辐射年总量及占太阳总辐射量比例(净辐射率)的年际变化。比较发现,近18年来,海北高寒草甸地区净辐射总体表现出相对平稳的变化。2010年到2012年(1 937.78 MJ/m^2)有所下降,以后逐渐上升,最近的2020年在过去的18年最高,达到2 433.256 MJ/m^2。这些变化具体原因尚不清楚,但至少能解释海北站净辐射总量的分布状况。

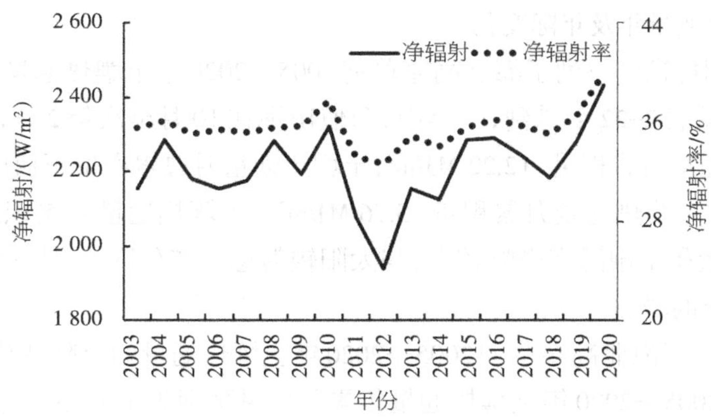

图2-55 海北高寒草甸地区净辐射及净辐射率年际变化

从图2-55也可看到，海北高寒草甸地区净辐射占太阳总辐射量比例（净辐射率）也表现出相似的变化规律。其净辐射率的多年平均为35.55%。最低（2012年的32.61%）与最高（2020年的40.05%）相差近8个百分点。

二、土壤热通量

（一）土壤热通量日变化

一日间，随温度变化土壤热量传导有所不同，表现出明显的日变化规律，为研究典型天气事件对土壤热通量的影响，图2-56选取2017年6月3日（降雨）、6月10日（阴天）、6月21日（多云）和6月22日（晴天）进行分析，其中降雨天气为全天小雨，降水量4.4 mm，多云天气云量二至五成，阴天天气云量六至八成。从图2-56看到，不论是晴天还是阴雨天，海北高寒草甸地区一日间土壤热通量日变化均呈现明显的倒"U"形，土壤热通量负值一般出现在早晨日出前的4:00—7:00，日最低达到-0.04 MJ/m²以下；日间随太阳辐射增强，空气温度升高，土壤热通量急剧增加，到13:00左右最大，这与当地地方时（约北京时14:15）相对应，即日太阳高度角达最大时土壤热通量最高；午后随太阳高度角降低、辐射减弱，随空气温度下降而下降。下降过程中晴天或多云天下降速率大于阴雨天。而且发现，在阴雨天土壤热通量最高值滞后时间明显。

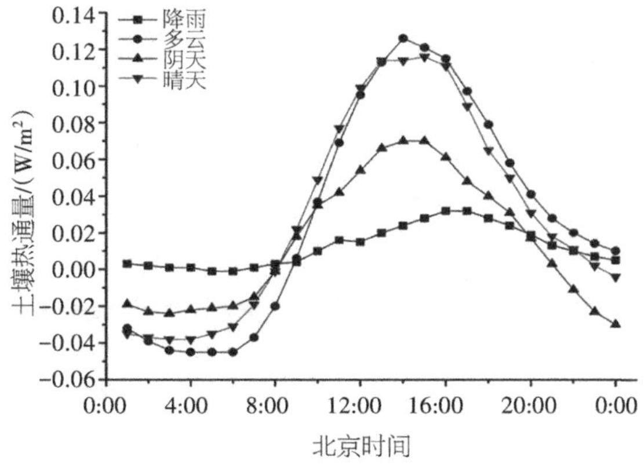

图2-56 2017年6月3日（降雨）、6月10日（阴天）、6月21日（多云）和6月22日（晴天）土壤热通量的日变化

（二）土壤热通量年及年际变化

在表2-22中，我们罗列了海北高寒草甸2005—2020年土壤热通量地表月平均变化（年变化）。从表2-22中看到，一年中，负值出现在10月至次年2月，10月至次年2月平均土壤热通量月累积量-12.22 MJ/m^2，土壤热通量月总累积量正值出现在3月至9月，3—9月平均土壤热通量月累积量15.76 MJ/m^2。土壤热通量月累积总量年内变化受太阳辐射总量和土壤温度影响较大，与太阳辐射总量变化同步，比土壤地表温度月动态变化有一定的滞后。

图2-57给出了海北高寒草甸2005—2020年土壤热通量的年际变化。发现，海北高寒草甸地区2005—2020年土壤热通量年累积总量呈现先上升后下降的倒"U"形变化趋势，2005—2020年土壤热通量年累积总量年平均值为49.24 MJ/m^2，2005—2011年海北站土壤热通量呈上升趋势，2011年相比2005年土壤热通量年累积总量上升28.7%，2011—2020呈下降趋势，2020年相比2011年土壤热通量年累积总量下降81.4%，土壤热通量年累积总量最低年份为2019年，最低值为9.31 MJ/m^2，最高年份为2011年（87.49 MJ/m^2）。

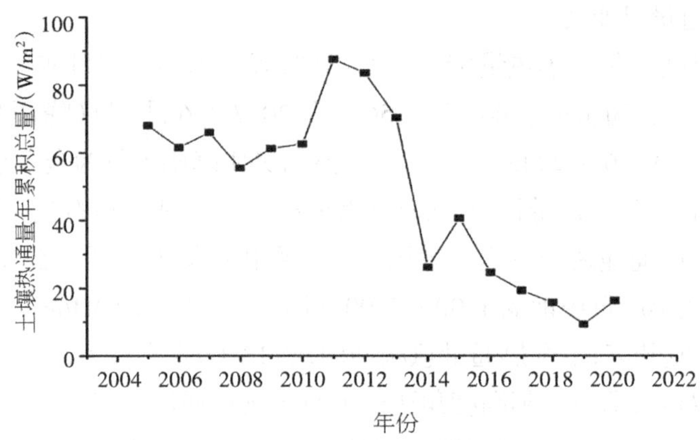

图2-57 2005—2020年土壤热通量年际变化

第三章　祁连山东段南麓山体垂直带气候与植被垂直分布

光照、温度和水分构成了生物生存的基本气候条件，它们影响着生物的生活习性以及生存发展。不同的气候环境对应着不同的生物类型。研究者认为气候变化体现了地形、地貌、植被和土壤等因素的综合作用，这种作用反过来又影响土壤发育和植被生长(郑成洋和方精云，2004)。在山区，由于垂直落差的原因，气候环境有所不同，进而导致植被类型、植物种类组成以及植被生产力将发生显著的差异分布，特别是范围较小但垂直落差大的区域植被类型千差万别，咫尺迥然，表现出山区气候资源的立体分布是植被地理布局的决定因素。山地不同高度土壤发育和植被生长既是气候的产物，又是气候的指示(顾卫和李宁，1994)。刘晓东和侯萍(1998)研究认为，全球变化中在高纬度及高海拔地区温度升高明显高于其他地区，在高海拔地区气候温暖化的敏感性更强。同时研究证实(钟永德等，2004)，气候温暖化作用势必发生气候植被带的迁移，植物群落结构、植物种类组成及植被生产力发生变化。而山体垂直带自山顶到低海拔分布区表现出明显的增温效应，恰好是研究气候变化、植被类型变化以及增温状态下植被演替的天然实验平台，也是研究不同海拔土壤营养性状分布状况及其影响因素的理想场地。

我们在第一章阐述了祁连山位于欧亚大陆中心，地处青藏、蒙新、黄土三大高原交会地带，东西距离长，高差悬殊，是我国著名的高大山系之一。祁连山作为阻挡北方冷空气南下的高大屏障，南北两侧具有明显不同的气候特征，山地气候垂直差异显著。植被分布呈现出亚洲中部蒙古成分，北温带成分，温带亚洲成分以及特有成分，组成了山地森林、灌丛、草原、草甸等不同的植被类型，而且南北两坡的分布高度、分布类型也明显不同。本章基于祁连山南坡坡地自3200 m到4300 m不同海拔的山体垂直带样地，主要观测分析了祁连山南坡气象因素随海拔变化的有关特征，以及从山顶到低海拔(气温增加过程)区域有关植被(植物群落结构、物种组成、植被类型、净初级生产力、植被C/N等)、土壤(容重、有机质、有机碳、CO_2排放速率、土壤氮等)要素变化状况，为探讨高寒草地植被对气候变化适应与响应的研究提供科学依据。

第一节　海北站不同海拔梯度实验平台简介

海北站自建站初期就建有气象站，开展气温、降水、空气湿度、土壤温湿度、日照、风向风速、冻土等常规气象要素的监测，

为了强化山体植被带植被群落分布与海拔的关系，以及验证气候变化与海拔的关系，我们于2007年8月在海北站东北部的祁连山冷龙岭南麓坡地海拔每增加200 m架设微气象观测站，观测的要素包括了气温、降水、空气湿度、太阳辐射等，观测的时间为2007—2019年。其中山体底部3 200 m处的矮嵩草草甸植被类型上有海北站气象站和微气象-涡度相关法观测系统，3 400 m处的金露梅灌丛草甸区亦有微气象-涡度相关法观测系统，也就是说，我们在2007年原有气象观测站点的基础上，在山体垂直带上再增加了3 600、3 800、4 000、4 200（4 165）、4 400 m处的微气象观测站点（图3-1），具体地理坐标见表3-1。

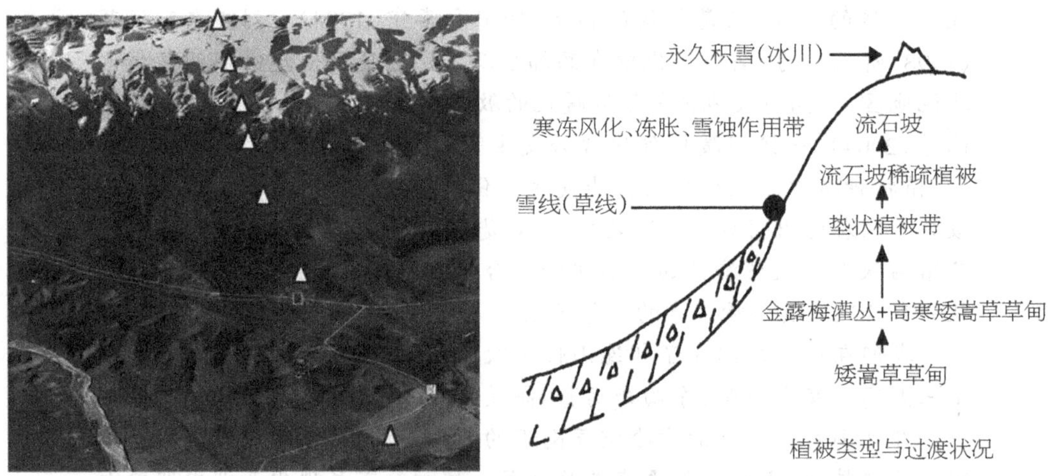

图3-1　海北站不同海拔梯度实验平台状况

需要说明的是，由于微气象站使用的是简便观测仪器，加之山体垂直带海拔高，观测困难，各高度梯度测点的观测要素，特别是降水有不同程度的缺测，有的多达数月。为了能对各点的数据做比较，我们对缺测的30分钟空气温湿度，地温和土壤湿度以及光合有效辐射等数据进行日、月数据统计处理时，利用同处大通河谷、气团属性一致，离海北站距离仅40 km的门源国家基本气象站监测数据进行回归插补。

表3-1　海北站冷龙岭南麓坡地山体梯度气象站地理坐标及植被类型

样点	纬度	经度	海拔/m	植被类型(景观)	气象监测站类型
1	37°36.766′	101°18.768′	3 200	高寒矮嵩草草甸	微气象-涡度相关法
2	37°39.912′	101°19.870′	3 400	金露梅灌丛草甸	微气象-涡度相关法
3	37°41.674′	101°21.511′	3 600	杂草类草甸	简易微气象站
4	37°42.192′	101°22.118′	3 800	杂草类草甸	简易微气象站
5	37°42.473′	101°22.341′	4 000	高山流石坡稀疏植被(苔草)	简易微气象站
6	37°42.744′	101°22.597′	4 200	高山流石坡稀疏植被(点地梅)	简易微气象站
7	37°42.833′	101°22.745′	4 400	流石坡积雪景观	简易微气象站

第二节　山体垂直带气温

一、气温变化

这里给出2007年1月2日不同海拔地上1.5 m处气温24小时的变化情况(图3-2，王建雷等，2009)。可以看到，日间不同高度气温的日变化，均表现为单峰型，具有早晚低、午后高的特点。日平均气温随海拔增加而降低，同时海拔越低气温变化的幅度越大，海拔升高气温变化幅度逐渐减小，即日较差随海拔的升高逐渐降低。在海拔3 200 m处日平均气温变化最大，日最低气温-24.2 ℃，日最高气温-3.6 ℃，日较差达20.6 ℃，而海拔4 300 m处日最低气温-17.4 ℃，最高气温-12.9 ℃，日较差仅为4.5 ℃。气温日较差的这种分布主要受逆温层影响所致，逆温的存在导致了3 600 m和3 800 m处在冬季气温偏高，而3 200 m处气温较低。在夏季，气温日较差同样随海拔升高而下降，只是下降的幅度有所减小。

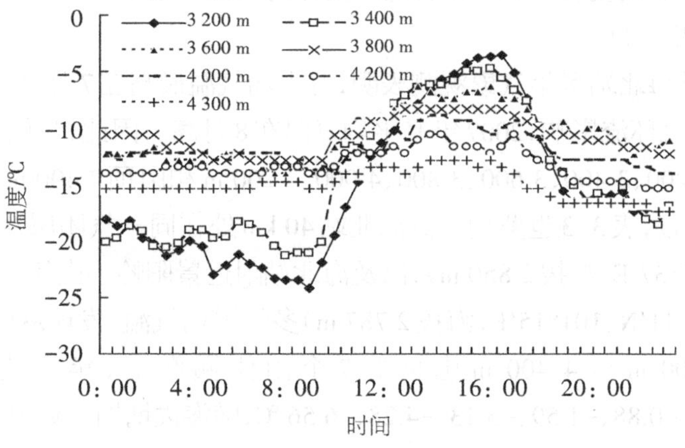

图3-2　祁连山冷龙岭南坡不同海拔的气温日变化

表3-2给出了2007年不同海拔气温的年变化。不同海拔气温具有相同的变化规律，即在2007年不同海拔上，气温1月低，8月高。但因高度、地表面受热等不同，月平均气温差异显著。3 200、3 400、3 600、3 800、4 000、4 200 m和山顶4 300 m处年平均气温分别为-0.4 ℃、-0.7 ℃、-0.8 ℃、-1.6 ℃、-3.1 ℃、-4.3 ℃和-6.2 ℃，从海拔3 200 m到4 300 m年平均气温下降5.7 ℃。

表3-2　祁连山东段南坡坡地2007年不同海拔气温的年变化和垂直递减率(γ)

海拔/m	气温/℃												年变化/℃
	1月	2月	3月	4月	5月	6月	7月	8月	9月	10月	11月	12月	
3 200	-14.6	-9.5	-4.2	0.3	6.6	8.1	10.1	10.9	6.0	0.4	-6.9	-12.3	-0.4
3 400	-13.4	-9.5	-4.1	-1.0	5.3	6.6	8.9	10.3	5.6	0.0	-6.0	-10.5	-0.7
3 600	-12.7	-7.8	-5.0	-1.8	4.9	6.0	8.6	9.3	4.9	-1.2	-5.2	-9.6	-0.8
3 800	-12.8	-8.1	-5.8	-2.8	3.9	5.1	7.6	8.3	3.6	-2.3	-6.8	-9.5	-1.6
4 000	-14.4	-9.7	-7.4	-4.4	2.4	3.6	6.2	7.1	2.7	-4.2	-8.2	-10.3	-3.1
4 200	-15.8	-11.3	-9.1	-6.1	0.8	2.8	6.1	6.3	1.3	-5.7	-9.5	-11.8	-4.3
4 300	-17.5	-13.0	-10.8	-8.0	-1.2	0.8	5.4	4.4	-0.6	-6.7	-11.8	-14.8	-6.2
γ	0.26	0.32	0.60	0.75	0.71	0.67	0.42	0. 59	0.60	0.64	0.44	0.15	0.51

不同季节，逆温层强度不同导致了气温直减率并不相同。统计海北站气象资料表明(李英年等，2004)，冬季12月至翌年2月大气层结稳定，其间风速较小，逆温层最为强盛，气温直减率最低，3个月的平均值为0.24 ℃/hm；3—6月，下垫面受热迅速，季节冻土开始融化，山体较高部分的冰雪融化过程中需吸收大量的热量，较高地区气温回升较慢，而海拔相对较低区域气温回升明显，导致这4个月的气温直减率最高，平均为0.68 ℃/hm；7—11月，季节冻土完全融化，大气层结极不稳定，常发生强对流天气，大气平流及对流作用明显，逆温层相对较弱，随海拔升高气温直减率介于上述之间，5个月平均为0.54 ℃/hm (表3-2) 。

需要说明的是海北站多年气象观测表明，月平均气温最高在7月，1月最低，但受云系分布、降水及大气环流影响，2007年月平均气温在8月高。因此，我们统计了2007年到2018年12年3 200、3 400、3 600、3 800、4 000、4 200 m和山顶4 400 m处的平均状况(表3-3)。为了比较，表3-3也罗列了离海北站40 km处在同一气团属性河谷的门源气象站(37°23′N、101°37′E，海拔2 850 m)，以及海北站附近景阳岭小山体北部黑河流域的祁连县气象站(38°11′N、101°15′E，海拔2 787 m)多年平均气温，发现从门源县气象站，到海北站自3 200 m至4 400 m山顶的7个山体梯度上，年平均气温分别是1.95、-0.87、-1.20、-0.88、-1.59、-3.13、-4.28、-6.56 ℃，随海拔增加下降明显，山地带顶部年平均气温比门源县和海北站3 200 m处低8.51和5.69 ℃。在山体垂直带海拔3 600 m

处受云雾和冬季逆温的影响年平均气温相对较高，而且冬季最为明显。

表3-3　2007—2018年海北站冷龙岭南麓山体垂直带各测点及祁连、门源月和年平均气温

单位：℃

月份	国家基本气象站		海北站冷龙岭南麓山体垂直带各测点						
	祁连	门源	3 200 m	3 400 m	3 600 m	3 800 m	4 000 m	4 200 m	4 400 m
1	−11.58	−12.27	−14.56	−13.78	−11.89	−12.30	−13.72	−14.79	−16.72
2	−7.28	−7.29	−10.52	−10.42	−9.11	−9.57	−11.21	−12.46	−14.21
3	−1.76	−1.74	−4.88	−5.37	−5.29	−6.17	−7.94	−9.22	−11.48
4	4.17	3.82	0.84	−0.21	−0.76	−1.97	−3.67	−5.03	−7.45
5	8.47	8.17	4.96	4.09	3.20	2.19	0.74	−0.74	−2.97
6	12.06	11.56	8.44	7.52	6.70	5.84	4.31	2.93	0.97
7	14.03	13.49	10.81	9.99	9.57	9.11	7.27	6.14	3.74
8	13.05	12.83	10.24	9.42	9.05	8.15	6.88	5.92	3.57
9	8.84	8.59	6.05	5.30	4.96	4.10	2.53	2.00	−0.32
10	3.22	2.72	−0.36	−0.66	−0.37	−0.92	−2.58	−3.40	−6.10
11	−4.30	−5.18	−8.05	−7.63	−6.31	−6.82	−8.11	−9.46	−11.98
12	−10.12	−11.35	−13.36	−12.60	−10.32	−10.77	−12.03	−13.30	−15.79
年	2.40	1.95	−0.87	−1.20	−0.88	−1.59	−3.13	−4.28	−6.56

气温年变化低海拔地区明显，随海拔上升而下降。从门源县气象站，到海北站自3 200 m至4 400 m山顶的7个山体梯度上，最高月平均气温分别是13.49、10.81、9.99、9.57、9.11、7.27、6.14和3.74 ℃，最低月平均气温分别是−12.27、−14.56、−13.78、−11.89、−12.30、−13.72、−14.79和−16.72 ℃，气温的年较差分别为25.76、25.37、23.77、21.46、21.41、20.99、20.93和20.46 ℃。这些数据表明随海拔升高气温的年较差明显下降，在山顶气温年较差要比山谷低5.30 ℃，同时看到，在低海拔区和高海拔区气温的年变化较山体垂直带中下部年变化平缓。北部祁连县因处在纬度偏北的地区，加之黑河流域是自南向北的内陆河，大的区域来讲仍然受东亚季风气候的影响，但河谷走向的不同，叠加了北部干燥气候的影响，气温的年变化更为剧烈，气温的年较差（25.61 ℃）比门源气象站（25.76 ℃）和3 200 m的海北站（25.37 ℃）更高，大陆度更为明显。气温年较差（T_A）随海拔（H）的下降可用如下直线回归方程表示：

$$T_A = -0.8058H + 26.1455 \qquad R^2 = 0.8617 \tag{3-1}$$

年景不同，气温随海拔的变化规律有所不同，如2007年气温最高的8月和气温最低的1月所呈现的垂直变化规律具有较大的差异（图3-3），8月气温（T_8）与海拔（H）呈明显的线性负相关关系(T_8=-1.057H + 12.319,R^2 = 0.9836);而1月气温(T_1)随海拔的变化呈现一定的非线性关系(T_1=-0.3334H^2 + 2.1307H-16.321,R^2 = 0.9747),表明不同季节受逆温层强弱不同影响,自3 200 m开始随海拔升高气温降低形式有所不同。8月平均气温随海拔增加直线下降;1月平均气温自3 200 m开始逐渐升高,3 800 m达到最高,而后随海拔进一步升高而逐渐下降。其中1月平均气温自3 200 m到4 300 m下降2.9 ℃,平均气温递减率为0.26 ℃/hm;8月自3 200 m到4 300 m月平均气温下降5.5 ℃,气温递减率为0.59 ℃/hm,说明不论是冬季还是夏季,年平均气温递减与海拔增高具有极显著的负相关关系。

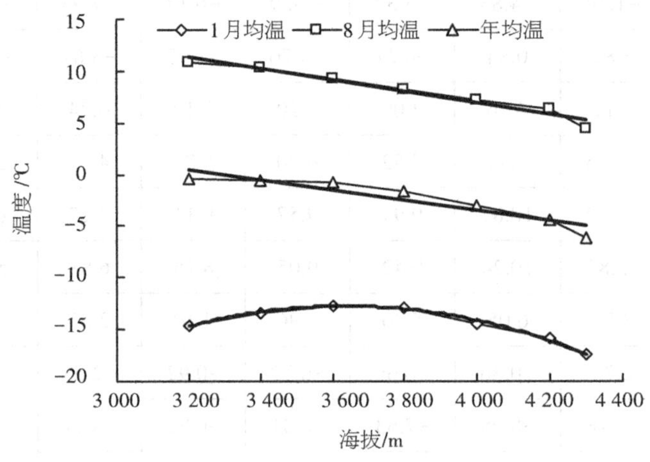

图3-3　祁连山冷龙岭南坡坡地年平均、1月和8月平均气温随海拔的变化

二、气温(垂直)递减率

气温(垂直)递减率是气温随着高度上升而递减的幅度。在给定的地点,且大气稳定的情况下,温度随着海拔的变化率称为环境温度递减率。一般标准大气从海平面到海拔11 000 m的温度递减率为0.65 °C/100 m。但实际上各地的气温递减率变化很大,气温的垂直分布不仅受随高度变化的递减率影响,还受纬度和经度的影响。

上述分析表明,海北站附近的冷龙岭南麓坡地形成逆温现象明显,所以对于气温垂直递减率的计算也就显得复杂。这里以2007年监测的数据,按谷地(海北站北滩通量观测点,海拔3 200 m)与山顶(微气象观测点,海拔4 400 m)之间的差值计算了气温递减率。在表3-2中已给出了海北站2007年自3 200 m到4 400 m各月的气温递减率,发现2007年1月到12月气温递减率变化复杂,基本表现出升高、降低、再升高、再降低的变化过程。气温递减率在较冷的12月最低(0.15 ℃/100 m),但比气温最低的1月(0.26 ℃/100 m)高;气温递减率最高的月份也并未出现在当年最热的8月,而是出现在植物生长初期的4月(0.75 ℃/100 m)和末期的10月(0.64 ℃/100 m),在7月出现一个次低值(0.42 ℃/100 m)。整个年平均来讲,海北站冷龙岭南麓坡地气温递减率为0.51 ℃/100 m,这个值比大气干绝热过程下的干绝热减温率低0.49 ℃/100 m,比大气湿绝热过程下气压750 hPa(海北站年平均气压670.89 hPa)、温度为0 ℃条件下的湿绝热减温率(0.59 ℃/100 m)还要高0.08 ℃/100 m，与750 hPa温度为0 ℃条件下的湿绝热减温率(0.51 ℃/100 m)一致。

三、气温的各界限积温的(垂直)递减率

在高寒草甸分布区，受高海拔因素影响气温低，就是在最热月，月平均气温在10 ℃左右，与之联系的日平均气温稳定≥10 ℃的出现天数很短，甚至不出现。根据海北站(3 200 m)多年观测表明(李英年等，2004；Du et al.，2017)，日平均气温稳定≥10 ℃的出现天数小于10 d，积温不足100 ℃·d。由于日平均气温稳定≥0 ℃、≥3 ℃、≥5 ℃分别对应着高寒草甸植物萌动发芽、返青、强度生长各阶段(李英年等，2005；2004a)。在此分析了2007年山体不同高度上日平均气温稳定≥0 ℃、≥3 ℃、≥5 ℃各界限温度的积温及持续天数的变化特征。统计2007年7个不同海拔日平均气温稳定≥0 ℃、≥3 ℃、≥5 ℃各界限温度的积温及持续天数见表3-4。

表3-4 日平均气温稳定≥0 ℃、≥3 ℃、≥5 ℃各界限温度的积温及持续天数

海拔/m	积温/℃·d			维持天数/d		
	≥0 ℃	≥3 ℃	≥5 ℃	≥0 ℃	≥3 ℃	≥5 ℃
3 200	1 387.3	1 349.5	1 269.9	191	164	144
3 400	1 202.1	1 162.0	1 058.4	183	154	129
3 600	1 093.6	1 050.8	928.7	173	145	114
3 800	921.1	849.2	742.36	163	123	97
4 000	718.6	650.2	503.6	150	107	70
4 200	588.0	519.4	410.4	133	86	59
4 400	403.2	352.3	222.7	99	65	33
γ	82.01	83.10	87.27	7.67	8.25	9.25

注：γ为积温或持续天数的直减率。

从表3-4看到，2007年日平均气温稳定≥0 ℃在3 200 m处的持续天数191 d，积温1 387.3 ℃·d，而到4 400 m处只有99 d，积温403.2 ℃·d；日均气温稳定通过≥3 ℃在3 200 m处持续天数为164 d，积温1 349.5 ℃·d，到4 400 m处为65 d，积温352.3 ℃·d；日均温≥5 ℃的持续天数由3 200 m处的144 d到4 400 m处下降到33 d，其积温由1 269.9 ℃·d对应下降到222.7 ℃·d。总体来讲，日平均气温稳定≥0 ℃、≥3 ℃、≥5 ℃各界线温度的积温及持续天数均随海拔的升高而降低(减少)，具有极显著的负相关关系($P<0.05$)。有效积温的持续天数为海拔每升高100 m，日期平均减少9 d左右。积温随海拔升高，各界线温度的积温直减率基本相近，平均约9.25 ℃/hm。

四、逆温现象与“暖岛”和“冷湖”

研究证实(张辉等,2007),逆温最高处出现在山坡中上部,最低气温值出现在坡底。祁连山东段南麓海北站地区3 200 m到4 400 m的山体垂直带上,2007—2018年的12年中,气温沿坡面的分布特征冬夏不同(图3-4)。冬半年(11月到翌年4月),当谷底3 250 m的日平均气温下降到-9°C以下时(一般在11月中旬),气温随高度的分布就开始出现逆温层,即在一定高度内气温随海拔的增加而升高。随着气温的下降,逆温逐渐加强,逆温层逐渐加厚,在年底和年初逆温最强,厚度也最厚,逆温层顶(气温的最高高度)可以达到相对高度600 m(海拔约3 800 m)以上。

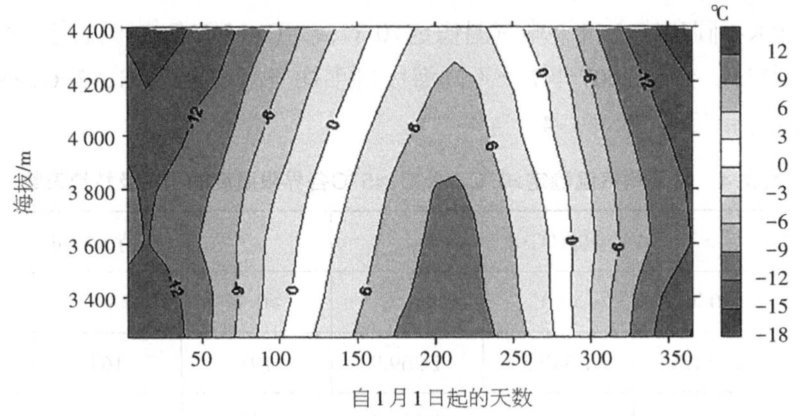

图3-4　海北山体垂直带日平均气温分布的年变化

以1月监测资料分析来看,1月平均气温的逆温强度在相对高度400 m之间(即海拔3 200～3 600 m)达到0.79 °C/100m。相对高度400 m处(海拔约3 600 m)的1月平均气温比谷底3 200 m处的平均气温高出2.8 ℃以上,相对高度600 m(海拔约3 800 m)的气温也会比谷底气温高出2 ℃多。但在相对高度600 m(海拔约3 800 m)以上的坡地,气温随海拔上升而急速下降,1月平均气温的递减率达到0.73 °C/100m。表现出在冬半年海拔在3 400 m到3 800 m处形成一定的“暖岛”。当谷底3 200 m处日平均气温回升到-9 °C以上时(一般在2月中旬),逆温开始减弱,逆温层变薄。气温上升到0 °C(一般在3月初)以上后,气温随海拔升高而下降。在夏半年(5月到10月),平均气温基本上都是随海拔升高而下降,7月平均气温的递减率是0.62 °C/100m,比一般大气中递减率略低。但是在相对高度400 m(海拔约3 600 m)以下的气温递减率较低,相对高度400 m以下和600 m以上的7月平均气温递减率分别是0.37 °C/100m和0.89 °C/100m。冬半年的逆温主要是由于夜间辐射冷却,冷却后的空气在山谷底聚集停留的结果,是青藏高原的一个普遍现象,这个过程可以用数字模式很好地模拟出来(Du et al.,2007)。这也可以从1月平均气温日变化上看出来(图3-5)。

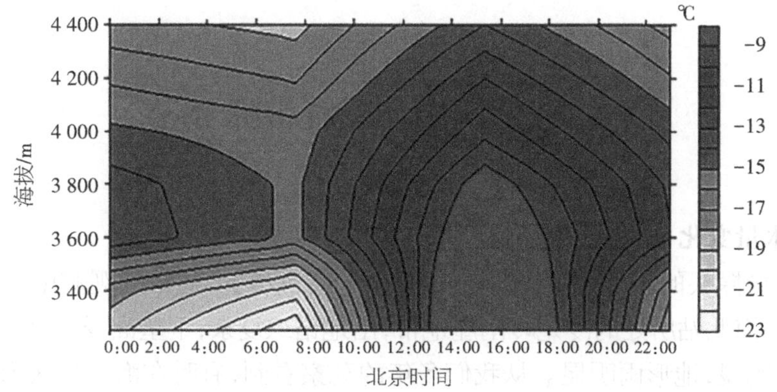

图3-5 海北山体垂直带1月平均气温分布的日变化

冬半年，白天短，太阳辐射减弱，夜间长，地表辐射冷却强，在风速较弱的情况下，日落后山坡上辐射冷却后的气体会下滑到谷底较低海拔，冷气在谷底不断堆积加厚，形成冷气中心，也叫冷气湖(图3-5)。日落后的北京时间19:00(地方时约17:21)，3 400 m以下的1月平均气温变成等温，约在北京时间21:00形成逆温，以后逐渐加强加厚，清晨7点左右达到最强最厚，其中3 400 m到3 600 m之间最强。气温随高度的分布是相对高度300 m以下为冷中心，相对高度400 m到600 m处是暖中心。日出后，逆温逐渐减弱，由于逆温较强，最后要到正午才消失。

在夏半年，白天时间长太阳辐射较强，夜间时间短辐射冷却较弱，只有在无风状态下才可能出现逆温。通常风速较大，没有逆温形成，故7月平均情况下只有夜间在相对高度400 m以下的3 250～3 600 m有等温层或者微弱逆温层存在，其他时间和高度都是气温随海拔升高而降低(图3-6)。所以，1月和7月的日平均最高气温都是随海拔直线下降，但1月的递减率只有0.09 ℃/100 m，而7月的递减率达到0.86 ℃/100 m。1月和7月的最低气温都是先随海拔上升，而后下降，但1月是先急剧上升，直到3 800 m，而7月是略有上升到3 600 m，而后下降。1月和7月的气温日较差都是随海拔上升而下降，先是随高度急剧下降，而后平缓下降。

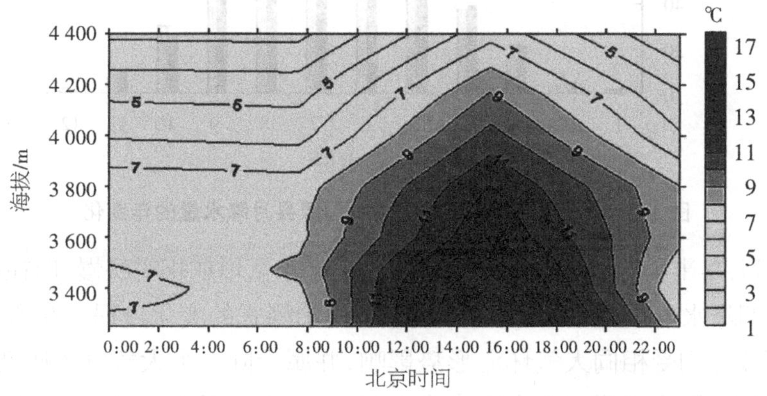

图3-6 海北山体垂直带7月平均气温分布的日变化

第三节　山体垂直带降水

一、降水量变化

由于雨量探头的不稳定性和降水的不稳定性，我们十几年的观测中，数据缺测较多，特别是在海北站所处的冷龙岭南麓地带，山地错综复杂，下垫面受热极不均匀，引起的对流天气明显，地形雨明显。从我们多年的观察看到，有时在海北站区附近有雨，但山体垂直带并没有降水产生；有时山体垂直带坡麓有明显的“雨藩”，产生较大的降水，但在海北站并不发生降水，甚至是晴天，造成降水更具有空间分布上的不均匀和时间变化上的不稳定性。当然，过境的天气系统相对稳定时，可代表自山谷到山顶降水量分布的最好特征，但该类现象出现的概率极小。这些为降水量的分布分析带来了极大的困难。所幸的是，同处在大通河谷且相距在40 km以内有门源县气象站和海北站气象站降水数据，这为我们分析降水量的年变化带来便利。图3-7给出了有山体垂直带气象观测资料同期（2007年到2017年）的门源县和海北站降水量的年变化状况。从图3-7看到，门源、海北地区月降水量的年变化所表现的形式一样，在寒冷的12月、1月低，8月最高。冬半年低（门源和海北10月至翌年4月平均分别为46.17 mm和52.02 mm，12月和1月仅分别为1.91 mm和1.99 mm），长达7个月的时间仅占年降水量的17%和19%。降水量主要分布在夏半年的5—9月，占全年降水量的83%和81%。

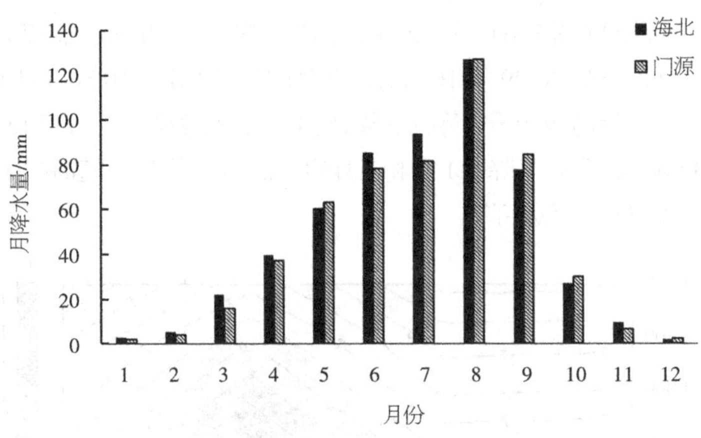

图3-7　祁连山大通河谷海北站、门源县月降水量的年变化

同时看到，冬半年向夏半年的季节转换时期降水量增加相对缓慢，但在夏半年向冬半年转换时期降水量减少速率很快，年内表现出单峰式的变化过程。在海北站地区的祁连山南麓坡地均受相同大气环流形势影响，并属于同一个大气气团属性，这种状况下，南麓坡地的不同海拔降水量的年变化趋势一致，变化形式基本与图3-7一样。而且年降水量也较高，年降水量一般均为480～780 mm，平均在520 mm以上，祁连山地是在青海除东南部的班玛、久治外又一降水高值区。

二、降水量随山体梯度分布及最大降水高度

对山体垂直带的大多研究证实（傅抱璞，1983；1992；王菱，1996；孙美平等，2019；王宁练等，2009），一般来讲，降水量在山体垂直带的分布受坡向影响最大，即向风坡和背风坡的降水分布很不同。对于一定地区、一定环流条件下，山地任意一点降水量（R）可以写成下列函数形式（王菱，1996）：

$$R = f\left(\varphi, \lambda, h, H_i, G\right) \tag{3-2}$$

式中：φ、λ、h 分别为宏观地理因素纬度、经度和海拔；H_i 为 i 处的相对高度；G 为地形因素，包括坡度和坡向方位等。

不同地区地形因素 G 对降水的影响十分复杂，特别是坡向方位对降水的影响有很大差别，这种差别主要表现在降水随海拔的变化率上。不同山区不同坡向每上升 100 m 降水增加的幅度不一致，也就是说，根据降水随高度变化规律的分区也可基本确定山地不同方位和坡向对降水的影响。影响降水的地形主要体现在动力效应和热力效应上。动力效应表现在对气流的动力阻挡作用和摩擦作用，山体对气流的阻挡作用取决于大气层结的稳定度、山体高度和气流的风速，所表现的方式是 Froude 数（廖菲等，2007）：

$$Fr = \frac{Nh_m}{U} \tag{3-3}$$

式中：Fr 为动力效应的大小；N 为大气层结稳定度，h_m 为山体高度；U 为气流的基本风速。

动力效应在迎风坡和背风坡是不同的。一般认为，地形的迎风坡具有动力及屏障作用，可以使气流绕地形流动和被迫爬升，并且暖湿气流容易在中尺度地形迎风坡造成气旋性辐合，触发气旋式涡度生成，进而形成较大的降水。在背风坡一侧，由于下沉运动随高度向上减小，引起垂直方向上气柱被拉长，造成水平方向空气辐合，从而又引起气旋性涡度加强，反气旋性涡度减弱，在背风坡方向表现为辐散下沉气流，降水也相对较弱。

地形引发的热力效应主要是地形不同高度上下垫面加热和气流抬升时大气潜热释放所引起的。低层大气中存在气旋性辐合、水汽和热量的集中时，易形成不稳定层结，利于垂直环流的不稳定发展。由于地形所引起的辐合上升仅限于低层，而通过潜热释放的作用可以使中、高层增温和高层辐散加强，从而有利于地形垂直环流向上伸展和加强，形成正反馈，最终导致地形对降水的强烈增加。地形对大气环流和天气气候的影响中，热力作用最主要的表现是地表感热和潜热通量的作用。地表感热、潜热通量和温度的区域分布与地形分布有关，说明热力状况在降水中发挥重要作用。

当然，地形动力、热力的相对重要性对于不同的地形有着不同的影响。有些地形对地表热源的影响不大，对降水的影响主要表现在动力作用方面。而在有些地区地形的

动力抬升作用起着决定性作用，这些主要与下垫面受热不均、夜间辐射能导致地面冷却的强烈程度有关。

地形在降水的影响过程和影响机制中，主要是平缓强迫上升使空气绝热冷却，产生凝结和降水。但如果山脉的宽度和风速都比较小时，那么就没有时间形成水凝物，因而地形降水时，高大地形是增强降水的主要原因之一。另外，在复杂的高原上，由于气流来向、下垫面受热不均等，将产生阻挡和迎风坡抬升等激发效应，易产生对流云，大气层结条件不稳定，更易产生降水。大气层结越不稳定、温度梯度越大时，越容易产生对流，湿度越大，产生的降水越多。

我们通过查找了多次完整天气过程中降水随海拔变化的数据，并参考王宁练等(2009)2006年9月至2008年9月的实际监测数据，推算低海拔到高海拔，直至山顶各监测点降水量与海北站气象站同期降水量的占比(比值)，再根据门源县气象站到海北站气象站年降水量随海拔的变化情况，按每次天气系统下降水量随海拔变化的比值，推算年降水量随海拔的分布状况。这样做可能与实际情况有一定的误差，但总体能说明祁连山冷龙岭南麓坡地降水量随海拔的变化状况。同时需要说明的是，查找的多次完整天气过程中的降水量数据较多的是5—9月，因该时期的降水量要占年降水量的80%，故仍能说明问题。

自山谷到山顶，降水量一般是随海拔升高再降低的现象，在一定的海拔上出现最大降水高度。应该说，在海北站冷龙岭南麓坡地也存在这样的变化过程。虽然，我们在监测该区山体梯度带的降水时出现较多的缺测，但通过每次天气系统下降水量随海拔变化的比值，采用海北站气象站降水数据与门源县国家基本气象站天气数据再进行年降水量的插补订正后推算到年降水量随海拔的变化，发现海北站所处的冷龙岭南麓坡地1981年到2020年的40年平均降水量为467～665 mm(图3-8)，降水自门源到海北站再到海拔4 000 m的高度降水基本是直线上升，而后迅速减少。从门源(2 850 m)，到海北站(3 200 m)，再从海拔3 400 m开始，到山顶每200 m的各山体梯度高度，多年降水量分别为538.2、561.1、583.7、611.6、642.3、665.4、579.8、467.1 mm。海拔超过4 000 m后降水急剧下降，最大高度为3 800～4 000 m。当然，山体上部降水量急剧降低可能与当地多为强对流天气，对流天气状况下山体垂直带上部风速往往大于低海拔地区，较大的风速使降水水滴(包括雪粒等)易产生近水平流动，雨量器完全不能收集到实际降水量有关。

就年降水量分布来看，3 200、3 400、3 600、3 800、4 000、4 200 m年降水量分别约为561.10、583.17、622.42、649.31、644.83、590.02 mm。海拔在4 000 m左右的高度降水量最大，这种分布可在饱和差(图3-9)得到验证。在图3-9中看到，饱和差在3 800 m处为2.10 hPa(3 200 m～3 800 m基本一致，平均为2.08 hPa)，到4 000 m和4 200 m的高度分别下降到1.73和1.63 hPa。饱和差的降低，说明水汽更易达到凝结高度，产生的降水量相对就高。

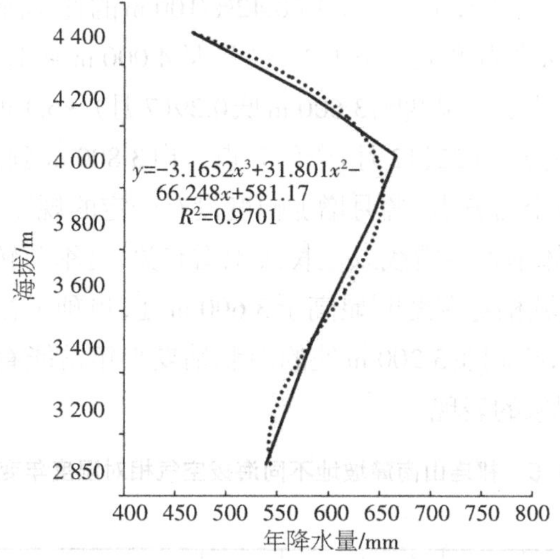

图3-8　海北山体垂直带年降水量随海拔的变化

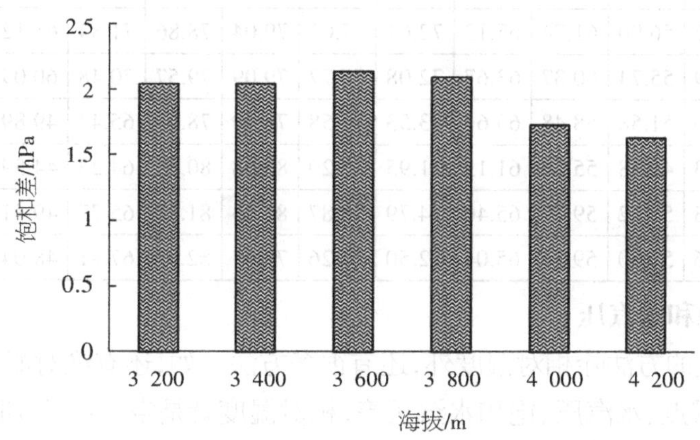

图3-9　海北山体垂直带年平均饱和差(饱和水汽压与实际水汽压之差)随海拔的变化

虽然我们列举降水随高度的变化主要是依据夏半年某些天气过程降水随海拔变化推算的结果,但可以肯定的是,季节不同降水量随海拔的变化有所不同,凉爽的夏半年其降水量随高度的变化与年降水量一致,但在冬半年,由于大气层结稳定,降水均匀,降水量随高度变化不甚明显,甚至略有降低的可能。

第四节　山体垂直带空气湿度

一、空气的相对湿度及随海拔的"干带"及"逆湿"现象

表3-5给出了不同海拔空气相对湿度的年变化状况。表3-5表明,相对湿度自海拔较低的3 200 m开始,到山顶4 200 m,不论是夏半年还是冬半年均是下降的,而且冬半

年下降幅度较大,夏半年很低,年平均值按0.42%/100 m的速率降低。但明显的特征是在山体中部海拔3 800 m左右形成一弱的“干带”,从4 000 m到山体上部出现逆湿现象。3 800 m处的“干带”区,其相对湿度比3 600 m低0.29(7月)~6.46(12月)个百分点,而比海拔4 000 m低0.75(8月)~6.22(12月)个百分点。自3 800 m到山顶的“逆湿”带,相对湿度年平均增加了3.09个百分点,各月增加幅度没有一定的规律,但冬半年增加幅度大于夏半年,这与冬季山体垂直带雪线以上长久积雪有关,是季节转化引起的。夏半年在海拔4 000~4 200 m区域相对湿度明显高于3 600 m处,也预示在这些高度上水汽更易凝结,易达到饱和状态,我们在3 200 m处的海北站夏半年常能看到冷龙岭山体垂直带出现“腰云”就是这个现象的表现。

表3-5 祁连山南麓坡地不同海拔空气相对湿度年变化

单位:%

海拔	1月	2月	3月	4月	5月	6月	7月	8月	9月	10月	11月	12月	年平均
3 200 m	54.64	53.37	56.90	61.74	65.13	72.61	77.03	79.04	78.86	71.84	65.12	57.14	66.12
3 400 m	50.20	50.99	55.74	60.37	63.67	72.08	76.77	79.09	79.57	70.48	60.09	51.73	64.23
3 600 m	43.41	45.60	51.58	58.48	63.61	73.53	77.58	78.49	78.03	65.44	49.89	41.52	60.60
3 800 m	35.09	40.03	46.48	55.26	61.15	71.95	77.29	80.68	80.85	64.23	44.59	35.04	57.72
4 000 m	40.94	47.43	52.22	59.77	65.40	74.79	78.87	81.43	81.38	65.77	49.41	41.26	61.55
4 200 m	43.12	46.86	51.30	59.34	65.04	72.50	74.26	79.63	82.07	67.91	48.04	39.57	60.81

二、水汽压、饱和水汽压

表征空气湿度的方法除相对湿度外,还有很多方法。如,还有绝对湿度、饱和差、比湿、水汽混合比、露点、水汽压、饱和水汽压等,相对湿度就是空气中的实际水汽压与同等温度条件下的饱和水汽压的比值。这在第二章我们做了详细的介绍。对于海北站附近的祁连山南麓坡地,这里重点介绍水汽压和饱和水汽压。山体垂直带不同海拔实际水汽压年变化见表3-6。同时利用空气相对湿度和饱和水汽压的关系,计算得到的饱和水汽压见表3-7。

表3-6和表3-7表明,不同海拔上水汽压和饱和水汽压年内变化明显,均表现出夏季降水丰沛、温度较高的8月高,在降水稀少的寒冷冬季低,1月实际水汽压仅在1.0 hPa左右,最高月与最低月实际水汽压差值很大,特别是实际水汽压8月是1月的近10倍。如果说在同水平高度上水汽压和实际水汽压既受到温度的影响也是降水分配不同而导致的结果,从3 200 m到4 000 m的海拔上,水汽压和饱和水汽压的高低是在温度主导下的变化过程,表现出自低海拔向高海拔而降低。年平均水汽压和饱和水汽压按0.15、0.19 hPa/100 m的速率下降。不同月份下降的速率并不一致,如,7月水汽压和饱和水汽压基本是按0.20 hPa/100 m的速率降低,而寒冷的1月则分别按0.03和0.02 hPa/100 m的速率减少。与相对湿度不同的是,水汽压和饱和水汽压随海拔升高而基本均匀降低,而相对湿度是在一定高度上出现“逆湿”现象。

表3-6　祁连山南麓坡地不同海拔实际水汽压年变化

单位:hPa

海拔	1月	2月	3月	4月	5月	6月	7月	8月	9月	10月	11月	12月	年平均
3 200 m	1.06	1.58	2.54	3.85	6.35	7.85	9.53	10.32	7.38	4.52	2.36	1.34	4.89
3 400 m	1.08	1.51	2.51	3.42	5.68	7.03	8.76	9.92	7.24	4.30	2.34	1.41	4.60
3 600 m	0.99	1.54	2.17	3.13	5.51	6.88	8.68	9.20	6.76	3.66	2.06	1.22	4.32
3 800 m	0.79	1.32	1.84	2.74	4.94	6.32	8.08	8.84	6.40	3.31	1.63	1.03	3.94
4 000 m	0.81	1.38	1.82	2.63	4.75	5.92	7.48	8.22	6.04	2.94	1.62	1.14	3.73
4 200 m	0.76	1.20	1.56	2.29	4.21	5.42	7.00	7.61	5.51	2.70	1.42	0.97	3.39

表3-7　祁连山南麓坡地不同海拔饱和水汽压年变化

单位:hPa

海拔	1月	2月	3月	4月	5月	6月	7月	8月	9月	10月	11月	12月	年平均
3 200 m	1.94	2.95	4.46	6.24	9.75	10.81	12.37	13.05	9.36	6.29	3.63	2.35	6.93
3 400 m	2.15	2.95	4.50	5.67	8.91	9.75	11.41	12.54	9.10	6.10	3.89	2.72	6.64
3 600 m	2.28	3.38	4.20	5.35	8.67	9.36	11.18	11.73	8.67	5.59	4.14	2.93	6.45
3 800 m	2.26	3.30	3.95	4.96	8.08	8.79	10.45	10.96	7.91	5.15	3.65	2.95	6.03
4 000 m	1.97	2.91	3.49	4.40	7.26	7.91	9.49	10.10	7.42	4.46	3.27	2.77	5.45
4 200 m	1.75	2.55	3.05	3.86	6.47	7.47	9.42	9.55	6.71	3.98	2.95	2.45	5.02

第五节　山体垂直带太阳辐射

在山体垂直带3 200 m和3 400 m有微气象-涡度相关法观测系统监测着太阳总辐射及各分光辐射，3 600 m及其以上的不同海拔上，我们监测了单位为μmol/m²的光合有效辐射。为了得到不同海拔的太阳总辐射并进行相互间的比较，我们对数据进行了校正和插补，具体为：(1)将光合有效辐射μmol/m²的单位换算成W/m²，采用1 W/m² ≈ 4.6 μmol/m²；(2)海拔3 800 m处的光合有效数据用海拔3 600 m和4000 m的光合有效数据取平均替代；(3)对日、月、年总量均由各点的1 W/m²换算到MJ/m²；(4)考虑到一个地区光合有效辐射占太阳总辐射的比例随海拔变化不明显，但有一定的季节变化的特点(李英年和周华坤，2002)，山麓坡地不同海拔的太阳总辐射采用了海北站气象站多年监测的光合有效辐射占太阳总辐射的比例来计算，其占比见本书第二章。

表3-8给出了祁连山南麓海北站区不同海拔太阳总辐射的年变化状况。表3-9表明不论是海拔低的海北站区，还是山地4 000 m处的山体顶部，年内太阳总辐射在降水少、太阳高度角高的4—5月高，冬季太阳高度角最低的12月、1月低。太阳总辐射自3 200 m到4 200 m的山体垂直带顶部逐渐增强，4 200 m高度处年太阳总辐射总量可达7 418.29 MJ/m²，比3 200 m高963.47 MJ/m²。太阳总辐射随海拔的变化过程中最为明显的特征是在3 400 m处出现最低值，年总量为5 447.75 MJ/m²，比3 200 m处低1 777.74 MJ/m²，其主要原因是该层刚好处在逆温层下部，逆温层影响降低了太阳对近地表层的照射。

虽然，我们的研究表明，该山麓坡地降水量随海拔有所增加，但区域所处的高原特殊性，大气清洁，气溶胶明显减少，到达地面的辐射能远比降水影响的结果大得多，同时也应明白，降水增多时虽然受干扰的云系增加，但云系的存在一定程度上又增加了散射辐射，也会导致地表接受的太阳总辐射增加。

表3-8　祁连山南麓不同海拔太阳总辐射年变化

单位：MJ/m²

海拔	1月	2月	3月	4月	5月	6月	7月	8月	9月	10月	11月	12月	年平均
3 200 m	367.56	392.90	546.23	664.39	715.31	691.29	691.63	637.25	528.52	482.40	393.87	343.46	6454.82
3 400 m	336.85	356.20	482.15	578.36	608.11	542.25	531.29	491.94	419.23	415.33	365.27	320.76	5447.75
3 600 m	424.50	449.92	659.47	795.26	832.32	711.42	691.06	660.48	563.80	562.96	471.93	402.36	7225.49
3 800 m	428.54	455.59	667.74	790.51	829.45	709.20	682.24	651.11	562.05	562.22	472.08	403.13	7213.86
4 000 m	432.59	461.27	676.00	785.75	826.58	706.97	673.42	641.74	560.30	561.47	472.23	403.90	7202.24
4 200 m	458.57	480.67	687.64	827.18	852.56	702.89	654.20	638.62	583.19	599.53	497.11	436.11	7418.29

表3-9　祁连山南麓不同海拔光合有效辐射年变化

单位：MJ/m²

海拔	1月	2月	3月	4月	5月	6月	7月	8月	9月	10月	11月	12月	年合计
3 200 m	135.70	156.33	221.77	255.39	283.41	276.59	282.32	259.49	205.81	185.82	145.85	127.42	2535.90
3 400 m	124.36	141.73	195.75	222.32	240.93	216.96	216.87	200.32	163.25	159.99	135.26	119.00	2136.75
3 600 m	156.73	179.02	267.75	305.70	329.76	284.64	282.09	268.95	219.55	216.85	174.76	149.27	2835.07
3 800 m	158.22	181.28	271.10	303.87	328.63	283.75	278.49	265.13	218.86	216.57	174.81	149.56	2830.28
4 000 m	159.71	183.54	274.46	302.04	327.49	282.86	274.89	261.32	218.18	216.28	174.87	149.85	2825.49
4 200 m	169.31	191.26	279.18	317.97	337.78	281.23	267.04	260.05	227.09	230.94	184.08	161.80	2907.73
A/%	36.92	39.79	40.60	38.84	39.52	40.01	40.82	40.72	38.94	38.52	37.03	37.10	39.07

注：*A*为光合有效辐射与太阳总辐射的占比。

山体垂直带光合有效辐射的监测表明(表3-9),不同海拔上光合有效辐射年内与太阳总辐射的年变化一样,冬季太阳高度角低时低,在太阳高度角高的4-7月高,年内表现的形势是一个偏态性变化过程,4—5月虽然太阳高度角相比6—7月低,但该时期是整个祁连山地区最为干燥的时候,大气清洁而透明,太阳辐射能易达地表,导致有较强的辐射能。自3 200 m到4 200 m的山体垂直带顶部,与太阳总辐射发生同步变化。光合有效辐射的年总量为2 136.75～2 907.73 MJ/m²,在相对1 000 m的高程上光合有效辐射的波动范围达750.98 MJ/m²。

第六节　山体垂直带土壤温度

图3-10分别给出了2007年7月1日3 200、3 400、3 600、4 000、4 200及4 300 m(3 800 m缺失)6个点10 cm和20 cm地温日变化(王建雷等,2009)。可以看到,在高海拔地区10 cm土壤温度日最低值出现在7:00—8:00,最高值出现在18:00左右,而在海拔较低地区日最低值出现时间在9:00左右,最高值出现时间在21:00左右;20 cm土壤温度也表现相同的日变化规律,但日最低和最高出现时间比10 cm滞后明显,变化幅度显著降低。10 cm和20 cm的土壤温度日最高(低)值相对气温的日最高和最低值出现时间其滞后性更显著,且低海拔区滞后性明显于高海拔区,深层地温明显于浅层地温。同时土壤温度日变化随海拔增加幅度加大,同一高度上深层地温日变化较浅层平稳。冬季受到逆温及积雪等因素的影响,地温日变化相对较弱,而且随海拔的变化不甚明显,但总体来讲地温是随海拔的升高而降低。

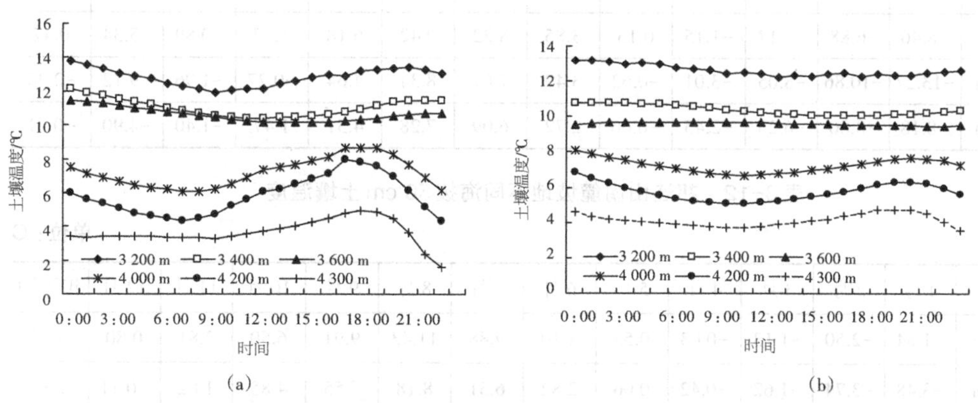

图3-10　祁连山冷龙岭南坡不同海拔10 cm(a)、20 cm(b)土壤温度日变化

表3-10至表3-12分别给出了山体垂直带不同海拔土壤5、20、50 cm土壤温度。表3-10、表3-11和表3-12表明,随海拔增加不同层次的土壤温度也是逐渐降低的,但降低幅度在不同的海拔有所不同。如年平均土壤温度在3 400 m到3 600 m的高度上由于常

出现逆温层，导致3 600 m高度温度降低幅度减缓。到山体垂直带顶部的4 200 m处，土壤温度因受积雪覆盖反而有所升高。这种土壤温度随海拔升高而降低或增加的状况不仅表现在年变化上，在季节上同样也表现明显。当然，从土壤5、20、50 cm土壤温度随海拔的变化比较也可以看到(表3-10、表3-11和表3-12)，随土壤湿度增加，土壤温度随海拔升高降低的幅度有所减缓。

表3-10　祁连山南麓坡地不同海拔5 cm土壤温度

单位：℃

海拔	1月	2月	3月	4月	5月	6月	7月	8月	9月	10月	11月	12月	年平均
3 200 m	-6.16	-4.50	-1.21	2.18	6.12	10.50	14.20	13.98	10.28	4.54	-0.45	-4.07	3.78
3 400 m	-6.96	-5.35	-1.82	0.69	4.41	8.77	11.75	11.93	8.63	3.88	-0.32	-3.91	2.64
3 600 m	-4.32	-4.33	-2.29	-0.38	0.60	4.84	9.39	10.44	7.94	4.04	0.53	-1.37	2.09
3 800 m	-8.96	-7.15	-4.09	-0.83	1.34	5.21	9.33	10.12	6.38	1.79	-1.56	-5.95	0.47
4 000 m	-14.11	-11.89	-8.11	-3.38	-0.22	3.82	7.89	8.11	4.24	-0.35	-2.66	-10.47	-2.26
4 200 m	-8.78	-8.42	-6.29	-2.23	0.48	3.66	7.02	7.79	4.37	1.18	-1.82	-5.43	-0.71

表3-11　祁连山南麓坡地不同海拔20 cm土壤温度

单位：℃

海拔	1月	2月	3月	4月	5月	6月	7月	8月	9月	10月	11月	12月	年平均
3 200 m	-4.77	-3.90	-1.49	0.38	3.18	7.89	12.27	12.79	10.02	5.34	0.88	-2.53	3.78
3 400 m	-6.05	-4.81	-1.86	-0.17	2.30	6.85	10.03	10.87	8.41	4.33	0.50	-2.62	2.64
3 600 m	-3.42	-3.93	-2.37	-0.76	-0.36	2.82	7.55	9.31	7.61	4.20	0.85	-0.44	2.09
3 800 m	-8.46	-6.88	-4.17	-1.15	0.13	3.85	8.22	9.42	6.18	1.87	-0.89	-5.34	0.47
4 000 m	-13.27	-10.86	-8.05	-3.01	-0.62	3.49	7.67	8.34	4.64	-0.27	-1.96	-9.12	-2.26
4 200 m	-8.18	-8.00	-6.23	-2.45	-0.06	2.72	6.09	7.28	4.51	1.47	-1.40	-4.90	-0.71

表3-12　祁连山南麓坡地不同海拔50 cm土壤温度

单位：℃

海拔	1月	2月	3月	4月	5月	6月	7月	8月	9月	10月	11月	12月	年平均
3 200 m	-1.84	-2.50	-1.13	-0.03	0.55	4.10	9.88	11.43	9.91	6.50	2.81	0.80	3.37
3 400 m	-3.48	-3.74	-1.62	-0.42	0.06	2.82	6.31	8.18	7.55	4.85	1.62	-0.11	1.84
3 600 m	-3.05	-3.97	-2.81	-1.50	-1.18	0.76	5.58	7.98	6.89	3.93	0.69	-0.56	1.06
3 800 m	-6.89	-6.15	-3.95	-1.36	-0.38	1.48	5.67	7.47	5.64	2.23	-0.14	-3.50	0.01
4 000 m	-12.02	-10.25	-7.47	-2.95	-0.83	1.84	6.84	7.96	4.89	0.72	-0.64	-6.93	-1.57
4 200 m	-8.07	-8.44	-7.61	-3.49	-0.44	1.28	5.46	7.80	2.77	0.29	-1.59	-4.99	-1.42

山体垂直带土壤温度呈现出随海拔升高而降低的趋势（王建雷等，2009），10、20和50 cm土壤温度（T_s）与不同海拔（H）均具有显著的线性负相关：

$$10\ \text{cm}: T_s=-1.4076H+5.7259, R^2=0.889 \tag{3-10}$$

$$20\ \text{cm}: T_s=-1.3572H+5.6963, R^2=0.937 \tag{3-11}$$

$$50\ \text{cm}: T_s=-1.2714H+5.3597, R^2=0.928 \tag{3-12}$$

可以看到，3个层次年平均土壤温度随海拔的变化基本相近，但在不同高度，土壤温度随土壤深度变化将有一定的差异。在海拔相对较低的3 200 m，上层年平均土壤温度高于底层50 cm，在山顶的4 300 m处，底层50 cm的土壤温度高于浅层10 cm。在3 600 m处10～50 cm土壤年平均温度基本相同。

依照常理，不同高度土壤温度在随海拔变化过程中均应在准相关直线附近，但在3 600和4 200 m处土壤温度偏差明显，均相对较高。造成这种现象的主要原因是3 600 m处是逆温层中部，受逆温层影响该高度温度相对较高，特别是较深层土壤不仅受逆温层的影响，同时还受到土壤对低温的“过滤”，使土壤温度始终保持相对较高。4 200 m处所架设的微气象仪在较陡峭的山坡，坡向也略有偏差，坡向与坡度将导致区域吸收较强的太阳辐射，有利于4 200 m土壤温度的相对提高。

另外，地表植被的发育（李英年等，2004）和土壤结构及湿度也是影响研究地区土壤温度变化的主要原因，在海拔较低地区植被发育良好，土壤层深厚，土壤湿度大，一定范围内土壤温度的变化与海拔的关系不明显，但在高海拔地区，土层极为浅薄，甚至为裸露石岩，土壤下渗水明显，土层（裸岩内部）干燥，导致土壤温度变化幅度明显。除此之外，冬季高海拔地区的长久积雪也是重要的影响因素（李英年等，2005），积雪可增大地表的反射率，减少辐射能的吸收，致使雪面温度比气温低，同时积雪是热的不良导体，导热率低，冬季可以防止土壤热量散失，使土壤温度高于气温，起到明显的保温作用。但是当气温上升到零度以上时，地面的残雪则阻滞土壤增温，减弱冬季的保温作用。所以3 600 m处地温升高，很大程度上和逆温作用有关，而在4 200 m处则与雪层的保温作用有关，在4 300 m处的山顶由于吹风使得积雪层减少，上述因素的影响作用明显减弱了，增温不显著。

另外，土壤温度在0 ℃前后，由于冻融的影响使土壤温度变化幅度很小，土壤温度在0 ℃前后的时期也很长，这尤其表现在谷底深层土壤中。谷底（3 250 m）50 cm的日平均地温从-1 ℃到1 ℃的变化用了两个半月，从1 ℃到-1 ℃用了一个月时间，而在山体4 000 m处都只用了一个月左右。此外，最低地温和最高地温分别出现在1月和8月，这两个月各层地温的变化也很小。

第七节　山体垂直带土壤湿度

我们用的土壤湿度探头是直接观测土壤体积含水量,定义为土壤中水的体积与土壤的干燥土壤+空气+水的总体积的比值。仪器观测到的最高值是0.57。由于冬季土壤冻结,探头就无法观测到实际的土壤湿度(观测值为负值),所以在冬季当土壤温度低于零度以后的数值是无效的。表3-13至表3-15给出了山体垂直带上土层5、20和50 cm月平均土壤湿度的变化。可以看到当地温接近零度时,土壤各个深度的数值变小,零度以后数值急剧变小。这说明冬季的土壤湿度比夏季少;山体垂直带上基本上是浅层5 cm土壤湿度比深层20和50 cm的土壤湿度大,山体下部的土壤湿度比山体中上部大。但是,夏季7、8月份在相对高度200 m到400 m(海拔3 400～3 600 m)上,20 cm土层有一个土壤体积含水量的高值中心,说明夏季7、8月份在这个高度上,20 cm的土壤湿度最高。

表3-13　祁连山南麓坡地不同海拔5 cm土壤湿度

单位:m³/m³

海拔	1月	2月	3月	4月	5月	6月	7月	8月	9月	10月	11月	12月	年平均
3 200 m	0.13	0.13	0.17	0.43	0.48	0.42	0.37	0.37	0.42	0.40	0.23	0.14	0.31
3 400 m	0.09	0.10	0.13	0.36	0.40	0.35	0.30	0.30	0.35	0.34	0.18	0.10	0.25
3 600 m	0.01	0.01	0.02	0.06	0.16	0.13	0.11	0.10	0.10	0.09	0.06	0.02	0.07
3 800 m	0.01	0.01	0.01	0.04	0.09	0.11	0.13	0.14	0.16	0.14	0.03	0.00	0.07
4 000 m	0.02	0.03	0.04	0.03	0.09	0.16	0.17	0.13	0.13	0.10	0.03	0.02	0.08
4 200 m	0.01	0.01	0.01	0.02	0.10	0.14	0.13	0.13	0.14	0.13	0.06	0.02	0.07

表3-14　祁连山南麓坡地不同海拔20 cm土壤湿度

单位:m³/m³

海拔	1月	2月	3月	4月	5月	6月	7月	8月	9月	10月	11月	12月	年平均
3 200 m	0.11	0.11	0.12	0.30	0.45	0.37	0.33	0.32	0.36	0.35	0.26	0.12	0.27
3 400 m	0.07	0.07	0.09	0.25	0.36	0.31	0.28	0.27	0.29	0.28	0.22	0.08	0.22
3 600 m	0.09	0.10	0.12	0.11	0.17	0.38	0.46	0.39	0.36	0.25	0.22	0.07	0.23
3 800 m	0.01	0.01	0.01	0.03	0.10	0.16	0.16	0.16	0.17	0.17	0.08	0.01	0.09
4 000 m	0.12	0.10	0.04	0.01	0.09	0.14	0.12	0.13	0.14	0.16	0.13	0.02	0.10
4 200 m	0.09	0.09	—	—	—	0.16	0.11	0.14	0.16	0.13	0.05	0.09	0.11

表3-15 祁连山南麓坡地不同海拔50 cm土壤湿度

单位:m³/m³

海拔	1月	2月	3月	4月	5月	6月	7月	8月	9月	10月	11月	12月	年平均
3 200 m	0.16	0.15	0.16	0.19	0.32	0.44	0.39	0.38	0.41	0.41	0.38	0.29	0.31
3 400 m	0.07	0.07	0.08	0.11	0.31	0.30	0.27	0.26	0.28	0.27	0.24	0.13	0.20
3 600 m	0.05	0.03	0.03	0.05	0.08	0.16	0.15	0.15	0.17	0.16	0.15	0.12	0.11
3 800 m	0.01	0.01	0.01	0.02	0.06	0.17	0.16	0.17	0.17	0.16	0.12	0.02	0.09
4 000 m	—	—	—	—	0.03	0.19	0.12	0.13	0.11	0.13	0.05	—	0.11
4 200 m	0.01	0.01	0.01	0.04	0.07	0.21	0.18	0.19	0.20	0.17	0.08	0.02	0.10

另外,从春天到初夏谷底的日平均土壤体积含水量的数值从5到50 cm逐渐明显增加,这是土壤融冻后土壤水分增加的象征。除了以上的高值中心以外,从表3-13还可以看到在高温的7月,土壤湿度较前后时期略有下降,这使得土壤有高温缺水的现象,8月的降水和空气湿度的增加使土壤水分有所增大。

山体垂直带梯度状况下的气候分析表明,祁连山南麓气温低,特别是谷底冬季气温最低;冬半年(11月到翌年4月)谷地里存在明显的逆温层,造成谷底气温和浅层地温比相对高度高出三四百米的山体地带低;夏半年(5月到10月),谷地低层有时在静风时也有逆温出现,因此谷底的日较差大,而相对高度较高的山体垂直带上日较差并不大;年较差在谷底和山体上都较小。这一特征在近63年的气候变化下变得更加明显,这主要是青藏高原东北缘的风速逐渐变小,促使冬季逆温增强,谷底降温强而山体中上部变温少,夏季整体升温多而造成的。

近63年(1957—2019年)来青藏高原东北缘各月和山体垂直带各高度的气温都有明显升高,但升温的速度各不相同,年平均气温的升温速率在0.3 ℃/10年到0.61 ℃/10年,2月的升温速率最大,4 000 m的升温速率达到了0.73 ℃/10年。升温速率一般是随海拔的上升先是有所增加,在相对高度600 m(3 800 m)左右达到最强,而后随海拔的上升而减弱。青藏高原东北缘的升温主要与风速的减弱有关。同时发现青藏高原东北缘的降水较少,主要集中在夏半年(5月到10月);山体垂直带上相对谷底的空气湿度较大,降水有显著增加,因此过去对于青藏高原东北缘的降水量的评价可能过小;但由于山体垂直带上降水的径流较强,所以山体垂直带上的土壤湿度与谷底相比并没有显著变化;土壤湿度是夏季大冬季小,20 cm土壤湿度在相对高度200到400 m处是高值;近63年来降水量有增加的趋势,但并没有显著的变化。除温度和降水以外,青藏高原东北缘的其他气候特征,如风速、日射等,在山体垂直带上一般都更加明显。

青藏高原上多大山,地形复杂多变,青藏高原的气候本身也随地区的不同而变化很大。处于山谷平地的青藏高原气象台站的数据不适合评估高原高山地区的气候特征,尤其是冬季的气候特征。而人类活动(主要是放牧)可能对青藏高原的温度分布有很大影响。高山地区的长期气象观测和生态调查对今后的高山地区的发展非常重要。本章对于青藏高原东北缘的气候特征以及近63年来变化的总结是建立在祁连山脉中一个高差1 200 m的西南向阳坡面的12年观测数据和谷底两个国家气象站的数据分析基础之上的简单气候要素特征和变化，观测地点的地形和范围不同特别是坡向不同，会有不同的气候反映，坡地方位和地形形态不同会引起太阳照射条件和辐射收支的巨大差异；由于辐射收支的差异，又造成热状况和水分情况的不同，从而形成不同的气候特点（傅抱璞，1983）。另外，由于使用仪器等原因，观测数据的缺测，特别是降水量和土壤湿度的观测数据的缺测也会对我们的总结概括有一定影响。要研究气候变化和放牧对高寒草甸生态系统的影响，更广范围的山体垂直带的长期气象观测是必不可少的，期望今后能有对青藏高原东北缘的气候特征以及变化的更精准总结。

第八节　山体垂直带土壤理化性质

一、不同海拔土壤有机质和全氮变化

我们于2009年监测分析了祁连山南坡山体垂直带不同海拔上的土壤有机质及全氮分布状况（薛晓娟等，2009）。图3-11给出了祁连山冷龙岭南坡的不同海拔0～40 cm土壤有机质含量及全氮含量分布，可以看出，冷龙岭东段南麓坡地土壤有机质含量随海拔变化明显。自3 200 m到3 800 m每200 m梯度高程，土壤有机质表现出自3 200 m（108.1 g/kg）开始缓慢下降，到3 400 m为104.0 g/kg，从3 400 m到3 600 m又急剧升高至126.5 g/kg，以后迅速下降，到3 800 m为84.2 g/kg。

随海拔和植被群落的不同，土壤全氮的含量也随海拔有明显的变化，而且其变化规律与土壤有机质的变化相似。从图3-11看到，在祁连山冷龙岭东段南麓坡地3 600 m处土壤全氮含量最高达7.5 g/kg，而最低的3 400 m处为5.7 g/kg。

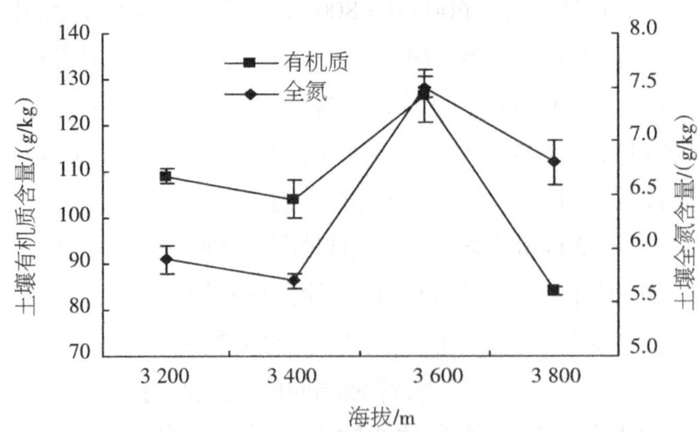

图3-11　祁连山东段南麓坡地土壤有机质和全氮随海拔的变化

不同海拔土壤有机质及全氮含量的垂直剖面分布表明，在垂直方向上，土壤有机质及氮的含量随土壤深度的加深而降低。在祁连山冷龙岭东段南麓坡地也是相同的变化规律。不同海拔土壤有机质和全氮的垂直分布均表现出表层0～10 cm明显高于下层，且随着深度的增加呈降低趋势（表3-16）。

表3-16　祁连山东段南麓坡地不同海拔土壤有机质、全氮含量的垂直分布

海拔/m	土层					
	有机质/(g/kg)			全氮/(g/kg)		
	0～10 cm	10～20 cm	20～30 cm	0～10 cm	10～20 cm	20～30 cm
3 200沼泽湿地*	280.6	281.0	281.3	12.4	13.1	13.6
3 200沼泽化草甸**	—	278.1	166.1	—	11.26	5.30
3 200金露梅灌丛***	120.9	104.5	69.3	4.6	3.9	3.2
3 200矮嵩草草甸****	138.5	78.9	61.6	6.5	4.2	3.3
3 200高山嵩草草甸*	128.4	101.4	71.5	5.9	4.9	3.8
3 400金露梅灌丛	193.9±3.0a	73.3±1.8c	60.2±4.2b	8.5±0.5b	5.0±0.4c	4.1±0.01b
3 400杂草类草甸	112.7±6.2b	113.2±6.9b	86.3±0.7a	6.6±0.3c	6.8±0.3b	3.9±0.3b
3 600杂草类草甸	176.7±11.3a	136.0±8.6a	66.7±7.1b	10.0±0.2a	8.1±0.2a	4.6±0.1ab
3 800高山稀疏植被	109.8±2.9b	80.1±2.4c	62.7±1.4b	8.3±0.2b	6.8±0.2b	5.2±0.3a

注：(1)* 文献（周兴民和吴珍兰，2006）数据；(2)** 文献（周兴民和吴珍兰，2006）0～20 cm和20～45 cm土壤层次数据；(3)*** 文献（曹广民，2010；陶贞等，2007）0～24 cm和24～45 cm土壤层次数据；(4)**** 文献（曹广民，2010；王启兰等，2004）数据；(5)表中数据为平均值±标准差，同列有不相同字母者，则差异显著（$P<0.05$）。

从表3-16看到，土壤有机质含量0～10 cm土层3 200、3 400、3 600和3 800 m比对应高度20～30 cm层次分别高133.7、26.4、110.0和47.1 g/kg。在3 200 m的矮嵩草草甸和3 600 m退化后的金露梅灌丛依土壤深度的增加土壤有机质的下降速率比3 400 m金露梅灌丛草甸和3 800 m的高寒草甸快。底层20～30 cm处4个不同高度上的土壤有机质除3 400 m显著高于其他3个高度外，另外3个高度差异不显著。这与3 400 m是植被为金露梅灌丛草甸的木本金露梅具有较深的根系有关，一般草甸草本植物根系较浅，主要分布在土壤0～20 cm层次，而金露梅根系可延伸到50 cm层次（李英年等，2006）。在3 600 m虽然过去也为金露梅灌丛草甸，但经超载放牧，金露梅已不复存在，残留的植物根系量包括有机质已在长时间的分解过程中降低。但仍可看到，3 600 m处20～30 cm层次土壤有机质含量仍比3 200 m和3 800 m处同层次略高。同样土壤全氮含量也有相似的变化规律，0～10 cm土层3 200 m、3 600 m和3 800 m比对应10～20 cm土层分别高3.5、1.9和1.5 g/kg；0～10 cm土层3 200 m、3 400 m、3 600 m和3 800 m比对应20～30 cm土层分别高4.4、2.7、5.4和3.1 g/kg。

二、不同海拔土壤碳氮比

土壤碳氮比通常被认为是土壤氮素矿化能力的标志(Paul,2000),不同海拔土壤碳氮比分析表明,碳氮比低有利于微生物在有机质分解过程中的养分释放,土壤中的有效氮增加;反之,微生物在分解有机质的过程中会存在氮受限,从而与植物存在对土壤无机氮的竞争,不利于植物的生长及净初级生产力的增加。土壤有机质模型CENTURY(Patton et al.,1988)就是根据碳氮比来决定有机质分解过程中是发生矿化还是微生物固持,较低的碳氮比有利于氮的矿化养分释放,通常认为土壤碳氮比在25～30会出现净矿化,是微生物分解的最佳值(Prescott et al.,2000)。从图3-12上看到,祁连山东段南麓土壤碳氮比为6～14,是适合微生物的矿化的,即微生物在分解有机质的过程中不受氮限制,有利于分解过程中的养分释放,说明祁连山东段南麓土壤腐殖化程度高,氮矿化能力强。

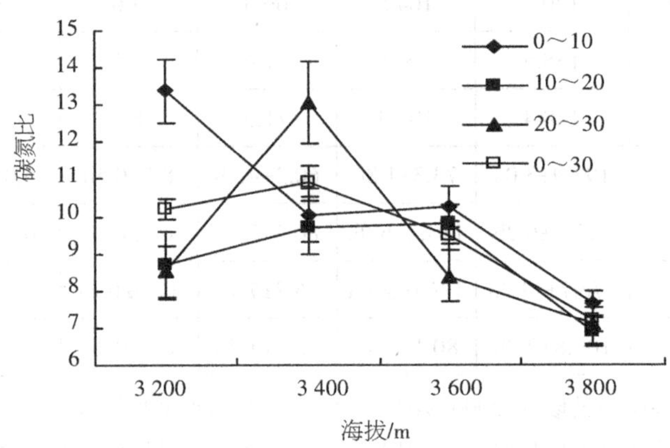

图3-12 祁连山东段南麓土壤各层碳氮比随海拔的变化

从图3-12上还看到,0～10 cm土层土壤碳氮比在3 200 m(13.38)最高,并随海拔升高而降低,到3 800 m(7.64)最低,3 400 m略低于3 600 m,除3 400 m与3 600 m差异不显著外,其他梯度差异显著;10～20 cm土壤碳氮比表现出自3 200 m开始到3 600 m升高,3 600 m开始下降,到3 800 m处最低,3 400 m和3 600 m与3 800 m之间差异达到显著,其他梯度之间差异不显著;20～30 cm表现出自3 200 m开始到3 400 m升高,3 400 m开始下降,到3 800 m处最低,3 400 m与各海拔之间差异达到显著,其他之间差异未达到显著水平。20～30 cm土层土壤碳氮比随海拔变化幅度较大,而10～20 cm层次保持相对平稳。3 600 m和3 800 m处,0～10 cm、10～20 cm和20～30 cm的土壤碳氮比基本接近,相互差值明显减小。从0～30 cm整层来看,随海拔的升高先增加后减小,在3 400 m海拔处最大,在3 800 m处最小。3 200、3 400、3 600和3 800 m海拔处的碳氮比值分别为10.20、10.94、9.48和7.22,其0～30 cm整层土壤碳氮比(y)与海拔(x)具有显著的对数关系[y=-17.842Ln(x)+155.02, R^2=0.8210],表现出土壤碳氮比随海拔增加降低明显。造成这些的原因可能是3 400 m海拔处夏季放牧草场放牧强度大,每年植被地上草本植物基本被牛羊啃食殆尽，但金露梅仍可得到良好的生长，斑状的裸露地表导致土壤有机质损失严重，必然会引起土壤全氮含量的减少。同时高山草甸氨化作用较强，土壤全氮的挥发和反硝化损失高，因此植被覆盖度低的地方全氮减少速度较快（周兴民，2001）。同理，3 200 m为典型的矮嵩草草甸，该草甸在广大高寒草地均有较高的草地生产力，植被覆盖度大，减缓了全氮含量的减少速度。

三、土壤有机质和全氮与气候因子和植被类型的关系

分析土壤有机质和全氮与气候因子和植被类型的关系时发现，祁连山冷龙岭东段南麓坡地土壤有机质和全氮随海拔分布，与区域植被群落结构，以及随海拔气候环境等发生变化有关。表现在不同的气候条件和人类活动干扰下，通过植被、土壤，进而影响着进入土壤中的有机质数量及土壤有机质的分解等。

就某一地点而言，0～30 cm土壤中有机质含量和全氮含量均随着土壤含水量的增加而增加，具有显著的正相关关系（图3-13）。土壤有机质（y_1）和全氮（y_2）与土壤温度（x）之间均呈负二次曲线关系（$y_1=-0.1443x^2+1.1543x+9.478$，$R^2=0.647$；$y=-0.0024\ x^2+0.0011x+0.6783$，$R^2=0.2255$）。而且对土壤有机质和土壤全氮的影响因素中，土壤含水量明显大于温度。

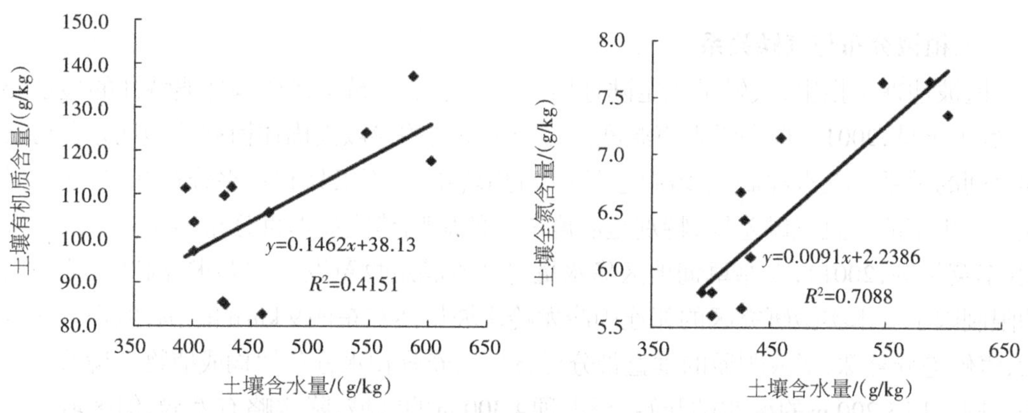

图3-13　土壤有机质和全氮含量与土壤含水量(0～30 cm)的关系

土壤有机质和全氮在随海拔增加的过程中，与植被生产力存在一定的正相关关系，但均未达到显著水平。

从植被类型分布及人类活动影响来看，3 200 m为典型的矮嵩草草甸，该草甸在广大高寒草地均有较高的草地生产力，虽有放牧等外界因素的干扰，但因地下生物量是地上生物量的数倍（王启基等，1998），每年将有大量的植物有机残体归入土壤，提高了土壤有机质，但该区域在4个不同海拔中海拔最低，热量条件尚好，利于有机质的分解和迁移，限制了土壤有机质及全氮的提高。3 400 m处为典型的金露梅灌丛草甸，过去在该区域放牧轻，植被生长良好，土壤有机质含量比矮嵩草草甸地区高（乐炎舟等，1982）。但在20世纪80年代后期到90年代中期被当地政府用为夏季放牧草场，夏季放牧草场放牧强度大，每年植被地上草本植物基本被牛羊啃食殆尽，但金露梅仍可得到良好的生长,在非金露梅生长区,植被近似裸露,导致土壤有机质损失严重。虽然近十几年来,区域草场又回归为冬春放牧草场,植被有所恢复,但处于恢复阶段,故其土壤有机质仍较低。3 600 m区域一直以来是夏季放牧草场,在20世纪80年代前,放牧牲畜数量较少,虽然为夏季放牧草场,但植物生长有喘息的机会,植被仍有较大的覆盖度,木本金露梅生长高度为40～60 cm。但是80年代以后,放牧家畜急剧增长,夏季放牧草场压力巨大,对草地破坏严重,就是很高的金露梅灌丛已不复存在,但大量的枯死根系埋藏于土壤,根系残体对土壤有机质含量提高有利。3 800 m处虽然与3 600 m区域一样为夏季放牧草场,但该区年平均气温已比3 200 m低近4 ℃,长久以来极端恶劣的外部环境条件,限制了植物的正常生长和发育,植被种类组成明显减少,植被盖度低,部分地段出现斑状裸露地表,区域土壤层浅薄,植被生产力低下,特别是植物地下生物量明显减少,进而对土壤有机质的补给也很低,导致区域土壤有机质明显降低。

第九节　气候环境下的祁连山南坡植被垂直带谱

一、植被分布与气候关系

植被地理学指出,气候是决定陆地植被类型分布格局及其结构功能特性的最主要因素(宋永昌,2001),很多学者将温度作为一个重要的参数去描述植被的地理分布与气候之间的关系。在青藏高原受温度及降水的影响植被不仅具有水平分布规律,而且受地形作用下的垂直气候差异,特别是温度差异的影响其植被垂直分布明显。有研究表明(李英年等,2001),高寒草甸地区降水量可基本满足牧草发育的要求,温度成为主要的限制因子。本实验研究区的祁连山冷龙岭南坡虽然在东西9 km的范围,但垂直落差大,气候差异悬殊,形成明显的垂直带分异,热量、养分和水分条件构成植物生境特征显著不同。自3 200 m的海北站开始,至山顶4 300 m的区域,降水略有差异,但区域降水相对丰富,植被生长主要受温度的影响,而且温度随海拔不同变化剧烈,致使植被类型、群落结构相差明显。这里采用日平均气温≥0 ℃积温,以及年、最热(冷)月平均气温等作为指标,可将祁连山冷龙岭南坡实验区3 200～4 300 m划分为下列4个垂直气候带:

(1)亚高山高寒草甸气候带:位于海拔3 100 m～3 300 m。为典型的高寒矮嵩草草甸植被类型,植被盖度高,生物多样性丰富,植被主要优势种为矮嵩草、异针茅、垂穗披碱草、冷地早熟禾(*Poa.crymophila*),次优势种有蒲公英(*Taraxacum mongolicum*)、鹅绒委陵菜(*Potentilla anserina*)、棘豆(*Oxytropis glabra*)、花苜蓿、异叶米口袋、麻花艽,伴生种有高山唐松草、苔草、美丽风毛菊、兰石草(*Lancea tibetica*)、长叶火绒草(*Leonlopodium longifolium*)、线叶龙胆(*Gentiana farreri*)等,隶属19科40属54种植物。部分地带分布藏嵩草沼泽化草甸。冬冷夏凉,半湿润气候,最热月7月气温在9～11 ℃,最冷月1月为-16～-13 ℃,≥10 ℃积温100 ℃·d左右,维持天数约10 d,≥0 ℃积温维持在1 400 ℃·d

以内，无霜期20～40 d，植物生长期有135 d。

（2）亚高山灌丛草甸气候带：山前冲洪积扇、缓坡地段，分布在海拔3 250～3 450 m，为金露梅灌丛草甸，主要优势种除金露梅外，还有垂穗披碱草、异针茅、苔草、早熟禾、瑞苓草（*Saussurea nigrescens*），次优势种为珠芽蓼、黄帚橐吾（*Ligular virgaurea*）、羊茅、落草（*Koeleria cristata*）、矮嵩草、柔软紫菀（*Aster flaccidus*）、蒲公英，伴生种为老鹳草（*Geranium sibiricum*）、长叶火绒草、银莲花（*Anemone obtusiloba.*）、高山唐松草、兰石草、尖叶龙胆（*Gentiana aristata*）、鹅绒委陵菜等，隶属15科37属47种植物。气候寒冷，最热月平均气温7～10 ℃，最冷月在-14～17 ℃，≥10 ℃积温不出现，≥0 ℃积温维持在1 000 ℃·d左右，全年几乎有霜出现，风力较大，植物生长期118 d左右。

（3）高山草甸气候带：坡麓地带，海拔在3 450～3 900 m，为高山草甸，群落主要优势种为苔草、矮嵩草、异针茅，次优势种为小嵩草、垂穗披碱草、高山唐松草、雪白委陵菜（*Potentilla nivea*）、珠芽蓼、齿状风毛菊（*Saussurea katochaete*）、金露梅、矮火绒草（*Leontopodium nanum*）、美丽风毛菊，伴生种为蒲公英、兰石草、线叶龙胆、银莲花、棘豆等，隶属12科24属31种植物。气候寒冷，最热月平均气温5～8 ℃，最冷月在-15 ℃左右，≥0 ℃积温维持在1 100 ℃·d左右，风力大，植物生长期100 d左右。

（4）高山亚冰雪稀疏植被气候带：3 900 m以上至山顶4 300 m，多为裸露险峰石岩或雪线，呈现石质荒漠景象。主要生长稀疏垫状植被，如苔藓状蚤缀（*Arenaria musciformis*）、垫状繁缕（*Stellaria decumbens*）等。其中海拔4 100 m以上，裸石，没有植被，偶见水母雪莲（*Saussurea polysaccharide*）。全年严寒，年均温在-3 ℃以下，最热月在6 ℃以下，最冷月在-17 ℃以下，日平均稳定≥0 ℃积温不足400 ℃·d，风力强劲，植物生长期不足80 d。

二、山体垂直带植被生产力

高寒草甸植物一般从日平均气温稳定≥0 ℃开始返青，干物质开始积累，随温度升高，降水增加，生物量增大，在日均气温≥5 ℃结束时达最大（王长庭等，2004）。观测有植被的3 200 m到3 800 m地上生物量发现（图3-14），随海拔升高地上净初级生产力呈现下降趋势。植被地上净初级生物量随海拔每升高100 m将减少43.47 g/m^2，与海拔具有极显著的相关性（R^2=0.964，P<0.05）。

一般来说，影响草地生产力的因素主要有自然因素和人为因素。气候对初级生产力的影响中温度是最主要的限制因子，由于海拔不同，导致区域温度条件差异悬殊，植物的有效积温时间相差很大，生长时间长短差异明显，致使海拔较低的地区植物生长时间较长，生长比较旺盛，植被生产力高，而海拔较高区域植被生产力低。在高海拔地区的祁连山南坡是当地夏季放牧草场，其植被生产力不仅受到自然因素（海拔，温度，降水等）的影响，同时由于是夏季牧场，放牧强度大，植被负载过大，导致区域草场退化严重。虽然于2006年开始选择不同海拔进行样地的封育措施，但是重度放牧影响的延续及滞后性，导致过去进行放牧的草地（一般在3 500 m以上）地上生产力较低。同时由于山体垂直带不同高度日均气温≥5 ℃结束时间自高海拔向低海拔逐渐延迟，从而其生物量最大值出现时间自8月底开始向后延，滩地生物量最大值出现时间可推迟到9月中旬初。

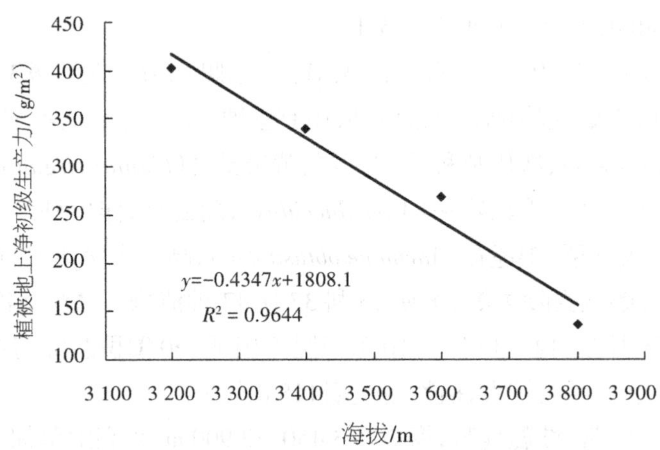

图3-14　祁连山冷龙岭南坡坡地植被地上净初级生产力随海拔的变化

三、山体垂直带植物群落结构特征

我们的调查发现，受环境条件限制，不同海拔具有不同的植被类型，其植物优势种不同（表3-17），低海拔3 200 m海北站附近为高寒矮嵩草草甸，建群种的优势种除矮嵩草外，还有异针茅、垂穗披碱草等。当然低海拔区域也有金露梅灌丛、藏嵩草沼泽化草甸、帕米尔苔草湿地、高山嵩草草甸，以及高山嵩草草原化草甸。

表3-17　祁连山海北站附近冷龙岭山体垂直带植物群落基本状况

样点	海拔/m	植被类型	建群种优势种与伴生种
1	3 200	高寒矮嵩草草甸	矮嵩草，异针茅+垂穗披碱草+美丽风毛菊
2	3 400	金露梅灌丛草甸	金露梅，矮嵩草+垂穗披碱草+异针茅+麻花艽
3	3 600	杂草类草甸	矮嵩草，青藏苔草+柔软紫菀+鹅绒委陵菜
4	3 800	杂草类草甸	青藏苔草，矮嵩草+柔软紫菀+鹅绒委陵菜
5	4 000	高山流石坡稀疏植被	青藏苔草，珠芽蓼+矮嵩草，雪兔子
6	4 200	高山流石坡稀疏植被	点地梅，雪莲，雪兔子，大黄
7	4 400	流石域积雪景观	无植物，流石坡

海拔3 400 m多为金露梅灌丛草甸，金露梅灌丛草甸建群种的优势种除木本的金露梅外，底层草本植物多以矮嵩草、异针茅为优势种，草本植物群落与矮嵩草草甸不同的是伴生种明显有藏异燕麦。

海拔3 600～3 800 m为金露梅上限的高寒杂草类草甸。该类高寒杂草类草甸是因处在夏季放牧草场，在短短的6月到8月，就近牧民所有的家畜均在此地放牧，草场压力大，新生长的植物及时被家畜啃食，长期的过度放牧，导致草场退化严重，使原有的矮嵩草草甸植物群落发生演化，禾草类、莎草类植物种明显减少。而那些杂草类植物，特别是叶片比较宽且易平铺在地表的植物，一来家畜觅食困难，二来这些植物叶片易受家畜粪便的污染而得到较多的发育机会，进而取代了原生的矮嵩草、异针茅等为优势种的植被类型。

约3 900～4 000 m处在雪线附近，植被自下而上由杂草类草甸向高山流石坡稀疏植被演替。4 000 m以上基本为流石坡，下部偶见水母雪兔子(*Saussurea hypsipeta*)、大黄(*Rheum officinale*)等。更高处为寸草不生的裸岩，年内仅在最温暖的7月裸露岩石外，其他时间均被积雪所覆盖。

不同海拔的植被类型不同，其植物种类组成及其重要值也有很大的差异。表3-18给出了山体垂直带有植被区的植物种类组成与重要值。考虑到3 900～4 000 m区域基本为雪(草)线，植被稀疏，主要以垫状植物为主，如西藏点地梅(*Androsace mariae*)、甘肃雪灵芝(*Arenaria kansuensis*)、大黄(*Rheum officinale*)、水母雪兔子、黑毛雪兔子(*S. medusa*)、矮垂头菊(*Cremanthodium humile*)等几种适应极端高寒环境极少的植物种，4 000 m以上为高山流石坡，稍低地带偶见大黄和水母雪兔子，故在表3-18中未列4 000 m高度处植物种类组成与重要值。由于调查的年份不同，调查时植物种的重要值计算略有差异，海拔3 600 m和3 800 m处的重要值是在监测植物种盖度、高度、频度的基础上计算得到：重要值(%)=[相对盖度(%)+相对高度(%)+相对频度(%)]/3，而通量塔所在的海拔3 200 m(北滩)和海拔3 400 m(灌丛)的重要值是在监测植物种盖度、高度、频度、生物量的基础上计算得到：重要值(%)=[相对盖度(%)+相对高度(%)+相对频度(%)+相对生物量(%)]/4。从表3-18中看到，随着海拔的增加物种数量逐渐减少，自3 400 m灌丛开始到3 800 m减少明显。

表3-18 祁连山海北站冷龙岭南麓坡地山体垂直带植物种类组成与重要值

单位：%

序号	植物名称	重要值			
		3 200	3 400	3 600	3 800
1	垂穗披碱草(*Elymus nutans*)	8.60	6.41	5.41	7.89
2	异针茅(*Stipa aliena*)	6.35	5.60	12.96	—
3	羊茅(*Festuca ovina*)	2.95	1.87	2.33	2.43
4	紫羊茅(*Festuca rubra*)	2.95	1.87	—	—
5	落草(*Koeleria cristata*)	1.64	1.51	0.67	0,24
6	山地早熟禾(*Poa orinosa*)	4.61	5.37	—	—
7	青藏苔草(*Carex moorcroftii*)	2.72	2.73	13.63	16.87
8	矮嵩草(*Kobresia humilis*)	6.44	2.71	10.45	1.59
9	美丽风毛菊(*Saussurea superba*)	4.50	3.48	2.78	0.98
10	青海风毛菊(*Saussurea qinghaiensis*)	4.35	1.97	—	—
11	白花蒲公英(*Taraxacum leucanthum*)	1.56	1.81	—	—

续表 3-18

序号	植物名称	重要值			
		3 200	3 400	3 600	3 800
12	蒙古蒲公英(*Taraxacum mongolicum*)	2.04	—	1.24	1.35
13	柔软紫菀(*Aster flaccidus*)	3.30	1.09	4.03	4.35
14	矮火绒草(*Leontopodium nanum*)	1.14	3.16	2.29	7.35
15	尖叶龙胆(*Gentiana aristata*)	1.03	2.41	—	1.45
16	线叶龙胆(*Gentiana lawrencei*)	1.00	—	2.61	—
17	鳞叶龙胆(*Gentiana squarrosa*)	0.30	—	—	—
18	高山唐松草(*Thalictrum alpinum*)	0.91	1.27	2.19	1.86
19	青海黄芪(*Astragalus tanguticas*)	0.64	1.15	—	—
20	雪白委陵菜(*Potentilla nivea*)	0.84	1.18	2.11	—
21	鹅绒委陵菜(*Potentilla anserine*)	1.58	2.18	—	4.69
22	二裂委陵菜(*Potentilla bifurca*)	0.27	1.79	—	—
23	二柱头藨草(*Scirpus distigmaticus*)	0.36	—	4.02	1.12
24	繁缕(*Stellaria media*)	0.12	0.35	—	0.23
25	西伯利亚蓼(*Polygonum sibiricum*)	1.05	—	3.51	2.58
26	雅毛茛(*Ranunculus pulchellus*)	0.82	2.25	—	—
27	三裂叶毛茛(*Halerpestes tricuspis*)	0.23	—	—	—
28	长裂叶碱毛茛(*Halerpestas ruthenica*)	0.54	1.20	—	—
29	异叶米口袋(*Gueldenstaedtis diversifolia*)	1.23	0.89	—	—
30	麻花艽(*Gentiana straminea*)	4.05	1.28	—	0.55
31	细叶亚菊(*Ajania tenuifolia*)	1.08	1.81	—	—
32	甘肃马先蒿(*Pedicularis kansuensis*)	1.06	2.21	—	—
33	黄花棘豆(*Oxytropis ochrocephala*)	2.83	2.27	—	—
34	甘肃棘豆(*Oxytropis kansuensis*)	2.23	—	—	—
35	花苜蓿(*Trigonella ruthenica*)	0.77	4.26	—	—
36	乳白香青(*Anaphalis lacteal*)	1.27	1.50	3.85	—
37	直立唐松草(*Thalictrum alpinum*)	0.78	1.99	—	—
38	宽叶羌活(*Notopterygium forbesiide*)	0.61	2.08	—	—
39	婆婆纳(*Veronica didyma*)	0.23	6.09	—	—
40	兰石草(*Lancea tibetica*)	1.39	0.96	0.56	8.47
41	紫花地丁(*Viola philippica*)	0.64	1.76	0.45	—

续表3-18

序号	植物名称	重要值			
		3 200	3 400	3 600	3 800
42	钝裂银莲花(*Anemone obtusiloba*)	1.51	2.75	0.96	2.58
43	甘青老鹳草(*Geranium pylzowianum*)	0.34	1.58	0.48	—
44	獐牙菜(*Swertia tetraptera*)	0.93	1.28	—	—
45	小米草(*Euphrasia tatarica*)	1.84	1.80	—	—
46	瑞苓草(*Saussurea nigrescens*)	3.75	0.68	—	3.65
47	海乳草(*Glaux maritime*)	0.92	2.64	0.66	0.56
48	野青茅(*Deyeuxia arundinacea*)	2.70	0.31	—	—
49	湿生扁蕾(*Gentianopsis paludlsa*)	2.46	—	—	—
50	四叶葎(*G.bungei steud*)	0.31	—	—	—
51	西藏忍冬(*Lonicera tibetica*)	1.54	—	—	—
52	三脉梅花草(*Parnassia trinervis*)	1.10	—	—	—
53	高原鸢尾(*Iris potaninii*)	1.68	—	—	—
54	黄帚橐吾(*Ligularia virgaurea*)	—	0.56	1.15	—
55	蓬子菜(*Galium verum*)	—	0.47	—	—
56	珠芽蓼(*Polygonum viviparum*)	—	1.06	2.35	4.35
57	摩苓草(*Morina chinensis*)	—	0.43	—	—
58	线叶嵩草(*Kobresia capillifolia*)	—	2.04	—	—
59	藏异燕麦(*Helictotrichon tibeticum*)	—	3.93	—	—
60	高山嵩草(*Kobresia pygmaea*)	—	—	2.96	—
61	草地早熟禾(*Poa pratensis*)	—	—	4.55	1.67
62	金露梅(*Potentilla fruticose*)	—	—	6.31	—
63	紫红假龙胆(*Gentianella arenaris*)	—	—	2.78	—
64	重齿风毛菊(*Saussurea katochaete*)	—	—	2.63	5.23
65	短花针茅(*Stipa breviflora*)	—	—	—	5.68
66	假龙胆(*Gentianella Moench*)	—	—	—	1.12
67	垫状点地梅(*Androsace tapete*)	—	—	—	12.46

调查分析发现，不同海拔植被生物量不同，且随海拔升高而降低(图3-14)，就是植被盖度、高度也有所不同，从草本植物来看，植被的高度、盖度均随海拔升高而降低，表现出与海拔呈负相关关系($r = 0.99$，P <0.01)。

第四章　祁连山南麓海北高寒草甸植被群落与演替

海北站处在祁连山北支冷龙岭的南坡，平均海拔约4 000 m，东南季风在爬升的过程中遇高山拦截而形成降水，年平均降水在500 mm以上，形成寒冷半湿润的灌丛草甸气候类型。在海北站所分布的高寒灌丛和高寒草甸恰好与祁连山北部和湟水流域的高山灌丛草甸带相吻合。从组成植被的区系成分来看，其建群种以北极–高山和中国–喜马拉雅成分为主。由此可见，海北站的高寒灌丛和高寒草甸应属于山地垂直地带性。这里应特别强调的是，海北站虽地处中国植被区划的温带草原区，但因祁连山坐落在温带荒漠和温带草原区，在山地一定高度所分布的高寒灌丛和高寒草甸，与广袤的青藏高原面上一样，属于山地垂直地带性植被，只是高寒灌丛和高寒草甸在高原面上平展而成为高原地带性类型而已。因此，海北站不论从气候、植被类型和种类组成还是从土壤等方面来看，均具有青藏高原高寒灌丛和高寒草甸的代表性。

第一节　祁连山地植被与生态地理的边缘效应

一、祁连山地植被与分布

祁连山植被处于欧亚草原区和亚非荒漠区之间，山地垂直地带分异显著，这种分异的主导因素是山地垂直高度所引起的水热条件的综合作用。在南部的湟水流域，地势自西向东逐渐降低，微弱的东南季风沿湟水谷地吹入，但由于地形较为开阔，加之河谷的热效应作用，不易形成降水，故年平均降水量仅为370 mm左右，气候比较干旱，成为半干旱的草原气候类型，欧亚草原区亚洲中部草原亚区的温性草原自甘肃兰州向西延伸抵青海日月山脚下。湟水谷地两侧海拔1 750～3 000(3 200)m的低山，分布着以长芒草为主的草原植被，因草原植被分布地段黄土覆盖较厚，加之人类经济活动，目前大部已辟为农田。在海拔3 000(3 200)m以上的山地，由于海拔升高，河谷热效应减弱，气温降低，降水增加，草原植被为高寒灌丛和高寒草甸所代替。祁连山北部的河西走廊，在蒙古高压反气旋的西北风系的控制之下，气候干燥少雨，年平均降水量40～200 mm，由东向西递减，成为荒漠气候类型，植被以灌木和半灌木荒漠为主。祁连山耸立在河西走廊的南部，山体高大，气候随山地海拔的升高梯度变化明显，因而祁连山北坡植被垂直分异明显。例如，在海拔2 000 m以下为山地荒漠带，海拔2 000～2 500 m为山地草原带，海拔2 500～3 200 m为山地寒温性针叶林带，海拔3 200 m以上为高寒灌丛和高寒草甸带。这就需要对祁连山山体植被气候带进行深入的研究。

祁连山地区的植被在植物区系分区上归属泛北极植物区的青藏高原植物亚区唐古特地区。由于祁连山地区所处的独特地理位置，植物区系成分具有边缘效应的基本特征，即区系成分的多样性特点。主要地理成分有北温带成分、中国-喜马拉雅成分、青藏高原成分、中亚成分等。这些地理成分在边缘山地接触、交叉、渗透并特化。北温带成分和中国-喜马拉雅成分在祁连山区占有明显优势，并形成了一些青藏高原的特有成分。嵩草属（*Kobresia*）的许多种形成了高寒草甸的主要优势种。此外，还有马尿泡（*Przewalskia tangutica*）、青藏苔草、穴丝草（*Coelonema draboides*）、黄缨菊（*Xanthopappus subacaulis*）等青藏高原特有植物或只分布于祁连山地区的植物。可见这是一个在青藏高原隆升过程中形成的年轻植物区系。由于祁连山地区地处蒙新荒漠、青藏高原、黄土高原等植被区的交会地带，进而也影响到本区的植被有其自身的特征，同时祁连山地区内部具有复杂多变的生境类型（气候、地形地貌和土壤等），从而形成多种植被类型共存的分布格局（陈桂琛等，1994）。

祁连山北侧除我们后续需要阐述的高山植被外，山体北部为河西走廊沙漠和戈壁，在祁连山南麓中东部是以嵩草属组成的嵩草草甸，嵩草草甸是随着青藏高原隆升以及高山严寒气候的产物。组成嵩草草甸的植物区系与我国其他植被类型不同，主要特征表现出，植物种类较少，以温带科属为主，特有种、属少。祁连山南麓西部有西北针茅等草原分布。

这些特征归因于青藏高原湖区高山自然环境严酷，不利于植物的生长发育，只有那些长期适应严酷自然环境以及抗寒冷的植物种才能生存，因而组成嵩草草甸的植物种类比较贫乏。嵩草草甸在我国分布面积极其广阔，在中国大陆的西半壁，自青藏高原南部亚热带的喜马拉雅山横跨青藏高原，一直分布到新疆北部的阿尔泰山，可谓地跨亚热带、温暖带、温带和寒温带，然而组成嵩草草甸的属则以温带科属为主。地势高亢以及由于青藏高原隆升时间较晚，不易引起植物种的分化，由温带分布的属种的耐寒种类向高原和高山扩散和迁移，因而形成温带科属为主的态势。同时，青藏高原脱离海侵而成陆较晚，并强烈隆升，由此而产生的特殊环境条件，除部分地区外，在嵩草草甸植被广泛分布的高原腹地及其高山带，古老种类随着高原的隆升以及严酷的环境条件而消失，组成嵩草草甸植物的特有种、属较少，其中特有属多为青藏高原所共有的或者周围省区所共有的。

祁连山森林分布多呈片状散布，有明显的坡向性：(1)温带落叶阔叶林主要分布于东部的大通河下游、湟水谷地海拔2 100～2 900 m的山地阴坡、半阴坡及沟谷地带。建群种主要有山杨（*Populus davidiana*）、白桦（*Betula platyphylla*）、红桦（*B. albosinensis*）等。可与油松（*Pinus tabulaeformis*）、青杄（*Picea wilsonii*）（海拔2 300～2 600 m）、青海云杉

(*P. crassifolia*)(海拔2 600～2 900 m)形成针阔混交林。(2)温带常绿针叶林主要分布于东部地区的连城及互助北山一带海拔2 000～2 600 m的山地阴坡或半阴坡。以油松为群落建群种，有时有山杨、白桦等混生。(3)寒温性针叶林广布于祁连山东部地区海拔2 500～3 200 m的山地阴坡，西至北大河，集中于祁连山北坡的肃南、天祝、张掖、武威、山丹和中部的祁连、大通河地区及湟水谷地等地。本区最大的森林类型是以青海云杉为主要建群种，多以纯林状态存在。青杆林分布于大通河下游地区海拔2 000～2 700 m的山地阴坡，介于油松林与青海云杉林之间。此外，大通河谷地、祁连等地海拔2 300～3 500 m的山地半阴坡或阳坡还分布有适应半干旱、寒冷气候的祁连圆柏(*Sabina przewalskii*)林。

祁连山分布了大面积的灌丛，多呈片状散布，也分布在森林相间地带，坡向性、河谷沿岸性、湿地周边区域明显，包括：(1)温性灌丛：主要分布于东部地区大通河谷及湟水谷地海拔2 100～2 800 m的山地阳坡、半阴坡或林缘。主要构成灌木有鲜黄小檗(*Berberis diaphana*)、匙叶小檗(*B.vernae*)、陇塞忍冬(*Lonicera tangutica*)、沙棘(*Hippophae rhamnoides*)、蔷薇(*Rosa spp.*)、蒙古绣线菊(*Spiraea mongolica*)等。(2)高寒灌丛：有高寒常绿革叶灌丛、高寒落叶灌丛。高寒常绿革叶灌丛主要分布于互助北山及甘肃皇城以东海拔2 800～3 400 m的山地阴坡，集中于互助北山及甘肃冷龙岭的金强河一带。以头花杜鹃(*Rhododendron capitatum*)、百里香杜鹃(*R.thymifolium*)为建群种。高寒落叶灌丛主要分布于石油河以东海拔2 900～3 900 m的山地阴坡及沟谷地带。往往以毛枝山居柳(*Salix oritrepha*)、鬼箭锦鸡儿(*Caragana jubata*)、金露梅三种植物共同构成优势种，在不同地段、地形及海拔上其数量比例有所不同，也可分别构成自己的优势群落。毛枝山居柳及鬼箭锦鸡儿多占据山地阴坡及沟谷地带，而金露梅则可在滩地及山地缓坡形成群落。(3)高原河谷灌丛：主要分布于祁连山中部地区的高海拔干旱河谷，集中在黑河、白杨河、布哈河、大通河等河流海拔3 200～3 600 m的滩地，呈条带状或斑块状。主要优势种有具鳞水柏枝(*Myricaria squamosa*)、肋果沙棘(*Hippophae neurocarpus*)、西北沼委陵菜(*Potentilla salesonviana*)等。肋果沙棘灌丛分布的海拔高于具鳞水柏枝灌丛，而西北沼委陵菜仅见于白杨河干旱河谷。

另外，在祁连山地草原的分布极为广泛，类型也多，随气候、土壤等环境不同，草原类型不同：(1)温性草原：主要分布于祁连山北坡海拔1 900～2 600 m的山前干旱山坡以及祁连山东部、中部的山间盆地和谷地，如大通河、湟水河海拔2 800 m以下的河谷地区、青海湖湖盆地区海拔3 200～3 400 m阶梯等地。主要优势种有长芒草(*Stipa bungeana*)、短花针茅(*S. breviflora*)、西北针茅(*S. krylovii*)、芨芨草(*Achnatherum splendens*)、沙蒿(*Artemisia spp.*)等。在湟水谷地海拔2 300 m以下地段及祁连山北坡山前海拔1 800～2 100 m的荒漠与草原交叉地段可出现短花针茅荒漠化草原。(2)高寒草原：分布于祁连山地区的中部、北部和西北部海拔3 200～4 000 m的山地阳坡及山间谷地。以紫花针茅(*Stipa purpurea*)为优势种。

当然，荒漠在祁连山占据的面积也较大，主要在祁连山地区西北部的哈拉湖一带形成本区极端寒冷干旱中心，发育有垫状驼绒藜（*Ceratoides compacta*）高寒荒漠（周立华，1990）。

涉及高寒草甸类型的植被分布面积较广，大多处在湿润、半湿润的气候环境下，包括：

高寒草甸：广泛分布于本区海拔3 100～4 100 m的山地、滩地和宽谷。优势种以嵩草属为主，如高山嵩草、矮嵩草、北方嵩草（*Kobresia bellardii*）、线叶嵩草等。随气候变化及人类活动影响，目前很多地区出现次生类型的垂穗披碱草、山地早熟禾等草甸类型。

沼泽草甸：主要分布于祁连山地区海拔3 200～4 100 m的湿地生境中。集中分布于大通河中上游地区以及青海湖地区的河源滞水滩地、湖滨地带、河流两侧洼地。主要优势种有西藏嵩草、华扁穗草、帕米尔苔草沼泽草甸等。

灌丛草甸：诸如有些研究者将海北金露梅灌丛归属到草甸类型一样，这种类型草地在祁连山地区的南麓阴坡、河滩沿岸等多有分布，主要有金露梅灌丛高寒草甸、山生柳（*Salix oritrepha*）高寒草甸等。

高寒流石坡植被为祁连山地区分布海拔最高的植被类型，主要分布于祁连山地区海拔4 000 m雪线及以上的山体顶部，可随寒冻风化的流石滩呈舌状延伸到高寒草甸带内。常见有特殊的形态特征，植株矮小，多呈垫状、密被绒毛、节间缩短等。群落组成以垫状植物及菊科（*Compositae*）高山植物为常见。

二、祁连山植被分布规律

上述植被类型的分布及其植被类型的组合表现有明显的规律性变化，表现出地区分异显著、垂直变化明显等特点。

（一）地区分异明显

在地区分异上，祁连山地区植被的东西水平变化规律十分明显，由东向西随气候的干旱化，植被类型及其种类组成也表现为整体的规律性变化趋势。就植被的基带类型而言，祁连山东部发育着长芒草、西北针茅、短花针茅、沙蒿等组成的温性草原。祁连山中西部逐渐被高寒灌丛、嵩草高寒草甸及耐寒的紫花针茅草原所替代，西部的哈拉湖地区则发育了以垫状驼绒藜为优势的高寒荒漠。而祁连山北坡山前丘陵地带发育的草原也表现出一定的东西向水平变化，东部地区以温性草原为主，而西部则以高寒草原占优势。山地森林的分布也表现出明显的水平地带性分异。东部的互助北山及连城一带山地以温带针叶林、落叶阔叶林及针阔混交林为主，天祝哈溪、祁丰、祁连、肃南等地则只有寒温性针叶林，并消失于肃南的石油河，其经度为97°30′ E。灌丛类型也有这种明显的经向地带性变化，大通河谷有小面积的温性灌丛。从皇城、互助北山以西则不再出现杜鹃常绿革叶灌丛，而代之以毛枝山居柳、鬼箭锦鸡儿、金露梅等构成的高寒落叶灌丛，并在北大河一带消失。高原河谷灌丛则是与高海拔干旱河谷生境相联系的。所表现的东西水平地带性规律是在巨大的海拔高程上展开的，由东向西依次发育着温性草原→温带针叶林、落叶阔叶林→寒温性针叶林→高寒灌丛、高寒草甸→高寒草原→高寒荒漠。东部地区受黄土高原植被类型的影响，温性草原及温带针叶林有一定分布，表现出黄土高原与青藏高原植被的过渡特征(陈桂琛等,1994;彭敏等,1989)。祁连山北坡山前丘陵地带叠加了河西走廊荒漠的影响。

(二)垂直变化规律显著

祁连山地区不仅具有明显的地区分异性,祁连山地区植被的垂直变化规律表现也十分突出,垂直带谱由东向西趋于简化。由于祁连山地区具有复杂多变的地形,可把植被垂直变化分为三段(陈桂琛等,1994)。

祁连山地区边缘山地垂直带结构有所变化,北坡以荒漠为垂直基带,而东部垂直基带为草原。作为各个山地垂直带系列的组成部分的高山植被带与其下的垂直分带一起组成整个山地的完整垂直带谱,这反映高原边缘山地与毗邻水平地带的联系,而高原内部则以各类高寒植被为主,与高原主体的垂直系列变化相一致(王金亭,1988;刘华训,1981;张经炜等,1980)。由此可见,不同地段及南北坡向有明显的差异,主要受到河西走廊旱化、东部黄土高原草原及高原内部的影响。而整体表现与高原主体相似。

山地与气候之间的关系,是通过构成山地的地貌、土壤、植被、河流等下垫面因子与气候之间的作用及反作用而表现出来的。山区地形直接制约着各种气象要素的局地变化,引起垂直方向气候差异,这种气候差异又影响着山地土壤的发育和植被的生长。植被和土壤既是气候的产物,又是气候的指示(顾卫和李宁,1994)。

气候带的划分因有利于指导人们从事生产和各种改造自然的活动,因此,植被气候带的划分意义深远,得到广泛的重视。通常划分原则是分析气候带的气候特征和生物学意义,综合考虑气候带是一个有机体,是由生物因子和非生物因子相互适宜、相互依存的综合作用体。在不同的气候带中,各要素所起的作用不同,在划分过程中其突出的主导因素不同。如,在温度高降水少的区域将降水视为主导因素,降水多温度低的区域以温度作为主导因素。采用热量为主要指标,同时考虑降水量及湿润度,参照坡地自然景观的垂直地带性分布进行坡地垂直气候区划(周霞和陈东景,1998)。有时也考虑一级、二级、三级等多层次指标。

由于祁连山区既处在几个植被区的边缘交会带上,又是青藏高原东北部的一个巨大“半岛”,使得该区的植被归属问题变得十分复杂而有意义。陈桂琛等(1994)分析和讨论了祁连山地区主要植被类型及其分布特征,认为祁连山植被具有明显的生态地理边缘效应特征和高原地带性规律。该区植被虽然受到四周的较大影响,但各类高寒植被占有绝对优势,表现出与青藏高原植被整体明显的相似性和广泛的一致性。另一方面,本区植被也有其特殊性,以及与高原面存在一些差异,应把祁连山地区作为青藏高原植被区的次一级独立单元。

但就同一级的独立单元,海拔又决定了其植被类型在山体垂直带上的不同,表现出明显的山体植被气候带,这个带谱上植被分布表现多样,森林、灌丛、草原、草甸、湿地、荒漠、雪线上下的流石坡植被等分布不仅有明显的变化规律,同时因接受的光能、水分和热量条件不同植被类型相间出现,其植被群落高度、盖度、种类组成、地上地下生物量等也显著不同。鉴于此,在本章以祁连山南麓东段青海海北高寒草地生态系统国家野外科学观测研究站(海北站)设置的不同海拔梯度实验平台,以文献资料和野外调查相结合的方式解释祁连山冷龙岭中东部南麓坡地植被山体垂直带气候-植被分布特征。

三、植被的特殊性及生态地理边缘效应

(一)生态地理边缘效应与地带性

青藏高原的隆起和存在导致和形成了众多的生态界面或地理边缘,而引起复杂交错的边缘效应(张新时,1990)。祁连山作为青藏高原东北部的一个巨大边缘山系,以其巨大隆起的海拔和大致东西走向的山势,阻挡了蒙古-西伯利亚反气旋的继续南侵,其东南部受到了东亚季风的轻微影响,而西部则伸向亚洲大陆腹部,加上青藏高原本身产生的热力学和动力学作用,致使本区气候复杂化和多样化,其生态地理边缘效应显著。区系成分的多样性是生态过渡带与边缘效应的基本特征之一。其植物区系特征属温带性质,不同地理成分在这里接触、交叉、渗透和特化。植被类型也表现出一定的过渡与边缘特征,北坡山前丘陵地带及西部受中亚荒漠植被类型的影响,基带为荒漠;东部为黄土高原过渡区,有许多黄土高原植被类型的渗透和延伸;西南为柴达木盆地荒漠;南则逐渐过渡到青藏高原高寒植被。祁连山地区主体则以青藏高原的各类高寒植被占据绝对优势,如杜鹃属植物起源中心为横断山区,并在高原上进一步分化发展(闵天禄和方瑞征,1979),成为高寒灌丛的优势种。嵩草高寒草甸是青藏高原隆起所引起的高寒气候的产物,成为典型的高原地带性植被类型(张新时,1978;周兴民,1982)。紫花针茅高寒草原以青藏高原为分布中心,是高原隆升之后生境寒冷干旱发生、发展起来的(中国植被编辑委员会,1980;王金亭,1988)。高寒荒漠更是高原极端寒旱生境条件下形成的产物。青藏高原的高山植物,在适应高原特殊的生态环境方面,其内部结构表现出多方面的特异性(王为义,1985),并具有一系列适应高山环境的形态-生态学特征(王为义和黄荣福,1990;陈庆诚等,1966),由此可见,其植被类型及其组合表现出一定的过渡特征及镶嵌结构特点,具有明显的高原生态地理边缘效应特征。

青藏高原的高原地带性受到许多学者的重视。张新时(1978)首先提出高原地带性概念,他认为青藏高原的自然地带乃是水平地带与垂直带相结合的产物。郑度等(1979)认为青藏高原自然地带的水平分异是欧亚大陆东部低海拔区相应水平地带在巨大高程上的变异。伍光和(1990)认为,对于高原地带性问题还可以有若干新的理解。青藏高原特定高原范围内的水平地带,乃是边缘山脉某个上部垂直带因地貌形态由山地转变为高原面、宽广山间盆地或谷地而极大扩展后的一种平面表现形式。扩展的垂直带不仅占据比较广阔的面积,而且获得了空间连续性,因而表现为水平地带,并成为高原内部山地进一步发生垂直分异的基础。这些学者对高原地带性的贡献对我们进一步深入研究祁连山地区植被高原地带性特征具有重要的指导和启示作用。祁连山地区的高原地带性特征有明显的垂直带特点和边缘地带效应,受到四周植被的广泛影响和制约。在其内部的山间盆地或谷地及高山地区,各类高寒植被得到较大的发展,并占有绝对优势,如高寒灌丛、高寒草甸、高寒草原和高寒荒漠等,各类高寒植被表现出与青藏

高原主体高寒植被的明显相似性,它们在山体内部形成自己的垂直特征。就整体而言,由东南向西北受降水量分布的差异的影响表现出明显的水平地带分异,这种分异是在巨大的海拔高程上展开的,有其独特性。陈桂琛等(1994)认为,虽然祁连山地区四周受到周围地区植被的不同影响,但是植被的水平变化格局与青藏高原植被由东南向西北的变化格局基本一致,具有高原地带性变化特征,表现出东部为含有森林草原过渡带在内的高寒灌丛高寒草甸地带,中部为高寒草原草甸地带,而在西北部为高寒荒漠草原地带。就其本质而言,它与青藏高原主体的高原地带性是一致的,即均是在巨大的海拔高程上展开的,气候控制因子为西南季风和东南季风,并由东南向西北方向表现出半湿润、半干旱、干旱的明显水平分异,作为高寒植被的地带性变化则有高寒灌丛、高寒草甸带→高寒草原带→高寒荒漠带的表现。由于祁连山地区位于高原的东北部,季风的影响幅度减弱,因而植被带宽变小,并且呈现高原主体东南部具有较宽的带状结构弧形状向高原东北部的祁连山地区变成较窄的带宽结构。因此,祁连山地区的高原地带性实质是西藏高原地带性向东北方向的延伸。另一方面,由于祁连山地区是一个横向亚洲中部荒漠与草原区之间的高原"半岛",复杂的地形地貌致使祁连山地区的高原地带性特征具有一定的镶嵌结构特点。如果把低海拔地区以太阳辐射和热量的纬度差异为基础的纬度地带性和以水分差异为基础的经度地带性所共同表现的地带性规律称为原生地带性的话,那么则可把青藏高原已经发生根本质变的垂直带变化为基础,并加上热量纬度差异和水分经度差异所形成的高原地带性称为次生地带性。

(二)植被的特殊性及与青藏高原主体相关性

祁连山地区植被与青藏高原主体具有密切的关系。对植被的认识不能割裂其漫长的地质历史演变。晚第三纪以来,祁连山随青藏高原的强烈隆升(李吉均等,1979)也表现为整体大幅度抬升,大致推算,祁连山自第四纪初以来,至少被抬高了3 000 m(蔡厚雄,1984)。高原隆起对环境带来了显著影响(张林源,1981)。可见,祁连山地区自晚第三纪以来,经历了与青藏高原主体相似的构造运动,生境朝着干旱寒冷的方向演化。就现代自然地理特征而言,祁连山地区与青藏高原主体均具有巨大的海拔高程,这种地势及海拔又引起水热状况的不同组合,加上山脉地形走势,其水汽来源主要受到西南季风和东南季风的影响,气候表现为由东南向西北由半湿润向干旱的明显水平分异,具有典型高原大陆性气候特征。在这种背景特征下,祁连山地区植被与高原面植被有很大的一致性,各类高寒植被占有绝对优势,其水平变化也具有高寒灌丛、高寒草甸带→高寒草原带→高寒荒漠带的特征,表明这两者高寒植被在发生发展上的密切关系。

祁连山地区作为青藏高原东北部的一个巨大"半岛",阻挡了蒙古-西伯利亚反气旋的继续南侵,又受到青藏高压以及东亚季风的影响,其植被特征显示了与高原主体的密切关系。在某种意义上说,它是高原主体的一个缩影,更为重要的是作为高原的整体组成部分。如果不是祁连山阻碍了冬、春季强烈冷空气继续南侵的话,现在高原植被格局可能又是另一种状况。

在祁连山南部及高原主体之间发育有共和盆地及湟河谷地,草原在这一低地明显发育，隔断了祁连山地区植被与高原主体的高寒植被密切关系。这是蒙古-西伯利亚反气旋气流南移时受到祁连山的阻碍，受阻的冷空气部分绕流自东西两个方向进入这一地带的结果（张经炜等，1980；杨鉴初等，1960）。另一方面，高寒植被仍在边缘地带的山地得到延伸和发育，显示了与高原主体的密切关系（彭敏等，1989）。

祁连山植被地理的边际效用及高原地带性特征，以及与青藏高原的关系表明，祁连山地区植被具有自身的特殊性。祁连山地区河谷及山地发育的森林建群种为青海云杉、祁连圆柏等，与高原中部、南部分布的川西云杉（*Picea likiangensis*）、大果圆柏（*Sabina tibetica*）等不同。本区分布的杜鹃灌丛种类主要分布于西倾山的东北部地区，与西藏、川西的植物种类也有所不同（中国科学院植物研究所和中国科学院长春地理研究所，1988；四川植被协作组，1980）。由此可见，祁连山地区植被的基本特征与它所处的地理位置、地质历史时期的强烈隆升所获得的高海拔，以及复杂的地形地貌相联系。

祁连山地区各类高寒植被占有绝对优势。植被的水平分布及垂直分布均与青藏高原主体植被的分布格局变化相类似。无论是生态地理边缘效应、高原地带性特征，还是祁连山地区所具有的作用，远远超过了荒漠地区山地的作用范围。因此，认为祁连山地区北部界线的基带大致为山前海拔2 300 m是森林分布界线。植被的特殊性及其与高原面存在的差异，祁连山植被成了青藏高原植被区的一个次级独立单元。

第二节　祁连山南麓海北站区主要植被类型

一、植被类型分布状况

长期以来，关于青藏高原植被的地带性分布规律一直受到国内生态学家的关注，并提出了各自的观点。青藏高原自第三纪末至第四纪初强烈隆升以来，成为地球上最高、最大的高原，形成了独特的地理单元，被称为“世界屋脊”和“地球第三极”。青藏高原北起西昆仑山-祁连山山脉北麓，南抵喜马拉雅山等山脉南麓，南北最宽达1 560 km；西自兴都库什山脉和帕米尔高原西缘，东抵横断山等山脉东缘，东西最长约3 360 km；范围为25°59′30″～40°1′0″ N、67°40′37″～104°40′57″ E，总面积为308.34×10^4 km^2，平均海拔约4 320 m。在行政区域上，青藏高原分布于中国、印度、巴基斯坦、塔吉克斯坦、阿富汗、尼泊尔、不丹、缅甸、吉尔吉斯斯坦等9个国家。其中中国境内的青藏高原面积约258.13×10^4 km^2（占高原总面积的83.7%），平均海拔约4 400 m，分布在西藏、青海、甘肃、四川、云南和新疆等6省区（张镱锂等，2021）。西藏和青海两省区主体分布在高原范围内（约占高原总面积的60.6%），平均海拔4 000 m以上，面积为257.2×10^4 km^2。跨越纬度约13°46′38″、经度约31°28′07″的青藏高原（张镱锂等，2002），耸立在欧亚大陆中部，占据了大气对流层的1/3～1/2高度，使欧亚大陆辽阔区域的大气环流发生变形，改变与生成，影响植被的分布格局，特别是青藏高原强烈隆升以来所形成的大气环流形势和严酷的环境条件，直接影响到青藏高原植被的分布模式。

海北站地处青藏高原东北隅祁连山主脉冷龙岭东段南麓地区，这里年降水量为430～700 mm，多年监测表明，1961—2020年的60年平均为560.7 mm（1981—2020年的40年和1991—2020年的30年平均分别为561.1 mm和545.3 mm）。降水量分布在青海来说是仅次于青海东南部班玛（1961—2008年平均为656.9 mm）、久治（1961—2008年平均为747.6 mm）后的一降水高值区，年内温度较低，在这种环境下气候呈现为半湿润半干旱的高原大陆性气候特征。形成的主要植被类型有高寒灌丛、高寒草甸、沼泽和水生植被。由于组成这些植被类型的建群种的生物-生态学特性和遗传特性的差异，因而占据了不同的空间，它们在温度、水分生态位既有分离的一面，又有相互重叠的一面，故在分布上彼此分离或者复合分布。就大的植被类型来讲，区域内形成了较大面积分布的高寒矮嵩草草甸植被类型。受局地环境影响，山地阳坡、半阳坡地区，地表接受太阳辐射能相对较高的环境下，地表蒸散加大，形成一定面积的草原化草甸，在那些坡度较大、蒸散更为明显的局部地区有斑状的高山嵩草草甸。而在蒸发小、土壤趋于湿润的山地阴坡以及河岸阶地、湿地发育的边缘地区多为金露梅灌丛草甸。那些地下水溢出的地区、常年积水的地区，以及河岸两侧，多为藏嵩草沼泽化草甸，积水较厚的凹部，受土壤、植被堆积形成了一定厚度的泥炭沼泽湿地。

就小的植被次级区系类型来说，区域内植被类型较为丰富。周兴民和吴珍兰（2006）对海北站植被分布做了详细的报道。他们认为，海北站区虽然面积较小，但在复杂的地形、河谷走向的条件下，形成了多种多样的植被类型。根据植物群落的外貌特征、层片结构以及建群种的生活型和所在的生态条件，海北站区植被可分类为：高寒灌丛、高寒草甸、沼泽和水生植被、温性草原、高山流石坡稀疏植被。

海北站区域高寒灌丛主要有金露梅灌丛、山生柳灌丛、狭叶鲜卑木（*Sibiraea angustata*）灌丛，还有少量的鬼箭锦鸡儿灌丛。其中，金露梅的生态适应性较山生柳和狭叶鲜卑木更为广泛，因而由金露梅为建群种的高寒灌丛在海北站广泛分布于站区各山地阴坡、半阴半阳坡和冷龙岭山地阳坡，以及地下水位较高的山前洪积扇和河流两旁的低阶地。山生柳性喜较阴湿环境，仅占据海北站北部口门子滩比较陡峻的山地阴坡；狭叶鲜卑木性喜暖湿环境，因而仅分布在海北站南部气候比较温暖的山地阴坡；鬼箭锦鸡儿灌丛分布在地段潮湿的局部区域。

高寒草甸也称高山草甸，是由寒冷中生多年生草本植物为优势的植物群落，在海北站区分布最为广泛，大多在地形开阔的平缓滩地，区域降水相对丰富，气候寒冷，土壤湿度较高，包括矮嵩草草甸、高山嵩草草原化草甸、苔草草甸、藏嵩草沼泽化草甸、线叶嵩草草甸、华扁穗草沼泽化草甸等。

沼泽和水生植被与特定的地形条件有关，多处在土壤水分过度湿润（饱和或过饱和状态）、季节性积水或常年积水的区域。由于水分条件具有热容量高和相对一致的特性，土壤条件简单，因而沼泽和水生植被可以同时出现在各种不同的植被区域或地带性植被内，成为隐域性植被类型。在海北站，沼泽和水生植被主要分布在“乱海子”以及溪流中，多呈现不连续的块状零散状态。

温性草原和高山流石坡稀疏植被分布面积相对较少，前者只有斑状存在于低海拔降水较少、温暖的河谷区域，后者仅在高山雪线附近的流石坡区域。

二、海北站区主要植被类型

(一)高寒矮嵩草草甸

高寒矮嵩草草甸其建群种中，层片主要是适应高原和高山寒冷气候的低草型多年生密丛短根茎嵩草层片，或苔草和轴根杂草类层片，以莎草科(*Cyperaceae*)嵩草属建群种，伴有一系列高山植物种类。组成矮嵩草草甸的绝大多数植物具有较强的抗寒性，它们具有丛生、莲座状或垫状型，植株矮小、叶型小、被茸毛和生长期短、营养繁殖、胎生繁殖等一系列生物-生态学特征。如建群种的矮嵩草、双柱头藨草等植物，因对高山寒冷气候的长期适应进化，生长过程中从萌动发芽到开花结果仅在短期的几天就完成其生命周期过程。

正是上述的生物-生态学特征，高寒矮嵩草草甸所形成的植物群落表现出群落结构简单、层次分化不明显，多呈现单层结构，只有封育禁牧等保护措施下，其群落结构可分化为两层结构。群落的种类组成因地域不同发生较大的差异性，如，在海北站综合观测场有35到45种植物，隶属14科36属(表4-1)，总盖度可在95%以上，植被层高度在15～25 cm，部分禾草类和杂草类植株高度可达30 cm；而在海北站“北滩”或称“无名滩”地区，一般有40～50多种植物，隶属14科35属(表4-2)，总盖度在70%～98%，植被层高度在10～15 cm，部分禾草类和杂草类植株高度可达25 cm。矮嵩草草甸种的饱和度一般在25～35种/m²，有时可接近50种/m²。

表4-1 综合观测场矮嵩草草甸的种类组成及特征值

植物物种名	相对高度	相对盖度	相对多度	相对频度	重要值
矮嵩草	1.08	23.36	6.20	2.85	8.37
高山嵩草	0.65	4.67	1.55	2.85	2.43
垂穗披碱草	3.23	3.74	1.55	2.85	2.84
羊茅	3.23	2.34	1.55	2.85	2.49
紫羊茅	3.23	2.34	1.55	2.85	2.49
藏异燕麦	3.44	0.47	0.93	2.28	1.78
落草	3.23	0.47	0.47	1.99	1.54
草地早熟禾	3.23	2.34	1.55	2.85	2.49
冷地早熟禾	3.23	3.27	1.55	2.85	2.72
双叉细柄茅	6.67	0.93	3.10	2.85	3.39
异针茅	3.23	2.34	1.55	2.85	2.49

续表 4–1

植物物种名	相对高度	相对盖度	相对多度	相对频度	重要值
双柱头藨草	1.08	4.67	1.55	2.85	2.54
高山唐松草	1.08	0.47	3.10	2.85	1.87
鹅绒委陵菜	1.51	1.87	3.10	1.71	2.05
二裂委陵菜	1.08	1.40	1.55	2.28	1.58
多裂委陵菜	2.15	0.47	0.78	1.71	1.28
金露梅	1.72	0.00	0.78	0.00	0.62
雪白委陵菜	1.72	4.67	1.55	2.85	2.70
青海风毛菊	2.15	0.93	4.65	1.14	2.22
多枝黄芪	3.23	0.93	3.10	1.14	2.10
异叶米口袋	0.65	0.47	4.65	1.71	1.87
花苜蓿	1.08	0.47	1.55	1.42	1.13
四叶葎	2.15	0.93	1.24	1.99	1.58
甘肃棘豆	2.15	0.47	1.55	2.85	1.75
黄花棘豆	2.15	0.93	2.33	1.99	1.85
披针叶黄华	1.08	0.47	3.10	1.14	1.45
甘青老鹳草	0.86	0.47	0.93	2.85	1.28
尖叶龙胆	1.08	0.47	2.02	2.85	1.60
蓝白龙胆	1.08	0.47	1.71	2.85	1.52
鳞叶龙胆	1.08	0.47	1.55	1.71	1.20
麻花艽	3.23	4.67	3.10	2.85	3.46
甘肃马先蒿	3.23	0.47	2.48	1.71	1.97
摩苓草	3.23	0.47	1.40	2.28	1.84
细叶亚菊	3.23	0.47	1.55	1.99	1.81
乳白香青	1.72	0.47	2.02	1.71	1.48
柔软紫菀	6.45	0.47	1.24	1.42	2.40
矮火绒草	0.43	4.67	1.55	2.85	2.38
美丽风毛菊	1.08	7.01	1.55	2.85	3.12
瑞苓草	1.08	0.47	1.55	2.85	1.49
蒙古蒲公英	2.15	0.93	1.40	0.28	1.19

续表4-1

植物物种名	相对高度	相对盖度	相对多度	相对频度	重要值
高原鸢尾	1.29	0.47	1.55	0.28	0.90
甘青韭	2.15	0.47	1.55	0.57	1.18
兰石草	0.86	0.47	3.10	2.85	1.82
西伯利亚蓼	0.65	0.47	1.55	1.42	1.02
四数獐牙菜	0.43	0.47	0.62	0.28	0.45
钝裂银莲花	0.22	0.93	3.10	1.71	1.49
长裂叶碱毛茛	0.43	2.80	1.55	1.42	1.55
长果婆婆纳	0.22	0.47	0.62	0.28	0.40
青藏苔草	0.86	3.27	3.10	1.71	2.24
疏花针茅	2.80	1.40	1.55	0.57	1.58
珠芽蓼	0.86	1.40	1.55	0.28	1.02

注：重要值=[相对盖度(%)+相对频度(%)+相对多度(%)+相对高度(%)]/4。

表4-2　2003年海北站北滩矮嵩草草甸植物群落种类组成与重要值

序号	植物物种名	相对高度	相对盖度	相对重量	重要值
1	垂穗披碱草	6.98	9.12	9.13	8.41
2	异针茅	6.56	7.62	5.69	6.62
3	羊茅	4.67	2.47	2.92	3.35
4	紫羊茅	3.59	2.48	2.86	2.98
5	落草	2.63	1.16	1.57	1.79
6	山地早熟禾	5.01	4.33	4.58	4.64
7	青藏苔草	1.32	3.78	2.63	2.58
8	矮嵩草	5.54	7.46	6.59	6.53
9	美丽风毛菊	1.85	4.88	6.46	4.40
10	青海风毛菊	4.23	3.72	4.28	4.08
11	白花蒲公英	2.56	0.78	1.04	1.46
12	蒙古蒲公英	2.11	1.13	2.87	2.04
13	柔软紫菀	3.89	2.48	3.66	3.34
14	矮火绒草	0.92	1.18	1.41	1.17

续表 4-2

序号	植物物种名	相对高度	相对盖度	相对重量	重要值
15	尖叶龙胆	1.04	1.19	0.47	0.90
16	线叶龙胆	0.26	1.48	1.23	0.99
17	鳞叶龙胆	0.37	0.12	0.28	0.26
18	高山唐松草	0.88	1.81	0.13	0.94
19	青海黄芪	0.65	0.28	0.79	0.57
20	雪白委陵菜	0.95	1.42	0.28	0.88
21	鹅绒委陵菜	1.53	2.58	0.51	1.54
22	二裂委陵菜	0.27	0.17	0.34	0.26
23	双柱头藨草	0.42	0.19	0.18	0.26
24	繁缕	0.23	0.12	0.13	0.16
25	西伯利亚蓼	1.22	0.73	1.26	1.07
26	雅毛茛	0.57	1.29	0.46	0.77
27	三裂叶毛茛	0.09	0.42	0.13	0.21
28	长裂叶碱毛茛	0.63	0.53	0.36	0.51
29	异叶米口袋	1.57	1.22	1.21	1.33
30	麻花艽	1.57	4.18	6.54	4.10
31	细叶亚菊	0.33	1.67	1.34	1.11
32	甘肃马先蒿	0.91	0.96	1.35	1.07
33	黄花棘豆	1.78	3.86	2.65	2.76
34	甘肃棘豆	1.74	2.31	2.75	2.27
35	花苜蓿	0.52	1.08	0.67	0.76
36	乳白香青	1.63	1.38	0.82	1.28
37	直立唐松草	1.29	0.71	0.18	0.73
38	宽叶羌活	0.39	1.19	0.29	0.62
39	婆婆纳	0.12	0.44	0.13	0.23
40	兰石草	1.68	1.32	1.06	1.35
41	紫花地丁	0.44	1.13	0.36	0.64
42	钝裂银莲花	1.21	1.39	1.90	1.50

续表4-2

序号	植物物种名	相对高度	相对盖度	相对重量	重要值
43	甘青老鹳草	0.14	0.86	0.08	0.36
44	獐牙菜	1.72	0.57	0.61	0.97
45	小米草	1.75	1.61	1.97	1.78
46	瑞苓草	2.35	4.16	4.78	3.76
47	海乳草	1.84	0.77	0.13	0.91
48	野青茅	4.58	1.56	1.97	2.70
49	湿生扁蕾	3.38	1.66	2.33	2.46
50	四叶葎	0.74	0.17	0.01	0.31
51	西藏忍冬	1.65	0.33	2.65	1.54
52	三脉梅花草	2.32	0.37	0.64	1.11
53	高原鸢尾	3.58	0.18	1.29	1.68

注：重要值=[相对高度(%)+相对盖度(%)+相对重量(%)]/3。

高寒矮嵩草草甸季相季节变化极为明显。早春和晚秋一般呈灰绿色，6月绿色度最为明显，7—8月植物草群中毛茛科(*Ranunculaceae*)植物是黄色的盛花期，其他色泽的花朵点缀或斑状出现，整个草原五彩缤纷，十分美丽。9月以后草本植物梢部逐渐转黄，根部仍处在绿色，龙胆科(*Gentianaceae*)植物的天蓝色花朵白天展开，夜间关闭，日间仍显得生机勃勃。10月到次年4月，植物处在枯黄期，草地也因放牧植层高度变低，到4月底甚至因放牧家畜的觅食地表裸露，出现低洼处被粪便污染的枯草呈斑状堆积，整个草地呈现为灰白色中镶嵌褐色的景观。

(二)金露梅灌丛草甸

金露梅灌丛草甸分草本与灌丛两层结构，上层为金露梅灌丛，下层为以矮嵩草建群种、伴生高山其他植物的草本层。金露梅灌丛一般株高30～50 cm，最高可达70 cm以上，随海拔升高、气候变得寒冷，以及随放牧强度的加强，株高逐渐变得低矮。

金露梅灌丛草甸下层的草本群落组成的物种也是相当丰富的，而且受分布区环境条件的影响，其植被层群落特征的种类组成及特征值差异较大，我们对海北站“鱼儿山”金露梅灌丛草甸的种类组成及特征值分析发现，一般有40～50多种植物，隶属14科35属(表4-3)，包括金露梅灌丛在内其群落总盖度可达60%～90%。种的饱和度一般在15～30种/m^2，有时可达40种/m^{2}以上。

表4-3 “鱼儿山”山体金露梅灌丛草甸的种类组成及特征值

植物种类	相对盖度	相对频度	相对密度	相对高度	重要值
金露梅	19.59	5.23	0.85	4.93	7.65
山生柳	5.11	2.72	1.21	5.20	3.56
高山绣线菊	1.12	0.24	1.07	4.94	1.84
矮嵩草	11.71	3.64	8.14	3.78	6.82
线叶嵩草	15.43	4.10	10.36	2.47	8.09
双柱头藨草	0.84	3.39	3.50	0.95	2.17
紫喙苔草（*Carex serreana*）	0.26	1.24	1.35	1.56	1.10
垂穗披碱草	1.93	1.10	1.29	5.29	2.40
草地早熟禾	0.03	0.88	1.46	2.94	1.33
紫羊茅	4.26	3.35	15.77	3.12	6.63
双叉细柄茅	0.93	0.93	4.16	6.06	3.02
藏异燕麦	1.35	1.45	2.05	5.20	2.51
华北剪股颖	0.19	1.59	0.79	4.85	1.86
疏花针茅	2.67	4.36	16.42	4.33	6.95
落草	0.00	0.04	0.01	4.33	1.10
细叶蓼（*Polygonum tenuifolium*）	1.74	3.64	2.35	2.60	2.58
高山蓼（*P. alpinum*）	1.35	4.10	1.72	2.60	2.44
蒙古蒲公英	0.64	1.28	0.26	1.56	0.94
乳白香青	0.96	2.64	1.19	2.43	1.81
柔软紫菀	1.29	3.22	1.47	2.43	2.10
矮火绒草	1.67	4.05	5.36	0.26	2.84
美丽风毛菊	1.93	1.23	0.37	0.61	1.04
重齿风毛菊	1.29	1.19	0.21	0.69	0.85
星状雪兔子（*Saussurea stella*）	0.41	0.48	0.09	0.87	0.46
雪白委陵菜	0.24	5.11	3.29	0.78	2.36
高山唐松草	2.19	4.89	3.47	0.39	2.74
钝裂银莲花	1.39	2.60	0.82	1.56	1.59
线叶龙胆	3.22	2.29	0.65	1.04	1.80

续表4-3

植物种类	相对盖度	相对频度	相对密度	相对高度	重要值
鳞叶龙胆	1.29	1.72	0.43	0.69	1.03
刺芒龙胆	0.77	0.44	0.27	0.87	0.59
麻花艽	0.30	0.70	0.12	0.56	0.42
四数獐牙菜	2.44	2.64	1.72	1.73	2.13
急弯棘豆（*Oxytropis deflexa*）	2.70	3.48	0.95	2.25	2.35
米口袋（*Gueldenstaedtia multiflora*）	0.71	1.89	0.68	0.87	1.04
小米草	0.42	2.82	0.98	1.38	1.40
青海马先蒿	2.70	2.51	0.65	2.25	2.03
兰石草	1.41	2.20	0.59	0.35	1.14
青海风毛菊	0.84	1.89	0.65	1.30	1.17
蓬子菜	0.54	0.66	0.19	2.60	1.00
紫花地丁	0.66	4.32	1.82	0.69	1.87
三脉梅花草	0.47	2.69	0.83	1.21	1.30
高原鸢尾	0.50	0.57	0.13	1.91	0.78
西藏忍冬	0.18	0.22	0.11	1.21	0.43
簇生柴胡（*Bupleurum condensatum*）	0.33	0.44	0.19	2.60	0.89

注：重要值=[相对盖度(%)+相对频度(%)+相对密度(%)+相对高度(%)]/4。

在对离海北站9 km处微气象-涡度相关法水热通量观测站区的金露梅灌丛草甸的种类组成及特征值进行了调查与分析(表4-4)后发现，金露梅灌丛株高为30～60 cm，最高可达70 cm，盖度可达40%，金露梅占据的相对高度(28%)、相对盖度(8%)、相对重量(15%)均很高(表4-4未列入)，具有绝对高的重要值。受生境及灌木层高度和盖度的影响，下部草本植物的种类组成和盖度等差异较大。调查地段草本层主要由15科37属47种植物组成(表4-4)，草本层优势种有异针茅、垂穗披碱草，次优势种有羊茅、矮嵩草、线叶嵩草、山地早熟禾，伴生种有柔软紫菀、黄花棘豆、青海风毛菊、麻花艽、藏异燕麦、矮火绒草、瑞苓草和珠芽蓼等；群落总盖度约为90%，草本叶层平均高度约8～16 cm，植物覆盖度70%～80%。种的饱和度也与“鱼儿山”金露梅灌丛草甸的种类组成具有类似分布状况。

表4-4　离海北站9 km微气象-涡度相关法观测站区金露梅灌丛草甸种类组成及特征值

物种名	相对高度	相对盖度	相对重量	重要值
垂穗披碱草	6.72	5.87	6.69	6.43
异针茅	5.63	5.79	5.26	5.56
羊茅	1.14	1.71	2.72	1.86
紫羊茅	1.28	1.63	2.64	1.85
落草	2.45	0.53	1.02	1.33
山地早熟禾	7.97	4.09	3.87	5.31
青藏苔草	2.88	2.52	2.14	2.51
美丽风毛菊	2.27	4.12	3.65	3.35
青海风毛菊	3.78	2.59	2.05	2.81
白花蒲公英	0.43	2.18	1.48	1.36
柔软紫菀	0.72	1.39	1.23	1.11
矮火绒草	0.38	3.07	3.23	2.23
尖叶龙胆	0.06	2.32	1.02	1.13
高山唐松草	0.66	1.88	0.85	1.13
青海黄芪	0.09	1.97	1.49	1.18
雪白委陵菜	1.07	4.66	2.83	2.85
鹅绒委陵菜	1.32	3.45	1.32	2.03
二裂委陵菜	0.18	1.41	0.48	0.69
繁缕	0.72	0.06	0.45	0.41
蓬子菜	1.68	0.06	0.16	0.63
珠芽蓼	1.92	1.37	2.38	1.89
雅毛莨	1.04	0.89	0.34	0.76
长裂叶碱毛茛	1.83	0.62	0.25	0.90
异叶米口袋	1.67	1.60	0.61	1.29
麻花艽	2.40	1.06	1.54	1.67
细叶亚菊	2.87	1.94	1.98	2.26
甘肃马先蒿	3.31	1.32	2.14	2.26
黄花棘豆	4.45	3.57	4.72	4.25

续表4-4

物种名	相对高度	相对盖度	相对重量	重要值
花苜蓿	1.32	1.71	1.57	1.53
乳白香青	1.93	1.06	2.69	1.89
直立唐松草	0.98	0.98	0.27	0.74
摩苓草	2.33	1.78	1.94	2.02
宽叶羌活	1.46	2.83	1.75	2.01
线叶嵩草	1.56	3.87	6.24	3.89
矮嵩草	3.61	3.34	3.37	3.44
藏异燕麦	9.96	1.68	6.03	5.89
婆婆纳	1.81	0.76	0.31	0.96
兰石草	0.72	2.96	2.12	1.93
紫花地丁	0.55	0.85	0.29	0.56
黄帚橐吾	2.72	2.88	2.88	2.83
钝裂银莲花	1.85	1.73	1.46	1.68
甘青老鹳草	1.35	0.23	1.86	1.15
獐牙菜	1.16	1.33	2.12	1.54
小米草	0.87	1.24	0.28	0.80
瑞苓草	2.12	3.67	2.42	2.74
海乳草	0.22	0.47	0.55	0.41
野青茅	2.56	3.01	3.33	2.97

注：重要值=[相对高度(%)+相对盖度(%)+相对重量(%)]/3。

调查表明，金露梅灌丛草甸草本植物高度较矮嵩草草甸稍低，只有镶嵌在金露梅灌木中的藏异燕麦植株高度可达40 cm左右。草本群的层片特征、建群种类型、生殖特征等生物-生态学特征，以及季相的季节变化与高寒矮嵩草草甸基本相仿。只是在季相变化中7—8月金露梅盛开金黄色花朵后，金露梅灌丛草甸显得更为美丽，而在10月到次年4月植物处在枯黄期时，整个草甸呈现为灰白中镶嵌灰褐色的金露梅灌木丛景观。

(三)高山嵩草草甸及高山嵩草草原化草甸

高山嵩草草甸建群种中层片主要是适应高原和高山寒冷气候的低草型多年生密丛短根茎嵩草层片。以莎草科嵩草属建群种，伴有少量的高山植物种类。组成高山嵩草草甸的绝大多数植物与矮嵩草草甸一样，具有较强的抗寒性和耐旱性，具有丛生、莲座状或垫状型，植株矮小、叶型小、被茸毛和生长期短、营养繁殖、胎生繁殖等一系列生物-

生态学特征。高寒高山嵩草草甸所形成的植物群落表现出的群落结构也与矮嵩草草甸一样，在海北站主要分布在山地正阳坡地带。总盖度可在70%～80%，种的饱和度一般在8～15种/m²。植被层高度在5～10 cm，其间较少的禾草类、杂草类植物种，植株高度最高亦在15 cm左右。

在海北站，从正阳坡向半阳坡过渡后，高山嵩草草甸转为以高山嵩草为优势种的草原化草甸，高山嵩草草原化草甸植物群落的外貌较单调而整齐，层次分化不明显。组成该群落的植物以旱中生植物为主，并大量侵入旱生植物。优势种高山嵩草的植株矮小，密集丛生，是典型的耐寒旱中生植物，次优势种异针茅为旱生植物，杂草的种类较典型草甸类少。种的饱和度一般在15～30种/m²，最高可达35种（表4-5），植被总覆盖度60%～85%。

表4-5　高山嵩草草原化草甸植物群落种类组成及特征值

植物种类	相对频度	相对盖度	相对密度	相对高度	相对重量	重要值
高山嵩草	8.84	35.29	55.01	0.66	8.49	21.66
矮嵩草	6.31	8.36	3.20	2.10	5.54	5.10
黑褐苔草	3.61	1.72	0.54	4.07	1.40	2.27
垂穗披碱草	5.25	3.18	1.90	10.21	5.21	5.15
异针茅	8.48	4.29	17.45	7.14	3.69	8.21
紫羊茅	2.70	3.29	8.42	6.43	3.53	4.87
草地早熟禾	3.47	3.45	1.42	6.70	2.81	3.57
落草	0.18	2.11	0.01	6.13	1.62	2.01
美丽风毛菊	1.62	3.56	0.28	1.46	1.91	1.77
青海风毛菊	6.31	1.45	0.95	2.72	3.33	2.95
柔软紫菀	2.88	1.45	0.40	5.13	5.33	3.04
细叶亚菊	4.33	0.36	0.75	1.79	2.10	1.87
矮火绒草	3.42	4.67	2.64	0.42	0.48	2.33
乳白香青	1.08	0.36	0.62	3.82	0.13	1.20
蒙古蒲公英	3.24	0.72	0.45	1.39	3.44	1.85
异叶米口袋	4.51	5.83	0.93	1.09	1.95	2.86
花苜蓿	1.80	0.72	0.31	1.73	1.02	1.12
多枝黄芪	0.90	0.36	0.07	1.13	0.26	0.54
披针叶黄华	0.08	2.64	0.11	2.37	3.93	1.83
兰石草	3.09	2.91	0.41	0.75	1.65	1.76

续表4-5

植物种类	相对频度	相对盖度	相对密度	相对高度	相对重量	重要值
甘肃马先蒿	1.98	0.72	0.24	3.44	6.04	2.48
长果婆婆纳	2.70	0.36	0.33	1.84	0.19	1.08
雪白委陵菜	2.70	1.46	0.31	1.18	1.56	1.44
鹅绒委陵菜	0.36	0.36	0.02	1.67	5.54	1.59
二裂委陵菜	1.26	0.36	0.09	0.97	1.03	0.74
钝裂银莲花	1.62	0.58	0.14	3.21	2.51	1.61
高山唐松草	1.44	0.72	0.28	0.87	0.17	0.70
长叶碱毛茛	2.88	0.36	1.24	2.75	0.69	1.58
线叶龙胆	0.77	0.72	0.10	1.56	5.67	1.76
麻花艽	3.61	4.75	0.48	2.50	6.44	3.56
四数獐牙菜	1.80	0.72	0.15	2.37	2.28	1.46
湿生扁蕾	3.61	0.72	0.59	3.92	1.46	2.06
四叶葎	1.26	0.36	0.16	2.66	1.35	1.16
蓬子菜	0.90	0.36	0.10	1.97	1.46	0.96
摩苓草	1.18	0.72	0.01	1.86	5.75	1.90

注：重要值=[相对盖度(%)+相对频度(%)+相对密度(%)+相对高度(%)+相对重量(%)]/5。

与高寒矮嵩草草甸一样，高山嵩草草甸和高山嵩草草原化草甸季相季节变化也是明显的。高山嵩草草原化草甸是高山和青藏高原隆起所形成的高寒气候的产物，在强烈太阳辐射、蒸发甚剧、寒冷多风、生长季短暂等高寒生态环境条件下，长期适应、发育而形成的特殊类型，属典型的高原地带性和重要的山地垂直地带性植被类型。其优势种高山嵩草等种群为中国-喜马拉雅或中亚高山成分。由于高山嵩草草原化草甸的分布地区海拔较高，立地条件严酷，土壤坚实度较其他类型大，使植物根系发育不良，严重影响了初级生产力的提高。虽然该地区生长季短暂，但在生长季内水热同期，为牧草的生长发育创造了条件，生产潜力很大。高山嵩草草原化草甸植物虽然植株矮小，产草量较低，但是优势种高山嵩草的热值含量较高，草质柔软，营养丰富，草皮层厚，富有弹性，耐牧性强，是高原特有品种藏羊和牦牛优良的夏秋季放牧场。但由于高山嵩草草原化草甸植物群落外貌整齐、结构简单，多处于山地阳坡或半阳坡地区，视野开阔，热量条件较好于矮嵩草草甸地区，加之土壤相对干燥，因而有利于高原鼠兔等的生存和繁衍，成为这些啮齿类动物的主要栖息地，但同时这些啮齿类动物也成为该类型草地主要的害鼠。

(四)高山杂草类草甸

海北站地区的高山杂草类草甸类群主要是由放牧过度演替形成的,分布在高山夏季放牧草场、牧户居民点、放牧羊道、家畜饮水点等,其中高山夏季放牧草场分布面积较广。高山杂草类草甸建群种的优势种因地点不同而不同。夏季牧场主要以苔草成分居多,伴生的种类由如细叶亚菊、矮火绒草、重齿风毛菊等杂草类组成,莎草、禾草种类相对较少。在冬季牧场的羊道和家畜饮水区域以鹅绒委陵菜植物种为建群种,伴有垂穗披碱草、海乳草、兰石草等。杂草类草甸的植物种受地点影响明显,地点不同,中生、湿中生、旱生植物分布不同,但主要还是适应高原和高山寒冷气候的低草型、密集型等多年生短根茎层片,具有较强的抗寒性、耐旱性和耐牧性,植株矮小,大多植物叶片宽大,生长期短,营养繁殖、胎生繁殖为主,具有一定的地带性。总盖度也因地区不同差异很大,低的区域仅在40%~60%,高的区域可达80%。种的饱和度一般在7~25种/m^2。植被层高度在5~10 cm。

高山杂草类草甸实际上属当地原生植被经放牧或人类活动影响后形成的次生类型草甸植被,是草地退化演替过程中的一种草甸类型。高寒杂草类草甸植物群落种类组成及重要值变化因放牧而有较大的不同。表4-6给出了我们在海北站夏季放牧强度试验研究的部分结果。从表4-6的单种植株高度可以得出,群落的垂直结构受放牧强度影响明显。

表4-6 海北高寒杂草类草甸不同放牧强度下植物群落种类组成及重要值

单位:%

植物种	对照				轻牧				中牧				重牧			
	叶层高度	盖度	生物量	重要值	叶层高度	盖度	生物量	重要值	叶层高度	盖度	生物量	重要值	叶层高度	盖度	生物量	重要值
青藏苔草	15.67	15.17	10.95	14.82	6.00	16.00	12.64	15.05	9.67	15.00	11.85	14.36	7.67	18.00	11.01	19.83
双柱头藨草	10.75	6.50	1.72	4.81	—	—	—	—	11.50	4.00	0.34	5.03	—	—	—	—
矮嵩草	5.50	12.33	10.71	12.18	5.17	13.00	12.99	14.04	5.00	14.67	16.91	15.66	5.33	11.67	8.30	13.99
高山嵩草	8.00	9.00	0.92	4.42	—	—	—	2.15	5.33	8.00	2.63	5.63	—	—	—	—
异针茅	19.33	12.33	12.76	16.02	11.67	14.00	22.46	22.94	11.33	11.00	21.01	18.83	12.33	15.33	16.67	25.88
草地早熟禾	29.00	4.50	0.34	8.58	—	—	—	—	—	—	—	—	—	—	—	—
兰石草	—	—	—	0.17	—	—	—	—	4.00	4.00	0.80	2.94	—	—	—	—
雪白委陵菜	5.67	3.33	0.12	1.92	3.33	9.67	1.00	4.85	4.17	5.33	0.89	3.45	3.00	6.67	1.51	5.36
金露梅	8.00	8.50	2.86	5.73	7.17	9.00	1.89	6.82	4.83	7.50	1.75	4.82	5.00	5.00	0.59	5.06
辐状肋柱花(*Lomatogonium rotatum*)	11.00	4.00	0.04	2.93	6.00	6.00	0.12	4.35	7.50	3.00	0.02	3.28	4.50	3.00	0.01	3.56

续表4-6

植物种	对照				轻牧				中牧				重牧			
	叶层高度	盖度	生物量	重要值	叶层高度	盖度	生物量	重要值	叶层高度	盖度	生物量	重要值	叶层高度	盖度	生物量	重要值
高山唐松草	—	—	—	—	4.83	4.67	0.49	3.70	—	—	—	—	3.50	3.67	0.65	3.79
矮火绒草	4.00	5.00	0.70	2.52	3.00	4.00	0.01	2.44	4.00	5.50	0.14	3.03	4.00	3.00	0.14	3.40
乳白香青	13.00	6.00	0.27	3.97	—	—	—	—	—	—	—	—	—	—	—	—
西伯利亚蓼	16.50	3.25	0.27	3.82	—	—	—	—	—	—	—	—	—	—	—	—
珠芽蓼	7.00	6.00	0.38	3.05	4.25	3.50	0.08	2.86	5.25	3.00	0.16	2.66	4.33	4.67	0.23	4.28
鹅绒委陵菜	—	—	—	2.47	—	—	—	—	6.83	6.67	0.48	4.47	—	—	—	—
紫红假龙胆	10.17	2.67	0.37	2.69	7.17	5.67	0.20	4.79	6.00	5.50	0.32	3.75	—	—	—	—
银莲花	—	—	—	—	—	—	—	—	—	—	—	—	1.50	2.00	0.01	1.57
美丽风毛菊	7.25	6.50	0.62	3.41	5.00	13.00	0.84	6.43	5.67	3.00	0.62	3.05	4.25	6.00	1.09	5.44
线叶龙胆	8.50	3.00	0.80	2.81	4.67	5.00	0.31	3.61	6.67	2.83	0.20	3.07	—	—	—	—
重齿风毛菊	7.50	2.83	0.65	2.49	5.50	5.75	0.59	4.36	5.75	7.00	0.79	4.41	4.50	6.67	1.09	5.82
山地虎耳草（*Saxifraga montana*）	2.00	2.00	0.03	0.89	2.75	2.50	0.02	1.90	3.00	2.00	0.04	1.58	2.25	2.00	0.04	2.00

经过3年放牧强度的试验监测发现，在放牧梯度试验地植物受家畜啃食程度不同，群落组成和生长与封育有所不同。重度放牧时草料不足，绵羊为得到基本的饲草而增加采食次数，加大了采食强度，严重影响到植物的再生过程，特别是绵羊喜食的针茅、羊茅、早熟禾、矮嵩草等被反复啃食，抑制了植物的正常生长和发育，使这些植物的株丛变小、变矮，株高一般较小，幸存的株最高达10 cm或以上的多属粪便污染严重的，故草层分化仅为一层结构。中度和轻度放牧条件下牲畜采食强度较重度放牧轻，植物的再生性也有所提高，禾草和矮嵩草能够得到较好的生长和发育，与重度放牧相比，株丛变大，植株较高，高度和盖度提高，使草场群落的垂直结构分异为双层结构。封育3年的对照区，组成群落种类的高度、盖度发生了明显变化（表4-6），进而改变了杂草类草甸群落结构。那些丛生的早熟禾、异针茅等禾草类植物受该区域潮湿土壤环境的影响，同时生长发育阶段由于没有受到牲畜的啃食和践踏，得到充分的生长和发育，植株高度增加，丛径相应增大，盖度比放牧试验区高，形成密集的上层，青藏苔草、西伯利亚蓼等也得到急剧生长同处一层次，群落形成第一层。而其他杂草类等组成了第二层，所表现的层次分异比中度和轻度放牧区样地更明显。

(五)藏嵩草沼泽化草甸+帕米尔苔草沼泽湿地草甸

在海北站东侧0.8 km以东的"乱海子"区域,四周相对较高,形成局地的小盆地,是一个南北长约2.5 km、东西宽约1.5 km、面积约为3.8 km²的山间凹地。地下水出露汇集于中央,上游2 km处为一面积约为2.0 km²的湖泊,湖泊东北侧有泉水溢出,再向东北5 km处为祁连山主脉的冷龙岭,故年内有地表径流水的补给。实际上,"乱海子"中央部位地势较低、积水明显,形成沼泽和水生植被生长区,主要以帕米尔苔草为建群种的沼泽湿地,而在地势稍高的边缘区为藏嵩草沼泽化草甸。本书中为了便于称谓,定义为藏嵩草沼泽化+帕米尔苔草沼泽湿地草甸。图4-1为海北站"乱海子"高寒湿地区域植被类型空间格局的分布状况(李英年等,2006)。

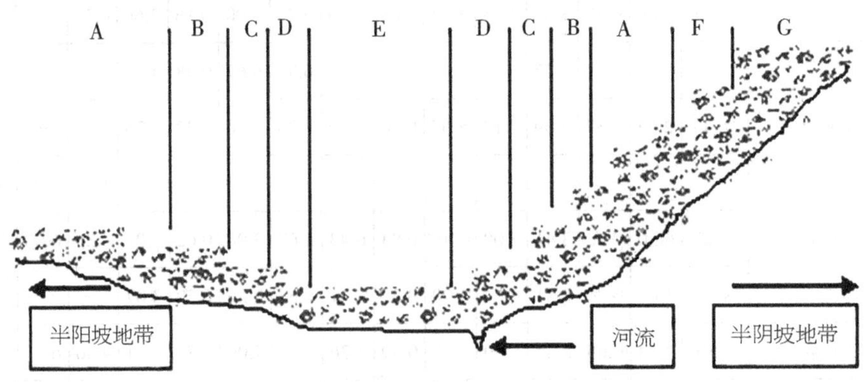

注:A.矮嵩草草甸;B.矮嵩草草甸+藏嵩草草甸;C.藏嵩草草甸;D.藏嵩草草甸+帕米尔苔草草甸;E.帕米尔苔草草甸;F.矮嵩草草甸+金露梅灌丛草甸;G.金露梅灌丛草甸。

图4-1 海北站"乱海子"高寒湿地区域植被空间格局的分布状况

从图4-1中看到,从中央到边缘地带随地势的抬高,植被类型由中央向边缘地带过渡过程中,靠阳坡方向出现:帕米尔苔草草甸→藏嵩草草甸+帕米尔苔草草甸→藏嵩草草甸→矮嵩草草甸+藏嵩草草甸→矮嵩草草甸;向阴坡方向出现:帕米尔苔草草甸→藏嵩草草甸+帕米尔苔草草甸→藏嵩草草甸→矮嵩草草甸+金露梅灌丛草甸→金露梅灌丛草甸。这种变化规律与土壤湿度变化有着密切的关系(李英年等,2000;2001a;2001b),表现出,一般在山地阳坡(南坡)灌丛似乎不能发育生长,这里土壤湿度最低,一般为18%～44%,平均为31.7%,地表接受太阳辐射强烈,受密集植物根系有较强持水和滞水能力的影响,有降水产生时土壤湿度在短时内急剧增高,当遇几日少降水(一般<5 mm)或无降水时,受强辐射及高蒸发作用,土壤湿度迅速降低,地表就显得干燥,多为矮嵩草草甸,部分地区也有密集的小嵩草草甸。在滩地多以矮嵩草、垂穗披碱草等植物为主的湿中性植被类型,属典型的高寒矮嵩草草甸植被类型,土壤湿度相对较高的局部地区还可生长发育金露梅灌丛。该类地区的土壤湿度适中,居于北坡与南坡之间,土壤湿度基本为28%～45%,平均为36.0%,土壤湿度变化较南坡相对平稳。而在土壤湿度高的阴坡(北坡)地带,则以矮嵩草和金露梅灌丛为主的植被类型,这里由于地表接受太阳辐射

较弱，蒸发力亦较低，土壤湿度长年保持较高的水平，接近土壤最大持水量，有时甚至达超饱和状态，土壤湿度一般为38%～78%，平均为56.9%。在湿度更高的高寒湿地，土壤湿度常年处于超饱和状态，地表长久积水，植被类型则以帕米尔苔草、藏嵩草、华扁穗草等为主，表现出在不同地形部位因土壤湿度的差异性导致植物种类组成及植被类型等有所不同。

藏嵩草沼泽化+帕米尔苔草沼泽湿地草甸属隐域性植被类型，主要有8～30种植物，总盖度因地区不同差异很大，低的区域仅在30%～50%，高的区域可达90%以上。边缘地带的藏嵩草沼泽化草甸植物群落生长茂密，外貌整齐，但种类组成较少，平均每平方米有15～30种植物，隶属10科20属，种的饱和度可在25～30种/m^2，总盖度约为95%，草层高度为15～25 cm。藏嵩草为优势种，次优势种和主要伴生种有华扁穗草、双柱头藨草、黑褐苔草、星状风毛菊(*Saussurea stella*)、微药羊茅(*Festuca nitidula*)等。

而在中央地带的帕米尔苔草沼泽湿地种的饱和度一般为8～15种/m^2，植被层高度在35～50 cm，盖度在50%～70%。优势种帕米尔苔草为多年生草本植物，具有粗壮的根状茎，根深植于积水坑(滩)的泥土中，茎秆粗壮坚实，植株最高可达60 cm，外貌整齐，盖度可达70%左右。次优势种和主要伴生种有华扁穗草、黑褐苔草、天山报春(*Primula nutans*)等。积水坑(滩)中偶有类似冻融膨胀形成的岛状塔头土球(墩)，土球凸出于积水面，生长有天山报春、青藏苔草、祁连獐牙菜(*Swertia przewalskii*)等物种。稍靠边缘带到藏嵩草沼泽化草甸类型的过渡区域，还出现热融凹地，这些热融凹地及部分帕米尔苔草分布区的洼地积水坑中还出现单一优势种的杉叶藻(*Hippuris vulgaris*)植物种，偶伴生有硬叶水毛茛(*Batrachium foeniclaceum*)等其他物种，凹地及洼地边缘的凸头墩上生长有三裂碱毛茛(*Halerpestes tricuspis*)、天山报春、青藏苔草等植物。再向边缘地带就是藏嵩草沼泽化草甸。特别要提到的是，在藏嵩草沼泽化+帕米尔苔草沼泽湿地草甸的积水坑中的水生植物杉叶藻，株高1～15 cm，植株大部分淹没于水中，只有顶部露出水面，盖度在30%左右。

调查表明，自中央到边缘的帕米尔苔草湿地+藏嵩草沼泽化草甸群落主要有25种植物，隶属10科20属(表4-7)。草群高为10～60 cm。从重要值分析，群落的优势种为帕米尔苔草，次优势种有华扁穗草、藏嵩草，伴生种有黑褐苔草、黄帚橐吾、杉叶藻、斑唇马先蒿、祁连獐芽菜等。在边缘带还有大量的矮嵩草、星状风毛菊、青藏苔草。可以看到矮嵩草也有较高的重要值，它主要分布于沼泽湿地边缘的藏嵩草草甸区域，这种现象常在湿地向干燥类型植被的过渡带产生，说明沼泽地植物群落也在发生演替，向较为干燥的植被类型过渡。如向阳坡过渡到矮嵩草草甸，向阴坡过渡到金露梅灌丛草甸。其矮嵩草草甸、金露梅灌丛草甸的有关群落特征及物种组成等将在本章陆续介绍，这里不再赘述。

表4-7 海北高寒湿地植被植物群落物种类组成及特征值

单位：%

物种名	相对高度	相对盖度	相对重量	重要值
垂穗披碱草	7.33	3.92	6.31	5.85
华扁穗草	7.39	6.58	7.14	7.04
黑褐苔草	7.84	7.81	7.65	7.77
落草	2.26	0.73	1.14	1.38
山地早熟禾	3.75	3.32	3.36	3.48
青藏苔草	9.32	7.84	11.74	9.63
帕米尔苔草	16.28	16.35	17.93	16.85
矮嵩草	4.65	4.16	4.69	4.50
藏嵩草	7.59	11.83	13.87	11.10
星状风毛菊	1.93	3.58	2.53	2.68
柔软紫菀	1.12	2.34	0.78	1.41
双柱头藨草	1.08	0.24	0.76	0.69
繁缕	0.45	1.47	0.04	0.65
硬叶水毛茛	1.13	1.21	0.07	0.80
甘肃马先蒿	0.99	2.05	2.54	1.86
斑唇马先蒿	3.12	4.66	4.84	4.21
喉毛花（*Comastoma pulmonarium*）	4.08	2.52	2.11	2.90
紫花地丁	0.62	1.77	0.87	1.09
黄帚橐吾	8.18	5.34	3.58	5.70
祁连獐芽菜	2.90	1.55	1.73	2.06
獐牙菜	2.54	2.11	1.07	1.91
天山报春	2.03	2.67	2.13	2.28
杉叶藻	3.47	5.94	3.16	4.19

注：重要值=[相对盖度（%）+相对重量（%）+相对高度（%）]/3。

由于气候季节变化，海北高寒湿地在不同季节其外表景观截然不同，初春冰雪融化后，融化水及时流走，外来水不能及时补给，致使湿地地表处于全年最干燥时期。该时期植被进入萌动发芽初期，地表经冬季封冻影响，残留的枯黄植被较多，在枯黄植被下面才能见到刚返青的绿色幼苗，牲畜涉入后觅食鲜嫩的植物幼苗。夏季到秋季阶段，上游水补给充分，湿地地表长久积水，植物生长繁茂，但积水多，牲畜难以涉进，湿地基本处于不放牧时期，有也只是边缘地带，即夏秋季对湿地植被的放牧利用率低。秋季后期到冬季阶段，湿地地表水结冰，并随时间的推移而加厚，部分地区甚至厚达50～80 cm，秋季中后期为全年放牧最重(多)时期，放牧主要以马和牦牛为主，但受植物粗纤维高的影响，适口性差，被采食的植物量也是有限的，还有大量的枯黄牧草留存于地表，直至夏季来临自动脱落植物根茎，残留于地面。这也是高寒湿地具有比周边高寒草甸区较高的碳储存量和很厚泥炭层的重要原因之一。

为了比较，表4-8给出了中央部帕米尔苔草湿地、边缘带藏嵩草沼泽化草甸、阳坡方向矮嵩草草甸、阴坡方向金露梅灌丛草甸4种植被类型的种类组成及重要值。

表4-8　海北站东1.5 km处微气象-涡度相关法观测系统区域自中央到西南方向帕米尔苔草湿地、藏嵩草沼泽化草甸、矮嵩草草甸、金露梅灌丛草甸植物群落种类组成及重要值

序号	植物种类	草甸类型及重要值/%			
		帕米尔苔草湿地	藏嵩草沼泽化草甸	矮嵩草草甸	金露梅灌丛草甸
1	金露梅	—	—	2.47	12.56
2	山生柳	—	—	1.32	3.44
3	垂穗披碱草	—	2.72	3.43	4.55
4	异针茅	—	1.03	6.53	4.64
5	羊茅	—	3.12	3.77	—
6	紫羊茅	—	—	3.01	2.18
7	落草	—	2.90	1.39	0.83
8	山地早熟禾	—	2.61	3.67	1.39
9	青藏苔草	3.74	8.26	3.87	2.05
10	帕米尔苔草	52.02	6.03	—	—
11	矮嵩草	—	4.11	7.96	9.54
12	藏嵩草	17.66	28.75	—	1.47
13	美丽风毛菊	—	—	3.73	2.33
14	青海风毛菊	—	—	3.86	2.51
15	星状风毛菊	3.38	3.36	—	—
16	蒙古蒲公英	—	—	1.23	1.09
17	柔软紫菀	—	2.99	3.01	3.47
18	矮火绒草	—	—	2.62	2.95
19	线叶龙胆	—	—	1.13	0.11

续表 4-8

序号	植物种类	草甸类型及重要值/%			
		帕米尔苔草湿地	藏嵩草沼泽化草甸	矮嵩草草甸	金露梅灌丛草甸
20	鳞叶龙胆	—	—	0.55	—
21	高山唐松草	—	—	1.24	1.42
22	青海黄芪	—	—	1.09	1.08
23	雪白委陵菜	—	—	1.23	0.54
24	鹅绒委陵菜	4.63	—	2.13	1.79
25	二裂委陵菜	—	—	—	0.30
26	双柱头藨草	1.45	1.36	1.36	1.34
27	繁缕	—	0.12	—	0.52
28	蓬子菜	—	—	—	0.16
29	珠芽蓼	—	—	—	2.61
30	西伯利亚蓼	—	—	2.12	1.61
31	雅毛茛	2.65	0.87	1.86	1.57
32	三裂叶毛茛	—	—	0.52	0.25
33	长裂叶碱毛茛	—	—	0.51	0.48
34	异叶米口袋	—	—	1.44	1.28
35	麻花艽	—	—	3.56	1.31
36	细叶亚菊	—	—	2.58	1.38
37	甘肃马先蒿	—	3.17	2.11	2.15
38	斑唇马先蒿	2.36	6.32	—	0.57
39	黄花棘豆	—	—	1.43	1.57
40	甘肃棘豆	—	—	1.58	—
41	花苜蓿	—	—	2.79	1.34
42	喉毛花	—	2.87	0.12	—
43	乳白香青	—	—	1.48	1.29
44	直立唐松草	—	—	1.72	0.06
45	摩苓草	—	—	1.49	1.08
46	宽叶羌活	—	—	0.87	1.77
47	线叶嵩草	—	—	—	2.86
48	藏异燕麦	—	—	—	2.11

续表4-8

序号	植物种类	草甸类型及重要值/%			
		帕米尔苔草湿地	藏嵩草沼泽化草甸	矮嵩草草甸	金露梅灌丛草甸
49	婆婆纳	—	—	—	0.96
50	兰石草	—	—	1.61	1.64
51	紫花地丁	2.68	1.43	0.12	0.06
52	黄帚橐吾	—	5.23	1.08	1.11
53	钝裂银莲花	—	—	1.47	1.48
54	甘青老鹳草	—	—	0.14	0.12
55	祁连獐芽菜	1.42	1.76	—	—
56	獐牙菜	1.12	1.58	0.86	1.24
57	小米草	—	—	1.69	1.26
58	瑞苓草	—	—	2.22	1.68
59	海乳草	—	—	1.23	0.27
60	野青茅	—	—	—	2.67
61	湿生扁蕾	—	—	1.04	—
62	四叶葎	—	—	0.35	—
63	西藏忍冬	—	—	0.32	—
64	三脉梅花草	—	—	0.38	—
65	天山报春	3.91	2.55	—	—
66	高原鸢尾	—	—	0.72	—
67	杉叶藻	2.98	6.84	—	—

注:(1)重要值=[相对盖度(%)+相对频度(%)+相对多度(%)+相对高度(%)]/4。

(2)相对高度、相对盖度、相对多度、相对频度未列。

调查发现,金露梅灌丛株高为30～40 cm,最高可达60 cm,其盖度为60%～70%。随着海拔的升高,气候变得愈加寒冷,植株逐渐变得低矮。其下的草本植物种类因生境和灌木层高度、盖度分布的影响,种类组成、盖度等差异较大。就调查地段来看,草本层中主要有47种植物,隶属15科37属,群落的总盖度为91%,草本叶层平均高为8～16 cm。从表4-8中看到,金露梅灌丛草甸中其草本层的主要优势种有异针茅、藏异燕麦、垂穗披碱草,次优势种有羊茅、紫羊茅、线叶嵩草,伴生种有柔软紫菀、山地早熟禾、黄花棘豆、瑞苓草、珠芽蓼、矮火绒草、尖叶龙胆、野青茅、花苜蓿、摩苓草等。

矮嵩草草甸多在平缓滩地和山地阳坡等地带出现,广布于青藏高原及其周围山地,约占青藏高原可利用草场的25%。矮嵩草草甸草层高度为10～20 cm,除以矮嵩草为建群种外,从重要值分析结果来看(表4-8),该群落的主要优势种为异针茅,次优势种有麻花艽、甘肃棘豆、紫羊茅,伴生种有瑞苓草、青海风毛菊、垂穗披碱草等。

"乱海子"藏嵩草沼泽化+帕米尔苔草沼泽湿地草甸的中央部位,土壤底部为较厚的泥炭地,泥炭厚度在2～10 m。由于区域为季节性积水区域,土壤湿度极高,部分洼地常年积水结冰,季相变化更为明显。进入10月以后,寒冷天气影响下,整个区域积水完全稳定冻结,有降雪时不被融化而覆盖上面,冻结的冰雪面常有上游漫流而来的水及时冻结覆盖,层层叠加,形成厚度达40～50 cm厚的冰雪面,显得白茫茫一片,只有高度达40 cm以上的植物株秆偶尔露出冰雪面。春季4月开始,冰雪面自表层融化并及时流向下游,冬季吹风、降雪带来的沙土留存地表面和枯植物的叶面上。随冰雪面完全融化,上游又没有流水补充的状况下,5月出现灰色的枯草物,土壤仍然处在冻结状况,地表显得干燥。6月开始到9月,植物得到生长,植株下部的土壤表面为5～50 cm的积水,在初期还可见粉红色的天山报春花和天蓝色的祁连獐牙菜等花朵的点缀,其他时间绿色一片,偶见斑状水面。进入10月随冬季到来,积水逐渐结冰。

第三节　祁连山南麓海北站区主要植被群落种类组成及数量特征

一、群落的层片结构

层片是群落中同一生活型不同植物种的组合,是群落的三维生态结构。同一层片植物是同一生活型类别,但同一生活型植物种只有当数量相当多,且相互存在一定联系时才能组成层片。每一个层片在群落中都有一定的小环境,小环境的相互作用结果构成了群落的环境,说明每一个层片在群落中占有一定的空间和时间,而且层片的时空变化形成了植物群落不同的结构特征。这里主要以海北站分布较广的矮嵩草草甸、金露梅灌丛草甸、藏嵩草沼泽化草甸来解释植物群落的层片结构。

(一)矮嵩草草甸

高寒草甸植物群落的层片结构较为简单,多以地面芽植物为主,其次为地下芽植物,参照王启基等(1995)的研究发现,在嵩草草甸,地面芽植物、地下芽植物分别占群落总种数的65.71%和34.29%(表4-9)。

表4-9　嵩草草原化草甸植物生活型谱

生活型	地面芽			地下芽			
	密丛禾草	莲座状植物	直立茎植物	密丛莎草	疏丛禾草	疏丛莎草	根茎植物
种数	3	9	11	2	2	1	7
百分比/%	8.57	25.71	31.43	5.71	5.71	2.87	20.00
合计/%	65.71			34.29			

地面芽植物层片表现出:(1)密丛禾草层片由耐寒的旱中生和中旱生禾本科植物组成,由于该类型土壤有致密的生草层,通气、透水性能不良,一些耐旱并以营养繁殖为主的密丛型禾草能在这种环境条件下生长和繁殖,如异针茅、紫羊茅等;(2)莲座状植物叶片由耐寒的中生或旱中生双子叶植物组成,这类植物数量较多,它们的茎极短,根出叶簇生或莲座状丛生而铺于地面,如线叶龙胆、麻花艽、美丽风毛菊、蒙古蒲公英、花苜蓿等;(3)直立茎植物层片由耐寒的中生或湿中生植物组成,偶有旱生植物,植物种类较多,但都零散分布在群落之中,为该群落的辅助层片,如青海风毛菊、柔软紫菀、湿生扁蕾等。

地下层片非常明显,0～10 cm主要是由密集的嵩草、禾草及苔草的根系组成,形成了坚实的草皮层,其生物量占地下总生物量的80%以上;10～20 cm以禾草、苔草及杂草类的少量根系组成,其生物量仅占地下总生物量的10%左右;20 cm以下分布的根系较少,生物量一般仅占地下总生物量的5%左右。其地下芽植物层片表现出(王启基等,1995):(1)短根茎密丛莎草层片由耐寒的旱中生或中生植物组成,其根茎极短,常形成稠密的草丛,如嵩草等;(2)根茎疏丛莎草层片由耐寒的湿中生或中生植物组成,如黑褐苔草等;(3)根茎疏丛禾草层片是植物适应于原生植被被破坏之后,土壤较疏松的环境中生长发育,为该群落的辅助层片,如垂穗披碱草、落草等;(4)根茎植物层片由中旱生或中生植物组成,此类植物具有较强的繁殖能力,适应在通气良好的疏松土壤中生长,多为退化草地的先锋植物,如矮火绒草、细叶亚菊、兰石草等。

(二)金露梅灌丛草甸

王启基等(1991)调查金露梅灌丛的结构特征发现,金露梅灌丛草甸群落的地面芽植物层片结构表现有:(1)高位芽植物层片是金露梅灌丛的建群层片,主要由寒冷中生、冬季落叶的灌木组成,如金露梅、山生柳、高山绣线菊。(2)地上芽植物层片属矮小半灌木地上芽植物,如西藏忍冬。(3)地面芽植物层片:表现有密丛禾草层片和莲座状植物层片方式。其中,密丛禾草层片由耐寒的旱中生和中旱生禾本科植物组成,常形成密集的群丛,如紫羊茅、疏花针茅、藏异燕麦等;而莲座状植物层片茎极短,根出叶簇生或莲座状丛生而铺于地面,这类植物数量较多,如棘豆、龙胆、风毛菊、簇生柴胡等。

地下芽植物层片:表现有短根茎密丛莎草层片、根茎疏丛禾草层片、根茎疏丛苔草层片、根茎植物层片四种方式。其中,短根茎密丛嵩莎层片具耐寒的旱中生、中生植物的生态学特性,根茎极短,常形成稠密的草丛,如矮嵩草、线叶嵩草等。根茎疏丛禾草层片的植物适宜在原生植被破坏之后,土壤较疏松的环境中生长发育,如垂穗披碱草、落草。根茎疏丛苔草层片由耐寒中生和湿中生根茎苔草组成。根茎植物层片具很强的繁殖能力,适宜在通气良好的疏松土壤中生长,多为退化草场的先锋植物,如兰石草、矮火绒草、高山唐松草等。

由表4-10可知,组成金露梅灌丛植物的生活型以地面芽植物为主(62.22%),其次为地下芽植物(28.89%)。它反映了该类型的分布地区气候严酷,冬季漫长而寒冷,夏季生长季短暂的特点,同时也证明了金露梅灌丛是高原和高山寒冷气候长期影响的产物。

表4-10 金露梅灌丛植物生活型谱

生活型	高位芽植物	地上芽植物	地面芽植物	地下芽植物
种数	3	1	28	13
百分率/%	6.67	2.22	62.22	28.89

(三)藏嵩草沼泽化草甸

藏嵩草沼泽化+帕米尔苔草湿地草甸微气象-涡度相关法观测系统所在区域的边缘带的藏嵩草沼泽化草甸群落以地面芽植物为主,其次为地下芽植物,分别占群落总数的52.18%和47.82%(表4-11,王启基等,1995)。

表4-11 藏嵩草沼泽化草甸植物生活型谱

生活型	地面芽植物			地下芽植物			
	密丛禾草	莲座状植物	直立茎植物	密丛莎草	疏丛莎草	疏丛禾草	根茎植物
种数	2	4	6	3	2	3	3
百分率/%	8.70	17.39	26.09	13.04	8.70	13.04	13.04
合计/%	52.18			47.82			

地面芽植物中的密丛禾草层片,由耐寒的中生植物组成。由于土壤潮湿,透水通气性不良,因而分布稀少,为该群落的辅助层片,如微药羊茅、双叉细柄茅。莲座状植物层片由耐寒湿中生或中生植物组成,茎极短,根出叶簇生或呈莲座状丛生而匍匐于地面,如星状风毛菊、斑唇马先蒿、线叶龙胆、蒙古蒲公英等。直立茎植物层片由耐寒中生植物组成,这类植物数量很少,零散分布在群落中,如重冠紫菀(*Aster diplostephioides*)、青海风毛菊、湿生扁蕾、大通獐牙菜、山地虎耳草、天山报春等。

地下芽植物中的短根茎密丛莎草层片由耐寒湿中生或中生植物组成。根茎极短,常形成稠密的草丛,多分布于因冻融作用形成高出地面10~20厘米、直径40~80 cm的冻胀草丘上,为该群落的优势种和次优势种,如藏嵩草、华扁穗草、线叶嵩草等。根茎疏丛莎草层片由湿中生植物组成,如黑褐苔草、双柱头藨草等。根茎疏丛禾草层片中的植物适应于土壤疏松、通气良好的环境,因而分布极少,为该群落的辅助层片,如垂穗披碱草、落草等。根茎植物层片由中生或湿中生植物组成。此类植物具较强的繁殖能力,适于土壤疏松、通气较好的环境,多分布在草丘上,如高山唐松草、兰石草、珠芽蓼等。

藏嵩草沼泽化草甸一般出现在河岸阶地、沼泽湿地边缘,在海北站"乱海子"中部的帕米尔苔草湿地,植物层片结构基本与藏嵩草沼泽化草甸相同。但由于帕米尔苔草生长在积水中,只有少部分湿生水生植物生长在露出积水的土墩"塔头",这些土墩"塔头"所占的面积有限,导致地下芽植物所占比例也很高,而地面芽植物的比例在15%以内。

由上述分析可知,高寒草甸植物生活型及其生物-生态学特性是长期适应高寒气候的结果,也是植物在演化过程中对高寒环境的适应对策之一。矮嵩草草甸、金露梅灌丛草甸、藏嵩草沼泽化草甸植物群落的层片结构既有相同又有不同的特点。这种特点主要指高寒草甸是高寒气候长期综合影响的结果。高寒草甸植物生长低矮，群落结构极其简单，层次分化不明显。在水热条件相对较好的区域，除金露梅灌丛草甸外，一般形成二层结构，由密丛禾草层片、疏丛禾草层片构成上层，一般高度在10～20 cm，但覆盖度较小，如果在放牧压力减小或在封育条件下，其盖度将会增加。第二层为密丛莎草层片，以及密丛禾草、密丛苔草和杂类草的叶层组成，高度在1～10 cm。

有些地区，受草毡表层影响，草皮层地表坚实而富有弹性，禾草类种子不易着床，难以繁殖定居，并不会封育密丛禾草层片，难以形成层次，仅表现出密丛莎草层片的单一层次。

二、群落的水平结构

群落在水平空间上表现出由植物种组成的斑块相间的现象，具有一定的镶嵌性，群落的水平结构就是指群落的配置状况或水平格局。而群落的镶嵌性，是由于环境条件（如地形、土壤温湿度等）的不同，产生植物的聚集性分布，这种分布也受到人为活动的影响。正是环境及人类活动的影响，组成群落的类型不同其水平结构有所不同。

从种群的水平格局来看，海北站几种植被类型群落结构简单，层次分化不明显。矮嵩草草甸、金露梅灌丛草甸、高山嵩草草甸、藏嵩草沼泽化草甸、帕米尔苔草沼泽湿地冠层的平均高度分别在25、40、18、20、28 cm左右。矮嵩草草甸以矮嵩草为建群种，次优势种和伴生种主要有异针茅、柔软紫菀、麻花艽、美丽风毛菊、早熟禾等。矮嵩草绝对频度（60%～80%）、盖度（60%）、密度（3 214枝/m^2）最大，常以大小不同的丛簇状态，是组成该群落外貌的主要成分，特别是在植物生长初期极为明显，当植物群落生长达到一定高度时，矮嵩草种类被其他禾草类和杂类草所遮盖，隐域在下层，并因受上层植物影响，叶片细小，需要细心查看和辨认。次优势种和伴生种其频度和密度可达到40%～50%和150～280枝/m^2。

高山嵩草草甸以高山嵩草为建群种，其种的绝对频度、盖度、密度更大。其他伴生种（如针茅等）与矮嵩草草甸的次优势种、伴生种有着相同的水平结构。从种的水平分布格局来看（王启基等，1995），优势种高山嵩草的频度（98%）、盖度（50%）、密度（8 546枝/m^2）在群落35个种群中最大，方差/均值=41.59，呈集中分布格局，并形成较大的斑块，其组成成分较单纯，很少有其他种侵入。次优势种异针茅的频度（94%）、密度（2 678枝/m^2）较大，而盖度（10%）较小，方差/均值=18.57，紫羊茅的频度（30%）和盖度（10%）较小，密度（1 292枝/m^2）较大，方差/均值=100.79。又如矮嵩草（方差/均值=8.31）、青海风毛菊（方差/均值=1.78）、垂穗披碱草（方差/均值=6.67）、异叶米口袋（方差/均值=3.09）等植物的方差/均值大于1，均为集中分布，经t值显著性检验，差异极显著（n=49时，P<0.001）。其余大部分植物的频度和密度都很小，零星分布在高山嵩草斑块的周围，如落草、摩苓草、鹅绒委陵菜、线叶龙胆等。此外，从高山嵩草草原化草甸植物种群的群聚度指数分析，也可证实上述的分布规律，如高山嵩草的群聚度指数最大（87.20），所形成的斑块最大。其次是紫羊茅（43.07）和异针茅（28.49）。矮火绒草、乳白香青（8.00）、矮嵩草

(7.03)、草地早熟禾和垂穗披碱草(5.21)等种群的群聚度指数居中,其余大部分植物的群聚度指数均小于3,这些植物的分布无明显规律。

金露梅灌丛草甸上层的金露梅灌木绝对频度为45%左右,密度为40～80株/m²。而下层的草层结构也很简单,我们监测的区域是下层,以矮嵩草为主,绝对频度、盖度、密度分别在40%、45%和2800枝/m²左右。伴生种有针茅、垂穗披碱草等。当然,藏异燕麦是金露梅灌丛草甸中较为明显的植物种,以簇生为主,常生长于金露梅灌木的丛间,植株高(40 cm左右),密度大(15～30株/m²)。

藏嵩草沼泽化草甸优势种藏嵩草的绝对频度(100%)、盖度(85%)、密度(5 588枝/m²)最大,方差/均值=22.80>1,呈集中分布格局。常形成较大的、均匀分布的草丘,是组成该群落外貌的主要成分。次优势种和伴生种,如华扁穗草、双柱头藨草等种群虽有较大的频度(84%、70%),但密度不大(780枝/m²、520枝/m²),方差/均值分别为8.16和5.65。黑褐苔草、天山报春等种群的频度(44%～48%)和密度(92～138枝/m²)较小,方差/均值分别为2.98和2.17,这些种的方差/均值大于1,均呈集中分布的格局。线叶嵩草的密度较大(152株/m²),但频度很小(10%),其方差/均值为17.65,大于1,亦呈集中分布格局(王启基等,1995)。禾本科(*Poaceae*, *Gramineae*)植物和其他双子叶植物不仅频度小(2%～30%),而且密度也很小(2～44枝、株/m²),多分布在藏嵩草斑块的周围,如星状风毛菊、微药羊茅、细柄茅等。若以植物种群的群聚度指数分析,其序列依次为藏嵩草(55.88)>线叶嵩草(15.20)>华扁穗草(9.28)>细柄茅(4.00)、微药羊茅(4.00)、珠芽蓼(4.00)>高山唐松草(3.50)>黑褐苔草(3.14)>斑唇马先蒿(2.60),其余各种群的群聚度指数均小于2。由此可见,群聚度指数亦是反映植物种群水平分布的一个量度指标。在海北站东部藏嵩草沼泽化草甸"乱海子"中央的帕米尔苔草沼泽湿地,群落结构更为简单,建群种的帕米尔苔草绝对频度、盖度、密度等占据更大的位置,明显高于周边分布的藏嵩草沼泽化草甸优势种藏嵩草的值。

三、群落的垂直结构

群落的垂直结构是指群落的成层性,在森林群落中分为乔木层(或者分林冠层和下木层)、灌木层、草本层、地被层。对于草地来讲,也可存在群落的成层性。这种成层性不仅表现在地上,也表现在地下。地下的植物根系在不同深度的分布就是明显的成层现象。

群落的成层性说明了有限资源的时空利用和利用效率,进而影响到植物群落的生产力。群落的成层性还可减少物种为养分等资源的竞争,使群落向更高的多样性发展,进而提高群落的稳定性和对环境的反馈改造,增强抵御外界干扰的能力。当然,层次越复杂,成层结构越复杂。在环境恶劣及极端环境下,植物群落将变得简单。对于高寒草甸来讲,所处的环境是低温、缺氧,其群落的垂直结构也就显得简单了。

高寒草甸群落的垂直结构中,我们主要关注的是植物群落在地上不同高度、地下不同深度的空间垂直分配状况及层次结构。分配包括了高度(深度)、生物量、生产力等,由于不同高度或深度上植物体的碳、氮等含量不同,也进行了部分研究。本节我们主要针对三种草甸植被类型，重点分析了垂直高度和深度上的生物量分配与层次结构。其中，地下生物量随深度的垂直分配做了简单介绍，更详细的分析可参考第五章相关内容。

冠层的高度和地下生物量的分布格局，因优势种和次优势种植物的生物-生态学特性、生境条件及人类活动影响的不同而有差异。

（一）矮嵩草草甸

嵩草草甸地上生物量垂直分布呈典型的金字塔模式（图4-2，王启基等，1998），地上部分生物量主要分布在0～10 cm的冠层中。在矮嵩草草甸中由于水热条件较好，如果在半封育（夏秋季节禁牧，冬春季节放牧）条件下，禾本科植物生长和发育良好，植株较高，形成禾本科植物为上层，莎草类和杂草类为下层的双层结构。但随着海拔的升高，杂草类种类减少，外貌趋于单调，同时出现了垫状植物层片，形成单层结构。其地上生物量的75.90%分布在0～10 cm的冠层中，大于20 cm冠层中仅占24.10%。其中，10～20 cm、20～30 cm、30～40 cm、40～50 cm和大于50 cm冠层中的生物量分别占15.36%、4.03%、5.31%、1.78%和0.47%（王启基等，1998）。

在我们开展群落调查研究的区域，大多为冬季牧场，在水热良好的生长季，家畜迁移至夏秋草场，植物生长受家畜干扰较低，但在冬春季，放牧强度也较大，上述的层片结构性质则是在这种环境下所形成的。但封育后，虽然组成植物群落的种类成分几乎没有什么改变，但是组成群落的种类的高度、盖度以及多度则发生了显著的变化，进而改变了矮嵩草草甸群落的结构。垂穗披碱草、异针茅、羊茅、紫羊茅、早熟禾等丛生禾草，在整个生长发育阶段，由于没有受到牲畜的啃食和践踏，得到了充分的生长和发育，植株高度从原来的15 cm增到20～30 cm，丛径亦相应增大，盖度由原来的10%～15%增加到60%～70%，形成了密集的上层。此时，群落层次分化明显，禾草组成了群落的第一层，而矮嵩草和其他一些杂草类则组成了第二层。

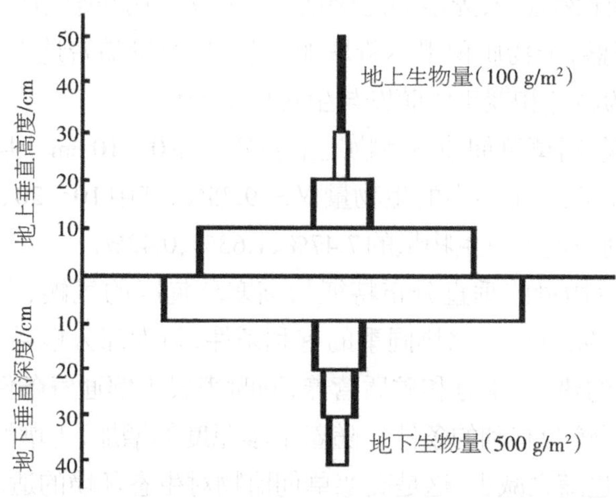

图4-2　高寒矮嵩草草甸植被生物量垂直分布

嵩草草甸的分布地域辽阔，地势高亢，生态环境复杂，类型多样，由于组成植物群落的种类和数量特征各不相同，因此不同植被类型的嵩草草甸地下生物量及其垂直分布特征亦有差异。但是垂直分布总趋势基本相同，即呈倒金字塔模式，其地下生物量主要分布在0～10 cm深的土层中。例如，矮嵩草草甸地下生物量在0～10 cm土层中约占地下总生物量的84.35%，其中活根占64.49%、死根占19.86%；10～20 cm土层中的地下生物量约占7.80%，其中活根占5.83%、死根占1.97%；20～30 cm土层中生物量约占3.59%，其中活根占2.29%、死根占1.30%；30～50 cm土层中的地下生物量约占3.63%，其中活根占2.83%、死根占0.80%。从生长季矮嵩草草甸地下生物量的动态分析，不同生长期，其地下生物量和垂直分布格局也不一样。在牧草返青初期(5月初)地下生物量高，有时在年内出现比其他任何月份都较高的值，垂直分布与图4-2相仿，但地上生物量仅在0～10 cm高度分布，且量值很低，大多数年份在30 g/m^{2}以下(见第五章第三节)。在牧草生长旺盛期(7月上中旬)地下生物量在年内达最低，地上生物量增加明显，但地表以上与地下垂直分布与图4-2类同，只是地上垂直分布在20 cm以上仍处在相对较低的阶段。植物生长末期(8月下旬到9月上中旬)，大多植物完成生命史，种子成熟，植株最高，最高可达40 cm以上，植物能量向地下转移，致使生物量地上地下的垂直变化与分配即为图4-3的变化特征。这些地上地下的垂直分配造成不同季节地下与地上的占比也有很大的差异性。如，1996年的调查表明，矮嵩草草甸9月初的地下生物量为2 428.28 g/m^2，其中活根为1 989.04 g/m^2，占地下总生物量的81.91%，死根为439.24 g/m^2，占地下总生物量的18.09%。7月初的地下生物量为1 479.80 g/m^2，其中活根为1 060.56 g/m^2，占地下总生物量的71.74%，死根为418.24 g/m^2，占地下总生物量的28.26%，9月初与7月初地下总生物量的比值为1.64，活根之比值为1.87，死根之比值为1.05。由此可见，牧草返青期，由于气温低、降水少等条件的制约，植物光合作用积累的干物质不能满足其自身生长发育需求，而必须大量消耗植物根系先贮藏的营养物质和能量，造成根系生物量下降，活根的比例减少，死根的比例增加。从7月初开始，随着气温的升高，降水量增加，牧草生长旺盛，干物质积累不断增加，根系生物量随着地上生物量的增大而增大，死根比例减少，为越冬和翌年的萌发与生长贮备养料。

同时调查还发现，嵩草草甸地下生物量主要分布在0～10 cm土层中，约占地下总生物量的90.43%，10 cm以下土层中的生物量仅占9.75%，其中10～20、20～30、30～50 cm土层中的生物量分别占地下总生物量的7.47%、1.63%、0.43%。

嵩草草甸地下生物量的垂直分布特征与高寒草甸区的气候、土壤有密切的关系。植物为了充分利用高寒草甸区水热同季的有利条件，将大部分根系分布在0～10 cm的表土层中，获取更多的热量、水分和矿质营养，同时表层土壤通气条件较好，这些都为根系的生长发育创造了较为有利的条件。随着土壤深度的增加，土壤温度、含水量和通气条件逐渐恶劣，根量也随之减少，这是高寒草甸植物对生态环境的适应策略。

此外，从不同放牧强度对矮嵩草草甸植物群落地下生物量及其垂直分布的影响可以看出，在重度放牧条件下，一些家畜喜食的优良牧草经反复采食和践踏，植物光合面积减少，尤其在牧草返青期，其光合产物不能满足其自身发育的需要，而要消耗植物根系先年贮存的营养物质作为补充。其结果不仅影响了植物根系的生长发育，而且制约了地上、地下干物质的积累，有些种甚至不能完成其生命的全过程，久而久之，使这些种逐渐衰退和消失，最后导致地下生物量减少。如在重度放牧条件下，其地下生物量仅占对照组地下生物量的75.35%；轻度放牧条件下，其地下生物量接近对照组地下生物量，占对照组地下生物量的94.30%。不同放牧强度下，其地下生物量垂直分布虽有差异，但它们的分布趋势基本相似，亦呈倒金字塔模式（王启基等，1995）。

异针茅、羊茅、紫羊茅、早熟禾等，为须根密丛植物，而且草质柔软，营养丰富，是各类牲畜喜食的优良牧草。这些高禾草以种子繁殖，不耐放牧践踏，因而在长期的放牧利用下，地上部分不断被牲畜啃食，特别是在雨热同期的夏季，正是植物生长和发育的旺季，被牲畜采食后，不能完成整个生长和发育周期，一直处在营养生长阶段，个别植株间或可以开花结实，但果实成熟不良而不能繁殖，导致植物丛径逐年变小，甚至成单株存活，自然更新不良。当草场封育之后，它们得到了休养生息的有利时机，充分利用水热条件，完成其生长发育周期，种子成熟充分，可以进行自然更新。同时，原来幸存的植株，被解除牲畜啃食压力以后，亦可进行正常的分蘖，丛径逐渐增大。

矮嵩草与禾草相比较，它具有适应高寒气候的生态-生物学习性和一些耐放牧的特点，它花期早，在早春当高原气候开始转暖时，就开花结果，然后即进入了果后营养期。除种子繁殖外，地下根茎繁殖能力强，耐放牧践踏，再生力强，同时在阴湿的环境下也能正常生长。因此，当过度放牧利用，高禾草受到抑制的情况下，它可以以群落的建群种而存在；当封育之后，禾草转变成建群层片，而矮嵩草仅成为群落下层的优势层片而存在。

（二）金露梅灌丛草甸

海北站附近的金露梅灌丛草甸，其草本类植物与矮嵩草草甸区域的植物种相差不大，但金露梅灌木的存在，地上垂直层次上形成三层结构。最上层为金露梅灌丛组成的灌木植物群落，中部以针茅、藏异燕麦、垂穗披碱草等禾草为主，底层则是以莎草和杂草类为主的植物群落。金露梅灌丛株高为30～60 cm，最高可达70 cm，盖度可达40%。受生境和灌木层高度和盖度的影响，下部草本植物的种类组成和盖度等差异较大。在金露梅灌丛的基部生长有植株较高的禾本科植物，如双叉细柄茅、藏异燕麦等（王启基等，1991）。植株矮小的莎草科和双子叶植物则生长在没有灌木的地方。这种分布格局有利于充分利用光能资源和地表温度较高的小生境条件，避免高原强风的影响，为植物的生长发育创造了条件。由于植物群落的层次分明，因此，随着物候期的不同，群落的外貌和景观有明显的季节性差异。5—6月份各类植物均已返青，整个群落一片葱绿，其间有早花植物矮嵩草、双柱头藨草、高原鸢尾、高山唐松草等处在盛花期。7、8月份正是建群种植物金露梅的盛花期，此时群落呈现一片金黄色，在菊科、蓼科、龙胆科等植物鲜花的陪衬下景色美丽而壮观。9月随着气温下降，大部分植物开始枯黄，唯有线叶龙胆盛开蓝色的花朵，极为醒目，为即将结束的秋天增添了光彩。

在海北站分布的金露梅灌丛草甸,上层为金露梅,底层为嵩草草甸。就整个生物量地上地下垂直分布及分配来看,与矮嵩草草甸一样,生物量分配具有基本相同的垂直分配规律。就灌木而言,其垂直变化有其异同特点。为此,这里有必要对金露梅灌木各层次生物量所占的比例进行描述,以便于更准确掌握金露梅灌丛草甸垂直结构,表4-12给出了灌木各层次生物量的分布比例(李英年等,2006;李红琴等,2014)。地上部分10～20 cm枝干生物量所占比例最大,达34%,其次是0～10 cm枝干,为32%,其余20 cm以上各层次所占比例依次减少。由于高寒灌丛草甸土层较薄,根系主要分布在浅层区域,0～10 cm根系生物量所占比例达53%,往下依次减少,10～20 cm根系比例为37%,20～30 cm根系骤减至8%,而低于30 cm土壤中,根系很少分布,仅为2%。

表4-12　金露梅灌木各层次生物量的分布比例

	部位	百分比/%
地上枝干	>40 cm	3
	30～40 cm	9
	20～30 cm	22
	10～20 cm	34
	0～10 cm	32
地下根系	0～10 cm	53
	10～20 cm	37
	20～30 cm	8
	30 cm	2

(三)藏嵩草沼泽化+帕米尔苔草草甸

海北站附近的高寒湿地草甸,自中央到边缘地带其植被类型分布差异也较大。中央部位因地表有积水,但流动缓慢,水生植被明显,形成了以帕米尔苔草为建群种的沼泽湿地。湿地边缘地带,积水明显减少,地表显得相对干燥,但土壤常处于接近饱和状态,植被多以藏嵩草为建群种的沼泽化草甸,尔后向矮嵩草草甸和金露梅灌丛草甸过渡。其总的趋势是中央植被高、种类组成少;边缘区植被高度低,物种比中央带丰富。

湿地边缘是以藏嵩草为建群种的沼泽化草甸,伴有青藏苔草、黑褐苔草、黄帚橐吾、杉叶藻、斑唇马先蒿、祁连獐牙菜、矮嵩草、天山报春、星状风毛菊、帕米尔苔草、二柱头藨草等物种。其中藏嵩草、黑褐苔草、黄帚橐吾、祁连獐芽菜等形成上层结构,高度在6～20 cm,个别高度达30 cm。更低层结构的植物种有天山报春、星状风毛菊等,高度在2～8 cm左右。杉叶藻生长环境特殊,在长久的积水坑内生存。

藏嵩草沼泽化草甸植物群落结构简单,层次分化不明显,冠层平均高度约20 cm。植物地上、地下部分生物量垂直分布呈典型的金字塔模式(图4-3,王启基等,1995)。地上生物量主要分布在0～10 cm的冠层中，约占地上总生物量的71.70%，10～20、20～30、30～40和大于40 cm冠层中的生物量分别占20.73%、5.31%、1.78%和0.47%。

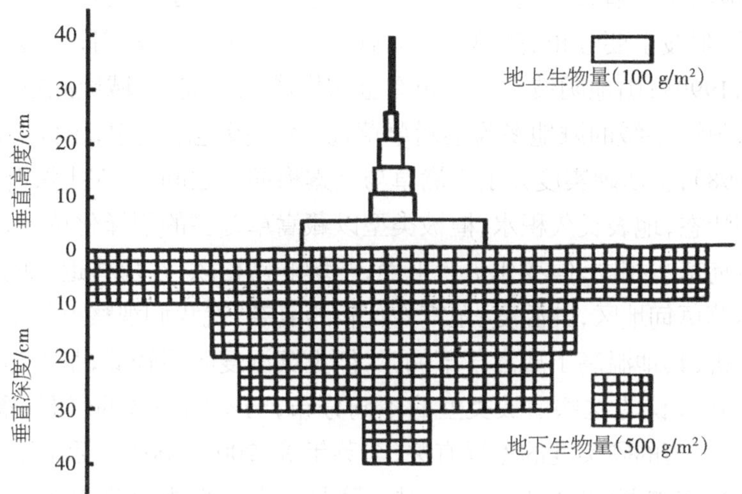

图4-3 藏嵩草沼泽化草甸2011年生物量地上地下垂直分布

地下生物量主要分布在0～10 cm的草皮层中，约占地下总生物量的45.51%。10～20、20～30、30～50 cm土层中的生物量分别占26.40%、23.16%、4.93%，其地下生物量(11 183.2 g/m^2)和地上生物量的比值为21.57。这种分布特征充分反映了高寒藏嵩草沼泽化草甸植物的生物-生态学特性及植物对高寒环境的适应对策。50 cm以下其生物量小，甚至可以忽略不计(图4-3，王启基等，1995)。

而在湿地的中央，群落优势种为高度在30～40 cm的帕米尔苔草，次优势种高度为20～30 cm的华扁穗草，它们形成了上层结构，下层主要由天山报春、斑唇马先蒿、藏嵩草、紫花地丁等构成，高度在1～15 cm不等，而且大多次优势种多分布在湿地中出现的“塔头”上。建群种的帕米尔苔草则生长在积水坑中。湿地植物地下生物量的垂直分布格局有别于矮嵩草草甸、金露梅灌丛草甸、藏嵩草沼泽化草甸。从0～10 cm开始，到深层生物量逐渐减小，但减小的幅度除上层稍大外，底层较小。如，我们在监测0～100 cm每10 cm厚度的分层时发现，自上而下各层的生物量约占地下总生物量的23.34%、18.47%、14.32%、11.24%、8.38%、7.12%、5.78%、5.13%、3.67%、2.56%。实际上帕米尔苔草湿地因积水及深层泥炭层的存在，地下生物量监测难度巨大，我们仅在2004年9月上旬进行了上述的测定工作。在用土柱法观测时还发现，帕米尔苔草湿地地下生物量很高，2004年9月的测定表明，地下生物量仅0～40 cm层次达22 154.32 g/m^2，在100 cm深层以下，虽然生物量明显减少，但生物量仍然较高。

四、不同地形部位植被类型及与土壤温湿度的对应

环境因素对各个生态系统的分布有着很大的贡献，特定的栖息地是物种生存和生物多样性保存的必要条件，不同的环境资源和环境多样性是形成植物群落结构特征、生物生产力和物种多样性分布格局差异的重要原因之一。由于在不同地形区域，其气候有较大的差异，特别是土壤温度、湿度和土质的硬实度差异尤为明显，从而在同一大气环境下，其植被类型、土壤环境条件等有着不同的分布。就是在一定相近的区域和高程范围内，其植被类型也有较大的分布差异。如前所述，海北站地区主要有4种不同的植被类型，山地阳坡主要分布有草原化小嵩草草甸，这里地温较高，土壤干燥，土质硬实（王启基等，1999）；山地阴坡主要分布有金露梅灌丛草甸，区域地温较低，土壤湿度高，土质比较松软；平缓的滩地多为矮嵩草草甸，该地段地温适中，土壤湿度在38%左右（李英年，1998），土质硬实度介于小嵩草与金露梅灌丛之间；而在土壤湿度常年处于饱和或超饱和状态，地表长久积水，植被类型以藏嵩草为主的沼泽化草甸，地温分布与金露梅灌丛草甸基本相同，但变化更为平稳，土壤非常松软；在那些退化的或者正在恢复过程的矮嵩草草甸地区，其温度、湿度变化较为复杂，就我们观察点的正恢复的矮嵩草草甸地区来讲，其地温高于矮嵩草草甸区，但土壤湿度明显较低，基本与小嵩草草甸类型区相仿。可以认为这些植被类型的不同分布，与不同地区的气温、辐射、土壤湿度、土壤温度及土壤的硬实度的差异有关（李英年等，2003；2004）。我们在不同时期不同地形部位的植被类型（图4-4）上进行过土壤温湿度的监测，并在2003年做过矮嵩草草甸、金露梅灌丛草甸两种不同植被类型的土壤温湿度状况的分析（杨时海等，2006）。表4-13和表4-14分别为不同时期不同地形部位植被类型区土壤温度和湿度观测结果的统计状况。

图4-4　海北站地区几种典型植被类型区土壤温湿度观测点

注：

（1）监测点与植被类型：No.1，No.4，No.4+为垦殖50多年后恢复的嵩草草甸；No.2为帕米尔苔草沼泽湿地（高寒湿地）；No.3为海北站综合观测场，系典型矮嵩草草甸；No.5为高寒金露梅灌丛草甸；No.6为高山嵩草草原化草甸；No.7为藏嵩草沼泽化草甸；No.8为典型高山嵩草草甸。

（2）监测时间：No.1、No.4、No.5、No.6、No.7点于2002—2007年监测了土壤温湿度；No.8点于1991—1993年监测了土壤温湿度；No.4+、No.2自2002年开始至今，架设有微气象-涡度相关法水碳通量监测系统；No.3为海北站气象站，自1980年开始至今。

表4-13　不同时期不同地形部位植被类型区1月、4月、7月、10月和年0～20 cm土壤平均温度

监测点与植被类型	时间(月份或年平均)/℃				
	1月	4月	7月	10月	年平均
No.1恢复的嵩草草甸	-7.58	3.12	14.08	3.00	3.15
No.2帕米尔苔草沼泽湿地	-4.21	-0.32	10.67	2.10	2.06
No.3海北站综合观测场矮嵩草草甸	-5.70	2.36	13.82	3.81	3.68
No.5高寒金露梅灌丛草甸	-9.47	1.16	12.57	2.12	1.85
No.6高山嵩草草原化草甸	-6.17	3.60	15.85	3.95	4.13
No.7藏嵩草沼泽化草甸	-5.42	1.21	11.01	2.43	2.48
No.8高山嵩草草甸	-6.28	3.63	17.56	4.32	4.32

注:No.4数据缺测严重,未列入。

表4-14　不同时期不同地形部位植被类型区1月、4月、7月、10月和年0～20 cm土壤平均湿度

监测点与植被类型	时间(月份或年平均)/%				
	1月	4月	7月	10月	年平均
No.1恢复的嵩草草甸	14.21	28.71	36.07	30.15	28.57
No.2帕米尔苔草沼泽草甸	94.31	97.12	98.54	97.93	92.66
No.3海北站综合观测场矮嵩草草甸	15.82	31.44	36.23	27.73	28.68
No.5高寒金露梅灌丛草甸	15.47	28.23	38.46	35.78	30.36
No.6高山嵩草草原化草甸	12.37	27.93	29.36	25.45	24.72
No.7藏嵩草沼泽化草甸	30.05	51.78	57.31	47.79	49.22
No.8高山嵩草草甸	10.87	19.55	22.41	20.54	20.64

注:No.4数据缺测严重,未列入。

可以看出,不同地形部位其土壤湿度及其温度相互均有较大的差别。0～20 cm土壤年平均湿度从高到低依次为湿地(92.66%)、藏嵩草沼泽化草甸(49.22%)、金露梅灌丛草甸(30.36%)、海北站综合观测场矮嵩草草甸(28.68%)、正恢复的矮嵩草草甸(28.57%)、高山嵩草草原化草甸(24.72%)、高山嵩草草甸(20.64%),而所对应的土壤年平均温度表现复杂,从低到高依次为金露梅灌丛草甸(1.85 ℃)、帕米尔苔草沼泽湿地(2.06 ℃)、藏嵩草沼泽化草甸(2.48 ℃)、恢复的嵩草草甸(3.15 ℃)、海北站综合观测场矮嵩草草甸(3.68 ℃)、高山嵩草草原化草甸(4.13 ℃)、高山嵩草草甸(4.32 ℃)。正是不同地形部位的温湿度的差异,从而造成不同地形部位有不同的植被类型分布及物种多样性的差异,说明植被类型的不同分布不仅与所处区的土壤温度有明显对应关系,而且与土壤湿度,特别是植物生长期内的土壤湿度具有很好的对应关系。如矮嵩草草甸所对应的土壤环境是较高的土壤温度和相对较低的土壤湿度,而金露梅灌丛草甸所对应的土壤环境是较高的土壤湿度和相对较低的土壤温度。在沼泽化藏嵩草草甸因地表常年积水,土壤具有非常高的湿度,而且常处在饱和及超饱和状态,温度条件处在较低的水

平(李英年等,2001)。李英年等(2000)于1997年9月至1998年12月年观测沼泽40~80 cm土壤温度发现,在40 cm土层年平均温度为0.9 ℃,在植物生长期为2.2 ℃。经与矮嵩草草甸和金露梅灌丛草甸比较,平均温度分别低2.25和0.95 ℃,说明沼泽化藏嵩草草甸所对应的土壤环境有明显的高湿和低温特征。

土壤温度和湿度是植物生长的重要因素,土壤温度和湿度不仅影响土壤物理形态的变化,也影响着土壤微生物及植物的生命活动,因此土壤温度与湿度的变化对植被生物生产力有着很大的影响作用。矮嵩草草甸区因植被高度相对金露梅灌丛草甸低矮,加之均为草本植物,当受到太阳辐射的作用后土壤温度上升迅速,其植物的早期萌动发芽开始较早,另外受冬春季土壤冻结影响,在土壤融冻期有较高的土壤含水量,这样在植物萌动发芽期间,就是有冷空气活动导致环境温度较低时,也可进入正常的营养生长阶段,就是在整个植物生长期内,矮嵩草草甸地区均有较高的温度条件,致使该地区植被年生物生产力较高。金露梅灌丛草甸区一般分布在山地阴坡或土壤较湿的滩地,在这些地区温度条件较矮嵩草草甸地区差,其植物的初期营养生长阶段较矮嵩草草甸区来得迟,植物生长停止也来得早,物候期缩短,从而对生物生产力的提高有一定的不利影响,最终导致金露梅灌丛草甸的年生物生产力较矮嵩草草甸地区低。由表4-14看到,矮嵩草草甸和金露梅灌丛草甸土壤湿度的变化及水分含量基本一致,但温度条件差异明显,从而可认为,在距离相近但植被类型不同时,因温度条件的差异,将导致植被生物生产力有很大的不同,即温度条件在高寒草甸地区是植被生物生产力形成的主要影响因素。

第五章 祁连山南麓海北三种高寒草甸植被系统生产力

海北站是中国最早开展通量观测的野外台站之一，早在2000年和日本国立环境研究所联合开展了高寒矮嵩草草甸碳水热通量的观测研究。在中国科学院知识创新工程重大项目“中国陆地和近海生态系统碳收支研究”的资助下，2002年和2003年，海北站应用涡度相关技术分别在高寒金露梅灌丛和高寒帕米尔苔草湿地生态系统开展碳水热通量的连续观测，截至2020年，已经积累了连续20余年的原始观测数据，取得了许多原创性的结果，极大地推动了青藏高原碳水循环和能量交换的研究，为科学评估青藏高原生态功能提供了翔实的数据支撑和理论依据。

自2001年以来，我们一直采用微气象-涡度相关法观测系统，进行矮嵩草草甸、金露梅灌丛草甸、藏嵩草沼泽化+帕米尔苔草湿地草甸的碳水通量及微气象要素的观测，同时也进行草地类型的群落结构与功能的调查工作。本章重点阐述了涡度相关法观测系统的植被生物量、净初级生产力、总初级生产力、净生态系统生产力（生态系统净交换量）、生态系统呼吸等生态系统生产力的季节、年际变化以及影响机制，并对净初级生产力进行了季节变化、年际变化的模拟预测。

第一节 三种高寒草甸植被区碳水通量观测区植被与土壤

一、微气象-涡度相关法水热通量观测系统平台

如前所述，海北站所在区域包括了多种草甸植被类型。自2001年开始，海北站相继在矮嵩草草甸（37°36.77′N，101°18.77′ E，海拔3 218 m）、金露梅灌丛草甸（37°39.91′N，101°19.87′E，海拔3 450 m）、藏嵩草沼泽化+帕米尔苔草湿地（37°36.55′N，101°19.63′E，海拔3 235 m）三个典型草地植被类型架设了微气象-涡度相关法水热通量观测系统，其在海北站的地理位置见图5-1。其中，通量观测塔分别在海北站站区前1.0 km的矮嵩草草甸、东北9 km的金露梅灌丛草甸、东部0.8 km的藏嵩草沼泽化+帕米尔苔草湿地。

除湿地草甸没有必要开展土壤水分观测外，矮嵩草草甸、金露梅灌丛草甸和藏嵩草沼泽化+帕米尔苔草湿地草甸所采用的仪器完全相同，其碳水热通量观测和常规气象要素测定所用仪器及型号、仪器制造商及数据采集器等相关信息详见表5-1。CO_2、水、热通量及三维超声风速仪的观测高度为距离地面的2.5 m，原始数据采样频率为10 Hz，计算并存储30 min的平均通量数据；常规气象要素的采样频率1 min，计算并存储30 min的平均数据。其中嵩草草甸的碳水通量观测高度为220 cm，灌丛草甸和湿地草甸的通量观测高度为250 cm，空气温度/湿度、风速风向的观测层次为两层，其中嵩草草甸的观测高度为110 cm和220 cm，灌丛草甸和湿地草甸的观测高度为150 cm和250 cm。降水的观测高度为50 cm。总辐射、净辐射、光合有效辐射、冠层红外温度的观测高度均为150 cm。嵩草草甸的土壤温度的观测层次为2、5、10、20、30、40、50、60和70 cm，土壤水分的观测层次为5、20和50 cm。灌丛草甸和湿地草甸的土壤温度的观测层次为5、10、20、40和60 cm，灌丛草甸土壤水分的观测层次为10和20 cm。

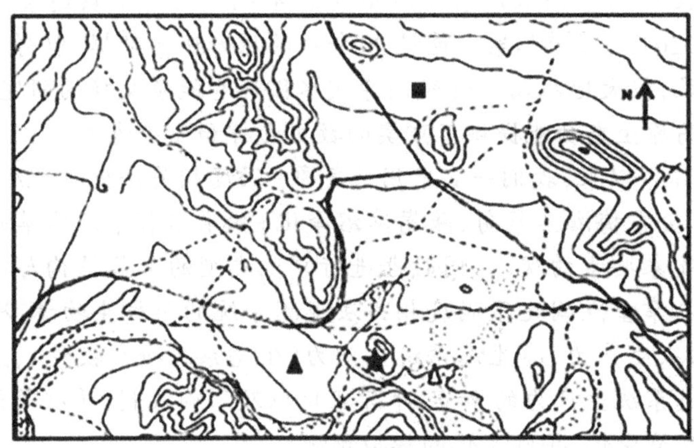

注：▲表示矮嵩草草甸；△表示藏嵩草沼泽化+帕米尔苔草湿地；■表示金露梅灌丛草甸；★表示海北站站区。

图5-1 海北站微气象-涡度相关法观测系统在3个高寒草甸植被类型区布局

表5-1 观测项目所用分析仪相关信息

观测系统	测定要素	仪器型号	仪器制造商	数据采集器	数据采集制造商
常规气象要素	空气温度/湿度	HMP45C	VAISALA	CR23X	CAMPBELL
	降水量	52203	RM YOUNG		
	总辐射	CM11	KIPP&ZONEN		
	净辐射	CNR-1	KIPP&ZONEN		
	光合有效辐射	LI190SB	LI-COR		
	风速	034A-L	RM YOUNG		
	风向	014A	RM YOUNG		
	压力	CS105	VAISALA		
	红外温度传感器	IRTS-P	POGEE		
	土壤温度	105T	CAMPBELL		
	土壤水分(湿地无此项)	CS616	CAMPBELL		
CO_2和水、热通量	三维超声风速	CSAT3	CAMPBELL	CR5000	CAMPBELL
	CO_2密度、H_2O密度	LI-7500	LI-COR		

这里对该三种高寒草甸植被类型的群落建群种特征、种类丰富度等一般性特征予以阐述。更详细的分布特征、层片结构、垂直分布结构、群落生物量等将在后文做详细的介绍。

矮嵩草草甸原生的顶级群落植被当属海北站综合观测场,但微气象-涡度相关法观测系统所在的矮嵩草草甸植被区,处在海北站正门前方约1.0 km处,该植被区在20世纪60年代盲目开垦过农田,后因气候条件欠适宜而撂荒,到90年代基本得到恢复,到21世纪10年代基本达到与海北站综合观测场相类似的顶级群落植被类型。

金露梅灌丛草甸的观测地在海北站北部9.0 km处的“干柴滩”,20世纪90年代前为当地牧户的夏季放牧草场,以后变更为冬季放牧草场。

在海北站东北1.3 km处的“乱海子”,四周相对较高,形成局地的小盆地,是一个南北长约1.5 km、东西宽约0.6 km、面积较小的山间凹地,地下水出露汇集于中央。上游2 km处为一面积约为2.5 km^{2}的湖泊,湖泊西北侧有泉水溢出,向北7 km处为祁连山主脉的冷龙岭,故年内有地表径流水的补给。我们的微气象-涡度相关法观测系统就架设在“乱海子”中央带,植被以帕米尔苔草为优势种的沼泽湿地。在“乱海子”四周地势稍高的边缘区为藏嵩草沼泽化草甸,植被从沼泽湿生、水生种类急剧向藏嵩草植被演替。考虑到“水碳通量观测”的“风浪区”,也为了便于通量监测点的称谓,本书定义为藏嵩草沼泽化+帕米尔苔草湿地草甸。

二、观测系统区植被群落种类组成及数量特征

第四章第三节我们阐述了海北站站区附近几种高寒草甸植被类型在气候温暖化及水平分布上,因生境改变植被的演替过程,以及演替过程中的植被群落结构及数量特征,其中就包括了矮嵩草草甸、帕米尔苔草沼泽湿地微气象-涡度相关法观测系统所在区域的植被群落种类组成及重要值分布状况(表5-2)。

表5-2 海北站通量观测塔所在的三种高寒草甸植被区植物群落种类组成及重要值

序号	植物种	重要值/%		
		帕米尔苔草湿地	矮嵩草草甸	金露梅灌丛草甸
1	垂穗披碱草	—	8.41	6.43
2	异针茅	—	6.62	5.56
3	羊茅	—	3.35	1.86
4	紫羊茅	—	2.98	1.85
5	落草	—	1.79	1.33
6	山地早熟禾	—	4.64	5.31
7	青藏苔草	—	2.58	2.51
8	黑褐苔草	3.74	—	—
9	矮嵩草	—	6.53	3.44

续表5-2

序号	植物种	重要值/%		
		帕米尔苔草湿地	矮嵩草草甸	金露梅灌丛草甸
10	美丽风毛菊	—	4.40	3.35
11	青海风毛菊	—	4.08	2.81
12	白花蒲公英	—	1.46	1.36
13	蒙古蒲公英	—	2.04	—
14	柔软紫菀	—	3.34	1.11
15	矮火绒草	—	1.17	2.23
16	尖叶龙胆	—	0.90	1.13
17	线叶龙胆	—	0.99	—
18	鳞叶龙胆	—	0.26	—
19	高山唐松草	—	0.94	1.13
20	青海黄芪	—	0.57	1.18
21	雪白委陵菜	—	0.88	2.85
22	鹅绒委陵菜	4.63	1.54	2.03
23	二裂委陵菜	—	0.26	0.69
24	双柱头藨草	1.45	0.26	—
25	繁缕	—	0.16	0.41
26	西伯利亚蓼	—	1.07	—
27	雅毛茛	2.65	0.77	0.76
28	三裂叶毛茛	—	0.21	—
29	长裂叶碱毛茛	—	0.51	0.90
30	异叶米口袋	—	1.33	1.29
31	麻花艽	—	4.10	1.67
32	细叶亚菊	—	1.11	2.26
33	甘肃马先蒿	—	1.07	2.26
34	黄花棘豆	—	2.76	4.25
35	甘肃棘豆	—	2.27	—
36	花苜蓿	—	0.76	1.53
37	乳白香青	—	1.28	1.89
38	直立唐松草	—	0.73	0.74
39	宽叶羌活	—	0.62	2.01

续表5-2

序号	植物种	重要值/%		
		帕米尔苔草湿地	矮嵩草草甸	金露梅灌丛草甸
40	婆婆纳	—	0.23	0.96
41	兰石草	—	1.35	1.93
42	紫花地丁	2.68	0.64	0.56
43	钝裂银莲花	—	1.50	1.68
44	甘青老鹳草	—	0.36	1.15
45	四数獐牙菜	1.12	0.97	1.54
46	小米草	—	1.78	0.80
47	瑞苓草	—	3.76	2.74
48	海乳草	—	0.91	0.41
49	野青茅	—	2.70	2.97
50	湿生扁蕾	—	2.46	—
51	四叶葎	—	0.31	—
52	西藏忍冬	—	1.54	—
53	三脉梅花草	—	1.11	—
54	高原鸢尾	—	1.68	—
55	帕米尔苔草	52.02	—	—
56	藏嵩草	17.66	—	—
57	星状风毛菊	3.38	—	—
58	斑唇马先蒿	2.36	—	—
59	喉毛花	—	—	—
60	黄帚橐吾	—	—	2.83
61	祁连獐牙菜	1.42	—	—
62	天山报春	3.91	—	—
63	杉叶藻	2.98	—	—
64	蓬子菜	—	—	0.63
65	珠芽蓼	—	—	1.89
66	摩苓草	—	—	2.02
67	线叶嵩草	—	—	3.89
68	藏异燕麦	—	—	5.89

通量观测塔所在的金露梅灌丛，金露梅株高在30～50 cm，最高可达60 cm以上，其盖度为60%～70%。随着海拔的升高，气候变得愈加寒冷，植株逐渐变得低矮。草本层中主要由47种植物组成(表5-2)，隶属15科37属，群落的总盖度为91%，草本叶层平均高为8～16 cm。金露梅灌丛草甸中其草本层的主要优势种有异针茅、藏异燕麦、垂穗披碱草，次优势种有羊茅、紫羊茅、线叶嵩草，伴生种有柔软紫菀、山地早熟禾、黄花棘豆、瑞苓草、珠芽蓼、矮火绒草、尖叶龙胆、野青茅、花苜蓿、摩苓草等。

通量观测塔所在的矮嵩草草甸曾于20世纪60年代初被开垦，后因不宜农作物生长而撂荒，随时间进程逐渐恢复为矮嵩草草甸，至目前基本达到与海北站综合实验地一样的顶级群落结构。因该类草甸区受60年代的垦殖影响，2003年调查发现，土质较原生草甸植被类型松软，杂草类植物种子易扎根生长，故植物群落的种类组成上杂草类比例比原生矮嵩草草甸(如海北站综合实验地的矮嵩草草甸)大，主要由54种植物种类组成，隶属19科40属(表5-2)，矮嵩草草甸植被的总盖度达到93%。近期的调查表明，随恢复时间的延长，植被达顶级群落后植物群落杂草类比例比2003年小，有些物种消失。草甸草层高度为10～20 cm，除以矮嵩草为建群种外，从重要值分析结果来看，该群落的主要优势种为异针茅，次优势种有麻花艽、甘肃棘豆、紫羊茅，伴生种有瑞苓草、青海风毛菊、垂穗披碱草等。

通量观测塔所在的藏嵩草沼泽化+帕米尔苔草湿地草甸，从中央开始到边缘地带结束，其总的趋势是中央地带植被高、种类组成少。边缘区植被高度低，物种比中央地带丰富。从中央帕米尔苔草湿地到边缘藏嵩草沼泽化草甸，主要由24种植物组成，隶属10科20属。草群高为10～50 cm，总盖度高，可达95%左右。从重要值分析，中央部位群落的优势种为帕米尔苔草，次优势种有华扁穗草；边缘地带优势种为藏嵩草，次优势种有黑褐苔草、华扁穗草，伴生种有杉叶藻、斑唇马先蒿、天山报春、祁连獐牙菜等。

三、观测系统区土壤理化性质

(一)土壤分布的基本特征

在海北站及其周边地区土壤以洪积-冲积物、坡积-残积及古冰水沉积母质在不同水热条件和植被群落影响下，在平缓滩地或山地阳坡多为高山草甸土，山地阴坡、河岸阶梯上沿的金露梅灌丛草甸区为高山灌丛草甸土，河岸阶梯、沼泽湿地为沼泽土。土壤发育年轻，土层浅薄，具有有机质含量丰富但速效养分缺乏等特征。

通量观测塔所在的高山草甸土，其形成过程以强烈的生草过程为主导，主要表征为表层约有4～15 cm厚的草皮层的形成，草皮层盘结极为紧实而富有弹性，容重很小(1 g/cm^{3}以下)，而坚实度大(50～60 kg/cm^3)，草根可占本层总量的25%～30%，土壤有机质含量高达8%～25%，腐殖质全碳含量高达5%～14%。草皮层以下腐殖质层明显，腐殖质层全碳量达1.8%～8.8%，绝对量虽然低于上层，但占有机碳总量相对比例高于上层，腐殖质化过程十分明显。由于气候及生物的综合因素，生草过程强烈，出现了坚韧的草皮层。长期适应于高山严寒半湿润气候条件的嵩草属植物，尤其是高山嵩草、矮嵩草，其密集而庞大的根系大部分集中分布在0～10 cm土层，可占总根量的60%～85%，死亡根系在低温条件下得不到应有的分解，长期积累加厚而形成草皮层，由于持水能力强（夏季雨后实测自然含水量可达自身干重的80%～117%），加之土壤孔隙度以毛管孔隙度为主（毛管孔隙度达46%～61%，占总孔隙度的90%以上），易造成嫌气环境，导致土壤微生物活动并不旺盛，因而死亡根系多以有机残体和腐殖质形式保存下来。而下层则因草皮层的保护和缓冲，波动较小，利于腐殖化进行（周兴民，2001）。

通量观测塔所在的灌丛草甸土，发育在花岗岩母质上的残积物，带有洪积物和冲积物，其上以金露梅灌丛为主。形成过程与矮嵩草一样，以强烈的生草过程为主导，但土层相对较薄。表征为表层约有4～15 cm厚的草皮层的形成，其容重和坚实度分别在1 g/cm^{3}和50 kg/cm^{3}以下，草根可占本层总量的30%左右，土壤有机碳、腐殖质全碳含量均比高山草甸土高，腐殖质层较厚（可达50 cm），腐殖质变化过程明显，持水能力强。其生草过程、根系分布、草皮层厚度、土壤孔隙度等与高山草甸土表现有相近的变化特点。

通量观测塔所在的藏嵩草沼泽化草甸+帕米尔苔草湿地草甸的沼泽土，是寒湿生境和沼泽化草甸植被发育下的土壤，为隐域性土壤类型。分布地形多为河曲、古冰蚀谷底底部、湖盆洼地、扇缘洼地、山间碟形洼地和坡麓潜水溢出带。成土母质以河湖沉积物居多，并有洪积物、坡积物、冰积物等。由于地形平缓低洼，气候寒湿，地下永久冻土发育，构成不透水层，使较多的降水和冰雪融水汇集于此而难以外泄和下渗，导致土壤过饱和和地表常年积水或季节性积水。寒湿生境下生长的藏嵩草、帕米尔苔草和华扁穗草死亡的有机残体和根系，在寒湿低温和通气不良的情况下分解十分缓慢，易在土层的上部逐渐形成较厚的泥炭层和半泥炭化的泥炭层，下层土壤由于潜水和积水的影响，呈嫌气状态，还原作用旺盛，形成质地稍黏重的灰白色潜育层。一般呈微酸性至碱性反应，泥炭层有机质含量为20%～78%。根据泥炭层的厚度可分为高原泥炭沼泽土和高原泥炭土两个亚类：高原泥炭沼泽土，地下水位较高（夏季多在20 cm以内），泥炭层厚度小于50 cm。高原泥炭土地下水位一般较高，地表常有积水；泥炭层深厚，一般大于50 cm，大多在1 m以上。

（二）土壤碳氮状况

图5-2给出了海北高寒草甸三种高寒草甸植被类型土壤有机碳变化特征，从图5-2上可见，嵩草草甸、灌丛草甸0～10、10～20、0～20 cm层次的土壤有机碳整体上都表现为在生长季初期（5月）和生长季末期（9月）相对较高，而在植被生长旺盛期（6、7、8月）相对较低，这是因为嵩草草甸、灌丛草甸植被在生长旺盛期生长速度快，为满足植被自身的生长代谢需要从土壤中吸收大量营养成分，而此时微生物分解有机质的速度快，土壤酶活性较强（Saito，et al.，2013；Zhao，et al.，2006），而此时地表凋落物和腐殖质对于土壤有机质的补给相对并不充分，因此造成生长季初期（5月）和生长季末期（9月）土壤有机碳含量高，而在生长旺盛期（6、7、8月）相对较低。但是，湿地草甸的土壤有机碳在生长季没有表现出明显的变化规律，这可能是由于湿地草甸土壤中含有相对大量的未分解有机质，以及其特殊的土壤理化性质，导致其土壤有机碳在生长季没有明显变化趋势（Wang，et al.，2015；Huang，et al.，2019）。

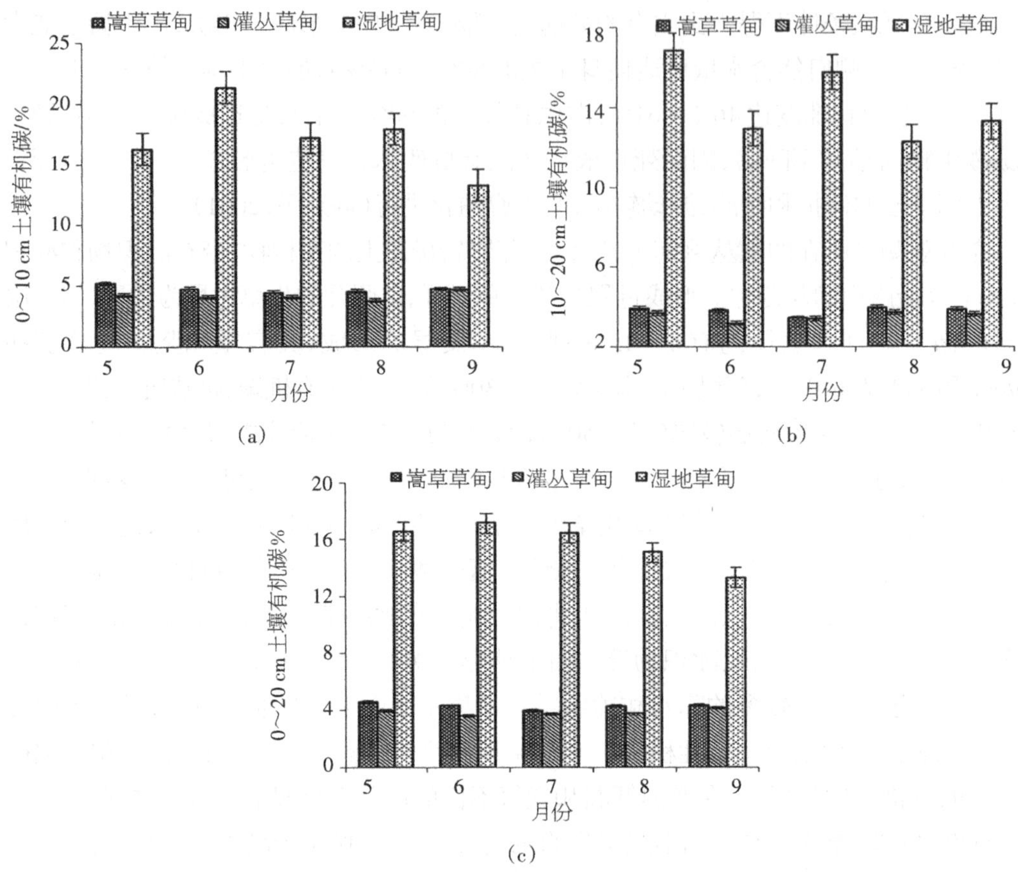

图5-2 三种植被0～10 (a)、10～20 (b)、0～20(c) cm土壤有机碳变化特征

随着土壤深度的加深，土壤有机碳含量下降，0～10 cm层次的土壤有机碳高于10～20 cm层次的土壤有机碳，说明土壤养分主要集中在表层，这与前人研究结果类似（Xu，et al.，2005）。嵩草草甸、灌丛草甸、湿地草甸0～10 cm层次在5—9月的土壤有机碳的均值分别为4.77%、4.17%、17.22%；嵩草草甸、灌丛草甸、湿地草甸10～20 cm层次在5—9月的土壤有机碳的均值分别为3.80%、3.52%、14.22%；嵩草草甸、灌丛草甸、湿地草甸0～20 cm层次在5—9月的土壤有机碳的均值分别为4.28%、3.84%、15.72%。由此可见，嵩草草甸的土壤有机碳略高于灌丛草甸的土壤有机碳，湿地草甸的土壤有机碳含量极其丰富，显著高于嵩草草甸和灌丛草甸的土壤有机碳的含量，湿地草甸0～20 cm层次在5—9月的土壤有机碳的均值分别为灌丛草甸、嵩草草甸的3.67和4.09倍。

图5-3给出了海北三种高寒草甸植被类型土壤全氮变化特征。从图5-3可见，嵩草草甸、灌丛草甸生态系统0～10、10～20、0～20 cm层次的土壤全氮在生长季有着与土壤有机碳一致的变化趋势，也表现为在生长季初期（5月）和生长季末期（9月）相对较高，而在植被生长旺盛期（6、7、8月）相对较低。湿地草甸的土壤全氮在生长季变化趋势不明显。此外，随着土壤深度的加深，土壤全氮含量下降，0～10 cm层次的土壤全氮高于10～20 cm层次的土壤全氮。嵩草草甸、灌丛草甸、湿地草甸0～10 cm层次在5—9月的土壤全氮的均值分别为0.52%、0.42%、1.20%；嵩草草甸、灌丛草甸、湿地

草甸10～20 cm层次在5—9月的土壤全氮的均值分别为0.43%、0.38%、0.98%；嵩草草甸、灌丛草甸、湿地草甸0～20 cm层次在5—9月的土壤全氮的均值分别为0.47%、0.40%、1.09%。由此可见，嵩草草甸的土壤全氮略高于灌丛草甸的土壤全氮，但是湿地草甸的土壤全氮含量显著高于灌丛草甸和嵩草草甸的土壤全氮含量，湿地草甸0～20 cm层次在5—9月的土壤全氮的均值分别为灌丛草甸、嵩草草甸的2.71和2.30倍。

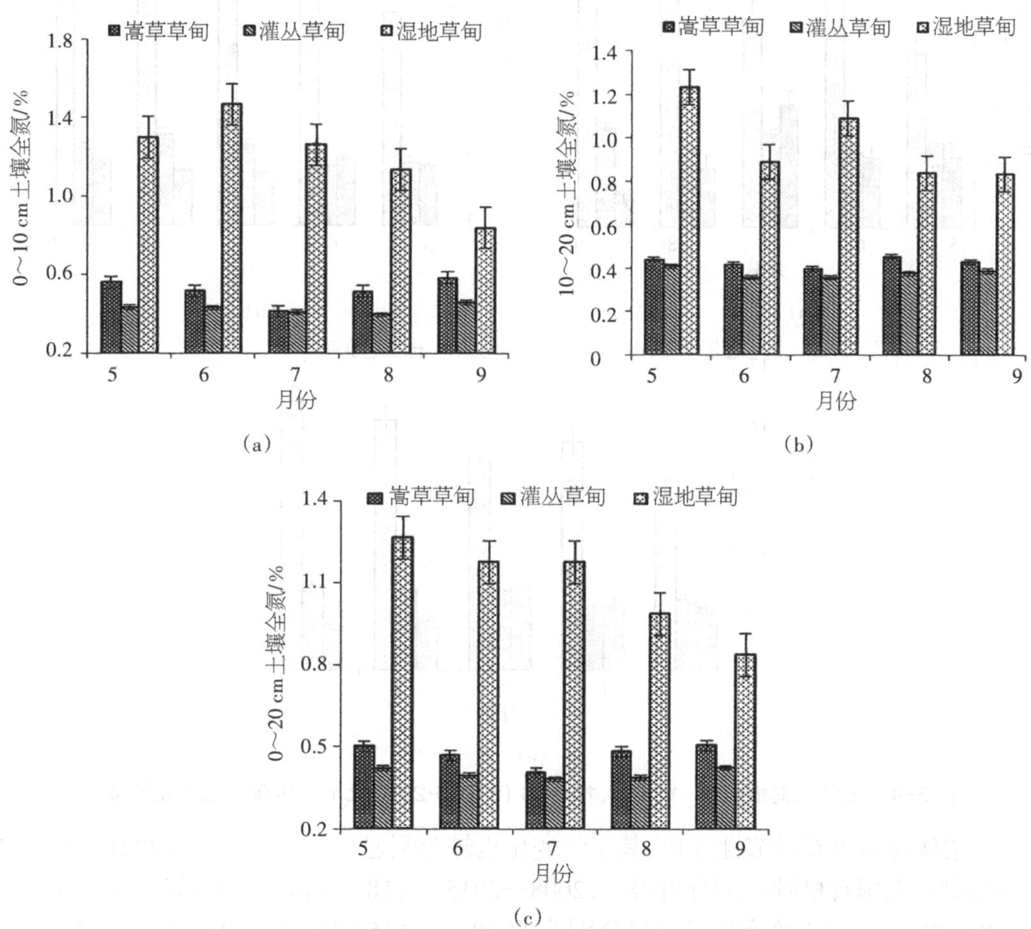

图5-3 三种植被0～10 (a)、10～20 (b)、0～20(c) cm土壤全氮变化特征

图5-4给出了海北三种高寒草甸植被类型土壤碳氮比变化特征。从图5-4可见，0～10、10～20、0～20 cm层次的土壤碳氮比没有表现出明显的季节变化规律，随着土壤深度的加深，嵩草草甸、灌丛草甸的碳氮比减小，但是湿地草甸的碳氮比增大。嵩草草甸、灌丛草甸、湿地草甸0～10 cm层次在5—9月的土壤碳氮比的均值分别为9.28、9.75、14.47；嵩草草甸、灌丛草甸、湿地草甸10～20 cm层次在5—9月的土壤碳氮比的均值分别为8.91、9.33、14.65；嵩草草甸、灌丛草甸、湿地草甸0～20 cm层次在5—9月的土壤碳氮比的均值分别为9.09、9.56、14.57。由此可见，灌丛草甸的土壤碳氮比略高于嵩草草甸的土壤碳氮比，但是湿地草甸的土壤碳氮比显著高于灌丛草甸与嵩草草甸的土壤碳氮比，湿地草甸0～20 cm层次在5—9月的土壤碳氮比的均值分别为灌丛草甸、嵩草草

甸的1.52和1.60倍。土壤碳氮比与微生物分解有机质的速率成反比，结合以上结果，暗示嵩草草甸土壤有机质分解速率最快，而湿地草甸土壤有机质分解最慢。

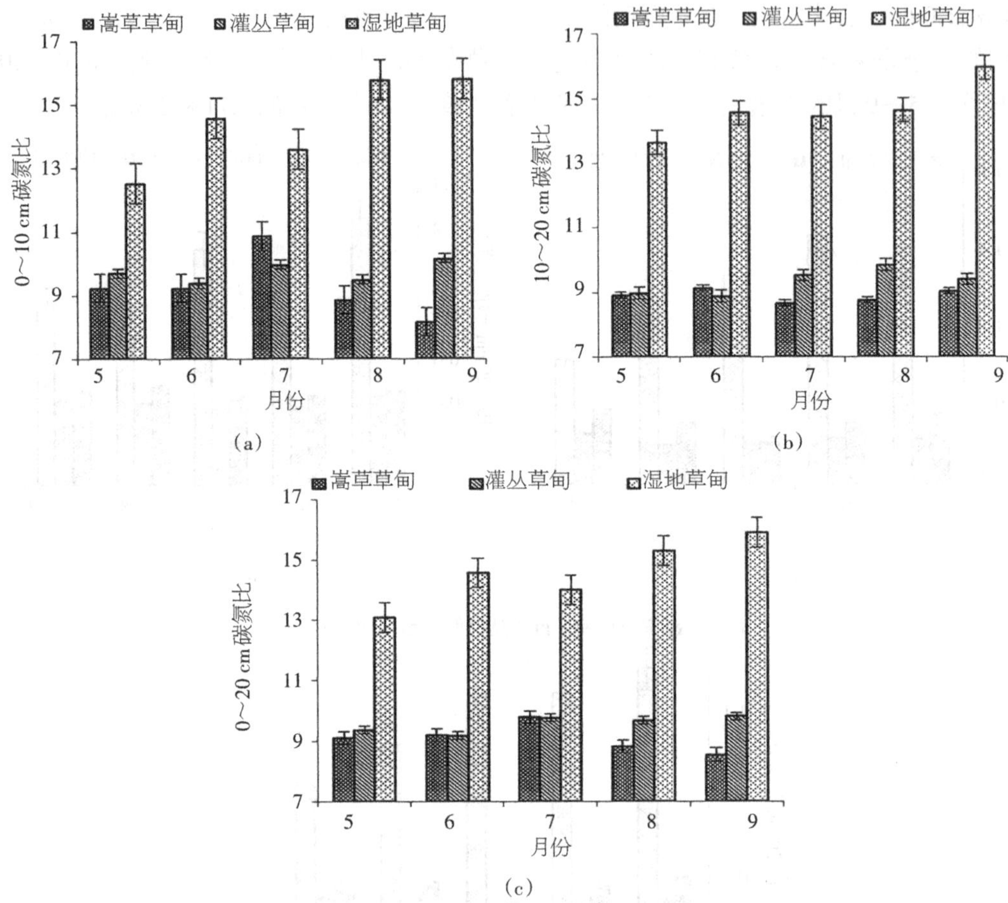

图5-4　三种草甸植被0～10 (a)、10～20 (b)、0～20(c) cm土壤碳氮比变化特征

土壤碳氮不仅有季节性变化，其年际变化也较为明显。如，王云英等(2021)对海北站高寒草甸土壤有机碳监测分析表明，2008—2015年的8年间矮嵩草草甸、金露梅灌丛草甸0～40 cm土层土壤有机碳含量分别为44.69 g/kg和54.30 g/kg。0～40 cm土壤有机碳含量自2008年到2015年分别以3.06 g/(kg·a)和5.76 g/(kg·a)的速度呈增加趋势(图5-5)，其中，金露梅灌丛草甸0～40 cm土壤有机碳含量随年份进程达到显著性水平($P<0.05$)。而且，0～10、10～20、20～30、30～40 cm各层次土壤有机碳自2008年开始随时间进程所表现的增加趋势一致(图5-5)，只是矮嵩草草甸地表0～10 cm增加的趋势明显高于深层(图5-6a)，金露梅灌丛草甸自表层到深层均较明显(图5-6b)。

土壤有机碳逐年随气温的上升呈增加趋势，随降水量的增加呈减少趋势。相关性分析结果发现，土壤有机碳含量与年均气温、降水量、地上生物量之间存在负相关关系，与地下生物量、含水量和全氮含量存在正相关关系，且与土壤水分含量之间达到显著性水平($P<0.05$)，与全氮含量之间达到极显著性水平($P<0.01$，表5-3)。由图5-7路径分析结果可发现全氮含量是影响高寒草甸土壤有机碳含量的直接影响因子($P<0.05$)。地下生物量对土壤有机碳含量存在正效应影响，年均气温存在负效应影响。全氮含量和

地下生物量之间存在显著正相关关系($P<0.05$)。地下生物量与地上生物量之间存在极显著正相关关系($P<0.01$)。

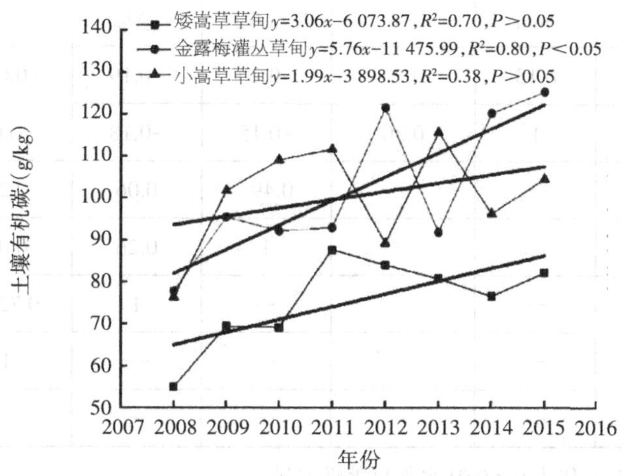

图5-5　不同植被类型0～40 cm土壤有机碳年际变化

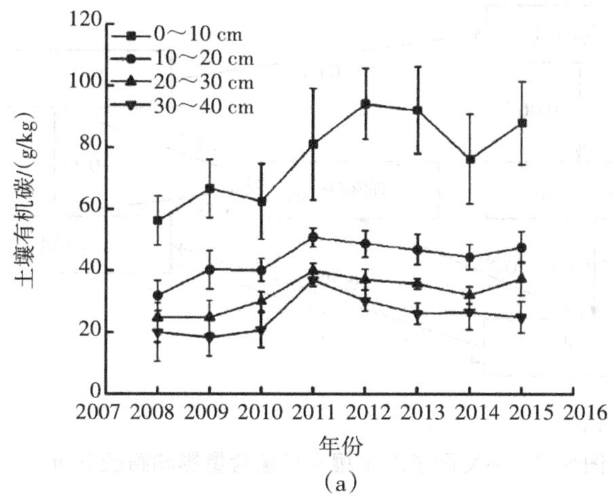

(a)

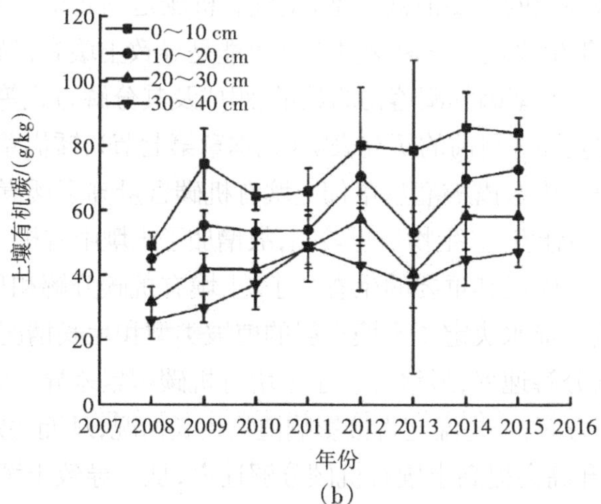

(b)

图5-6　矮嵩草草甸(a)、金露梅灌丛草甸(b)0～40 cm每10 cm层次土壤有机碳年际变化

表5-3　各变量之间的相关关系

相关系数	年均气温/℃	降水量/mm	土壤含水量/%	全氮/(mg/kg)	地上生物量/g	地下生物量/g	土壤有机碳/(g/kg)
年均气温	1	0.13	0.12	-0.20	-0.19	-0.001	-0.23
降水量	—	1	0.30	-0.15	-0.18	-0.04	-0.11
土壤含水量	—	—	1	0.49*	0.06	0.26	0.504*
全氮	—	—	—	1	0.26	0.03	0.63**
地上生物量	—	—	—	—	1	0.72**	-0.04
地下生物量	—	—	—	—	—	1	0.30
土壤有机碳	—	—	—	—	—	—	—

注:*代表 $P<0.05$,**代表 $P<0.01$ 水平显著性差异。

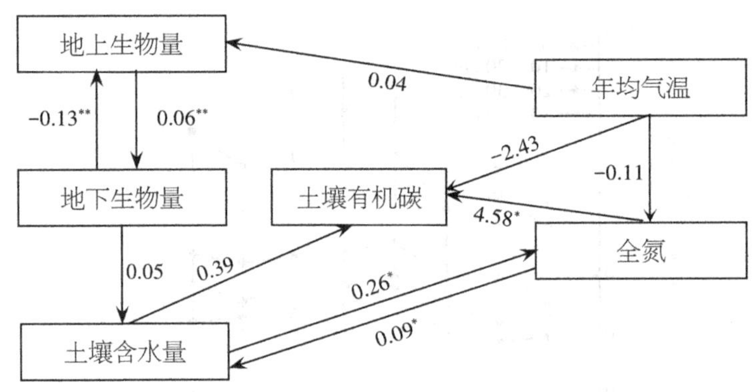

注:*P<0.05,**P<0.01。

图5-7　环境因子对土壤有机碳含量影响路径分析

高寒草甸是青藏高原的主要植被类型,土壤有机碳是高寒草甸生态系统碳库的主要组成部分。连续8年生物量和全氮含量上升可能是导致土壤有机碳含量呈上升趋势的主要原因。不同植被类型因其凋落物的数量、组成及其分解方式等的差异,土壤有机碳含量也表现出一定差异。目前的研究表明(见本章第七节),矮嵩草草甸、金露梅灌丛草甸属于碳汇。本研究中金露梅灌丛草甸土壤有机碳含量高于矮嵩草草甸,这可能是因为金露梅灌丛根系粗壮发达,生物量也较高,故增加了土壤中有机碳的输入。

作为陆地生态系统中极其重要的生态因子,土壤有机碳分解和积累的变化直接影响全球碳平衡。温度和降水决定了土壤表层的植被类型和生长情况,从而影响了土壤中有机物质和有机碳分解速率,最终导致了土壤有机碳积累差异。温度对土壤有机碳的影响主要表现在两方面:一是温度直接影响植物生长情况,从而决定植物残体向土壤的归还量;二是温度升高会提高土壤有机碳分解速率,从而导致土壤有机碳含量减少。关于降水量对土壤有机碳含量的影响也因环境、植被类型等的差异存在一定差异(周恒等，2015)。降水主要通过影响土壤水分含量和通气性，进而影响土壤有机碳的矿化分解和外源有机碳的降解(吕国红等，2010)，表现出降水量与土壤有机碳含量呈负相关关系(Chen et al.，2017)。生物量是土壤有机碳的主要来源(王翀，2018)，其含量的多少和变化对于土壤有机碳含量有着直接影响(Liu et al.，2016)。土壤水分含量与土壤有机碳含量呈现显著正相关关系，这是由于土壤含水量越高，植被生产力和对土壤中一些物质的利用率变高，进而促进了土壤有机碳积累。也有研究表明，土壤水分含量主要通过影响土壤通气性而影响土壤有机碳含量，当土壤水分充足时，其透气性较差，有机碳不易矿化，外源有机残体在水分作用下易于腐烂降解成小分子有机物质，保存于土壤中，故土壤有机碳储量增加(周莉等，2005)。研究结果表明，全氮含量是影响高寒草甸土壤有机碳含量的主要因子，对四川不同草地类型下全氮含量与土壤有机碳含量之间关系的研究也发现，这两者之间存在极显著正相关关系，究其原因可能是海拔的增加同样有助于草地土壤氮含量的累积，进而提高了土壤有机碳含量，表现出土壤有机碳含量与氮含量呈极显著正相关关系(连玉珍等，2020)。

第二节 植被系统生产力监测

一、植被系统生产力

生物生产力是生态系统最根本的数量特征之一。初级生产力的测定不仅为研究其能流、物质流提供基础资料，而且为合理利用、保护和科学管理草地资源提供科学依据。绿色植物是自然生态系统中的初级生产者，它将太阳能从物理能转化为化学能，加以固定，并以此为能源将水和二氧化碳合成碳水化合物进行有机物质生产，为消费者、分解者提供物质和能源。它是自然界物质和能量交换的重要枢纽。植物通过光合作用所产生的干物质固定的太阳能是地球生态系统中一切生命成分及其功能的基础，是人类赖以生存与持续发展的基础，也是引起全球变化温室气体的重要源和汇。同时它可以涵养水源、保持水土、防风固沙、调节气候，在维护自然环境的生态平衡中起着极为重要的作用，保持和提高陆地生态系统生产力的可持续发展能力是人类可持续发展的核心问题。因此，绿色植物的生产，即称为第一性的生产或基础生产。鉴于植物体干物质的90%以上是通过光合作用形成的，所以植物的物质生产过程也就是维持生态系统的结构和功能并获得能量的过程。此外，植物的物质生产、矿物质营养元素的吸收、积累和转移与其自身的生长发育节律和环境因子有着密切的关系，因此第一性的生产也是反映生态系统结构、功能的综合标志。

生态系统生产力是指生态系统的生物生产能力，可分为初级生产力和次级生产力。初级生产力是指生产者(包括绿色植物和数量很少的自养生物) 生产有机质或积累能量的速率。次级生产力是消费者和还原者利用初级生产产物构建自身能量和物质的速率。我们更多地关注初级生产力。

第一性生产力(初级生产力)实际上是绿色植物借助太阳能同化CO_2制造有机物的能力(于贵瑞和孙晓敏,2006),即在单位时间和单位面积上植物群落或植物种群的物质生产能力,通常用g/(m^2·d)或t/(ha·a)来表示。第一性生产力包括两个概念,即总初级(第一性)生产力和净初级生产力。第二性生产力是指各种食草动物、食肉动物及各种真菌、细菌和某些原生物等异养有机体利用和释放绿色植物储存的太阳能而形成的第二性生物产品的能力,表现为动物或微生物的生长、繁殖和营养物质的贮存。

第一性生产积累的速率,则为第一性生产力(又称总初级生产力,GPP:gross primary production)和净第一性生产力(又称净初级生产力,NPP:net primary production)(周广胜,1993)。

为了理解整个生态系统与环境条件(如温度、降水、CO_2等)的相关关系,以及气候系统是如何作用于生态系统,生态系统又是如何对这些变化着的气候因子做出反馈,它们之间的机制是什么等问题,传统的植物生理生态学就显得难以回答这些问题。为反映整个生态系统乃至更大尺度的植物生产力与环境变化的关系,人们从早期主要反映个体或群体水平的生产力GPP、NPP的概念上提出了净生态系统生产力(NEP:net ecosystem productivity)、净生物群区生产力(NBP:net biome productivity),以反映大尺度生态系统的生物生产力及其变化(于贵瑞等,2013)。各自的概念与定义如下:

植被总初级生产力(GPP):是指单位时间内,单位面积上绿色植物群落通过光合作用途径所固定的有机碳量。植被的总初级生产力决定了进入陆地生态系统的初始物质和能量(图5-8)。

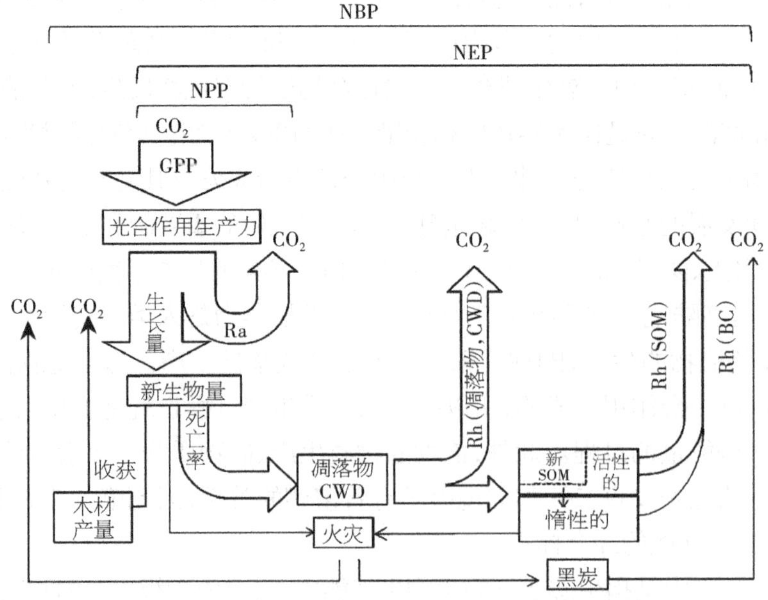

图5-8 陆地生态系统碳循环及GPP、NPP、NEP和NBP关系

植被净初级生产力(NPP):植被净初级生产力表示植物所固定的有机碳中扣除其本身的呼吸消耗之后的部分。这一部分用于植被的生长和生殖,也称植被净第一性生产力。植被净初级生产力反映了植物转化光合产物的效率,也决定了可供异养生物(包括各种动物和人)利用的物质和能量(图5-8)。同时,植被净初级生产力还反映了植物群落在自然条件下的生产能力,是一个估算地球承载力和评价陆地生态系统可持续发展能力的重要生态指标。

由于植被对气候变化有调节和反馈作用,加之植被面积在陆地生态系统中占据90%以上,所以,植被净初级生产力在全球变化(气候变化、覆被变化、人类活动等)中起到人类调节气候、减缓大气CO_2浓度增加等重要作用,也就成为科学界最为关注的研究内容。

净生态系统生产力(NEP):净生态系统生产力的概念最早是在表示较大尺度上碳的净贮存时而提出的,当$NEP>0$时,表明该生态系统为CO_2之汇,反之则为源。净生态系统生产力是指单位时间、单位空间面积内,土壤、凋落物及植物量等整个生态系统的有机物或能量的变化,也即生态系统净初级生产力与异氧呼吸(土壤及凋落物)之差(图5-8),表征了陆地与大气之间的净碳通量或碳储量的变化量。除下述谈到净生态系统生产力与其他生产力的关系外,由于净生态系统生产力表示大气CO_2进入生态系统的净光合产量,它受制于多种环境因子,尤其是大气CO_2浓度和气候因子。Cao and Woodward(1998)依据大气CO_2浓度(N_{CO_2})、全球平均气温(T)、全球平均降水量(P)构建了计算NEP的模型:

$$NEP = 0.36N_{CO_2} - 2.41T + 0.029P - 2.868 \tag{5-1}$$

该公式表明,相对于全球,其净生态系统生产力随大气CO_2浓度和降水量的增加而增加,但随全球气温升高而降低。

净生物群区生产力(NBP):植物的生物群区指一个地区内,在一定水热条件下以生长的优势植物为代表的植物组成,是一个植被区域分区的单位。净生物群区生产力就是指从净生态系统生产力中减去各类自然和人为干扰(如火灾、病虫害、动物啃食、森林砍伐,以及农林产品收获等)等非生物呼吸消耗后所余下的部分(图5-8)。由此可见,净生物群区生产力应用于区域或更大空间尺度的生物生产力概念,其值也就是全球变化研究中所使用的碳源与碳汇概念,可以为正也可以为负。该值反映了自然和人为干扰活动对于全球碳平衡的影响。

对于长时间尺度的区域生态系统,人们发现,生态系统实际现存生物量要远远小于NBP的积分值,一些来自生物量的人为焚烧、森林和草地火灾等物理过程的影响,人对食物的采集、木材采伐、草地放牧等有机物的泄漏,以及风蚀、水蚀、地下水渗漏等地质的泄漏,均对生态系统现存生物量产生很大的影响,特别是对区域尺度长期的陆地生态系统的碳管理而言,其影响不可忽视。因此,近些年研究者又拓展到区域尺度长期的生态系统净区域生产力(NRP:net regional productivity)(于贵瑞等,2013)。关于生态系统净区域生产力这里不做多的讨论。

由于生态系统生产力是生态系统碳循环过程以及各种碳吸收和排放分量平衡的结果,在一定较短的时间尺度内,生态系统生产力可以依据光合产物经过不同生物途径的呼吸损失而依次得到了上述所谈到的GPP、NPP、NEP、NBP、NRP,其间还涉及生态系统的自养呼吸(Ra:autotrophic respiration)、生态系统微生物呼吸(Rh:heterotrophic respiration)、食物链中生物群系(动物、昆虫等)呼吸(Rb:biome respiration)。这些波动尺度上的生态系统生产力概念体系见图5-9。他们之间形成的定量关系有:

$$NPP = GPP - Ra \tag{5-2}$$

$$NEP = GPP - Ra - Rh = NPP - Rh \tag{5-3}$$

$$NBP = GPP - Ra - Rh - Rb = \mathrm{NPP} - Rh - Rb = NEP - Rb \tag{5-4}$$

由此也看到生物生产力概念之间的关系如下:

生物生产力是指从个体、群体至生态系统、区域乃至生物圈等不同生命层次的物质生产能力,决定着系统的物质循环和能量流动,是指示系统健康状况的重要指标。表现出不同生物层次反映着生物生产力指标的各个量值,即总初级生产力、净初级生产力、净生态系统生产力和净生物群区生产力,它们之间是相互联系、相互影响的关系。这种关系可用图5-9来表示(周广胜和王玉辉,2003)。其相互关系及生物生产力全球性分布状况分述如下。

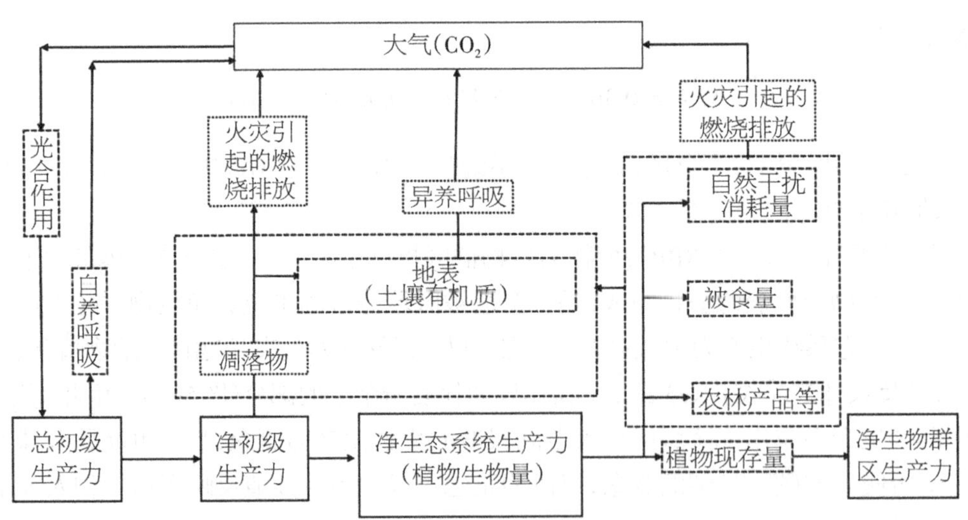

图5-9　生物生产力框架与相互关系

首先,陆地植被通过光合作用形成总初级生产力,即光合产物。植被的总初级生产力是生态系统的初始物质与能量,也是碳循环的基础,随不同地区不同植被类型而异。一般而言,热带、亚热带森林的总初级生产力为20～40 t/(hm^2·a),温带森林为10～20 t/(hm^2·a),而草本植物一般为10～25 t/(hm^2·a)(Kira,1976)。一般认为,全球陆地总初级生产力在90～120 t/(hm^2·a)(Schlesinger,1997)。

在植被总初级生产力中，约有一半通过植被自身的呼吸作用（自养呼吸作用）重新释放到大气中；另一部分成为植被净第一性生产力，即形成植被的生长量，表示单位面积中用于植被净生产的有机体量，即总生长量。国际生物学计划期间估算的全球陆地植被净初级生产力约58.8 Pg/a（方精云等，2001）；基于全球植被动态模型（DGVM）的估算值为46.6～49.5 Pg/a（White et al.，1999）。模型的预测值与国际生物学计划期间的估算值相差不大，一般认为全球陆地植被净初级生产力为45～60 Pg/a。

植物生长形成的有机碳（NPP）的流向主要有两种：大部分以凋落物的形式进入地表，它们或成为土壤有机质的一部分（从较长的时间尺度而言，这些土壤有机质又通过土壤呼吸作用而释放到大气中），或以凋落物分解的形式回到大气。其余部分则成为系统的净生态系统生产力。

土壤呼吸作用（Rh）是陆地净生态系统生产力的决定因素。Valentini 等（2000）对欧洲15种代表性森林生态系统类型的碳通量进行了研究，发现在欧洲大陆由南向北（纬度增加）生态系统的总初级生产力没有明显变化，但土壤呼吸作用明显增加，从而导致净生态系统生产力的逐渐减少。全球土壤呼吸作用的估算值一般为58～68 Pg/a（Raich and Schlesinger，1992；Schimel，1995）。由此可见，全球陆地的净生态系统生产力可正、可零，甚至可为负值，从而就形成了全球陆地碳循环的平衡和净排放两种不同的观点。

在生物量中，有机物主要有四种去向，即被食量（被动物啃食）、自然干扰消耗量（如被野火燃烧掉）、人类生产经营活动（如粮食、林产品收获等）以及净生物群区生产力。在野火多发地区，自然干扰所消耗的有机质量所占比例可以很大。人类生产经营活动所收获的有机碳量成为人类可以直接使用的农林产品。净生物群区生产力累积成生态系统的现存量。有时候现存量也被理解成狭义的生物量，但严格说来，它们的含义不同。我们通常进行的生物量调查，所得结果实际上是现存量。

从全球尺度而言，通常用净生态系统生产力代替净生物群区生产力，即1.5～2.0 Pg/a（方精云等，2001）。由于非呼吸代谢所消耗的光合产物随空间和时间变化显著，因此区域尺度的净生物群区生产力常常显著小于净生态系统生产力，并显示出较大的区域差异。热带地区由于毁林种地，净生物群区生产力约-2.0～1.5 Pg/a（Schimel，1995；Walker and Steffen，1999），北半球中高纬度的净生物群区生产力约1.5～2.0 Pg/a。

由上可见，尽管光合产物中只有很少一部分通过净生物群区生产力贮存于生物有机体中，但它是植物再生产的基础，决定着生态系统的维持和演替。

二、植被系统生产力监测

植被净初级生产力的测定和估算主要有生物量测定法，包括了直接收获法、死根与活根的区分方法、间接估测法等。直接测定法我们将在后一节详述。间接估算法主要用于森林生态系统，这里不再赘述。

每月的地上净初级生产力是本次测定的地上生物量值与上一次测定的地上生物量差值替代；年地上净初级生产力用当植物停止生长末期8月底或9月初植被生物量达最大时的值替代。

(一)草本生物量监测

草地生物量是指单位面积上植物物质的数量(或生物物质的数量)。现存量是指某个时期,单位面积上所存在的生物量。净初级生产力是在生物量的基础上监测得到的,因此生物量的监测就显得特别重要了,主要包括地上绿色生物量、凋落物与立枯物及地表碎屑物。

地上生物量测定一般利用收获法测定,尽管具有一定局限性,但应用相对广泛。在植被均匀的高寒草甸地区,利用50 cm ×50 cm样方框随机选取5个样方,首先记录样方框内群落的高度和相对盖度,收集凋落物和立枯物,然后测定物种的高度、相对盖度和密度,再用剪刀按照物种将样方内的植物齐地面剪下,按种分别装入信封袋中,以便带回实验室内处理。样品带回室内后,称量鲜重后,置于干燥箱内65 ℃烘干至恒重,则可得到各样方中各个种的活物质与立枯物的烘干重(g)。

(二)地表碎屑物

生态系统中植物被折断倒伏的植物体,在生态学研究中,特别是碳循环研究中,倒伏的枯落物因一定时期经风吹日晒、牲畜践踏等影响下,在地表形成一定量的碎屑物,这些碎屑物也包含了部分家畜的粪便排泄物,它的现存量在碳循环中有着极为重要的作用,因此,包括枯落物在内的地表碎屑物的监测意义是显而易见的。在测定地上生物量的样方内,通过人工刮板、手指抠的方式收集地表碎屑物,带回实验室内处理。在实验室内,用纱布或100目的细孔筛清洗,并及时用滤纸吸干;然后置于鼓风干燥箱内烘干称重,即得到当期碎屑物重量,只记其总量即可。

(三)金露梅灌丛草甸生物量监测

金露梅灌丛草甸一般由两层群落层组成,上层金露梅灌丛组成灌木植物群落,下部为以禾草、莎草和杂类草为主的底层植物群落。金露梅灌丛草甸生物量是由灌木和草本植物构成的,为此,其单位面积总的生物量按灌木和草本植物占据地表面积来估算,即在10 m×10 m的3个样方内,测量和计算灌木丛基部占据地表面积,计算出草本与灌木各占有面积的百分比,再用所占比例关系加权估算出灌丛与草本混交下的植被总的生物量。底层草本植物群落生物量可以仿照上述"草本生物量"测定方法获得。上层金露梅灌木生物量的测定采用如下方法(李英年等,2006;李红琴等,2014)。

在金露梅灌丛草甸中央随机选择一点,以正北方为准,顺时针旋转120°、240°,分别依正北方向(0°)、120°方向、240°方向延伸80 m后,再以80 m处为基点在左侧选择10 m × 10 m的样方,共3个样方;对3个样方内所有(包括刚生长的单株)金露梅灌木进行标记。金露梅灌木生物量调查选择在植物生长期的6月至9月间每月15日前后的3天内,测定样方内所有标记的金露梅灌木冠面的最大长度、最小宽度和最大高度。每月得到1 162组数据,作为调查金露梅灌丛生物量的基本参数。

测定上述参数的同时,在3个样方外挖掘最小(单株)到最大的金露梅灌木丛18丛。挖掘前测定金露梅冠面最大长度、最小宽度和最大高度。挖掘后用剪刀分别分离出金露梅当年新生枝叶、地上部分和地下部分,分别装入纸袋,并将地下部分用水冲洗;所有样品置于65 ℃的恒温烘箱内连续烘干至恒重后称重。

对金露梅灌木各层次的生物量采用挖掘法与样地丛数调查基本参数相结合的办法进行估算。以每月挖掘丛数的地上当年新生枝叶生物量、地上多年累积枝杆生物量、地下生物量的干物质量，分别建立与每丛冠面最大长度、最小宽度和最大高度的拟合方程：

$$W_{ij}=e^{a\ln(A\times B\times H)+b} \tag{5-5}$$

其中：A、B、H分别为每丛金露梅灌丛冠面最大长度、最小宽度和最大高度；a、b为回归系数；W_{ij}（i=1，2，3）分别为金露梅灌丛地上多年累积枝杆生物量、地下生物量、地上当年新生枝叶生物量，j为月份。再利用300 m^2每月所调查的1 162丛灌丛数的基本参数，计算出不同部位单位面积灌木生物量（g/m^2）。

在上述设定的3个样方右侧，分别设计1个8 m ×8 m的观测区，每个观测区在灌木丛间的草地取样，每次5个50 cm ×50 cm的样方。先收集枯落物装袋，再齐地面剪取植物装入纸袋。地下生物量在经取过地上生物量的样方内再随机选择25 cm×25 cm的二级样方3个，垂直按0～10、10～20和20～40 cm三个层次，用铁铲和切刀分层取出，用筛子筛选挑出草根装入布袋并冲洗干净；然后将收集的地上地下样品置恒温控制在85 ℃的烘箱内，烘干至恒重后计算生物量。地上生物量年内最大值为地上年净初级生产力。地下净初级生产力以季节变化过程中的现存最大生物量与最小生物量差值来代替。本文所指的地上净初级生产力也包含了8月底9月初测定的枯落物量。

植被地下净初级生产力监测有根袋法（内生长法）、土柱法、根钻法、死根与活根区分法、生物量估算法等方法。当然，根系净初级生产力也可以用能量来计算，即用根系净初级生产力乘以热值数，即为根系年内所固定的太阳能。

根系最常用的取样方法有土坑（柱）法、根钻法、根袋法等。土坑法是通过挖掘土壤剖面的方式获取根系的方法，该法的可靠性较大，但对植被和土壤的破坏较为严重，工作量也相当大。地下生物量的测定要在植物分布较为均匀、地势平缓的固定样地进行，一般是在监测地上生物量的样方内进行，这也便于准确推算植物生物量的根冠比。

土坑法：取样前，先将土壤表面的残落物和杂质清除干净，然后按0—10—20—30—40 cm等层次依次取样。由于0～5 cm层内包括大多数植物的根茎部分，也可按照0—5—10 cm层次取样。将所取样品按层分装在尼龙纱袋（网眼直径不大于0.5 mm）或布口袋中，并编上样方号和土层号，带回室内处理。根系样品一般在流动的水中进行清洗处理，将带有根系的土样用36目的细筛进行冲洗，去除土壤、砾石和杂物。清洗完毕的根系，用吸水纸吸去水分，稍晾片刻，称量鲜重。然后放入信封内，在85 ℃烘箱中烘干至恒重后称重。最后将鲜重和干重换算成1 m^2内含有的根量（g/m^2）。

根钻法：先将土壤表面清理干净，用内径7 cm的根钻按照0—10—20—30—40 cm等层次依次取样，将所取样品分层装入尼龙网袋中，按照土坑法的后续处理方法测定根系生物量。该法在植被均匀、植物分布较浅的草地上使用较为适宜。其优点是可选取多点样品,而且每期可在多个群落均匀度较一致的同一小样区内重复取样。

地下生物量的测定在4月(5月)—9月(10月)每月测定植物群落根系现存量,每月测定次数、测定时间依当地气候条件和植物生长状况来确定,如,有些年份在4月中下旬开始土壤已消融,植物出现萌动发芽甚至返青,这就需要在4月下旬开始地下生物量的监测;而在植物生长末期,受水热条件影响,到10月植物仍在生长,干物质还有积累,甚至因天气急剧转冷,植物体地上能量转移地下的可能,故在10月仍需要进行监测,甚至在11月也可进行地下生物量的监测。

根袋法(内生长法):在观测区域,选取15个样点作为重复(根系生长异质性大,为保证数据质量,设置重复较多)。在生长季初期,用根钻(直径>7 cm)分层钻取(0～10、10～20、20～30和30～50 cm)土壤,将每层土壤中的根系(包括细根)全部挑出后(建议将挑出的根系放入信封中,带回实验室洗净后,用于根系生物量的估算),把挑除根系的土壤按照原来土层的顺序装入尼龙根袋内(直径8 cm,长70 cm,孔径1 mm),放回至原来的钻孔内,用标签标记钻孔的中心位置。生长季末,将根袋提出,如根系生长旺盛,根袋难以提出,可以用直径略小于钻孔的土钻,分层钻取土壤并放入根袋中,带回实验室,挑出全部细根,清水洗净后,放入65 ℃烘箱烘干24 h至恒重,称重并计算每层单位面积BNPP(g/m^2)。每年1次,分别在生长季初期(4月中旬)和末期(9月中旬)放置和提取根袋。

死根与活根区分法:对于草地生态系统的群落地下生物量来说,区分取样时的死根与活根有着非常重要的意义,但这一工作是非常纷繁复杂的,这里介绍的方法,仅供了解活根与死根的大致比例。区分活根与死根的主要依据是根表面和根断面的颜色,需用肉眼并借助放大镜来进行。这项工作既需要经验,又需要耐心与毅力。如果分不清楚,可将洗好的根放在适宜的器皿中,加水轻轻搅动,浮在上面的是死根,活根比较重会沉在下面。

首先把水洗的根置于盆中,加水搅拌,未分解及轻度分解的轻的植物残体即浮于水面。细心用筛子把它们捞出来。此时,注意不要把活根刮破。活根的比重较大,沉在水中,再次加水搅拌,活根被卷起,半分解的植物体也随着分离开,把漂浮在水面的再收集起来。如此反复操作,收集半分解的根。在水中,残留有缓慢沉下去的活根和迅速沉到盆地的强烈分解的植物体。再搅拌盆内的根,不要让活根沉下去,同时,也不要触及沉入容器底部的腐殖质化的植物残体。用小筛子把活根从水里捞出来并集中起来。如此反复操作,一直到活根完全分离出来为止。

生物量估测法:考虑大部分草地植被类型杂草类多,且杂草类植物直立根系明显,采用根袋法(内生长法)是难以准确得到精准的地下净初级生产力值的。死根与活根区分法工作量大,有些根系难以区分是当年生长的还是上年及以前生长的,为此,年地下净初级生产力采用Dahlman和Kucera及Singh,J.S.和Yadava,P.S.提出的方法(Singy and Yadava,1974),即用年内地下部分生物量最高值和最低值的差值来计算。

人们提出了生物量估测法。估测法完全依赖于从土壤样品或土壤剖面中取出根系的现存量来估算。通常有土柱法和根钻法。土柱法就是收集一定的截面积下土柱的生物量，然后通过死根与活根的区分，或通过季节性生物量最高与最低的测定后计算。根钻法与土柱法一样，用一定截面口径的钻分层收集垂直深度上的生物量，然后通过死根与活根的区分，或通过季节性生物量最高与最低的测定后计算得到。

一种方法是直接估测期间内活根量的变化（ΔB）和在一定期间内枯死损失量（L）及被草食性动物摄取后的被动损失量（G），其原理与地上生物量估算方法一致：

$$P_n=\Delta B+L+G \tag{5-6}$$

但在采用上式时，估算期间内枯死的根量L和被摄食的量G的困难很大，它不像地上部分容易测得，因此用时比较麻烦。

另一种方法是用净初级生产力和最大生物量之间的关系进行估算：

$$P_n=W_n/n \tag{5-7}$$

式中：W_n为年内最大生物量，n为周转期。

但采用较多的方法是用一年内季节监测的根系生物量最大值（W_n）与最小值（W_o）的差来估算：

$$P_n=W_n-W_o \tag{5-8}$$

根据多年的经验，由生长季内地下根系最大现存量（9月初）与最小现存量（7月初）的差值计算而来（王启基等，1989）。

三、植被总初级生产力、净生态系统生产力及生态系统呼吸监测

植被的总初级生产力监测方法较多，测定和估算主要有直接收获法、光合作用测定法（氧气测定法）、CO_2气体交换技术测定法等。

直接收获法是直接割取一定面积的植物，然后分层、分器官称重，取样测定含水量，计算单位面积各层和各器官的生物量。但难以估算草食动物所消耗的生物量，以及自养有机体自身的代谢、生长和发育所用的能量。

光合作用测定法（氧气测定法）是利用光合作用过程中吸收CO_2和释放CO_2的过程来得到的，其原理是发生呼吸作用则是吸收O_2和释放CO_2的过程，因此，光合作用测定法实质上就是利用系统中CO_2或O_2的变化来估算系统生产力：

总光合量=净光合量+呼吸量

通常条件下，由于光合作用释放氧气的总量与生产有机物质的总量成正比。因此，植物总光合含量和净光合含量分别代表总初级生产力和净初级生产力。即通过测定生态系统中绿色植物的光合作用与呼吸作用，建立起适合于该系统的数学回归模型来确定植物群落的光合作用总量，并以此来估算该系统单位面积的生物量。

CO_2气体交换技术测定法是通过光合作用过程中O_2的释放或CO_2的摄入来测定的。

另外，也有采用与光、叶表面积、叶绿素及其他群落量度值或其他参数的函数关系来估算总初级生产力的，这里不再赘述。

尽管上述罗列了关于生物生产力的多种测定方法。但本书重点是围绕海北站3个草甸类型区利用微气象-涡度相关法通量观测系统得到的总初级生产力、净生态系统生产力的结果,故这里主要介绍海北高寒草甸生态系统利用涡度相关法观测系统得到的植物总初级生产力、生态系统净交换量(即生态系统净生产力,或净生态系统生产力)的方法与过程。

微气象-涡度相关法通量观测法实际上就是气体交换技术法。而涡度相关法通量观测系统得到的数据受各种因素影响,数据存在"失真"或"缺失"现象,或因地面摩擦风速不足而产生常通量层"通量"数据的不确定性,这就需要我们严格控制数据质量,进行数据的插补订正,才能达到一定的合乎实际的"满意"数据,因此,本节中有必要对涡度相关法通量观测系统的监测技术、数据插补订正等进行详细的阐述。

生态学中的净生态系统生产力(NEP)或者净生物群系生产力(NBP)是与涡度相关法观测系统直接测定的生态系统净交换量(NEE:Net Ecosystem Exchange),或者生物群系净交换量(NBE)相对应的:

$$NEP = -NEE \quad 或 \quad NBP = -NBE \tag{5-9}$$

需要说明的是,气象学中的物质通量是带有方向的物理量,通常定义向上的物质输送为正,向下的物质输送为负(于贵瑞和孙晓敏,2008)。而在生态系统研究中,一般将单位面积定义为水平方向的单位土地或土壤面积,将界面定义为植被一大气,或者土壤一大气界面。所以上述公式中的"正"与"负"是指方向而已,其量值实际上也非"="应是"≈"。

生态系统净交换通量也俗称为碳的净交换速率,是指单位时间单位面积的生态系统,从大气吸收的碳通量与向大气释放的碳通量的净平衡值,单位为g/(m^2·s)或g/(hm^2·a)。因为还有有效的方法可以精确地区分自然植被群落的生态系统微生物呼吸(Rh)、食物链中生物群系呼吸(Rb),通过现在的观测技术直接测定还是极其困难的,所以也就只精确区分NEP和NBP。因此,人们通常所说的生态系统固碳速率主要是指生态系统净固碳速率,即在单位时间单位面积上植被和土壤从大气中吸收并储存的碳或CO_2的物质量。

正是在这样的理解下,我们可以将上述提到的GPP、NPP、NEP、NBP,分别转换为生态系统的总固碳速率、植被净固碳速率、生态系统净固碳速率、生物群系净固碳速率。相应的Ra、Rh、Rb,可直接转换为植物自养呼吸碳排放速率、微生物异养呼吸碳排放速率、食物链中动物和昆虫呼吸排放速率,而这3个呼吸碳排放速率分量的总和可定义为生态系统的总呼吸碳排放速率,对应着生态系统的总呼吸(即后面谈到的Re)。

本书中所涉及的GPP(NEP)、NEP(NEE)、Re是利用涡度相关法观测系统计算得到的总初级生产力、生态系统的净交换量(或称净生态系统生产力,或碳通量,或生态系统净生产力)、生态系统呼吸。但涡度相关法观测系统是极为精密的观测仪器,稍有外界的干扰影响,观测数据将出现"失真"或缺测现象,这就需要我们对数据质量的把控与订正插补。鉴于此,以下就相关法观测系统的测定技术与原理、数据订正与插补做一介绍。

四、生态系统地-气碳通量测定技术

涡度相关法是基于微气象学大气湍流传输理论的测定方法,其主要利用垂直湍流来分析土壤表面和大气之间的湍流热和气体交换(Launiainen et al.,2005),主要测定的气体包括CO_2、CH_4和N_2O(Nicolini et al.,2013)。该方法适用于长期连续以及大范围的定位观测,但无法进行生态系统内部物质通量的空间变化的研究。同时,后期的数据处理以及数据的插补对通量的计算都十分重要。该方法的优点是具有较高的测定精度和时间分辨率以及较大的测定范围。缺点是需要建设观测站以及其他气象观测设备,运行和维护成本较高,对测定区域的环境条件要求较高(下垫面的匀质性、通量贡献区、能量闭合和风速等)。

陆地生态系统碳通量的长期观测研究一直是国际上关注的热点问题(Alison et al.,2019;Binet et al.,2020)。目前,对陆地生态系统碳库容量和土壤、植被、内陆水体与大气圈间的碳通量的评价方面还存在很多不确定性,直接测定陆地生态系统和内陆水体与大气间的碳交换通量是减少和消除这些不确定性最有效的方法(Delaigue et al.,2017;Luo et al.,2020)。而用于生态系统碳通量的观测方法主要有微气象法、箱法以及土壤浓度廓线法和定位遥感法。在近地层,由于地表摩擦、地面加热和空气浮力的作用,发生和发育着大大小小、上下运动作用、运动速度与方向都极不规则并且不断改变的气团,这些气团被称为湍涡。很多大小不同、相互叠加的湍涡便形成了湍流。测量近地层湍流状况和微量气体的浓度变化可以得到有关地表气体排放通量的信息。这种依据微气象学原理推导地表气体排放通量的方法成为微气象法。利用微气象法测定植被与大气间气体交换通量的主要方法有涡度相关法、空气动力学廓线法、能量平衡法以及近年来发展起来的松弛涡度累积法。

涡度相关法(EC)是目前直接测定大气与植物群落间CO_2交换通量的主要方法,也是国际上CO_2通量测定最常用的方法(Baldocchi,2003;Baldocchi,2020;于贵瑞和孙晓敏,2005)。涡度相关法是对大气与森林、草原或农田之间的CO_2进行非破坏性测定的一种微气象技术(Baldocchi,1988;Baldocchi and Meyers,1998;Baldocchi et al.,1996;Aubinet et al.,2000;Bao et al.,2019)。近年来涡度相关技术的进步使得长期的定位观测成为可能(Berbigier et al.,2001;Duan et al.,2019),已经广泛地应用于不同的陆地生态系统的测定中(Grace et al.,1995;Goulden et al.,1996;Black et al.,1996;Berbigier et al.,2001;Wofsy et al.,1993;Delaigue et al,2017)。目前,涡度相关技术已经成为直接测定大气与群落CO_2交换通量的主要方法,也是世界上CO_2通量测定大气与群落CO_2交换通量最直接的标准方法(McNicol et al.,2018),所观测的数据已经成为检验各种模型估算精度的最权威的资料。该方法已经得到微气象学家和生态学家的广泛认可,成为目前国际通量观测网络FIUXNET的主要技术手段,已经被广泛用于各种模型及遥感观测的检验和验证之中。

该方法通过测定大气中湍流运动产生的风速脉动和物理量脉动，可以直接得出能量和物质通量。这要求在某个特定的高度上，测量垂直风速和气体密度脉动。待测气体通量按下式计算（于贵瑞和孙晓敏，2006）：

$$F_C = \overline{\omega\rho_c} = \frac{1}{T}\int_1^T \omega\rho_c \mathrm{d}t \approx \frac{1}{N}\sum_{i=1}^{N}\omega_i\rho_{ci} \tag{5-10}$$

式中：ω 为垂直风速；ρ_c 为痕量气体密度；T 为取样时间，通常取30～60 min；N 为 T 时间内的采样次数；ω_i 和 ρ_{ci} 分别为第 i 时刻观测的垂直风速和痕量气体密度。N/T 为采样频率，通常取响应频率为10 Hz，则30～60 min可获得18 000～36 000组数据。

一般情况下，涡度相关技术要求仪器安装在 CO_2 通量不随高度发生变化的边界层，即所谓的常通量层内，在这种条件下可以通过 CO_2 的标量物质守恒方程（Moncrieff et al., 1996）得到：

$$\frac{\partial\overline{\rho_c}}{\partial t} + \frac{\partial\overline{u_i\rho_c}}{\partial x_i} - D\frac{\partial^2\overline{\rho_c}}{\partial x_i^2} = \bar{s}\left(x_i,t\right) \tag{5-11}$$

式中：ρ_c 是 CO_2 密度（$\rho_c = \rho_d c$，ρ_d 是干空气密度）；c 是 CO_2 质量混合比；x_i 为笛卡尔坐标系 x，y 和 z 轴；u_i 为相应的 u，v，w 风速；D 是 CO_2 在空气中的分子扩散率；$\bar{s}\left(x_i,t\right)$ 是标量物质守恒方程控制体积内的 CO_2 源/汇强度。上划线（¯）表示时间平均。方程左边的第一项是单位体积内 CO_2 密度变化的平均速率，而第二、三项是引起控制体积边缘发生净平流和分子扩散的辐散通量项。

常通量层通常要求满足以下三个条件，即稳态（$\frac{\partial\overline{\rho_c}}{\partial t} = 0$）；测定下垫面与仪器之间没有任何源或汇（$\bar{s} = 0$）；足够长的风浪区和水平均质的下垫面（$\frac{\partial\overline{u_i\rho_c}}{\partial x_i} = 0, D\frac{\partial^2\overline{\rho_c}}{\partial x_i^2} = 0, i = 1,2$）。在满足以上3个假设条件情况下，由式（5-11）可得：

$$\frac{\partial\overline{\omega\rho_c}}{\partial z} - D\frac{\partial^2\overline{\rho_c}}{\partial z_i^2} = 0 \tag{5-12}$$

式中：$\omega = u_3$，即垂直风速；$z = x_3$，即垂直坐标。由于近地层分子黏性力的作用，湍流受到抑制，但在测定高度 z 处湍流输送要比分子扩散大几个数量级（Businger, 1986）。于是，对式（5-12）积分，并运用雷诺分解（$\omega = \omega' + \bar{\omega}$, $\rho_c = \rho_c' + \overline{\rho_c}$）可以得出：

$$F_0 = -D\left(\frac{\partial\overline{\rho_c}}{\partial z}\right)_0 = \left(\overline{\omega'\rho_c'}\right)_z = F_z \tag{5-13}$$

决定陆地生态系统 CO_2 通量的生理生态学过程是植物（含光合细菌）光合作用的 CO_2 固定和生物（动物、植物和微生物）呼吸作用的 CO_2 排放。湍流是边界层大气运动的最主要形式，是流体在特定条件下所表现出的一种在时间和空间上毫无规则的特殊运动形式。湍流可理解为流体的速度、物理属性等在时间与空间上的脉动现象。湍流不仅与随机的三维风场有关，而且还与由风场变化引起的随机标量(温度、水汽、CO_2等)场有关。在湍流的运动过程中，因上层和下层空气的混合作用，能够很好地在垂直方向上输送动量、热、水汽和CO_2等。这种湍流运动引起的物质和能量输送是地圈—生物圈—大气圈相互作用的基础，也是地圈—大气圈之间能量和物质交换的主要方式。

由于大气边界层内各种涡的起源不同，其内部的CO_2浓度也不同。一般情况下，在白天因植被吸收固定CO_2，其冠层内的CO_2浓度低，而冠层上部的CO_2浓度高，因此在起源于上部的高浓度CO_2的涡与起源于下部的低浓度CO_2的涡进行交换时向下传输CO_2。相反，在夜间因植被和土壤呼吸作用会使植被冠层内的CO_2浓度升高，湍流交换结果使CO_2向上输送。

当仅考虑物质和能量在垂直方向上的湍流输送时，CO_2通量可以定义为在单位时间内湍流运动作用通过单位截面积输送的CO_2量。CO_2的垂直湍流通量(F_c)可以简化表示为：

$$F_c = \overline{\omega \rho_d c} = \overline{\rho_d \omega' c'} + \overline{\rho_d}\,\bar{\omega}\bar{c} \tag{5-14}$$

式中：ρ_d为干空气密度(g/m³或μmol/mol)；c为CO_2质量混合比；ω为三维风速的垂直分量(m/s)；上划线(¯)表示时间平均，撇号(')表示瞬时值与平均值的偏差。对于平坦均一的下垫面，可以认为$\bar{\omega} \approx 0$。在这种情况下，式(5-14)的右边的第二项可以被忽略，所以CO_2通量可以简化用ω和c的协方差($\overline{\rho_d \omega' c'}$)来表示。其中$\omega'$为垂直风速脉动，c′为大气的$CO_2$质量混合比的脉动。

但是在实际的观测过程中，通常CO_2分析仪直接测定的是CO_2在空气中的密度(ρ_c)(g/m³或μmol/mol)，而CO_2密度可以用$\rho_c = \rho_{dc}$计算得到。则CO_2的垂直湍流通量(F_c)可以通过下式计算：

$$F_c = \overline{\omega \rho_c} = \overline{\omega' \rho_c'} + \bar{\omega}\,\overline{\rho_c} \approx \overline{\omega' \rho_c'} \tag{5-15}$$

式(5-15)在实际通量计算中得到了广泛的应用。在应用时，需要注意的是观测系统测定的往往是CO_2密度而不是CO_2质量混合比。由于水热通量的传输对CO_2密度的影响，会导致对通量传输没有实际作用的干空气的垂直运动速度，因此实际计算中必须考虑并校正水热传输对CO_2通量的影响，即WPL校正(Webb et al.，1980)。在后面的讨论中如果没有特别指出，所有通量方程都是利用CO_2密度推导得到的，因此必须考虑WPL校正问题。关于WPL校正将在后面小节中详细讨论。

如果取某一时段的平均通量，则式(5-15)可表示为：

$$F_c = \overline{\omega' \rho_c'} = \frac{1}{T}\int_1^T \omega' \rho_c' \mathrm{d}t \approx \frac{1}{N}\sum_{i=1}^{N} \omega_i' \rho_{ci}' \tag{5-16}$$

式中：T为取样平均周期；通常取30～60 min；N/T为取样频率，通常取10 Hz，则30～60 min可获得18 000～36 000组数据。

受多种原因影响，通过涡度相关法观测到的数据常出现缺测、失真等现象，这就需要一定的专业知识通过夜间通量观测值的校正、摩擦风速临界值的确定、缺失数据的插补等进行插补补正，以达到理想而有效的数据。关于这方面的技术与方法这里不再赘述，详见有关文献（于贵瑞和孙晓敏，2008）。

第三节　三种高寒草甸植被群落的现存生物量

一、地上生物量季节动态

（一）矮嵩草草甸

生物量是生态系统获取能量的主要体现，对生态系统结构的形成具有重要影响（宇万太和于永强，2001）。生物量的大小不仅反映了区域植被净初级生产力大小，也衡量着植被/土壤碳密度高低。植被地上生物量包括多种形式，就高寒草甸植被区来看，有绿体生物量、立枯生物量、枯落叶生物量、植物碎屑残体生物量等。某一时期植物总的生物量包括了绿体、枯落物、立枯物、地表碎屑物、地下生物量等，这些量直接可代表植被碳库的多少。其中，碎屑物中既包括了留存于地表枯落物的碎屑，也包括了动物（包括家畜）粪便组成的碎屑物，多以半腐殖质的形式存在。

矮嵩草草甸地上生物量动态变化，自萌动开始，历经返青、强度生长、稳定和折损减少等5个阶段，大体上分别对应于4月下旬至5月中旬、5月中旬至6月中旬、6月中旬至8月上旬、8月底至9月初和9月初以后至次年4月中旬。在海北站地区，4月下旬日均气温稳定通过0 ℃时植物开始萌动。5月中旬日均气温稳定通过3 ℃左右时进入返青期，该期气温较低，地表30 cm依然为季节冻土，地温很低，降水少，受春旱或春寒的影响，植物生长缓慢，干物质积累受到限制。6月中旬至8月上旬，太阳辐射强烈，日均气温稳定通过5 ℃，气温较高，其中7月平均气温为9.8 ℃；降水丰富，7—8月降水达225 mm，是全年总量（560 mm）的40%；有利的水热条件，促使植物生长旺盛，干物质积累迅速。8月底至9月初牧草发育成熟，生物量在年内达最大，并相对稳定一段时间。随着气温降低、降水减少，土壤表层季节冻融交替出现，植被逐渐枯萎，生物量不再积累，相反因受恶劣环境条件的影响有下降的趋势；9月下旬以后气温继续降低，当日平均气温稳定降至5 ℃以下时大多数植物停止生长，降至0 ℃以下完全停止生长并逐渐枯黄，进入冬季休眠状态。

当然，受年景气候条件限制，每年上述5个阶段出现的时期、维持时段等将存在一定的差异，表现出来的物候有的年份提早，有的年份延迟。植物生长过程中在强度生长阶段的生长速率也存在很大的不同，导致最终形成的现存生物量、净初级生产力也不同。为了说明地上生物量的季节变化过程，这里采用2003年5—10月每月15日和30日测定的生物量进行矮嵩草草甸植被地上生物量季节动态变化的描述（蒲继延等，2005）。

若以4月21日(多年平均4月21日为海北站地区日均气温稳定通过0 ℃日)为植物萌动初始日,统计日均气温稳定通过0 ℃后的累积天数($\sum n$)与牧草生物量(JW)季节动态之间存在下列关系(图5-10):

$$JW = -0.0002\left(\sum n\right)^3 + 0.0586\left(\sum n\right)^2 - 2.2448\left(\sum n\right) - 20.5450$$ (r=0.9887,n=11,P<0.01) (5-17)

对(5-17)求一阶、二阶导数,则分别有:

$$\frac{d(JW)}{d(\sum n)} = -0.0006\left(\sum n\right)^2 + 0.1172\left(\sum n\right) - 2.2448 \quad (5-18)$$

$$\frac{d^2(JW)}{d\left(\left(\sum n\right)\right)^2} = -0.0012\left(\sum n\right) + 0.1172 \quad (5-19)$$

式中:$\frac{d(JW)}{d(\sum n)}$表示地上生物量随时间推移的增长率,当$\frac{d(JW)}{d(\sum n)}$=0时,增长速率等于零,此时之$\sum n$为生物量达到最高值的日期,经计算可得:$\sum n$ =173,表明2003年生物量达到最高值的日期为日均气温稳定通过0 ℃(4月21日)后的第173天,即9月14日,生物量为309.40 g/m²。$\frac{d^2(JW)}{d\left(\left(\sum n\right)\right)^2}$表示植物干物质积累速率的加速度,当$\frac{d^2(JW)}{d\left(\left(\sum n\right)\right)^2}$=0时,生物量增长率达到最大,经计算可得$\sum n$ =97,表明生物量积累最大速率出现的日期为日均气温稳定通过0°C后的第97天,即6月30日,积累速率为3.478 g/m²·d。

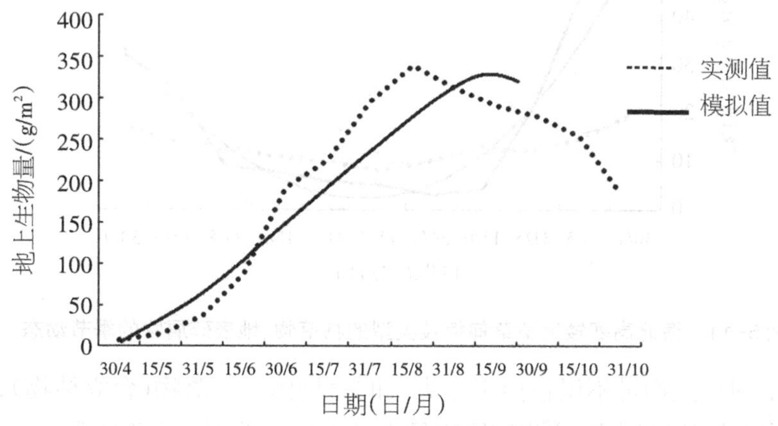

图5-10　矮嵩草草甸地上生物量季节动态

以上分析了2003年地上绿体生物量季节动态变化与自4月21日起生长累积天数之间的关系。若考虑生长期内气温(T)、降水(R)的影响,我们也曾尝试给出了日平均气温稳定通过≥0 ℃的候积温($\sum T$)和同期累积降水量($\sum R$)之间的关系,建立了二次型模拟

回归关系有(李英年等,1995):

$$JW = -46.5134 + 4.2047\sum T - 0.0533\sum T^2 - 2.0683\sum R + 0.0175\sum R^2 + 0.0673\sum T\cdot\sum R \tag{5-20}$$

二次型模拟回归表明,在高寒矮嵩草草甸,植被地上生物量自4月下旬开始到10月末的累积过程与降水量适度的分配下,气温条件≥0 ℃的积温高低是影响生物量(实际上就是生长量)累积的关键,生物量高低与温度和降水的协同关系显得很重要,过低的降水和温度均不利于较高的生物量累积。

枯枝落叶是群落生物量组成成分之一,而且其分解也是陆地生态系统碳收支的一个重要组成部分(周道玮,1993;徐振锋等,2009)。因此在测定地上生物量时应同步测定枯枝落叶生物量。据我们多年的观察测定,嵩草草甸枯枝落叶生物量季节变化因植物群落类型和微环境的条件不同而有差异。如2003年植物生长季矮嵩草草甸枯落物的季节动态基本呈"U"字形曲线(图5-11)。即在牧草的返青期前,枯枝落叶生物量高,但由于此时地上总生物量较小,枯落物量所占比例较大,约占地上总生物量的40%以上,4月末近100%。6月以后因气候变暖,降水增多,枯落物加速分解而急剧下降,大部分年份在6月底7月初达最低,枯落物生物量占地上总生物量的10%以内。7—8月平稳中缓慢增加,8月下旬以后,随气温下降,植株成熟和衰老,枯枝落叶生物量的增长速率逐渐增大。到牧草枯黄初期枯枝落叶生物量又逐渐增多,此时地上总生物量最大,枯落物所占比例相对较小。

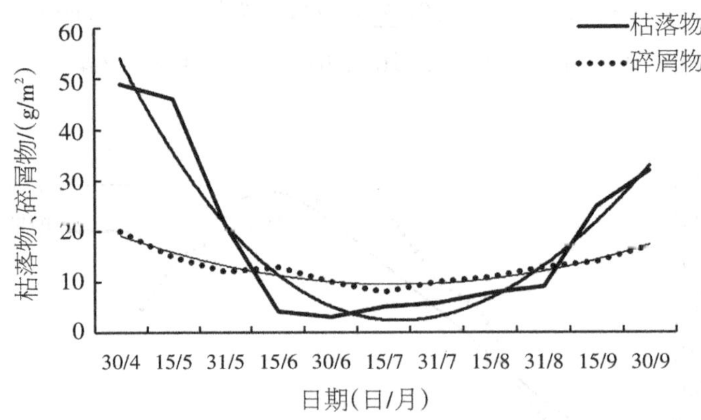

图5-11 海北高寒矮嵩草草甸植被类型的枯落物、地表碎屑物的季节动态

地表地上现存生物量不仅包括正在生长的植物体和枯落物(含立枯物),也包括地表面残留的未分解的碎屑物,这些碎屑物是由枯落物被粪便污染不能利用,经一定时期的风吹日晒、牲畜践踏等影响而形成的,当然也包含家畜的粪便排泄物。它的存在,在碳循环中,特别是对土壤有机碳的直接补给起到重要作用,图5-11给出了2003年植物生长季所监测的地表面碎屑物的季节动态变化。从图5-11看到,2003年植物生长季的地表面碎屑物呈"U"字形曲线。这种关系与枯落物一样,其形成与家畜觅食践踏折断和家畜排泄物风干形成及分解有关。

(二)金露梅灌丛草甸

金露梅灌丛草甸一般由两层群落层组成,上层金露梅灌丛组成灌木植物群落,下部是以禾草、莎草和杂草类为主的底层植物群落。金露梅灌丛株高为30～60 cm,最高可达70 cm,其盖度为40%左右。下部草本植物种类因生境和灌木层高度、盖度的影响,种类组成、盖度等差异较大。金露梅灌丛草甸的生物量由草本植物生物量和灌丛灌木生物量组成(李英年等,2006;李红琴等,2014)。这里需要说明的是,我们建立相关回归方程是用2010年生物量碳量构建的,即本节在分析金露梅灌丛生物量的季节动态时,是用含碳量的生物量表示的。

1. 金露梅灌木生物量

进行灌木叶、杆、枝等在不同高度和地下不同深度的含碳量分析发现(李英年等,2006;李红琴等,2014),金露梅灌木地上部高度低于30 cm以下的0～30 cm层次含碳量最高(平均为50%,表5-4),高度大于30 cm层次老枝干和当年新生枝叶含碳量为49%。灌木根系含碳量在47.09%和48.48%之间波动,平均为48%。因金露梅灌木90%的生物量主要分布在地上部的30 cm高度和地下20 cm以内(表5-4),故其地上部和地下部平均含碳量分别取0.50和0.48为佳。这种分布特点与有关森林碳含量的分布特征基本一致,但也存在一定的差异性(黄从德等,2008;马钦彦等,2002)。

而金露梅灌木的生物量因高度或地下深度不同有着不同的分配,表5-4中给出了对金露梅灌木各层次生物量所占的比例(李红琴等,2014)。发现地上部分,10～20 cm枝干生物量所占比例最大,达34%,其次是0～10 cm枝干,为32%,其余20 cm以上各层次所占比例依次减少。由于高寒灌丛草甸土层较薄,根系主要分布在浅层区域,0～10 cm根系生物量所占比例达53%,往下依次减少,10～20 cm根系比例为37%,20～30 cm根系骤减至8%,而低于30 cm土壤中,根系很少分布,仅为2%。

表5-4 金露梅灌丛各层次含碳量分布

部位	含碳量/%	生物量百分比/%
当年叶片	48.59	—
新生长枝干	49.31	—
40 cm枝干	49.19	3
30～40 cm枝干	49.28	9
20～30 cm枝干	49.63	22
10～20 cm枝干	50.26	34
0～10 cm枝干	49.92	32
0～10 cm根系	47.26	53
10～20 cm根系	47.50	37
20～30 cm根系	47.09	8
30 cm根系	48.48	2

采用第一节提到的“灌木草甸生物量监测”方法，对灌木各部位（当年新生枝叶、多年累积枝干、多年累积根系）生物碳量与冠面最大长度、最小宽度和植株最大高度建立的回归方程见表5-5。表5-5所有的样本数（挖掘的丛数）为18。可以看到，相关系数均在0.8451以上，达极显著检验水平（$P<0.001$）。因此认为本研究采用金露梅灌丛冠面最大长度、最小宽度和最大高度测定值来估测地上、地下及当年新增生物碳量是可行的。

表5-5　金露梅灌丛不同时间各部位生物碳量回归分析

单位：g/m²

日期（日/月）	回归方程模式：$W=e^{a\ln(A\times B\times H)-b}$								
	多年累积枝干生物碳量			多年累积根系生物碳量			当年新生枝叶生物碳量		
	a	b	r	a	b	R^2	a	b	R^2
15/6	0.2911	−1.1599	0.9516	0.2894	−1.1285	0.9267	0.2912	−2.1318	0.9667
15/7	0.4089	−2.4415	0.9601	0.3182	−1.4890	0.8577	0.3246	−2.1208	0.9003
15/8	0.4840	−3.2975	0.9133	0.4265	−2.7335	0.8932	0.3751	−2.7202	0.9368
15/9	0.3422	−1.6696	0.9263	0.4000	−2.3093	0.9259	0.2641	−1.5512	0.8451

注：A、B、H分别为每丛金露梅灌丛冠面最大长度、最小宽度和最大高度；a、b为回归系数；W_{ij}（i=1，2，3）分别为金露梅灌丛地上多年累积枝杆生物量、地下生物量、地上当年新生枝叶生物量，j为月份。

依表5-5模拟方程，估算得到6—9月微气象-涡度相关法系统所在地每月金露梅灌木当年新生枝叶、地上多年累积枝干及地下多年累积根系生物碳量（表5-6）。从表5-6看到，一般在6月初以前几乎没有当年新生枝叶，6月中旬后随生长发育，生物量才有所积累。由于金露梅具有开花早成熟早衰老也早等生理生态特征，导致6月15日到7月15日期间新生枝叶增加迅速，但由于其生理周期短，开花后不到几天就凋落至地面，部分花果凋落的同时其叶片也亦受外界环境干扰而凋落，所以7月15日以后花卉及叶片掉落导致生物碳量略有下降，但下降不甚明显。

表5-6　金露梅灌木地上、地下生物碳量6—9月的季节变化

日期（日/月）	当年新生枝叶生物碳量/（g/m²）	多年累积枝干生物碳量/（g/m²）	多年累积根系生物碳量/（g/m²）	地下/地上/%
15/6	9.36	78.07	76.51	0.91
15/7	21.15	80.39	74.37	0.76
15/8	20.74	90.12	80.77	0.76
15/9	17.08	79.22	101.22	1.09

多年累积枝干生物碳量与草本植物生物量一样有季节变化，但不甚明显。表现在自6开始逐渐累积，其中地上部分在8月15日达最大，到9月受外界低温影响（日最低可在-5 ℃以下，日均气温在3 ℃以下），大量的光合产物开始向地下运转，供给根系的生长发育，地下生物碳量随之增加，为越冬和翌年生长做好了准备。同时，也说明地上部分生物碳量能量转移至地下而下降，表现出地上与地下生物碳量具有明显的互补性（马钦彦等，2002）。

从表5-6还可以看到，金露梅灌木当年新生枝叶、地上多年累积枝干及地下多年累积根系生物碳量其量值均较低，6—9月期间分别在9.36～20.74、78.07～90.12和74.37～101.22 g/m²。灌木碳量的这种变化反映出在较长时间（甚至几十年或上百年）的尺度上，灌木丛生长变化缓慢的特点，也证实了就其表观来看，几十年内的时间尺度上其高度几乎没有变化。因而认为，金露梅灌木在同一年的变化中发生光合生产的净初级碳量很低。

金露梅灌木地下生物碳量与地上生物碳量（包括当年新生长枝叶）之比，在8月最低，9月达最大，有一定的季节变化特点（表5-6），6、7、8和9月分别为0.875、0.732、0.729和1.051。不同时期灌木生物碳量地下与地上比值的季节变化还表明，当年新生枝叶在6月前期积累缓慢，7—8月生长加快，地上生物碳量积累多，而同期地下生物碳量为使植物体摄取更多的水热光要消耗一定的能量来补给，导致地下地上比降低明显。进入9月，外界环境条件逐渐变得恶劣，使地上部的能量转入地下而导致地下与地上生物碳量比有所增加。这种变化的存在，导致地上地下生物碳量积累过程中能量流动、营养物质迁移互补。这与自然状况的其他植被类型有相似之处（方运霆等，2003）。

2. 金露梅灌丛草甸草本地上生物量

金露梅灌丛草甸草本生物量的季节变化过程与矮嵩草草甸一致，即在植物生长季开始逐渐增加，6—7月累积率加快，8月底9月初达最大，以后开始下降。这里不再赘述。

3. 金露梅灌丛草甸地上生物量

考虑到金露梅灌丛草甸由两层群落层组成，上层金露梅灌丛组成灌木植物群落，下部以禾草、莎草和杂草类为主。这面临的就是金露梅灌丛草甸的生物量测定既要考虑灌木部分，还要考虑草本部分，如何准确核算灌木与草本总的生物量的问题。

我们的研究将对金露梅灌丛草甸灌木和草本植被生物量分别进行测定，采用收获法与样线法相结合进行估算，提出先分别测定草本和灌丛的生物量，再测定灌丛基部与草本植物实际所占有地表面积的基础上，按比例的加权法来计算高寒金露梅灌丛草甸包括灌木及草本在单位面积上的生物量，并用周转法计算地下净初级生产力（为了碳循环研究的需要并换算为碳密度）。这样做，其结果如何，有待做深入的商榷，但至少我们认为采用这种方法对金露梅灌丛草甸植被生物量及净初级生产碳量的估算有一定的意义。

在我们观测的金露梅灌丛草甸样地，木本灌木基部和草本植被占有地表面积分别为22%和78%。同时由上述分析可知，2010年金露梅灌丛草甸灌木木本部分地上总生物量最大为245.04 g/m^2，而当年草本地上生物量最大为329.39 g/m^2（其中，绿体植物生物量为305.84 g/m^2，枯落物为13.54 g/m^2），那么分别按占地面积的22%和78%比例用权重分配关系得到2010年金露梅灌丛草甸植被地上生物量最大为310.83 g/m^2。上百年来灌木部分从景观上看每年基本一致说明，其木本生物碳量低，而且每年变化不大。

事实上，与矮嵩草草甸一样，自微气象-涡度相关法观测系统架设以来，我们也一直开展着金露梅灌丛草甸的生物力监测，只是考虑到如上所述的灌木生物量变化逐年基本稳定，年净初级生产力并不高等原因，我们仅进行了草本植物生物量的监测，而其灌木和草本共同构成的金露梅灌丛生物量的变化状况可由上述方法进行推算。

当然，我们在测定金露梅灌丛草甸绿体生物量的同时，也同步监测枯落物量、地表碎屑物量，与矮嵩草草甸一样有明显的季节变化，所表现出的规律与矮嵩草草甸相同，这里不再阐述。

金露梅灌丛草甸分布面积广，而且受水热条件影响，金露梅灌丛分布在不同海拔的山地阴坡和半阴坡、河岸阶梯、较高的地下水位等多种环境条件下，而且其灌木的高度、簇丛大小、分布密度、冠面到地面的投影面积等在不同环境具有显著的差异。就是年景不同、地点不同、监测方法的不同，得到的金露梅灌丛生物量也有所不同。这也就对灌木及整个灌丛草甸的生物估算带来很大的不确定性。为此，这里以王启基等（1991）对海北站东南1.5 km处的“鱼儿山”金露梅灌丛草甸进行植物群落生物量的调查为例。他对金露梅灌丛草甸的生物量进行调查时，采用大环境条件下金露梅灌木所占的比例，在已布局的样地，视比例布设样方，再用收获法将灌木与草本一起测定地上生物量。这样做的优点是同时考虑了植被草本与较小灌木后一次性得到生物量状况，但其缺点是丛簇较大的灌木生物量到底如何难以断定。王启基等（1991）的研究发现，“鱼儿山”坡地的金露梅灌丛草甸类群地上生物量季节动态具明显的差异，其峰值出现的时间各不相同。草本植物地上生物量从4月底返青前的零值开始积累，随植物生长发育进程逐渐增加。禾草类、莎草类的生物量到9月上旬达最大值（64.099 g/m^2、39.349 g/m^2）。杂类草生物量到8月底达最大值（80.349 g/m^2）。灌木新枝叶从5月中旬开始积累，到8月底达最大值（63.89 g/m^2）。群落生物量到8月底达最大值（258.78 g/m^2）。各植物类群生物量达到最大值后相对稳定一段时间后，因气温的下降、植株衰老、种子脱落等逐渐减少。在生长季各类群地上生物量的增长曲线可用Logistic方程表示（图5-12）。其通式为：

$$W_i = \frac{K_i}{1 + e^{A_i - B_i t}} \tag{5-21}$$

式中：W_i为各类群地上生物量(g/m²)；t为自1月1日起的天数($113<t<293$)；K_i为各类群地上生物量可能最大值(g/m²)；i = 1,2,3,4,5(分别代表了禾草类、莎草类、杂草类、灌木、枯枝落叶、整个群落)；A_i、B_i均为回归系数。

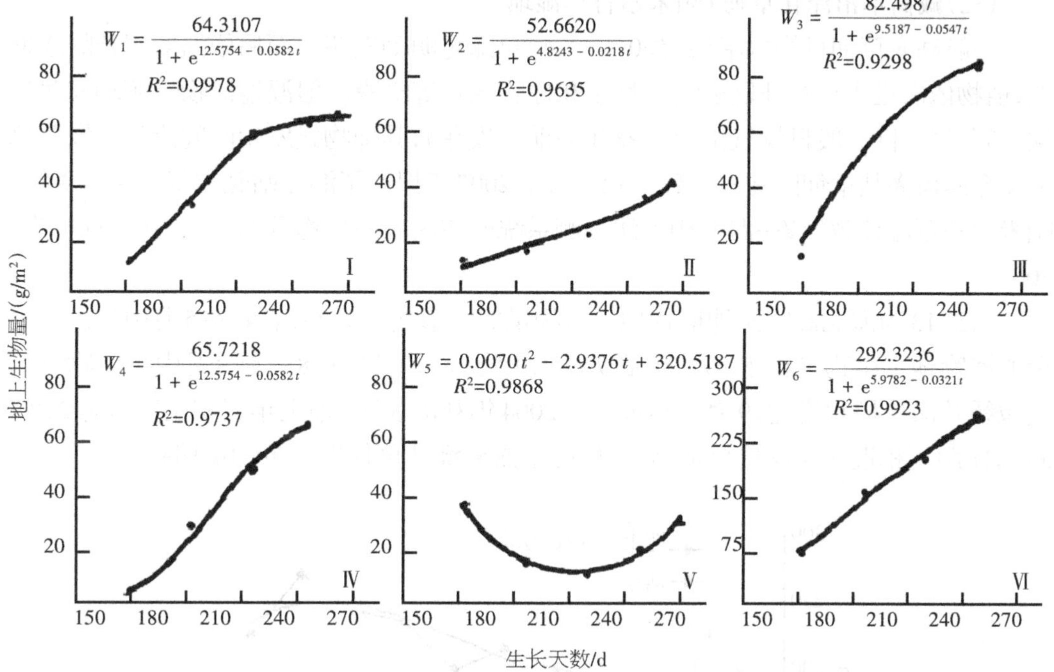

注：Ⅰ表示禾草类，Ⅱ表示莎草类，Ⅲ表示杂草类，Ⅳ表示金露梅灌木，Ⅴ表示枯落物，Ⅵ表示整个群落。

图5-12　金露梅灌丛草甸主要类群地上生物量季节动态

图5-12表明，枯枝落叶的生物量变化呈"V"形变化，在返青较高(36.05 g/m²)，随着气温的回升、降水量的增加和微生物分解活动增强而减少，到7月底、8月初最小(9.80 g/m²)，此后逐渐增加。其变化曲线可遵从如下二次方程(R^2=0.9868)。

$$W = 0.0070t^2 - 2.9376t + 320.5187 \tag{5-22}$$

式中：W为枯枝落叶生物量(g/m²)；t为自1月1日起的天数。

从图5-12(王启基等，1991)变化曲线可以看到，"鱼儿山"坡地金露梅灌丛草甸不同植物类群的生长速率各不相同，其高峰期具明显的差异。生长速率的高峰均在营养生长期，生殖生长期有不同程度的下降。

禾草的生长速率在6、7月营养生长期较高，峰值[0.7606 g/(m²·d)]在7月，8、9月生殖生长阶段明显下降，9月底出现负值。莎草类植物的生长速率呈双峰现象，即牧草返青期较高[0.3083 g/(m²·d)]，6月生殖生长阶段显著下降[0.0981 g/(m²·d)]，7月开始回升，8月结果后营养期最高[0.4750 g/(m²·d)]，9月底出现负值。杂草类和灌木生长速率的峰值[1.6371 g/(m²·d)、0.8345 g/(m²·d)]在6月，7、8月开花结果期有所下降，9月初出现负值。整个群落生长速率的峰值在6月，平均生产干物质

2.6032 g/(m²·d),该月所积累的干物质占地上总生物量的30.26%。枯枝落叶的生物量变化速率,6、7月呈负值[-0.6832 g/(m²·d)、-0.1635 g/(m²·d)],从8月初开始增加,峰值[0.4984 g/(m²·d)]出现在9月。

(三)藏嵩草沼泽化草甸+帕米尔苔草湿地

一般高寒草甸日均气温稳定≥0 ℃时,牧草即可萌动发芽。而后依温度回升降水增加,植物依次进入返青、旺盛生长、稳定和停止生长等阶段。但湿地植物除萌动发芽初期时间滞后外(一般日均气温稳定≥3 ℃时萌动发芽),其他物候发生时间段与矮嵩草草甸和金露梅灌丛草甸区基本一致。我们曾于2007年报道了海北站藏嵩草沼泽化草甸+帕米尔苔草湿地微气象-涡度相关法观测系统所在区域的生物量季节动态(李英年等,2007)。

图5-13为海北高寒湿地植物地上生物量的季节变化动态,表明在5月中旬已有少量的植物地上生物量积累,6月中到7月底生物量积累最快,8月到9月中旬生物量增长减缓并保持相对稳定,9月末达最高。2004年观测表明,地上年累积生物量为260.7 g/m²,比距离相近的矮嵩草草甸略低,但比金露梅灌丛草甸地上生物量稍高。

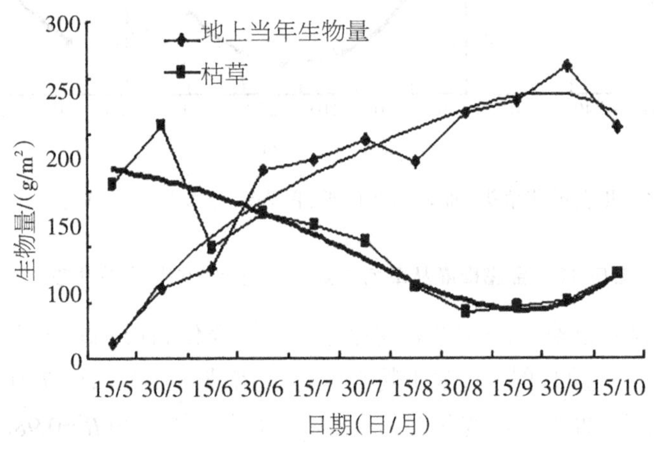

图5-13 海北帕米尔苔草高寒湿地草甸植物生长期(5—9月)地上和枯草生物量变化

海北高寒湿地植物生长物候期发生时间段与矮嵩草草甸和金露梅灌丛草甸区基本一致,但也有一定差异。值得一提的是,在5月初,高寒湿地冬季所覆盖的结冰层刚刚融化,植物萌动发芽开始,此时地上生物量可由两部分组成:一部分为植物萌动发芽生长的部分;而另一部分则因帕米尔苔草(其他植物未发现)在前冬当地表水结冰时,上部受冷空气影响已枯黄,其下部因受积水作用,仍保持绿色状况而夹裹在冰层内部,等到春季冰雪融化植物进入萌动发芽乃至生长时,帕米尔苔草靠近地表基部的上年度已拔节的植物绿色部分也可成为活体而进入正常的生长阶段,这样在初春地上生物量较同时期的矮嵩草草甸和金露梅灌丛草甸地上生物量要高。如2003年5月15日测定湿地地上生物量为28.604 g/m²,而同期矮嵩草草甸和金露梅灌丛草甸的地上生物量分别为14.595 g/m²和16.504 g/m²,分别高出49%和42%。从全年来看,高寒湿地植物有较高的地上生物量，2003年最高可达349.373 g/m^2，与矮嵩草草甸(约348.185 g/m^2)和金露梅灌丛草甸(339.594 g/m^2)地上生物量相比略高，但可认为在误差范围内，这与过去的观测有所不同，究其原因可能与观测取样时的留茬多少及人为误差等有关，或实际情况确实如此，对此有待进一步观测分析。

从图5-13看到，海北高寒湿地植物枯草的季节变化在植物生长的前后期高，植物旺盛生长的8月末最低。这是因为冬季湿地结冰的同时也将上年度极大部分枯黄植物留存在地表，春季解冻后，牲畜采食、受到污染等影响，大部分残留于地表，导致春季出现很高的枯草量，如2003年5月30日测定值近210 g/m^2。春季后这些枯草随温度升高，发生分解，但很大部分在温度升高的同时，水体浸泡后倒伏留存在湿地土壤表面中，致使枯草逐渐减少。9月以后受低温影响霜冻明显，枯黄植物又逐渐增多。可以肯定的是，高寒沼泽湿地，具有较高的枯草量，年长日久将给湿地土壤带来很高的土壤有机物质，甚至在湿地土壤可存在大量的未分解或半分解的有机残体。作者20世纪90年代初参加中国土壤系统分类课题时，与课题组人员于1992年8月22日进行该地土壤剖面挖掘时也曾发现(未发表)，在土壤坍塌的地方深1.8 m左右的层次有大量的植被物，见光和风后短时刻内被风化，表明在湿地有机残体不易分解而长久留存于土壤。

海北高寒湿地泥炭层深2～3 m，常年积水，植物生长茂密，具有较高的地下、地上生物量，因处在冬春草场的边缘区，且地势低洼，夏秋季因降水丰富，地表积水严重，牲畜难以涉入，放牧轻，有也则是边缘地带，放牧利用率很低。在冬春季，虽降水较少，但湿地表面大面积结冰，家畜虽可涉入腹地，仅仅啃食露出结冰上部的部分。再者帕米尔苔草、藏嵩草等湿地植物当枯黄后其植物纤维素高，而被牲畜采食量低，大多植物残体将留存在地表，有70%的地上生物量最终将凋落在地表及土壤。这与其他植被类型的情况有所不同，如矮嵩草草甸区放牧利用普遍，植物地上部分大多数被采食消耗，未采食部分在频繁大风影响下易风蚀损失，或被风吹至地势低洼区后大部分随地表水发生径流而带走，对土壤有机质的补偿能力也较低，只有少部分以凋落物归还土壤。高寒湿地区域植被是以多年湿生中生的根茎密丛性植物为建群种，植物种类组成简单，植株生长稠密、生草过程强烈，根系极为发达，因地上植物利用率很低，加之因处在湿度较大的湿地，在那些露出水面的“塔头”土墩上苔藓生长也很旺盛，可以认为，在高寒湿地分布区土壤有机物的补给源，不仅依赖于植物根系，也依赖于植物地上部分和地表苔藓生长。

由于我们的水碳通量监测点是在一定面积的帕米尔苔草湿地草甸进行的，周边向金露梅或矮嵩草草甸的过渡带多为藏嵩草沼泽化草甸，所以，有必要对藏嵩草沼泽化草甸的地上生物量给予分析。藏嵩草沼泽化草甸所处的生态环境特殊，多分布在地势低洼、排水不畅、土壤潮湿和通透性较差的河畔、湖滨、山间盆地、碟形洼地、坡麓潜水溢出冰雪带的下缘。因此，土壤含水量相比湿地低，但比矮嵩草草甸、高山嵩草草甸高，冠层相对湿度较大，冠层温度和土壤湿度较低，不利于微生物活动和枯枝落叶的分解。在生长季内，枯枝落叶的积累大于分解。枯枝落叶的生物量自返青开始逐渐增多，直到枯黄期达到最大值。但从生长季总的趋势看，枯枝落叶的积累速率大于分解速率，其绝对增长速率呈正值，先年的枯枝落叶到夏季不能完全分解，这就是沼泽化草甸土壤腐殖质含量高，以及形成一定的泥炭层的主要原因之一（周兴民等，1987）。因此，其地上生物量变化趋势既有别于矮嵩草草甸、高山嵩草草甸、金露梅灌丛、高寒湿地的变化规律（杨福囤和王启基，1987），也有着自身的变化特点。关于藏嵩草沼泽化草甸地上生物量的季节变化王启基等（1995）做过详细的报道。

王启基等（1995）的调查点在微气象-涡度相关法观测系统的帕米尔苔草湿地草甸下游600 m处，是湿地草甸向矮嵩草草甸过渡的区域。王启基等的研究表明（图5-14），由于潮湿和低温的影响，藏嵩草沼泽化草甸植物返青较晚，该草甸类型干物质从返青开始积累，峰值一般出现在8月底到9月初，当各类群生物量达最大值后相对稳定一段时间，此后随气温下降而下降。群落的地上生物量（W_i，g/m^2）与生长时间（t）的函数关系可用Logistic生长模型表示（图5-14），有：

$$W_i = \frac{K_i}{1 + e^{(A_i - B_i t)}} \tag{5-23}$$

式中：i代表群落和各类群；K_i为群落和各类群地上生物量的可能最大值；A_i、B_l为拟合系数；t为自植物返青开始的4月21日起的天数。其类群及有关系数见表5-7。

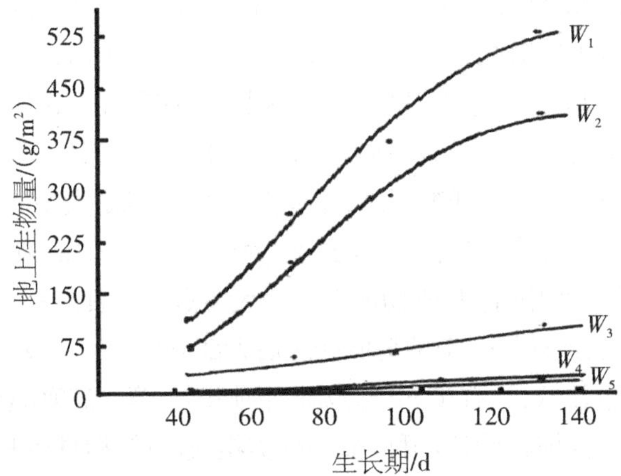

注：W_1、W_2、W_3、W_4和W_5分别表示植物群落、莎草类、禾草类、杂草类和枯枝叶生物量。

图5-14　藏嵩草沼泽化草甸地上生物量季节动态

表5-7　藏嵩草沼泽化草甸地上生物量季节动态对应的有关系数

植物群落和各类群	$W_i = \frac{K_i}{1 + e^{(A_i - B_l t)}}$	R^2
植物群落	$W_1 = 552.63/\left(1 + e^{(3.4176 - 0.0457t)}\right)$	0.9900
莎草类	$W_2 = 418.80/\left(1 + e^{(3.9679 - 0.0534t)}\right)$	0.9924
禾草类	$W_3 = 225.87/\left(1 + e^{(2.3757 - 0.0152t)}\right)$	0.9870
杂草类	$W_4 = 13.49/\left(1 + e^{(2.9829 - 0.0468t)}\right)$	0.9699
枯枝叶	$W_5 = 9.92/\left(1 + e^{(3.3845 - 0.0457t)}\right)$	0.9619

从图5-14看到，藏嵩草沼泽化草甸各类群地上生物量季节性明显，但各类群干物质积累过程各不相同，群落地上生物量主要取决于莎草类植物的生物量。由于禾草类和杂草类的生物量所占比例较小，因此对群落生物量的影响甚微。枯落叶生物量自返青开始逐渐增多，直至枯黄期达到最大。这种变化趋势有别于金露梅灌丛草甸和矮嵩草草甸枯落物的季节变化。这是由于藏嵩草沼泽化草甸的土壤含水量高，冠层相对湿度大，温度低，不利于微生物的活动和枯落物分解，在生长季内枯落物的积累大于分解。

二、地下生物量季节变化

（一）矮嵩草草甸

植物根系在植物生活中起着特别重要的作用，它不仅能固定支持植物躯体，吸收水分和矿质营养供植物地上部分需要，还能贮藏营养物质，为植物的越冬和翌年萌发生长提供物质基础。根系在代谢过程中的特殊产物—生物碱和激素，不但对植物本身有影响，而且对土壤根际微生物的活动及土壤的形成起着重要的作用（李英年，1998a；李英年等，2006），同时也为地下草食动物提供了不可缺少的食物。地下生物量是指存在于草地植被地表下草本根系和根茎生物量的总和，地下生物量是草地植被碳蓄积的重要组成部分，草地植被的主要生物量都分配于地下，准确测定草地地下生物量是确定草地植被源汇功能的基础（胡中民等，2005；黄玫等，2006）。也正是如此，研究者对生物量的监测给予高度重视。测定地下生物量的目的是阐明有机体结构与功能之间的相互关系。掌握和了解高寒生境条件下植物根系在土壤中的分布特征及生物-生态学特征，根系生物量季节动态和年际变化规律，根系生物量与地上生物量之间的相关性，为高寒嵩草草甸的科学管理、改良和提高第一性生产力提供依据（周华坤等，2002）。

自微气象-涡度相关法观测系统架设以来，我们在监测3个典型草甸植被区的地上生物量的同时，也同步监测着地下生物量。其监测方法见本章第二节。需要说明的是，海北高寒草甸地区受低温影响，地下根系分布呈现明显的倒金字塔模式。地下生物量主要分布在浅层土壤，王启基等（1995）等的研究表明，0～10、10～20、20～30、30～50 cm的各土层根系生物量分别约占地下总生物量的84.35%、7.80%、4.22%、3.63%。由此看到，高寒草甸地下生物量在30 cm以下是很低的，所以，我们观测的层次仅考虑了土壤厚度40 cm层次的地下生物量，取样时按0～10、10～20和20～40 cm 3个层次进行。监测时间也只是土壤解冻的植物生长期（5月中旬到9月末），个别年份提早或推迟。

表5-8给出了2003年海北站矮嵩草草甸0～10、10～20、20～40 cm土层的地下生物量的季节变化（李英年等，2006）。从表5-8看到，海北站微气象-涡度相关法观测系统所在区域的高寒矮嵩草草甸浅层0～10 cm土层地下生物量随着季节的变化呈现“N”形变化特征，由于该层生物量占0～40 cm整层生物量的80%以上（只有7月15日为74.93%），导致0～40 cm土层的生物量的季节变化（图5-15）与0～10 cm地下生物量变化一致。10～20、20～40 cm土层生物量随季节变化波动明显，但能表现为植物旺盛生长季高，在植物生长初期和末期较低。

表5-8 2003年矮嵩草草甸0～10、10～20、20～40 cm各层地下生物量季节变化及总地下生物量的占比

土层深度	日期(日/月)									
	15/5	31/5	15/6	30/6	15/7	31/7	15/8	31/8	15/9	30/9
0～10 cm/(g/m^2)	1 353.2	1 579.3	1 575.6	1 663.6	1 011.9	1 190.9	1 240.9	1 541.0	1 495.4	1 695.8
A_1/%	88.82	88.39	90.99	87.71	74.93	81.83	80.73	88.01	90.97	88.07
10～20cm/(g/m^2)	98.3	135.8	94.5	150.1	114.6	186.3	133.1	130.4	98.9	145.3
A_2/%	6.45	7.60	5.46	7.91	8.49	12.80	8.66	7.45	6.02	7.55
20～40cm/(g/m^2)	72.0	71.5	61.5	83.0	224.0	78.2	163.0	79.5	49.5	84.5
A_3/%	4.73	4.00	3.55	4.38	16.59	5.37	10.60	4.54	3.01	4.39

注：A_1、A_2、A_3分别表示0～10、10～20和20～40 cm土层生物量占0～40 cm整层生物量的比值。

地下生物量季节变化所表现的升高—降低—升高的变化规律，与地上部生长旺盛和缓慢等直接相联系。在良好的气候时，地上部生长发育迅速，植物在光合作用及发生蒸腾过程的同时，要消耗大量的土壤水分和能量，相应要从根系得到一定的能量来补充。相反，在生长的前期和后期因气温低、降水少，地上部生长受到抑制，而根系能较多地贮存能量，可满足其发育条件，有利根量的提高。特别是在生长后期到休眠初期地上部停止生长时，土壤仍保持较高的热量条件，根系仍继续生长，根量有所增加。只有土温降到临界温度或频繁冻融或稳定冻结时，根系才停止生长，从而不再累积甚至有所减少。

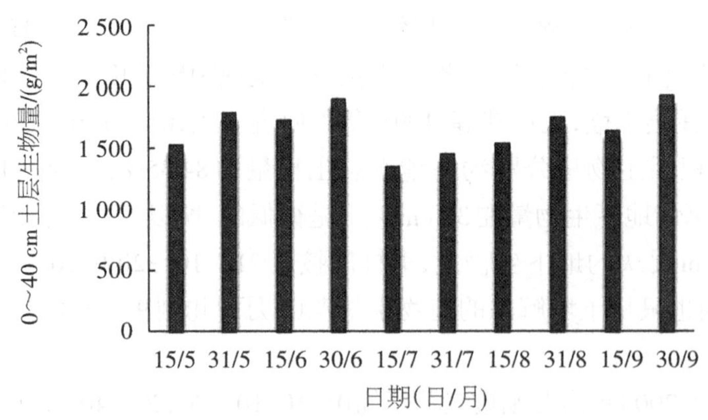

图5-15 2003年矮嵩草草甸0～40 cm土层地下生物量的季节变化

如果说，地上生物量在季节变化过程中受家畜觅食、自然分解影响，表现的变化规律十分明显，即每年5月初开始积累，到9月初达最高，以后受放牧和自然分解影响而下降，直至4—5月底达最低。而地下生物量与地上生物量不同，其土壤中活根、死根交织在一起，盘根错节，外界干扰受到限制，其现存量除当年气候环境影响下得到生长增加生物量外，上一年度的根系生长量也影响到当年生物量的高低，当然也受到环境条件下的分解量影响。我们过去的研究证实(李英年等,2020;2021),根系周转时间长于地上植物的周转时间(海北高寒草甸植物根系周转时间和地上生物量的周转时间分别为2.65和1.14年),根系较长时间的留存也对地下生物量的季节变化有着重要的影响,进而影响地下生物量在不同年间的不确定性。

就2003年来看,0～40 cm土层地下生物量最高在9月底(表5-8),可达1 925.6 g/m²,其中0～10、10～20和20～40 cm 3层次分别为1 695.8、145.3、和84.5 g/m²,分别占地下总生物量的88.07%、7.55%和4.39%。最低在7月,为1 350.5 g/m²,3层次分别为1 011.9、1 14.6、224.0 g/m²,分别占地下总生物量的74.93%、8.49%和16.59%。

嵩草草甸地下生物量的垂直分布特征与高寒草甸区的气候、土壤有密切的关系。植物为了充分利用高寒草甸区水热同季的有利条件,将大部分根系分布在0～10 cm的表土层中,获取更多的热量、水分和矿质营养,同时表层土壤通气条件较好,这些都为根系的生长发育创造了较为有利的条件。随着土壤深度的增加,土壤温度、含水量和通气条件逐渐恶劣,根量也随之减少,这是高寒草甸植物对生态环境的适应策略。

此外,从不同放牧强度对矮嵩草草甸植物群落地下生物量及其垂直分布的影响可以看出,在重度放牧条件下,一些家畜喜食的优良牧草经反复采食和践踏,植物光合面积减少,尤其在牧草返青期,其光合产物不能满足其自身发育的需要,而要消耗植物根系先年贮存的营养物质作为补充。其结果不仅影响了植物根系的生长发育,而且制约了地上、地下干物质的积累,有些种甚至不能完成其生命的全过程,久而久之,使这些种逐渐衰退和消失,最后导致地下生物量减少。不同放牧强度下,其地下生物量垂直分布虽有差异,但它们的分布趋势基本相似,亦呈倒金字塔模式(董全民等,2005)。

但根据多年的观测发现,不同年份地下生物量最高值、最低值出现时间很不一致,有的年份最高出现在4月底,或5月,或6月;有的年份在8月,或9月,或10月。年内水热条件最好、植物生长旺盛的7—8月地下生物量为最低则是一致的普遍性。总的来说,地下生物量季节变化表现出"U"形或"N"形变化规律,但也多出现波动性明显、无变化规律而言的现象。可以理解的是,倘若上年度在良好的气候条件下植物生长良好,将导致次年4、5月地下生物量高于其他时间。9月到10月,地下生物量升高是因为该期气温降低、降水减少,地表出现霜冻的环境条件下,植被停止生长,地上生物量转化到地下,地下生物量特别是当年净初级生产力部分的增加导致生物量的升高。

尽管对于地下生物量高低,以及其季节动态变化有着众多不确定性,但由于地下生物量远比地上高得多,就比例来看,0～40 cm的地下部生物量是地上的5～8倍。也就是说,在草地生态系统的植被碳库中,地上生物量被家畜觅食通过排泄重新分配归入当地自然生态系统中,有一部分转为"肌体"碳将成为商品被外运,还有一部分转为有机肥而流失,导致地上生物量归入并形成土壤碳的能量被削弱。而土壤中的根系生物量(地下生物量)则成为土壤碳库的重要组成部分,且在地上地下生物量中占据很高的比重。鉴于此,对地下生物量的分配、季节变化过程、形成的机制等应引起高度的关注。

地下生物量包括多年生长的活根和死根,二者盘根错节,交织在一起。从整个生长季的趋势来看，活根生物量从牧草返青开始逐渐减少，到返青后期最低（896.88 g/m²），此后由于气温、降水量有利于生长发育和干物质的积累，活根生物量也逐渐增加，到牧草枯黄时期生物量最高（1 649.84 g/m²），而死根生物量从牧草返青开始逐渐增加，到6月初最高（625.24 g/m²），以后由于环境条件有利于土壤昆虫和微生物的活动，一部分死根被分解，使死根生物量减少，到枯黄期生物量最低（302.76 g/m²；图5-16）

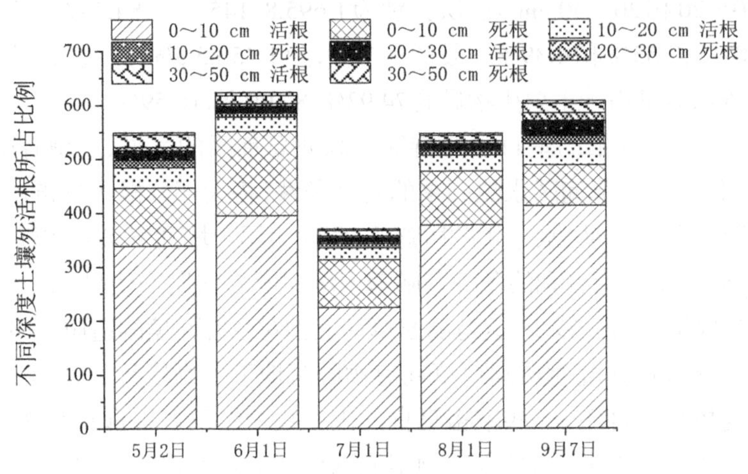

图5-16　矮嵩草草甸不同土壤深度死活根比例的季节动态

矮嵩草草甸不同土壤深度死根和活根生物量比例的季节变化较为明显。整个生长季中，矮嵩草草甸的活根在0～10、10～20、20～30 cm和30～50 cm土层中分别占64.49%、5.83%、2.29%、2.83%，死根占19.86%、1.97%、1.30%、0.80%。活根生物量的相对比例从返青开始到返青后期有所下降，平均每天减少0.14%；从牧草生长旺盛期开始到枯黄期逐渐增加，6、7和8月平均每天分别增加6.45%、0.24%和0.15%，在牧草生长旺期增加较为显著。而死根相对比例的季节动态正好与活根相反。6—8月死根生物量相对比例与直接计数法测定0～10 cm土壤中细菌数量和生物量呈强负相关，说明死根生物量相对比例的减少是土壤微生物分解活动的结果（王启兰等，2007）。

此后水热条件渐渐有利于牧草生长发育和干物质的积累，活根量随之增加，到牧草枯黄期达到最高。牧草返青初期，死根生物量最高，以后随气候条件的改善，土壤动物和微生物活动加剧，死根被采食和分解，死根生物量逐渐减少。由于0～20 cm土层中的地下生物量占总地下生物量的90%左右（表5-8），故0～20 cm和0～50 cm土层中死根量和活根量的变化规律基本一致，其中死根量间的相关系数为0.649（$P<0.01$，$n=5$），活根量间的相关系数为0.957（$P<0.01$，$n=5$）。

在牧草生长季节，0～50和0～20 cm土层中活根生物量相对比例有增加的规律，而死根生物量的相对比例有减少的规律。经T检验，两土层中不论活根、死根，生物量的相对比例差异均不显著（$P>0.05$，$n=6$）。可以看出，0～20 cm土层中的地下生物量在总生物量中的作用重大，完全可以用它的形成规律来说明金露梅灌丛地下生物量的形成规律。

以上分析的是微气象-涡度相关法观测系统所在的矮嵩草草甸区域地下生物量的变化状况。但不同区域，因植被保护或群落成分不同，其地下生物量也有很大的差异性。如，周兴民(2001)的报道发现，矮嵩草草甸9月初的地下生物量为2 428.28 g/m²，其中活根为1 989.04 g/m²，占地下总生物量的81.91%，死根为439.24 g/m²，占地总生物量的18.09%。7月初的地下生物量为1 479.80 g/m²，其中活根为1 060.56 g/m²，占地下总生物量的71.74%，死根为418.24 g/m²，占地下总生物量的28.26%。9月初与7月初地下总生物量的比值为1.64，活根之比值为1.87，死根之比值为1.05。

(二)金露梅灌丛草甸

在地上生物量季节动态中，上文提到，金露梅灌丛一般由两层群落层组成，上层金露梅灌丛组成灌木植物群落，下部为以禾草、莎草和杂草类为主的底层植物群落。其底层的草本群落地下生物量与矮嵩草草甸具有相同的变化规律，即在大多数年份出现“U”形或“N”形变化规律。

我们对微气象-涡度相关法观测系统的金露梅灌丛草甸地下生物量的季节动态曾做过报道(李英年等，2006)。同样，对金露梅灌丛草甸的生物量，我们分草本与灌木两个层次分析。2003年的观测结果表明，仅灌木而言，地下生物量与新生枝叶量刚好呈现相反的变化(图5-17)，地下生物量自6到9月基本呈现出“U”形变化结构，6、7、8、9月分别为168.8、149.8、161.7和203.4 g/m²。如前所述，在6月初受环境条件的限制，枝叶不易生长，土壤自4月下旬开始融化到6月初融化至100 cm以下，温度特别是近地表面层的气温(图5-18)和地温均较高，有利的融冻水和较高的土壤温度为地下根系生长提供保障，地下根茎处于营养生长阶段，地下生物量得以提高。随时间进程延长地上新生枝叶生长，地下根系部分的营养物质转至地上，地下部分消耗明显，被寒冷冬季冻伤的部分根系枯萎、腐烂，被微生物分解等，导致地下根系生物量降低，至7月中旬达最低；8月以后，随金露梅地上部叶片及花卉成熟并有部分凋落于地表，地上部分生物量不再积累，大量的光合产物开始向地下转运，供给根系的生长发育，新根、根茎不断增加，地下生物量随之增加；随9月到来，植株叶、果实基本均凋落至地面，此时地下生物量达最高，为越冬和翌年生长做准备。

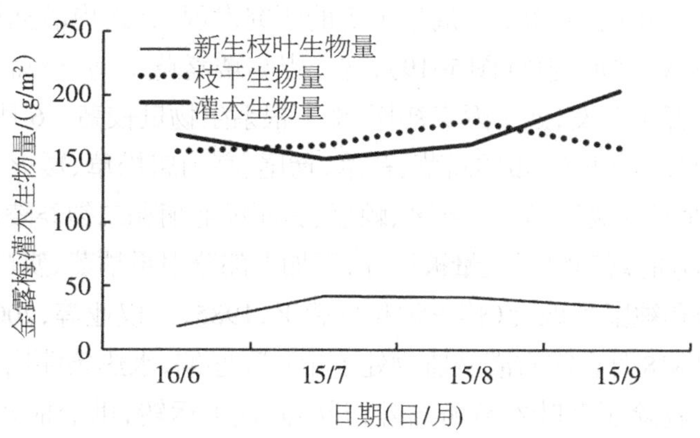

图5-17　2003年金露梅灌丛草甸各部位生物量6—9月的季节变化

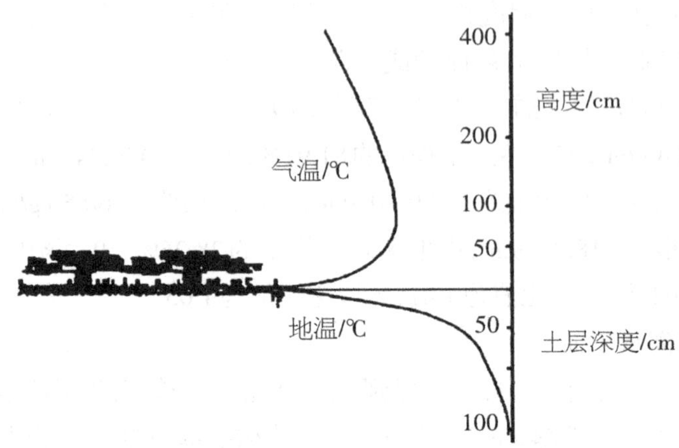

图5-18　金露梅灌丛不同部位日均温度分布(2004年6月1—10日)

金露梅灌丛各部位生物量在6—9月动态变化的模拟表明(李英年等,2006),仅灌木的地下生物量表现为明显的“U”形规律,与时间进程具有极显著的正相关关系(r=0.9999,n=4):

$$W = 15.175(t - 5)^2 - 64.305t + 217.88 \tag{5-24}$$

其草本植物的地下生物量与矮嵩草草甸一样,只是因金露梅灌丛草甸生物量监测的通量塔所在区域处在海北站海拔相对较高的地方,同时区域灌木与草本植物相间并存,生物量由灌木和草本组成,灌木的存在致使草本生物量相对矮嵩草草甸的地下生物量低。

在阐述金露梅灌丛草甸的地上生物量时,我们提到不同区域受环境条件的制约,金露梅灌丛灌木的高度、簇丛大小、分布密度、冠面到地面的投影面积等具有显著的差异。这也造成不同研究者对金露梅灌丛草甸地上地下生物量测定的不一致。也因如此,这里再利用周华坤等(2002)对海北站附近“鱼儿山”金露梅观测点草甸地下生物量的分析。周华坤等调查金露梅灌丛草甸地下生物量时采用的方法与王启基(1991)一样,在已布局的样地,视大环境条件下金露梅灌木所占的比例布设样方,再用收获法将灌木与草本一起测定地上和地下生物量。周华坤等的研究发现,金露梅灌丛地下生物量季节动态规律明显,呈“V”字形变化(图5-19),这一点与矮嵩草草甸、小嵩草草甸相似。表现出5月下旬牧草开始萌发,处于返青初期,地下根系生物量较高。6月末7月初金露梅灌丛处于返青后期,早花植物如矮嵩草、苔草、鸢尾、高山唐松草、矮火绒草和龙胆等开花结实,金露梅、垂穗披碱草、羊茅、针茅、棘豆、美丽风毛菊和二裂委陵菜等处于营养生长期,地下根系部分的营养物质大量被消耗,再加上部分根系枯萎、腐烂、被微生物分解(李家藻等,1985)和被鼠类取食(蒋志刚和夏武平,1985;王权业等,2000)等,导致地下生物量最低。7月和8月金露梅灌丛植物处于生长旺盛期,水热条件均有利于植物生长发育,大量光合产物除了茎叶本身所需外,开始向地下运转,供给根系的生长发育,新根、根茎不断增加,地下生物量随之增加,到9月末牧草处于枯黄期,地下生物量达到最大，为越冬和翌年生长做好了准备。

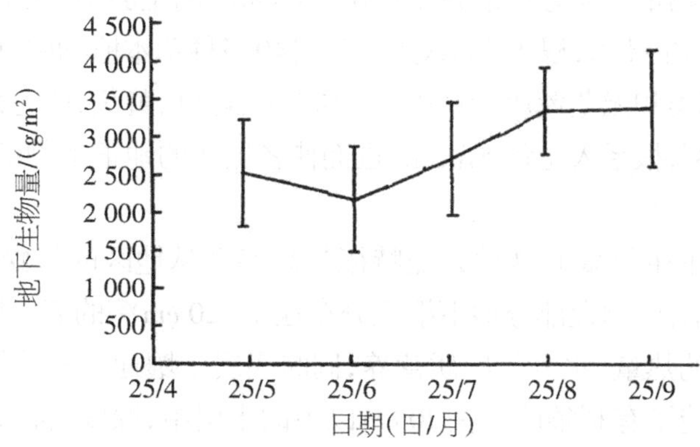

图5-19 金露梅灌丛草甸0～50 cm层次地下生物量季节变化

金露梅灌丛地下生物量不仅具有明显的季节动态变化规律，还具有显著的空间分布规律，这主要表现在地下生物量的垂直分布上。金露梅灌丛在不同生长期和不同土壤深度的地下生物量分配情况如表5-9所列，可以看出，具有明显的垂直格局，平均而言，第1层地下生物量占总生物量的77.83%，第2、3、4层依次占12.33%、6.98%、2.87%，递减趋势明显，不同月份均无例外。随着牧草生长期的延长，除了第1层地下生物量比例有增加的趋势外，第2、3、4层均表现为降低趋势，这些变化规律与金露梅灌丛草场根系的生物-生理学特性及外界水热季节动态有关。由表5-9可以看出，在0～20 cm的土层中占据了90.16%的地下生物量，而20 cm以下的土壤中仅占9.86%。这比北美矮草草原0～20 cm的土层中所拥有的地下生物量比例(Singy and Yadava，1974)高15%。

表5-9 金露梅灌丛草甸地下生物量的垂直分配

土壤深度	日期(日/月)					
	23/5	30/6	30/7	28/8	29/9	平均
0～10 cm/(g/m^2)	1 562.24	1 418.40	2 178.40	2 487.52	2 880.96	2 105.50
A_1/%	64.09	65.33	80.54	87.75	85.30	77.83
10～20 cm/(g/m^2)	548.80	376.80	343.36	69.28	329.16	333.48
A_2/%	22.52	17.35	12.69	2.44	9.75	12.33
20～30 cm/(g/m^2)	252.80	257.44	120.56	188.64	124.00	188.69
A_3/%	10.37	11.86	4.46	6.65	3.67	6.98
30～50 cm/(g/m^2)	73.60	118.56	62.40	89.44	43.52	77.50
A_4/%	3.02	5.46	2.31	3.15	1.29	2.87

注：A_1、A_2、A_3、A_4分别表示0～10、10～20、20～30、30～50 cm土壤层次地下生物量占同期0～50 cm总生物量的百分比。

在矮嵩草草甸0～10 cm土层的地下生物量要占地下总生物量的80%以上，而金露梅灌丛不同，地下生物量大部分根系分布在0～20 cm深的土层中，这主要是因为建群种金露梅属蔷薇科冷旱生灌木，根入土相对较深；在40多种草本植物中，根蘖型草类、直根型草类、根茎丛生草类和无茎莲座状草类，如委陵菜、棘豆、黄芪、风毛菊、柴胡和异叶米口袋等占有相当比例，根系入土都比较深，进而使各层次的地下生物量与矮嵩草草甸有一定的差异性。

金露梅灌丛地下生物量的这种分配特征与高寒灌丛地区的气候和土壤的关系密切。该地区水热同季，植物大部分地下根系分布在0～20 cm深的表土层中，以利用这一有利条件获取较多的热量、水分和矿质营养，同时表层土壤通气条件较好，为地下根系部分的生长发育创造了有利条件。在20 cm以下的土层中，温度、含水量和通透性均变差，地下生物量减少（表5-9），也显示了高寒灌丛植物对严酷生态环境的适应性。

周华坤等（2002）研究活根和死根生物量季节变化，发现0～50、0～20 cm土层中死根和活根的生物量变化有明显的季节变化规律。活根生物量都呈“V”形变化规律，死根生物量都呈减少的趋势（图5-20）。牧草返青初期，活根量较低，到返青后期（6月下旬）达最低。

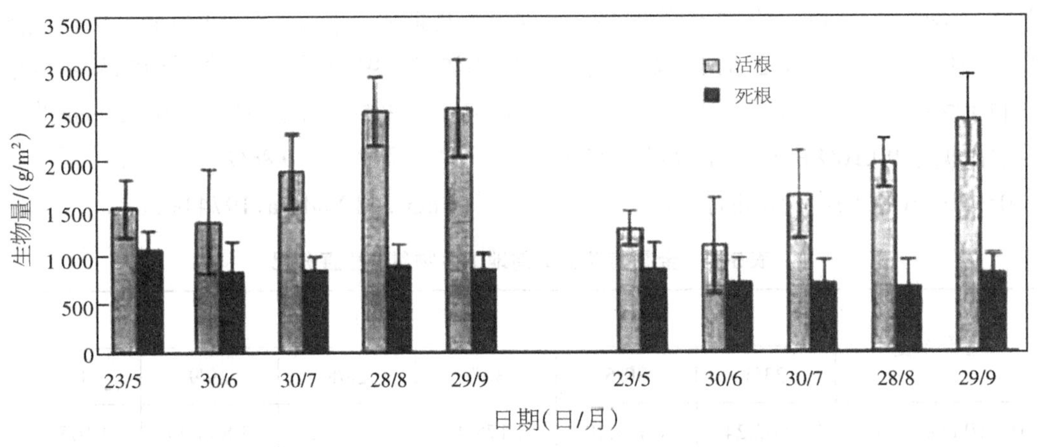

图5-20　金露梅灌丛草地0～50、0～20 cm土层中活根与死根生物量季节变化

（三）藏嵩草沼泽化草甸+帕米尔苔草湿地

2006年和2007年我们依据2004年的生物群落调查，分析了微气象-涡度相关法观测系统区域植被群落及其地下生物量的变化特征（李英年等，2006；2007）。研究发现，帕米尔苔草湿地草甸因地表长久积水，季节冻土虽没有矮嵩草草甸和金露梅灌丛草甸区域深厚，但较深层（30 cm以下）土壤的季节性冻土比矮嵩草草甸和金露梅灌丛草甸区的季节冻土全部融化时间要推迟，为此对于湿地地下生物量的测定较为困难。限于条件，我们仍采用挖掘法对湿地植物群落地下0～10、10～20、20～40 cm分3层次的生物量进行了测定（表5-10）。从测定的季节变化过程来看，与矮嵩草草甸和金露梅灌丛草甸的地下生物量季节变化规律有一定的差异，可以看到，0～40 cm整层地下生物量自5

月开始逐渐上升，到7月中旬达最大，以后降低，特别是9月到10月下降明显。这可能与观测挖掘时的取样难度、方法等因素有关。也许实际情况确实如此，有待进一步研讨，但从现阶段所观测的资料来说，仍有较大的意义。不可否认的是，湿地全年在高湿度环境下，水层的隔离影响，厌氧明显，但后期土壤温度升高，在9月以后达最高，比矮嵩草草甸和金露梅灌丛草甸滞后近2个月，导致分解加快，9月以后生物量下降明显。

由于湿地积水厚，泥炭层吸力大，我们监测地下生物量时采用的根钻提取时难度很大，大多采用挖掘的方式收集了0～40 cm各层次的土墩来监测生物量。就是这样也给地下生物量的监测带来巨大的不方便，因此，我们只进行了为数不多的年度测定。另外，湿地泥炭层深厚，更深层次地下生物量仅在2003年8月下旬做过一次。发现湿地地下生物量分布可以达到1.5 m的深度，这也与矮嵩草草甸和金露梅灌丛草甸有着显著的不同。矮嵩草草甸和金露梅灌丛草甸受低的土壤温度影响，地下生物量分布在0～40 cm层次，40 cm以下土层似乎接近0，但湿地在冬季冻土最大深度也就在50 cm左右，冬季处在相对较高的温度环境，根系生长可延伸到更深的土壤层中，致使湿地生物量最大达到1.5 m左右的土壤深层。这点从0～40 cm各层地下生物量占地下总生物量的比值上也可以看得到（表5-10）。

表5-10　2004年帕米尔苔草湿地草甸0～10、10～20、20～40 cm各层地下生物量季节变化及地下总生物量的占比

土层深度	5月15日	6月15日	7月15日	8月15日	9月15日	10月15日
0～10 cm/(g/m²)	4 086.58	3 146.19	4 209.83	3 231.45	3 469.81	2 395.29
A_1/%	48.77	30.19	39.09	49.23	51.52	61.72
10～20 cm/(g/m²)	2 358.17	4 473.03	3 642.73	2 191.34	1 734.57	784.92
A_2/%	28.14	42.92	33.83	33.39	25.75	20.22
20～40 cm/(g/m²)	1 938.26	2 801.81	2 916.75	1 140.65	1 530.79	700.86
A_3/%	23.13	26.89	27.08	17.38	22.73	18.06
0～40 cm/(g/m²)	8 383.00	10 421.04	10 769.30	6 563.43	6 735.17	3 881.06

注：A_1、A_2、A_3分别表示0～10、10～20和20～40 cm土层生物量占0～40 cm整层生物量的比值。

表5-10表明，高寒湿地地下生物量从5月开始，逐渐升高，在6—7月最高，以后下降，于10月达最低，呈现一倒“U”形的分布特征，这种变化与矮嵩草草甸和金露梅灌丛草甸的地下生物量呈“N”形变化有一定的区别。矮嵩草草甸和金露梅灌丛草甸的地下生物量呈“N”形变化与地上植物的季节生长中地下根茎与地上植物能量转换以及土壤温度的变化有关（李英年等，2003；2004），高寒湿地的倒“U”形的分布除与植物季节生长中地下根茎与地上植物能量转换以及土壤温度的变化有关外，还与湿地水体物理特性的影响有很大的联系。在5到7月间，气温回升，土壤逐渐消融，与矮嵩草草甸和金露梅灌丛草甸分布区土壤不同的是，湿地土壤融化慢，冻结层在5月中旬融化深度仅到40～

50 cm，而矮嵩草草甸和金露梅灌丛草甸区土壤融化在同时期可融化到100 cm左右，湿地整个季节冻土层土壤完全融化要到8月底到9月初，而矮嵩草草甸和金露梅灌丛草甸区季节冻土可在6月底到7月初完全融化。湿地土壤季节冻土融化的快慢与地表积水的热容量、导热率有关。湿地土壤最大冻结深度在80～100 cm左右，这从作者过去对地温的观测可得到证实（表5-11，李英年等，2000）。高寒湿地地温变化比距离相近海拔相同区的矮嵩草草甸地温变化平稳，年较差小。同时表现出，冷季湿地地温高于矮嵩草草甸土，如1月平均地温在40和80 cm层次均要高4.8 ℃；而在暖季则相反，如7月矮嵩草草甸土同层次温度明显高于高寒湿地，40和80 cm层次地温要分别高6.8和5.5 ℃。冷暖转换的春秋季，两种地区地温差异也存在，但不如冷暖季明显。

表5-11　高寒湿地土壤温度与高山草甸土分布区月平均地温比较

单位：℃

月份		1	2	3	4	5	6	7	8	9	10	11	12	年均
40 cm	湿地	-3.5	-2.6	-1.2	-0.3	-0.1	1.5	3.0	3.6	4.0	3.7	2.1	0.0	0.9
	滩地	-8.3	-4.9	-1.0	0.8	5.0	8.3	11.3	11.8	9.6	5.1	1.1	-3.2	3.0
80 cm	湿地	0.4	-0.1	-0.2	-0.1	0.6	2.0	2.6	3.6	4.4	4.2	3.1	1.0	1.8
	滩地	-4.4	-4.1	-1.5	-0.7	1.8	5.7	9.1	10.2	9.1	5.9	2.4	-0.1	2.8

可以认为，因湿地土壤冻结浅薄，且地温高于0 ℃，致使植物根茎可在冬季仍处在活体状态，该种情况下，地下活根系保持时间长，加之地表长久积水形成一定程度的氧气交换的“隔离层”，导致地下枯死根茎腐烂分解极为缓慢，就是地表上部的枯落物经积水浸泡、倒伏也留存在积水与土壤界面，长久的积累，形成厚度很大的泥炭层，不仅有很高的土壤有机碳，就是植物根系的现存量也很高。

如果说矮嵩草草甸、金露梅灌丛草甸植被周转时间基本一致的话，那么湿地植物有机质受积水“隔离”的影响，周转时间将受到巨大的影响。其周转时间将会延迟，这种延迟甚至达到上百年或上千年。这也是湿地为何存在较高的有机碳，形成泥炭层的主要原因之一。

从测定的结果来看，海北帕米尔苔草高寒湿地具有很高的地下生物量，仅0～40 cm层次的根茎（活根与死根之和）最高要达10 769.301 g/m^2，最低也在6 563.434 g/m^2，远高于矮嵩草草甸和金露梅灌丛草甸的地下生物量（李英年等，2003；2004）。这还不包括湿地在进行土壤根茎分拣时所流失的大量的碎渣，湿地土壤中植物碎渣占有很高的比例，是由长久积累地上地下的物质残体留存的有机物，因土壤潮湿温度低而不易分解所造成的。

同时还可以看到，湿地地下生物量垂直分布不像矮嵩草草甸和金露梅灌丛草甸的垂直分布，在矮嵩草草甸和金露梅灌丛草甸区，0～10 cm地下生物量要占0～40 cm生物量的80%以上，而湿地不同，如7月15日0～10 cm地下生物量占0～40 cm层次生物量的39%，随深度加深，不同层次所占的比例降低，但相互差异不大，10～20和20～40 cm占0～40 cm的比例分别为34%和27%，说明在高寒湿地地下生物量分布深度深，而且分布量巨大。

在本章第一节，我们已描述微气象-涡度相关法观测系统架设在藏嵩草沼泽化草甸+帕米尔苔草湿地的中央部位，而中央部位是以帕米尔苔草为建群种的湿地，湿地边缘分布着藏嵩草沼泽化草甸。只因“观测系统”需要“足够大”的“风浪区”，而中央部位湿地到南北边缘带距离受到限制，在80至100 m之间，“风浪区”的水碳通量贡献包含了区域藏嵩草沼泽化草甸，故我们将该类草场定义为“藏嵩草沼泽化草甸+帕米尔苔草湿地”。也正如此，关于藏嵩草沼泽化+帕米尔苔草草甸的地下生物量分为藏嵩草沼泽化草甸和帕米尔苔草草甸两部分阐释。而上述是藏嵩草沼泽化草甸+帕米尔苔草湿地中央部位帕米尔苔草湿地草甸的地下生物量季节分布状况。而在稍远的边缘地带，藏嵩草沼泽化草甸的地下生物量分布有所不同。表5-12给出了2011年在微气象-涡度相关法观测系统下游600 m处对地下生物量的监测结果。

表5-12　2011年藏嵩草沼泽化草甸0～10、10～20、20～40 cm各层地下生物量季节变化及地下总生物量的占比

土层深度	5月15日	6月15日	7月15日	8月15日	9月15日	10月15日
0～10 cm/(g/m²)	1 828.44	1 346.36	893.75	885.41	1 021.35	1 257.79
A_1/%	76.98	70.84	65.56	63.55	64.38	67.74
10～20 cm/(g/m²)	446.89	458.73	386.75	418.19	473.58	500.23
A_2/%	18.82	24.14	28.37	30.01	29.85	26.94
20～40 cm/(g/m²)	23.52	25.67	19.37	27.86	28.69	32.33
A_3/%	0.99	1.35	1.42	2.00	1.81	1.74
0～40 cm/(g/m²)	2 375.07	1 900.49	1 363.29	1 393.31	1 586.53	1 856.89

注：A_1、A_2、A_3分别表示0～10、10～20和20～40 cm土层生物量占0～40 cm整层生物量的比值。

三、生物量的年际变化

（一）地上生物量

植被地上生物现存量变化较大，一般在经过一个冬季牧事活动后的5月较低，在植物生长季后期较高，表现出明显的季节性。为了说明问题，这里分别给出了矮嵩草草甸、金露梅灌丛草甸、帕米尔苔草湿地草甸三种高寒草甸植被类型微气象-涡度相关法观测系统区域自2003年以来5月15日、7月15日和9月15日地上绿体生物量（图5-21）、枯落物量（图5-22）和碎屑物（图5-23）的年际变化。其中5月15日系高寒草甸植被返青后即将进入强度生长期，7月15日属植被强度生长阶段并认为地下生物量达最低时期，9月15日既是植物地上净初级生产力达最高时期，也是群落进入生长末期时期。

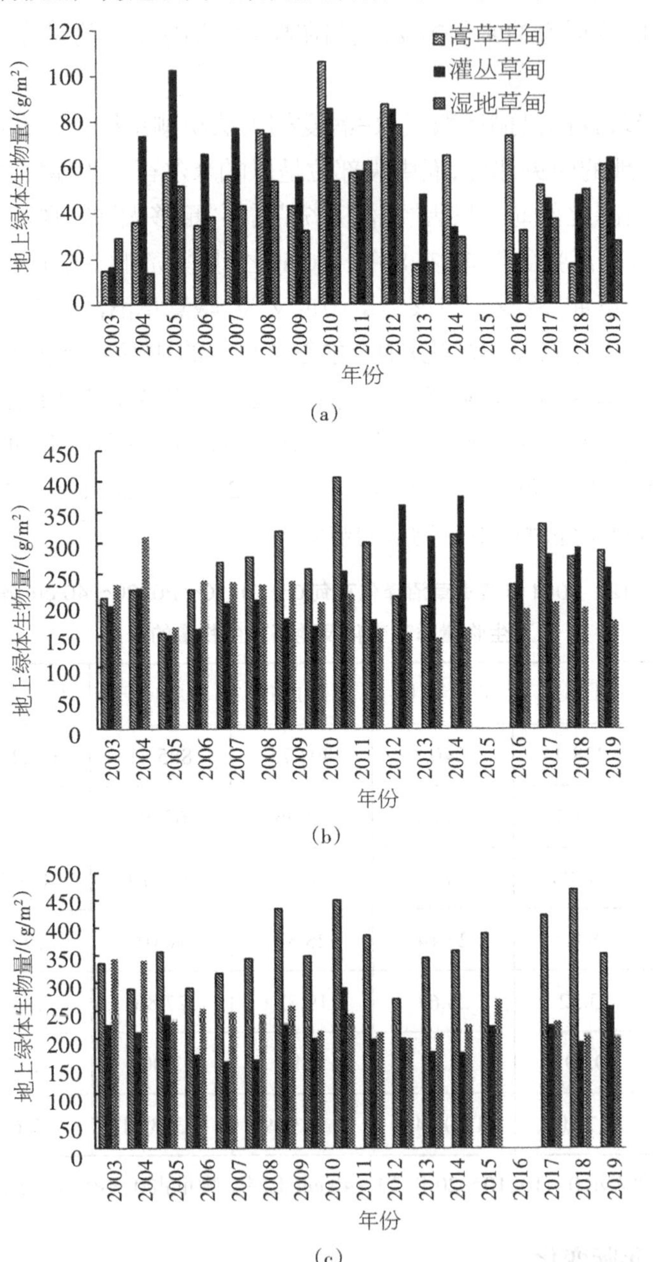

图5-21 矮嵩草草甸、金露梅灌丛草甸、帕米尔苔草湿地草甸植被类型 5月15日(a)、7月15日(b)和9月15日(c)地上绿体生物量的年际变化（“空”为缺测）

矮嵩草草甸、金露梅灌丛草甸、帕米尔苔草湿地草甸植被类型5月15日2002年到2019年多年平均值分别为53.41±25.86、59.93±23.70、40.55±17.02 g/m²；最高值分别为106.10、102.62、78.41 g/m²，出现在2010、2005、2012年；最小值分别为14.60、16.50、13.50 g/m²，出现在2003、2003、2004年（图5-21a）。7月15日三种草甸类型地上生物量多年平均值分别为264.24±60.83、239.02±70.21、205.51±41.13 g/m²；最高值分别为406.16、375.10、310.12 g/m²，出现在2010、2014、2003年；最小值分别为153.26、151.03、153.76 g/m²，出现在2004、2004、2012年（图5-21b）。9月15日三种草甸植被类型地上生物量多年平均值分别为361.37±57.92、206.86±36.24、241.75±35.09 g/m²；最大值分别为468.09、290.50、342.34 g/m²，出现在2018、2010、2002年；最小值分别为270.61、158.06、198.00 g/m²，出现在2012、2006、2012年（图5-21c）。

枯落物受家畜觅食、自然分解等影响，其季节变化也非常明显。

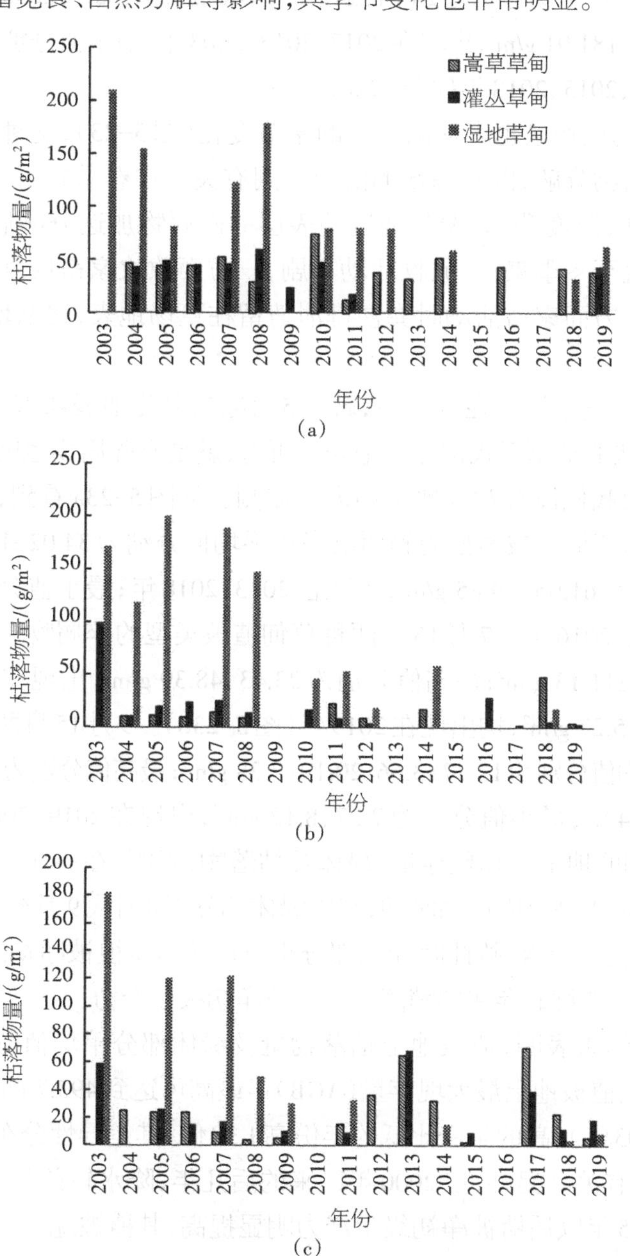

图5-22　矮嵩草草甸、金露梅灌丛草甸、帕米尔苔草湿地草甸植被类型5月15日(a)、7月15日(b)和9月15日(c)枯落物年际变化（“空”为缺测）

矮嵩草草甸、金露梅灌丛草甸、帕米尔苔草湿地草甸植被类型2003年以来5月15日枯落物生物量的多年平均值分别为42.14±14.33、41.74±12.92、103.88±55.28 g/m²;最高值分别为74.58、59.84、209.74 g/m²,出现在2010、2008、2003年(图5-22a)。7月15日三种草甸类型枯落物生物量的多年平均分别为15.33±12.38、20.05±25.13、93.95±72.62g/m²;最高值分别为47.44、98.39、200.12 g/m²,出现在2018、2003、2005年;最小值分别为3.89、2.57、12.89 g/m²,出现在2019、2017、2019年(图5-22b)。9月15日3种草甸类型枯落物生物量的多年平均分别为24.21±21.31、26.00±20.78、62.70±63.08 g/m²;最高值分别为70.18、68.65、181.91 g/m²,出现在2017、2013、2003年;最小值分别为2.10、9.07、4.06 g/m²,出现在2015、2015、2018年(图5-22c)。

监测的碎屑物生物量也表现出一定的季节变化(图5-23),这种变化主要与雨热同季影响下,碎屑物分解,以及降水的淋溶作用有关。在春季碎屑物生物量高,随夏季到来,降水增加,温度升高,覆盖在近地表层的碎屑物加速分解后降低,并随时间延长持续降低,直至冬季来临,放牧活动加剧,一方面放牧家畜反复践踏使枯落物变碎留存地表,另一方面家畜活动时粪便排泄遗留在草场地表,逐渐增加,直至来年夏初降低。

由于湿地草甸全年浸泡在水体中,就是5月冰雪融化地表裸露后,其地表为上年生长的植物以倒伏的枯草形式留存在地表。再者,就是有碎屑物也因积水在几日内即刻沉积在地表,故我们没有对湿地草甸进行监测。从图5-23a看到,5月15日矮嵩草草甸、金露梅灌丛草甸植被类型的碎屑物多年平均值分别为34.02±15.02、32.34±10.76 g/m²;最高值分别为61.05、49.85 g/m²,出现在2013、2018年;最小值分别为14.27、17.45 g/m²,出现在2011、2016年。7月15日两种草甸植被类型的碎屑物多年平均值分别为16.73±5.22、30.58±11.13 g/m²;最高值分别为23.43、48.39 g/m²,出现在2006、2003年;最小值分别为8.64、5.27 g/m²,均出现在2019年(图5-23b)。9月15日两种草甸植被类型的碎屑物多年平均值分别为12.17±3.66、20.19±7.38 g/m²;最高值分别为16.89、31.85 g/m²,出现在2005、2014年;最小值分别为7.27、8.12 g/m²,出现在2019、2009年(图5-23c)。8月底9月初监测的地上生物现存量(绿体及枯落物)表明,在海北高寒草甸生态系统植被的地上现存量也是年内最高时期,其中绿体部分因8月底9月初以后受环境影响,植物不再有生物量的积累,故此时绿体部分也可理解为年植被净初级生产力,但植被的地上现存量因枯落物的存在则稍高于年植被净初级生产力。

多年的观测结果表明,植被地上枯落物量及绿体部分平均值分别为18.0 g/m²和411.1 g/m²,多年内植被地上最大现存量(AGB)年最高可达到493.7 g/m²(2009年),最低为357.4 g/m²(2003年),高的年份比低的年份高1.38倍,其差异性分布与年景气候影响下植被生长不同有关。另外,自2000年以来的后几年,降水较前几年偏多,加之温暖化影响,导致2005年以后植被净初级生产力明显提高,其植被地上现存量比前几年明显提高。

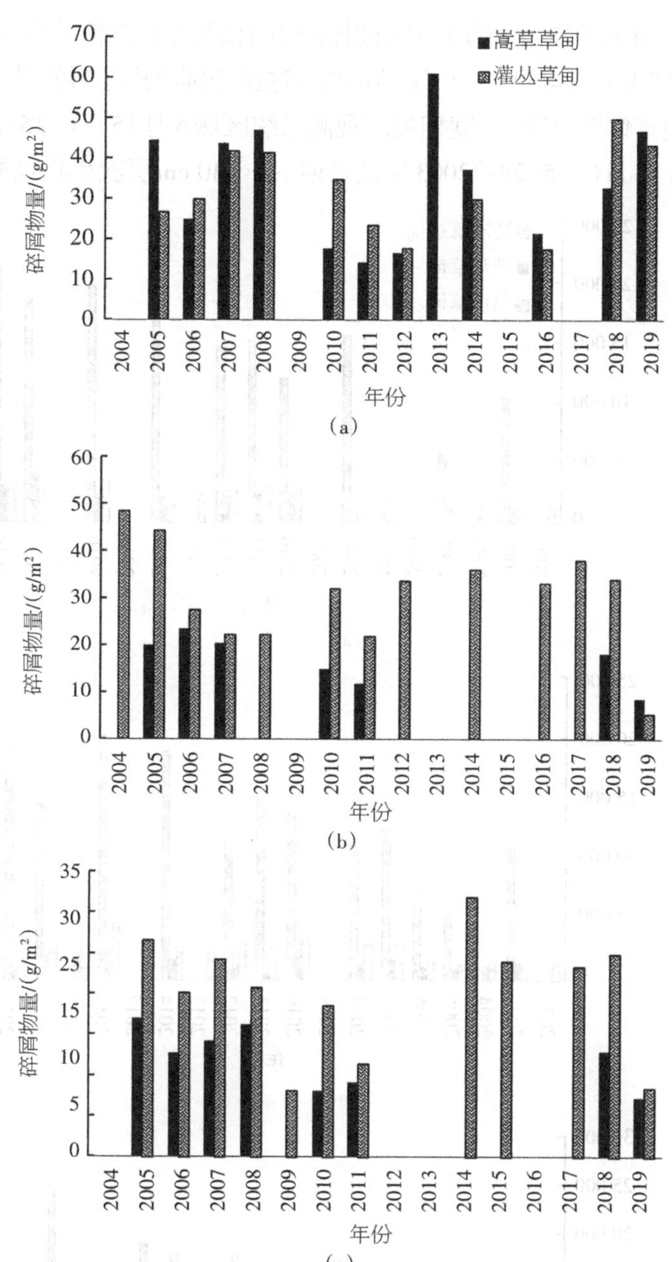

注:(1)"空"为缺测或"失真"而删除;(2)帕米尔苔草湿地草甸未观测。

图5-23 矮嵩草草甸、金露梅灌丛草甸植被类型5月15日(a)、7月15日(b)和9月15日(c)碎屑物年际变化

(二)地下生物量

如果说高寒草甸地上生物量周期性年变化非常明显的话,那么地下生物量由于根系分解较地上生物量缓慢,加之受上年度净生长量高低的留存不一致,其结果导致了地下生物量复杂的波动变化,这种变化与地上生物量相比其年变化的周期性显著减弱。年内最高、最低值出现的时间也因植被类型的不同而不同,虽然大多数年份总体表现出地下生物量最低值出现在7月，而最高值的出现时间和部分最低值的出现时间就是同一植被类型也存在较大的差异性。为了说明问题，这里分别给出了矮嵩草草甸、金露梅灌丛草甸、高寒湿地草甸微气象-涡度相关法观测系统区域6月15日（图5-24a）、7月15日（图5-24b）和9月15日（图5-24c）2003年以来地下0～40 cm层次生物量的年际变化。

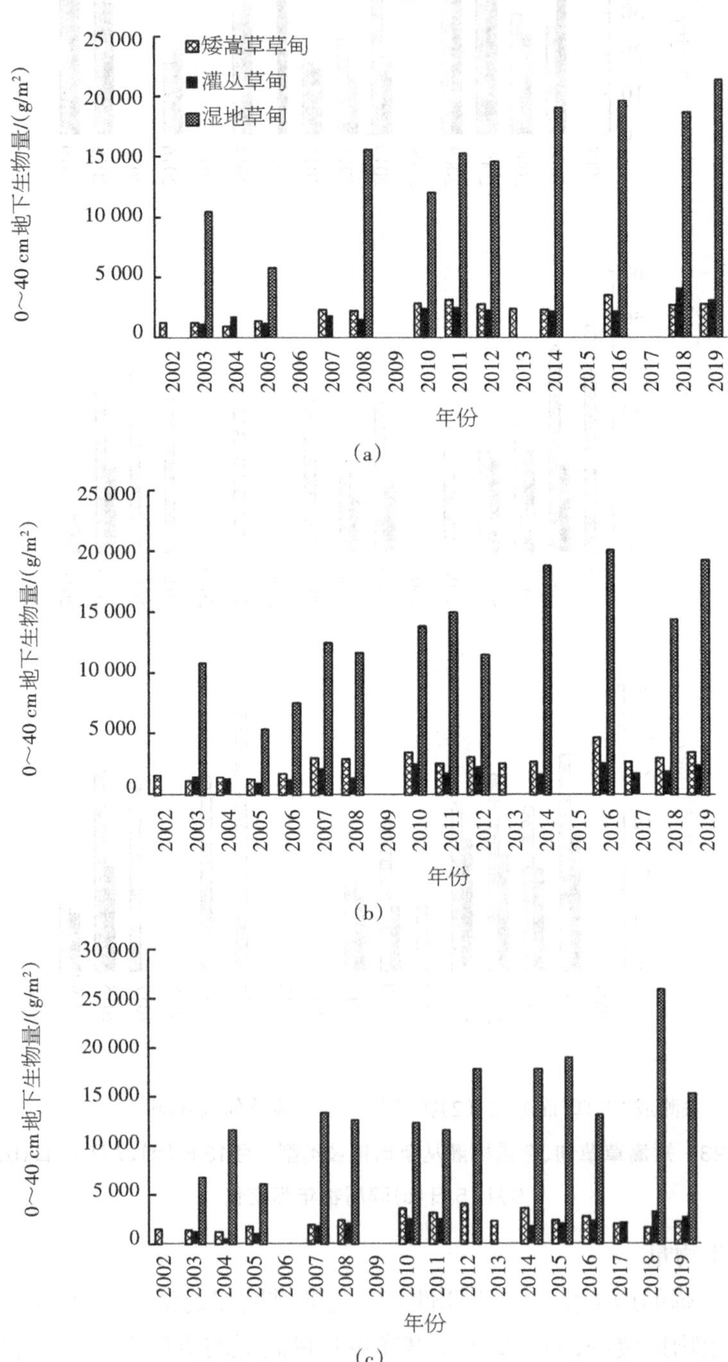

图5-24　矮嵩草草甸、金露梅灌丛草甸、帕米尔苔草湿地草甸植被类型6月15日(a)、7月15日(b)、9月15日(c)0～40 cm地下生物量的年际变化（“空”为缺测）

地下生物量矮嵩草草甸、金露梅灌丛草甸、帕米尔苔草湿地草甸三种草甸植被类型6月15日地下生物量（现存量）多年平均分别为2 237.49 ±754.75、2 004.83±596.48、15 217.97±4 789.99 g/m²；最高值分别为3 505.17、3 107.05、21 349.38 g/m²，出现在2016、2019、2019年；最小值分别为947.98、1 135.66、5 764.22 g/m²，出现在2004、2003、2005年（图5-24a）。

7月15日三种草甸植被类型地下生物量（现存量）多年平均值分别为2 630.64±945.48、1 814.82±523.81、13 370.13±4 506.35 g/m²；最高值分别为4 692.09、2 596.62、20 064.44 g/m²，均出现在2016年；最低值分别为1 191.58、912.02、5 382.63 g/m²，出现在2003、2005、2005年。

9月15日三种草甸植被类型地下生物量（现存量）多年平均值分别为2 358.17±849.10、2 060.60±741.91、14 085.29±5 247.07 g/m²；最高值分别为4 037.99、3 355.14、25 905.16 g/m²，出现在2012、2018、2018年；最小值分别为1 183.26、584.56、6 053.59 g/m²，分别出现在2004、2004、2005年。

通过对矮嵩草草甸、金露梅灌丛草甸、帕米尔苔草湿地草甸三种草甸植被类型地下现存量的监测发现，年内地下生物量（现存量）最高值在生长季（5—9月）内任何季节（月）均可出现，在5月、9月、6月出现的概率分别为36%、27%、18%，年际间并非有相同的变化趋势。但可以确定的是，植被地下现存量最低出现在7到8月。这些变化可能与生长季初末期植物营养生长过程中地上地下部分能量转移有关。

（三）生物量的地下地上比

上述分析表明，植物地上地下生物量（现存生物量）具有一定的季节变化规律，特别是地上生物量受家畜觅食影响，其周期变化明显，进而导致不同时期植物地下生物量与地上生物量的比值出现较大的差异性。图5-25a、图5-25b、图5-25c分别给出了矮嵩草草甸、金露梅灌丛草甸、帕米尔苔草湿地草甸三种高寒草甸植被类型微气象-涡度相关法观测系统区域自2003年以来6月15日、7月15日和9月15日地下生物量与地上生物量比值的年变化状况。其中地上生物量系指绿体生物量与枯落物之和，未考虑碎屑物量。

从图5-25a看到，矮嵩草草甸、金露梅灌丛草甸、高寒湿地草甸三种草甸植被类型地下生物量与地上生物量比值在6月15日多年平均值分别为15.28±6.49、24.04±13.62、124.76±74.44 g/m²；最高值分别为30.06、45.82、236.83 g/m²，出现在2012、2011、2019年；最低值分别为9.34、7.75、43.27 g/m²，出现在2004、2005、2005年。

7月15日三种草甸植被类型地下生物量与地上生物量比值多年平均值分别为9.69±3.68、7.14±1.92、55.39±31.54 g/m²；最高值分别为14.25、9.41、110.62 g/m²，出现在2012、2010、2019年；最低值分别为4.90、4.34、12.25 g/m²，出现在2003、2014、2005年（图5-25b）。

9月15日三种草甸植被类型地下生物量与地上生物量比值多年平均值分别为6.22±2.62、8.82±3.61、54.61±30.37 g/m²；最高值分别为13.17、12.27、123.15 g/m²，出现在

2012、2011、2018年；最低值分别为3.11、2.14、12.92 g/m²，出现在2004、2004、2003年（图5-25c）。

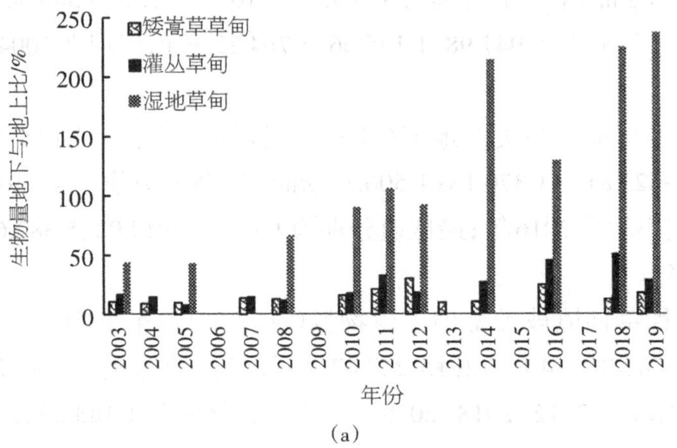

(a)

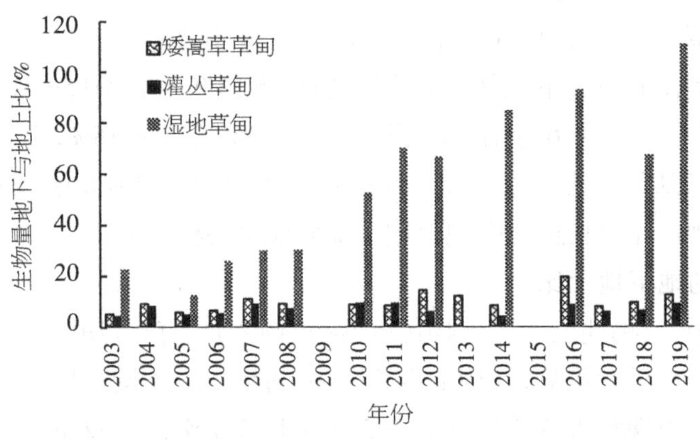

(b)

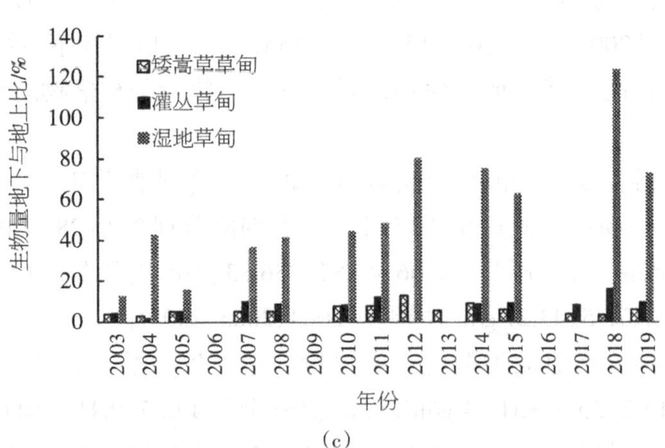

(c)

图5-25　矮嵩草草甸、金露梅灌丛草甸、高寒湿地草甸植被类型6月15日(a)、7月15日(b)、9月15日(c)0～40 cm地下生物量与地上生物量比值的年际变化（"空"为缺测）

第四节　三种高寒草甸植被群落的净初级生产力

一、高寒草甸植被生长消长规律及季节变化过程

不论是矮嵩草草甸还是金露梅灌丛草甸，包括高寒湿地草甸植被，其植被净初级生产力是在气候环境下形成和积累的，具有明显的消长规律。而且其积累过程基本一致，在日平均气温稳定≥ 0 ℃开始时，植物萌动发芽，≥3 ℃左右返青，≥5 ℃开始强度生长，到8月底9月初净初级生产力达最大，以后随≥5 ℃的结束而进入枯黄，完成整个生长发育阶段。只是三类草甸植被类型因所处的地理环境不同，而导致日平均气温稳定≥0、≥3、≥5 ℃开始期与结束期出现差异，进而导致植被生长消长规律中出现时间节点推迟或提早，净初级生产力不同而已。因此，这里以矮嵩草草甸解释其植被的生长消长规律。

植物生长及干物质积累过程的季节测定值表明，当日平均气温稳定≥0 ℃开始时，季节冻土自上而下开始消融（底层也有融化现象，但较微弱），受季风影响，海北站地区降水也逐渐增多，牧草便进入萌动发芽阶段。直至日平均气温稳定≤ 0 ℃开始，牧草完全枯黄，完成整个生长发育阶段。生物量在牧草萌动发芽初期最低，以后随雨季来临，气温升高，生物量逐渐积累，到9月上旬达最高。9月中旬以后随环境条件的变坏，植被地上净初级生产力缓慢下降，一年内呈现单峰式的曲线变化。就植物群落在生长发育期间来看，植被地上净初级生产力的积累过程和自然界各种生物种群消长规律一样，可用逻辑斯谛生长函数来描述（李英年等，2001；李英年，1998）：

$$\Delta GW = \frac{GW_0}{1 + e^{(a + bt)}} \tag{5-25}$$

式中：ΔGW为植被地上净初级生产力；GW_0为植被地上净初级生产力最终可能达到的最大值；a、b是与参量t选择有关的两个回归系数，它与植物生长的地区生态条件及植物生物学特征有关。对自变量取日平均气温稳定≥0 ℃开始时，随牧草生长的活动积温（$\sum T$），有：

$$\Delta GW = \frac{GW_0}{1 + e^{(a + b\sum T)}} \tag{5-26}$$

在建立标准曲线回归方程时，植被地上净初级生产力最终达到的最高值（GW_0），选择了历年气候年景尚好，牧草产量最高的年份，用下列算式计算：

$$GW_0 = \frac{2GW_1 \cdot GW_2 \cdot GW_3 - GW_2^2(GW_1 + GW_3)}{GW_1 \cdot GW_3 - GW_2^2} \tag{5-27}$$

式中：GW_1、GW_2、GW_3分别为任意3个等距自变量（取测定时间长度）所对应的植被

地上净初级生产力，经普查，可以1983年为准，并得出 GW_0=438.5 g/m²。同样也采用类似办法计算得出年可能最大积温($\sum T_0$)为1 154.2 ℃。

如果采用植被地上净初级生产力相对增长量(W)和相对积温(k)，做归一化处理，即 $W=\dfrac{\Delta GW}{GW_0}, k=\dfrac{\sum T}{\sum T_0}$。式中：$\sum T_0$ 为牧草整个生长期内的可能总积温，则有：

$$W=\frac{1}{1+e^{(a+bk)}} \tag{5-28}$$

对方程(5-28)求一阶、二阶、三阶导数分别有：

$$\frac{dW}{dk}=\frac{-be^{(a+bk)}}{W^2} \tag{5-29}$$

$$\frac{d^2W}{dk^2}=-\frac{dW}{dk}\cdot\frac{b\cdot\left(e^{(a+bk)}-1\right)}{W} \tag{5-30}$$

$$\frac{d^3W}{dk^3}=-\frac{dW}{dk}\cdot\frac{b^2\cdot\left(e^{2(a+bk)}-4e^{(a+bk)}-1\right)}{W^2} \tag{5-31}$$

上述公式中：$\dfrac{dW}{dk}$ 的意义是生物量随积温变化的相对生长率；生物量极大相对生长率就是 $\dfrac{dW}{dk}$ 的极大值，可由 $\dfrac{d^2W}{dk^2}=0$ 求得；求导后还可以求算出生物量极大相对生长率所对应的相对积温，最大相对生长时段的起止相对积温和该期间内平均相对生长率等有关参数。

相对生长率：

$$CGR=\frac{d(GW)}{d\sum t} \tag{5-32}$$

极大相对生长率：

$$CGR_0=-\frac{b}{4} \tag{5-33}$$

极大相对生长率出现时期的相对积温(k_0)：

$$k_0=-\frac{a}{b} \tag{5-34}$$

最大相对生长时段的初始相对积温(k_1)：

$$k_1=\frac{\ln\left(2+\sqrt{3}\right)-a}{b} \tag{5-35}$$

最大相对生长时段的终止相对积温(k_2)：

$$k_2 = \frac{\ln\left(2 - \sqrt{3}\right) - a}{b} \tag{5-36}$$

生物量积累最快时段内的平均相对生长率：

$$CGR = \int CGR \frac{dk}{k_2 - k_1} = \frac{1}{\sqrt{3}\ (k_2 - k_1)} \tag{5-37}$$

根据上述参量就可清楚地描述出高寒草甸植被生物量积累的有关特征与过程。

由于观测时间、观测频数等在各年较不一致，为了说明问题，这里采用1981、1984和1985年生物量测定资料及同步气象观测数据。其中生物量为自5月15日到9月30日每半月一次的测定平均值，活动积温（$\sum T$）为对应年份日平均气温稳定≥0 ℃开始时的累计值的平均积温（表5-13）。

表5-13　海北高寒草甸植物植被地上净初级生产力及对应的积温

日期（日/月）	15/5	30/5	15/6	30/6	15/7	30/7	15/8	30/8	15/9	30/9
GW/（g/ m²）	26.8	47.9	74.5	132.4	186.7	248.1	296.7	311.4	314.7	290.3
$\sum T$ /℃	85.0	155.4	253.9	385.9	576.1	672.1	829.6	944.1	1 029.1	1 067.6

通过对植被地上净初级生产力与积温之间季节动态关系的分析，有标准曲线方程

$$W = \frac{1}{1 + e^{(2.6072 - 4.4410k)}} \tag{5-38}$$

从而亦得植被地上净初级生产力积累过程的动态模拟方程为

$$\Delta GW = \frac{438.5061}{1 + e^{(2.6072 - 0.0038\sum T)}} \tag{5-39}$$

方程的回归相关系数为0.9764，达极显著检验水平（n=9，P<0.001）。其模拟状况与实测值的比较见图5-26。

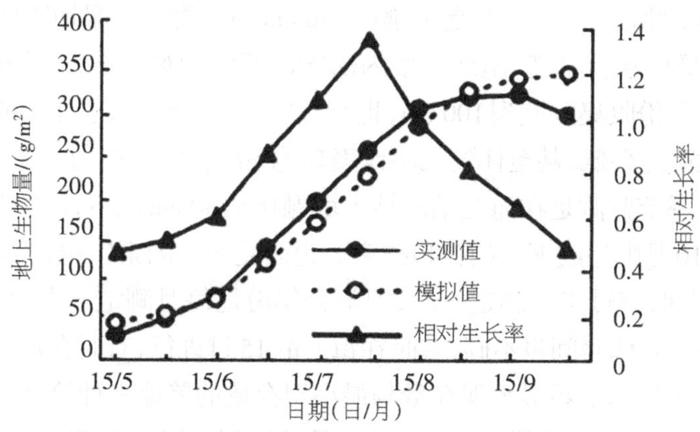

图5-26　海北高寒草甸植被地上净初级生产力实际值与模拟值比较

计算有关参数 CGR_0、k_0、k_1、k_2和 CGR，分别为 1.1103、0.5871、0.2905、0.8836 和 0.9734。由k_0、k_1、k_2及积温关系推算可知，约在8月1日前后，积温达678 ℃，其相对生长率 CGR_0达极大，约在6月24日到9月13日间，积温在335到1 020 ℃之间，牧草相对生长率最大，在这80多天的时间，生物量积累最为迅速，所积累的干物质要占整个生物量的2/3，而时间只占全生长期的1/2，说明该期是牧草产量形成的关键期。这些特征表明，高寒草甸植被地上净初级生产力积累过程表现有缓慢积累—快速增加—相对稳定—折损减少等4个阶段。

4月下旬日平均气温稳定≥0 ℃开始，到6月中下旬日平均气温稳定≥5 ℃开始初期间，气温低，冷空气活动频繁，降水仍然较少，牧草萌动发芽，植被地上净初级生产力积累缓慢。6月下旬到8月中旬，日平均气温稳定≥5 ℃，太阳辐射强烈，气温高，降水最为丰富，有利的水热条件，促使植物生长旺盛，干物质积累最快。8月下旬到9月上中旬，植物成熟，气温开始降低，降水减少，地表有时出现短时冻结现象，部分牧草枯黄，植被地上净初级生产力不再积累，并相对稳定一段时间。进入9月中下旬，日平均气温稳定<5 ℃开始，大部分牧草停止生长，降水急剧减少，日最低气温可降至-7 ℃以下，随严冬的到来，植被地上净初级生产力在恶劣环境的影响下逐渐减少。

二、净初级生产力的年际动态及根冠比

（一）关于地下净初级生产力

地下净初级生产力是植物地下根系在植物生长季，植物发生光合作用时形成的净增长率。如果说地上净初级生产力可直接采用收获法得到，对于地下净初级生产力的测定则存在诸多的困难。虽然，关于草地地下净初级生产力的监测有根袋法（内生长法）、土柱法、根钻法、死根与活根区分法、生物量估算法等方法，但其测定或估算方法有很多缺点，得到的地下净初级生产力也存在很多的不稳定性和不准确性。

我们于2001年通量观测以来，对海北站三种草甸类型进行地下净初级生产力的监测，主要还是用土柱法（约在2008年前）、根钻法（2009年以后）收集季节性生物量，再通过季节性最高与最低的差值来估算地下净初级生产力。近20年的时间，受条件限制或人为主观性影响，测定的土壤层次是土壤0～40 cm的生物量。湿地因植被根系发达且很深，收集土层受积水层厚度、湿地土壤内部“吸力”巨大难度很大，有的年份仅是0～40 cm土层，有的年份收集深度到100 cm，也有些年份没有收集，进而造成推算出的地下净初级生产力准确度很低，甚至怀疑无法代表其地下净初级生产力。

地下生物的季节监测是在海北站冻结土壤融化至30 cm以下，植物开始生长的5月上中旬开始，到10月中旬或下旬（有时）结束。也因受多种因素影响，大多年份自5月15日到9月15日期间，每过半月测定一次，但部分年份是每月测定一次，而且在每月测定一次地下生物量的具体时间也不同，有时在每月的15日进行，有时在每月的30日。

采用生长季内地下根系最大现存量与最小现存量的差值来计算地下净初级生产力时发现，大多数年份地下生物量最低出现在7月，最高出现在9月下旬到10月上旬，合乎一定的变化规律。但采用该方法计算时发现，地下生物量出现季节前期大于后期的现

象，也出现季节波动明显的无规律性，还出现5—10月基本为平稳、变化的差异极小的现象。因此，在推算地下净初级生产力时，遇到地下生物量最低出现在7月，最高出现在9月下旬到10月上旬时，地下净初级生产力直接用最高值与最低值的差值来替代，而遇到季节波动变化明显，或无变化，或地下生物量出现在植物生长季的前期时，我们采用前人研究的死根与活根区分法的比例，用9月中下旬生物量来推算。

如前所述，对于地下净初级生产力的测定虽然有诸多难度，而且用目前的测定估算方法得到的值有很大的不确定性，但我们在本节及后一节仍有必要将测定的结果予以描述和分析，以供研究者参考。需要说明的是，对矮嵩草草甸和金露梅灌丛草甸的监测及估算得到的地下净初级生产力仍认为具有较高的准确性，但帕米尔湿地草甸的地下净初级生产力就显得有诸多的不确定性，仅供参考。

（二）净初级生产力的年际动态

联合国政府间气候变化专门委员会（IPCC）第五次气候变化评估报告指出，全球变暖已经成为不争的事实，强烈的气候变化将对草地生态系统产生巨大的影响，将改变生态系统中植被群落的结构、组成和生物量，使植被的空间格局发生变化，同时也会威胁人类的生存环境及社会经济的可持续发展（IPCC，2013）。因此，明确气候变化与草地生态系统生产力之间的相互作用，揭示草地生态系统生产力对气候变化的响应及适应能力成为全球变化研究的重要内容之一。植被净初级生产力（NPP）是指单位时间、单位面积上植被所积累的有机物质的总量，是光合作用所吸收的碳和呼吸作用所释放的碳之间的差值。NPP不仅可以反映自然环境条件下植被对CO_2的固定能力，表征生态系统的质量状况和生产能力，也是判定生态系统的碳源/汇功能和评价陆地生态系统可持续发展的重要因子。近年来，随着对全球变化以及碳循环方面研究的深入，国际地圈-生物圈计划（IGBP）、全球变化与陆地生态系统（GCTE）和《联合国气候变化框架公约》京都协定书等都把植被净初级生产力的研究确定为核心内容之一（Alison et al.，2019；Binet et al.，2020）。

植被净初级生产力包括地上净初级生产力和地下净初级生产力，而植物体的各个部分结合起来是一个有机的统一整体，地上部分和地下部分相互之间产生重要影响。草地生物量大约有80%以上集中分布在地下，明显影响地上植物形态和功能（Chen et al.，2016；Liang et al.，2017）。植物的地下根系具有固定支撑植物、贮存营养物质、调节植物生长发育、供给植株营养和水分等基本功能，因而，地下根系对植物的生长发育、地上生物量的积累有着极其重要的作用。植被地上部分吸收光能，进行光合作用合成有机物，是地下部分生长发育的能量来源（Landry et al.，2017）。所以，植被净初级生产力在地上地下的分配关系是研究草地生态系统一个不可缺少的参数（Ma et al.，2007；Luo et al.，2015）。植被净初级生产力分配格局不仅在研究植物生长方面非常重要，而且在许多其他的生态系统过程（包括分解，碳、氮吸收以及植物和大气之间的水热交换）中有重要意义。因此，了解生态系统中净初级生产力在地上地下的分配格局及其与CO_2通量之间的关系是全球碳收支研究中不可缺少的一部分内容（Taylor et al.，2017）。

草地作为陆地生态系统的重要组成部分，约占地球表面1/5的面积。草原生态系统的脆弱性及其对气候变化响应的敏感性使得该区域成为全球变化研究的典型区域之一。植被净初级生产力是草地生态系统生产能力的直接反映，也是草原生态系统固碳能力的重要表征，定量地分析草地NPP的时空分布特征及其对气候变化的响应，探讨其在全球变化背景下对陆地碳循环的贡献，对于合理利用草地资源、实现草地生态系统的可持续发展有重要的指导意义。由于青藏高原海拔高、温度低的特殊环境的胁迫，使得高寒生态系统的光合生产的有机物质更倾向往地下转移，因此造成青藏高原植被根冠比较大(McCalmont et al.，2016)。并且，由于植被类型、群落结构的差异，使得不同类型高寒草地生态系统的净初级生产力分配格局有较大差异。由于地上生物直接影响到光合生产和蒸腾，以及地下生物量与养分、水分的吸收紧密相连，并且植被地上地下部分的呼吸也有较大差异(Granier et al.，2007；Ingrisch et al.，2015)，因此，探讨不同高寒草甸生态系统地上、地下净初级生产力以及根冠比与CO_2通量的关系，对于准确评估高寒草甸生态系统的碳平衡动态具有重要意义，为有效预测未来气候变化和高寒草甸生态系统不同类型草地分布格局变化背景下的碳收支提供理论依据。

图5-27给出了2003年到2020年矮嵩草草甸、金露梅灌丛草甸、帕米尔苔草湿地草甸三个通量塔所在区域的地上净初级生产力的年际变化状况。图5-27中也给出了1984年到2002年海北站综合实验观测场区域(系原生的矮嵩草草甸)的地上净初级生产力监测值。

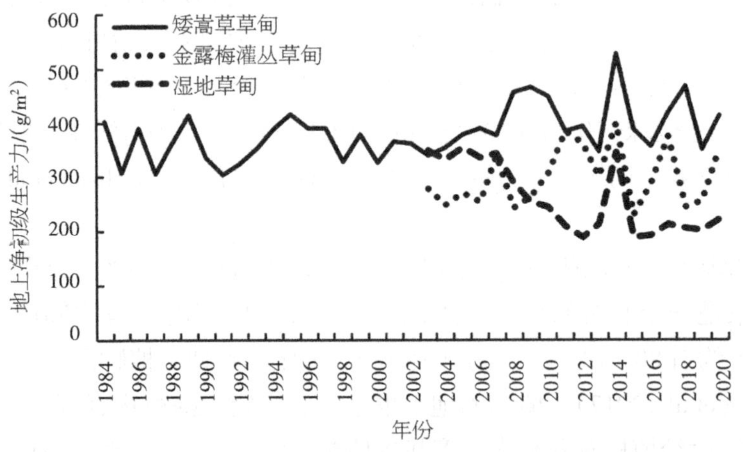

图5-27 海北矮嵩草草甸、金露梅灌丛草甸、帕米尔苔草湿地草甸地上净初级生产力的年际变化

从图5-27看到，矮嵩草草甸(1984—2020年的37年平均)、金露梅灌丛草甸(2003—2020年的18年平均)、帕米尔苔草湿地草甸(2003—2020年的18年平均)的年地上净初级生产力平均分别为381.40、299.71、260.26 g/m²，标准差49.30、54.97、65.21 g/m²。三种草甸类型年地上净初级生产力整体表现出矮嵩草草甸>金露梅灌丛草甸>帕米尔苔草湿地草甸。

37年间，矮嵩草草甸年地上净初级生产力最高为528.44 g/m²（2014年），该值也是1984年到2020年的37年三种草甸类型中最高的；次高值出现在2018年，为468.09 g/m²；最低值出现在1991年，为305.00 g/m²。近18年来最低值为339.59 g/m²，出现在2003年。

2003—2020年18年间，金露梅灌丛草甸年地上净初级生产力最高为399.39 g/m²（2004年），次高值出现在2011年，为384.74 g/m²；最低值为229.32 g/m²（2015年），次低值为243.12 g/m²（2008年）。

18年来，帕米尔苔草湿地草甸年地上净初级生产力最高为355.20 g/m²，出现在2005年，次高值出现在2003年，为349.40 g/m²；最低值为188.47 g/m²（2012年），次低值为189.00 g/m²（2015年）。

分别统计分析嵩草草甸（2001—2013年）、灌丛草甸（2003—2013年）、帕米尔苔草湿地草甸（2003—2013年）年地上净初级生产力变化特征发现，三种草甸类型的年地上净初级生产力随年际进程并未表现出明显的变化趋势，均处在波动变化状态。但从上述不同年景最高、最低值的分布来看，进入21世纪以来的近十年，高值出现次数增多，有随气温升高、降水增多趋势下而增高的可能。

图5-28给出了2003年到2020年矮嵩草草甸、金露梅灌丛草甸、帕米尔苔草湿地草甸三个通量塔所在区域的地下净初级生产力的年际变化状况。这里需要解释的是，帕米尔苔草湿地草甸地下生物量分布深度深，可能达1.5 m的层次（见第四章第三节），观测难度大，而且地下深埋的现存有机物质分布极不均匀，存在显著的异质性。依据地下生物量的最高与最低差异明显，推算的地下净初级生产力将会存在明显的"失真"现象，但作为参考，这里明知"失真"也列入。

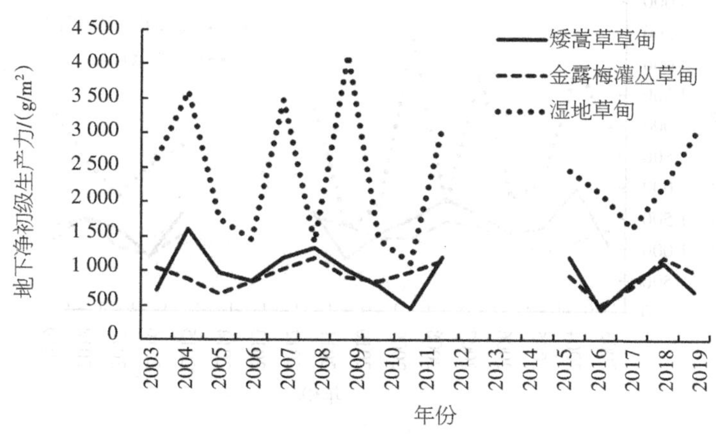

图5-28　海北矮嵩草草甸、金露梅灌丛草甸、帕米尔苔草湿地草甸地下净初级生产力的年际变化

从图5-28看到，2003到2020年的18年间（部分年份缺测，数据年份为15年），矮嵩草草甸、金露梅灌丛草甸、帕米尔苔草湿地草甸三种草甸植被类型区年地下净初级生产力平均分别为964.29、931.00、2 384.46 g/m²，标准差为322.50、190.23、929.52 g/m²。

矮嵩草草甸15年中年地下净初级生产力最高值为1 607.22 g/m²，出现在2004年，次高值为1 332.36 g/m²(2008年);最低值出现在2017年,为445.76 g/m²,次低值为454.48 g/m²(2011年)。

金露梅灌丛草甸在15年中地下净初级生产力最高为1 206.03 g/m²,出现在2012年,次高值出现在2008年,为1 186.52 g/m²;最低值为506.79 g/m²,出现在2017年。

帕米尔苔草湿地草甸地下净初级生产力在15年中,最高值为4 137.41 g/m²,出现在2009年,次高值为3 610.99 g/m²(2004年);最低值为1 124.65 g/m²(2011年),次低值为1 412.78 g/m²(2008年)。

图5-29给出了2003年到2020年矮嵩草草甸、金露梅灌丛草甸、帕米尔苔草湿地草甸通量塔所在区域3种草甸类型植被区地上地下净初级生产力合计的年际变化状况。可以看到,矮嵩草草甸、金露梅灌丛草甸、帕米尔苔草湿地草甸总的净初级生产力多年平均分别为1 364.24、1 228.70、2 638.01 g/m²,标准差为317.49、192.59、938.82 g/m²。总体表现出帕米尔苔草湿地草甸明显最高,金露梅灌丛草甸最低,矮嵩草草甸仅比金露梅灌丛草甸高135.54 g/m²。如前所述,帕米尔苔草湿地草甸的地下生物量监测困难,虽然我们进行了10多年的监测,但受各种因素影响,监测值的精度仍有差异。按理,海北高寒草甸地区的帕米尔苔草湿地草甸区域,虽然光照充足,地表常年积水,即有充分的水分条件,但区域不可能达如此高的地下净初级生产力。该地微气象-涡度相关法观测系统推算的总初级生产力多年平均也仅为493.82 gC/m²,即约1 107.22 g/m²,明显小于2 638.01 g/m²的量值。因此,对于帕米尔苔草湿地草甸地上地下总的净初级生产力(特别是地下净初级生产力)有待进一步监测与验证。这里罗列的仅供参考。

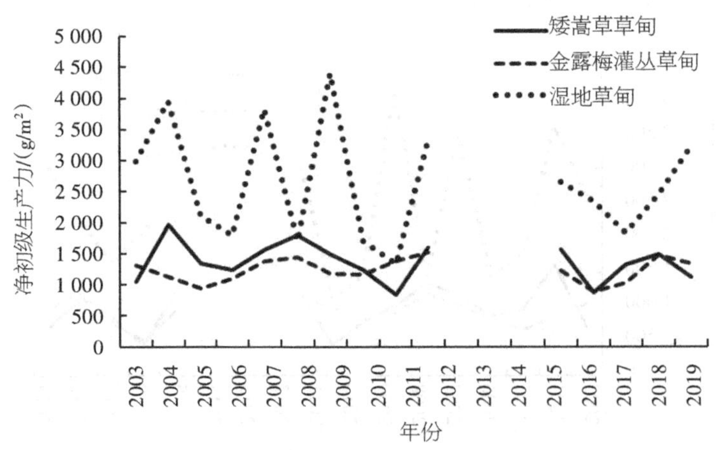

图5-29 海北矮嵩草草甸、金露梅灌丛草甸、帕米尔苔草湿地草甸地上地下净初级生产力的年际变化

但可以肯定的是,矮嵩草草甸、金露梅灌丛草甸通量塔所在区域的两种高寒草甸植被类型区,不论是地上净初级生产力还是地下净初级生产力的测定值基本符合实际情况。

(三)净初级生产力的地下地上比

地下净初级生产力与地上净初级生产力比值(产量根冠分配比,根冠比)保证了植物经光合作用后对植被生产力在地上和地下的分配状况,从某种角度上讲,也显示出受环境条件的限制和影响,反映了植物在生长过程中其物质流动和能量交换的大小和强弱。

分析表明,2001年到2011年的11年期间,根冠比平均为2.404,在2.004到2.912之间波动,标准差为0.28,变化幅度较小,最高年(2008年)比最低年(2010年)仅高0.908。

地下生物量周转值是指一年内地下部分增加量(实际上就是地下净初级生产力)与最高生物量的比值。由于周转值表示了年内地下部分被更替的数值,表达了更新程度,为此,对周转值的分析也十分必要。高寒草甸植物地下生物量每年的周转值也有很大的差异,从2001年到2011年监测的结果来看,11年平均为0.448,波动在0.373到0.524之间。这与Dahlman和Kucera(1965)在美国密苏里州草原的研究结果,以及陈佐忠和黄德华(1988)在内蒙古大针茅草原研究的结果基本接近。周转值的这种变化说明,每年高寒草甸地下净初级生产在整个地下现存生物量中所占的比例接近一半稍弱。而地下现存生物量稍多的另一半除分解后以气体的形式排放至大气的一小部分外,绝大多数将归入土壤,对土壤有机碳的提高、稳定等起着重要的作用。而且,与净初级生产力年际动态一样,年周转值与降水及温度也有关,表现出年内降水丰富,气温较高,周转值较高。

分析2003—2020年嵩草草甸和灌丛草甸的根冠比发现(图5-30),18年来两种草甸植被类型区根冠比波动变化平稳。嵩草草甸根冠比的最大值在2019年,为2.61,最小值在2010年,为1.74,13年平均为2.45±0.93。金露梅灌丛草甸的根冠比最大值出现在2008年,为5.06,最小值出现在2010年,为2.11,11年平均为3.22±0.85。整体上看,灌丛草甸生态系统植被的根冠比大于嵩草草甸生态系统植被的根冠比。这与灌丛草甸区处在温度稍低海拔相对较高的山麓坡地有关,大气环境温度低,易使植物生产的光合产物更倾向地下转移。有研究证实,较高的根冠比是植被耐旱能力的指标,这也意味着高寒灌丛草甸生态系统更耐旱。

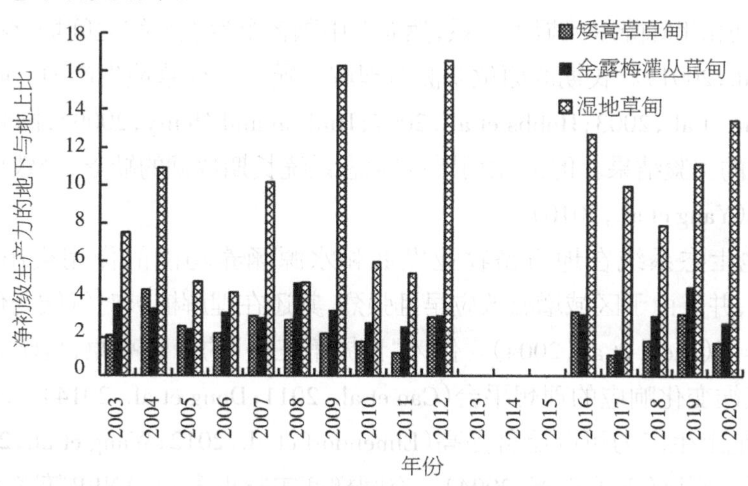

图5-30 海北矮嵩草草甸、金露梅灌丛草甸、帕米尔苔草湿地草甸净初级生产力的根冠比年际变化

图5-30也罗列了2003—2020年帕米尔苔草湿地草甸的净初级生产力的根冠比年际变化，但因地下净初级生产力观测的误差可能较大，这里仅供参考。发现帕米尔苔草湿地草甸的净初级生产力的根冠比最高的可达16.56（2012年），最低也在4.34（2006年），多年平均为9.47，而且标准差也很大，达4.07。

三、净初级生产力年际动态的影响过程

（一）气候变化对高寒矮嵩草草甸植被地上净初级生产力的影响

高寒草甸生态系统对气候变化（尤其是冬季增温和雪盖消融）十分敏感，而且有一套复杂的机制回馈气候变化（Elmendorf et al.，2012；IPCC，2013）。气候变暖的直接效应（例如，生长季延长，冻土消融，无霜期变长）和间接效益（如养分含量提高，植物种间关系改变）调控着高寒草地生产力（Hudson and Henry，2009；Hill and Henry，2011；Elmendorf et al.，2012）。降水强度的增加和降水事件的减少通过改变生态系统水分过程显著影响草地生态系统的结构和功能（Knappet al.，2002；Weltzin et al.，2003；Huxman et al.，2004；Bai et al.，2008；Hsu etal.，2012）。但是，大部分控制实验的结果较为短期，和草地生态系统长期的响应可能有显著区别，进而来预测和评估草地生态系统的长期变化存在一定风险（Hudson and Henry，2009；Sala et al.，2012）。因此，准确预测草地生态系统对气候变化的长期生长响应，不仅可以帮助我们理解草地生态系统在全球生物化学循环中的地位（Fay et al.，2002；Yang et al.，2008；Hu et al.，2010），而且有助于制定草地可持续发展的放牧管理策略（Dong et al.，2014）。

地上净初级生产力影响生态系统的基本过程，是草地生态系统对气候变化响应的有效指标（Sala et al.，1988；Silvertown et al.，1994；Sala et al.，2012；Robinson et al.，2013）。前人的研究表明，未来温暖化的气候情景通过各种机理对草地生产力有显著作用，比如群落转变（Hudson and Henry，2009；Wang et al.，2012），植物种的表观可塑性（Elmendorf et al.，2012），或者水分和营养的可利用度（Hill and Henry，2011）。但是，草地ANPP和降水格局之间的关系依然存在争论。例如，Knapp和Smith（2001）发现北美草原站点之间的ANPP的波动和年际降水无显著关系，然而在中国各个生态系统之间均存在显著的正相关（Fang et al.，2001）。长期的原位观测对理解气候变化与草地生产力之间的关系十分关键（Weltzin et al.，2003；Hobbs et al.，2007；Hudson and Henry，2009），同时还可评估基于空间梯度的实验结果。但是，由于高寒生态系统长期数据的缺乏，导致相关的研究还是相对薄弱（Yang et al.，2010）。

高寒草地生态系统在地方畜牧业发展和水源涵养功能的作用突出（Bedia and Busqué，2012），并且由于区域增温效应早且强烈，其还在理解植被对气候变化适应方式上具有指示作用（Klein et al.，2004）。作为"世界第三极"的青藏高原，是研究高寒草地生态系统对气候变化响应的理想平台（Cao et al.，2011；Dong et al.，2014）。增温实验表明，高寒草甸地上生产力可以显著提高（Elmendorf et al.，2012；Wang et al.，2012），特别是增温初期更为明显（李英年等，2004）。空间梯度实验也表明，ANPP随降水增加而增加（Hu et al.，2010；Yang Y，Fang et al.，2010）。但是，大量的实验表明，站点尺度上ANPP

和降水的时间关系显著不同于空间特征(Robinson et al.,2013)。

1.气候因子波动特点

基于海北站长期(1981—2010)地面监测的资料,并根据高寒植被生长特征对数据进行了拆分(从自然年拆分为生态年,方法见表5-14)和集成(图5-31)。

表5-14　生态年与自然年

阶段	1—5月	5月	6—8月	9月	10月**	11—12月	1—4月	5月*	6—8月
自然年									
生态年									
后植被生长季									
非植被生长季									
前植被生长季									

注:*和**分别表示5月和10月在生态年中代表植被生长季的开始(5月中旬)和结束(10月中旬)。

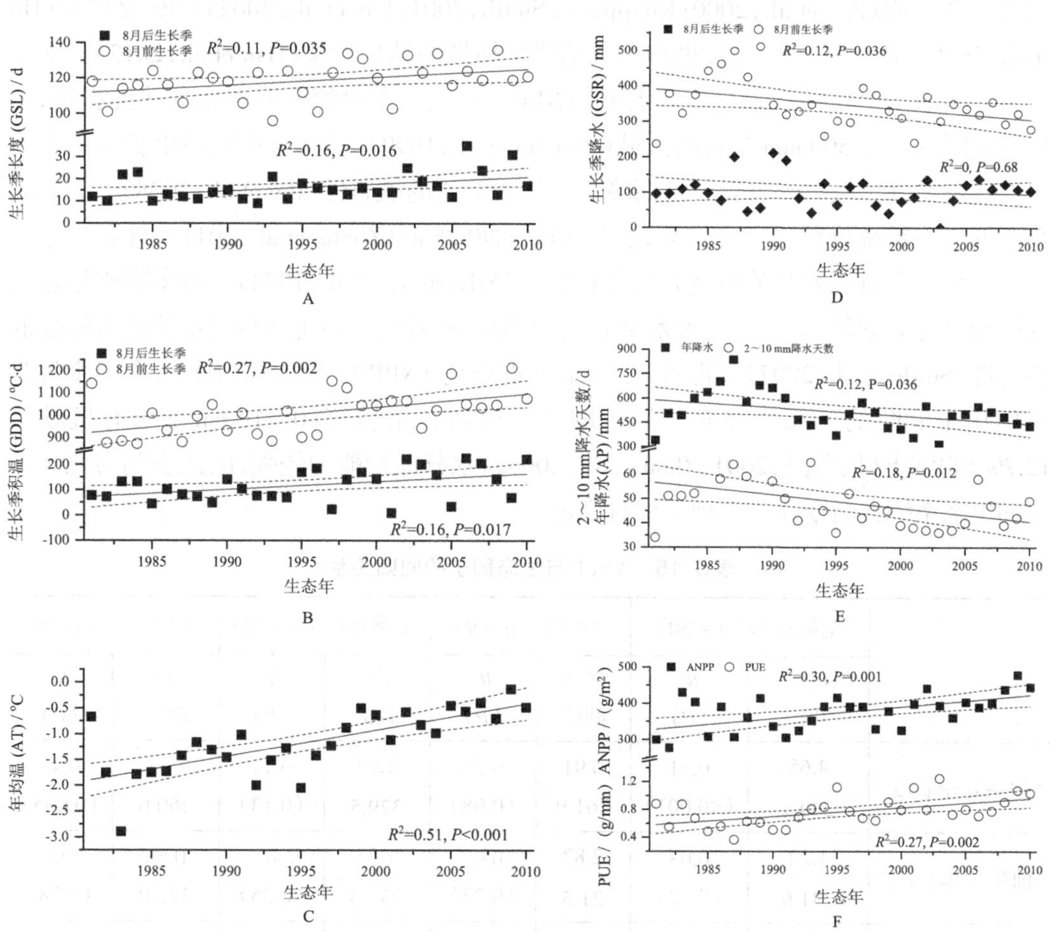

图5-31　生态年热量因子、降水因子、地上净初级生产力(ANPP)和降水利用效率(PUE)的年际变化

温度因子(生长季长度、积温和年均气温)显著升高而降水因子(生长季降水和年降水)显著下降。年均气温的升高主要由于11月和4月的气温升高所致,表明非生长季增温显著高于植被生长季。年降水量的变异系数为25.9%,非生长季和前生长季降水显著降低,而后生长季降水无显著变化。2～10 mm的降水量显著降低,尤其在夏季,可能对植被生长不利。

2.ANPP年际格局

高寒草甸群落ANPP随着时间变化显著提高。从20世纪80年代(1981—1986)的343.2 ± 13.7 g/m^{2}升高到2006—2010年的430.1 ± 35.9 g/m^2。后植被生长季长度,而非后植被生长季的积温是主要调控因子(表5-15)。ANPP和上一年度的ANPP仅表现出较小的相关性(表5-15),表明高寒草甸的ANPP的记忆效应较弱,可能是由于群落优势种莎草类和禾草类主要以克隆繁殖为主。总之,高寒草甸ANPP的年际格局主要受温度调控,而与降水关系较小。

我们发现ANPP的时间尺度的变异和年际降水没有显著关系,这和基于站点尺度上北美温性草原(Fay et al.,2000;Knapp and Smith,2001;Fay et al.,2002)和欧亚草原(Hu et al.,2010)的研究结果一致,也和海北站模型模拟的结果相符(Hsu et al.,2012)。这主要由于海北高寒草甸是湿润草原系统,ANPP主要受营养供给而并非水分状况影响,尤其是年际降水在500 mm左右的区域(Paruelo et al.,1999)。另外,在植被生长季由于冻土消融可以满足植被蒸腾需要从而降低系统对降水的敏感性(Bai et al.,2008)。海北高寒草甸生态系统物种丰富度较高,达到20余种/0.25 m^2(Zhang et al.,2011),导致生态系统对环境变化具有较强的恢复和抗干扰能力(Silvertown et al.,1994)。较多降水通过改变植物对光的竞争,有利于高大禾草的生长,但这种补偿作用也使生态系统具有较强的稳定性(Suttle et al.,2007)。再者,尽管土壤水分是ANPP的主要调控因子,而降水对其的作用是间断的。海北高寒草甸土壤为有机质含量较高(0～10 cm土壤有机碳为12.7%)的壤土(周兴民,2001;Zhou et al.,2006),水分保持能力较强,因此表明海北高寒草甸生态系统在当今降水影响下相对稳定。

表5-15　ANPP与生态因子的回归关系

	全部年份(n = 30)		多雨年(n = 9)		正常年份(n = 12)		干旱年份(n = 9)	
	斜率 截距	R^2 (P)	斜率 截距	R^2 (P)	斜率 截距	R^2 (P)	斜率 截距	R^2 (P)
后生长季长度	4.65 299.4	0.31 (<0.001)	0.91 261.9	0.28 (0.08)	2.99 329.5	0.14 (0.13)	7.05 260.6	0.42 (0.035)
前生长季长度	1.22 231.6	0.03 (0.18)	2.87 21.5	0.08 (0.23)	1.23 231.0	0 (0.35)	0.56 322.0	0 (0.78)
生长季长度	1.99 106.7	0.22 (0.005)	1.81 134.0	0 (0.40)	1.54 151.8	0.17 (0.10)	2.06 112.3	0.07 (0.25)

续表5-15

	全部年份（$n = 30$）		多雨年（$n = 9$）		正常年份（$n = 12$）		干旱年份（$n = 9$）	
	斜率 截距	R^2 (P)	斜率 截距	R^2 (P)	斜率 截距	R^2 (P)	斜率 截距	R^2 (P)
后生长季积温	0.23 348.6	0.05 (0.12)	−0.11 366.2	0 (0.80)	0.31 337.5	0.08 (0.19)	0.13 370.0	0 (0.65)
非生长季负积温	0.016 400.7	0 (0.77)	−0.28 −79.1	0.21 (0.12)	0.029 425.6	0 (0.70)	0.24 422.3	0 (0.85)
前生长季积温	0.14 229.1	0.05 (0.13)	0.10 259.6	0 (0.61)	0.16 221.5	0 (0.33)	0.10 281.0	0 (0.61)
生长季积温	0.20 152.5	0.15 (0.02)	−0.12 494.9	0 (0.68)	0.32 −1.33	0.61 (0.002)	0.16 203.7	0 (0.42)
后生长降水	−0.13 388.7	0 (0.54)	−0.43 410.5	0.28 (0.08)	1.43 225.9	0.41 (0.02)	0.36 362.9	0 (0.56)
非生长季降水	−0.19 388.3	0 (0.44)	0.01 356.0	0 (0.99)	0.68 388.4	0 (0.45)	0.25 380.7	0 (0.85)
前生长季降水	−0.14 422.7	0 (0.34)	0.15 293.1	0 (0.56)	−0.57 570.9	0.09 (0.18)	0.28 305.0	0 (0.63)
年均气温	18.0 396.5	0.01 (0.24)	−32.4 310.9	0 (0.61)	16.59 400.4	0 (0.43)	16.6 401.8	0 (0.66)
年降水量	−0.089 421.4	0.01 (0.28)	−0.15 454.7	0 (0.47)	0.40 178.1	0 (0.50)	0.43 219.2	0 (0.35)
上年度ANPP	0.34 251.8	0.08 (0.07)	−0.07 383.2	0 (0.85)	0.37 245.9	0.03 (0.27)	0.51 199.3	0.29 (0.09)

海北ANPP的变异主要受生长季长度和生长季积温调控，尤其是上个生长季的末期特征，表明该生态系统可能具有热滞后效应（Bai et al.，2008；Sala et al.，2012），主要由于上个生长季末期的水热条件调控着植被非结构性碳水化合物向根系转移的强度。一些研究表明，秋季增温可以通过提高光合能力降低光合器官的衰老而刺激植被生长（Gough et al.，2010），且生长季积温直接调控着高寒植被物候期而非生长表现（Ansquer et al.，2009）。然而，超过69%的ANPP年际变异没有被环境因子解释，支持了站点尺度生态系统生产力可能由营养供给而非单一的环境因素调控的假说。

另外，年际尺度的生态系统热利用效率较为稳定（$R^2 = 0, P = 0.92$），这可能由于建群种的莎草类植物（18.37 kJ/g）和优势种的禾草类植物（18.04 kJ/g）的热量值相似。

3. 降水利用效率（PUE）年际格局

PUE随时间变化而显著升高，主要由于ANPP的增长和年降水的降低。年均PUE为0.77 g/mm，随降水量增高而降低（图5-32）。相关分析表明，PUE主要受年降水控制

($R^2=0.72, P<0.01$)而并非ANPP($R^2=0.34, P<0.01$)。PUE与年降水量的时间变化斜率(时间PUE)显著高于空间变化斜率(空间PUE),暗示利用空间代替时间的方法有可能低估高寒草甸生态系统PUE。

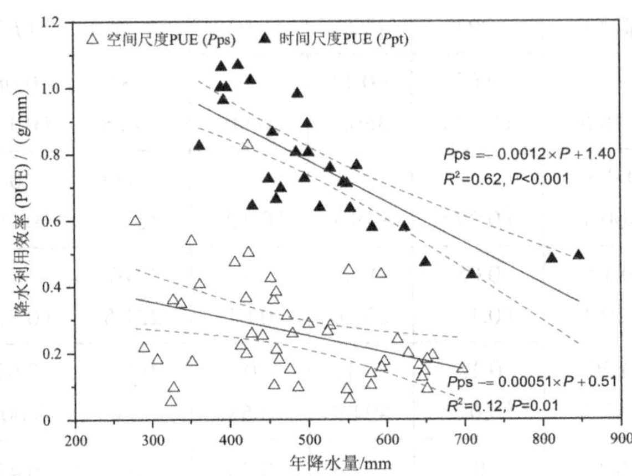

图5–32 高寒草甸PUE的时间和空间特征(空间数据来自yang et al.,2010)

海北高寒草甸的PUE值为0.77 g/mm,这与北美草原(0.82 g/mm)(Lauenroth et al.,2000)和欧亚草地接近(0.67 g/mm)(Bai et al.,2008),该结果部分否定了高寒草甸生态系统PUE小于温性草原。这可能由于在中等降水的条件下,植被结构和生物化学过程受限制较小导致草地生产力最高(Lauenroth et al.,2000)。同时,较高的物种丰富度和土壤保水能力也导致了高寒草地较高的PUE值。

高寒草地空间尺度的PUE和降水也呈负相关,暗示高寒草甸PUE具有相似的时间和空间变化格局,该结果和北美矮草草原(Lauenroth and Sala,1992)的发现不一致。这种差别的主要原因是高寒草甸相对湿润,水分状态在草地生产力中作用较小。然而,空间尺度上PUE与降水的斜率明显小于时间尺度的,表明利用空间梯度可能会低估生态系统PUE和ANPP的变化强度。

4.海北高寒草甸生产力的潜在适应机制

不同降水年景(多雨、正常和干旱)ANPP变化不显著,后生长季长度对ANPP的年际变化影响较大。高寒草甸ANPP主要受热量而并非水分因子调控,ANPP的增加可能是由于群落优势种变化,群落优势种由早期莎草类变为现在禾草类(表5–16)。这种群落变化格局和北美研究结果一致(Hudson and Henry,2009;Bedia and Busqué,2012)。同时增温实验也表明升温能提高禾草产量。

表5–16 海北高寒草甸植被功能群地上净初级生产力的时间格局

时间段	禾草类/(g/m²)	莎草类/(g/m²)	杂草类/(g/m²)	禾草/莎草	来源
1974—1977	174.4	84.8	176.0	2.06	肖运峰,1981
1989—1993	162.4	95.2	173.0	1.71	王启基等,1998
2001—2004	123.4	43.5	141.6	2.84	王长庭等,2008
2010	97.0	29.3	151.1	3.31	Zhang et al.,2011

（二）高寒矮嵩草草甸植被地上净初级生产的气候潜力

全球气候模型（GCM）研究结果表明，CO_2倍增将导致平均气温升高2.7～5.6 ℃，生长季延长28～80 d，积温可增加834～2 055 ℃·d。环境的改变将导致植物种类、分布及其生产力的变化，而这个变化是缓慢渐进的（Melillo et al.，1993；IPCC，2007.；Walther et al.，2009）。在全球气候变暖的背景下，分析高寒草甸的分布格局和生产力的变化趋势，为高寒草甸生态系统的优化组合和可持续发展提供科学依据（赵新全，2009；2011）。

气候生产潜力是假设植物群落结构合理，土壤肥力、水分和其他条件等达最佳状态时，在当地自然气候条件下单位面积上植物所能达到的产量上限，一般通过数学模型计算而来（邓根云和冯雪华，1985；侯光良和游松才，1991），可用如下的阶乘形式表示：

$$W = F_1(Q)\cdot F_2(T)\cdot F_3(P)\cdot F_4(N)\cdot F_5(M) \tag{5-40}$$

式中：W为植被气候生产潜力（g/m^2）；$F_1(Q)$为光合潜力值（g/m^2）；$F_2(T)$为温度订正函数（0～1）；$F_3(P)$为水分订正函数（0～1）；$F_4(N)$、$F_5(M)$分别为土壤养分及生产管理水平影响下的水平系数（0～1）。

高寒草甸地区地理环境特殊，相当时期内土壤理化性质基本保持不变，可视土壤养分及生产管理水平的系数为常数［$F_4(N)=F_5(M)=c\ (0<c\leq 1)$］。高寒草地气候生产潜力为光、温、水三个主要气候因子所制约。三个因子中我们把光看作是最为本质的要素，而把温、水看作是促进或限制光合作用的因素（李英年，2000；李英等，2000）。

1.植被光合生产潜力的确定

植被光合生产潜力$F_1(Q)$，可写成如下形式：

$$F_1(Q) = \frac{k}{q}\cdot\int_1^t \eta_t\cdot Q\cdot \mathrm{d}t \tag{5-41}$$

式中：η_t为植被生长发育期中t时刻太阳能转换为生物能的利用系数；k为除去无机物所占比例后的经济利用系数，禾草植被一般为0.92；q为干物质发热量；Q为生理辐射总量。

高寒草甸植被在生长发育的过程中，其干物质积累过程遵循自然增长规律，服从逻辑斯谛曲线方程：

$$W = \frac{W_0}{1+e^{(a+b\Sigma t)}} \tag{5-42}$$

式中：W为任一时刻植被干物质积累量；W_0为生长过程中最大的干物质积累量，可由前面讨论方法来确定；Σt为随时间进程中的自变量参数，本节取为日平均气温稳定通过≥0 ℃的积温；a、b是与变量有关的回归系数。

对逻辑斯谛曲线方程求一阶导数，获得任一时刻的干物质积累速度：

$$\frac{\mathrm{d}W}{\mathrm{d}\sum t}=\frac{-b\cdot \mathrm{e}^{\left(a+b\frac{\sum t}{\sum t_{max}}\right)}}{\left(1+\mathrm{e}^{\left(a+b\frac{\sum t}{\sum t_{max}}\right)}\right)^{2}}\cdot\frac{W_{0}}{\sum t_{\max}} \tag{5-43}$$

任一时刻干物质积累量可以写为：$W_t=\eta_t\cdot\frac{Q_t}{q}$，所以有 $\mathrm{d}W_t=\frac{\mathrm{d}\left(\eta_t\cdot Q_t\right)}{q}$。光能利用率在不同生长发育期间是不一致的，但在一定短的时间内可以认为是常数，从而有：

$$V_t=\frac{\eta_t}{q}\cdot\frac{\mathrm{d}Q_t}{\mathrm{d}\sum t}=\frac{-b\cdot \mathrm{e}^{\left(a+b\frac{\sum t}{\sum t_{max}}\right)}}{1+\mathrm{e}^{\left(a+b\frac{\sum t}{\sum t_{max}}\right)^{2}}}\cdot\frac{W_{0}}{\sum t_{\max}} \tag{5-44}$$

$$\eta_t=\frac{-b\cdot \mathrm{e}^{\left(a+b\frac{\sum t}{\sum t_{max}}\right)}}{1+\mathrm{e}^{\left(a+b\frac{\sum_t}{\sum t_{max}}\right)^{2}}}\cdot\frac{q\cdot\Delta\sum t}{\Delta Q} \tag{5-45}$$

时间步长取旬为单位，则 $\Delta\sum t$、ΔQ 分别表示了每旬日平均气温稳定通过≥0 ℃的积温和生理辐射量。在海北站地区，作者以过去几年植被地上生物量的动态变化状况，利用多年植被产量较理想年份的资料，得出有 W_0=438.5061；$\sum t_{\max}$=1 154.15 ℃·d；$W_0/\sum t_{\max}$=0.3799。对回归系数 a、b，分别取2.6072和-4.4410（李英年，1998b）。因此，得出光合生产潜力有：

$$F_1(Q)=k\cdot\sum_{t=1}^{n}\left[\frac{-b\cdot \mathrm{e}^{\left(a+b\frac{\sum t}{\sum t_{max}}\right)}}{1+\mathrm{e}^{\left(a+b\frac{\sum t}{\sum t_{max}}\right)^{2}}}\cdot\frac{W_{0}}{\sum t_{\max}}\cdot\sum t\right] \tag{5-46}$$

其中，t=1，2，…n，为旬的进程序列，自5月上旬算起，到高寒草甸植被地上生物量达最高的8月下旬为止，共12旬。上式表明，根据每旬日平均气温稳定通过≥0 ℃的积温 $\Delta\sum t$ 及总积温积累值 $\sum t$（海北站日平均气温≥0 ℃积温到8月下旬的多年平均为950.5 ℃·d），便可以计算出光合生产力。

2.温度影响订正系数的确定

高寒草甸中，以0 ℃作为植被生长中光合作用的下限温度，对光合作用达最大时的温度变化可取20 ℃，此值可理解为光合作用的最适温度，这样有温度影响函数[$F_2(T)$]的表达式：

$$F_2(Q)=\begin{cases}0 & T<0\ ℃\\ \dfrac{T}{20} & 0\ ℃\leqslant T<20\ ℃\\ 1 & T\geqslant 20\ ℃\end{cases} \tag{5-47}$$

T为平均气温。因光合作用只在白天进行,故这里取白天的平均气温,海北站5—8月日间平均气温为9.8 ℃。

3.水分影响订正系数的确定

高寒草甸区域降水相对丰富,植被持水和滞水能力强,土壤水下渗微弱。生态系统水分消耗主要通过植株蒸腾和地表蒸发。因此对水分影响函数,可用降水与蒸发力的比值来确定水分影响系数[$F_3(P)$],有:

$$F_3(P)=\frac{P}{E_0} \tag{5-48}$$

式中:P为年总降水量(mm);E_0为年总蒸散力(mm),由彭曼(Penman)公式经气压订正后的估计值来确定。海北站地区多年降水量为589.2 mm,而蒸散力约为884.9 mm,即水分订正系数[$F_3(P)$]约为0.6658(李英年,1998b)。

4.高寒草甸植被地上净初级生产气候潜力

由光合潜力、温度订正函数、水分订正函数等便可确定以下高寒草甸植被气候生产潜力:

$$W=0.6658\cdot k\cdot\sum_{t=1}^{n}\left[\frac{-b\cdot e^{(a+b\frac{\sum t}{\sum t_{\max}})}}{1+e^{(a+b\frac{\sum t}{\sum t_{\max}})^2}}\cdot\frac{W_0}{\sum t_{\max}}\cdot\sum t\right]\cdot\begin{cases}0 & T<0\ ℃\\ \dfrac{T}{20} & 0\ ℃\leqslant T<20\ ℃\\ 1 & T\geqslant 20\ ℃\end{cases} \tag{5-49}$$

利用模式采用海北站地区1980—1996年平均资料,对草地气候生产力进行模拟计算有$F_1(Q)$=1626.42 g/m²;$F_2(T)$=0.491;$F_3(P)$=0.6658。植被平均气候生产力为531.69 g/m²。由于未考虑土壤性质、人为管理等因素的影响,发现气候生产力比多年实际观测的平均植被产量值稍高。但可证实效果是显著的,利用该模式作为估算草地气候生产力是可行的。

(三)嵩草草甸、金露梅灌丛草甸、帕米尔苔草湿地草甸植被地上净初级生产力与环境因子关系

1.地上净初级生产力与环境因子的关系

通过线性回归分析表明(表5-17),GDD是矮嵩草草甸、金露梅灌丛草甸ANPP的最主要控制因素,矮嵩草草甸、金露梅灌丛草甸的ANPP与GDD都呈显著正相关(P<0.05),说明矮嵩草草甸、灌丛草甸的热量条件越好,其ANPP越大,暗示热量条件是矮嵩草草甸、金露梅灌丛草甸地上植被生长的主要限制条件。通过线性回归分析表明,矮嵩草草甸ANPP与PPT显著负相关(P<0.05),但是偏相关分析表明,控制GDD时,ANPP与PPT相关性不显著(P=0.083),当控制PPT时,ANPP与GDD仍显著相关(P=

0.045)，由此说明GDD是影响矮嵩草草甸最主要的环境因子。但是，帕米尔苔草湿地草甸ANPP与环境因子的相关性较弱，可能是其特殊的土壤理化性质、群落结构造成的，具体原因有待进一步分析。整体上看，热量条件促进矮嵩草草甸、金露梅灌丛草甸ANPP的提高，未来一定时间尺度内全球气温升高已成公认的事实，因此研究结果暗示在未来气温升高的背景下将会促进矮嵩草草甸、金露梅灌丛草甸ANPP的提高。

表5-17　海北矮嵩草草甸、灌丛草甸、湿地草甸ANPP与环境因子的关系

环境因子	矮嵩草草甸ANPP/[g(m²·a)] 线性回归	R^2	P	金露梅灌丛草甸ANPP/[g(m²·a)] 线性回归	R^2	P	帕米尔苔草湿地草甸ANPP/[g(m²·a)] 线性回归	R^2	P
$T_a(x_1)$	$y = 19.256x_1+197.79$	0.16	0.20	$y = 33.562x_1 + 165.92$	0.28	0.10	$y = 5.6728x_1+115.03$	0.01	0.80
SWC (x_2)	$y =-338.15x_2+288.63$	0.11	0.30	$y =-475.84x_2 + 221.85$	0.10	0.35			
PPFD (x_3)	$y = 0.4216x_3+20.70$	0.05	0.49	$y =-0.3986x_3 + 246.15$	0.27	0.10	$y =-0.2819x_3+189.21$	0.03	0.66
$T_s(x_4)$	$y =-9.8523x_4+218.85$	0.13	0.26	$y = 13.624x_4 + 85.24$	0.06	0.46	$y = 14.578x_4+66.23$	0.12	0.33
PPT(x_5)	$y =-0.1956x_5+267.64$	0.38	0.033	$y =-0.1482 x_5+190.82$	0.11	0.32	$y = 0.0329 x_5+92.64$	0.01	0.74
VPD (x_6)	$y = 409.37x_6+65.51$	0.16	0.19	$y = 344.79x_6+29.43$	0.10	0.35	$y = 300.51x_6+45.44$	0.15	0.27
GDD (x_7)	$y = 0.1767 x_7-18.89$	0.41	0.025	$y = 0.2617 x_7+131.52$	0.46	0.002	$y =-0.0884x_7+204.14$	0.11	0.36
GSL(x_8)	$y = 0.5029x_8+100.1$	0.04	0.55	$y = 0.9829 x_8-21.36$	0.13	0.28	$y = 0.6427x_8+17.47$	0.19	0.21

注：T_a、SWC、PPFD、T_s、PPT、VPD、GDD、GSL分别为空气温度、土壤湿度、光合有效辐射、5 cm土壤温度、降水量、水汽饱和亏、≥5 ℃的积温、生长季长度。

2.地上净初级生产力与CO_2通量的关系

通过线性回归分析矮嵩草草甸、金露梅灌丛草甸ANPP与GPP、Re、NEE的关系表明(图5-33a，图5-33b)，各草甸类型区ANPP与年NEE均呈现显著负相关(P<0.05)，与GPP、Re相关性不显著(P>0.05)，证明了ANPP越大，其碳汇能力越强的一般原理。在帕米尔苔草湿地草甸(图5-33c)，ANPP与年GPP、年Re和年NEE都没有显著相关性(P>0.05)，说明在年际尺度上，帕米尔苔草湿地草甸生态系统的ANPP对CO_2通量影响不明显。由此说明，矮嵩草草甸、金露梅灌丛草甸生态系统的碳源/汇能力受到植被ANPP的影响较大，而帕米尔苔草湿地草甸的ANPP对CO_2通量影响较弱，暗示不同高寒草甸类型的ANPP对生态系统的碳源汇能力的影响存在差异，这可能是由不同植被类型的群落结构、土壤理化性质、气候环境的差异造成的。

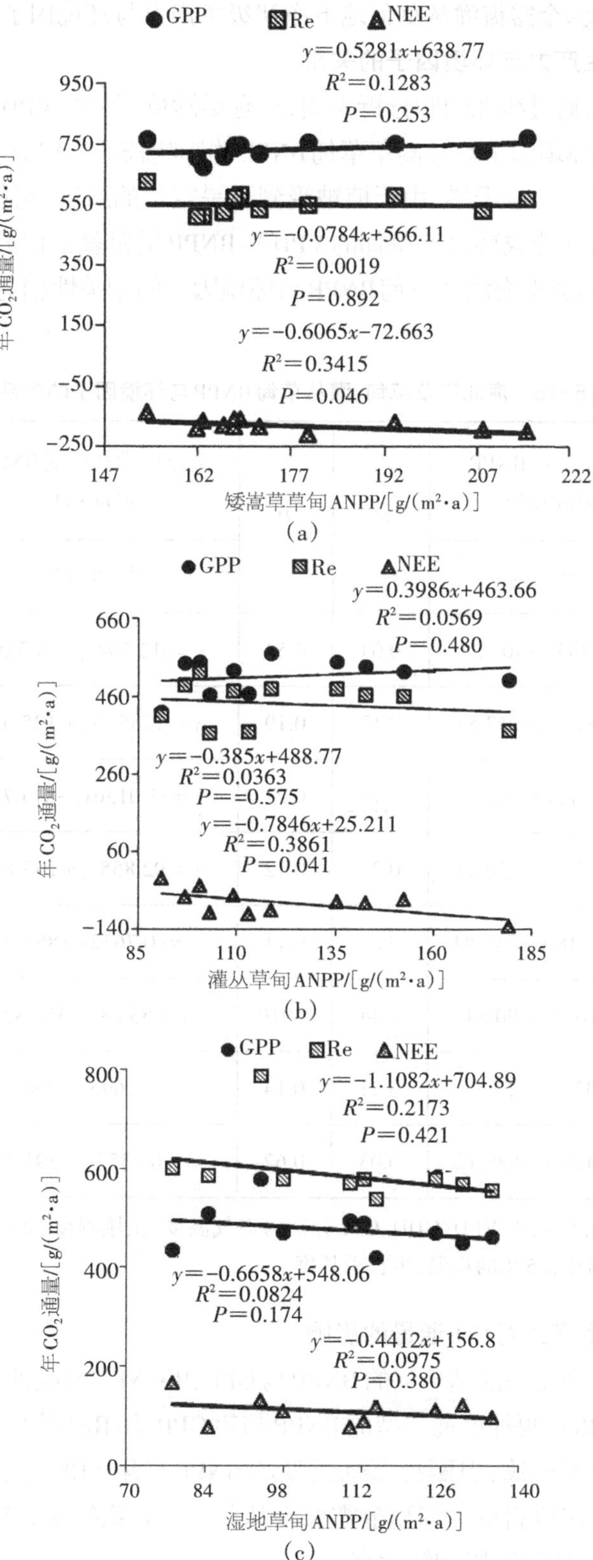

图5-33　海北矮嵩草草甸(a)、金露梅灌丛草甸(b)、帕米尔苔草湿地草甸(c)ANPP与年CO_2通量(NEE)的关系

(四)矮嵩草草甸、金露梅灌丛草甸地下净初级生产力与环境因子的关系

1.地下净初级生产力与环境因子的关系

由表5-18可见,通过线性回归分析表明,只有矮嵩草草甸的VPD与BNPP呈显著正相关(P<0.05),其他环境因子对矮嵩草草甸BNPP的影响较弱。VPD可代表空气的干湿程度,VPD越大表明大气越干旱,由于植被受到干旱空气的胁迫,可能促使更多的光合产物向地下转移,因此造成矮嵩草草甸的VPD与BNPP呈显著正相关(P<0.05)。但是,线性回归分析也表明金露梅灌丛草甸BNPP与环境因子的相关性相对较弱,都未达到显著水平(P>0.05)。

表5-18　海北嵩草草甸、灌丛草甸BNPP与环境因子的关系

环境因子	矮嵩草草甸BNPP /[g(m²·a)] 线性回归	R^2	P	金露梅灌丛草甸BNPP /[g(m²·a)] 线性回归	R^2	P
$T_a(x_1)$	$y = 25.333x_1+403.28$	0.04	0.53	$y =-12.504x_1 + 483.03$	0.00	0.86
SWC(x_2)	$y =-1092.7x_2+737.53$	0.17	0.19	$y = 1735.7x_2 + 135.61$	0.12	0.31
PPFD(x_3)	$y = 1.9111x_3-331.12$	0.15	0.21	$y =-1.0136x_3 +814.73$	0.16	0.22
$T_s(x_4)$	$y =-33.747x_4+520.24$	0.23	0.12	$y = 92.855x_4 + 247.88$	0.27	0.11
PPT(x_5)	$y =-0.3918 x_5+557.84$	0.23	0.11	$y =-0.7632x_5+853.07$	0.27	0.10
VPD(x_6)	$y = 1716.8x_6-90.34$	0.44	0.019	$y = 533.8x_6+355.82$	0.02	0.67
GDD(x_7)	$y = 0.3207x_7+20.55$	0.21	0.14	$y =-0.2695x_7+760.54$	0.04	0.37
GSL(x_8)	$y =-1.0709x_8+538.12$	0.03	0.62	$y = 0.7357 x_8+391.93$	0.01	0.81

注:T_a、SWC、PPFD、T_s、PPT、VPD、GDD、GSL分别为空气温度、土壤湿度、光合有效辐射、5 cm土壤温度、降水量、水汽饱和亏、≥5 ℃的积温、生长季长度。

2.地下净初级生产力对CO_2通量的影响

对矮嵩草草甸、金露梅灌丛草甸的BNPP与GPP、Re、NEE的线性回归分析关系表明(图5-34a和图5-34b),两种草甸类型的BNPP与年GPP、年Re呈显著正相关(P<0.05),而且其线性斜率基本一致;但两种草甸类型的BNPP与年NEE呈不显著的相关性(P>0.05)。由此说明,在矮嵩草草甸和金露梅灌丛草甸生态系统中,其BNPP对于植被光合生产能力和生态系统呼吸影响较大有关。

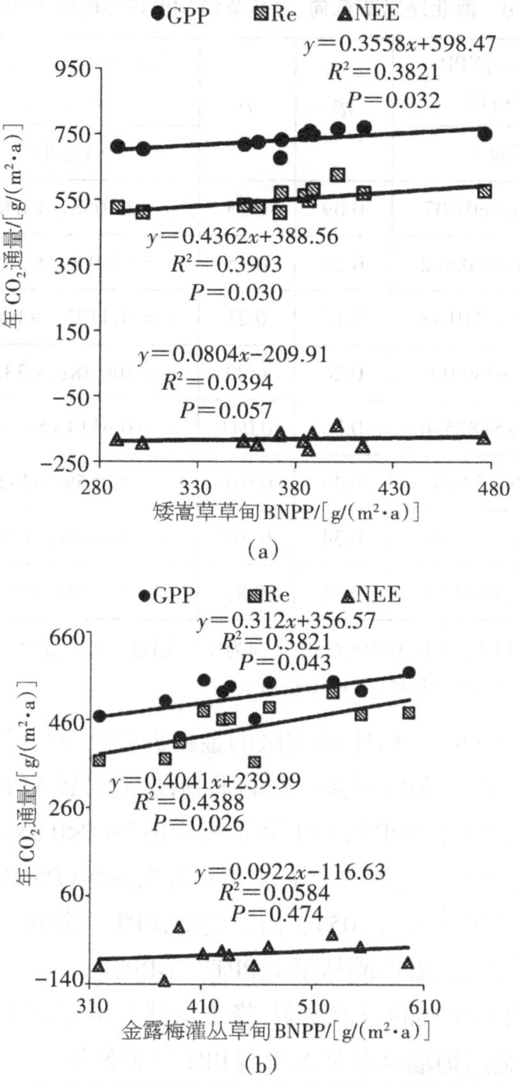

图5-34 海北高寒矮嵩草草甸(a)、金露梅灌丛草甸(b)BNPP与年CO_2通量(NEE)的关系

(五)矮嵩草草甸、金露梅灌丛草甸地上地下总的净初级生产力与环境因子的关系

线性回归分析表明(表5-19),矮嵩草草甸NPP与VPD、GDD呈显著正相关($P<0.05$),与PPT呈显著负相关($P<0.05$)。进行偏相关分析表明,控制PPT、VPD时,或控制PPT、GDD时,矮嵩草草甸NPP与GDD,或NPP与PPT均没有显著相关性($P>0.05$),而控制PPT、GDD时,其NPP与VPD显著性相关($P<0.05$),由此说明VPD是矮嵩草草甸NPP最主要的影响因素。表明水汽饱和亏缺时,空气干燥度增加,大气越干旱,形成干旱胁迫,进而导致了植被自养呼吸的减弱。由于NPP是总初级生产力(GPP)与植被自养呼吸的差值,而GPP与VPD并没有显著相关性($P>0.05$),说明植被光合生产能力受到VPD的影响较弱,植被自养呼吸可能对VPD响应更敏感,导致了矮嵩草草甸NPP与VPD呈显著正相关($P<0.05$),这也暗示VPD可能通过直接影响植被自养呼吸来间接影响植被的NPP。

表5-19 海北矮嵩草草甸、灌丛草甸NPP与环境因子的关系

环境因子	矮嵩草草甸NPP /[g(m²·a)] 线性回归	R^2	P	金露梅灌丛草甸NPP /[g(m²·a)] 线性回归	R^2	P
$T_a(x_1)$	$y = 44.589x_1+601.07$	0.09	0.35	$y = 21.058x_1 + 648.95$	0.01	0.76
SWC(x_2)	$y =-1430.8x_2+1026.2$	0.20	0.15	$y = 1259.8x_2 + 357.46$	0.07	0.44
PPFD(x_3)	$y =-2.3327x_3-310.43$	0.15	0.21	$y =-1.4122x_3 +1060.9$	0.34	0.06
$T_s(x_4)$	$y =-43.6x_4+739.09$	0.26	0.09	$y = 106.48x_4 + 333.11$	0.38	0.042
PPT(x_5)	$y =-0.5873\ x5+825.48$	0.35	0.041	$y =-0.9114\ x5+1043.9$	0.42	0.031
VPD(x_6)	$y =2126.2x_6-24.84$	0.46	0.016	$y = 878.59x_6+385.24$	0.06	0.46
GDD(x_7)	$y = 0.4974\ x_7+1.66$	0.34	0.048	$y =-0.0078x_7+629.01$	0.00	0.99
GSL(x_8)	$y =-0.568x_8+638.22$	0.01	0.83	$y = 1.7186x_8+370.56$	0.04	0.56

注：T_a、SWC、PPFD、T_s、PPT、VPD、GDD、GSL分别为空气温度、土壤湿度、光合有效辐射、5 cm土壤温度、降水量、水汽饱和亏、≥5 ℃的积温、生长季长度。

表5-19的线性回归分析还表明，研究区的金露梅灌丛草甸分布在海拔相对较高的山麓阴坡或半阴坡地带，热量条件受到一定的限制，从而导致NPP与T_s呈现显著正相关($P<0.05$)。表5-19中还发现，NPP与PPT呈显著负相关($P<0.05$)。进行偏相关分析发现，控制PPT时，金露梅灌丛草甸NPP与T_s没有显著相关性($P>0.05$)；控制T_s时，金露梅灌丛草甸NPP与PPT显著相关($P<0.05$)。由此说明，PPT是金露梅灌丛草甸NPP最重要的影响因素。分析还表明，金露梅灌丛草甸PPT与GPP没有显著相关性($P>0.05$)，由植被NPP是GPP与植被自养呼吸的差值说明，降水量越大越有利于提高金露梅灌丛草甸的自养呼吸，从而使得金露梅灌丛草甸NPP与PPT呈显著负相关($P<0.05$)，这个结果暗示，降水量可能通过直接影响植被自养呼吸来间接影响植被NPP。矮嵩草草甸与金露梅灌丛草甸对环境因子响应的差异，主要是不同植被类型的群落结构、土壤理化性质，以及所处的分布区域的差异不同而导致的。

(六)CO_2通量对矮嵩草草甸、金露梅灌丛草甸地上地下总净初级生产力的影响

通过线性回归分析NPP与GPP、Re、NEE的关系表明(图5-35)，高寒矮嵩草草甸的NPP与年GPP呈显著正相关($P<0.05$)，与年Re呈正相关但并没有达到显著水平($P=0.097$)，与年NEE没有显著相关性($P>0.05$)(图5-35a)。而金露梅灌丛草甸区的NPP与年GPP、年Re呈显著正相关($P<0.05$)，与年NEE没有显著相关性($P>0.05$)(图5-35b)。由此说明，矮嵩草草甸、金露梅灌丛草甸生态系统的NPP越大，其生态系统植被的光合生产能力和生态系统的呼吸越大，但与年NEE的相关性较弱。

结合以上的研究可知，矮嵩草草甸、金露梅灌丛草甸NPP与GPP、Re、NEE的关系主要受到其BNPP与GPP、Re、NEE关系的影响。但是，研究结果显示，矮嵩草草甸的BNPP

与年Re显著正相关($P<0.05$),而矮嵩草草甸的NPP与年Re相关性不显著($P=0.097$)。与此相反,金露梅灌丛草甸的BNPP、NPP都与Re呈显著正相关($P<0.05$),这可能是金露梅灌丛草甸生态系统比矮嵩草草甸生态系统的BNPP更大导致的。

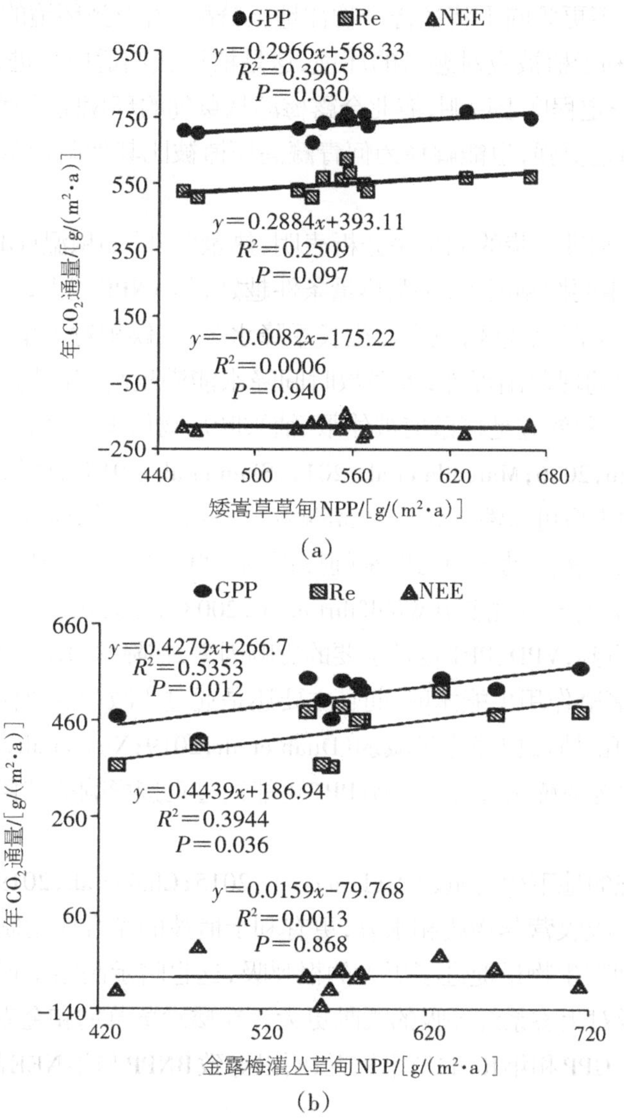

图5-35　海北嵩草草甸(a)、灌丛草甸(b) NPP与年CO_2通量的关系

矮嵩草草甸、金露梅灌丛草甸的ANPP、BNPP、NPP、根冠比是不同年份之间的水热条件等生物非生物环境因子的差异决定的(Delaigue et al.,2017)。群落结构的差异造成了两种草甸类型ANPP、BNPP、NPP、根冠比的不同。以往的研究中,研究者多用地下生物量与地上生物量的比值来衡量植被根冠比,但高寒草甸植被土壤中活根与死根交织在一起,并且由于高海拔低温使得死根分解较慢,因此如果用地下生物量与地上生物量的比值很难精确反映光合作用产物在地上地下的分配策略(Wang et al.,2015;Gu et al.,2003),因此,我们在本章采用了BNPP与ANPP的比值,更能客观准确地反映光合产物在植被地上部分和地下部分的分配策略。研究结果表明，在高寒草甸生态系统中，金露梅灌丛生态系统植被的根冠比大于矮嵩草草甸生态系统植被的根冠比，由此说明，高寒金露梅灌丛比高寒矮嵩草草甸的光合产物向地下转移的趋势更加明显。有研究表明，植被在适宜的条件下更倾向于将光合产物往地上分配，若受到环境的胁迫则更倾向于往地下分配，以有利于植被应对恶劣的环境，这是植被长期适应性进化的结果（Landry et al.，2017），这在一定程度上说明，海北金露梅灌丛草甸的环境比矮嵩草草甸的环境对各自植被群落的胁迫更强，也能解释为何青藏高原植被比其他温带草原植被有更大的根冠比。

线性回归分析和进一步的偏相关分析表明，热量条件[如积温（GDD）]是高寒矮嵩草草甸ANPP的最主要控制因素，说明热量条件越好，其ANPP越大，究其原因是高寒草甸生态系统常处在半湿润地区，只有非生长季降水少，气候相对干旱，但在植物生长期内除偶有降水匮缺的现象出现外，大多数时间降水能满足高寒植物的生长发育需要。同时，热量条件的累积效应是打破植被休眠、植被叶片物候发育、植被持续生长代谢的首要限制因素（Kato，2006；Marcolla et al.，2011；Shen et al.，2015），植被的生长代谢对于热量条件有充分的表型可塑性。此外，在高寒生态系统水分不受限制的条件下，热量条件可以通过影响微生物活动和酶活性来间接影响土壤对植被生长代谢的营养供应，从而间接影响植被的光合生产能力（Wohlfahrt et al.，2008），最终影响到地上植被的生长。当然，通过分析也看到，VPD、PPT也是重要的影响因素，在降水分配不均、受到短时的干旱胁迫影响时，其影响作用更能体现，而且主要还是通过为减少蒸腾作用造成的水分散失，植被会关闭气孔，植被自养呼吸减弱（Duan et al.，2019；Xiao et al.，2019.），自养呼吸对水分条件响应更为敏感来实现。表明PPT可能通过直接影响植被自养呼吸来间接影响植被NPP。

高寒生态系统的地下生物量较大（Luo et al.，2015；Chai et al.，2019），更大的地下生物量更有利于根系吸收营养物质和水分，更有利于植被的光合作用制造更多的有机物质，同时，更高的地下生物量促进了更大的根呼吸，这也暗示高寒草甸地下根系呼吸可能比地上植被呼吸对生态系统呼吸的贡献更大。在矮嵩草草甸和金露梅灌丛草甸生态系统中，BNPP与年GPP和年Re的斜率相近，所以导致BNPP与年NEE的关系不显著。

第五节　矮嵩草草甸植被净初级生产力的模拟预测

一、植被地上净初级生产力的一般线性关系分析

我们曾在20世纪80年代通过多种方式构建植被净初级生产力的模拟预报，这些预报模型的建立，对利用前期气象要素预知未来牧草产量发挥了积极作用。同时需要说明的是，早期气候在平稳状况下，容易给出产量的模拟预测预报，但后期效果不好，由于

全球气候变化中温度升高，降水格局改变，导致模拟预测效果极差。

降水和温度是草地生产力的重要驱动因子，通过深入研究其调控机制，进而预测气候变化对草地生态系统的影响成为陆地生态系统的重要研究内容（Epstein et al.，1997；Epstein and Burke，1999）。高寒草甸生产力在很大程度上受气候诸多因素的制约，分析其内在的关联，掌握其变化规律，对深入研究高寒草甸生态系统的结构、功能、能量流动和物质循环，以及草地的合理利用和科学管理具有重要意义。涉及草地生产力的最基本气象因素是温度和降水，进而引申出干燥度、湿润度、积温比等综合因子（李英年，2000；陈效逑和郑婷，2008，）。对高寒草甸生产力与气候因子的相关性的研究表明，温度的作用较大（李英年等，2001），而降水的地位也不可忽略（周立，1995）。我们以1980—1993年共14年的温度[1月平均气温（T_1）、5月平均气温（T_5）、7月平均气温（T_7）、年平均气温（T_{year}）和气温年较差（T_d）]和降水[1月降水量（R_1）、4月降水量（R_4）、7月降水量（R_7）、4—7月降水量（R_{4-7}）和年降水量（R_{year}）]为自变量，采用Stepwise进行回归分析，探讨其与生产力的相关性，进而预测高寒草甸生产力，其结果见表5-20。

表5-20　海北高寒矮嵩草草甸地上净初级生产力与气温、降水的回归方程

地上生产力回归方程	R^2	P
$Y=26.43\times T_d-317.35$	0.57	0.002
$Y=23.88\times T_d+1.15\times R_4-296.28$	0.76	<0.001
$Y=25.23\times T_d+0.91\times R_4+0.11\times R_{year}-387.39$	0.83	<0.001
$Y=22.95\times T_d+1.73\times R_4+0.25\times R_{year}-0.46\times R_{4-7}-291.73$	0.88	<0.001

回归方程表明温度（T_d）对地上生物量的影响较大（R^2=0.57），而降水因素（R_4，R_{year}和R_{4-7}）的总体贡献为31%，说明高寒草甸的地上生物量主要受控于温度因子，而降水则作为次要因子。T_d和R_4与地上生物量的一般线性模型则证明两者的线性作用十分显著（图5-36，P<0.001），而交互作用则不甚显著（图5-36，P=0.29）。这与高寒草甸稳定性分析（周华坤等，2006）和周期解析（张法伟等，2009）的结果一致。

草地生态系统中，植被通过光合作用把太阳能转变为化学能，贮存于有机化合物中，是草地两性生产中的第一性初级生产。其初级生产力的高低直接决定了草场牲畜的负载能力，以及草地畜牧业生产的可持续发展状况。然而，在高寒天然放牧草场，植被产量的形成与高低，很大程度上受制于区域气候、土壤和植被本身机能等因素，人为干扰较轻。但对固定区域来讲，一定时间尺度内其土壤性质、植被种类组成等变化相对平稳，表现出植被产量与气候因素有着不可分割的内在联系。

李英年等（1996）在定位观测的基础上，考虑到高寒草甸植被产量的主要限制因素是气温这一特点，提出植被产量与生长期间的产量积温比概念，建立高寒草甸植被地上年产量的估测模型。讨论分析产量与气候因素间的对应关系以及草场载畜能力，同时扼要讨论了未来气候变暖所造成的可能影响。

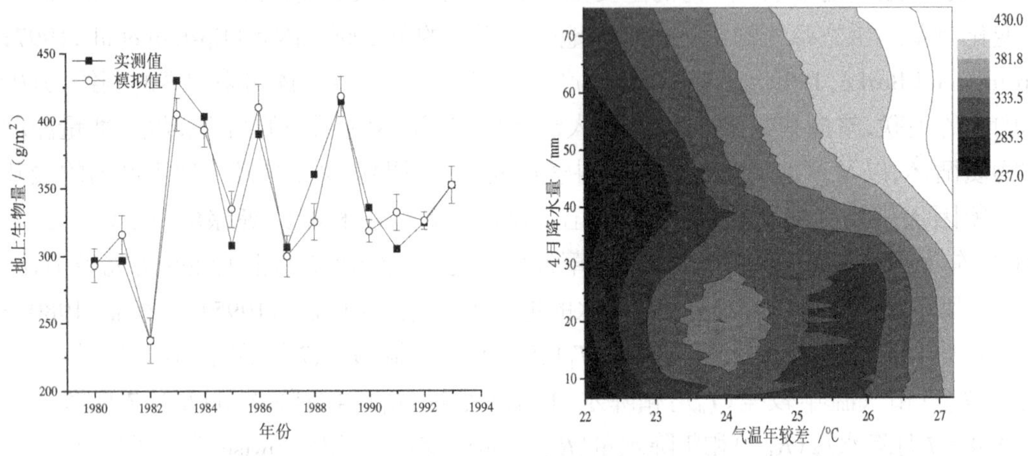

图5-36　地上生物量的实测值与模拟值的年际波动

二、水热条件下对地上净初级生产力的综合影响

早在1995年，我们采用海北站1980年到1993年环境因子对矮嵩草草甸年地上净初级生产力影响的模拟回归分析（李英年等，1995），发现多年气温年较差（A）、4—7月降水量（R_1）、5月平均气温（T_5）与净初级生产力的气候产量（W_W，实际净初级生产力与多年平均值的差值）存在极显著（r=0.8699，F=10.3703，n=14，P<0.005）的三元一次的综合回归关系（图5-37）：

$$W_W = -788.4758 + 25.8892A + 0.2557R_1 + 14.6438T_5 \tag{5-50}$$

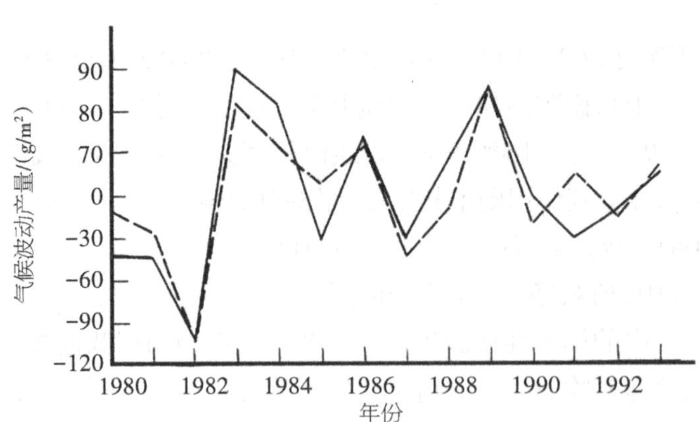

注：实线表示波动值，虚线表示模拟值。

图5-37　矮嵩草草甸地上净初级生产力的气候波动值与模拟值比较

上述综合水热条件的影响表明，海北矮嵩草草甸在水热综合配合下，在降水量高而均匀、气温较高的年份，植被净初级生产力高，如，1988年、1989年的4—8月降水量较同期多年平均偏高29%，气温偏高0.6 ℃，多年净初级生产力提高8%以上；反之，在气温、

降水欠协调的年份将抑制生产力提高，如1985年4—8月，降水量虽然比同期多年平均偏高38%，但气温偏低0.2 ℃，1991年降水量偏少29%，气温又偏高0.4 ℃，净初级生产力分别减少10%和12%。在降水偏少明显、气温又很低的年份，如1980年4—8月降水量偏少17%，气温偏低0.6 ℃，多年净初级生产力下降14%。

鉴于上述水热综合要素的影响，通过前期1980年到1990年11年的气候因子普查，以当年1月平均气温（*AT*）、4月土壤20 cm平均温度（*ET*）、4月降水量（*RT*），构建了预测当年牧草产量的模拟方程有：

$$W = -16.0505 - 22.5112AT - 24.1551ET + 0.7171RT \tag{5-51}$$

模拟预报1991、1992、1993年的净初级生产力，发现模拟值分别为347.9、330.0、360.5 g/m^2，而当年实际值为305.0、324.4、352.0 g/m^2，相对误差分别为14%、2%、2%（图5-38），说明其效果较好。

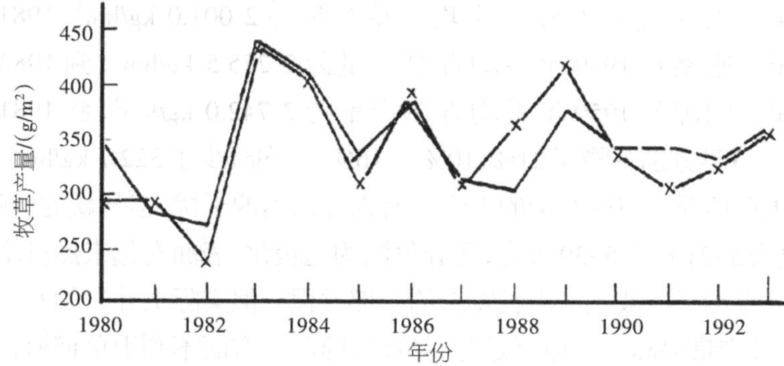

注：实线表示实际值，×线表示模拟值。

图5-38 矮嵩草草甸水热综合条件影响下的净初级生产力实际值与模拟值比较

三、冬春气温对地上植被净初级生产力影响的模拟

李英年（1998）和张景华（1998），采用冬春气温变化，对植被净初级生产力进行了模拟预报。草地生产力的影响，依海北站16年气象资料与同期年植被最高产量（即植被地上年净初级生产力）的相关性普查发现，植被产量与冬春气温间的相关性明显高于其他时间，也高于与降水量的相关性（表5-21），特别是与1月平均气温具有显著的负相关关系（图5-39）。

表5-21 植被产量与气候因子的月相关系数

	上年度				本年度								
月份	9	10	11	12	1	2	3	4	5	6	7	8	9
气温	0.27	0.42	−0.06	−0.25	−0.65	−0.46	−0.62	−0.64	−0.42	−0.53	−0.29	−0.42	−0.32
降水	0.45	0.30	0.26	0.20	0.43	0.41	0.22	0.42	−0.39	−0.15	0.31	−0.02	0.24

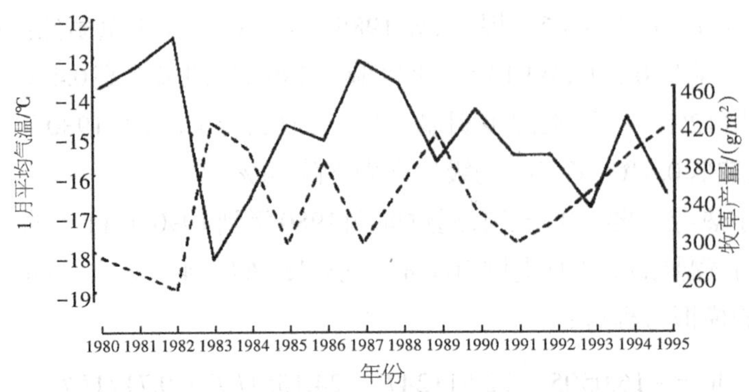

注：实线表示气温，虚线表示植被产量。

图5-39　1月平均气温与植被产量年际动态变化

据青海省海北藏族自治州综合农牧业区划大队资料记载，海北全州植被产量30多年来普遍下降。如祁连县1959年平均青草产量为2 001.0 kg/hm²，1981年下降为1 711.5 kg/hm²。刚察县1959年平均青草产量为2 275.5 kg/hm²，到1983年下降至2 043.0 kg/hm²。门源县1959年平均青草产量为2 742.0 kg/hm²，到1981年下降至2 295.5 kg/hm²。3县分别下降了21%、10%和16%，平均减少了322.7 kg/hm²。相邻的其他州、县也有类似情况。植被产量的下降虽有人为因素的干扰，但气候的影响也是非常重要的。通过表5-21和图5-39表明，冬春气温的趋暖化，表面看起来热量增加，可使植被生长期延长，有利于植被完成生长发育的全部过程。但实际上并非如此，出现较冷的冬季反而使植被产量提高。其原因是冬春气温升高，一方面不利于草甸植物安全越冬，虽然使植被萌动发芽、返青等初始期提早，但也可使植被停止生长期滞后，整个生长发育期延长。另一方面在降水保持常态状况下，冬春气温升高使土壤冻结深度变薄，冻结期缩短，土壤表面蒸发力加强，水分散失严重，墒情下降，结果限制了春季植被正常进入萌动发芽、返青等初期营养生长阶段的所需水分。加上冬春季也正是祁连山地天气气候上“干旱”胁迫最严重的时期，土体含水量的减少在一定程度上加剧了“冬春旱”的威胁。早春也是“寒潮”等恶劣天气过程频繁交替发生的时节，低气温危害大，所产生的霜冻等冻害现象对植被幼苗杀伤力远比土壤湿润、水分充足时严重。植物在没有足够多的水分供给条件下抗寒能力较差，最终限制了植被年产量的提高。进入5月中旬后，降水量增多，土壤温度的提高则显得重要。虽然冬春气温低会有冻死致伤植物根茎的可能，但温度影响比起土壤水分的贮存能力来讲，其潜在效果显得次要。

近年来的气候资料分析证实，气候趋暖化发展是不争的事实，而且气候趋暖与冬季气温升高有关。从而也可以推测，在降水保持不变的情况下，未来气候变暖，特别是冬春气温的上升，对高寒草甸草地生产力的提高会产生不利影响。

分析表明，冬春气温变化对植被产量有明显的影响，以此作为植被产量的预报因子是有意义的。本节利用1—4月月平均气温建立预报植被产量的模型。考虑到1—4月月平均气温间有很好的正相关，本节采用主成分分析方法来建立回归方程（施能，

1992)。通过分析表明,取第一个主成分即可,其贡献率达57%。利用海北站1980—1994年(其中1981年由于资料失真太大未列入统计)的资料建立预报模型:

$$WG=361.6671-25.9866T^* \tag{5-52}$$

WG为模拟植被产量值(g/m², 干重);T^*为冬春1—4月各月平均气温的主成分量值,有以下关系:

$$T^*=0.5379T'_1+0.5573T'_2+0.3437T'_3+0.5310T'_4 \tag{5-53}$$

T'_1、T'_2、T'_3、T'_4分别为1到4月各月平均气温标准化值。

所建立的模型中,相关系数R为0.7805,达到显著性检验水平($P<0.01$),其相对误差列于表5-22。

表5-22 植被产量实际值与模拟值的相对误差(A)

年	1980	1982	1983	1984	1985	1986	1987	1988	1989	1990	1991	1992	1993	1994	平均
A/%	7.3	0.4	3.6	6.3	13.5	5.2	0.8	3.7	9.5	6.4	16.6	15.0	4.5	10.6	7.4

从表5-22看到,所建立的预测模型模拟效果好。相对误差最高为16.6%,最低为0.4%,14年平均为7.4%。尝试预报1995年植被产量为421.2 g/m²,实际测定值为415.8 g/m²,相对误差仅为1.3%。说明预报效果较好,这对指导畜牧业生产,合理地在春末初夏安排种植冬春贮存补饲青草,抗灾保畜,使牲畜在来年安全越冬有着一定的现实意义。

四、冷季水资源对植被地上净初级生产力影响的模拟

我们曾利用冷季降水资源对植被产量(年地上净初级生产力)的影响分析发现(李英年,2001),冷季降水虽然较少,但对来年草甸植物的生长和发育有着不可置疑的作用。它不仅表现在秋季降水多,利于土壤底墒的提高,使冷季土壤封冻后土体含水量充足。而且冷季有一定量的降雪,虽受吹风、蒸发影响,入渗土壤较少,但可提高地区空气湿度,减少土壤深层水分散失,保证土壤"蓄水库"有较高的水分贮存。这给来年植被进入正常生长发育提供了好的土壤墒情,从而可弥补自然降水的不足,发挥秋雨春用,利于植被营养生长阶段的水分需求,最终为植被产量提高奠定了有利的基础(李英年和张景华,1997)。

统计海北站各月降水量与年植被产量线性回归相关系数(表5-23),可以发现,冷季9月至翌年4月各月及多年冷季平均降水量与年植被产量普遍存在正的相关性。虽然相关系数不高(只有4月的相关系数通过0.05的信度检验),但在一定程度上表明了植被产量与冷季降水的关系存在,从而说明冷季水分资源对高寒草甸植被产量有一定的影响机制。当然,暖季的水分对于植被生长是非常重要的,但本节在这里仅探讨冷季水分对植被产量的影响机制的问题。

表5-23　植被产量与冷季降水量的相关关系

时期	上年度				本年度				9月至翌年4月
月份	9	10	11	12	1	2	3	4	
R	0.237	0.367	0.312	0.002	0.403	0.398	0.063	0.529	0.462

通过以上分析可知,以冷季降水量作为植被产量的预报因子是很有意义的。考虑到因子间还存在一定的相关性,建立预报方程时采用逐步回归法。为了对所建立的模型进行检验,本节仅采用1981—1993年13年的植被资料来建立模型,而用1994年和1995年资料来进行预报正确与否的效果检验。通过对高寒草甸地区冷季各月降水量进行逐步回归后建立草甸植被产量的估测模型有:

$$GW=280.80+3.8256X_3-9.2795X_4-0.8872X_7+2.5554X_8 \tag{5-54}$$

其中:GW为植被产量模拟估算值;X_3、X_4、X_7、X_8分别为冷季上年度10月、12月和本年度3月、4月各月降水量。

所建立植被产量的多元回归估测模型复相关系数为0.9035(n=13),经显著性检验,达极显著性检验水平(P<0.01)。进行模拟处理可看出,利用上述气象因子来估测年植被产量具有一定的准确性。图5-40绘出了利用所建立的模型对1981—1993年植被产量的模拟结果及与实际情况的比较,证实其拟合率很高,作为植被产量的预报方程是可行的。对1994年和1995年植被产量进行试报,实际产量分别为390.8 g/m²和415.7 g/m²,而预报产量分别为387.5 g/m²和381.0 g/m²,其相对误差仅为0.9%和8.4%,说明预报准确率较高。

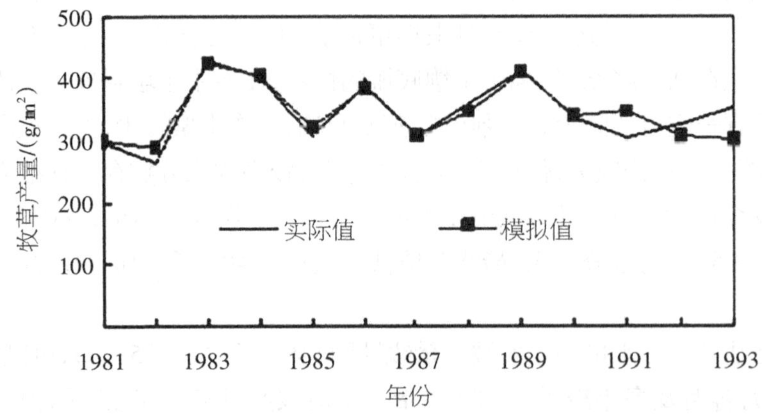

图5-40　利用冷季降水对高寒草甸植被产量的模拟预报及与实际状况的比较

利用高寒草甸地区冷季降水因子建立草甸植被产量的预报模型表明,效果较好,表明植被产量与冷季降水和土壤水分资源分布着一定的内在联系。从一方面证实,土壤本身贮存的有效水少也是高寒草甸植被产量减少的一个重要原因。这为该类型地区如何进行草场经营管理,合理安排冬春补饲青干草(燕麦)的种植,抗灾保畜,持续发展畜牧业生产提供了可靠的依据。

高寒草甸植被是青藏高原所特有的植被类型，具有独特严酷的环境条件。其植被产量高低主要取决于自然环境条件的波动变化。冷季降水资源虽然贫乏，但对草地生产力影响明显，冷季降水较少时一定程度上限制了来年植被的生长发育，以及植被产量的提高。虽然土壤水分资源丰富，但土壤水分的高低直接或间接受冷季前期降水及冷季期间降雪波动变化影响明显。

高寒草甸地区植被生长期短，一般只有135天左右，在这短短的时间里，植被要完成整个生长发育过程，各个时段均显得极其重要。特别是植被生长发育的初期营养阶段，是奠定年内植被生长、年生产力的基础。在植被萌动发芽、返青的初期阶段，由于受高海拔因素影响，气温仍然较低，日最低气温时常小于-7 ℃，春季又正值我国北方冷空气(寒潮)频繁交替发生时节，气温变化剧烈，较高的土壤水分，及其较大的冷季降雪量，一方面可保持来年春季充足的水分，形成较大湿度，土壤热容量大，地温变化平稳；另一方面，较高的土壤湿度，不仅可提高外界温度，而且可使初春嫩小的植被叶片外表层维持产生一定厚度的薄水膜，形成“湿冻”现象，减弱了辐射冷却降温的速率和程度，保证了植被在营养生长阶段不致被外界气温冻坏冻伤，使冻害大大得到缓解。

联系前节讨论的1月平均气温越低，当年植被产量越高。这是因为1月气温低，土壤冻结厚而坚实，土壤内部易贮存大量的水分，从而在春季发挥作用。虽然寒冷的冬季可冻死冻伤植物的根茎，但与土壤水分贮存量的作用相比显得次要一些。分析表明，在秋季蓄墒阶段，把降水量大部分贮存在土壤中，采取覆盖措施，防止水分损失，通过冬季封冻稳定贮水的有利条件，合理利用土壤水分资源，充分发挥秋雨春用的作用，对提高植被产量是有利的。因而也可认为，在高寒草甸地区若条件许可，冷季进行适量灌溉，可提高来年植被产量。

海北站地区深居欧亚大陆腹地，地区地理上处于青藏高原的东北隅，是蒙新荒漠、青藏高原和黄土高原的交会地带，是我国北方干旱与半干旱区嵌套的半湿润区域。气候上又处在“极锋”活跃位置的南侧，冬夏两季大气环流截然不同，具明显的高原大陆性气候。日照时间在我国为一相对低值区，受高海拔因素制约，气温低，气候有其独特的一面。暖季受弱的东南季风影响，暖湿气流顺大通河谷溯源而上，受地形热力及动力爬坡作用，与北方冷空气交汇，水汽易达凝结高度，地方性降水多，地形雨明显，降水相对丰富，在暖季的植物生长期，每年的降水可基本满足植物生长的需求，但也有个别极少的年份在植物生长期出现异常气象条件而发生降水少的水分亏缺现象。而在冷季，西伯利亚-蒙古冷高压盘踞欧亚大陆，高空多为下沉气流，近地面层气流发生辐散，空气干燥，水汽含量低，天空晴朗，降水(雪)极为稀少。除9月仍受一定的季风影响外，其他时间的降水主要发生于柴达木盆地两小高压东移时，其中后部气流辐合上升时产生微量降水，虽然降水量不多，但在地表可形成一定厚度的积雪，维持时间长短不一，对土壤水分起到一定的保墒作用，影响来年植被的正常生长发育，进而影响植被产量的形成。

由于冬季土壤完全冻结，土壤水分测定困难，但考虑到冬季土壤水分基本保持稳定、变化平稳等特点，这里仅用冷季前后的土壤水分资料测定情况进行描述。我们于1991—1993年曾对暖季植物生长期内的土壤水分变化情况进行了观测研究（李英年，1998a），结果发现，海北站地区土壤含水量保持有较高的水平。在植物返青前4月中旬左右的融冻阶段，土壤下层仍维持冻土，直至7月上旬方可全部融化，土壤上部含水量很高，4月中下旬0～60 cm土壤含水量占干土重（下同）的50%左右，甚至超过最大持水量，是年内土壤含水量的最高时期，表现出冷季高寒草甸地区土壤水分资源丰富。但年景不同，随上年度9—11月降水量，以及冬季降雪覆盖程度和维持时间的不同，初春植被生长发育期的4—5月土壤水分年波动变化明显，随前期降水分布有很大的差异。如1990年9—10月降水量为38.7 mm，1991年4—5月0～60 cm土层平均含水量为47%；1991年9—10月降水量为125.7 mm，1992年4—5月0～60 cm土层平均含水量为56%；1992年9—10月降水量为74.0 mm，同时10月以后到翌年4月之间降水也相对丰富，1993年4—5月0～60 cm土层平均含水量可达54%。6月以后随植被生长加快，叶面积指数增大，土壤水分很快降低，直到9月中旬以后，植被枯黄，蒸散减弱又逐渐升高，一般可上升至37%左右，以后随土壤冻结，水分集聚后又达较高的水平。

高寒草甸地区，植物根系发达，主要分布于地表0～20 cm，占地下总生物量的93.2%以上（王启基和王文颖，1998），植物根系有较强的滞水和持水能力（李英年，2001）。底层40～60 cm以下为砾石结构，土壤水分下渗不明显，大部分自然降水易聚集于地表上层。当冬季来临，土壤冻结，可使水分以冰晶水的形式留存于土壤中。观测表明，冷季的10月至翌年4月土壤地表封冻，土层冻结深厚，同时因植物根系具良好贮水能力，土壤水分得到保持而不致散失，形成一个良好的天然“蓄水库”，这个“水库”储水明显，且相当稳定，这个时期是全年最高的时期。暖季正值雨季，土壤得到降水的补给，致使年内土壤不出现干燥状况（鲍新奎和李英年，1993）。

春季受冬春牧事活动过程及低气温、多大风等恶劣环境的影响，地表近似裸露，地表蒸发大，加之也是我国北方干旱胁迫最重时期，较高的土壤含水量可通过融冻过程，以土壤温度梯度的热力条件为载体，水分自深层向地表迁移，对降水偏少、“春旱”频繁发生的高寒草甸地区的植物生长，提供了水分供应的需求。

五、气象因子与植被地上净初级生产力的关联分析方法

（一）关联分析方法

我们采用关联分析法开展了牧草产量的预报。关联分析是确定时间序列与比较时间序列之间随时间变化动态发展趋势是否接近的一种有效方法。它对推断解释系统间的关系，揭示其内部的联系规律有着非常重要的作用。探讨植被生产力与气象因子间的关联程度，解释各气象因子影响植被生产力的主次成分，是植被生态学理论联系生产实际的一个重要思想。关联分析实质上是曲线间几何形状分布的比较，它包括了关联系数、关联序及关联程度等的求算。为了便于运算，既消除量纲影响，又可使数值缩小，对序列数值已进行均值化处理（李英年等，2001）。

关联分析基本原理：

设植被产量时间序列$[X_0(t_k)]$和比较气象因子的时间序列$[X_j(t_k)]$分别为：

$$X_0(t_k)=\{X_0(t_1),X_0(t_2),\cdots,X_0(t_n)\} \quad (5-55)$$

$$X_j(t_k)=\{X_j(t_1),X_j(t_2),\cdots,X_j(t_n)\} \quad (5-56)$$

式中：j=1，2，…，为比较时间序列的因子数；n为样本容量；t_k表示第k时刻植被产量与比较气象因子时间序列的采样点。X_0对X_j的关联系数为$L_{ij}(t_k)$，则有：

$$L_{ij}(t_k)=\frac{\Delta_{min}+\eta\cdot max}{\Delta_{0j}(t_k)+\eta\cdot\Delta_{max}} \quad (5-57)$$

式中：Δ_{min}为各时刻所有比较序列的最小绝对差，则有：

$$\Delta_{min}=min\cdot min\left|X_0(t_k)-X_j(t_k)\right| \quad (5-58)$$

Δ_{max}为各时刻所有比较序列的最大绝对差，则有：

$$\Delta_{max}=max\cdot max\left|X_0(t_k)-X_j(t_k)\right| \quad (5-59)$$

$\Delta_{0j}(t_k)$为k时刻X_0与X_j的绝对差值，则有：

$$\Delta_{0j}(t_k)=\left|X_0(t_k)-X_j(t_k)\right| \quad (5-60)$$

η为常数，即分辨系数。由于当$\Delta_{0j}(t_k)=\Delta min$时，关联系数达上限，有$L_{0j}(t_k)=1$；当$\Delta_{0j}(t_k)=\Delta max$时，关联系数达下限，即$L_{0j}^{m}=\eta/(1+\eta)$，可见关联系数取值越小、分辨率越高，更能体现人们对最大差值的重视程度，η的取值范围为$0.1\leqslant\eta\leqslant0.5$为宜。

得出关联系数后，可求出产量序列X_0与比较序列间的关联程度——关联度。关联度是表征序列间关联程度大小的一种关系，用它们的时间平均计算为：

$$r_{0j}=1/n\cdot[\Sigma L_{0j}(t_k)] \quad (5-61)$$

通过灰色关联分析便可找出影响高寒草甸植被产量气象因子中，哪些是主要的，哪些是次要的，哪些则成为限制因子。

在进行高寒草甸植被产量的评估时，考虑到比较序列的正交性，先对气象因子序列利用主成分分析进行正交化处理，再建立多元回归评估模型，同时也简单地利用当年前期气象因子，建立了直接的回归方程，以为及时种植冬春进行补饲青干草提供依据。

(二)气象因子影响高寒草甸植被净初级生产力主次的关联程度分析

首先，考虑生物意义明显，确定对植被产量影响较深刻的主要气象因子，同时考虑到冬春以及上年度气象因素延伸滞后影响的可能，本文对气象因子进行普查筛选出以下几个物理意义较明显的主要生态气象因子：

X_1表示5—8月平均气温；X_2表示5—8月降水量；X_3表示5—8月降水量与平均气温的比值；X_4表示5—8月日照时间；X_5表示1月平均气温；X_6表示上年度9—11月降水量。

取上述气象因子的生物意义是：5—8月正是植被返青至成熟的全生育期。在高寒草甸地区，植被一般于4月下旬进入萌动发芽阶段，此时日平均气温刚刚稳定通过≥0 ℃;在5月上旬植被返青,到8月下旬,植被进入成熟阶段,部分植被已形成草籽,少部分植被开始停止生长;9月中旬植被生物量达最高值,9月中旬初开始,也是日平均气温稳定地进入<5 ℃,日最低气温降至-7 ℃以下,大部分植被停止生长,植被部分枯黄。因此,X_1、X_2、X_3、X_4取为5—8月的平均气温、降水量、降水量与平均气温的比值,以及其间的日照时间。其中降水量与平均气温比值表示了水热因素的综合水热指数;1月平均气温表征了冬季冷暖程度,一定意义上反映了土壤冻结时,土壤冰晶水以及其他土壤水分留存于土壤中含量的多少,即与土壤墒情有很大的直接或间接关系。另外,考虑到当年植被生长与前期降水亦有很好的关系,在此还考虑了上年度9—11月的降水量情况,寒冷的12月至翌年2月,降水量极为稀少,土壤表面有一定的干土层,有降水时,短日里所降的水量将蒸发完尽,故仅考虑了9—11月的降水情况。

其次,对已均值化处理的气象因子与植被产量资料(略)进行相对差计算得出:Δ_{min}=0.0004,Δ_{max}=0.8630。本文取分辨系数为0.5,先计算各气象因子与植被产量在各年的关联系数,最后得出植被产量与各气象因子之间的关联度,见表5-24,关联度用r_{0j}表示,j为气象因子序列。

表5-24　高寒草甸植被产量与气象因子的关联度(r_{0j})

	r_{01}	r_{02}	r_{03}	r_{04}	r_{05}	r_{06}
关联度	0.7913	0.7434	0.7540	0.7711	0.8348	0.6384

通过计算有关参数表明,高寒草甸植被地上生物量积累过程表现有缓慢积累—快速增加—相对稳定—折损减少等4个阶段。4月下旬日平均气温稳定≥0 ℃开始,到6月中下旬日平均气温稳定≥5 ℃开始的期间,气温低,冷空气活动频繁,降水仍然较少,植被萌动发芽,生物量积累缓慢;6月下旬到8月中旬,日平均气温稳定≥5 ℃,太阳辐射强烈,气温高,降水最为丰富,有利的水热条件,促使植物生长旺盛,干物质积累最快;8月下旬到9月上中旬,植物成熟,气温开始降低,降水减少,地表有时出现短时冻结现象,部分植被出现枯黄,生物量不再积累,并相对稳定一段时间;进入9月中下旬,日平均气温稳定<5 ℃开始,大部分植被停止生长,降水急剧减少,日最低气温可降至-7 ℃以下,随严冬的到来,植被地上生物量在恶劣环境的影响下逐渐减少。由k_0、k_1、k_2及积温关系推算可知,约在8月1日前后相对生长率达最大,约在6月24日到9月13日这80多天的时间,生物量积累最为迅速,所积累的干物质要占整个生物量的2/3,而时间只占全生长期的1/2,说明该期是植被产量形成的关键期。

长期以来,对于影响高寒草甸植被生长及年产量形成的气象因子其主次成分难以定论,也困扰着人们对此进行深入认识。通过关联分析表明,关联度有$r_{05}>r_{01}>r_{04}>r_{03}>r_{02}>r_{06}$,证明高寒草甸地区植被生长发育、年产量的提高与气温关系密切。这与内蒙古干旱草原有明显不同,内蒙古干旱草原热量充足,降水则成为限制因子。在高寒草甸地区,降水丰富,一般为400～800 mm,平均在500 mm左右。植被返青开始至成熟的

5—9月间，降水量占年降水量的75%以上，基本能满足植物耗水量（约362 mm）的需求。虽然在植被萌动发芽到返青前后的时段内，降水量较少，气候上正值我国北方普遍干旱时期，但该时期冻土仍然维持于20～180 cm深层，地表0～20 cm地温上升至0～3 cm以上，地温的梯度较大，冻土层内冰晶水以及其他土壤水分受热力条件影响，不断地迁移补充给地表层，而且草皮表层因根系发达，盘根错节，有较强的持水和滞水能力，1991、1992、1993年的观测表明，0～60 cm土层，土壤湿度达干土重的38%以上，0～20 cm可达50%，表现出土壤水分含量有较高的水平，年内保持有较长时间的水分湿润状况，一般不出现干旱现象，致使植被在整个生长发育期水分是适宜的。同时高寒草甸植物属湿冷性植物，适宜的水分条件下可以忍耐短时-8 ℃的低气温环境。但高海拔条件的制约，植被生长季气温较低，最热月平均气温<10 ℃，5—8月平均仅为7.1 ℃，日平均气温≥0 ℃的积温只有1 100 ℃，因而热量显得不足，成为植被产量提高的主要限制因子。从植被生长季（5—8月）来看，影响植被产量形成的主次气象因子，依次为平均气温、日照时间、水热综合协调的配合，最后为降水量的多少，可见降水量并非植被产量形成的限制因子。

最冷的1月平均气温与高寒草甸植被产量关联度最大，为0.8348，同时方差分析还表明，1月平均气温与植被产量有显著的负相关（$P<0.01$），$r=-0.7123$，$n=16$，表现出1月平均气温越低，当年植被产量越高，这是因为1月气温低，土壤冻结厚而坚实，土壤内部有大量的水分贮存。在植被进入旺盛生长的6—8月，水分条件由于降水的供给而充足，但早春植被萌动发芽初期时段，我国北方正值“干旱”，较高的土壤水分可弥补短时“干旱”胁迫的危害，使植被初期营养生长阶段有水分的补给。虽然寒冷的冬季可冻死冻伤植物的根茎，但与土壤水分贮存量的作用相比显得次要。

六、气象因子影响高寒草甸植被地上净初级生产力主成分分析

主成分分析既能使较多的因子降低维数，又不损失或减少因子信息，它不是简单地把多个相关因子予以加、减、乘、除等方式进行合并，而是利用因子间正交性这一特点，巧妙地排除了因子间的平行关系，将较多因子的信息集中反映在较少因子的数目上。通过主成分分析后的气象因子物理意义一般较为明确，利用这些较少数目的因子再进行多元回归分析，效果会显得更好。同样，我们选择了上节“关联分析”中的气象因子，即X_1为5—8月平均气温；X_2为5—8月降水量；X_3为5—8月降水量与平均气温的比值；X_4为5—8月日照时间；X_5为1月平均气温；X_6为上年度9—11月降水量。通过对高寒草甸地区主要气象因子的主成分分析（李英年等，2001）：

$$GW = 349.8200 - 22.5756z_1 + 7.6321z_2 + 19.9415z_3 - 16.1837 \tag{5-62}$$

其中有：

$$z_1=0.5234X_1'+0.1881X_2'+0.0365X_3'+0.6619X_4'-0.3571X_5'+0.3516X_6' \tag{5-63}$$

$$z_2=0.0403X_1'+0.6729X_2'+0.6693X_3'-0.0307X_4'+0.2654X_5'-0.1621X_6' \tag{5-64}$$

$$z_3=0.5330X_1'-0.0547X_2'-0.2293X_3'-0.1048X_4'+0.7697X_5'+0.2385X_6' \tag{5-65}$$

$$z_4=-0.5482X_1'-0.0093X_2'+0.1600X_3'+0.1155X_4'+0.1981X_5'+0.7882X_6' \quad (5\text{-}66)$$

其中，X_1'、X_2'、X_3'、X_4'、X_5'、X_6'分别为气象因子X_1、X_2、X_3、X_4、X_5、X_6的标准化变量。

所建立的植被产量多元回归估测模型复相关系数为0.7398，经显著性检验，达显著性检验水平（$P<0.05$）。进行模拟处理看出，其拟合率较高，说明利用上述气象因子能综合反映出高寒草甸植物群落的产量情况，依此来评估年植被产量具有一定的准确性。

作为预报，我们以1980—1994年的资料，采用前期气象因子，可建立气象因子影响高寒草甸植被产量的简单回归模型有：

$$GW = 21.9874 - 20.0341T_1 + 0.2204R_{9-11} \quad (5\text{-}67)$$

式中：GW为高寒草甸植被产量的预报值；T_1为当年1月平均气温；R_{9-11}为上一年度9—11月降水量合计。预报回归方程具有极显著的相关性水平（$r=0.7410$，$P<0.01$）。对1980—1994年植被产量模拟及与实际观测情况的比较结果见图5-41。对1995年植被产量进行试报，实际产量为415.8 g/m^2，而预报产量为387.9 g/m^2，其相对误差仅为6.71%，说明预报准确率较高，表明用前期气象因子T_1和R_{9-11}可作为高寒草甸植被产量的预报因子，从而在当年初，可做出当年植被产量的预测，以及时指导生产。

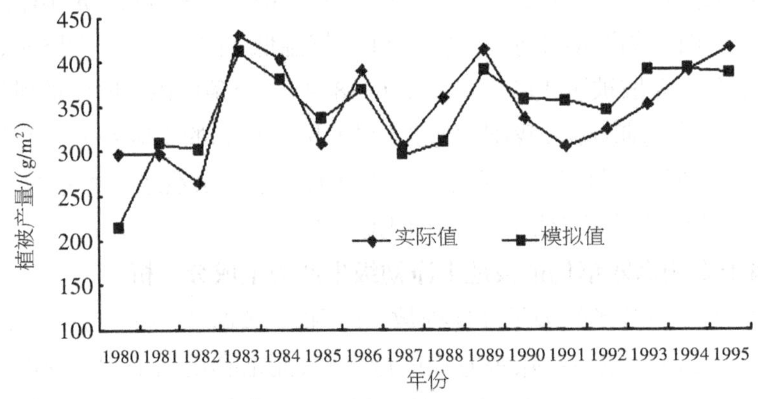

图5-41 植被产量实际值与模拟值的比较

通过对高寒草甸地区主要气象因子的主成分分析，可建立草甸植被产量的综合评估模型。同时我们还可以直接采用前期气象因子建立简单的影响高寒草甸植被产量的回归模型。这些模型的建立，不仅揭示了植被产量在随气象因子变化过程中的内部联系规律，同时也为该地区草场经营管理，合理安排冬春补饲青干草的种植，抗灾保畜，持续发展畜牧业生产提供可靠的依据。也表明合理利用土壤水分资源，充分发挥秋雨春用的作用，对提高植被产量是有利的。因而也可认为，在高寒草甸地区若条件许可，冷季进行适量灌溉，可提高来年植被产量。

七、植被地上净初级生产力积温比及迈阿密模型的应用

对天然放牧草场的生产力研究，国内外已进行了大量的报道，出发点主要有典型样地的实地测定和利用模型进行估测两种途径。在典型样地的实地测定方面，国内外大

规模系统的工作始于60年代中期，由于之后大量实验及研究站的建立，卫星遥感等先进技术的应用，对草地生物量的时间动态、年际分布、气候影响等方面进行了监测研究。在模型估测方面，较多的是提出利用温度、降水等气象因素影响植被生物量的模型，如迈阿密模型（以下简称迈氏模型）等。虽然迈氏模型起初建立于估算森林植被生物量方面，但对天然草场类型的生物量也可进行粗略的估测。我国不少学者对该模型进行经验修正后应用于天然草场的气候生产力估算。我们利用该模型对海北地区植被产量进行估算时，发现有较大的误差。为此，提出了植被生长期的积温比概念，建立高寒草甸植被产量的估算模型，并与迈氏模型进行比较（李英年，2000）。同时对气候变化后的影响状况给予简要的分析。

高寒草甸地区降水相对丰富，如前所述，一般情况下年降水量可在400～700 mm，降水主要分布于植被生长发育期内的5—9月，占年降水量的80%左右，可保证高寒草甸地区植被生长发育对降水的基本需求。而热量（温度）条件则成为植被年产量提高的主要限制因素。由此认为，植被产量主要是受温度因素的影响。从而，可引进表示植被地上年产量的积温比概念：

$$K = \frac{W}{\sum T} \tag{5-68}$$

式中：W为植被年产量（kg/hm^2，干重），我们取8月下旬至9月上旬植被地上生物量达最高时的测定值；$\sum T$为候平均气温≥0 ℃的活动积温（℃·d），为了计算方便，本节中仅以候平均气温通过≥0 ℃的那一候计算，至地上生物量达最大后的9月最后一候期间的积温，其间遇候平均气温<0 ℃时，按0 ℃·d计算；K为年植被产量所占积温的比例系数，可理解为植被产量的积温比。

利用海北站1980—1995年16年的实际测定资料，建立高寒草甸植被地上年产量与积温比间的回归相关关系，来确定植被地上年产量的估算模型，最后得出回归方程如下：

$$W = 492.557 \cdot \frac{\sum T}{\sum T - 945.572} \tag{5-69}$$

以1995年的实际值与模拟值进行比较验证。该回归方程相关系数r=0.9185，n=15，通过0.001置信度的极显著检验水平。

为了比较，这里列出迈氏模型如下，并分别称作迈氏-1［M-1，式（5-70）］和迈氏-2［M-2，式（5-71）］：

$$Y_T = 30\,000(1 + e^{1.315 - 0.119T}) \tag{5-70}$$

$$Y_R = 30\,000(1 - e^{-0.000664R}) \tag{5-71}$$

式中：Y_T、Y_R分别为根据一地年平均温度（T）、年降水量（R）以迈氏-1和迈氏-2所计算的天然草场的植被产量（kg/hm^2，鲜重）。依迈氏模型要求规定，模型所估算值中取Y_T、Y_R两者的较小值作为模型计算的产量值，但海北站按其要求以年降水的模型来计算较为适合。需要说明的是，迈氏模型所模拟得到的结果是指植被年地上地下总的净初级生产力(Helmut，1973；陈国南，1987)。依文献所述(杨福囤和王启基，1987)，高寒草甸地区植被地上净初级生产力与地上地下总的净初级生产力比只有1/3左右，故在进行上述模型计算后，为了便于比较，须对迈氏模型计算值乘以转换系数0.32。

利用迈氏模型(M-模型)及本节中提出的统计模型(W-模型)，对海北站1980—1995年逐年植被产量情况进行模拟并比较结果(图5-42)。同时以多年平均资料进行模拟计算，结果列于表5-25。通过两种模型计算结果及与实际测定值比较可以发现，迈氏模型所计算的植被产量与实际测定值比较明显偏低，平均相对误差为16%，拟合效果较差。这里还未考虑受径流影响使实际降水利用减少而导致模拟植被产量偏低更明显的因素。有人曾要求对降水进行径流的排除，将迈氏-2[式(5-71)]修正为：

$$Y_R = 30\,000(1 - e^{-0.000664R(1-f)}) \tag{5-72}$$

其中：f为径流系数，取0.12。

而用本节提出的模型所计算的结果与实际值较为接近，拟合率较高，平均相对误差仅为5%(表5-26)。利用本节提出的模型模拟预测1995年年地上生产力为4 005.3 kg/hm²，而实际测定值为4 157.8 kg/hm²，数值十分接近，相差仅为152.5 kg/hm²，相对误差为4%。可见本模型精度较高，可在高寒草甸植被产量的年度评估工作中应用。

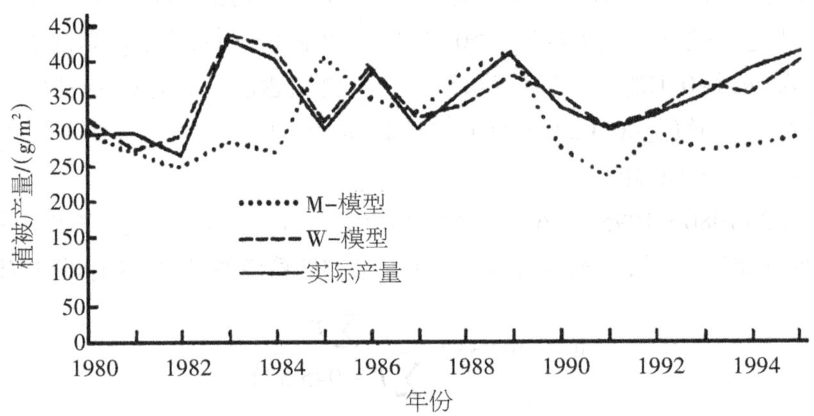

图5-42 不同模型模拟值与实测值比较

表5-25 不同模型计算的平均植被产量比较

要素	PR	AT	$\sum T$	M-1	M-2	W	Y_w	Δ	E
M-模型	585.4	-1.7	—	5 337.5	3 091.8	3 091.8	3 495.7	-403.9	12
W-模型	—	—	1 104.4	—	—	3 425.0	3 495.7	-70.7	2

注：PR为年降水量(mm)；AT为年平均气温(℃)；ΣT为生长季积温(℃·d)；M-1为迈氏模型模拟值-1(kg/hm²)；M-2为迈氏模型模拟值-2(kg/hm²)；W为本文模拟结果(kg/hm²)；Y_w为实际测定值(kg/hm²)；Δ为绝对误差(kg/hm²)；E为相对误差(%)。

表5-26　不同模型模拟效果的相对误差比较

年份	1980	1981	1982	1983	1984	1985	1986	1987	1988	1989	1990	1991	1992	1993	1994	1995	平均
M/%	0.7	0.7	5.1	33.7	34.2	31.5	11.0	5.6	6.9	0.0	16.7	22.6	7.7	21.9	28.1	28.9	16.0
W/%	6.7	8.4	11.0	1.6	3.7	1.3	0.5	4.5	5.5	8.5	5.1	1.0	0.9	4.5	9.4	3.6	4.8

注：*M*为迈氏模型模拟；*W*为本节模型模拟。

八、地温影响植被地上净初级生产力的积分回归分析

在研究植被产量的预测预报时，较多采用了某个气象因子或多个气象因子为自变量建立的经典回归分析。实际上气象因素对植物生长发育或产量形式的影响，并非简单地以某个气象因素作为自变量的回归关系。因为植物在生长发育的不同阶段，同一气象要素所反映的作用效果具有很大的差别。要素在植物生长发育不同阶段内的分配，对最终产量的形成有显著的影响。对此，不少学者在讨论农作物生长发育与气象条件的时间关系时，应用了正交多项式积分回归的模拟模型。积分回归具有利用样本资料少，同时考虑气象因子对植物生长发育在各个阶段有不同影响效应等优点，受到人们的重视。本节着力于高寒草甸植被生长发育期内气象因素随时间变化对其所能产生的影响，尝试建立了地温时间分布对植被产量影响的正交多项式积分回归模型，并逐段地进行影响效应大小的分析，以便为发展草地畜牧业生产服务（李英年和周兴民，1997）。

假设时间t是植物生长发育从0到τ的整个全生育期，从而可把生长期划分为若干个微时段Δt，终产量（GW）为：

$$GW = \Delta GW_0 + \Delta GW_1 + \cdots + \Delta GW_i = \sum_{t=0}^{\tau} \Delta GW_t \tag{5-73}$$

而在t到$\Delta t+t$时段内，植物生产力的平均递减率为$\Delta GW/\Delta t$，它与该时段内气象条件（X）的取值$X(t)$（一般为时段平均值）大小有关，有：

$$\frac{\Delta GW}{\Delta t} = a(t)X(t) \text{或} \Delta GW = a(t)X(t)\Delta t \tag{5-74}$$

由式（5-73）知：

$$GW = \sum_{t=0}^{\tau} a(t)X(t)\Delta t \tag{5-75}$$

则植物生长期各时段气象因素与植物生物量的关系可表示为积分关系：

$$GW = \int_0^{\tau} \mathrm{d}GW = \int_0^{\tau} a(t)X(t)\mathrm{d}t + C \tag{5-76}$$

式中：GW为植物产量；C是一待定的积分常数；$X(t)$是t到$t+\mathrm{d}t$时段内X的值；$a(t)$是气象因素对植物产量形成影响的时间函数，表示植物在不同时段内气象因素的单位变化量对植物年产量所产生效应的大小。$a(t)$通常是一个相互独立、变化缓慢的连续时

间函数,可相当精确地用一个时间表示的正交多项式来描述:

$$a(t) = a_0\Psi_0(t) + a_1\Psi_1(t) + \cdots + a_k\Psi_k(t) \tag{5-77}$$

式中:$k(k=1,2,...Q)$为正交多项式阶数。由此看出,$a(t)$可分解成随时间变化的部分$\Psi_k(t)$和不随时间变化的部分a_k。$\Psi_k(t)$为正交多项式的值,可在正交多项式表中查得;a_k为某一时段内的偏回归系数。

式(5-77)代入式(5-76):

$$GW = C + \sum_{k=0}^{Q} a_k \int_0^{\tau} x(t)\Psi_k(t)\,\mathrm{d}t \tag{5-78}$$

令$q_k = \int_0^{\tau} x(t)\Psi_k(t)\,\mathrm{d}t$,它是一个积分变量,称气象因素分配系数。当$x(t)$为离散型变量$X_t$时,$q_k$可化为求积形式:

$$\delta_{ij}(i, j = 1,2,\cdots,m) \tag{5-79}$$

由于正交性,有$\Psi_0(0) = 0$。因而上式化为:$q_k = \sum_{t=1}^{t} X_t\Psi_k(t)$,从而有:

$$\widehat{GW} = C + \sum_{k=0}^{Q} a_k q_k \tag{5-80}$$

式中:$\widehat{GW}$是GW的估计值。式(5-80)实际上是一个多元线性回归方程,即把正交多项式积分回归中的求解问题转化为多元回归求解,可采用最小二乘原理建立方程,而且对正交多项式的阶一般取4～5可满足精度的要求。

高寒草甸地区,畜牧业生产完全靠天养畜。草原建设投入甚微。相当时期内土壤理化形态基本均一,即土壤肥力在年度变化中保持一致,而且食草性野生动物(主要是兔、鼠)群落结构基本稳定,植被产量是在多年平均值上下波动。对此将植被产量组成分为两部分:一部分为气候、土壤肥力、外界干扰因素特定下的常态产值,以植被产量多年平均值表示;另一部分为年度间气候振动(特别是植被生育期内)所产生的平均值上下的波动量,亦称为气候产量。依据常态产值与波动产量,拟定出植被产量的产量指数为:

$$I_i = GW'_i / \overline{GW} \tag{5-81}$$

式中:I_i为第i年的植被产量指数,其大小表明气候振动对植被生长所能产生的影响程度,是气候条件好坏的指示。$I>1$为植被产量高于平均年,气候条件尚好;$I<1$为植被产量低于平均年,气候条件欠佳。$\overline{GW}$为植被产量的常态值(平均值);GW'_i为第i年的植被产量。

利用植被产量指数与植被生育期的气温、地温、日照和降水等要素间的相关分析表明,地温与植被产量间大多处于较高的负相关,绝对值最大的4月为-0.5765,较高于与其他气象因素之间的相关系数,同时地温在时间变化过程中有一定的持续性。从地温影响植被产量的生物学特征来看,大地是大气的“热汇”,大气直接吸收太阳短波辐射的能力较弱，来自太阳的热能通过地面的吸收、贮存并以长波辐射形式将能量释放于大气，引起空气温度变化，进而影响大气中各类环境因子的变化，表现出环境土壤和空气环境的相互作用与自然植物生长发育相联系。高寒草甸植物根系主要集中在土壤0～20 cm土层，占地下总生物量的93.2%（王启基和王文颖，1998），植物的根系活动与0～20 cm地温有直接的关系，主要表现为：(1)土壤有机质存在、矿化和土壤速效养分的多少与地温有关，植物对矿物质的吸收、有机物的合成与分解、转化、运输，不仅需要水分供给才能进行，而且对与之相联系的热量条件也有很大的依赖性；(2)地温直接影响植物种子和根系的萌动发芽及植物正常的生长发育，当外界气温变化剧烈时(特别是初春)，土壤温度变化则显得平稳，并保持一定的热量，将满足植物生长发育的需求；(3)植物在生长过程中发生蒸腾时，需要耗费相当的能量来调节植物体自身的温度和土壤温度，表明土壤温度从另一侧面反映了土壤水分贮存及运载能力的情况。

高海拔条件下，气候独特，生态环境严酷。每年日平均气温稳定通过≥0 ℃的天数极短，植被生长期仅125天左右，干物质积累主要集中于6月中旬至8月上旬。进入7月下旬后，雨水充沛，热量丰富，水热配合协调，良好的气候条件掩盖了植被生长对地温的生理反应。而在前期，气温较低，雨水分配不均，地温则起到重要的影响作用。针对以上生理-生态特性，在建立模型时采用了4月中旬(植被萌动发芽初期)到7月下旬(植被进入成熟初期)，每旬为一时段，共11时段，建立10 cm地温时空分布对植被产量指数影响的正交多项式积分回归模拟模型，然后以式(5-80)还原：

$$\widehat{GW} = 359.6\left[1.9176 + a_k\int_1^{11} \Psi_t(t)X(t)\mathrm{d}t\right] \tag{5-82}$$

本节对正交多项式的阶取5。表5-27和表5-28列出海北站1981—1995年(1982年除外)4月中旬到7月下旬10 cm旬平均地温、正交多项式积分回归的偏回归系数。不同时段因子影响产量效应的系数见图5-43。在建立方程时采用1981—1993年的资料，利用1994和1995年资料进行模型效果的验证。

对模型进行方差分析结果表明，复相关系数为0.9540。经显著性检验，统计模型式(5-82)达极显著相关水平(n=12，P<0.01)。植被产量实际值与模型估算值比较，拟合率很高(图5-44)，平均相对误差仅为2.32%，最大为10.40%。采用所建立的模型对1994和1995年年植被产量进行试报，实际测定值为390.8 g/m²和415.8 g/m²，其预报值分别为404.9 g/m²和397.2 g/m²，相对误差分别为3.48%和4.68%，预报准确度较高。

表5-27　海北站4月中旬到7月下旬10 cm地温

序号		1	2	3	4	5	6	7	8	9	10	11	12	13	14
年份		1981	1983	1984	1985	1986	1987	1988	1989	1990	1991	1992	1993	1994	1995
4月/℃	B	-0.3	0.1	0.6	1.8	1.2	2.3	1.2	1.2	1.1	1.6	2.3	2.8	0.8	0.5
	C	4.8	0.7	2.9	2.2	2.4	3.7	2.6	2.2	1.9	2.1	3.6	3.9	1.7	1.5

续表5-27

序号		1	2	3	4	5	6	7	8	9	10	11	12	13	14
年份		1981	1983	1984	1985	1986	1987	1988	1989	1990	1991	1992	1993	1994	1995
5月/℃	A	6.5	3.4	4.4	6.4	4.6	3.4	4.7	3.9	4.3	3.3	5.3	3.6	3.1	3.2
	B	7.4	5.8	5.3	5.5	6.5	6.1	4.9	4.0	5.1	7.1	4.4	2.7	5.1	5.4
	C	8.5	7.1	6.4	7.7	7.7	6.9	5.5	6.8	6.5	8.0	7.1	6.7	7.3	7.1
6月/℃	A	11.2	8.1	8.2	7.1	8.1	9.0	8.1	7.3	7.4	7.4	9.2	8.1	9.0	8.8
	B	12.0	8.7	9.3	10.0	8.6	8.5	8.7	8.8	9.5	10.5	11.0	9.6	10.7	8.8
	C	11.8	9.4	10.4	10.5	8.7	11.3	9.8	9.8	9.3	12.9	9.9	9.9	9.8	9.8
7月/℃	A	12.1	9.2	11.0	8.3	8.3	10.5	10.2	12.4	10.3	12.4	11.3	11.0	10.4	10.7
	B	13.5	11.1	11.2	10.3	10.3	11.5	13.1	11.4	11.9	14.0	11.1	11.9	12.6	11.2
	C	14.3	11.9	14.0	12.1	15.0	11.8	12.8	13.8	12.6	13.9	12.5	14.2	13.7	11.7
产量指数		0.825	1.196	1.121	0.856	1.085	0.852	1.002	1.152	0.936	0.848	0.904	0.979	1.087	1.156

注:A为上旬,B为中旬,C为下旬。

表5-28 积分回归模型有关统计参数

统计量值	积分回归方程参数					
	a_0	a_1	a_2	a_3	a_4	a_5
	-0.0230	0.0073	-0.0011	0.0003	0.0001	0.0001

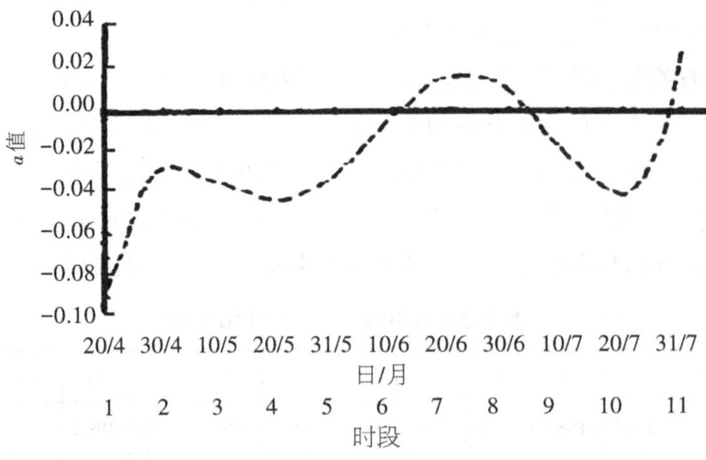

图5-43 高寒草甸植被生育期内各阶段a值分布

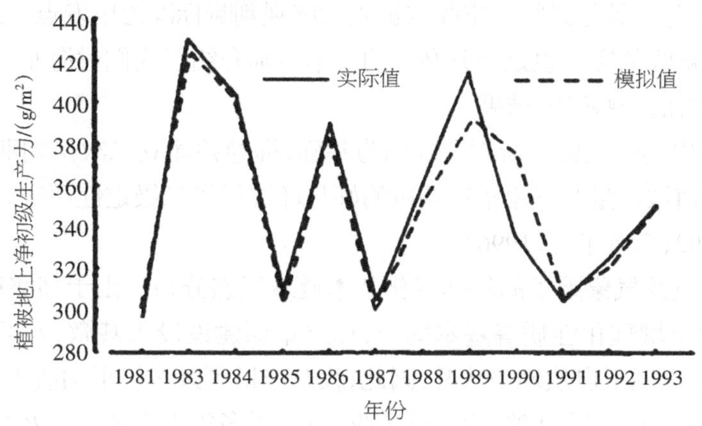

图5-44 植被产量实际值与模拟值比较

在建立的模型中，$a(t)$的变化是连续的时间函数。由图5-43可直观地看出，10 cm地温的时间分布，在4月中旬到7月下旬之间各旬对植被年产量指数的影响不尽相同。4月中旬到5月下旬，基本呈负效应，其间地温下降1 ℃，对植被年产量指数影响平均为0.0491，最低在4月中旬，为-0.0948，此阶段似乎表明，土壤热量富裕，储热量越高，对植被年产量形成越有利。实际上此阶段地温的高低，表征了土壤水分含量的高低，由于4月份地温与冬季地温具有很好的正相关，而冬季地温低，表明冬春土壤冻结坚实，厚度深，地表受低气温影响，土壤蒸发力减弱，致使土壤水分有较多的贮存，在植被进入萌动发芽至返青的春季天气干旱时期，有利于弥补干旱的胁迫。

6月中下旬，日平均气温已稳定地通过≥5 ℃，降水量也相当丰富，植被进入旺盛生长时期，叶面积加大，植物在强度生长的同时，系统蒸散(蒸腾、蒸发)最为强烈，进而需要消耗大量的水分和能量，使热量显得不足，地温表现出升高1 ℃，植被年产量指数将平均增加0.0155，最高为0.0187。7月上旬以后，地温时间分布所产生的效应复杂，可能与在植被生长过程中地表覆盖度加大，植株增高，致使植被进入成熟期等有关。其生物生态特性有待进一步的探讨和认识。

年景不同，气候振荡略有差异。本模型将植被产量的形成视为随时间变化的动态过程，避免了经典回归方法的不足。然而，本模型仅考虑了10 cm深层地温单个因子随时间分布影响植被产量的关系，更多因子的纳入及时段划分，本节未做深入讨论。但从拟合效果及预报结果分析来看，模拟模型的精度较为理想，具有一定的应用价值。该模型作为植被年产量对气象条件的反应，为草地生产力评估、畜牧业生产提供服务是可行的。

九、气候影响高寒草甸植被地上净初级生产力的二次型判别

传统的研究中，对气象条件与牧草产量之间的数学关系，多以多元线性回归、单元高次非线性回归加以描述，取得了较理想的效果。但在一般情况下，牧草生长的好、坏与气象因子之间并非简单的线性关系，而是气象多因子高次非线性综合作用的结果。同时，人们在植被产量年景行为的划分中，多以“好”与“坏”、“多”“少”或“高”“低”的感

观标准来衡量,实际上就是以牧草丰收与歉收的感观判断标准为出发点。为此,对植被产量进行丰收与歉收的衡量也是十分必要的。本节则介绍了我们对海北高寒草甸植被地上产量判别分析的一些研究结果。

本节的二次型判别以贝叶斯判别准则为基础,推导并建立二次型判别模型。对不同年景高寒草甸植被产量对气象条件响应的好与坏进行了二级定性评定。其方法和原理如下(施能,1992;李英年等,1996)。

通常牧草产量及气象因子的年际变化基本遵从正态分布。由于高寒草甸地区,在相当长的时期内土壤理化性质等基本均一,加之草原建设投入甚微,人类活动影响较小,牧草生长基本隶属于自然环境状况,因此,牧草产量可以多年平均值为准分为两类,大于或等于多年平均值归为A类,为牧草丰收年;小于多年平均值归为B类,为歉收年。则事件A和B的先验概率可由测定数据得出$P(A)$和$P(B)$,有$P(A)+P(B)=1$。而两类事件的密度函数分别表示为$f_A(X)$和$f_B(X)$。用$L(A/B)$表示对事件A类判空(实属B类)的损失;用$L(B/A)$表示对事件A类漏判(实属A类)的损失。因而,依两级分类区域错分损失的数学期望达到最小的准则,有判别函数$[g(x)]$的表达式:

$$g(x)=\frac{P(A)f_A(X)L(B/A)}{P(B)f_B(X)L(A/B)} \tag{5-83}$$

有:$g(x)>1$判A类;$g(x)<1$判B类。

由于序列为正态分布,则概率密度:

$$f_A(X)=\frac{|\Lambda(A)|^{-\frac{1}{2}}}{(2\pi)^{m/2}}\cdot\exp\left\{-\frac{1}{2}\left[X-\mu(A)\right]'\Lambda^{-1}(A)\left[X-\mu(A)\right]\right\}$$

$$f_B(X)=\frac{|\Lambda(B)|^{-\frac{1}{2}}}{(2\pi)^{m/2}}\cdot\exp\left\{-\frac{1}{2}\left[X-\mu(B)\right]'\Lambda^{-1}(B)\left[X-\mu(B)\right]\right\} \tag{5-84}$$

这里:Λ为记号,是$X(X=x_1, x_2, \cdots, x_m)$的协方差矩阵;$|\Lambda|$表示$\Lambda$的行列式;$\Lambda^{-1}$表示$\Lambda$的逆矩阵;$\mu(A)$、$\mu(B)$分别表示$A$类和$B$类随机矢量$X$数学期望的列向量:

$$\mu(A)=\left[\mu_1(A),\mu_2(A),\cdots,\mu_m(A)\right]'$$

$$\mu(B)=\left[\mu_1(B),\mu_2(B),\cdots,\mu_m(B)\right]' \tag{5-85}$$

其中:$\mu_i(A)$、$\mu_i(B)$分别是第i个因子A类和B类的数学期望(i=1,2,…,m);$\Lambda(A)$和$\Lambda(B)\Lambda(A)=\Lambda(B)$分别是$A$类和$B$类随机矢量$X$的协方差阵:

$$\Lambda(A)=\begin{pmatrix}\delta_{11}(A)\delta_{12}(A)\cdots\delta_{1m}(A)\\ \delta_{21}(A)\delta_{22}(A)\cdots\delta_{2m}(A)\\ \vdots\quad\vdots\quad\vdots\\ \delta_{m1}(A)\delta_{m2}(A)\cdots\delta_{mm}(A)\end{pmatrix}$$

$$\Lambda(B)=\begin{pmatrix}\delta_{11}(B)\delta_{12}(B)\cdots\delta_{1m}(B)\\ \delta_{21}(B)\delta_{22}(B)\cdots\delta_{2m}(B)\\ \vdots \quad \vdots \quad \vdots\\ \delta_{m1}(B)\delta_{m2}(B)\cdots\delta_{mm}(B)\end{pmatrix} \tag{5-86}$$

$\delta_{ij}=(i,j=1,2,\cdots,m)$为均方差。

式(5-84)代入式(5-83)，取自然对数，并用$GW(X)$表示判别函数，从而有：

$$GW=\frac{1}{2}\left\{[X-\mu(B)]'\Lambda^{-1}(B)[X-\mu(B)]-[X-\mu(A)]'\Lambda^{-1}(A)[X-\mu(A)]+\ln\frac{P(A)L(B/A)|\Lambda(B)|^{\frac{1}{2}}}{P(B)L(A/B)|\Lambda(A)|^{\frac{1}{2}}}\right\} \tag{5-87}$$

式(5-87)即为判别函数，有：$GW(X)>0$判A类；$GW(X)<0$判B类。为了计算简易，进行有关恒等变换，最后得出：

$$GW(X)=\sum_{i=1}^{m}\sum_{j=1}^{m}a_{ij}X_iX_j+\sum_{j=1}^{m}b_jX_{ij}+k \tag{5-88}$$

其中：

$$a_{ij}=\frac{1}{2}(-1)^{i+1}\left\{|\Lambda(B)|^{-1}|\Lambda^{ij}(B)|-|\Lambda(A)|^{-1}|\Lambda^{ij}(A)|\right\} \tag{5-89}$$

$$b_j=(-1)^{i-m}\left\{|\Lambda(A)|^{-1}\begin{vmatrix}\Lambda^{(i)}(A)\\ \mu'(A)\end{vmatrix}-|\Lambda(B)|^{-1}\begin{vmatrix}\Lambda^{(i)}(B)\\ \mu'(B)\end{vmatrix}\right\} \tag{5-90}$$

$$k=\frac{1}{2}\left\{|\Lambda(A)|^{-1}\begin{vmatrix}\Lambda(A)\mu(A)\\ \mu'(A)0\end{vmatrix}\right\}-|\Lambda(B)|^{-1}\begin{vmatrix}\Lambda(B)\mu(B)\\ \mu'(B)0\end{vmatrix}+\ln\frac{P(A)L(B/A)|\Lambda(B)|^{\frac{1}{2}}}{P(B)L(A/B)|\Lambda(A)|^{\frac{1}{2}}} \tag{5-91}$$

式中：$\Lambda^{(i)}$、$\Lambda^{(i,j)}$仍然为记号；$\Lambda^{(i)}$表示矩阵Λ中去掉i行得到的矩阵余子式；$\Lambda^{(i,j)}$表示矩阵Λ中去掉i行、j列的矩阵。

式(5-88)为因子数$x_i(i=1,2,\cdots m)$的二次型两级定性分类判别的数学模型。在模型中，K的算式中有难以确定的损失比$\frac{L(B/A)}{L(A/B)}$，但由于它出现于常数项之中，并没有影响因子信息的权重。因而，可假设$GW^1(X)=GW(X)-K$。利用样本资料，依式(5-88)可计算得出各年景的判别值($GW^1(X)$)，再根据$GW^1(X)$的实际分布情况，确定出判别临界值GW_0。当$GW^1(X)\geqslant GW(X)$，判一类；$GW^1(X)<GW(X)$，判另一类。

模拟方程建立后，应进行显著性检验，这里采用下列方法(施能，1992)。

设两类样本方差矩阵为$S(A)$和$S(B)$，则有参数：

$$E = (n-2)\ln|S| - (n_A - 1)\ln|S(A)| - (n_B - 1)\ln|S(B)| \tag{5-92}$$

$$C = 1 - \frac{2m^2 + 3m - 1}{6(m+1)}\left(\frac{1}{n_A - 1} + \frac{1}{n_B - 1} - \frac{1}{n-2}\right) \tag{5-93}$$

$$S = \frac{n_A}{n-2}S(A) + \frac{n_B}{n-2}S(B) \tag{5-94}$$

其中:S是$\Lambda = \Lambda(A) = \Lambda(B)$的理论估计值;$n$为总样本容量;$n_A$和$n_B$分别为事件$A$类和$B$类的样本数($n_A+n_B=n$);$m$为因子个数;$E$、$C$在这里仍为一记号,在$\Lambda(A) = \Lambda(B)$的条件假设下,有$E$、$C$遵从$X^2$的分布,自由度为$\frac{m(m-1)}{2}$。当$E \cdot C > X_a^2$时拒绝原假设,说明通过信度为$a$的显著性检验。

这里采用的资料为海北站13年的高寒草甸植被产量测定值和同期该站气象观测数据。其中以1983—1993年11年的资料建立模型,采用1994、1995两年数据进行试报检验。

高寒草甸地区,海拔高,空气透明度大,加之地形热力、动力作用明显,阵性天气过程频繁,很少出现连续的阴雨天气,天空云系变化急速。光照充足,年日平均达6.5 h,在牧草生长季的5—9月,日平均光照时间在6.7 h以上。进行各月日照时间与当年植被产量的相关分析表明,均呈显著负相关,相关系数为-0.0639～0.4474,均未达显著性相关水平(李英年等,1996)。可见,在高寒草甸地区,光照时间能满足草甸植物生长发育的需求,而非限制因素,而水热条件则是奠定植被产量形成的基础生态条件。各月平均气温、降水量与当年植被产量相关分析结果表明,二者间呈显著正相关,最高可达0.6023,特别是牧草生长发育初期的5—7月,正相关则明显大于其他月份(李英年等,1995)。

高寒草甸地区,4—7月各月降水量70～110 mm,早春虽降水较少,但冻土层内的水分不断地以热力载体作用补充给表土。在这种条件下,当日平均气温稳定通过≥0 ℃、≥3 ℃、≥5 ℃时,牧草的生长分别进入萌动发芽、返青、强度生长等过程(李英年等,1995)。温度并不参与光合作用过程中的能量转换,但温度不仅控制着牧草生长的全过程,而且通过光合作用和呼吸作用的影响控制着牧草的生长速度,初期的生长速度主要取决于气温的高低,而生长速度的快慢则是植被产量高低的关键。虽然,草甸地区水分较充足,但受环境条件的限制,如大风多、湍流运动明显,因而在降水日间歇的状况下,晴天时蒸发、蒸腾量明显加剧,致使土壤表层时常出现间歇的干旱现象。水分影响着牧草生长和植被产量的形成。因此,本节选择因子时,主要考虑气温和降水两个因子。5月上旬到7月下旬这三个月是牧草返青、生长发育和开花结实的关键时期,加之5月前降水对土壤保墒具明显作用等特征,因此,在建立模式时对气象因子取5—7月平均气温(AT)和4—7月平均降水量(RP)两个因子进行分析。

通过计算,建立气象水热因子影响矮嵩草草甸植被产量的二次型判别方程:

$$\widehat{GW'} = -26.2012AT^2 - 0.0138RP^2 + 1.2144AT \cdot RP + 280.9599AT - 6.4936RP \quad (5\text{-}95)$$

上式中：$\widehat{GW'}$为判别模型计算判别值。有关因子值及判别值等列表5-29。由表5-29看出，A类（牧草丰收年）的$\widehat{GW'}$值较大，最小值（$\widehat{GW'}_{min}$）为755.8467；B类（歉收年）的$\widehat{GW'}$值较小，最大值（$\widehat{GW'}_{max}$）为754.6148。根据错分次数最小原则（施能，1992），临界判别值（GW_0）取754.6148至755.8467之间。取其平均值，为：

$$GW_0 = (\widehat{GW'}_{min} + \widehat{GW'}_{max}) / 2 \quad (5\text{-}96)$$

有：GW_0=755.2308，判别准则为：

$$\widehat{GW'} \geq 755.2308 (判A类，牧草丰收) \quad (5\text{-}97)$$

$$\widehat{GW'} < 755.2308 (判B类，牧草歉收) \quad (5\text{-}98)$$

有关植被产量的实际分级、判别分级等均列表5-29。

表5-29　二次型判别检验

年份	1983	1984	1985	1986	1987	1988	1989	1990	1991	1992	1993
AT	7.0	7.1	7.2	7.5	7.0	7.7	7.6	6.8	7.8	6.9	6.6
RP	72.6	79.1	105.2	93.3	104.7	93.1	106.6	81.8	72.6	76.8	69.3
GW_1	A	A	B	A	B	A	A	B	B	B	B
$\widehat{GW'}$	755.847	755.999	748.624	757.178	741.736	756.322	756.737	750.966	740.925	754.615	752.173
GW'_1	A	A	B	A	B	A	A	B	B	B	B

注：AT为5—7月月平均气温（℃）；RP为4—7月月平均降水量（mm）；GW_1为实际产量分级，$GW_1 \geq$ 357.31 g/m^{2}为A类，$GW_1 <$ 357.31 g/m^{2}为B类；$\widehat{GW'}$为计算的判别值；GW'_1为计算的判别分级，$GW'_1 \geq$ 755.2308归A类，$GW'_1 <$ 755.2308归B类。

由表5-29二次型两级分类定性判别表明，分辨率极高，无一次空判或漏判，拟合率高达100%，具有很好的判别拟合效果。

通过所采用资料有：n_A=5，n_B=6，m=2；

$$S(A) = \begin{pmatrix} 0.0776 & 2.9408 \\ 2.9408 & 142.4024 \end{pmatrix}, S(B) = \begin{pmatrix} 0.1458 & 0.3067 \\ 0.3067 & 212.3056 \end{pmatrix} \quad (5\text{-}99)$$

$E = 9.2004$,　　$C = 0.7552$;

$E \cdot C = 6.9481$

当a取0.01时，自由度为1的X^2值为6.635，可见$E \cdot C > X_a^2$，故拒绝$\Lambda(A) = \Lambda(B)$的假设，表现出二次定性判别达极显著水平。

利用建立的二次型判别模型分析对1994、1995年进行试报（表5-30），由表5-30看出，对这两年的预报是成功的，具有很好的准确性，可在草地生产力水平高低评估中得到应用。

表5-30　二次型判别预报检验

年份	AT	RP	GW	GW_1	$\widehat{GW'}$	GW'_1
1994	7.6	91.2	390.8	A	756.6419	A
1995	7.2	74.3	415.8	A	755.6392	A

注：GW为植被实际产量(g/m²)。其他符号意义同表5-29。

以上所建立的模型中，若令$\widehat{GW'}$ = 755.2308，则二次型判别模型为一椭圆曲线方程(图5-45)。其方程为：

$$-26.2012AT^2 - 0.0138RP^2 - 1.2144AT\cdot RP + 280.9599AT - 6.4936RP - 755.2308 = 0 \quad (5\text{-}100)$$

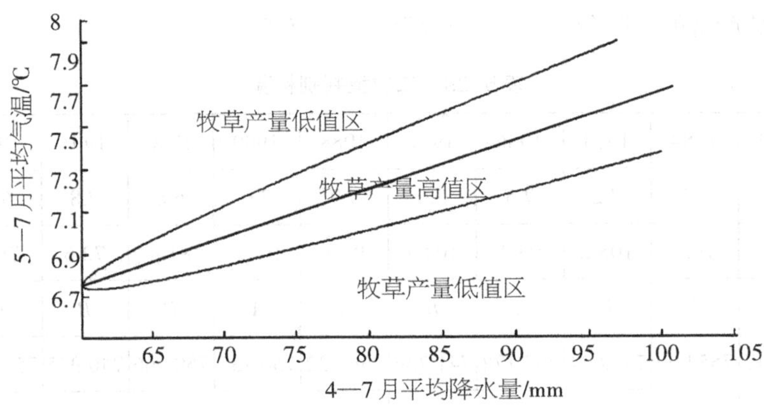

图5-45　高寒草甸生产力与4—7月平均降水、5—7月平均气温的模拟图

二次型判别模式是由5—7月月平均气温和4—7月月平均降水量组成的一个椭圆曲线方程，而椭圆的长轴与AT、RP组成的直角平面有一定斜率。可以看出，植被产量丰收年均在椭圆方程区域范围之内的长轴上下；而歉收年则在方程区域范围之外。植被产量较高年份的降水量有高也有低，而对气温的要求则较高。可见，矮嵩草草甸植被产量的高低与气温关系密切。降水量在年度间基本能满足植被生长发育的需求。但是气温明显偏高、降水量相对较少的年份，植被的生长则将受到一定影响，致使植被产量相对较低。在海北高寒草甸地区，4—7月平均降水量保持在70～110 mm；5—7月平均气温为6.5～7.8 ℃。从图5-45看出，植被产量较高年份的降水量有高也有低，而对气温的要求则较高。可见，矮嵩草草甸植被产量的高低与气温关系密切。降水量在年度间基本能满足牧草生长发育的需求。如1991年5—7月平均气温7.8 ℃，比正常年景(7.1 ℃)高0.7 ℃，4—7月平均降水量72.6 mm，比正常年景(86.8 mm)少14.2 mm，植被产量则低于多年平均值，偏少52.3 g/m²。结果进一步证实，高寒草甸地区水热协调配合在一定区域内，如两者同时在多年平均值的基础上偏高或偏低(但偏低不十分明显)时均有利于当年植被的生长和植被产量的提高。反之，降水和气温两者呈反向性变化，如气温偏低、降水偏多，或气温异常偏高、降水偏少，或气温、降水同时十分明显偏低，均对植被正常生长带来不利影响，植被产量则难以提高(李英年等，1996)。

高寒草甸植物的生物学和生态学特征是长期适应高寒气候的结果，其生态适应性非常脆弱。当外界环境条件略有变化，其生态功能则显著不同。降水、气温作为生态环境中最为重要的气象因子，在靠天养畜的天然放牧草场，便成为牧草生长中不可忽略的基本条件。特别是降水量在常年平均值上下波动不大的状态下，气温的高低则直接制约着牧草的生长发育及植被产量的形成，表现出在水热条件中热量是主导高寒草甸植被产量形成的重要因素。本节所建立的二次型判别模型是气象因子对植被产量影响的形式，而气象因子具有可预报性和观测性，因此，模型也可作为预测年植被产量好与坏的预报模式。从上述分析结果可以看出，预报效果尚好，因而可在草地生产力评估中应用。

十、气候影响高寒草甸植被地上净初级生产力的综合评判法

影响高寒草甸植被产量的丰歉是多种气象因子影响的综合产物，这些气象因子在影响过程中占据的比例成分有大有小。为考虑多气象要素对植被产量丰歉的影响，本节引进多气象因子综合指标的概念来预测植被产量的丰歉程度。其构建思路是对植被产量及气象因子首先进行数据的标准化处理，再综合各类要素的影响程度后进行预测预报(李英年等，2000)。所选择的资料为海北站1980—1995年共16年气温、日照、降水量和土壤10 cm地温气象资料。植被产量为海北站1980—1995年同期地上生物量测定值。

人们一般在感官上认为，不论是植被产量还是气候要素均属于一个“值”，实际上这个“值”是平均值和“脉冲”值的组合，因此为了使指标因子量纲化处理后，进行丰歉指标判别，这里对指标因子进行标准化。首先求出指标因子的距平百分率：

$$Q_i = \frac{W_i - W_p}{W_p} \tag{5-101}$$

式中：Q_i为第i年指标因子的距平百分率；W_i为第i年指标因子实际值；W_P为指标因子的多年平均值。然后对Q_i进行标准化(或称量纲化)处理：

$$T_{ij} = \begin{cases} K\dfrac{Q_i}{Q_{\max}} \times 100\% & Q_i \geq 0 \\ -K\dfrac{Q_i}{Q_{\min}} \times 100\% & Q_i < 0 \end{cases} \tag{5-102}$$

式中：A_{ij}为标准化处理的第i年j个指标因子(本节取5个因子)；$Q_{\max}$和$Q_{\min}$分别为Q_i的最大(Q_i>0时)和最小值(Q_i<0时)；K取为±1，它的意义是当指标因子与植被产量呈正相关时，取+1；当指标因子与植被产量呈负相关时，取-1。然后把标准化处理的各指标因子相加，并取加权平均，即为影响一地区高寒草甸植被产量丰歉的气象指标(D_i)：

$$D_i = \frac{A_{i1} + A_{i2} + A_{i3} + A_{i4} + A_{i5}}{5} \tag{5-103}$$

规定：当D_i>0时，说明气象条件对高寒草甸植被的生长发育有利，植被气象产量高于多年平均值，为植被丰产年；当D_i<0时，说明气象条件对高寒草甸植被的生长发育不利，为植被歉收年。

对植被实际产量(Y_i)可分解为趋势产量(Y_t)、气象产量(Y_w)和随机产量(Y_p)三部分：

$$Y_i = Y_t + Y_w + Y_p \tag{5-104}$$

趋势产量是受当地土壤性态、植被品质、牧业投入和管理、经营者素质等有关因素的影响。在海北站地区，草场投入甚微，一定时期内土壤性态、植被品质基本保持平稳（或不变），经营者素质和管理水平单一，因而趋势产量基本为一恒定状态，本文以多年平均值来替代，即$Y_t=c$（c为平均值，常数）。气象产量主要受气象条件好坏的影响，高寒草甸地区对草地的投入很少，植被生长发育完全隶属于自然状况，可以认为，正是由于不同年间气象条件分布的差异性，造成气象产量呈现波动变化，也由于趋势产量相对稳定，高寒草甸植被地上年产量的高低主要是气象条件的不同变化所引起的。其气象产量可用趋势产量和实际产量的差来确定：

$$Y_w = Y_i - Y_t \tag{5-105}$$

随机产量是由一些随机因素所引起的，如鼠、兔等食草动物的觅食，以及人为因素的干扰，同时还受到风吹、雹打等自然灾害破坏的折损影响。但研究地为封育草场，这些因素的影响也较为恒定，同时对植被的消耗也较低，可以不予考虑。

对于高寒草甸植被生长的全生育过程中，影响其生长发育的气象因子是多方面的。因此在建立气象因子指标时，首先利用气象产量进行与气象因子间（月平均值或月积值）的单相关分析和检验，筛选出一定数量与植被气象产量关系较为密切、影响比较显著的气象因子作为初始指标因子。为了使气象指标因子在划分植被产量时操作便利，方程式显得简单明了，在这些初始指标因子中再筛选出物理意义明显、相关系数较高的因子作为植被气象产量丰歉的气象指标。考虑到气象因子对植被产量影响有着一定的滞后性，本节在处理气象资料时，以上各月值取为上年度9月开始，到本年度高寒草甸植被进入枯黄期时的9月为止，共13个月，包括月降水量、月平均气温、月日照时间和10 cm月平均地温总计13×4个月值样本数。通过对高寒草甸植被气象产量与气象因子月值单相关回归处理列表5-31。

表5-31　高寒草甸植被气象产量与气象因子月相关系数

	上年度(1980—1995年)				本年度(1981—1995年)								
月份	9	10	11	12	1	2	3	4	5	6	7	8	9
AT /℃	0.271	0.425	-0.059	-0.252	-0.650	-0.463	-0.621	-0.638	-0.420	-0.529	-0.289	-0.420	-0.324

续表5-31

	上年度(1980—1995年)				本年度(1981—1995年)								
月份	9	10	11	12	1	2	3	4	5	6	7	8	9
RP /mm	0.445	0.469	0.312	0.202	0.403	0.398	0.063	0.529	-0.392	-0.154	0.307	-0.020	-0.132
SS/h	0.224	0.321	-0.001	-0.034	-0.231	-0.213	-0.158	-0.076	-0.064	-0.375	-0.344	-0.447	0.303
ET_{10} /℃	0.003	0.224	-0.112	-0.186	0.102	-0.289	-0.436	-0.571	-0.304	-0.573	-0.286	-0.343	0.211

注：AT为平均气温；RP为降水量；SS为日照时间；ET_{10}为10 cm平均地温。

通过对植被气象产量与各因子相关系数进行显著性检验，当n=16时，r>0.479的将通过信度α=0.05的检验水平，最后比较得出如下筛选的因子：1月平均气温、4月平均气温、4月降水量、4月10 cm平均地温、上年度10月降水量。这些气象因子指标的生物意义在于：1、4月平均气温的高低，从另一个角度反映了冷季土壤水分蒸发的多少，气温越低，蒸发越少，土壤冻结厚而坚实，使土壤水分将保持较高的水平来满足植被萌动发芽的水分需求，同时4月气温高低直接影响植被营养阶段的生长发育。春季正是我国北方干旱胁迫最重时期，4月降水量的多与少，可对干旱现象进行调节。虽然冬季冻土有较强的贮水能力，但春季温度的迅速上升，会使地表蒸发加大，此时冻土消融的快与慢、土壤水分的保持与散失，也与该期温度（特别是地温）有很大的关系，如4—6月的地温低，将会保持较高的土壤水分来供给植被生长发育的需求。上年度10月的降水量多少表征了土壤贮水能力的大小，间接地影响了来年植被的产量。日照因子并未选入是因为，一方面日照时间与降水呈反相关关系；另一方面高寒草甸的海北站地区，在植被生长季日照时间丰富，5—10月日平均日照时间达6.7小时，基本满足植被生长发育的要求。

需说明的是，表面来看4月平均气温与同期10 cm平均地温有着良好的正相关关系，对二者因子的同时纳入可能产生对分析结果的影响和干扰。但作者在分析时发现，4月平均气温与同期10 cm平均地温相关性并非甚高，相关系数为0.3854。这是因为，在4月，气温虽然很大程度制约或引起地温的变化，但由于该期间受高海拔因素制约，区域温度很低，土壤于10 cm以下仍维持冻结状态，地温在很大程度上受土壤冻结（4月前期）和融冻（4月后期）状态下土壤冰晶及水分结构的影响，而且这种影响比气温影响地温的变化显得更为重要。因而，在讨论影响植被产量的丰歉指标时，对4月平均气温与同期10 cm平均地温仍作为不同的单因子来处理。

利用式（5-104）对海北站地区1980—1995年的气象条件进行计算，并对植被产量丰歉情况做出评判（以对错按+、-评定），结果列表5-32。可以看到，其拟合率是较高的，达12/16=75%。判别误差较大的一般是在植被产量接近多年平均值的状况下，可能与人为主观性测定有一定的影响，但表明通过该类方法可基本准确地判别高寒草甸植被产量年度的丰产与歉收。

对比分析发现，这里所提出的影响高寒草甸地区植被产量丰歉气象指标判别模拟模型具有较高的准确性,拟合率达75%。在所建立的判别模拟模型中,采用的因子均为植被萌动返青期或前期因子,因而该模型可作为预报模型,进而对高寒草甸地区及时种植燕麦等,为冬春贮存青干草提供年景预测,以为地区抗雪灾保牲畜提供服务。模型作为在高寒草甸地区对植被产量丰产与歉收评估的一种探讨和尝试,加上由于资料长度的限制,本节并未使多个气象因子纳入模型方程的建立,因此,该指标方法有待进一步研究完善和改进。

表5-32 影响高寒草甸植被产量丰歉的气象指标及产量丰歉对比

年份	A_1/℃	A_2/℃	A_3/℃	A_4/℃	A_5/℃	Y_W/(g/m²)	D_i	检验
1980	-53.83	-0.01	-55.27	14.29	-14.80	-52.9	-31.92	+
1981	-73.05	-100.00	-100.00	0.00	-80.40	-52.8	-70.69	+
1982	-100.00	26.32	-99.67	28.57	-95.19	-85.3	-47.99	+
1983	100.00	57.89	10.81	100.00	1.04	80.4	53.95	+
1984	51.63	10.53	57.30	28.57	-37.60	53.6	22.09	+
1985	-11.56	-40.00	-3.51	-11.11	-76.00	-41.7	-28.44	+
1986	3.21	21.05	100.00	14.29	44.36	40.5	36.58	+
1987	-73.05	-60.00	61.34	-77.77	-4.79	-43.2	-30.85	+
1988	-53.83	-15.00	-63.33	-22.23	-100.00	10.7	-50.48	-
1989	25.82	15.79	35.13	14.29	100.00	64.4	38.21	+
1990	-23.05	78.95	13.24	21.43	73.78	-13.2	32.87	-
1991	19.34	5.62	-30.98	-22.23	-20.00	-55.6	-9.72	+
1992	19.34	-40.00	60.81	-88.88	-82.40	-25.2	-26.23	+
1993	64.54	-35.00	-72.75	-100.00	-18.00	2.4	-32.24	-
1994	-15.39	-35.00	25.40	-55.55	-33.20	41.2	-22.75	-
1995	54.85	100.00	-7.35	50.00	-61.60	66.2	27.18	+

注:Y_W为植被气象产量(干重);D_i为丰歉判别指标;A_1、A_2、A_3、A_4和A_5分别为1月平均气温、4月平均气温、4月降水量、4月10 cm平均地温和上年度10月降水量等气象因子经标准化处理后的指标因子;表中"+"号表示指标反映的产量与实际相符,"-"号则表示指标反映的产量与实际不符。

十一、植被地上净初级生产力的年际周期特征

自然植被的净初级生产力是生态系统研究的重要内容,与非生物因子,特别是与气候的关系,是研究生态系统结构与功能的一个关键环节(钟海民和杨福囤,1991;Chapin et al.,2002)。地上净初级生产力(ANPP)是表征生态系统功能的一个重要指标,不仅能够反映生态系统初级生产者的生长与发育状况,而且可以表征供给消费者和分解者的能量,其对所有涉及能量流动和生物地球化学循环的生态系统过程均具有重要作用(Tilman,

1996;Bai et al.,2004;周华坤等,2006)。ANPP一方面取决于群落类型、种类组成、结构特征及植物种群的生物-生态学特性,另一方面它又受环境条件的制约。生态系统结构主要研究生态系统中生物体(如植物和动物)与非生物因子(如温度、降水)的组成、配制和相互关系(宋永昌,2001)。研究净初级生产力动态规律,不仅能为生态系统的研究提供重要的参数,而且能为高原畜牧业的发展提供重要的科学依据(周兴民,2001)。

我们以1980—2007年矮嵩草草甸的地上净初级生产力的年际波动来探讨环境因子对高寒草甸生产力年际波动的影响,解释其内在规律。图5-46给出了1980年到2007年海北站高寒矮嵩草草甸植被地上净初级生产力的年际动态变化状况。

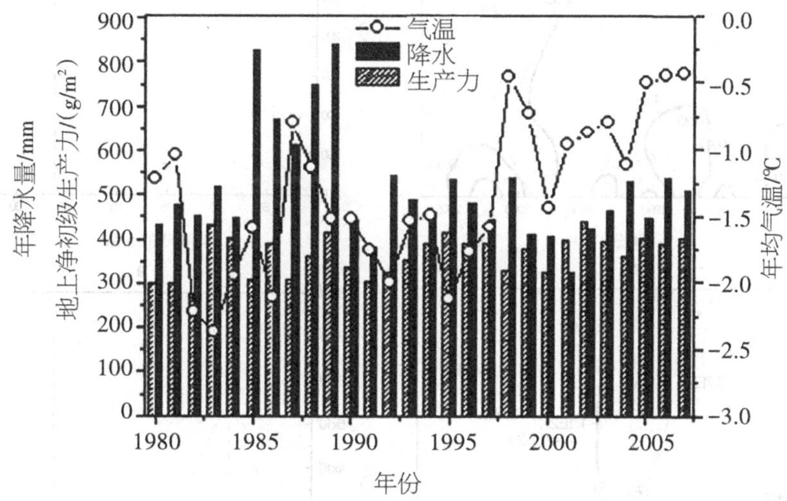

图5-46　矮嵩草草甸年均气温、年降水量和地上净初级生产力年际动态

由图5-46可以看出,根据1980—2007年测定的结果,矮嵩草草甸地上净初级生产力年间差异较大,其变动范围为276.2～441 g/m²,平均值为364.7 g/m²,最高值为441.0 g/m²(2002年),最低值为276.2 g/m²(1982年),前者为后者的1.6倍。据地上净初级生产力与气温和降水的相关分析表明,年地上净初级生产力仅与10月平均气温正相关(r=0.42,P=0.026),与以前的研究有较大不同(李英年等,1995;2000;2001),这可能是采用数据集的时间尺度不同所致的。

生态系统是一个非线性系统,而周期振荡作为非线性系统的基本模式可以描述生态系统的波动(Platt and Denman,1975;Wiens,1989;周立,1995)。我们采用墨西哥帽母函数[式(5-106)]进行小波变换,再将扩展的小波系数去掉,得到所需小波系数,并依式(5-107)计算小波方差,通过寻找其峰值分析其变化的主要周期(张法伟等,2009):

$$\varphi(t) = (1 - t^2)\frac{1}{\sqrt{2\pi}}e^{-\frac{t^2}{2}} \tag{5-106}$$

$$W_f(a,b) = \frac{1}{\sqrt{a}}\int_R f(t)\varphi(\frac{t-b}{a})\mathrm{d}t \tag{5-107-1}$$

$$Wp(a)=\int_{-\infty}^{\infty}|W_f(a,b)|^2\mathrm{d}b \tag{5-107-2}$$

式中：a为尺度因子，反映小波的周期长度；b为平移因子，代表相对于t的时间平移，即时间坐标；$\varphi(t)$、$f(t)$、$W_f(a,b)$和$Wp(a)$分别代表墨西哥帽函数、信号（待分析变量）函数、小波系数和小波方差，通过分析并建立周期振荡的小波变化，见图5-47。

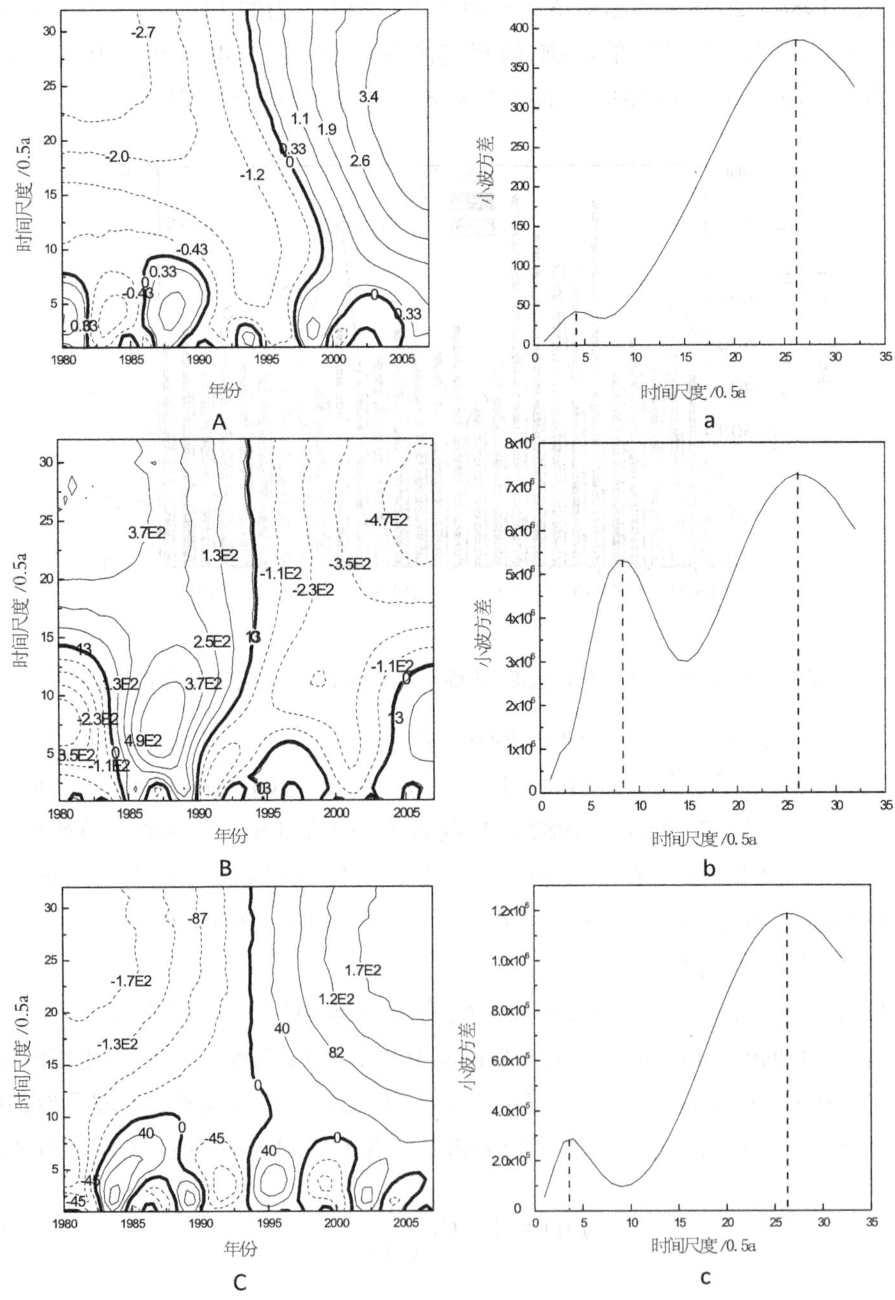

图5-47　年平均气温、降水和地上净初级生产力距平的小波变换(A,B,C)和小波方差(a,b,c)

由图5-47可以看出，在较长的时间尺度（≥5年）上，年均气温经历了一个从低到高的过程。以5年尺度为例，1999年是突变点，此前年份为气温偏低阶段，之后则为偏高阶段。而且，其最后的正等值线均未闭合，依据对称变化，表明该区域未来10年左右的气温仍将处于气温较高的阶段。在较短的时间尺度上，气温变化的小波图形比较复杂。以3年为例，气温距平经历高—低—高—低—高的循环，且突变点增到了6个。同时，其最后的正等值线也未闭合。表明不论在长时间尺度还是短时间尺度，该区域未来气温都将处于相对较高的阶段。相邻小波系数之间的差值也较小，表明了本研究区域的年际温度波动较小，处于一个缓慢上升期。小波方差图表明各个时间尺度对信号的相对扰动强度，图中峰值对应信号波动的主要周期。由图5-47a可以看出，气温的小波方差有一个主要周期（13年），与太阳活动的黑子周期11年的尺度较为一致；其次要周期为2年。两者小波方差比为0.14，说明在温度变化过程中，主要周期对温度的年际波动影响较大，次要周期的作用则偏小。

在8年以上（包含8年）的时间尺度，降水经历了一个丰沛到偏少的过程（图5-47b）。突变点在1993年（8年尺度为例），此前年份为降水相对丰沛阶段，之后则为降水偏少阶段。最后未闭合的等值线表明未来15年的降水会处于偏少期。在8年以下的时间尺度（以5年为例），降水则经历偏少—丰沛—偏少—丰沛的循环更替，突变点则增到了3个。其最后为闭合的等值线，表明未来3年降水会处于一个相对丰富的阶段，和较长时间尺度的结论恰好相反。这也反映了降水处于一个难以预测的振荡期。相邻小波系数之间的差值也较大，说明降水的年际波动较为剧烈。小波方差图也表现为两个主要周期，但两者方差的差异较小（图5-47c）。其中13年的时间尺度成为降水变化的主要周期，4年周期对降水变化的影响也较大，两者的小波方差比为0.77。降水的周期变化受控于两个干扰强度较大但方差差异不大的时间尺度，也进一步印证了其变化的复杂性。

从5年以上的时间尺度来看，地上净初级生产力的波动经历了从偏低到偏高的过程（图5-47c），与气温年际变化较为相似，突变年份在1995年（以5年尺度为例）。图中尚未闭合的正等值线表明地上净初级生产力在未来5年左右将会处在相对较高的阶段。而在3年的时间尺度上，其表现出低—高—低—高—低—高的循环过程，突变点也增到了5个。但由于最后的等值线已经闭合，难以判断地上净初级生产力在未来几年的变化趋势。其相邻小波系数之间的差值较大，量值和降水的差别一致，反映地上净初级生产力的年际变化显著。地上净初级生产力的年际变化趋势与气温相似，但变化幅度则与降水一致，说明生态系统对降水和温度都具有不同程度的响应。高寒草甸植被地上净初级生产力小波方差图和气温的结果极其相似（图5-47c），也是出现一个主要周期（13年）和一个次要周期（2年）。两者方差比约为0.25，表明13年的时间尺度对地上净初级生产力变化的影响十分强烈，而2年的作用则相对微弱了许多。

1980年以来，海北高寒草甸的气温以0.043 ℃/a（$R^2 = 0.38, P < 0.001$）的速率上升，高于青海高原的0.036 ℃/a，这也印证了青藏高原气候明显变暖的地区发生在北部（吴绍洪等，2005）。其增温的季节分布也十分不均，增温幅度顺序依次为：冬（12月至翌年2

月,0.128 ℃/a)、春(3—5月,0.055 ℃/a)、秋(9—11月,0.039 ℃/a)、夏(6—8月,0.036 ℃/a),其中冬季增温对全年增温的贡献最大,贡献率高达197%,远高于其他生态类型,将降低高寒草甸的碳汇能力。小波分析结果表明,气温在短时间尺度上存在2年左右的周期,与周立等(1995)采用功率谱的分析结果相似(3年左右周期),也与韦志刚等(2003)采用小波分析发现其存在准3年的结果基本吻合。而13年的长周期与姚檀栋等(1996)采用最大熵谱分析得出青藏高原气温存在14年的周期相似。

降水的变化处于一个较为激烈的振荡期,下降斜率-4.499 mm/a(R^2 = 0.089, P = 0.124),和毗邻的门源地区基本一致(汪青春等,2007),没有表现出明显的趋势(吴绍洪等,2005)。小波分析的结果(长时间尺度未来降水减少,短时间尺度未来降水增多)也表明,降水变化较为复杂。4年的短周期与前人的研究结果较为吻合,但13年的长周期则难以吻合(周立,1995;姚檀栋等,1996;吴绍洪等,2005)。两者差别的原因可能是小波方差与分析对象数据集的大小紧密相关。

对地上净初级生产力周期振荡行为的研究较少,故难以进行多点比较。2年的周期变化行为与周立等(1995)的研究结果吻合(3～4年),但13年的周期变化有待通过其他研究的进一步证明。但是,在20年时间尺度上,其相对于对降水变化的不敏感,和气温关系较为密切这点,与周华坤等(2006)和李英年等(2004)对该地区的研究结果一致。但与周立等的研究结果相反,其通过1980—1991年的数据发现,降水是该地区地上净初级生产力振荡的激励源,而气温只是一个辅助源(周立,1995)。我们也通过正负相关的方法对其进行分析,发现地上净初级生产力与年平均气温同方向波动20年,与年降水则只有14年。两者结果差异的原因主要是数据集的大小。依据小波分析结果,地上净初级生产力的年际变化与气温波动趋势较为一致,其变化幅度则与降水相似,但趋势方向相反。温度升高尤其发生在植物生长季,有利于土壤氮的矿化、植被的生长、冻土的消融,影响高寒生态系统生产力,是其年际波动的主要因素。而冻土的消融可以削弱降水对生态系统的作用,但随着冻土的过度消耗,降水可能在未来气候变暖的情景下,将成为高寒生态系统的限制因素。

海北高寒草甸地区的气温、降水和地上净初级生产力在较长时间尺度上均存在13年的周期,与太阳活动黑子周期(11年)较为一致,短时间尺度的振荡则可能表现为自身振荡。这与姚嬗栋等(1996)的研究结果相符。

十二、矮嵩草草甸地下净初级生产力的模拟预测

(一)季节动态模拟

李英年(1998)利用1980年到1985年生物量季节动态变化数据,在分析地下生物量季节变化与气象条件关系的同时,探讨了年地下净初级生产力与气象条件的关系。分析表明,高寒草甸植物地下生物量的升高—降低—升高的变化规律,与土壤含水量有明显的滞后正相关(图5-48),基本表现出当月地下生物量与前月土壤含水量变化趋势相一致的过程。特别是牧草生长旺盛、地上生物量积累最为迅速的6—9月,滞后正相关尤为明显。

从气温、降水量的月际分布与高寒草甸植物地下生物量的月际变化来看，这两个气象要素的变化与地下生物量具有明显的负相关(图5-49)。表明高寒草甸地区在年内月平均气温较低、月降水量较小的时期，地下生物量较高；在月平均气温较高、月降水量最为丰富的时期，地下生物量反而较低。这主要是因为在良好的气候条件下，植物地上部分生长发育最迅速，植物进行光合作用的同时，要消耗大量的土壤水分，在蒸腾时也要消耗大量的能量，所以，相应要从地下根系中得到大量的能量来补充，致使地下生物量不断地消耗能量而折损降低。相反，气温较低、降水较少的时期，植物地上部分生长受到抑制，地下根系能较多地贮存能量，并满足其生长发育的需要，地下生物量也有所提高。

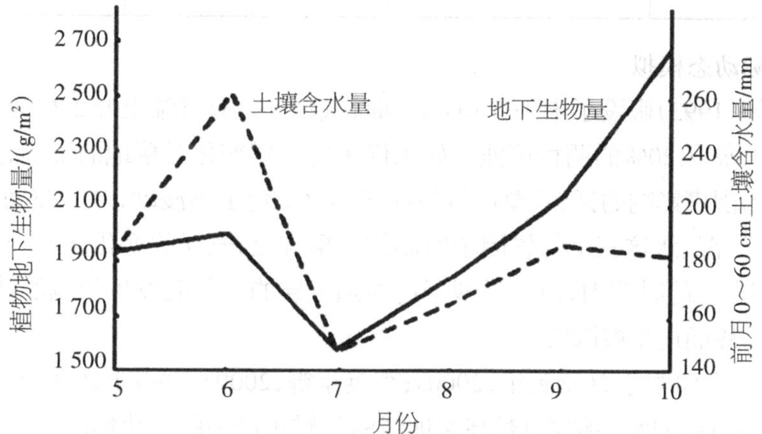

图5-48　高寒草甸植物地下生物量与土壤水分含量的关系

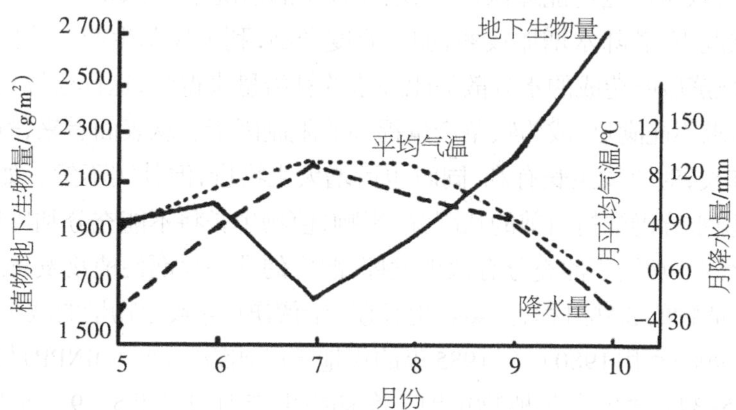

图5-49　高寒草甸植物地下生物量与气温、降水量的关系

高寒草甸植物地下生物量的月际变化与浅层0～20 cm地温的关系也有相同之处。在牧草生长发育期内，地下生物量月际变化与气象要素间的关系可用线性回归方程来描述：

$$BGW=a+bx \tag{5-108}$$

式中：*BGW*为生长期牧草逐月地下生物量(g/m²)；*x*为年内不同月份气象要素；*a*、*b*为回归系数(表5-33)。可以看出，年内植物地下生物量变化在牧草生长期的5—10月与气象条件相关关系较为明显，均达显著性相关水平。

表5-33　高寒草甸植物地下生物量与气象因素回归关系(*n*=6)

气象要素	气温	降水	地温(10 cm)
a	2 583.61	2 888.44	2 824.22
b	-94.94	-9.79	-93.63
r	-0.9340	-0.8867	-0.8377

(二)年际动态模拟

张新时等(1993)假设了未来在CO_2倍增时气候变化有气温上升2 ℃或4 ℃，降水可能分别增加10%和20%的两种可能。如果仅考虑气候变化对草地的影响，并不涉及牧草产量受人为因素影响的话，牧草产量将在多年平均值上下波动，这个波动主要受自然环境条件中光、温、水这三个气候因子所制约。事实上，气候的变化属于一个缓慢和渐进的过程，相当长的时期内，植被类型不可能随气候的变化而发生急剧的转变过程，只是随时间的推移而逐步被取代。

我们建立了不同模式(李英年，2000a；李英年等，2000)，并以上述两个设定(设定植被类型仍保持目前的水平结构)对高寒地区的气候生产力的变化情况进行过讨论。结果模拟估算发现，高寒草甸气候生产力现实状况与两种假设的结果有较大的区别。降水增加较少时，牧草产量可能降低；降水增加较多的情况下，牧草产量才有所提高。预示未来气候状况下，若降水增加较多，加之温度升高，利于牧草生产力的提高。若降水增加得少，植被蒸散所造成的水分散失比降水的补给量来得快，这样会导致牧草生长发育对水分的需求不能满足，成为牧草产量提高的限制因素。从表面看来，气候变暖可使植物生长期增长，对植物生长有利，同时也可增大生物量，但其实不然。如不考虑水分增加状况(或说水分仍维持目前的状况)的影响，植物生长将不能充分利用热量资源，水分的生理生化调节功能不能充分有效地发挥，温度的升高反而使植物发育速率加快，这样将提早高寒植物的成熟过程，其实际生长期反而缩短，导致生物量的减少。

李英年(1998)利用1980年到1985年的年地下净初级生产力(BNPP)与气象条件关系时发现(表5-34)，高寒草甸植物年地下净初级生产力与当年5—9月平均气温、降水量变化具有很好的一致性。如1981年5—9月是1980—1984年5年间气温最高、降水最为丰富的一年，植物年地下净初级生产力也是最高的一年；而1982年5—9月是1980—1984年5年间气温较低、降水最少的一年，植物年地下净初级生产力最低。分析表明，5—9月平均气温(AT_{5-9})、降水量(PR_{5-9})与植物年地下净初级生产力相关系数均达显著性相关($P<0.05$，$n=5$)水平，其回归方程分别是：

$$BNPP=-2515.36+498.85AT_{5-9} \quad r=0.7795 \tag{5-109}$$

$$BNPP=-2171.31+7.38PR_{5-9} \quad r=0.8619 \tag{5-110}$$

式中：$BNPP$ 为各年间高寒草甸植物地下根系净初级生产力；AT_{5-9} 和 PR_{5-9} 分别为5—9月平均气温和降水量。

高寒草甸属于青藏高原广泛分布的特殊植被类型，其地下生物量在牧草生长季的5—9月表现为“N”形变化规律，在气温最高、降水最为丰富的7月为最低，而在气温较低，降水较少的10月达最高。生物量的这种季节性变化与年内土壤含水量呈明显的滞后正相关，与年内生长期月平均气温、月降水量、0～20 cm月平均地温等呈很好的负相关。

表5-34　高寒草甸植物年地下净初级生产力与气象要素

年份	1980	1981	1982	1983	1984
植物年地下净初级生产力/(g/m²)	639.3	1 333.0	708.3	1 328.0	675.0
5—9月平均气温/℃	6.6	7.9	6.6	6.9	6.6
5—9月降水量/mm	420.6	475.8	376.3	448.1	384.4

高寒草甸植物年地下净初级生产力最高可达1 333.0 g/m²，最低只有639.3 g/m²。不同年份地下净初级生产力不同，在降水丰富、气温较高的年份，植物年地下净初级生产力较高，表现出与植物生长期降水、气温有很好的正相关。

通过大多数年份的监测表明，高寒草甸植物地下生物量在植物生长季的5—10月呈现“N”形变化，10月最高，平均为2 716. 0 g/m²（干重，下同）；7月最低，为1 581.9 g/m²。但不同年份气候条件略有不同，地下生物量变化有一定的差异。例如，1981年7月与9月差值达1 333.0 g/m²，1984年7月与10月差值仅为675.0 g/m²，表明各年间地下生物量变化振幅有很大区别；再如，1985年5月地下生物量比1980年5月生物量高1.9倍多，表现出年景不同，地下生物量在同一时期大小也有很大的差异。但年内季节变化趋势是相同的。

由1983年和1984年两年的资料看出（表5-35），高寒草甸植物年地下净初级生产力可达1 001.5 g/m²，在不同年份有很大的差异，如1983年是1984年的1.97倍。从1980—1982年7—9月的差值上也可以证实这一特点。如1981年地下净初级生产力为1 333.0 g/m²，而1980年地下净初级生产力仅为639.3 g/m²。

表5-35　高寒草甸植物地下净初级生产力及周转值

年份	最大差值时期	最高生物量/(g/m²)	年净初级生产力/(g/m²)	周转值
1983	7—10月	2 864.0	1 328.0	0.464
1984	7—10月	2 568.0	675.0	0.263
平均	7—10月	2 716.0	1 001.5	0.369

由表5-35还可看出,高寒草甸植物地下生物量在每年的周转值也有很大的差异,如1983年为0.464,1984年为0.263,两年相差0.201。但从两年平均的结果来看,高寒草甸植物地下生产力周转值为0.369,且表现出年内降水丰富,气温较高,地下生物量周转值较高。这与Dahlman和Kucera(1965)在美国密苏里州草原的研究结果基本接近,但与内蒙古大针茅草原研究的结果比较略有偏低(陈佐忠和黄德华,1988)。

十三、净初级生产力预报模拟结果的不确定性与气候变化

受气候温暖化影响,温度升高的同时,陆地表面、海洋面水汽的蒸发也在发生显著的变化,全球水循环增强,进而影响到降水的变化。目前的气候变化总的趋势是高纬度地区的降水将增加,副热带许多地区的降水将减少,季风区覆盖面积增加,降水整体上增加,同时降水的格局分布出现非稳态现象。有些地方降水增加,且降水强度改变;有些地区降水分布格局发生变化,干旱地区常有强降水,过去干旱的区域暴雨致洪涝灾害发生,而湿润地区反而出现频繁的干旱天气。正如IPCC的报告和相关研究者的大量研究指出,青藏高原正在经历快速增温的时期,而增温主要发生在非生长季的冬春季节,而降水格局也伴随着深刻的改变(IPCC,2007;IPCC,2013;张宪洲等,2015;陈德亮等,2015;IPCC,2021)。持续的增暖还将加速多年冻土的融化,造成季节性积雪的消失、冰川和雪盖的融化,以及夏季北极海冰的减少。

气候变化背景下,植被随气候季节性、规律性变化的物候现象被认为是环境条件季节和年际变化最直接、最敏感的表现手段。全球变暖可使植被物候发生变化,进而改变结构组成、生产力水平甚至全球物质循环和能量流动,然后反馈于气候变化。

植被的生理活动速率(如光合作用)依赖于温度,同时随着温度的升高而增加(李鹏,2017),因此物候期前的气温升高有助于草地植被种子萌发及返青,也能在一定程度上推迟植被休眠的开始时间。许多研究也表明,气温在植被返青和黄枯等物候变化中发挥着重要作用,即季前变暖有利于植被生长,从而导致植被返青提前以及黄枯推迟(Gill et al.,2015)。春季气温积累可以加速种子萌发及光合作用速率,有助于草地植被返青提前(Eike et al.,2009)。气温升高使光合作用酶的活力增加,降低叶绿素退化速度,进而使休眠时间延迟,气温升高导致秋季霜冻出现时间推迟,降低了植被受灾害影响的风险,从而延长生长季。秋季气温升高可能在一定程度上促进黄枯期推迟,而夏季高温造成地表和土壤水分蒸发以及植被蒸腾加剧,可能导致秋季植被因水分胁迫而提前结束生长(Che et al.,2014)。除热量因素外,降水对植被物候期也会带来一定影响,特别是在草地植被受水分条件限制的地区。如,前一年冬季降水积累有利于当年土壤墒情,一定程度上促进草地植被返青提前,可增加植被净初级生产力。有时,夏季较多的降水有助于草地植被黄枯期的推迟。研究表明,植被受到水分胁迫时,不利于植被返青,同时对于正在生长的植被而言,光合作用受到抑制,叶绿素退化和植被死亡率均会增加,导致叶片黄枯期提早到来(Dreesen et al.,2014)。随着雨季提前时间的推移,研究区域季前4~5个月降水与返青期负相关范围最大,表明前一年冬季水分条件增加对于物候期提前有重要影响。而草地植被黄枯期受季前1个月降水正相关作用的范围最广,表明夏季降水发生的时间和强度对植被秋季物候特征具有关键影响，很大程度上决定了枯黄期到来的时间。

返青前短期气温，即春季温度条件对草地植被种子萌发和光合作用有促进效果，而长期累积降水可在一定程度上影响土壤水分条件，对植被返青存在滞后影响。温带地区草地植被多数集中在干旱半干旱区，由于温带夏季热量资源相对丰富，因此季前降水成为草地植被各项生理活动限制因素。但夏季降水会对研究区域草地植被生长季结束时间产生重要作用。

中国温带地区草地植被NPP与年尺度气候因素相关性分析结果表明，草地植被生产力与年累积降水和地表干湿状况显著正相关，空间分布范围也最为广泛，说明水分条件是影响中国温带地区草地植被生产状况的主要年尺度气候因素，特别是在干旱半干旱地区，水分是限制草地生产力变化的主要因子。从不同季节来看，NPP对气温和降水的响应存在差异。不同草地类型NPP与春季和冬季以正相关为主体，气温升高促进植被光合速率上升，有助于草地植被NPP的积累，其中温性草原化荒漠表现明显，而夏季气温与NPP呈现出全区一致的负相关，夏季升温加剧地表水分蒸发以及植被水分蒸腾，植被可利用水分减少，不利于草地NPP的积累，温性草甸草原最为显著。降水可以改善土壤水分对植被的供给，促进光合速率上升，从而提高植被生产力。温带地区各草地类型NPP与夏季水分条件关系密切，以显著正相关为主体，表明夏季降水及地表干湿状况对中国温带地区草地植被生长有重要影响，夏季降水越少越不利于草地有机物质的积累。

总体上增温可能有利于农牧业的生产，但极端气候变化的频率和强度随之增加，将大大增加自然灾害的危害程度。特别是由于技术、资金、生活方式等的制约，使得该地区的农牧民对气候变化的不利影响更敏感，因此，特别需要提高农牧民应对气候变化的适应能力，降低气候变化影响的不确定性。

第六节 海北三种高寒草甸植被类型总初级生产力及其影响机制

一、总初级生产力的年、年际变化

图5-50给出了海北站高寒嵩草草甸、灌丛草甸、湿地草甸（以下分别简称为嵩草草甸、灌丛草甸、湿地草甸）总初级生产力的年（逐月）变化。可以看到，三种草甸类型总初级生产力月平均变化趋势基本一致。寒冷的冬季几乎为零，自牧草萌动发芽开始（海北站约4月下旬初）形成总初级生产力，以后随月份延长而增加，7月达到峰值[嵩草草甸、灌丛草甸、湿地草甸分别为224.6、166.9、164.2 g/(m²·月)]，到8月保持相对平稳一点后下降。10月植物层虽然进入枯黄，但近地表层植物因受上部植物冠层对冷空气的阻隔，土壤深层仍保持较高的温度，近地表层的部分植物仍处在生长发育阶段，还有少量的光合能力，导致

期间仍有一定的总初级生产力。直至11月以后,总初级生产力接近零。

从三种草甸类型来看,灌丛草甸和湿地草甸的月总初级生产力差异较小,且均小于嵩草草甸。由于嵩草草甸处在地形开阔、海拔较低的滩地;灌丛草甸位于海拔相对较高的山麓坡地;湿地草甸虽然海拔与嵩草草甸基本一致,但冬季积冰深厚,仍被冰雪覆盖。这种环境条件下,滩地嵩草草甸牧草返青期相对灌丛草甸和湿地草甸早,4月总初级生产力较高,湿地草甸仍为零。

图5-51和图5-52分别给出了海北三种高寒草甸植被类型总初级生产力月变化的年际动态和年总量的年际动态。可以看到,在2002—2016年期间,海北的嵩草草甸、灌丛草甸、湿地草甸三种草甸植被类型,总初级生产力随年际变化的进程中,除早期(2002—2006年)略有增加的态势外,其他年份波动变化明显、年际变化趋势不甚明显。嵩草草甸年总初级生产力的最大值出现在2015年,为779.0 g/(m²·a),最小值出现在2002年,为674.1 g/(m²·a),2002—2016年多年平均值为733.8±27.2 g/(m²·a)。2003—2016年的14年间灌丛草甸的总初级生产力多年平均值为523.0±43.8 g/(m²·a),最大值出现在2014年,为574.4 g/(m²·a),最小值出现在2003年,为418.8 g/(m²·a)。而湿地草甸,在2004—2016年的13年间总初级生产力多年平均值为493.8±51.1 g/(m²·a),最大值出现在2014年,为593.3 g/(m²·a),最小值出现在2009年[419.5 g/(m²·a)]。

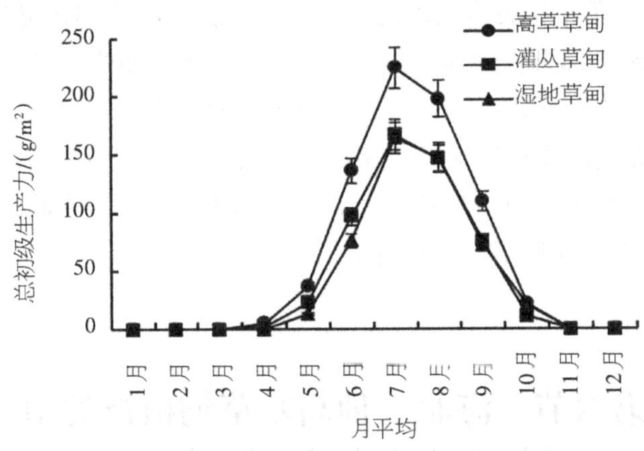

图5-50　海北三种高寒草甸植被类型总初级生产力的年变化

从三种高寒草甸植被类型总初级生产力年总量的年际动态比较发现,嵩草草甸>灌丛草甸>湿地草甸(图5-52),三者间并不存在相同的变化规律,年总初级生产力的最大值、最小值的出现时间也并不一致,而且年际变异程度依次为湿地草甸>灌丛草甸>嵩草草甸。三种高寒草甸植被类型总初级生产力的不同说明,嵩草草甸植被的光合生产能力最强,而湿地草甸植被的光合生产能力相对最弱,这可能是不同生态系统植被群落、土壤理化性质等环境因素的差异造成的。

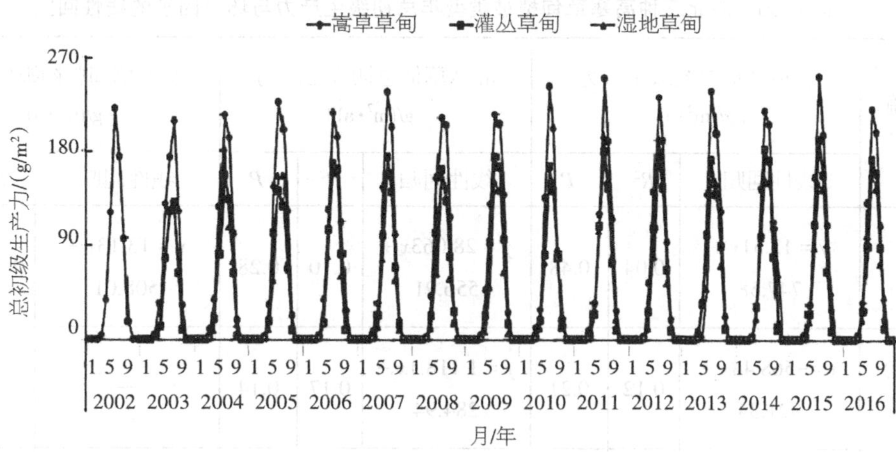

图5-51 海北三种高寒草甸植被类型总初级生产力月变化中的年际动态

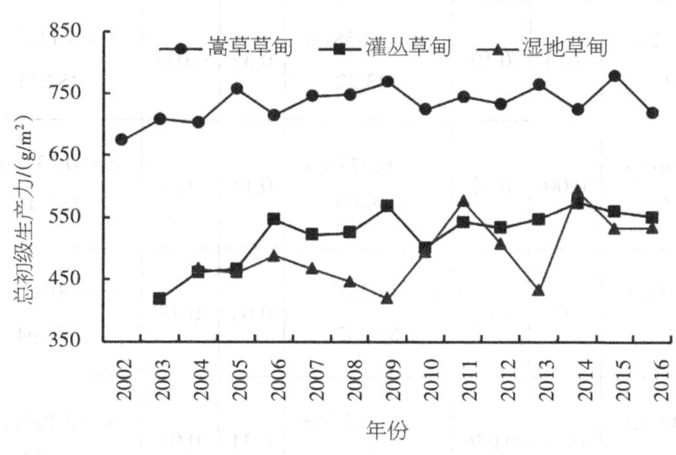

图5-52 海北三种草甸类型的总初级生产力年总量的年际动态

二、环境要素对总初级生产力年际变化的影响

(一)年总初级生产力与环境因子的关系

对三种高寒草甸的年总初级生产力与环境因子线性回归分析表明(表5-36),热量条件是高寒生态系统总初级生产力年际变化的最主要控制因素,GDD与三种高寒草甸的总初级生产力都呈显著正相关(P<0.05);T_s与灌丛草甸的总初级生产力呈显著正相关(P<0.05),但与嵩草草甸、湿地草甸的总初级生产力没有显著相关性,这可能与不同生态系统的土壤理化性质和群落结构的差异有关。整体上看,高寒草甸生态系统的总初级生产力与热量条件表现为正效应,暗示在全球气温升高的背景下,将会促使高寒草甸生态系统总初级生产力的提高。

表5-36 海北三种高寒草甸植被类型年总初级生产力与环境因子的线性回归

环境因子	嵩草草甸总初级生产力[g/(m²·a)]			灌丛草甸总初级生产力[g/(m²·a)]			湿地草甸总初级生产力[g/(m²·a)]		
	线性回归	R^2	P	线性回归	R^2	P	线性回归	R^2	P
T_a (x_1)	$y = 13.51x_1+$ 747.58	0.04	0.48	$y = 28.063x_1+$ 556.91	0.10	0.28	$y = 13.13x_1+$ 508.01	0.01	0.77
SWC (x_2)	$y =-568.44x_2+$ 921.34	0.12	0.21	$y = 1\,118.1x_2+$ 284.94	0.17	0.14	—	—	—
PPFD (x_3)	$y = 0.2697x_3+$ 631.47	0.05	0.44	$y =-0.3065x_3+$ 621.65	0.07	0.38	$y = 0.7181x_3+$ 284.02	0.04	0.52
T_s (x_4)	$y =-15.322x_4+$ 798.86	0.13	0.19	$y = 46.858x_4+$ 393.22	0.32	0.033	$y = 4.1132x_4+$ 482.21	0.00	0.90
PPT (x_5)	$y =-0.0296x_5+$ 747.26	0.00	0.82	$y =-0.273\,x_5+$ 649.09	0.13	0.20	$y =-0.1328\,x_5+$ 555.45	0.04	0.53
VPD (x_6)	$y = 219.85x_6+$ 674.69	0.02	0.62	$y =-403.47x_6+$ 630.37	0.04	0.48	$y =-903.28x_6+$ 679.64	0.15	0.20
GDD (x_7)	$y = 0.1844\,x_7+$ 529.62	0.30	0.036	$y = 0.3227x_7+$ 203.48	0.31	0.04	$y = 0.4061x_7+$ 48.23	0.33	0.039
GSL (x_8)	$y = 1.2835x_8+$ 540.38	0.12	0.21	$y = 2.0235x_8+$ 228.56	0.18	0.13	$y =-1.2068x_8+$ 662.86	0.08	0.36

注：T_a、SWC、PPFD、T_s、PPT、VPD、GDD、GSL分别为空气温度、土壤湿度、光合有效辐射、5 cm土壤温度、降水量、水汽饱和亏、≥5 ℃的积温、生长季长度。

从图5-53可见，在三种高寒草甸生态系统中，非生长季T_s与次年的年总初级生产力呈显著正相关($P<0.05$)，这是因为青藏高原海拔较高、温度较低，土壤中含有大量未分解的土壤有机质，温暖的非生长季促进了凋落物和土壤有机质更快地分解，并由此产生了对次年植物更大的营养供应。相比于嵩草草甸与灌丛草甸，湿地草甸土壤中的有机质含量更加丰富，因此导致当年非生长季T_s与次年的年总初级生产力总量的相关性最强(R^2=0.47)。

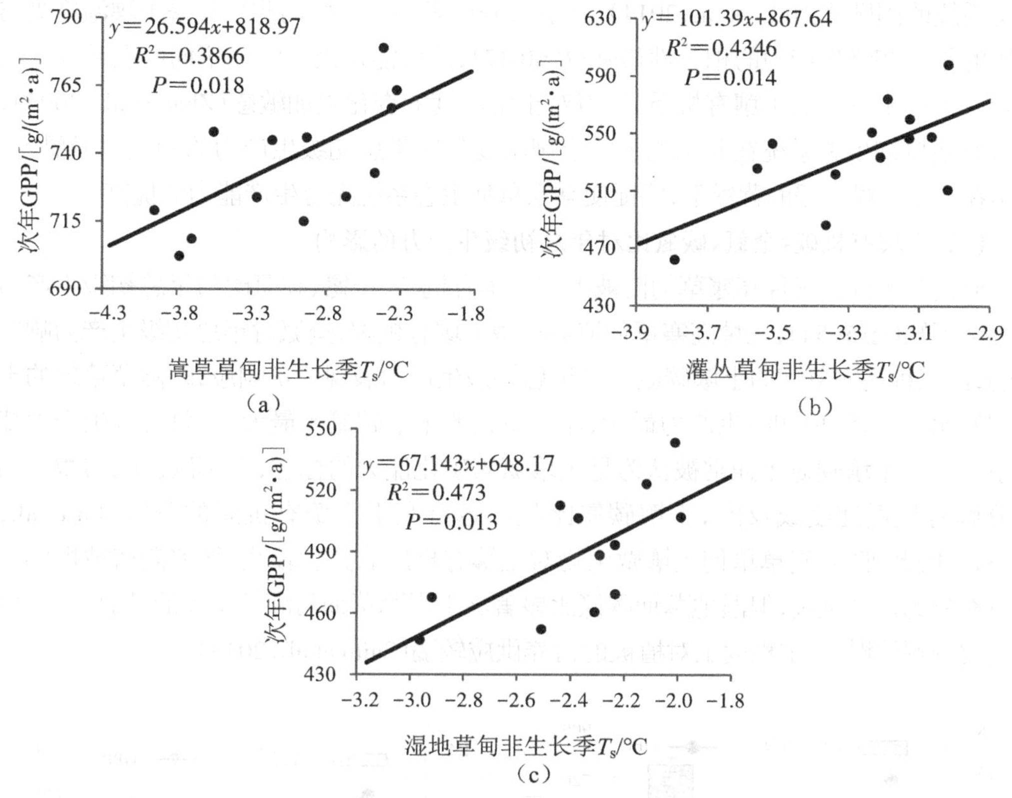

图5-53　海北嵩草草甸(a)、灌丛草甸(b)、湿地草甸(c)的非生长季 T_s 与次年总初级生产力的关系

三种高寒草甸植被类型的年总初级生产力的最大值、最小值出现的时间并不一致，并且三种高寒草甸植被的年总初级生产力没有表现出明显的变化规律。嵩草草甸、灌丛草甸、湿地草甸的总初级生产力年总量的多年平均值分别为733.8±27.2、523.0±43.8、493.8±51.1 g/(m²·a)，表现为嵩草草甸>灌丛草甸>湿地草甸，说明嵩草草甸植被的光合生产能力最强，而湿地草甸植被的光合生产能力相对最弱，这可能是不同生态系统植被群落、土壤理化性质等环境因素的差异造成的。热量条件是高寒草甸总初级生产力年际变化的最主要控制因素，GDD与嵩草草甸、灌丛草甸、湿地草甸的总初级生产力都呈显著正相关($P<0.05$)。由此说明，在年际尺度上高寒草甸的光合生产能力主要受到热量条件的影响。此外，研究发现，高寒草甸生态系统非生长季的土壤温度对于次年总初级生产力的变化发挥着重要的作用。这是因为较温暖的非生长季促进了凋落物的分解以及土壤有机质的分解，结果导致土壤中更充分的养分供应，更有利于次年高寒草地植被的更早返青和生长代谢，提高了次年高寒生态系统的光合生产能力(Yu et al.，2013；Sturm et al.，2005)。另外，高寒草甸生态系统非生长季较高的土壤温度，致使地表积雪融化加快，且降低了地表反射率，结果导致植被返青期的提前(Reverter et al.，2010)，延长了植被的生长季长度(Groendahl et al.，2007；Zhang et al.，2013)，加快了植被的生长代谢活动(Yu et al.，2013)，表明高寒草甸生态系统非生长季较高的土壤温度促进了次年

生态系统的固碳能力(Li et al.,2014)。此外,分析表明湿地草甸非生长季土壤温度T_s与次年的年总初级生产力的相关性最强(R^2=0.47),这可能是由于湿地草甸生态系统土壤中含有大量未分解的土壤有机质,使得对土壤温度的变化更加敏感(Zhao et al.,2005),导致湿地草甸生态系统在非生长季的土壤温度与次年总初级生产力的相关性最显著。暗示在未来气候变暖的背景下,将促使高寒草甸生态系统光合生产能力的提高。

(二)土壤有机碳、全氮、碳氮比对年总初级生产力的影响

通过对比分析三种高寒草甸植被类型土壤有机碳、全氮、碳氮比与年总初级生产力的关系可知(图5-54),三种高寒草甸植被类型土壤有机碳、全氮对年总初级生产力响应较弱,但三种高寒草甸的土壤碳氮比对年总初级生产力表现为负响应,即嵩草草甸的土壤碳氮比最小,年总初级生产力最大,湿地草甸的土壤碳氮比最大,年总初级生产力却最小。由于土壤碳氮比通常被认为是土壤氮素矿化能力的标志,土壤碳氮比与微生物的分解有机质速度成反比,土壤碳氮比越小越有利于土壤有机质的分解(Fu et al.,2013)。因此证实,嵩草草甸土壤微生物对土壤有机质的分解较快,能够向植被提供相对更充分的营养供应,但湿地草甸碳氮比显著高于嵩草草甸与灌丛草甸的碳氮比,土壤有机质分解较慢,一定程度上对植被的营养供应较弱(Saito et al.,2013)。

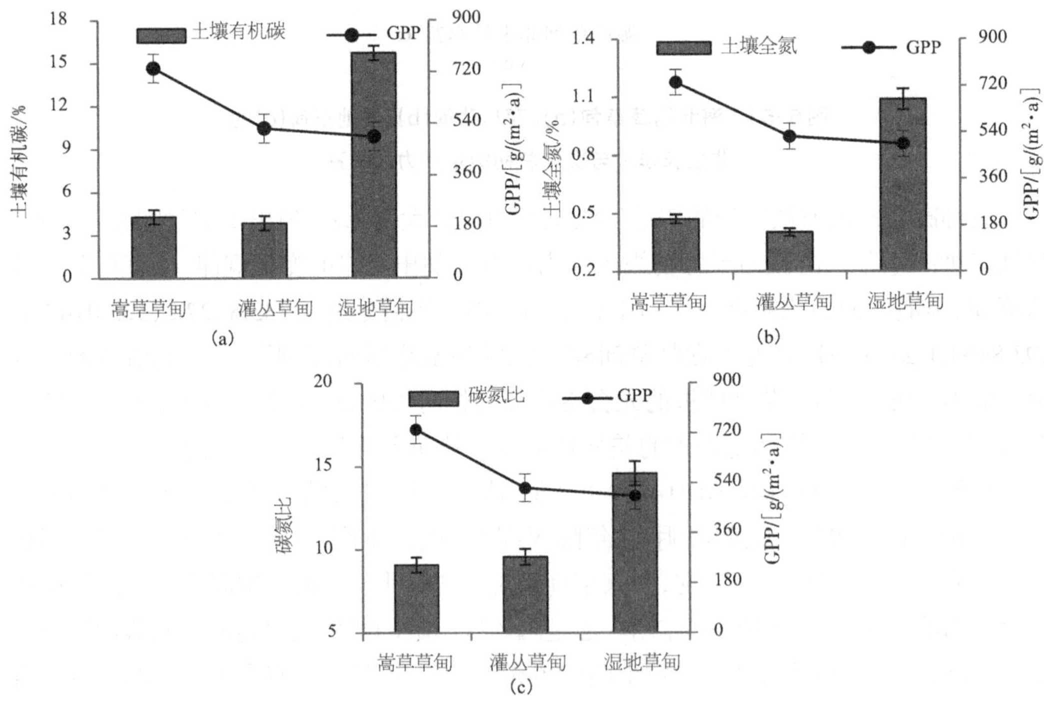

图5-54 海北三种高寒草甸植被类型土壤有机碳(a)、全氮(b)、碳氮比(c)均值与年总初级生产力均值的关系

第七节　海北三种高寒草甸植被类型净生态系统生产力及其影响机制

一、净生态系统生产力月际变化和年际变化

(一)月际变化

本研究中,净生态系统生产力为负值代表生态系统对CO_2的吸收,其值越小代表生态系统的碳汇能力越强;净生态系统生产力为正值代表生态系统对CO_2的释放,其值越大,代表碳源能力越强。

图5-55给出了嵩草草甸、灌丛草甸、湿地草甸三种高寒草甸植被类型净生态系统生产力的年(月)变化。从图5-55可见,三种高寒草甸植被类型中自1月开始到12月止,月平均净生态系统生产力均表现为略升—下降—升高—略降的变化形式,总体为"V"形变化规律。嵩草草甸、灌丛草甸、湿地草甸三种高寒草甸植被类型的净生态系统生产力月平均总量都在7月为最小值,分别为-86.9、-72.0、-61.1 g/(m^2·月),碳吸收能力整体上表现为嵩草草甸>灌丛草甸>湿地草甸,与过去短时间监测数据分析的研究结果一致(Li et al.,2016;Zhao et al.,2006;Chai et al.,2019)。此外,也可看到嵩草草甸和灌丛草甸在6—9月表现为碳吸收,而湿地草甸在6—8月表现为碳吸收,在9月表现为碳释放,说明湿地草甸生态系统碳吸收能力较弱。

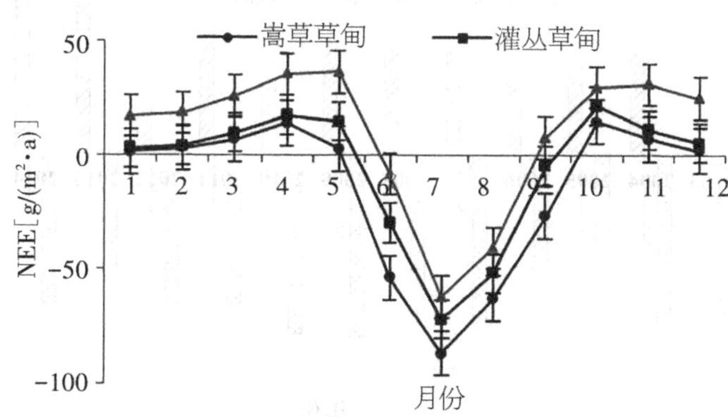

图5-55　海北三种草甸类型植被净生态系统生产力月平均总量变化特征

(二)年际变化

图5-56和图5-57分别给出了海北三种高寒草甸植被类型净生态系统生产力月变化的年际动态和年总量的年际动态。由图可见,2002—2016年嵩草草甸净生态系统生产力的年际变化平稳,年最大值出现在2013年,为-138.2 g/(m^2·a),最小值出现在

2005年，为-210.0 g/(m²·a)，15年平均为-178.5± 17.6 g/(m²·a)。灌丛草甸在2003—2016年的14年中，多年平均为-70.2± 30.9 g/(m²·a)，最大值出现在2003年，为-10.5 g/(m²·a)，最小值出现在2010年，为-131.9 g/(m²·a)，且年际变化明显高于嵩草草甸。湿地草甸在2004—2016年的13年中，多年平均为115.1±30.8 g/(m²·a)，最大值出现在2014年，为184.8 g/(m²·a)，最小值出现在2010年，为76.3 g/(m²·a)，年际间差异与灌丛草甸一样，表现显著。这些变化特征表明，三种高寒草甸年净生态系统生产力的最大值和最小值出现的时间并不一致，年际间变化也无明显的变化规律，但整体上嵩草草甸与灌丛草甸表现为碳汇，且嵩草草甸的碳汇强度大于灌丛草甸，而湿地草甸则表现为碳源。

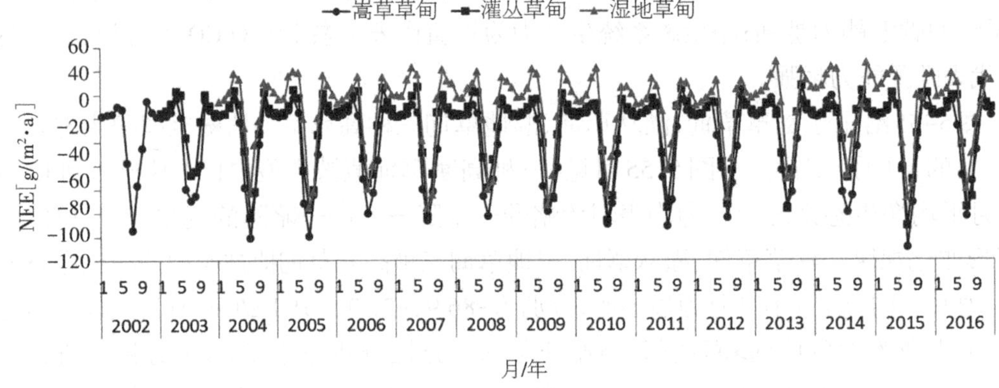

图5-56 海北三种高寒草甸植被类型净生态系统生产力月变化的年际动态

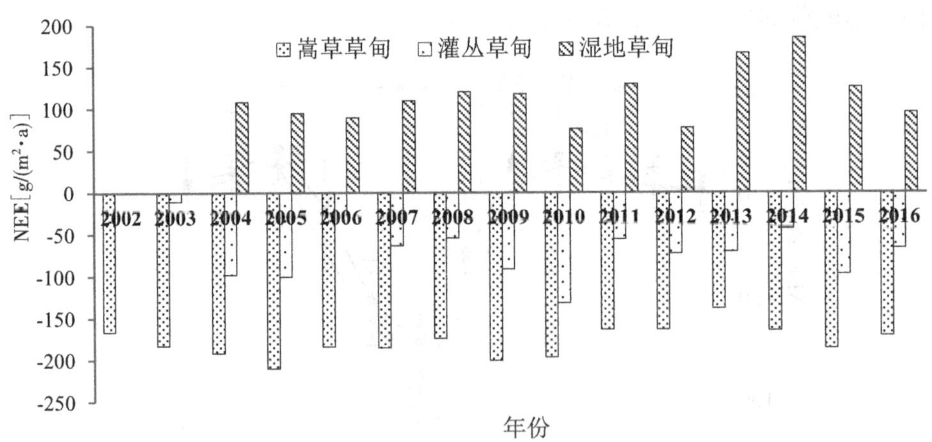

图5-57 海北三种高寒草甸植被类型净生态系统生产力的年际变化特征

二、环境因素对净生态系统生产力年际变化的影响

(一)净生态系统生产力年际变化与环境因子的关系

通过海北高寒草甸2002—2016年、2003—2016年、2004—2016年分别对应的嵩草草甸、灌丛草甸、湿地草甸三种高寒草甸植被类型的净生态系统生产力监测及净生态系统生产力年总量与环境因子之间关系的线性回归分析表明(表5-37)，嵩草草甸的GDD

与净生态系统生产力年总量呈显著负相关($P<0.05$),说明嵩草草甸的GDD越大,其碳汇能力越强;嵩草草甸与灌丛草甸的生长季长度(GSL)与净生态系统生产力年总量呈显著负相关($P<0.05$),说明嵩草草甸与灌丛草甸的GSL越大,其碳汇能力越强;湿地草甸的PPT与净生态系统生产力年总量呈显著正相关($P<0.05$),说明湿地草甸的PPT越大,其生态系统碳损失越大。

表5-37　海北三种高寒草甸植被类型年净生态系统生产力与环境因子的关系

环境因子	嵩草草甸净生态系统生产力[g/(m²·a)]			灌丛草甸净生态系统生产力[g/(m²·a)]			湿地草甸净生态系统生产力[g/(m²·a)]		
	线性回归	R^2	P	线性回归	R^2	P	线性回归	R^2	P
T_a (x_1)	$y=-12.242x_1-191.07$	0.08	0.32	$y=-5.0896x_1-76.38$	0.01	0.79	$y=25.348x_1+142.54$	0.09	0.33
SWC (x_2)	$y=-307.14x_2-77.18$	0.08	0.30	$y=568.09x_2-191.17$	0.09	0.30	—	—	—
PPFD (x_3)	$y=0.0427x_3-194.73$	0.00	0.85	$y=0.0472x_3-85.44$	0.00	0.85	$y=1.0416x_3-189.18$	0.23	0.10
T_s (x_4)	$y=-8.2955x_4-143.29$	0.09	0.27	$y=-3.6435x_4-60.51$	0.00	0.83	$y=-21.291x_4+175.27$	0.12	0.24
PPT (x_5)	$y=0.0198x_5-187.55$	0.00	0.82	$y=0.0814x_5-107.81$	0.02	0.60	$y=0.242x_5+2.83$	0.34	0.035
VPD (x_6)	$y=75.163x_6-198.73$	0.01	0.79	$y=-584.76x_6+85.42$	0.18	0.13	$y=-237.17x_6+163.93$	0.03	0.59
GDD (x_7)	$y=-0.13x_7-35.19$	0.37	0.016	$y=-0.1262x_7+54.73$	0.09	0.29	$y=-0.0627x_7+183.93$	0.02	0.63
GSL (x_8)	$y=-1.2631x_8+11.77$	0.27	0.045	$y=-1.9192x_8+210.39$	0.35	0.025	$y=-0.5409x_8+190.91$	0.04	0.50

注:T_a、SWC、PPFD、T_s、PPT、VPD、GDD、GSL分别为空气温度、土壤湿度、光合有效辐射、5 cm土壤温度、降水量、水汽饱和亏、≥5 ℃的积温、生长季长度。

同时,从图5-58可见,嵩草草甸、灌丛草甸的生长季开始日期(自1月1日算起的累积天数)与净生态系统生产力年总量呈现显著正相关($P<0.05$),说明生长季开始日期对于生态系统的固碳能力具有重要的影响,也说明生长季开始的热量条件对于触发高寒植被叶片的生长至关重要。但是,湿地草甸的生长季开始日期与净生态系统生产力年总量没有显著相关性($P>0.05$)。生态系统净生态系统生产力由生态系统总初级生产力、生态系统呼吸排放量共同决定,而湿地草甸土壤中含有大量未分解的土壤有机质导致生态系统呼吸较大,造成湿地草甸的生长季开始日期与年净生态系统生产力没有显著相关性($P>0.05$)。

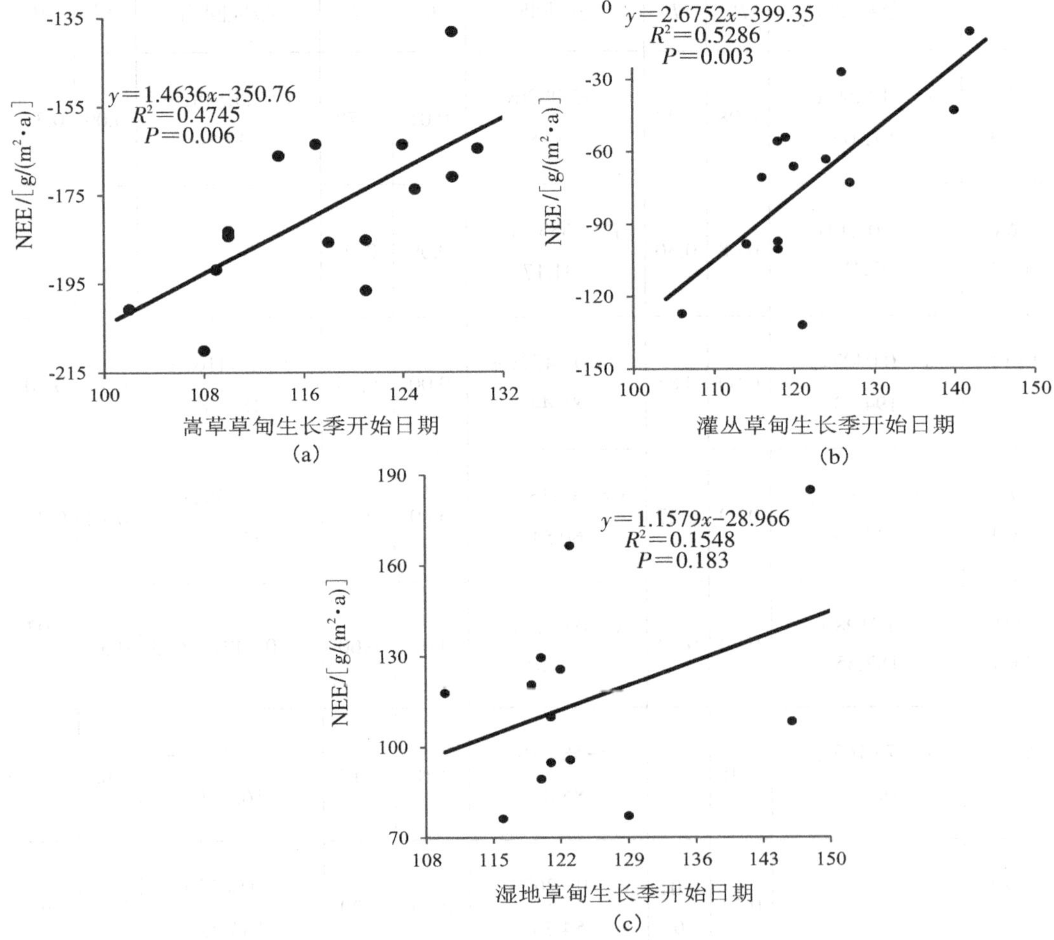

图5-58 海北嵩草草甸(a)、灌丛草甸(b)、湿地草甸(c)生长季开始日期与净生态系统生产力年总量的关系

嵩草草甸、灌丛草甸在非生长季的生态系统呼吸排放量与净生态系统生产力年总量没有相关性($P>0.05$,图5-59),但湿地草甸非生长季生态系统呼吸排放量与净生态系统生产力年总量呈显著正相关($P<0.05$),说明湿地草甸非生长季释放的CO_2对于整个生

态系统的碳平衡具有至关重要的作用。这可能与湿地草甸的土壤中含有大量未分解的土壤有机质，同时湿地由于水体存在，在较深层仍可保持较高的温度等原因，导致了非生长季CO_2排放仍然较大有关。

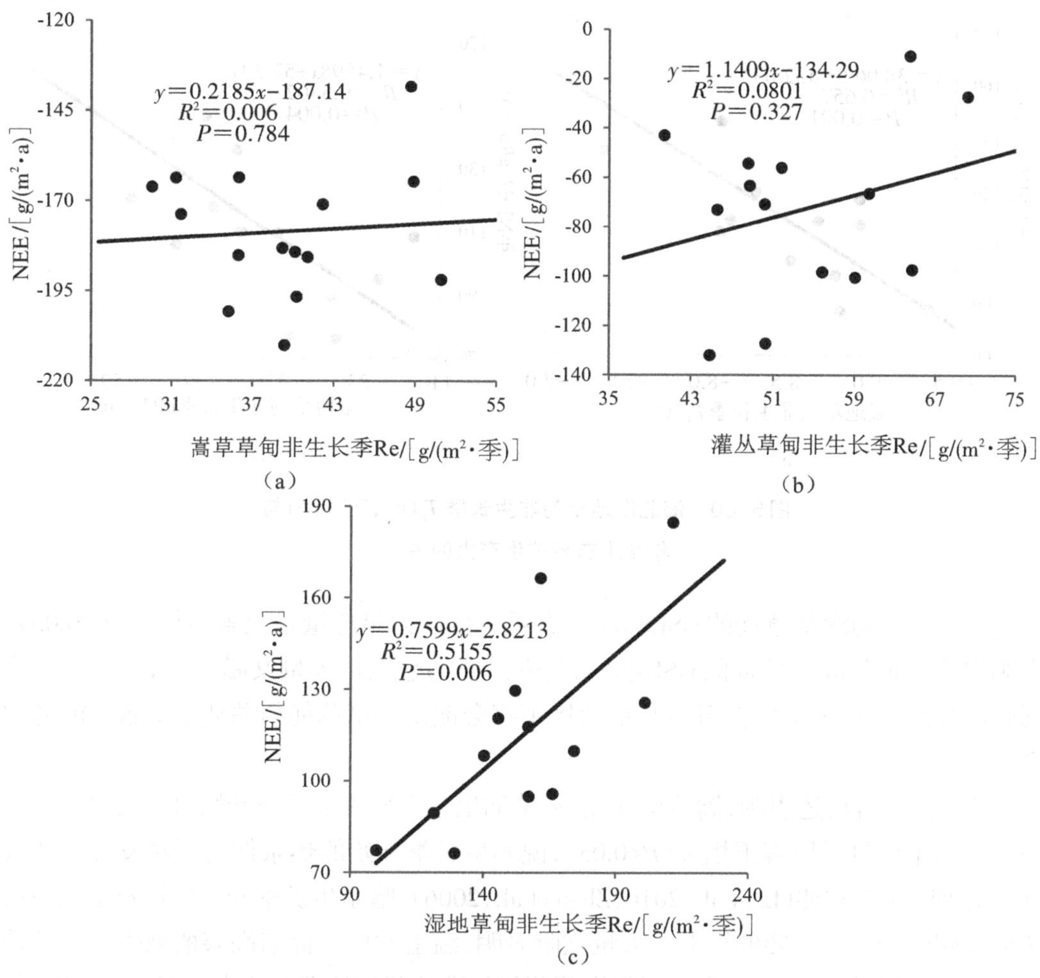

图5-59　海北嵩草草甸(a)、灌丛草甸(b)、湿地草甸(c)非生长季生态系统呼吸排放量与净生态系统生产力年总量的关系

湿地草甸净生态系统生产力年际变化与非生长季气温T_a（$NEP= 38.07T_a +432.03$，$R^2 = 0.66$，$P= 0.001$）、降水量PPT（$NEP = 1.46PPT +57.32$，$R^2 = 0.54$，$P= 0.004$）呈显著正相关（图5-60），说明非生长季的水热条件对于净生态系统生产力的年际变化至关重要，暗示湿地草甸生态系统在非生长季的温度越高、降水量越大，其生态系统碳损失越大。嵩草草甸的GDD与年净生态系统生产力呈显著负相关（$P<0.05$），说明嵩草草甸的GDD越大，其碳汇能力越强，通过GDD与总初级生产力、生态系统呼吸排放量的回归分析表明，嵩草草甸年GDD与总初级生产力年总量呈显著正相关（R^2=0.30，P=0.036），而嵩草草甸年GDD与生态系统呼吸排放量年总量没有显著相关性（R^2=0.04，P=0.50），说明嵩草草甸生态系统GDD通过对总初级生产力的影响来间接影响净生态

系统生产力的年变化，暗示在未来温度升高的背景下将有利于嵩草草甸生态系统碳汇能力的提高。

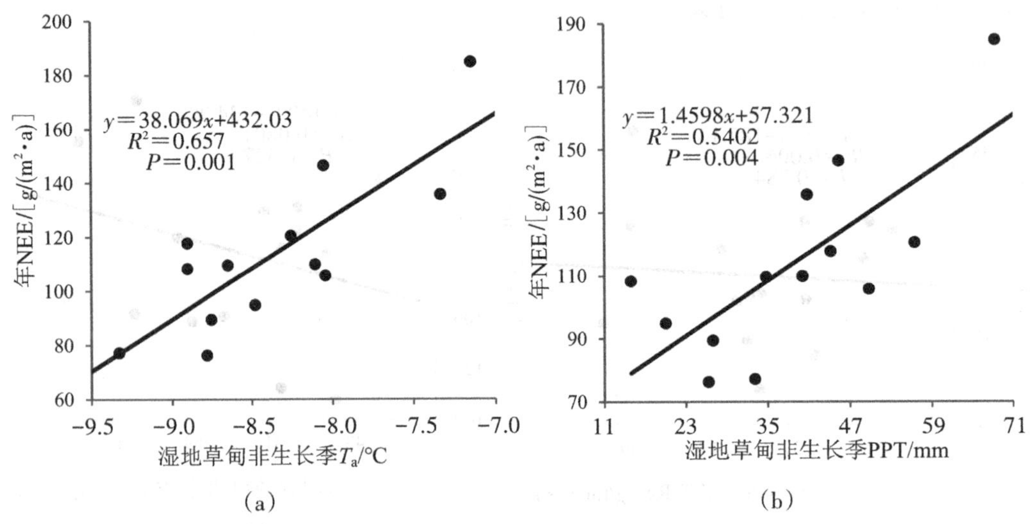

图5-60 海北湿地草甸非生长季 T_a(a)、PPT(b)与年净生态系统生产力的关系

嵩草草甸与灌丛草甸的GSL与净生态系统生产力年总量呈显著负相关($P<0.05$)，说明嵩草草甸与灌丛草甸的GSL越大，其碳汇能力越强。大量文献表明，气候变暖将延长植被的生长季，表明全球变化的背景下将会促使嵩草草甸与灌丛草甸碳汇能力的提高。

线性回归分析还表明，嵩草草甸、灌丛草甸生态系统的生长季开始日期与净生态系统生产力年总量呈显著正相关($P<0.05$)，说明生长季开始的热条件对于触发高寒植被叶片的展叶至关重要(Li et al.,2016;Zhao et al.,2006)，暗示生长季开始日期对于生态系统的固碳能力具有重要的影响。大量文献表明，温室效应会提前高寒植被生长季开始时间，再次说明气候变暖有利于增强嵩草草甸与灌丛草甸的碳汇能力。但是，湿地草甸的生长季开始日期与净生态系统生产力没有显著相关性($P>0.05$)，净生态系统生产力由生态系统总初级生产力、生态系统呼吸共同决定，而湿地草甸土壤中含有大量未分解的土壤有机质，导致生态系统呼吸较大，所以造成湿地草甸的生长季开始日期与年净生态系统生产力没有显著相关性($P>0.05$)。

湿地草甸生态系统生长季总PPT与生长季总初级生产力呈显著负相关，这是因为帕米尔苔草湿地植被根系作为大气和湿地土壤之间的气体管道，并在光合作用中发挥作用(Hirota et al.,2006)，降水导致水体深度的增加会使植物的光合作用部分减少。此外，降水增加了湿地草甸生态系统表面的水深，因此限制了大气中的氧气往土壤中的扩散，从而抑制了微生物的活动，降低了对湿地草甸生态系统土壤中有机质的分解，因此就减少了土壤对植被的养分供应，最终降低了湿地草甸生态系统植被的碳固持能力(Chimner and Cooper，2003)。并且，湿地草甸的水体深度也会影响土壤的热导率，从而影响土壤温度的变化，土壤温度随着水深的增加逐渐降低(Zhang et al.，2008)。因为土壤温度影响着土壤酶活性以及微生物对土壤有机质的分解速率，因此降水导致水体深度的加深也会通过影响土壤温度来间接影响土壤养分的供应，从而影响植被的光合生产能力。而在非生长季，较多的降雪会对土壤有保温作用，一定程度上促进了湿地生态系统CO_2的排放(Wang et al.，2015)。总之，帕米尔苔草湿地生态系统在生长季PPT与总初级生产力的负相关，以及非生长季总生态系统呼吸排放量与总PPT的正相关，导致湿地生态系统年净生态系统生产力与年PPT呈正相关(R^2=0.34，P=0.035)，暗示未来气候变化背景下降水量越大，帕米尔苔草湿地生态系统的碳损失越多。

此外，嵩草草甸、灌丛草甸生态系统在非生长季生态系统呼吸排放量与年净生态系统生产力没有显著相关性(P>0.05)，但帕米尔苔草湿地非生长季生态系统呼吸排放量与年净生态系统生产力显著正相关(P<0.05)，说明湿地草甸生态系统非生长季释放的CO_2对于整个生态系统的碳平衡具有至关重要的作用，这可能是由于湿地草甸的土壤中含有大量土壤有机质，所以导致非生长季的CO_2动态至关重要(Saito et al.，2013)。总之，在未来气温升高的背景下，嵩草草甸与灌丛草甸的碳汇能力会增强，但是湿地草甸的碳损失会增多，并且由于气温的升高，在青藏高原会出现更多和更大面积的湿地，因此在气候变化和嵩草草甸植被分布格局改变的背景下，湿地草甸生态系统会削弱甚至抵消嵩草草甸与灌丛草甸增加的碳汇能力。

(二)土壤有机碳、全氮、碳氮比对年净生态系统生产力的影响

通过对比分析三种高寒草甸土壤有机碳、全氮、碳氮比与年净生态系统生产力的关系可知(图5-61)，三种高寒草甸的土壤有机碳和全氮与年净生态系统生产力关系较弱，而土壤碳氮比对年净生态系统生产力表现为正效应，即三种高寒草甸的土壤碳氮比越小，高寒草甸生态系统的碳汇能力越强。结合以上分析，发现土壤碳氮比主要是通过影响总初级生产力来间接影响净生态系统生产力。

高寒草甸在5—9月的土壤有机碳、全氮、碳氮比与总初级生产力、生态系统呼吸排放量、净生态系统生产力的关系表明，嵩草草甸的土壤有机碳对CO_2通量影响较为显著，灌丛草甸的土壤全氮对CO_2通量影响较为显著，暗示嵩草草甸和灌丛草甸在生长季植被生长代谢可能分别受到土壤有机碳、全氮的限制，而土壤有机碳、全氮对湿地草甸的限制相对较弱。通过线性回归分析表明，三种高寒草甸的土壤碳氮比与总初级生产力、生态系统呼吸排放量、净生态系统生产力都没有达到显著相关水平(P>0.05)，说明三种高寒草甸在5—9月的土壤有机质分解速率对CO_2通量的影响相对较弱。

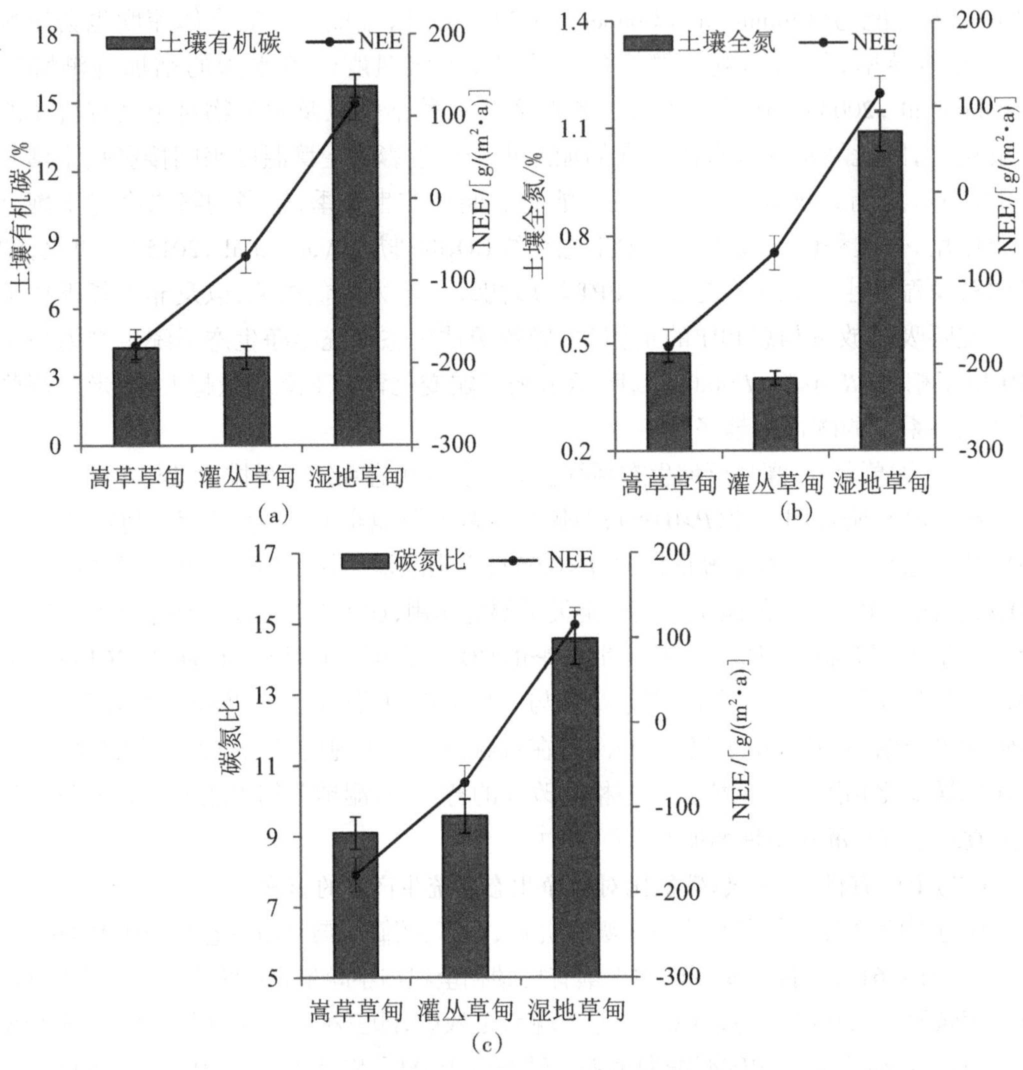

图5-61 海北三种高寒草甸植被类型土壤有机碳(a)、全氮(b)、碳氮比(c)均值与年净生态系统生产力均值的关系

(三)总初级生产力、生态系统呼吸与CO_2通量的年际变化关系

如前所述,嵩草草甸、灌丛草甸、湿地草甸三种高寒草甸植被类型总初级生产力年总量的年际变化与生态系统呼吸排放量都呈极显著正相关($P<0.001$)。但从图5-62发现,总初级生产力、生态系统呼吸排放量与净生态系统生产力相关性较弱,说明在一定程度上生态系统呼吸排放量对净生态系统生产力有更强的控制作用,总初级生产力对年际净生态系统生产力变化的控制程度较小,这可能与高寒草甸生态系统非生长季较长,并且土壤中含有大量未分解的土壤有机质,导致在年际尺度上净生态系统生产力的变化更加依赖于生态系统呼吸排放量的变化有关。从图5-62还发现,湿地草甸净生态系统生产力年总量与年生态系统呼吸排放量呈显著正相关($P<0.05$),说明湿地草甸净生态系统生产力年总量主要受到年生态系统呼吸排放量的控制,受到总初级生产力的

影响相对较弱，可能是由于湿地草甸的土壤中含有大量有机质导致较强的土壤呼吸，同时湿地草甸生态系统的植被返青相对较晚，生长季长度相对较短，这也从侧面反映出青藏高原生态系统呼吸对生态系统CO_2源汇功能具有至关重要的影响。

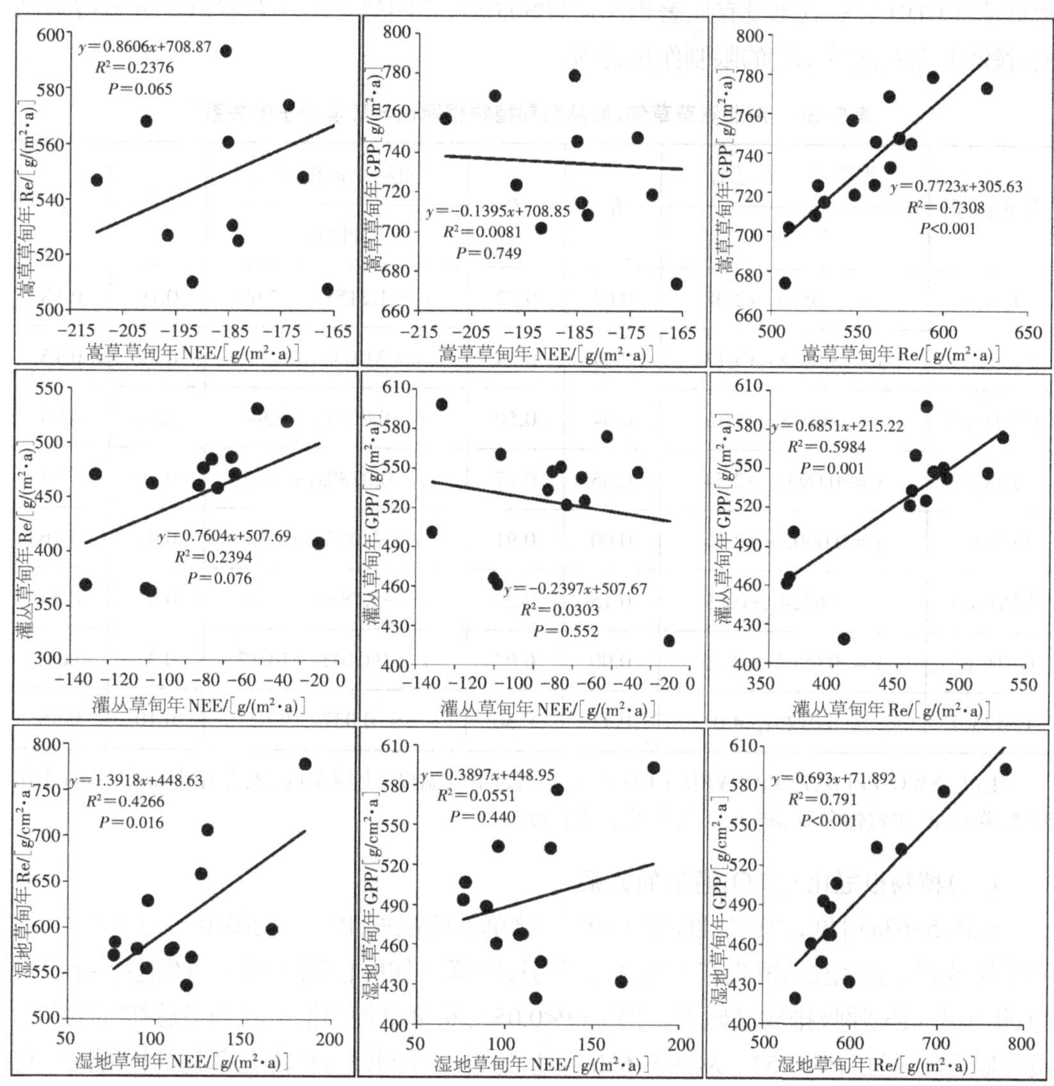

图5-62 海北三种高寒草甸植被类型年净生态系统生产力与年总初级生产力、生态系统呼吸排放量的关系

三、植物根冠比对CO_2通量的影响

（一）植物根冠比与环境因子的关系

线性回归分析表明（表5-38），只有灌丛草甸GDD与根冠比呈显著负相关（$P<0.05$），其他环境因子对灌丛草甸、嵩草草甸根冠比的影响较弱。根冠比代表植被光合产物在地上、地下的分配，当植被生长条件适宜时，植被更倾向于将光合产物往地上分配，当植被生长受到外界环境胁迫时，植被更倾向于将光合产物向地下转移，更有利于植被

的生存，这是植被长期适应进化的结果。灌丛草甸GDD与根冠比呈显著负相关($P<0.05$)，这是由于热量条件越好，越有利于灌丛草甸植被的生长，表明在适宜的条件下更倾向于将光合产物往地上分配，所以使得GDD与根冠比呈显著负相关($P<0.05$)。但是，嵩草草甸GDD与根冠比没有显著相关性($P>0.05$)，说明热量条件对嵩草草甸植被限制相对较弱，而对灌丛草甸的限制作用更强。

表5-38 海北嵩草草甸、灌丛草甸植物根冠比与环境因子的关系

环境因子	嵩草草甸根冠比	R^2	P	灌丛草甸根冠比	R^2	P
	线性回归			线性回归		
$T_a(x_1)$	$y=-0.0532x_1+2.08$	0.01	0.82	$y=-1.2158x_1+2.69$	0.19	0.18
SWC(x_2)	$y=-3.0038x_2+3.13$	0.04	0.54	$y=31.036x_2-2.23$	0.22	0.15
PPFD(x_3)	$y=0.0058x_3-0.02$	0.04	0.50	$y=0.0011x_3+3.94$	0.00	0.93
$T_s(x_4)$	$y=-0.0938x_4+2.54$	0.05	0.47	$y=0.0739x_4+4.07$	0.00	0.93
PPT(x_5)	$y=0.0002x_5+2.06$	0.00	0.91	$y=-0.002x_5+5.20$	0.01	0.76
VPD(x_6)	$y=5.6224x_6+0.61$	0.15	0.22	$y=-5.7886x_6+5.83$	0.01	0.73
GDD(x_7)	$y=-0.0001x_7+2.29$	0.00	0.92	$y=-0.0102x_7+14.17$	0.37	0.046
GSL(x_8)	$y=-0.0123x_8+4.01$	0.11	0.30	$y=-0.037x_8+9.67$	0.10	0.36

注：T_a、SWC、PPFD、T_s、PPT、VPD、GDD、GSL分别为空气温度、土壤湿度、光合有效辐射、5 cm土壤温度、降水量、水汽饱和亏、≥5 ℃的积温、生长季长度。

(二)植物根冠比与CO_2通量的关系

从图5-63a可见，通过线性回归分析嵩草草甸的根冠比与总初级生产力、生态系统呼吸排放量、净生态系统生产力的关系表明，嵩草草甸的根冠比与年净生态系统生产力、年生态系统呼吸排放量显著正相关($P<0.05$)，嵩草草甸的根冠比与年总初级生产力没有显著相关性($P>0.05$)。从图5-63b可见，通过线性回归分析灌丛草甸的根冠比与总初级生产力、生态系统呼吸排放量、净生态系统生产力的关系表明，灌丛草甸的根冠比与年净生态系统生产力显著正相关($P<0.05$)，嵩草草甸的根冠比与年总初级生产力、年生态系统呼吸排放量没有显著相关性($P>0.05$)。由以上可知，嵩草草甸、灌丛草甸的根冠比主要影响生态系统的年净生态系统生产力，根冠比越大，越不利于生态系统的碳固持。此外也可发现，嵩草草甸的根冠比与年生态系统呼吸排放量呈显著正相关($P<0.05$)，而灌丛草甸的根冠比与年生态系统呼吸排放量的相关性不显著($P>0.05$)，由此说明嵩草草甸生态系统的根冠比年际变化比灌丛草甸生态系统根冠比的年际变化对生态系统呼吸的影响更强烈。通过比较R^2值，可知嵩草草甸生态系统的根冠比年际变化比灌丛草甸生态系统根冠比的年际变化对生态系统碳汇能力的影响更强烈。

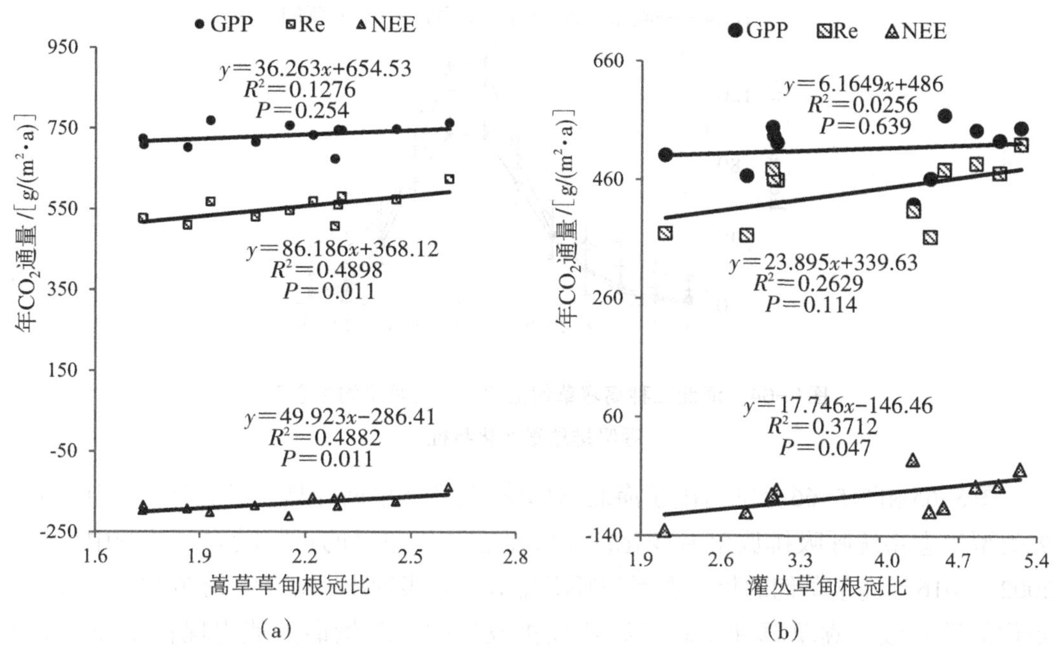

图5-63　海北嵩草草甸(a)、灌丛草甸(b)根冠比与年CO_2通量的关系

第八节　海北三种高寒草甸植被类型生态系统呼吸及其影响机制

一、生态系统呼吸排放量月际变化和年际变化

从图5-64可见，嵩草草甸、灌丛草甸、湿地草甸三种高寒草甸植被类型月平均生态系统呼吸排放量的变化趋势基本一致，均表现出冷季低、暖季高，最低出现在寒冷的1月或12月，最高出现在温度最高的7月或8月。其中，嵩草草甸和灌丛草甸的月平均生态系统呼吸排放量在7月达最高，分别为137.8 g/(m²·月)和95.0 g/(m²·月)，而湿地草甸的生态系统呼吸排放量月平均最高出现在8月，为107.0 g/(m²·月)。生长季旺盛期的6、7、8月，嵩草草甸的月平均生态系统呼吸排放量较灌丛草甸和湿地草甸明显偏高；非生长季寒冷的11月至翌年4月，湿地草甸的月平均生态系统呼吸排放量明显高于灌丛草甸和嵩草草甸。以上说明不同的生态系统、群落结构、土壤理化性质等环境因素的差异，造成了生态系统呼吸强度的不同。在生长季旺盛期，嵩草草甸植被的生物量较大，因此雨热同期的有利条件下植被的自养呼吸强烈，造成这个时期嵩草草甸的生态系统呼吸排放量较大；而在非生长季，由于湿地草甸土壤水分在饱和或超饱和状态下，导致土壤热容量大，土壤温度仍然处在较高的水平，同时土壤中含有大量未分解的土壤有机质，在相对较高的水热条件下，土壤微生物分解作用仍较活跃，生态系统的异养呼吸相对更强烈，进而造成湿地草甸的生态系统呼吸排放量在非生长季相对较高。

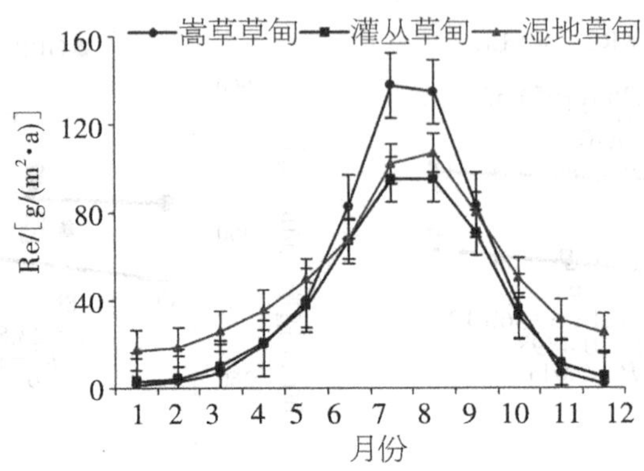

图5-64　海北三种高寒草甸植被类型的月平均生态系统呼吸排放量变化特征

图5-65和图5-66分别给出了海北嵩草草甸、灌丛草甸、湿地草甸三种高寒草甸植被类型生态系统呼吸排放量月变化的年际动态和年总量的年际动态。从图中可见，2002—2016年嵩草草甸的年生态系统呼吸排放量未表现出明显的年际变化趋势，每年变化似乎一致。嵩草草甸生态系统呼吸排放量的年总量最大值出现在2013年，为625.2 g/(m^2·a)，最小值出现在2002年，为507.9 g/(m^2·a)，15年平均为555.2±31.0 g/(m^2·a)。灌丛草甸2003—2016年生态系统呼吸排放量的14年年平均为452.8±52.8 g/(m^2·a)，最大值出现在2014年，为531.4 g/(m^2·a)，最小值出现在2004年，为363.7 g/(m^2·a)，灌丛草甸的生态系统呼吸排放量年变化及年际变化变异性较大，与嵩草草甸相比较明显。2004—2016年的13年间，湿地草甸生态系统呼吸排放量的年均值为608.9±65.6 g/(m^2·a)，最大值出现在2014年，为778.2 g/(m^2·a)，最小值出现在2009年，为537.3 g/(m^2·a)，与嵩草草甸相比，13年的生态系统呼吸排放量的年变化和年际变化亦非常明显。多年监测结果表明，嵩草草甸、灌丛草甸、湿地草甸三种高寒草甸植被类型生态系统呼吸排放量出现的年最大值、最小值时间并不一致，也未产生明显的年际变化规律。但是生态系统呼吸排放量的年总量表现为湿地草甸>嵩草草甸>灌丛草甸，这可能是由于湿地草甸生态系统的土壤中含有大量未分解的土壤有机质，因而造成生态系统呼吸最大。

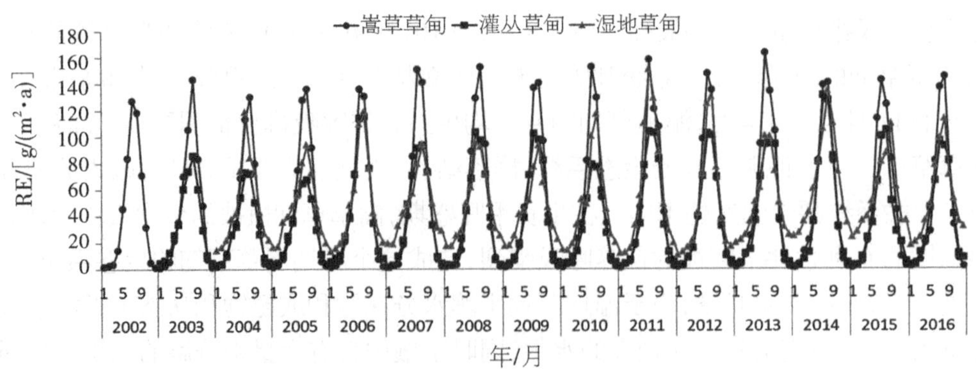

图5-65　海北三种高寒草甸植被类型生态系统呼吸排放量月变化的年际动态

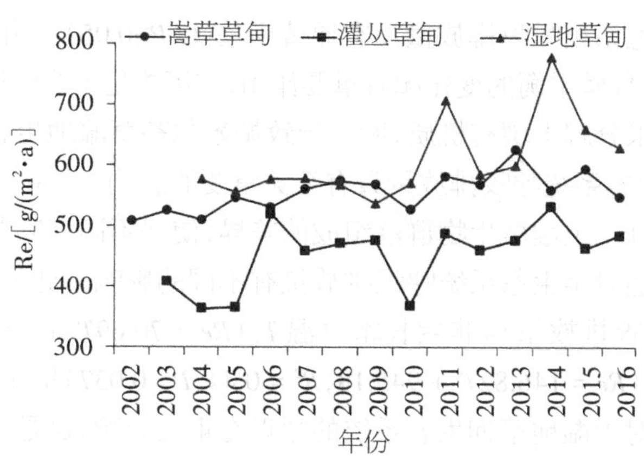

图5-66　海北三种高寒草甸植被类型的年生态系统呼吸排放量变化特征

二、环境要素对生态系统呼吸排放量年际变化的影响

(一)生态系统呼吸排放量年际变化与环境因子的关系

由表5-39可见，嵩草草甸、灌丛草甸、湿地草甸三种高寒草甸植被类型2002—2016年、2003—2016、2004—2016通量数据分析的生态系统呼吸排放量年际变化表明，只有灌丛草甸的年均SWC与生态系统呼吸排放量的年际变化呈显著正相关(P<0.05)，而其他环境因子与三种高寒草甸植被类型的生态系统呼吸排放量年际变化没有显著相关性(P>0.05)。也可发现嵩草草甸、灌丛草甸的生态系统呼吸排放量年际变化与5月的SWC呈显著正相关(P<0.01)，这是因为土壤中植物可利用性水分影响着植物根系营养物质的吸收和植物激素信号的传导，影响到植被的叶芽萌发和植物体的固碳。在高寒草地生态系统中，5月土壤解冻时也是正值植物的返青期，土壤冻融过程的融冻水对植物营养生长发育影响明显(Groendahl et al.，2007；Barichivich et al.，2013)，与植被生长季开始日期密切相关(Shen et al.，2011)。融冻水不仅可满足植物返青，而且在供给植物持续生长所需的可利用水分、激活植物代谢活动等方面起积极而重要的促进作用(Shen et al.，2015；Shen et al.，2011)，对于高寒植被生态系统呼吸也至关重要。

研究结果表明，高寒草甸非生长季生态系统呼吸排放量占年生态系统呼吸排放量的比例较小，嵩草草甸、灌丛草甸、湿地草甸非生长季生态系统呼吸排放量占年生态系统呼吸排放量的比例分别为7.1%、12.1%、25.2%。此外，线性回归分析表明，湿地草甸非生长季生态系统呼吸排放量与年生态系统呼吸排放量呈显著正相关(R^2= 0.52，P<0.01)，而灌丛草甸和嵩草草甸的非生长季生态系统呼吸排放量与年生态系统呼吸排放量无显著相关性(P>0.05)(图5-67)。非生长季的CO_2排放对湿地草甸碳平衡的变化起着至关重要的作用，这可能是由于湿地草甸生态系统的土壤有机质更丰富造成的。

高寒草地生态系统高海拔、低温的严酷环境，使得高寒草地生态系统非生长季的碳排放较弱，加之过去研究方法的限制，人们往往忽略对高寒生态系统非生长季碳排放的研究。线性回归分析表明，湿地草甸非生长季生态系统呼吸排放量与年生态系统呼吸排放量呈显著正相关(R^2=0.52，P< 0.01)，而灌丛草甸和嵩草草甸的非生长季生态系统

呼吸排放量与年生态系统呼吸排放量没有显著相关性($P>0.05$)。由此说明,非生长季的CO_2排放对湿地草甸碳平衡的变化起着重要作用,这可能是因为湿地草甸生态系统土壤中含有更大量的未分解土壤有机质,所以导致帕米尔苔草湿地生态系统在非生长季的CO_2排放对于年生态系统呼吸排放量具有至关重要的影响。但由于不同植被类型群落结构、土壤理化性质、土壤微生物群落组成的差异,使得不同高寒草甸非生长季生态系统呼吸排放量可能对年生态系统呼吸排放量有不同的影响。此外,帕米尔苔草湿地的年际生态系统呼吸排放量与非生长季气温 T_a ($Re = 70.69T_a + 1208.9, R^2 = 0.45, P= 0.033$)、土壤温度 T_s ($Re = 146.82T_s + 945.18, R^2 = 0.44, P= 0.037$)呈显著正相关,说明非生长季的热量条件对于湿地草甸生态系统的呼吸有重要影响,这是因为由于湿地土壤中有大量未分解的土壤有机质,并且微生物对有机质的分解过程对温度极其敏感(Saito et al., 2013; Zhao et al., 2006),因此造成湿地草甸生态系统非生长季的热量条件与年生态系统呼吸排放量显著正相关($P<0.05$),表明在全球气候变化的背景下,气温升高尤其是非生长季温度的升高会加剧湿地草甸的碳排放。

表5-39 海北三种高寒草甸植被类型的年生态系统呼吸排放量与环境因子的关系

环境因子	嵩草草甸生态系统呼吸排放量/[g/(m²·a)]			灌丛草甸生态系统呼吸排放量/[g/(m²·a)]			湿地草甸生态系统呼吸排放量/[g/(m²·a)]		
	线性回归	R^2	P	线性回归	R^2	P	线性回归	R^2	P
$T_a(x_1)$	$y = 1.2661x_1 + 556.51$	0.00	0.95	$y = 22.995x_1 + 480.57$	0.04	0.47	$y = 38.521x_1 + 650.52$	0.04	0.49
SWC (x_2)	$y =-875.57x_2+ 844.16$	0.22	0.08	$y = 1919.6x_2 + 45.46$	0.35	0.026	—	—	—
PPFD (x_3)	$y = 0.3127x_3 + 436.6$	0.05	0.44	$y =-0.2596x_3 + 536.36$	0.03	0.54	$y = 1.7667x_3 + 92.725$	0.15	0.20
$T_s(x_4)$	$y =-23.616x_4+ 655.57$	0.24	0.06	$y = 24.734x_4 + 386.8$	0.06	0.40	$y =-17.326x_4 + 657.81$	0.02	0.66
PPT (x_5)	$y =-0.0099x_5+ 559.72$	0.00	0.95	$y =-0.1918x_5+ 541.34$	0.04	0.47	$y = 0.1093x_5+ 558.17$	0.02	0.69
VPD (x_6)	$y = 294.97x_6+ 475.97$	0.03	0.55	$y =-987.25x_6+ 715.54$	0.17	0.14	$y =-1141.6x_6+ 843.75$	0.14	0.21
GDD (x_7)	$y = 0.0731x_7+ 474.35$	0.04	0.50	$y = 0.1965x_7+ 258.2$	0.07	0.33	$y = 0.3419x_7+ 233.7$	0.14	0.20
GSL (x_8)	$y = 0.0199x_8+ 552.21$	0.00	0.98	$y = 0.4887x_8+ 381.65$	0.01	0.77	$y =-1.7549 x_8+ 854.7$	0.10	0.30

注:T_a、SWC、PPFD、T_s、PPT、VPD、GDD、GSL分别为空气温度、土壤湿度、光合有效辐射、5 cm土壤温度、降水量、水汽饱和亏、≥5 ℃的积温和生长季长度。

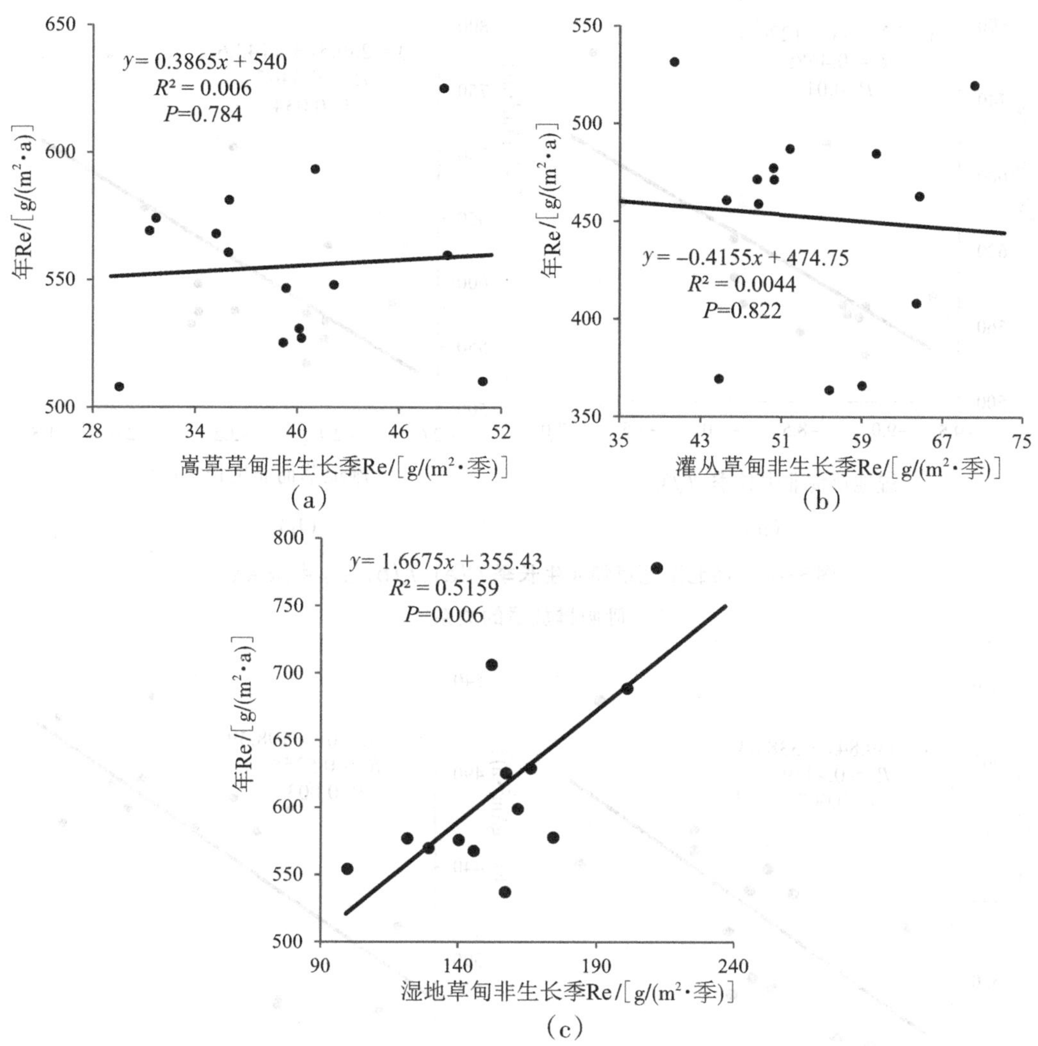

图5-67　海北嵩草草甸(a)、灌丛草甸(b)、湿地草甸(c)的非生长季生态系统呼吸排放量与年生态系统呼吸排放量的关系

由图5-68可见，湿地草甸生态系统呼吸排放量的年总量与非生长季气温T_a、土壤温度T_s均呈显著正相关，说明非生长季的热量条件对于湿地草甸生态系统的呼吸有重要影响。

由图5-69可见，嵩草草甸、灌丛草甸生态系统呼吸排放量的年总量与5月的SWC呈显著正相关($P<0.01$)，这是因为在5月土壤水分动态受到植被返青期土壤冻融过程的影响，土壤水分的可利用性影响着植物根系营养物质的吸收和植物激素信号的传导、植被的叶芽萌发发育以及固定碳的时期，说明这个时期土壤水分的可利用性对于高寒植被生态系统呼吸至关重要。

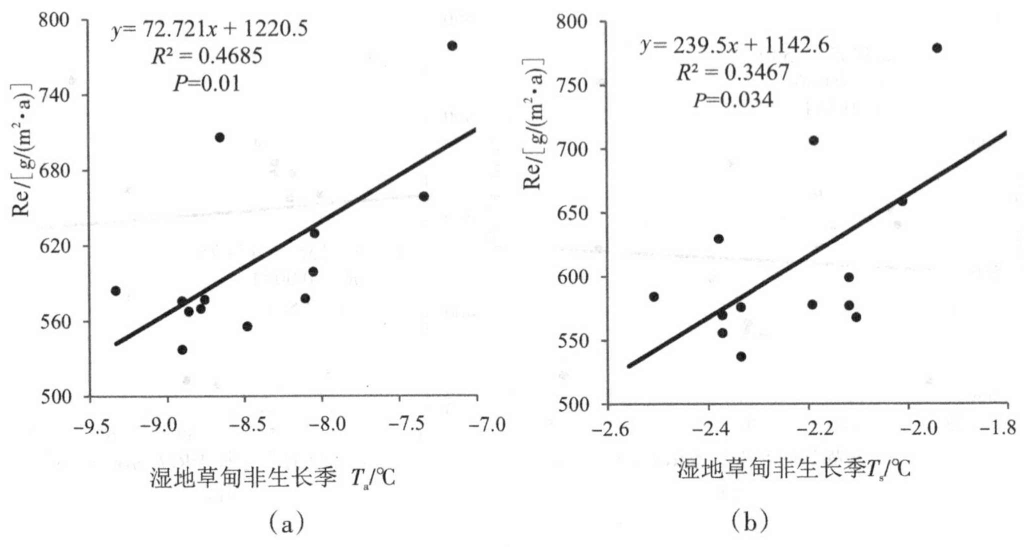

(a) (b)

图5-68 海北湿地草甸非生长季 T_a(a)、T_s(b)与年生态系统呼吸排放量的关系

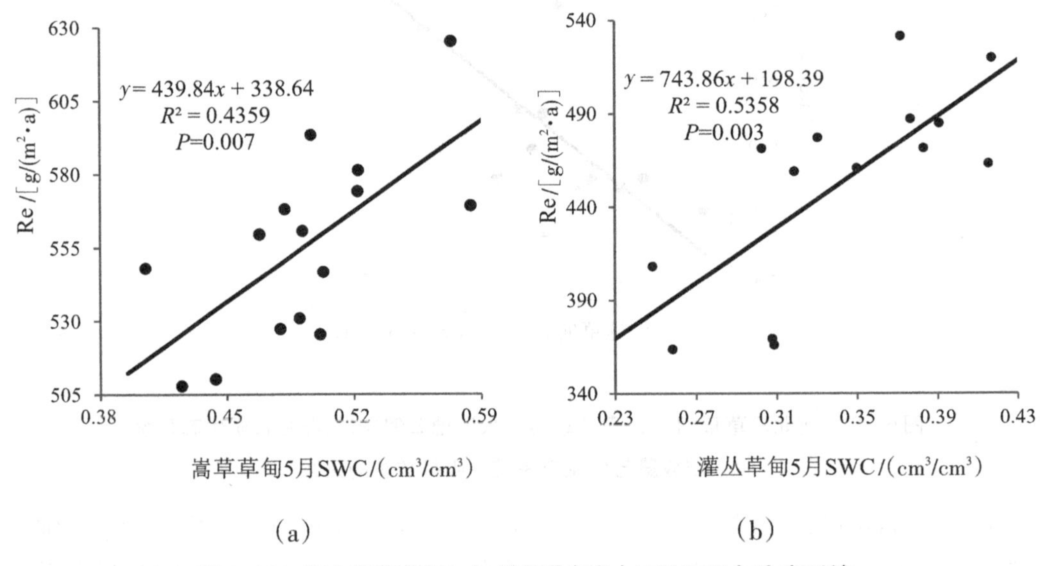

(a) (b)

图5-69 海北嵩草草甸(a)、灌丛草甸(b) 5月SWC与生态系统呼吸排放量年总量的关系

(二)土壤有机碳、全氮、碳氮比对年生态系统呼吸排放量的影响

通过对比分析三种高寒草甸植被类型生态系统土壤有机碳、全氮、碳氮比与生态系统呼吸排放量的年均值关系可知(图5-70),灌丛草甸的土壤有机碳、全氮含量最小,年生态系统呼吸排放量最小;而湿地草甸的土壤有机碳、全氮含量最高,年生态系统呼吸排放量最大。由此说明,三种高寒草甸植被类型生态系统的土壤有机碳、全氮对年生态系统呼吸排放量表现为正效应。但土壤碳氮比对生态系统呼吸排放量的均值影响相对较弱。这是因为,虽然土壤碳氮比的大小与微生物分解土壤有机质的速度成反比,且湿

地草甸生态系统的土壤碳氮比较大，微生物分解有机质的速率较慢。但是，湿地草甸的土壤有机碳含量极其丰富，显著高于灌丛草甸和嵩草草甸的土壤有机碳的含量，湿地草甸0～20 cm层次在5—9月的土壤有机碳的均值分别为灌丛草甸、嵩草草甸的4.09和3.67倍。因此，湿地草甸生态系统土壤中大量未分解的有机质导致其年生态系统呼吸排放量较大，这也从侧面说明了在高寒生态系统中，土壤有机质的含量比土壤有机质的分解速率对生态系统呼吸有更重要的影响，显示湿地草甸中土壤呼吸对于生态系统呼吸更为重要，且暗示在高寒草甸生态系统中，土壤有机质的含量对生态系统呼吸具有重要影响机理，表现出土壤呼吸可能对生态系统呼吸具有更高的贡献率。

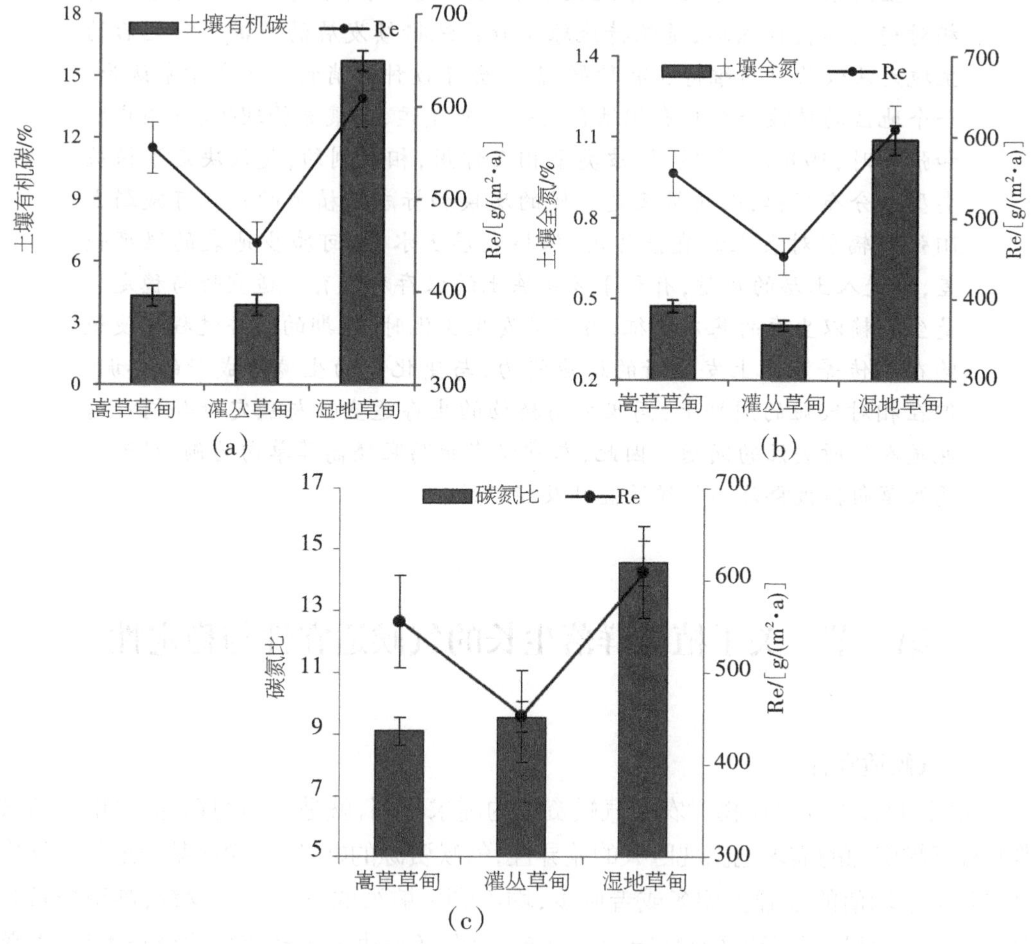

图5-70 海北嵩草草甸、灌丛草甸、湿地草甸的土壤有机碳(a)、全氮(b)、碳氮比(c)年均值与生态系统呼吸排放量年均值的关系

第六章 海北高寒草甸植被群落的气候适宜性与稳定性

生态系统是地球生命系统最基本的组成部分，维持各类生态系统的相对稳定和良性循环，是维持地球生命系统持续发展的关键。变化后的生境无法较长时间维持原有种群，甚至会导致种群消亡。生态学家认为，一个地区的植被分布具有相结合的一系列气候、土壤等物理性状（周广胜和张新时，1996）。气候、植被类型相互作用，相互制约，气候决定了植被类型和分布规律，而植被又是气候的反映和标志。植被的存在可减弱太阳强烈辐射对表土的直接作用，保持表层土水分，可减少地表的温度较差，和进入土层的热量，有利于多年冻土的保存和发育。适宜性与稳定性是生物赖以生存的基本特征，当环境发生变化时，长期的演替过程可使植物在遗传等基础上发生新的适应能力，与变化了的生境形成新的协调。但在相对较短的周期上，高寒草甸植物的生存适宜性与稳定性如何？这也是人们所关注的问题。因此，本章以海北高寒矮嵩草草甸为例，讨论了高寒草甸植被群落的气候适宜性及稳定性。

第一节 关于植被群落生长的气候适宜性与稳定性

一、气候适宜性

我们知道，不同农作物对农业气候资源的需求不同，就是不同的森林、草地等植被类型对气候资源的需求也出现巨大的差异性，气候资源的好坏，或说在某一地其气候资源在多年平均值的基础上偏多或者偏少，均不利于植被的正常生长发育，甚至导致死亡。同时也发现，不同地区有特定生物分布，生存环境决定了动植物的分布类型、群落特征，其动植物栖息地具有自身的生态适宜性，这就涉及一个地区植物生长的气候适宜性问题，孙儒泳等（图6–1，孙儒泳等，2002）从普通生态学的观点给出了生物生长的气候温度普遍适宜性情况。图6–1不仅描述了包括动植物在内的生物生长过程中对温度反应的适宜性，还给出了非适宜的阶段极端温度环境的总体概念。

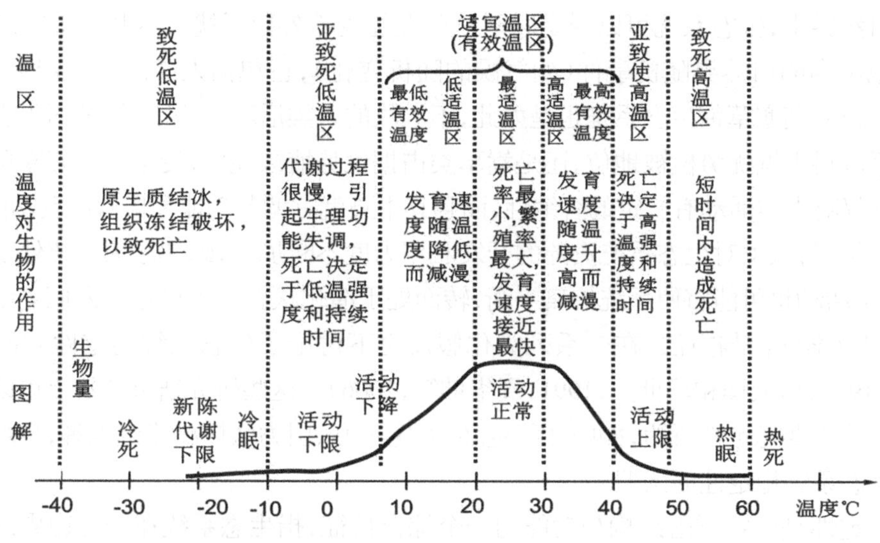

图6-1 生物界动植物生态气候的适宜性普遍特征描述

然而,就特定的高寒草甸植物生长及其群落来讲,植物生长的气候涉及了光能、水热等多方面的环境因素,如何评估植物生长的气候适宜性,给出地区植物生长地生态气候适宜性的“度”,将有利于草地生产应对气候变化,合理开发草地气候资源,利用气候资源提高草地管理水平、保障草地生态系统的安全屏障作用,意义重大。

就目前来看,关于气候适宜性问题,在农业气象领域研究较多(代立芹等,2011a;2011b;杜文丽等,2020;黄璜,1996;李树岩和陈怀亮,2014;申双和等,2015;王丽霞和任志远,2007;徐玲玲等,2014;蒲金涌等,2011),也有较多的研究进展方面的报道(罗怀良等,2004;魏瑞江和王鑫,2019),还有学者对花椒、沃柑、松茸、棉花、油松、落叶松、苹果、水稻、鸟类栖息地、栽培牧草、人居环境、花卉、樱桃、柠檬、烤烟、茶、葡萄、百香果、甘蔗等进行了气候生长适宜性的研究。这些研究表明,随着气候变化对林业、农业、牧业等生产的影响越来越大,对气候适宜度的研究不断增加,结合气候适宜度理论构建气候适宜度模型的研究方法也日趋成熟,应用较广,研究成果显著。但对于草地气候的适宜性报道很少,吴建国和吕佳佳(2009)针对不同气候变化情景分析了气候变化对我国高寒草甸潜在适宜气候分布范围的影响。鉴于此,有必要对海北高寒草甸植物生长的气候适宜性开展讨论,对评估气候变化背景下的草地生态系统生产力具有重要意义。

二、群落稳定性

生态系统的行为通常分为两大类(Folke et al,2004):一类称为稳定性;另一类称为恢复性。稳定性是生态系统在受到承受范围内的干扰和影响时,通过自我恢复能力消除干扰的方式后能够使受到干扰的部位恢复到初始状态,是生态系统恢复能力的集中体现。生态系统的稳定性中包含持久性、恢复性和变异性,持久性表征了生态系统抵抗外界干扰的能力;恢复性是指受到外界干扰后生态系统恢复到初始状态所用的时间和能力;而变异性则是指生态系统在外界干扰影响下改变部分状态的能力,即再次达到动态平衡的能力(兰刘庆,2018;周华坤等,2008;曹广民和龙瑞军,2009)。

自然界中,生态系统可以说是时时刻刻在经受着外界干扰。这些扰动既包含宽广概率范围内的自然界随机事件(如气候的随机变化),也包括人类活动所产生的扰动。青藏高原的高寒草甸生态系统也是如此,不放牧的人类活动极为罕见,进而也表现出不论是禾本科占据优势植被地位,还是嵩草类占据优势植被地位,受干扰的高寒草甸生态系统不仅对人类活动有一定的容纳性,而且其本身就有调节功能和自我恢复功能。

近年来,人类对生态系统资源的开发利用力度不断加大,即便原来系统处于平衡状态,人类活动也可能将使系统偏离平衡,转而处于演化状态的不稳定。人们继承了经典物理和数学理论与方法,在一系列简化假设之下讨论了生态系统稳定性方面的工作(May,1973;岳天祥和马世骏,1991;周华坤等,2006)。这些研究结果基本上可以陈述简单系统的主要稳定性行为,如中性稳定环、稳定平衡、引力区域和稳定点等,也增加了人们对生态系统稳定性的认识。

稳定性是植物群落结构与功能的一个综合特征,指生态系统在一定边界范围内保持恒定或某一特定状态的历时长度,是群落外部条件发生变化或存在扰动时系统维持不变的能力,是植被群落存在的必要条件和功能表现。群落稳定性研究中一个基本的问题是对于稳定性的测定,即群落在某一时刻是否处于稳定、稳定性的大小比较、对它如何进行测度(Grimm et al.,1992)。

种群生态学常用种群数量或大小变动作为评估种群稳定性的指标,群落生态学家则用数量、相对多度型、优势种、物种组成、生产力的变化评估植被的稳定性(McNaughton,1977)。大多数生态学家都感到稳定性与生态系统食物网结构的多样性和复杂性有关,并且在努力寻找它们之间的定量关系。MacArthur(1955)根据系统中流过每个能量路径的能量百分比,提出一个基于能量路径选择的指标作为系统稳定性度量。Mulholland(1974)基于信息论导出了一个将稳定性与多样性、复杂性明显联系起来的稳定性度量指标。May(1973)则仍然采用稳定性经典数学分析方法,确定受扰动生态系统的稳定性。岳天祥和马世骏(1991)将热力学稳定性理论引入了生态系统的相应研究。上述各种度量生态系统稳定性的方法都需要建立系统数学模型,这种方法被称为模型方法。但是,生态系统数学模型的构造通常十分困难,需要长时间的工作积累和充分的数据,还要多学科的交叉渗透等等,因而上述各种度量方法在实际应用中会受到一定限制。度量生态系统稳定性的另一途径是观测数据的直接分析方法。根据在自然或试验条件下生态系统动态行为的观测数据,直接从生态系统稳定性定义出发,采用数理统计手段定量地确定标志生态系统稳定性的参数。

关于草地生态系统的稳定性研究,已经成为目前生态学研究的热点议题。生态学家利用大规模的草地植物群落受控实验,对物种多样性与生态系统功能的诸多方面进行了研究(Naeem and Li,1997;Tilman and Downing,1994;Tilman et al.,2001;Wardle et al.,1999;Hooper and Vitousek,1997)。大多学者认为,生态系统的稳定性不仅与群落组成有关,还与气候条件、外界干扰和养分供给等有关。Bai 等(2004)、Wang 等(2005)、Guo(2005)及 Wu 等(2005)利用中国科学院内蒙古草原生态系统定位站积累的长时间序列数据，对天然羊草(*Leymus chinensis*)草原和大针茅(*Stipa grandis*)草原生态系统的稳定性与气候因子、物种和功能群多样性之间的关系进行了分析和讨论。

高寒草甸生态系统作为青藏高原最重要的自然放牧生态系统类型之一，长期受放牧家畜的强烈影响，加之地处高寒，虽然土壤有机质丰富，但其矿化率较低，可利用养分缺乏，不能满足植物生长需要(赵新全，2009)。而在放牧强度和资源获得性同时变化时，生产力和稳定性究竟如何？受控于何种因素的制约？仍是需要探索的主要问题。

第二节　海北高寒草甸植被群落生长的气候适宜性

一、植物生长适宜性指数计算方法

研究者在农业粮食作物的研究中，多以光(日照时间)、热(温度)、水(降水量)三因素以及三因素的综合性来评价作物的气候适宜性(马树庆，1996；王连喜等，2016；盛绍学等，2014)。这些研究的启示是考虑了气候对植物影响的关键要素，但是在青藏高原高寒草甸地区，由于气候环境恶劣，敏感性强，对国内低海拔地区而言的极小气候波动，在高海拔的高寒草地区域就有可能成为极端气候事件。高寒草甸所处的区域海拔高，植物是长期适应寒冷气候的产物，所表现的生长特征特殊，如大部分莎草科植物在春末夏初的一周内就可完成开花、结果、成熟的过程，生命周期极为短促；又如在凉爽的夏季，日极端最低气温往往降到0 ℃以下，但因丰富的近地表水汽含量和湿润的土壤可使植物层及植物叶面被一定的“水膜”包围而不至于冻伤。因此，我们选择了最适温度、最低温、降水、饱和水汽压(水汽压亏缺)、日照时间等多个气象参数来进行高寒草甸植物的单要素和综合指数的气候适宜性分析。

(一)最适温度适宜性指数

温度(气温)是影响作物生长的气象要素之一，植被在生长过程中受三基点温度(上限温度、最适温度、下限温度)影响，在最高温度和最低温度之间植被均能进行自我调节来适应环境的变化。本研究基于三基点温度，结合Churkin(1998)等的研究，确定三基点温度范围并进一步计算求得了各参数最优解：

$$S(T)=\frac{\left(T-T_1\right)\left(T_2-T\right)^B}{\left(T_0-T_1\right)\left(T_2-T_0\right)^B} \tag{6-1}$$

$$B=\frac{\left(T_2-T_0\right)}{\left(T_0-T_1\right)} \tag{6-2}$$

式中：$S(T)$为植物温度适宜度指数；B为中间参数；T、T_1、T_2、T_0分别为植物在生长季的平均气温、下限气温、上限气温和最适气温；规定，当$T\leqslant T_1$或$T\geqslant T_2$时，$S(T)=0$；当$T=T_0$

时,$S(T)=1$。

(二)最低温适宜性指数

与三基点温度中参数的确定方法一致,确定了最低温的参数,并利用公式(6-3)计算植物生长季的最低温适宜度指数:

$$S\left(T_{min}\right)=\begin{cases}0, & \text{if } T_{min}\leqslant T_{mmin}\\ \dfrac{\left(T_{min}-T_{mmin}\right)}{\left(T_{mmax}-T_{mmin}\right)}, & \text{if } T_{mmin}<T_{min}<T_{mmin}\\ 1, & \text{if } T_{min}\geqslant T_{mmin}\end{cases} \tag{6-3}$$

式中:$S(T_{min})$为植物最低温适宜度指数;T_{min}为生长季最低温;T_{mmin}为最低温的下限温度;T_{mmax}为最低温的上限温度。

(三)降水适宜性指数

降水作为气象因子之一,降水的分布格局及时空演变影响着植被的生长,本文定义降水适宜性指数的计算方法如下:

$$S(R)=\begin{cases}\dfrac{R}{R_0}, \text{ if } f<-30\%\\ 1, \quad \text{if } -30\%\leqslant f\leqslant 30\%\\ \dfrac{R_0}{R}, \text{ if } f>30\%\end{cases} \tag{6-4}$$

$$f=\frac{R-R_0}{R_0}\times 100\% \tag{6-5}$$

式中:$S(R)$为生长季降水(水分)适宜度指数;R为生长季总降水量;R_0为生长季多年平均降水量;f为生长季降水距平百分率。

(四)水汽压亏缺适宜性指数

饱和水汽压亏缺增加会形成干旱胁迫环境,导致植被体内水分亏缺,从而影响植物生长发育。根据前人研究(Jolly et al.,2010;Kimm et al.,2020),使用公式(6-6)计算水汽压亏缺适宜性指数:

$$S(V)=\begin{cases}0, & \text{if } V\geqslant V_{max}\\ 1-\dfrac{V-V_{min})}{(V_{max}-V_{min})}, & \text{if } V_{min}<V<V_{max}\\ 1, & \text{if } V\leqslant V_{min}\end{cases} \tag{6-6}$$

式中:$S(V)$代表水汽压亏缺下的适宜性指数;V_{min}为生长季水汽压亏缺量下限值;V_{max}为生长季水汽压亏缺量上限值。V越大,$S(V)$越小,表明高水汽压亏缺下的适宜度低。

（五）日照时数适宜性指数

日照时数是绿色植物进行光合作用时必不可少的条件，本文定义日照时数适宜性指数的计算方法如下：

$$S(S)=\begin{cases}\dfrac{\hat{S}}{S_0}, \text{ if } \hat{S}<S_0\\ 1, \text{ if } \hat{S}>S_0\end{cases} \tag{6-7}$$

式中：$S(S)$为生长季日照时数适宜性指数；$\hat{S}$为生长季总日照时数，S_0为该阶段日照时数多年平均值。

（六）综合适宜性指数

植被的气候适宜性是温度、降水、日照等气象要素对植被生长发育适宜程度的综合反映。以平均气温、最低气温、降水、日照、水汽压亏缺适宜性指数为基础，采用灰色关联分析方法确定各气象要素适宜性指数对高寒草甸地上净初级生产力（ANPP）的关联度并计算各指数的权重，建立气候适宜指数模型，如式（6-8）所示：

$$S=0.211\times S(T)+0.210\times S(T_{min})+0.206\times S(R)+0.202\times S(V)+0.170\times S(S) \tag{6-8}$$

式中：S为气候综合适宜性指数；生长季平均气温、最低温、降水、日照时数和水汽压亏缺适宜性指数的权重系数分别为21.14%、21.02%、20.60%、20.19%和17.04%。

根据Jolly（2010）、Chen（2021）等人的研究，以及结合归一化植被指数（NDVI）数据计算的适宜性参数，发现高寒草甸各适宜性参数分别为T_1=−2 ℃，T_0=15 ℃，T_2=20 ℃，T_{mmin}=−15.23 ℃，T_{mmax}=5.11 ℃，V_{max}=0.43 kPa，V_{min}=0.11 kPa，S_0=5.08 h。

二、海北高寒草甸植物生长的气候适宜性状况

根据生长季平均气温计算的1984—2020年的平均温度适宜性指数为0.75，变异系数为5.44%，且37年来温度适宜性指数以0.03/10 a的速率显著上升（P<0.005），表明海北高寒草甸的生长季平均气温朝着有利于嵩草草甸植被生长的方向变化（图6-2）。

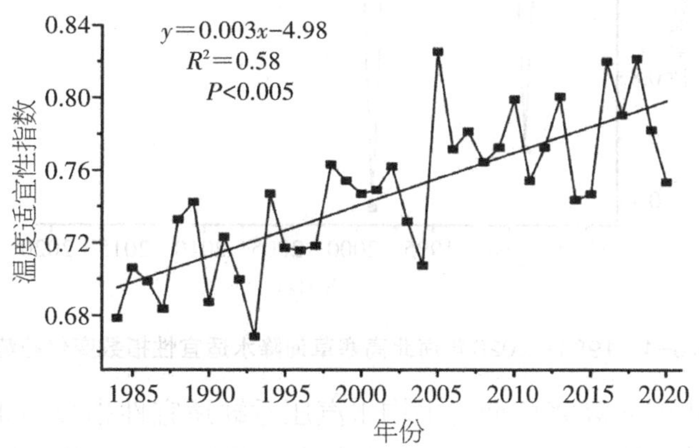

图6-2　1984—2020年海北嵩草草甸温度适宜性指数变化趋势

1984—2020年海北高寒草甸的平均最低温适宜性指数为0.63，变异系数为5.93%。相较于温度适宜性，最低温适宜性略低但波动幅度较大。37年来最低温适宜性指数呈不显著的上升趋势(图6-3)，生长季最低温的变化对海北高寒草甸植被生长的促进作用较弱。

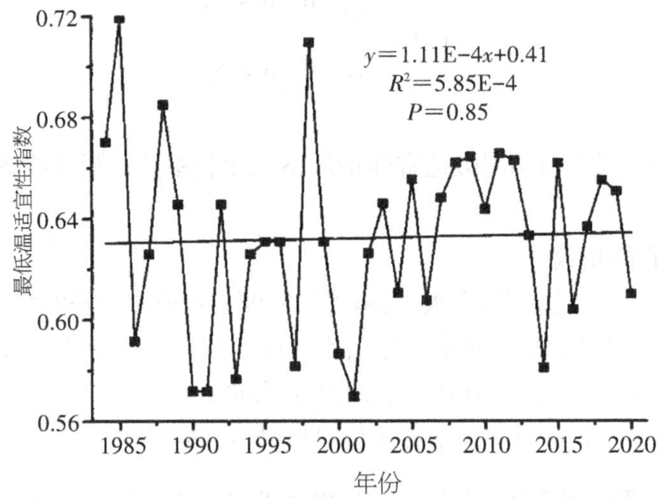

图6-3 1984—2020年海北高寒草甸最低温适宜性指数变化趋势

海北高寒草甸的降水适宜性指数较高，除1989年和1999年降水适宜性指数低于1外，其余年份均为1(图6-4)，表明高寒草甸的生长季降水条件能够满足其植被生长的水分需求。1989年生长季降水量超过了600 mm，而1999年降水量仅为317 mm，降水量过多可能影响日照时数和太阳辐射情况，而降水量过少则无法满足植被生长的水分需求，两者均有可能引起海北高寒草甸植被生存状态的变化。

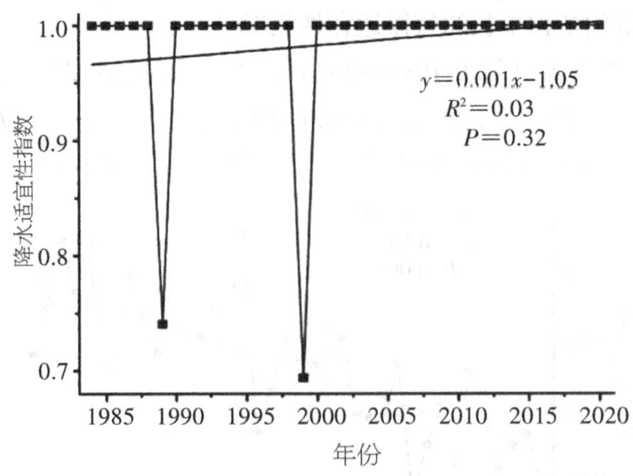

图6-4 1984—2020年海北高寒草甸降水适宜性指数变化趋势

1984—2020年海北高寒草甸的平均水汽压亏缺适宜性指数为0.62，变异系数为25.75%，相较于气温、降水等适宜性指数，其波动最强烈。37年来水汽压亏缺适宜性指数以0.06/10 a的速率呈显著上升趋势($P<0.05$)(图6-5),表明研究时段内水汽压亏缺朝着有利于海北高寒草甸植被生长的方向变化。

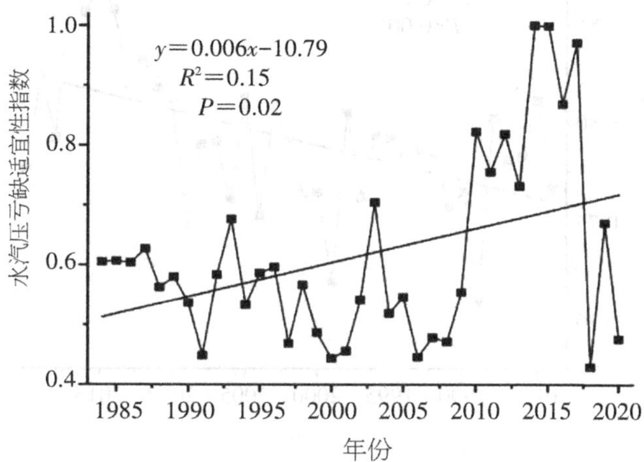

图6-5　1984—2020年海北高寒草甸水汽压亏缺适宜性指数变化趋势

1984—2020年海北高寒草甸的平均日照时数适宜性指数为0.96,变异系数为7.09%,且研究时段内呈不显著的下降趋势($P>0.05$)(图6-6)。37年中有22年的适宜性指数为1,其余15年低于1但均超过了0.7。表明海北高寒草甸的日照适宜性较高,生长季的日照时数能够较好地满足海北高寒草甸植被生长需求。

综合气温、降水、水汽压亏缺和日照时数等适宜性指数,根据各指数的权重计算的海北嵩草草甸1984—2020年平均气候综合适宜性指数为0.79,变异系数为4.69%。整个研究时段嵩草草甸的综合气候适宜性指数以0.02/10 a的速率显著上升(图6-7),表明各气候因子组合效果逐年趋好。根据灰色关联分析发现,温度适宜性指数与嵩草草甸的地上净初级生产力的关联度最高,而且相关分析也显示两者之间具有显著的相关关系。因此,以温度适宜性为主导的气候综合适宜性的提高促进了近37年来嵩草草甸地上净初级生产力的显著上升。

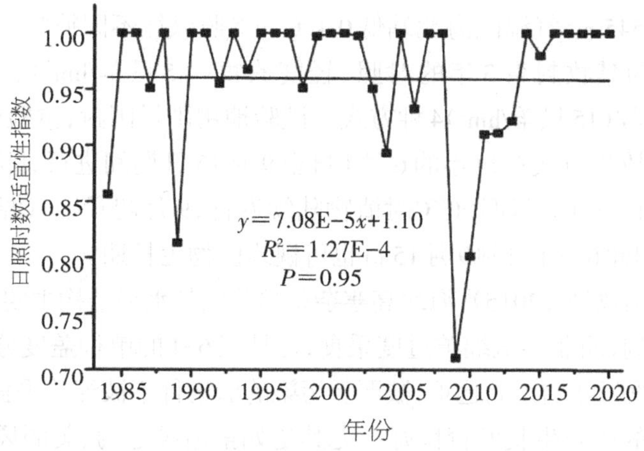

图6-6　1984—2020年海北嵩草草甸日照时数适宜性指数变化趋势

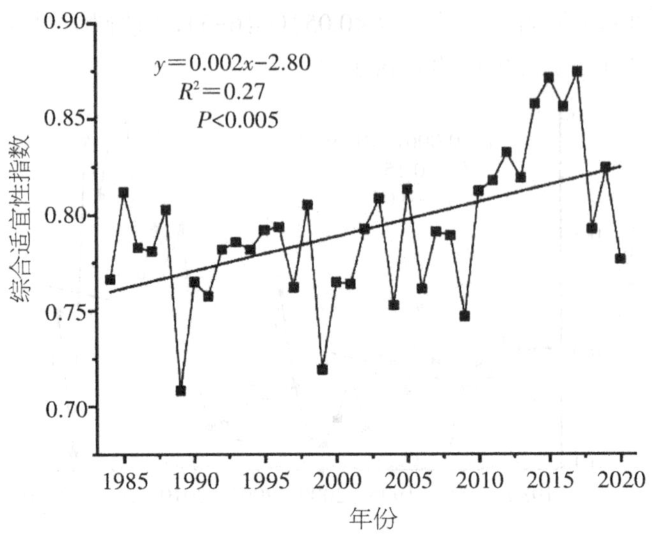

图6-7 1984—2020年海北嵩草草甸气候综合适宜性指数变化趋势

第三节 海北高寒草甸植被群落稳定性

一、禁牧、放牧与植被群落结构的稳定性

草场植被结构变化一定程度上决定草场的优劣和功能的稳定性。与自然放牧相比，封育或不同放牧强度会导致植被的水平结构及垂直结构发生变化，这种变化势必影响到高寒草甸植物群落结构的稳定性。这里以夏季放牧草场开展的不同放牧梯度实验来解释禁牧、放牧与植物群落结构的稳定性情况（毛绍娟等，2015）。放牧梯度试验样地位于海北站东北9 km处祁连山冷龙岭南麓坡地冰雪线下沿、金露梅灌丛草甸上沿的高寒杂草类草甸。试验样地地势开阔，坡度约为5°，中心点地理坐标为37°41′N、101°21′E、海拔3 545 m，气温比海北站低0.4 ℃。参照以往不同放牧强度的研究（赵新全，2009），设置为禁牧封育3年的对照、轻度放牧（4.5只羊/hm²）、中度放牧（7.5只羊/hm²）和重度放牧（15只羊/hm²）4种方式。试验地用围栏围封，试验羊为当地藏系绵羊。放牧按当地放牧方式在每年的6月1日至9月15日期间进行，即每年放牧时间3个半月。因5月上旬日均气温≥0 ℃时植物陆续返青，9月初开始气温下降，日最低可达-10 ℃以下。因此6月1日到9月15日也可视为植物生长期。

研究发现（毛绍娟等，2015），海北高寒杂草类草甸其水平结构主要受放牧绵羊的粪便污染和践踏影响，而非供试绵羊过度采食，这从表6-1的单种盖度分布可得到证实。粪便污染将随放牧强度增大而趋重，被严重污染的植物种不被绵羊采食，反而因停止采食得到充足养分的供应生长发育良好。尤其是如重齿风毛菊、美丽风毛菊、雪白委陵菜、珠芽蓼、矮火绒草、虎耳草等杂草类植物因叶片宽大且多平铺地表，不仅容易受到粪便的污染，而且受污染的“赃物”不易被雨水“冲刷”，反而生长强壮，单种盖度随放牧强度增加而增加，呈簇状挺立在被家畜不断啃食的低矮的草场上，打乱了植物水平结构的一致性，进而也导致重要值随放牧强度的增强而增大。不论是何种放牧强度，其优质的诸如禾草类的针茅、羊茅等牧草，莎草类植物被绵羊不断啃食，高度和盖度降低明显，即便受到粪便污染，也因叶片窄小易被雨水冲刷掉，因而所表现的水平变化基本相同。

从表6-1看到，不同群落的垂直结构受放牧强度影响明显。经过3年放牧强度试验，在放牧梯度试验地植物受家畜啃食程度不同，群落组成和生长与封育有所不同。重牧时草料不足，绵羊为得到基本的饲草而增加采食次数，加大了采食强度，严重影响到植物的再生过程，特别是绵羊喜食的针茅、羊茅、早熟禾、矮嵩草等被反复啃食，抑制了正常生长和发育，使这些植物的株丛变小、变矮，株高一般较小，幸存的株最高达10 cm或以上的多属粪便污染严重的，故草层分化仅为一层结构。中牧和轻牧条件下牲畜采食强度较重牧轻，植物的再生性也有所提高，禾草和矮嵩草能够得到较好的生长和发育，与重牧相比，株丛变大，植株较高，多度和盖度提高，使草场群落的垂直结构分异为两层结构。封育3年的对照区，组成群落种类的高度、盖度发生了极显著变化，进而改变了杂草类草甸群落结构。那些丛生的早熟禾、异针茅等禾草类植物受区域处在冰雪线下沿的潮湿土壤环境影响，同时生长发育阶段由于没有受到牲畜的啃食和践踏，得到充分的生长和发育，植株高度增加，丛径相应增大，盖度比放牧试验区高，形成密集的上层，青藏苔草、西伯利亚蓼等也得到急剧生长同处一层次，形成群落的第一层。而其他杂草类等组成了第二层，所表现的层次分异比中牧和轻牧样地更明显。

表6-1　海北高寒杂草类草甸不同放牧强度下植物群落种类组成及重要值

单位：%

植物种	对照				轻牧				中牧				重牧			
	叶层高度	盖度	生物量	重要值	叶层高度	盖度	生物量	重要值	叶层高度	盖度	生物量	重要值	叶层高度	盖度	生物量	重要值
青藏苔草	15.67	15.17	10.95	14.82	6.00	16.00	12.64	15.05	9.67	15.00	11.85	14.36	7.67	18.00	11.01	19.83
双柱头藨草	10.75	6.50	1.72	4.81	—	—	—	—	11.50	4.00	0.34	5.03	—	—	—	—
矮嵩草	5.50	12.33	10.71	12.18	5.17	13.00	12.99	14.04	5.00	14.67	16.91	15.66	5.33	11.67	8.30	13.99
高山嵩草	8.00	9.00	0.92	4.42	—	—	—	—	5.33	8.00	2.63	5.63	—	—	—	—
异针茅	19.33	12.33	12.76	16.02	11.67	14.00	22.46	22.94	11.33	11.00	21.01	18.83	12.33	15.33	16.67	25.88
草地早熟禾	29.00	4.50	0.34	6.29	—	—	—	—	—	—	—	—	—	—	—	—
兰石草	—	—	—	—	—	—	—	—	4.00	4.00	0.80	2.94	—	—	—	—
雪白委陵菜	5.67	3.33	0.12	1.92	3.33	9.67	1.00	4.85	4.17	5.33	0.89	3.45	3.00	6.67	1.51	5.36
金露梅	8.00	8.50	2.86	5.73	7.17	9.00	1.89	6.82	4.83	7.50	1.75	4.82	5.00	5.00	0.59	5.06
辐状肋柱花	11.00	4.00	0.04	2.93	6.00	6.00	0.12	4.35	7.50	3.00	0.02	3.28	4.50	3.00	0.01	3.56

续表6-1

植物种	对照				轻牧				中牧				重牧			
	叶层高度	盖度	生物量	重要值	叶层高度	盖度	生物量	重要值	叶层高度	盖度	生物量	重要值	叶层高度	盖度	生物量	重要值
高山唐松草	—	—	—	—	4.83	4.67	0.49	3.70	—	—	—	—	3.50	3.67	0.65	3.79
矮火绒草	4.00	5.00	0.70	2.52	3.00	4.00	0.01	2.44	4.00	5.50	0.14	3.03	4.00	3.00	0.14	3.40
乳白香青	13.00	6.00	0.27	3.97	—	—	—	—	—	—	—	—	—	—	—	—
西伯利亚蓼	16.50	3.25	0.27	3.82	—	—	—	—	—	—	—	—	—	—	—	—
珠芽蓼	7.00	6.00	0.38	3.05	4.25	3.50	0.08	2.86	5.25	3.00	0.16	2.66	4.33	4.67	0.23	4.28
鹅绒委陵菜	—	—	—	—	—	—	—	—	6.83	6.67	0.48	4.47	—	—	—	—
紫红假龙胆	10.17	2.67	0.37	2.69	7.17	5.67	0.20	4.79	6.00	5.50	0.32	3.75	—	—	—	—
银莲花	—	—	—	—	—	—	—	—	—	—	—	—	1.50	2.00	0.01	1.57

禁牧及放牧强度不同，其重要值具有较大的差异，组成群落的各物种对不同的干扰均表现出不同的变化。在禁牧封育3年的对照样地异针茅>青藏苔草>矮嵩草>草地早熟禾>金露梅>双柱头藨草>高山嵩草，轻牧样地异针茅>青藏苔草>矮嵩草>金露梅>美丽风毛菊>雪白委陵菜，中牧样地异针茅>矮嵩草>青藏苔草>高山嵩草>双柱头藨草，重牧样地异针茅>青藏苔草>矮嵩草>重齿风毛菊>美丽风毛菊>雪白委陵菜。由于封育及放牧强度试验开展时间较短，各样地主要物种的组成变化较小，异针茅、青藏苔草及矮嵩草在各样地重要值均为较大值，美丽风毛菊、重齿风毛菊及雪白委陵菜等适口差、叶片一般较宽较大且多平铺生长在地表的植物，放牧后因适口性植物被大量啃食后，接受的光照条件更好，同时受牲畜粪便影响，导致这些物种生长更具优势，因此在轻牧及重牧样地此类植物重要值较大。耐牧的矮嵩草及青藏苔草等莎草类植物在中牧和重牧样地中重要值最大，禁牧封育3年和重牧样地中因其矮小的植株受光资源的限制重要值相对较低。放牧强度对一些适口及较高营养的牧草影响最大，较强放牧甚至轻度放牧都会使其重要值减小甚至消失，例如高山嵩草和双柱头藨草仅在禁牧封育3年样地和轻牧样地出现，草地早熟禾仅存在于禁牧封育3年样地。

封育及放牧试验结果还表明，与放牧地相比，禁牧封育3年样地群落组成丰富，为18种植物，而轻牧、中牧及重牧群落组成分别为14、17和13种，表明重牧会导致丰富度下降，禁牧封育3年和适度放牧种类组成仍保持较高。从个别种类特别是某些具有代表草地退化或转好的指示性植物种来看，不同放牧强度可改变草地群落的演替方向。例如，矮火绒草较多时一般表征了植被处在退化状态，这也在本实验中得到证实，即随放牧强度的增大，矮火绒草重要值也在逐渐增加，证明植被向退化阶段演替，珠芽蓼也具有类似的变化特点，说明重牧会引起草地的退化，但短期较强的牧压不会导致草地达到“崩溃”退化的程度，强度放牧压力影响草地退化需要一定的时间长度。

从表6-1还看到，那些高禾草类植物，在高寒环境下虽然多以无性繁殖(根茎繁殖)

为主，但封育后以种子繁殖的现象得以提高，在不受外界干扰的状况下，能充分利用多雨和凉爽的气候条件，休养生息，加快自然更新，促使相关植物正常分蘖，丛径增大显著，无性繁殖能力也增强。在放牧区，异针茅、羊茅、垂穗披碱草等须根密丛的禾本科植物，草质柔软，营养丰富，家畜喜食，但这些禾草类不耐放牧和践踏，遇放牧利用时地上部分受到不断啃食，特别是在雨热同期的夏季，正值植物生长和发育，被家畜采食后不能完成整个生长发育，一直处在营养生长阶段，个别植株有开花或结实，但果实成熟不良而不能繁殖，种子繁殖能力极差。这是因为原来密丛性较大的植物受过度采食后根茎死亡比例增加，导致植物丛径逐渐变小，甚至以单株形式存在，种子更新不良。

尽管放牧使植物自然更新能力衰减，但因组成群落建群种和主要优势种的耐牧性、植物的生态-生物学特性以及植物遗传性具有强烈的适应能力等特点，短期强度放牧且气候、土壤等变化不甚明显的条件下，放牧强度大时不至于使草地达到彻底摧毁群落存在的程度。表明短期过度放牧，抑制了优良牧草的生长和发育，也影响到植物个体高度以及多度和盖度，虽然放牧后种类组成有所降低，但其群落结构是稳定的。这从短期的封育3年也可得到证实，实际上在我们进行放牧试验的高寒杂草类草甸地区一直以来是夏季放牧的公共草场，不存在严格的草地管理措施。当地牧户为缓解自家冬季放牧草场草料对家畜的供给压力，最大限度地在夏季公用草场进行时间长、放牧压力大的放牧过程，整个夏季牧场载畜能力极高。但从本研究试验看到，短期封育3年后植被群落的水平结构、垂直结构以及物种丰富度均向趋好状态转变，这也说明其植物群落是稳定的。表现出寒冷的气候条件并非限制禾草生长和发育的主要因素，而放牧过度虽然是抑制禾草生长和发育的主要因素，但至少在该地区放牧强度大，不至于出现让植物群落发生崩溃后的极度退化，其群落结构是稳定的。同时说明，该类稍有退化的或轻度退化的草地经短期的封育，其群落将快速得到恢复。倘若重度放牧时间再延长、强度再增大，那么群落趋于不稳定的可能性将大大提高，导致部分物种消失（杨殿林等，2006；许岳飞等，2012）。

放牧是一种复杂的干扰方式，对植物群落既有积极作用，也有消极作用（赵新全，2011；Lavorel et al.，1999）。Diaz等（2007）的研究表明，全球范围内植物的生活史、植株高度、生活型等植物特征对放牧有明显的反应。放牧强度不同直接导致植被受牲畜采食频率、强度不同，受牲畜粪便污染不同，同时，放牧强度不同将间接改变牲畜的采食选择和习惯，因而物种多样性、生物量、群落的组成和结构受到放牧的干扰程度不同。

通过对不同放牧强度样地的调查，发现群落垂直结构改变显著，重牧群落垂直结构为一层，中牧和轻牧为两层，采食干扰对群落垂直结构影响明显。水平结构较为稳定，主要受到牲畜粪便的影响。以上说明不同生境放牧对群落结构的影响不同，在高寒杂草类草甸其垂直结构对放牧的响应比水平结构更为敏感。

放牧对草地生物量的影响主要是由于牲畜的采食量、采食频率以及对草地的践踏程度不同而引起的。研究证明（汪诗平等，2003；韩文军等，2009），放牧对草地生态系统的生物量影响明显，主要表现在适度的放牧可以增加草地地上生物量，过度放牧则会使地上生物量明显降低，随着放牧强度的增加地上生物量明显下降。然而，因地区间自然条件的差异以及放牧强度等不同，其影响效应和影响强度存在很大差异。我们的研究表明，高寒草甸在不同放牧强度下，总生物量在中牧时最大，在重牧时最小。并表现出植物功能群生物量，莎草科在轻牧时最大，禾草科在中牧时最大，杂类草在重牧时最大，在封育3年和中牧草地莎草科、禾本科功能群内部种数相差甚微，而生物量则差异较大。而在封育3年中杂类草比例有所增加，是否杂类草的侵入影响了其他功能群的生产力，有待于进一步的研究。可能由于在轻牧草地，有牲畜啃食的刺激，牧草发生超补偿生长（袁芙蓉等，2011），因而具有较高的生产力，而封育3年没有放牧刺激，不适宜一些物种生长，反而使一些生命力强的杂草得以入侵，使其生态系统生产力降低。

二、施肥、刈割与高寒草甸植被群落物种多样性稳定性

王海东等（2013）在海北高寒草甸开展过物种多样性对群落稳定性的作用机制研究。这里就用他们的研究来解释施肥、刈割与高寒草甸植被群落物种多样性稳定性的关系。他们于2007年4月在海北高寒草甸开展包含不施肥、不浇水，仅施肥，仅浇水，既施肥又浇水的4种处理方式，经5年实验后的2011年8月进行调查，发现全部物种数为71个。其中响应物种、作用物种和共有物种数分别为26、13和46个（表6-2，表6-3，表6-4），分别占全部物种数的36.6%、18.3%和64.8%，作用物种占响应物种数的50.0%。共有物种中，响应物种和作用物种各占50.0%和23.9。对刈割、施肥、浇水、刈割×施肥、刈割×浇水、施肥×浇水以及刈割×施肥×浇水处理发生响应的物种数分别占全部物种数的15.5%、28.4%、2.8%、7.0%、4.2%、0.0%和1.4%。与不施肥相比，施肥显著降低了群落物种数及响应物种和作用物种的比例，增加了共有物种的比例（表6-4）。不论施肥与否，全部物种数均在中度刈割群落下最高。响应物种和作用物种的比例在重度刈割群落较高，而共有物种的比例在中度刈割群落较低，在不刈割及重度刈割群落无显著差异（表6-4）。

表6-2 响应物种重要值的方差分析及其与群落地上净初级生产力的回归分析

物种	变异来源（自由度）								R^2 n=36	物种类型
	B (2,4)	C (2,4)	F (1,18)	W (1,18)	C×F (2,18)	C×W (2,18)	F×W (1,18)	C×F×W (2,18)		
矮嵩草	4.43	0.32	5.29*	0.96	1.25	0.23	0.52	0.24	0.006	RS
鹅绒委陵菜	12.71*	6.96*	14.87**	0.00	5.52*	4.86*	0.01	0.89	0.014	RS
甘肃马先蒿	0.27	2.56	5.51*	4.55*	0.54	0.01	3.91	1.19	0.013	RS
海乳草	8.53*	7.01*	0.58	0.30	6.91**	0.12	0.01	0.43	0.000	RS
尖叶龙胆	1.48	5.02	41.23**	4.02	2.58	0.06	0.13	1.96	0.014	RS
美丽风毛菊	2.61	7.16*	1.33	0.02	0.80	0.91	1.28	0.05	0.024	RS
棉毛莨	1.72	10.86*	7.13*	0.79	2.19	0.48	0.35	1.87	0.022	RS

续表6-2

物种	变异来源(自由度)								R^2 n=36	物种类型
	B (2,4)	C (2,4)	F (1,18)	W (1,18)	$C×F$ (2,18)	$C×W$ (2,18)	$F×W$ (1,18)	$C×F×W$ (2,18)		
蒲公英	1.46	16.47*	0.03	0.35	0.54	1.61	0.16	0.95	0.033	RS
落草	1.00	1.46	15.83**	0.83	1.77	0.12	0.46	0.53	0.009	RS
麻花艽	2.62	4.21	4.64*	0.39	0.29	4.69*	4.21	0.36	0.033	RS
小米草	1.41	2.61	10.92**	0.61	0.95	0.71	0.21	0.34	0.002	RS
蒙古蒲公英	0.19	5.08*	1.97	1.76	6.23**	3.02	0.26	0.96	0.028	RS
柔软紫菀	1.81	8.21*	0.68	0.86	3.43	0.40	0.28	5.06*	0.016	RS
矮火绒草	1.20	3.76	6.20*	0.13	1.45	0.13	0.03	0.05	0.072**	RS,ES
繁缕	0.55	0.56	79.92**	3.43	0.25	0.13	1.58	0.04	0.153**	RS,ES
甘肃棘豆	1.34	3.10	51.59**	0.09	3.12	0.17	1.30	0.09	0.172**	RS,ES
黄花棘豆	0.30	1.92	25.48**	1.65	2.63	0.71	2.35	1.18	0.039*	RS,ES
甘肃黄芪	0.60	1.50	17.70**	0.22	3.67*	0.92	3.93	1.31	0.088**	RS,ES
米口袋	2.21	3.91	20.17**	0.27	0.98	0.14	1.17	0.79	0.101**	RS,ES
垂穗披碱草	0.63	1.66	26.18**	0.26	0.00	0.13	0.07	2.05	0.145**	RS,ES
青海棘豆	0.63	1.22	35.19**	1.88	1.73	0.56	0.04	1.56	0.130**	RS,ES
三脉梅花草	3.48	2.50	17.60**	0.00	1.55	0.08	0.00	0.46	0.155**	RS,ES
湿生扁蕾	6.98	15.05*	17.77**	16.99**	0.55	3.94*	2.03	3.17	0.058*	RS,ES
银莲花	1.05	11.88*	8.32*	1.85	2.95	2.69	1.30	2.79	0.125**	RS,ES
圆萼刺参	1.47	13.77*	0.00	0.22	0.00	1.32	0.59	0.86	0.079*	RS,ES
草地早熟禾	1.13	13.76*	52.94**	1.37	7.17**	1.51	0.88	1.46	0.319**	RS,ES
响应物种数(比例)	2(2.8%)	11 (15.5%)	20 (28.4%)	2 (2.8%)	5 (7.0%)	3 (4.2%)	0 (0.0%)	1 (1.4%)	13 (18.3%)	

注:(1)B代表区组;C代表刈割;F代表施肥;W代表浇水;×代表交互作用;n代表误差自由度;RS代表响应物种;ES代表作用物。(2)*,P<0.05;**,P<0.01。

表6-3 共有物种列表

植物种	植物种	植物种
矮火绒草	高山唐松草	蒲公英
矮嵩草	海乳草	落草
斑唇马先蒿	甘肃马先蒿	麻花艽
长叶火绒草	尖叶龙胆	青海棘豆
车前草	花苜蓿	瑞苓草
粗喙苔草	宽叶羌活	三脉梅花草
乳白香青	兰石草	湿生扁蕾
鹅绒委陵菜	老鹳草	四数獐牙菜
二裂委陵菜	美丽风毛菊	微孔草
双柱头藨草	米口袋	西伯利亚蓼
繁缕	棉毛莨	线叶龙胆
甘肃棘豆	披碱草	小米草
雪白委陵菜	银莲花	草地早熟禾
蒙古蒲公英	鸢尾	柔软紫菀
羊茅	圆萼刺参	直立梗唐松草
异针茅		

表6-4 全部物种数及各类物种所占比例在不同处理群落间差异的方差分析

	物种类型	全部物种/种	响应物种/%	作用物种/%	共有物种/%
不施肥	不刈割	29^{b}	59^{a}	28^{b}	94^{a}
	中度刈割	33^{a}	56^{a}	28^{b}	92^{b}
	重度刈割	29^{b}	61^{a}	32^{a}	94^{a}
	F-test	13.79***	2.89	3.76*	12.64***
	平均值	30	58.6	29	93
施肥	不刈割	23^{c}	55^{b}	24^{b}	95^{a}
	中度刈割	30^{a}	53^{b}	24^{b}	93^{b}
	重度刈割	27^{b}	57^{a}	28^{a}	95^{a}
	F-test	17.64***	15.20***	10.23***	15.21***
	平均值	26	55	25	94
施肥效应		20.33***	40.32***	48.50***	20.55***

注：数值后相同字母表示无显著差异($P>0.05$)，不同字母表示差异显著($P<0.05$)，***($P<0.001$)。

实验发现，在所有处理组合梯度上4类物种的物种多样性均与稳定性呈显著正相关($P<0.05$)(表6-5，图6-8)。其中，全部物种和共有物种的多样性对群落稳定性变化的解释能力高达65%～76%，但由于两者的K值和R^2值在同一处理组合梯度上非常接近，可以认为该效应主要来自共有物种。响应物种的多样性能够解释稳定性变化的28%～47%。作用物种解释能力为21%～30%。

表6-5　海北高寒草甸不同施肥、刈割条件下物种多样性与群落稳定性的回归关系

单位：个

			物种类				
			全部物种	响应物种	作用物种	共有物种	样方数
施肥梯度	不施肥	K	6.18	2.39	0.59	6.18	—
		F	161.8***	22.3***	13.5***	160.4***	54
		R^2	0.76	0.30	0.21	0.76	—
	施肥	K	2.88	1.70	0.83	2.90	—
		F	97.7***	45.8***	22.0***	101.3***	54
		R^2	0.65	0.47	0.30	0.66	—
刈割梯度	不刈割	K	2.85	1.31	0.79	2.83	—
		F	85.8***	19.5***	11.6**	87.3***	36
		R^2	0.72	0.36	0.25	0.72	—
	中度刈割	K	7.16	2.14	0.51	7.15	—
		F	74.6***	13.2***	12.3**	80.4***	36
		R^2	0.69	0.28	0.27	0.70	—
	重度刈割	K	5.52	2.95	0.77	5.79	—
		F	62.1***	28.1***	10.2**	66.2***	36
		R^2	0.65	0.45	0.23	0.66	—

注：K代表回归斜率；**，$P<0.01$；***，$P<0.001$。

全部物种和共有物种的物种多样性与群落稳定性的回归斜率在施肥后显著减小($P<0.001$，表6-5，图6-8)，多样性对稳定性的解释能力也由不施肥时的76%降低到施肥后的65%和66%。而刈割后其回归斜率显著增大($P<0.001$)，只是在两个刈割的群落间无显著差异($P_{TS}=0.141$，$P_{CS}=0.212$)，其多样性对稳定性的解释能力由不刈割时的72%降低到重度刈割后的65%和66%。响应物种的回归斜率在重度刈割后显著增大($P=0.018$)，但施肥对此无显著影响($P=0.213$)。作用物种的回归斜率不受施肥和刈割的影响($P>0.05$)。

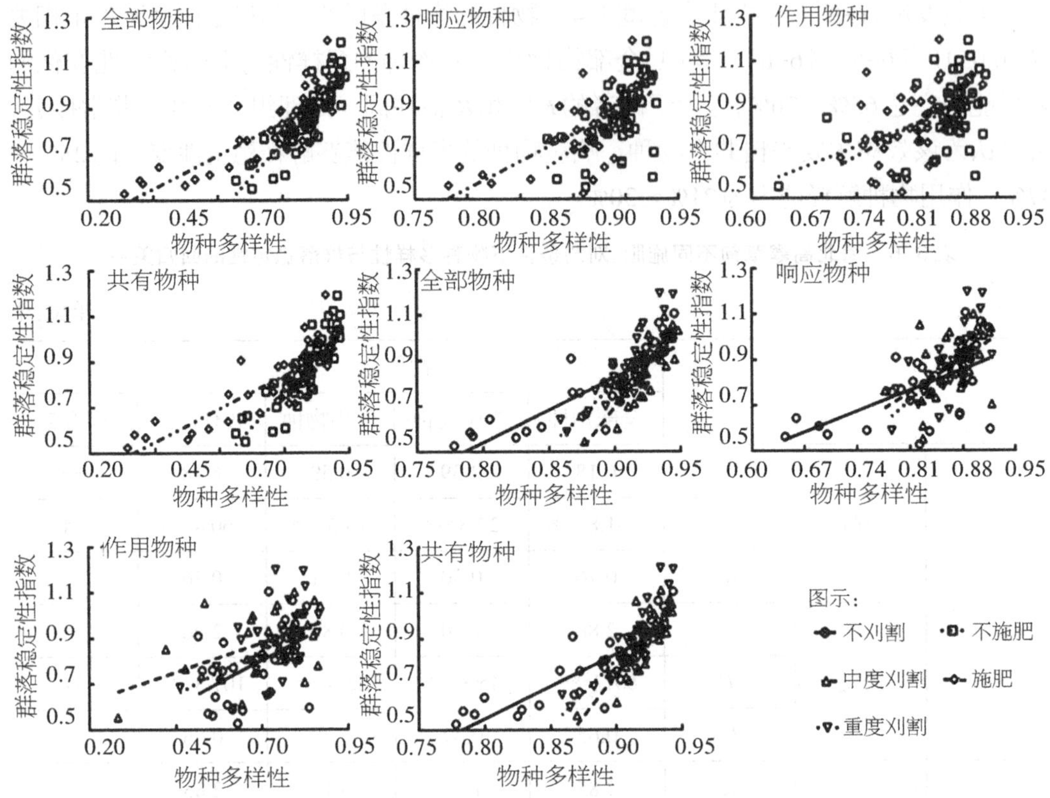

图6-8 不同类型物种的物种多样性与群落稳定性的关系

上述分析说明,尽管刈割梯度上全部物种、响应物种和共有物种的多样性与总多度在施肥后均极显著正相关(图6-9,王海东,2013),但并不表示高寒草甸生态系统在解除养分限制后使超产效应导致稳定性提高,因为施肥,4类物种的多样性均有显著降低(王海东,2013),而总多度并未发生显著变化。证实物种多样性与总多度间的正相关关系完全是由施肥后多样性的降低所致,并不存在物种多样性本身增加后通过超产效应提高稳定性。说明,泛化食草动物的取食(相当于刈割去除所有物种)导致物种共存时,不可能发生超产。

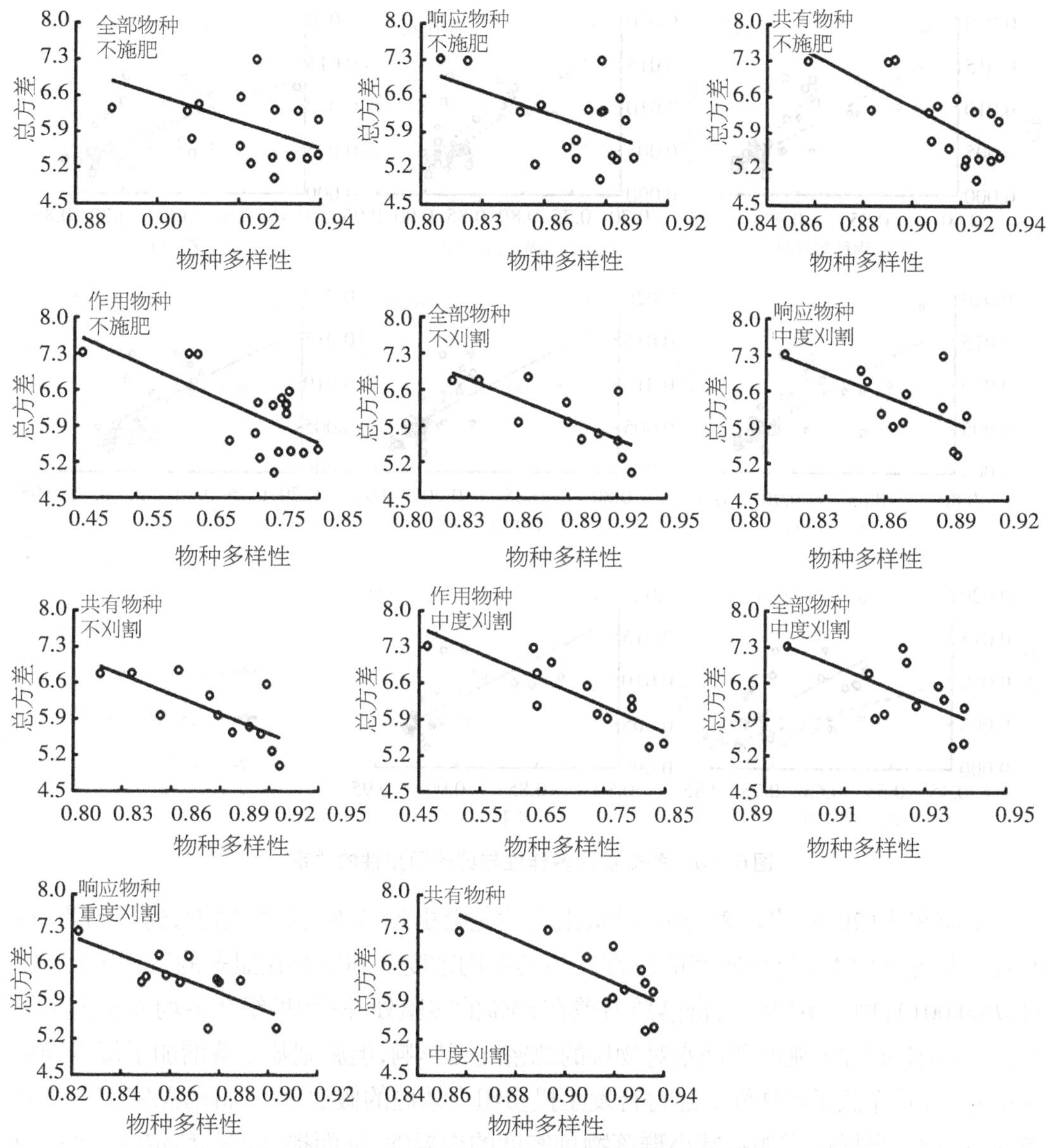

图6-9 物种多样性与群落总方差的关系

有研究表明,物种的补偿机制(异步性)可以增加群落稳定性(Gonzalez and Loreau, 2009),也有研究对生态位互补效应是否具有重要作用提出疑问。王海东等(2013)的研究发现,4类物种的物种多样性与同步性之间均表现为显著负相关(图6-10),意味着物种多样性增加会引起物种异步性的升高,但由于各类物种的同步性在不同实验处理下并无显著变化($P>0.05$),说明物种多样性与群落同步性间的负相关关系完全是由实验处理引起的多样性变化所致,而异步性实际上并未发生相应改变,因此也不存在物种多样性本身增加后通过异步性效应提高稳定性的证据。

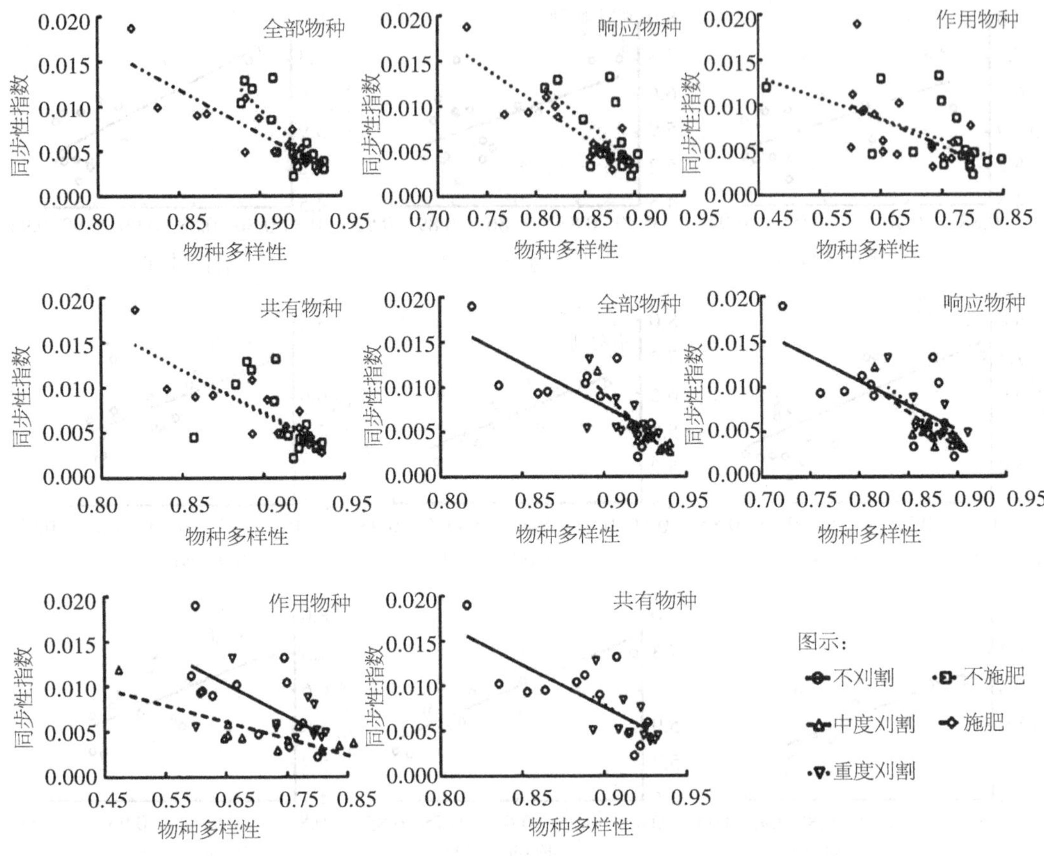

图6-10 各类物种多样性与群落同步性的关系

王海东等(2013)的研究表明,投资组合效应会引起群落稳定性增加,这是因为,在所有实验处理中4类物种密度的总方差与其平均密度之间均存在显著的正相关(图6-11,$P<0.001$),物种多样性与群落总方差在55%的实验处理-物种组合中均为显著负相关;同时,因为刈割、施肥和浇水对物种的总密度无影响,但施肥却显著增加了每类物种的总方差,并降低了多样性。这符合发生投资组合效应的假定,即在群落总密度不变的条件下,物种多样性增加将减小群落物种密度的变异性,从而提高群落稳定性。而且4类物种中,共有物种的多样性变化对不同处理群落总方差的平均解释能力(R^2的平均值)最高。因此,可以认为高寒草甸群落稳定性的维持主要依赖于群落中共有物种的多样性增加,其作用机制是投资组合效应,而超产效应和异步性效应对稳定群落并无作用。

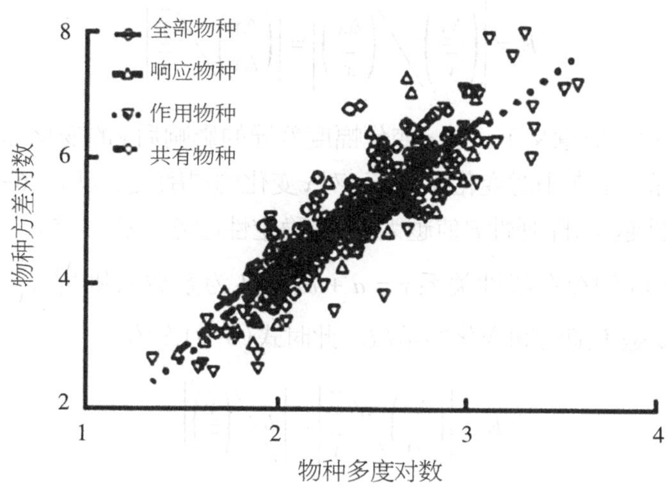

图6-11　种密度的方差与平均密度的关系(对数尺度)

当然,刈割扰动和资源获得性对各稳定性参数的影响不同,且随实验处理因子和物种类型而异,总体上表现为对密度总方差影响大,对总密度影响小,而对同步性无影响。说明随着物种多样性增加,该群落在保持总密度相同以及种群密度协同变化一致的前提下,将提高物种密度的随机性独立的变异性,即随着物种平均密度的增加,物种密度发生独立变异的可能性也随之增大(图6-11),从而因投资组合效应稳定了群落。表现出,稳定性机制在不施肥和中度刈割群落中最有效,而在施肥、不刈割或重度刈割群落中该效应会减弱,这与物种多样性在这些群落中的降低有直接关系,特别是施肥的影响更大。

三、植被系统生产力的稳定性

度量生态系统稳定性的方法较多,主要是观测数据的直接分析方法,这种方法是根据在自然或试验条件下生态系统动态行为的观测数据,直接从生态系统稳定性定义出发,采用数理统计手段定量地确定标志生态系统稳定性的参数。Noy-Meir和Walker(1986)曾用这种方法度量了以色列和南非一些草地生态系统的稳定性,并研究了同一生态系统的稳定性随时间的变化。周华坤等(2006)曾对海北自然状态下高寒草甸生态系统的稳定性及对环境变化的敏感程度进行了探讨。周华坤等研究认为,系统的主要状态变量随时间变化的程度,可以作为系统稳定性的一个简单度量。变化程度小,称其为稳定性强;反之,稳定性弱。周华坤等的研究采用变异系数(描述变量相对其均值变化程度的统计量)来描述生态系统稳定性。其估算方法是假设影响生物状态变量y变化的主要非生物因子是x,那么$\Delta y/\Delta x$就表示了x变化一个单位时y的变化幅度。为了消除量纲对$\Delta y/\Delta x$数值大小的影响,x和y的变化量Δx和Δy取相对变化量$\Delta x/x$和$\Delta y/y$,于是$\Delta y/\Delta x$变成$\left(\frac{\Delta y}{\bar{y}}\right)\Big/\left(\frac{\Delta x}{\bar{x}}\right)$,令:

$$E = \left| \left(\frac{\Delta y}{\bar{y}} \right) \Big/ \left(\frac{\Delta x}{\bar{x}} \right) \right| = \left| \left(\frac{\Delta y}{\Delta x} \right) \Big/ \frac{\bar{y}}{\bar{x}} \right| \tag{6-9}$$

则E表示相对均值意义下消除x变化幅度差异的影响后y的变化程度度量，称为系统的弹性。E实际上是在相对变化意义下y对x变化的灵敏度。从式(6-9)看出，系统的灵敏度越高稳定性越差，即弹性E值越大，系统稳定性越差；反之亦然。

如果变量y与x间存在线性关系$y = a + bx$(a、b为系数)，则$\Delta y/\Delta x = \mathrm{d}y/\mathrm{d}x = b$，即$y$对$x$变化的灵敏度是不随时间变化的常数。此时式(6-9)变为：

$$E = \left| \left(\frac{\Delta y}{\Delta x} \right) \Big/ \frac{\bar{y}}{\bar{x}} \right| = \left| b \Big/ \left(\frac{\bar{y}}{\bar{x}} \right) \right| \tag{6-10}$$

系统的弹性E在时间序列内不随时间(x)的变化而变。此时，常数E是计入非生物因子变化幅度的系统稳定性的一个度量，并且由于其无量纲而便于相互比较。

如果变量y与x之间没有显著的线性关系，则$\Delta y/\Delta x$或$\mathrm{d}y/\mathrm{d}x$随x值的不同而变化。用y对x线性回归系数：$B = \frac{\sum_{i=1}^{n}(x_i - \bar{x})(y_i - \bar{y})}{\sum_{i=1}^{n}(x_i - \bar{x})^2}$可作为$\Delta y/\Delta x$在考察区间内平均值的估计。此时由于$y$与$x$线性关系不显著，根据式(6-10)获得的$E$值精度下降。

另外，还可以通过Mann–Kendall(M–K)突变检验来分析时间序列的突变情况进而反映稳定性。M–K突变检验是一种非参数统计检验方法，其不需要样本遵从一定的分布，也不受少数异常值的干扰，适用于时间序列分析(王兆礼等，2016；朱国良等，2020)。

M–K突变检验法中UFi为标准正态分布，$UBk=-UFk(k=n, n-1, \cdots, 1)$。$UF$曲线表示时间序列的变化趋势。若$UF>0$，表示时间序列呈上升趋势；若$UF<0$则呈下降趋势。给定显著性水平$a$，若$|UFi|>Ua$，则表明序列存在明显的趋势变化，即当$UF$值超过信度线时，则表示时间序列上升或下降趋势显著。当UFk和UBk曲线相交且交点位于信度线之间，则交点对应的时刻就是突变时间(梅晓丹等，2022)。本研究设置a=0.05，UF和UB的信度线值为±1.96。

这里，我们将稳定性(生态系统功能或属性在时间尺度上的变异系数的倒数表示)与M–K突变检验法结合，简单分析了海北高寒嵩草草甸的地上净初级生产力(ANPP)、地下净初级生产力(BNPP)、总初级生产力(GPP)、净生态系统生产力(NEE)等方面的生产力稳定性。

(一)总初级生产力

基于海北高寒草地生态系统国家野外科学观测研究站2002—2016年的嵩草草甸通量观测数据，利用呼吸函数及总初级生产力和生态系统呼吸的关系，计算了嵩草草甸生态系统的总初级生产力。2002—2016年嵩草草甸的总初级生产力呈增加趋势，但趋势不显著($P>0.05$)(图6-12)。M-K突变检验结果(图6-13)显示*UF*和*UB*的交叉点位于信度线之间,但并没有位于时间序列点上,因此该时间段内嵩草草甸GPP不存在突变点。同时,2002—2016年嵩草草甸GPP的变异系数为3.79%,稳定性为26.38,表明嵩草草甸的GPP在研究时段内波动较小,具有较高的稳定性。

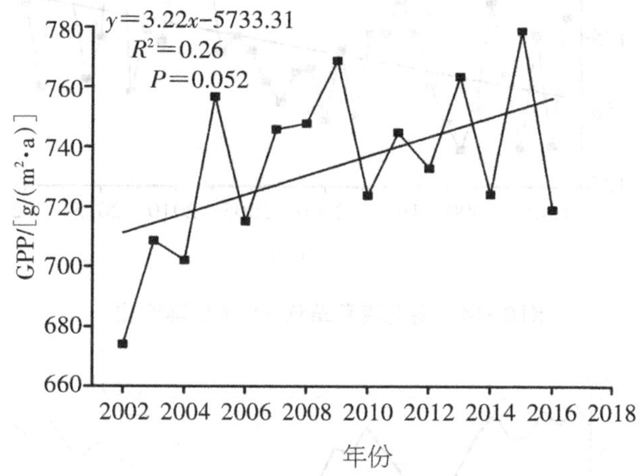

图6-12 海北嵩草草甸GPP年际变化

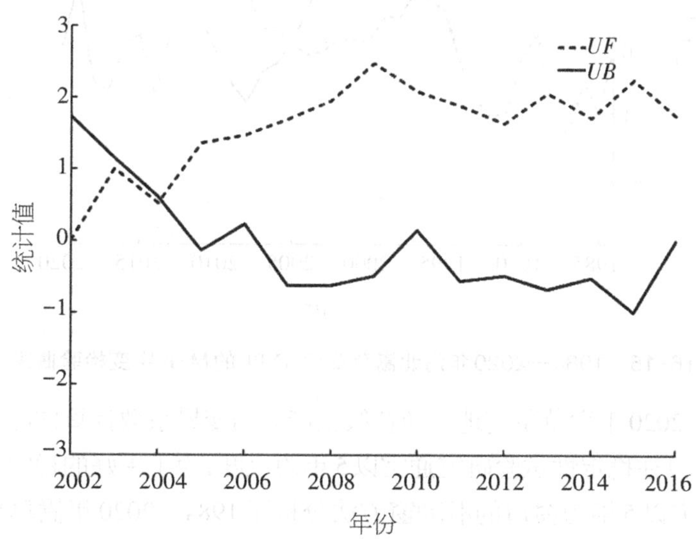

图6-13 2002—2016年海北嵩草草甸GPP的M-K突变检验曲线

(二)净初级生产力

地上净初级生产力(ANPP):对长时间序列的嵩草草甸地上净初级生产力分析发现,1984—2020年地上净初级生产力呈显著上升趋势($P<0.01$),平均每年增加0.92 g/m^2(图6-14)。M-K检验曲线显示在±1.96($P=0.05$)的置信区间内,*UF*与*UB*两条曲线在2005年出现交点,表明地上净初级生产力在2005年前后发生突变(图6-15)。交点前ANPP波动上升,交点后*UF*均大于0且*UF*曲线通过了95%置信度的显著性检验,表明2005年是嵩草草甸ANPP显著增加的突变时间点。

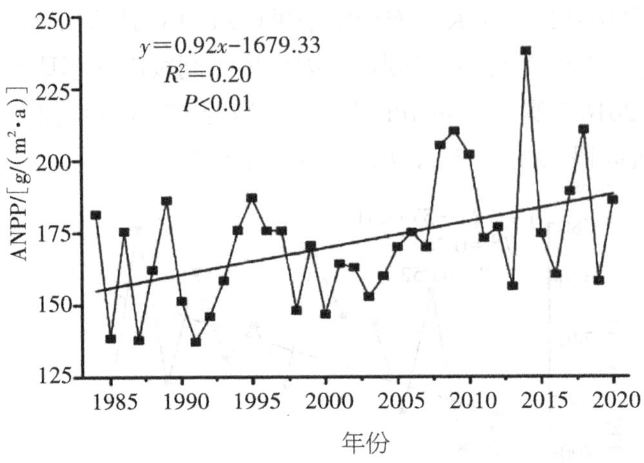

图6-14 海北嵩草草甸ANPP年际变化

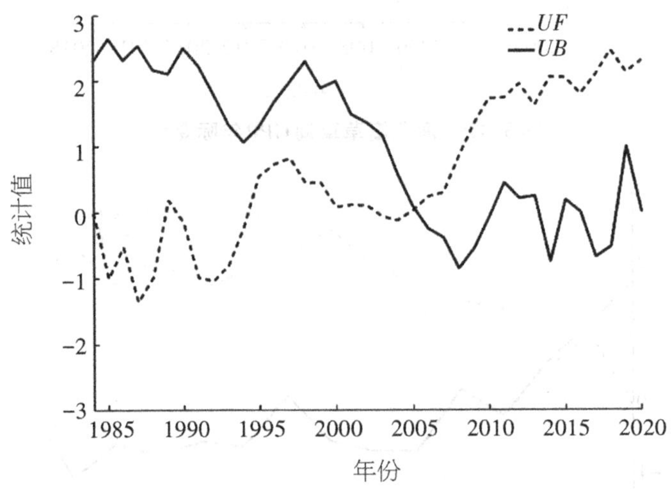

图6-15 1984—2020年海北嵩草草甸ANPP的M-K突变检验曲线

根据1984—2020年嵩草草甸地上净初级生产力的变异系数计算的净初级生产力稳定性值为7.74。以往稳定性试验研究通常以5年为尺度，为了更好的稳定性在时间上的变化情况，本研究以5年为窗口的滑动窗方法分析了1984—2020年嵩草草甸稳定性的变化趋势(图6-16)。结果显示2005年之前各滑动窗口下的ANPP稳定性呈显著上升趋势，2001—2005年这一时间窗口的ANPP稳定性达最高，此后ANPP稳定性呈显著下降趋势。此外，通过与海北站的金露梅灌丛草甸和高寒沼泽化草甸(湿地草甸)的稳定性对比发现，2003—2020年三类草甸的ANPP稳定性分别为7.78、5.45和3.99，表明相对于灌丛草甸和湿地草甸，嵩草草甸的地上净初级生产力具有更高的稳定性。

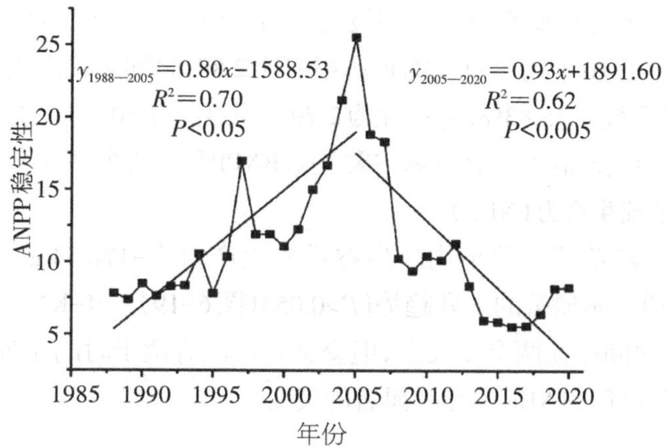

图6-16 基于滑动窗的嵩草草甸ANPP稳定性变化趋势

地下净初级生产力(BNPP):嵩草草甸的地下生物量监测时段为2003—2012年,该时段内BNPP呈不显著的下降趋势($P>0.05$)(图6-17),变异系数为32.88%,稳定性为3.04,近10年来嵩草草甸的BNPP波动较大,稳定性较低。M-K突变检验结果显示UF与UB在信度线内存在交叉点,但该点并没有位于观测时间点上(图6-18),因此该时段并不存在BNPP的明显突变点。

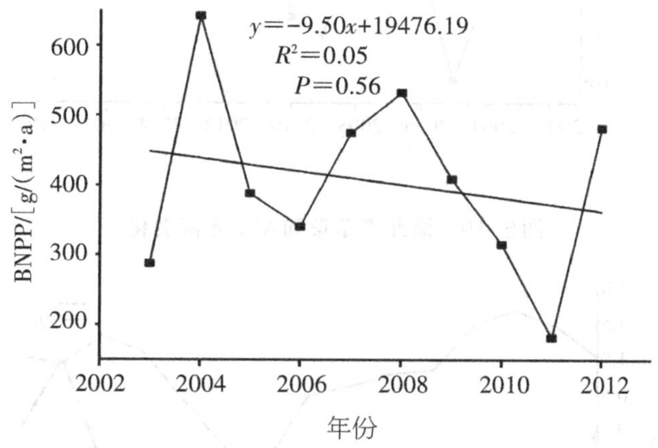

图6-17 海北嵩草草甸BNPP年际变化

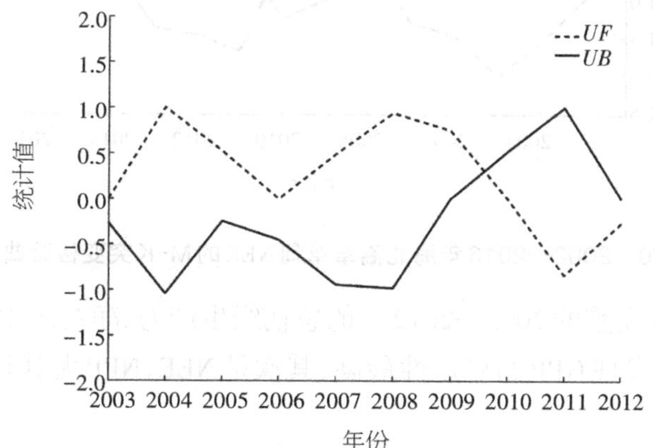

图6-18 2003—2012年海北嵩草草甸BNPP的M-K突变检验曲线

截取数据序列重合时段的地下净初级生产力和地上净初级生产力数据，计算了两者比值即根冠比。近10年嵩草草甸的平均根冠比2.88，时间序列上表现为不显著的下降趋势，而且变异系数为35.83%，稳定性为2.79。根冠比在10年内的波动较大，稳定性较低，而且根冠比稳定性的不显著下降主要是由BNPP稳定性的不显著降低造成的。

（三）净生态系统生产力（NEE）

2002—2016年嵩草草甸的平均净生态系统生产力为-178.54 g/(m²·a)，稳定性为9.81，整个研究时段呈不显著的上升趋势（$P>0.05$）（图6-19）。M-K突变检验显示*UF*与*UB*虽然在信度线之间存在两个交叉点，但交叉点均没有位于时间序列点上（图6-20），表明该时段内嵩草草甸的NEE不存在显著的突变点。

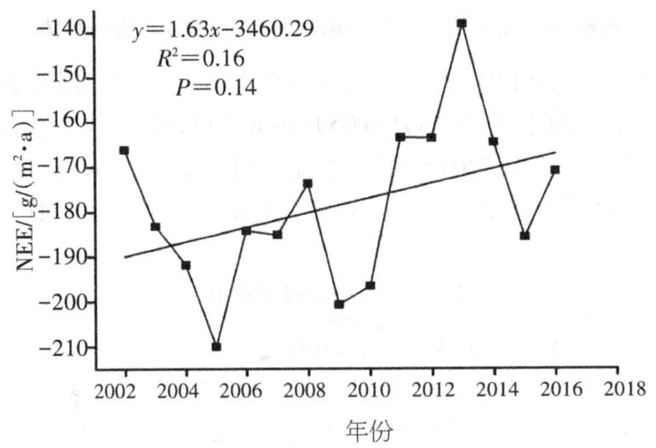

图6-19　海北嵩草草甸NEE年际变化

图6-20　2002—2016年海北嵩草草甸NEE的M-K突变检验曲线

对比各数据序列完整的2003—2012年的总初级生产力、净初级生产力及净生态系统生产力的稳定性，发现GPP的稳定性最高，其次是NEE，NPP尤其是BNPP的稳定性最低。

第七章　总结与展望

第一节　总结

青海海北高寒草地生态系统国家野外科学观测研究站(简称海北站)是中国生态系统研究网络中唯一一个以高寒草地为研究对象的长期定位研究站,海北站地处青藏高原东北隅祁连山北支冷龙岭的南坡,大通河河谷地段。站区以丘陵、低山和滩地为主,滩地海拔3 200～3 300 m,行政隶属于青海省海北藏族自治州门源回族自治县门源种马场。海北站气候属高原大陆性气候类型,主要受东南暖湿气流和西伯利亚冷高压控制,无四季之分,只有冷暖季之别,暖季凉温短暂,冷季严寒漫长。站区土壤主要为高山灌丛草甸土和高山草甸土,其主要特点为:土壤发育年轻,土层薄,表层具有较厚的草皮层,草皮层以下具有较厚的腐殖质层,有机质含量高达10%以上。站区主要分布着青藏高原典型的地带性植被高寒灌丛、高寒草甸和高寒藏嵩草湿地草甸。海北站虽然分布于祁连山区,然而从草地发育的气候条件、植被特征、土壤结构等生态系统构件特征来看,与处于高原腹地4 200 m的高寒草地特征一致,受高山气候特征和纬度的综合影响,尽管其海拔比三江源区的同类草地海拔低了400 m,但具有高寒、强紫外和低氧环境的青藏高原生态系统代表性,得到了吴征镒院士等老一辈科学家的认可。1976年,中国科学院西北高原生物研究所在我国率先建立了旨在研究青藏高原高寒草甸生态系统结构、功能及提高生产力模式为目标的定位研究站,按照“人与生物圈”计划的研究目标和方法,以生态系统结构、功能和各组分之间的相互关系而开展研究工作,定名为海北草甸生态系统定位站。1978年9月10日,海北站被确认为中国科学院的野外站,其学科定位不变。1987年,海北站晋升为中科院的开放台站,定名为中国科学院海北草甸生态系统定位站。1990年,海北站首批加入了生态研究网络并成为十个重点台站之一。2001年,海北站晋升为国家野外科学观测试点站,2006年经考核成为国家站,名称为青海海北高寒草地生态系统国家野外科学观测研究站。2013年加入中国科学院高寒区地表过程与环境观测研究网络和中国荒漠-草地生态系统观测研究野外站联盟。

自2001年8月开始,中日合作项目“高山草原生态系统的碳循环和温暖化影响的研究”、中国陆地生态系统通量观测研究网络项目、中国科学院知识创新工程重大项目“中国陆地和近海生态系统碳收支研究”、科技部“973”计划“中国陆地生态系统碳循环及其驱动机制研究”等相继开展，率先在海北站“北滩”高寒矮嵩草草甸（2001年8月）、祁连山冷龙岭南麓平缓金露梅灌丛草甸（2002年8月）、河谷帕米尔湿地草甸（2003年8月）三种草甸类型（简称为嵩草草甸、灌丛草甸、湿地草甸）分别架设了微气象-涡度相关法观测系统，开展水、热、碳通量的监测与研究，成为中国通量观测研究联盟（ChinaFLUX）主要成员。近20年来，“陆地生态系统过程与功能对全球变化的响应与适应”研究组在ChinaFLUX的支持和领导下，在国家重点研发计划“全球变化对生态脆弱区资源环境承载力的影响研究”、青海省科技基础条件平台“青海草地水、热、碳通量观测网络研究平台”，以及诸多的国家自然科学基金等项目的持续资助下，不仅维持了长时间尺度的观测，而且取得了丰硕的研究成果，在国内外相关学术期刊发表论文近120多篇。这些观测研究，为高寒草甸生态系统生产力、碳水通量、地表能量分配等研究提供了基础数据和理论支撑，也为该类同区域碳通量的空间格局动态变化、驱动机制分析、碳汇强度及碳汇核算与评估等提供了关键技术，填补了该区域的数据空白。

海北站始终围绕青藏高原区域经济社会发展所面临的重大科学问题，保障青藏高原生态安全的国家需求和为区域可持续发展提供科学依据和技术支撑。海北站瞄准青藏高原国家战略需求和国际高原生物学发展前沿，重点开展高原生态系统演化过程的监测，在系统演化对其功能的影响及其发生的生物学机制、生态系统适宜性管理及功能提升技术方面，具有基础性、战略性、前瞻性的创新研究，为保障青藏高原生态安全和屏障功能的发挥提供科学依据和关键技术。海北站建站至今40多年来，尽管取得了丰硕的研究成果，但对站区气候、植被系统生产力，特别是对上述三种草甸类型植被系统的总初级生产力、净初级生产力、净生态系统生产力，乃至生态系统呼吸缺乏系统的研究总结，因此，本书的意愿就是在分析青藏高原、祁连山地总体气候环流背景的基础上，尽可能翔实阐述海北站近40年来站区基本气候的日、年、年际变化特征，系统分析十余年海北嵩草草甸、灌丛草甸、湿地草甸三种高寒草甸植被类型地上地下生物量、总初级生产力、净初级生产力（包括地上净初级生产力和地下净初级生产力）、净生态系统生产力、生态系统呼吸的年际变化过程及其影响的驱动机制，明确三种草甸植被类型区碳源汇强度，可为从事海北高寒草甸研究提供基础数据和方法参考。

一、祁连山地环流背景与总体气候

祁连山地在冬夏二季具有不同的大气环流形势。冬季受蒙古冷高压控制，夏季为印度低压控制，降雨强弱和南亚高压中心位置相关。在东亚季风的综合作用下，表现出冬季盛行偏北风、偏西风，寒冷干燥；夏季则以偏南风、偏东风为主，高温高湿。大气水汽含量平均为3.1～8.6 kg/m^2，时间上呈现出夏季>秋季>春季>冬季，空间上表现出祁连山东段山区>西段山区。多年平均水汽净收支为1.821×10^{11} m^3，自1960年以来表现为减少趋势，经向水汽净收支总体为正，纬向水汽净收支为负，均表现为减少趋势。空气水汽压和气温呈现出显著升高的趋势，南麓地区增加的幅度大于北麓地区，表现出显著的暖湿化气候变化特征。祁连山区多年降水平均值在20世纪60年代均较低，70年代到90年代处于较低的波动变化中，进入21世纪降水量明显增加。自20世纪60年代，日照时数在祁连山南部的中东段显著下降，北部东段和南部西段不显著上升。

二、海北高寒草甸地区基本气候

1961—2020年，海北站年平均气温为-1.35 ℃，最近的1981—2020年的40年平均为-1.04 ℃；60年来以0.31 ℃/10年的速率上升，非生长季升温速率略大(0.34 ℃/10年)。60年来，≥0 ℃、≥5 ℃、≥10 ℃的各界限温度积温平均分别为1 151.05、995.33、226.28 ℃·d，≥0 ℃积温和≥5 ℃积温分别以47.26和46.89 ℃·d/10年的速率增加。1961—2020年年降水量分布在406.80～776.70 mm，年总降水量多年平均为560.71 mm，是青海省一个降水量高值分布区。降水在20世纪80年代明显增加、90年代显著下降，其他年代均表现出上升的趋势，最近的1981—2020年的40年年降水量平均为561.13 mm。2003—2020年，太阳总辐射、光合有效辐射、近红外辐射、紫外辐射、净辐射和土壤热通量平均分别达到6 274.51、2 466.02、3 453.51、274.61、2 207.64和49.24 MJ/m^2。1981—2020年实际日照时间平均为2 468.83 h，表现出最近的30年日照时数比前一个30年稍有升高趋势；空气实际水汽压和相对湿度分别平均为4.50 hPa和70.02%，表现出不显著的升高趋势。水面蒸发量年均为1 201.70 mm，植物生长季的5—9月为679.33 mm，非生长季的10月至翌年4月为483.86 mm。可能蒸散量年均为715.45 mm，湿润指数平均为1.28，均表现出钟形单峰式变化过程，峰值出现在2001—2005年，该区域为湿润气候区。采用水量平衡法计算的海北高寒草甸地区2001—2020年植物生长季的实际蒸散量平均为438.50 mm。1981—2020年，0、5、10、20、40、60、80、100、160、320 cm土壤温度多年平均分别为2.58、2.42、2.27、2.45、2.51、2.69(2005—2020年)、2.58(1981—2016年)、2.85(2005—2020年)、2.70(1981—2016年)、3.13(1981—2016年)℃，呈现出显著升高的趋势。2001—2020年的植被生长季，0～10、10～20、20～30和30～40 cm土壤层次，20年平均土壤湿度分别为40.27%、31.55%、29.56%、28.70%、32.52%。2001—2008年土壤湿度略低，2008—2020年又表现为上升趋势。0～40 cm土壤储水量多年平均为124.9 mm。气压和最大冻土深度多年平均为690.99 hPa和198.6 cm。风速多年平均为1.7 m/s，呈现出下降趋势。

三、祁连山冷龙岭南麓山体垂直带谱的气候和植被特征

依据山体垂直带3 200、3 600、3 800、4 000、4 200(4 165)、4 400 m处的12年(2007—2018年)微气象观测数据可知，海拔3 200、3 400、3 600、3 800、4 000、4 200 m和山顶4 300 m处年平均气温分别为-0.4 ℃、-0.7 ℃、-0.8 ℃、-1.6 ℃、-3.1 ℃、-4.3 ℃和-6.2 ℃，气温递减率为0.51 ℃/100m。随海拔升高，气温的年较差明显下降，≥0 ℃、≥3 ℃、≥5 ℃各界限温度的积温及持续天数均随海拔的升高而降低。对应海拔上多年降水量分别为561.1、583.7、611.6、642.3、665.4、579.8、467.1 mm。随着海拔升高，年空气湿度、水汽压和饱和水汽压分别以0.42个百分点/100 m、0.15 hPa/100 m和0.19 hPa/100 m的速率下降。太阳总辐射基本随海拔升高逐渐增强，4 200 m的高度处年可达

7 418.29 MJ/m²。土壤5、20、50 cm土壤温度随海拔增加而逐渐降低，降低幅度有所减缓。土壤有机质及全氮分布状况随海拔变化明显。土壤有机质和全氮表现出自3 200 m开始缓慢下降至3 400 m处，从3 400 m升高至3 600 m后迅速下降。土壤碳氮比随海拔增加降低明显。地上净初级生产力随海拔升高而下降，降低速率为每100 m减少43.47 g/m²。

山体垂直带主要包括：

（1）亚高山高寒草甸：位于海拔3 100～3 300 m。为典型的高寒矮嵩草草甸植被类型，植被主要优势种为矮嵩草、异针茅、垂穗披碱草、早熟禾。

（2）亚高山灌丛草甸：分布在海拔3 250～3 450 m，为金露梅灌丛草甸，主要优势种除金露梅外，还有垂穗披碱草、异针茅、苔草、早熟禾、瑞苓草。

（3）高山草甸带：分布海拔在3 450～3 900 m，群落主要优势种为苔草、矮嵩草、异针茅。

（4）高山亚冰雪稀疏植被：分布海拔在3 900～4 300 m，主要生长稀疏垫状植被。

四、海北站微气象-涡度相关法观测系统三种典型草甸区域植被特征

矮嵩草草甸主要由54种植物种类组成，隶属19科40属，植被的总盖度达到93%。除以矮嵩草为建群种外，从重要值分析结果来看，该群落的主要优势种为异针茅，次优势种有麻花艽、甘肃棘豆、紫羊茅，伴生种有瑞苓草、青海风毛菊、垂穗披碱草等。种饱和度一般在25～35种/m²，有时可接近50种/m²。

金露梅灌丛草甸由金露梅上层灌木层和下层草本层组成，草本层中主要有47种植物，隶属15科37属，群落的总盖度为91%，草本层的主要优势种有异针茅、藏异燕麦、垂穗披碱草。种的饱和度一般在15～30种/m²，有时可达40种/m²以上

湿地草甸主要由24种植物组成，隶属10科20属。群落盖度可达95%左右。中央部位群落的优势种为帕米尔苔草，次优势种有华扁穗草，边缘地带优势种为藏嵩草，次优势种有黑褐苔草、华扁穗草。种的饱和度一般在8～15种/m²，

五、三种典型草甸区植被系统生态系统生产力及影响机制

矮嵩草草甸、灌丛草甸和湿地草甸的地上净初级生产力（ANPP）、地下净初级生产力（BNPP）、生态系统净初级生产力（NPP）分别为381.40、299.71和260.26 g/m²，964.29、931.00和2 384.46 g/m²，1 364.24、1 228.70和2 638.01 g/m²，矮嵩草草甸和灌丛草甸的根冠比分别平均为2.45和3.22，但没有表现出明显的年际变化规律。生长季积温是嵩草草甸、灌丛草甸ANPP的最主要控制因素，VPD是嵩草草甸的BNPP和NPP最主要的影响因素，降水是灌丛草甸NPP最重要的影响因素。

矮嵩草草甸、灌丛草甸和湿地草甸年均总初级生产力（GPP）分别为733.8、523.0、493.8 g/(m²·a)。分析表明，热量条件（GDD、T_a、T_s）是三种草甸的GPP季节变异的最主要调控因素。三种高寒草甸的土壤有机碳、全氮与年GPP的相关性较弱，土壤碳氮比与年GPP表现为负相关。热量条件（GDD、T_a、T_s）是高寒草甸GPP年际变化的最主要控制因素，并且当年非生长季T_s与次年的年GPP显著正相关。高寒草甸生态系统的GPP与热

量条件表现为正效应。

三种高寒草甸的年生态系统呼吸（Re）均值分别为555.2、452.8、608.9 g/(m^2·a)，没有表现出明显的年际变化规律。三种高寒草甸月Re的变化主要受到土壤温度T_s的控制。灌丛草甸的年SWC与年Re呈显著正相关。湿地草甸的年Re与非生长季T_a、T_s呈显著正相关。三种高寒草甸的土壤有机碳、全氮对年Re表现为正效应。高寒草甸生态系统呼吸主要受到热量条件的控制。

三种高寒草甸的年生态系统净交换量（NEE）均值分别为−178.5、−70.2、115.1 g/(m^2·a)，没有表现出明显的年际变化规律。嵩草草甸与灌丛草甸都是碳汇，而湿地草甸表现为碳源。热量条件（GDD、T_a、T_s）是对嵩草草甸、灌丛草甸、湿地草甸月NEE影响最主要的控制因素。嵩草草甸的GDD与年NEE呈显著负相关，嵩草草甸与灌丛草甸的生长季长度（GSL）与年NEE呈显著负相关，湿地草甸的年降水（PPT）与年NEE呈显著正相关。

六、高寒矮嵩草草甸植被群落生长的气候适宜性

高寒矮嵩草草甸生长季平均温度适宜性指数为0.75，变异系数为5.44%，且温度适宜性指数以0.03/10 a的速率显著上升。平均最低温适宜性指数为0.63，变异系数为5.93%，呈不显著的上升趋势。降水适宜性指数较高，多数年份均为1，表明生长季降水条件能够满足其植被生长的水分需求。平均水汽压亏缺适宜性指数为0.62，变异系数为25.75%，以0.06/10 a的速率呈显著上升趋势。平均日照时数适宜性指数为0.96，变异系数为7.09%，呈不显著的下降趋势。平均气候综合适宜性指数为0.79，变异系数为4.69%，以0.02/10 a的速率显著上升。以温度适宜性为主导的气候综合适宜性的提高促进了嵩草草甸地上净初级生产力的显著上升。

七、高寒草甸植被群落稳定性

重牧压力下，高寒草甸群落垂直结构为1层，中牧和轻牧为2层，采食干扰对群落垂直结构影响明显。水平结构较为稳定，主要受到牲畜粪便的影响。说明不同生境放牧对群落结构的影响不同。高寒草甸在不同放牧强度下，总生物量在中牧时最大，在重牧时最小。莎草科生物量在轻牧时最大，禾草科在中牧时最大，杂类草在重牧时最大。

施肥显著降低了群落物种数及响应物种和作用物种的比例，增加了共有物种的比例。不论施肥与否，全部物种数均在中度刈割群落下最高。响应物种和作用物种的比例在重度刈割群落较高，而共有物种的比例在中度刈割群落较低，在不刈割及重度刈割群落无显著差异。

投资组合效应会引起群落稳定性增加；刈割、施肥和浇水对物种的总密度无影响，但施肥却显著增加了每类物种的总方差，并降低了多样性。高寒草甸群落稳定性的维持主要依赖于群落中共有物种的多样性增加，其作用机制是投资组合效应，而超产效应和异步性效应对稳定群落并无作用。

2002—2016年嵩草草甸GPP的变异系数为3.79%，稳定性为26.38，年GPP呈增加

趋势，但趋势不显著。嵩草草甸GPP不存在突变点。嵩草草甸ANPP呈显著上升趋势，平均每年增加0.92 g/m^2。2005年是嵩草草甸ANPP显著增加的突变时间点。ANPP稳定性值为7.74。2005年之前ANPP稳定性呈显著上升趋势，2001—2005年的ANPP稳定性达最高，此后ANPP稳定性呈显著下降趋势。嵩草草甸ANPP相对于灌丛草甸和湿地草甸，具有更高的稳定性。

嵩草草甸BNPP呈不显著的下降趋势，变异系数为32.88%，稳定性为3.04，近10年来嵩草草甸的BNPP波动较大，稳定性较低，没有明显的时间突变点。嵩草草甸的平均根冠比为2.88，时间序列上表现为不显著的下降趋势，变异系数为35.83%，稳定性为2.79。嵩草草甸NEE为-178.54 $g/(m^2 \cdot a)$，呈不显著的上升趋势，稳定性为9.81，也没有明显的时间突变点。嵩草草甸GPP的稳定性最高，其次是NEE，NPP尤其是BNPP的稳定性最低。

第二节　展望

青藏高原的隆升，加强了亚洲季风，成为对地球环境影响范围最广和影响程度最深的高原，青藏高原涵养水源、保护生物多样性和固定碳素等生态功能具有不可替代的生态屏障作用，在保护全国的生态安全方面具有十分重要的地位，成为国家级生态功能保护的重点区域。中国科学院西北高原生物研究所始终将海北站定位成为实施西部大开发与青藏高原生态保护建设的国家战略需求和国际生物学发展前沿研究的基地，重点开展高原上独特的生物及生态系统特殊的生态适应和进化模式、高原生物的物种多样性形成机制、青藏高原生物对全球变化的响应、高寒草地生态系统可持续发展试验示范及区域可持续发展战略研究等领域的交叉研究，丰富高原生态学理论，实现区域人与自然的协调发展，为青藏高原生态安全和区域经济持续发展提供科学依据和关键技术，使其成为具有国际先进水平的高寒生态学研究国家知识创新基地站、高级高寒生态学科技人才培养基地、高寒草地生态系统可持续发展新技术及区域可持续发展战略孵化基地和高原生态学科普基地，巩固其作为国家生态系统野外观测研究站和国际冻原计划研究站的重要地位。

海北站始终围绕生物与极端环境耦合关系和高原生态系统演化、高原生态保护与区域可持续发展的长期战略研究计划，开展解决高原物种起源与进化适应、生态系统过程和功能及其与全球变化的相互作用机理等方面的重大科学问题，以及最大限度地满足高寒草地生态系统可持续发展试验示范方面青藏高原区域社会经济持续发展的国家重大需求。着力于生态系统过程和功能及其与全球变化的相互作用机理，极端环境下生物与土壤、气候和人类活动的相互耦合关系；高原典型生态系统的结构功能、水、热、碳通量及其生态学过程和机制，生态系统地上与地下碳、氮循环过程中固定、分配与转移过程中的耦合作用机制;草地生态系统生产力以及碳、氮和水循环关键过程对于温度升高与土地利用变化(特别是过度放牧)的响应与反馈机制;生态系统的演化趋势及其与全球变化环境响应;生态系统整体转化效率和生产力提升的新途径,阐明青藏高原典型生态系统的退化原因和主要驱动力,探索维持区域生态系统稳定性、生态安全的科学对策。加强对高原生态系统结构、功能和过程的影响,以及生态系统自身的响应与适应机理的认识;评价人类社会与经济活动对高原生态系统的可能影响,明确伴随气候变化所发生的区域生态过程;最终揭示青藏高原高寒生态系统对全球气候变化的响应与适应机制,为预测未来气候变化情景下的生态环境变化、制定相应的适应策略提供科学依据。

高寒草地生态系统碳收支是生态环境因子变化的综合结果。在未来的相关研究中,(1)量化微生物群落组成与活性对土壤呼吸的影响,对于充分了解高寒草地生态系统碳收支对未来全球气候变化的响应方式具有重要意义。(2)在加强地下生物量和植被凋落物的精确测量的同时,在长时间尺度上探讨生物因素对碳收支的影响。(3)充分考虑放牧活动的影响。放牧家畜对碳平衡的影响主要表现在两方面:一是牲畜的选择性啃食致使植物凋落物及生产力减少,在短期内可以改变植物碳的分配方式和凋落物的量,在长期范围内可以改变植物种类组成和分布格局,从而降低土壤碳库贮存量;二是过度放牧导致草地土壤沙化和退化,促进土壤呼吸作用,加速了碳向大气的释放。放牧家畜对牧草的采食等过程都是在研究草地生态系统碳循环中不可忽视的生态学过程,量化放牧家畜在青藏高原高寒草地生态系统碳平衡的贡献,有助于青藏高原高寒草地生态系统碳收支的核算。(4)加强对不同高寒草地类型在未来气候变化背景下分布格局的演变预测,发展多生态系统的长时间、多尺度、大范围的联网观测,这对于准确预测青藏高原高寒生态系统的碳收支具有至关重要的影响。特别是加强极端气候和环境胁迫对生态系统碳收支的影响,对明晰高原高寒生态系统的碳收支具有重要意义和参考价值。(5)气候变化,包括CO_2浓度升高、气温上升和降水变化及冻土萎缩对草地土壤碳储量及其持续固碳潜力的影响还存在较大的不确定性。土壤碳库是生态系统长期演化过程中形成的,其对当前大气CO_2的碳汇效应以及响应大气CO_2浓度升高的变化强度及方向尚不清楚。人类活动导致的温度/降水时空格局改变、大气氮沉降增加及冻土活动层加剧,将严重影响到草地土壤碳储量及碳过程以及各种碳组分间平衡关系和陆地生态系统碳源/汇强度。因此,土壤碳循环关键过程对气候变化(如温度升高、降水格局变化等)和各种扰动(如氮沉降的增加等)的响应和反馈将是今后全球变化生态学研究的核心问题。(6)区域草地碳汇功能的评估及其对环境响应和适应性分析最有效的途径是以生态系统模型为基础的综合模拟系统。因此,构建整合新一代多尺度、多过程的生态过程机理模型-遥感模型-观测数据融合系统是模拟和评估区域碳循环时空格局特征的迫切需要。综合生态研究网络的长期监测、人工控制模拟实验和模型建构与预测分析等研究方法,并且采用生态学、地球化学和化学等多学科、交叉学科领域的理论与方法,阐明草地土壤的固碳功能与可持续固持机制,以减少对草地土壤碳储量科学估算的不确定性,发展适应全球变化的基于土壤固碳功能的可持续草地管理体系。

回顾过去,海北站的老一辈科学家从吃的是老三样(萝卜,白菜、洋芋),住的是帐篷,烧的是干牛粪开始,点点滴滴,付出艰辛的劳动,发扬"牦牛精神",历经磨难,到目前建成一定规模、接待国内外科学家的青藏高原著名研究基地,是几代人努力的结果。展望未来,我们相信新一代科学家将继续发扬"牦牛精神",求实奋进,发挥地域优势,为国家生态安全的需要和青藏高原高寒草地生态学的研究做出更为辉煌的成绩。

参考文献

鲍新奎，高以信.草毡表层主要特征及鉴别指标[M]//中国土壤系统分类新论.北京:科学出版社，1994:302-309.

鲍新奎，李英年，陈义明.寒冻毡土水分变化规律及其在系统分类中的应用[M]//《中国土壤系统分类研究丛书》编委会.中国土壤系统分类新论.北京:科学出版社，1994:360-369.

鲍新奎，李英年.寒毡土的水分动态变化[M]//中国土壤系统分类.北京:科学出版社，1993:344-352.

闭建荣，黄建平，高中明，等.民勤地区紫外辐射的观测与模拟研究[J].高原气象，2014，33(2):413-422.

蔡厚雄.祁连山的新构造运动[J].西北地质，1984(4):25-28.

蔡锡安，任海.鹤山南亚热带草坡生态系统的热量平衡[J].热带亚热带植物学报，1997，5(1):27-32.

蔡英.青藏高原及周围地区水汽气候学与东亚夏季风、水汽输送等对西北区东部和华北夏季降水的影响[D].北京:中国科学院大学，2004.

曹广民，杜岩功，梁东营，等.高寒嵩草草甸的被动与主动退化分异特征及其发生机理[J].山地学报，2007，5(6):641-648.

曹广民，龙瑞军.放牧高寒嵩草草甸的稳定性及自我维持机制[J].中国农业气象，2009，30(4):553-559.

曹广民.中国生态系统定位观测与研究数据——草地与荒漠生态系统(青海海北站)[M].北京:中国农业出版社，2010.

陈德亮，徐柏青，姚檀栋，等.青藏高原环境变化科学评估:过去、现在与未来[J].科学通报，2015，60(32):3025-3035.

陈桂琛，黄志伟，卢学峰，等.青海高原湿地特征及其保护[J].冰川冻土，2002，24(3):254-259.

陈桂琛，彭敏，黄荣福，等.祁连山地区植被特征及其分布规律[J].植物学报，1994，36(1):63-72.

陈国南.用迈阿密模型测算我国生物生产量的初步尝试[J].自然资源学报,1987,2(3):270-278.

陈海波,杨建玲,丁建军,等.宁夏水汽输送气候特征[J].干旱气象,2013,31(3):491-496.

陈庆诚,阎宝琦,舒璞,等.甘肃省祁连山东段一些高山植物形态-生态学特性的观察[J].植物生态学与地植物学丛刊,1966,4:39-64.

陈少勇,董安祥,韩通.祁连山东、西部夏季降水量时空分布的差异及其成因研究[J].南京气象学院学报,2007,30(5):715-719.

陈少勇,林纾,王劲松,等.中国西部雨季特征及高原季风对其影响的研究[J].中国沙漠,2011,31(3):765-773.

陈效逑,郑婷.内蒙古典型草原地上生物量的空间格局及其气候成因分析[J].地理科学,2008,28(3):369-374.

陈佐忠,黄德华.内蒙古锡林河流域羊草草原与大针茅草原地下部分生产力和周转值的测定[M]//草原生态系统研究:第2集.北京:科学出版社,1988:132-138.

崔树娟,布仁巴音,朱小雪,等.不同季节适度放牧对高寒草甸植物群落特征的影响[J].西北植物学报,2014,34(2):349-357.

代立芹,李春强,魏瑞江.河北省夏玉米气候适宜度及其变化特征分析[J].生态环境学报,2011a,20(6-7):1031-1036.

代立芹,李春强,魏瑞江,等.河北省冬小麦气候适宜度及其时空变化特征分析[J].中国农业气象,2011b,32(3):399-406.

戴加洗.青藏高原气候[M].北京:气象出版社,1990.

邓根云,冯雪华.我国光温资源与气候生产潜力[J].资源科学,1980,2(4):11-16.

董全民,赵新全,马玉寿,等.牦牛放牧率与小嵩草高寒草甸暖季草地地上、地下生物量相关分析[J].草业科学,2005,22(5):65-71.

杜军,边多,胡军,等.西藏近35年日照时数的变化特征及其影响因素[J].地理学报,2007,62(5):492-500.

杜梅,李国平,李山山.高原横切变线与高原低涡关系的初步研究[J].大气科学,2020,44(2):269-281.

杜文丽,孙少波,吴云涛,等.1980—2013年中国陆地生态系统总初级生产力对干旱的响应特征[J].生态学杂志,2020,39(1):23-35.

方精云,柯金虎,唐志尧,等.生物生产力的"4P"概念、估算及其相互关系[J].植物生态学报,2001,25(4):414-419.

方精云,杨元合,马文红,等.中国草地生态系统碳库及其变化[J].中国科学:生命科学,2010,7:566-576.

方运霆,莫江明,彭少麟,等.森林演替在南亚热带森林生态系统碳吸存中的作用[J].生态学报,2003,23(9):1685-1694.

冯进，袁伟影，高俊琴，等.青藏高原海北湿地草甸和草甸生态系统碳库对比[J].生态学杂志，2016，35(9)：2293-2298.

符淙斌，王强.气候突变的定义和检测方法[J].大气科学，1992，16(4)：482-493.

付建新，曹广超，郭文炯.祁连山区风速和风向时空变化特征.山地学报，2020，38(4)：495-506.

付建新，曹广超，李玲琴，等.1960—2014年祁连山日照时数时空变化特征[J].山地学报，2018，36(5)：709-721.

傅抱璞.山地气候[M].北京：科学出版社，1983.

傅抱璞.地形和海拔高度对降水的影响[J].地理学报，1992，47(4)：302-314.

高媛，姚秀萍，李山山，等.影响夏季青藏高原横切变线演变的动力和热力作用分析[J].大气科学，2022，46(2)：486-500.

顾卫，李宁.中国温带干旱、半干旱区山地气候垂直带谱研究[J].干旱区资源与环境，1994，8(3)：1-11.

郭军，任国玉.天津地区近40年日照时数变化特征及其影响因素[J].气象科技，2006，34(4)：415-420.

郭良才，白虎志，岳虎，等.祁连山区空中水汽资源的分布特征及其开发潜力[J].资源科学，2007，29(2)：68-73.

郭松，周秀骥.青藏高原大气臭氧垂直廓线的观测分析[J].科学通报，1994，39(18)：1726-1727.

中国气象局.湿度查算表[M].北京：气象出版社，1986.

韩文军，春亮，侯向阳，等.过度放牧对羊草杂类草群落种的构成和现存生物量的影响[J].草业科学，2009，26(9)：195-199.

郝润全，杨勇，何东升，等.呼和浩特市近46年日照时数变化特征及影响因素分析[J].内蒙古气象，2007，(5)：3-5.

何光碧，师锐.三次高原切变线过程演变特征及其对降水的影响[J].高原气象，2014，33(3)：615-625.

何旭强，张勃，赵一飞，等.黑河流域1960—2009年平均风速时空变化特征[J].水土保持通报，2013，33(4)：242-247.

贺慧丹.覆被变化下高寒草甸的水分过程与持水能力[D].北京：中国科学院大学，2019.

贺圣平.20世纪80年代中期以来东亚冬季风年际变率的减弱及可能成因[J].科学通报，2013，58(8)：609-616.

侯光良，刘允芬.我国气候生产潜力及其分区[J].资源科学，1985，7(3)：52-59.

侯光良，游松才.用筑后模型估算我国植物气候生产力[J].自然资源学报，1991，5(1)：60-65.

胡丽莉.古浪县近51年气候变化特征[J].现代农业科技，2011，17：17-18.

胡中民，樊江文，钟华平，等.中国草地地下生物量研究进展[J].生态学杂志，2005，24(9)：1095-1101.

黄从德，张健，杨万勤，等.四川省及重庆地区森林植被碳储量动态[J].生态学报，2008，28(3)：966-975.

黄璜.中国红黄壤地区作物生产的气候生态适应性研究[J].自然资源学报，1996，11(4)：341-345.

黄玫，季劲钧，曹明奎，等.中国区域植被地上与地下生物量模拟[J].生态学报，2006，26(12)：4156-4163.

黄颖，毛文茜，王潇雅，等.近39a祁连山及其周边地区降水量时空分布特征[J].干旱气象，2020，38(4)：527-534.

吉廷艳，王红丽，胡跃文，等.贵阳地区太阳紫外辐射变化特征及主要影响因子分析[J].高原气象，2011，30(4)：1005-1010.

季国良，吕兰芝，邹基玲.藏北高原太阳辐射能收支的季节变化[J].太阳能学报，1995，16(4)：340-346.

季国良，马晓燕，邹基玲，等.张掖地区的光合有效辐射特征[J].高原气象，1993，12(2)：141-146.

江灏，季国良，师生波，等.藏北高原紫外辐射的变化特征[J].太阳能学报，1998，19(1)：7-12.

蒋志刚，夏武平.高原鼠兔食物资源利用的研究[J].兽类学报，1985，5(4)：251-262.

金晓明，韩国栋.放牧对草甸草原植物群落结构及多样性的影响[J].草业科学，2010，27(4)：7-10.

兰刘庆.青藏高原高寒草甸生态系统的恢复能力[J].环境与发展，2018，30(11)：192-195.

乐炎舟，左克成，张金霞，等.海北高寒草甸生态系统定位站的土壤类型及其基本特点[M]//高寒草甸生态系统.兰州：甘肃人民出版社，1982.

李飞.退化草地土壤-大气不对称增温研究[D].长春：东北师范大学，2014.

李海燕，王可丽，江灏，等.黑河流域降水的研究进展与展望[J].冰川冻土，2009，31(2)：334-341.

李红琴，乔小龙，张镱锂，等.封育对黄河源头玛多高寒草原水源涵养的影响[J].水土保持学报，2015，29(1)：195-201.

李红琴，宋成刚，张法伟，等.青海高寒区域金露梅灌丛草甸灌木和草本植物固碳量的比较[J].植物资源与环境学报，2014，23(3)：1-7.

李吉均，文世宣，张青松，等.青藏高原隆起的时代、幅度和形式的探讨[J].中国科学，1979(6)：608-616.

李家藻，朱桂茹，杨涛.高寒草甸细菌生物量的研究[M]//高原生物学集刊(4).北京：科学出版社，1985：107-117.

李军祥,曾辉,朱军涛,等.藏北高原嵩草草甸生态系统呼吸对增温的响应[J].生态环境学报,2016,25(10):1612-1620.

李凌浩,陈佐忠.草地生态系统碳循环及其对全球变化的响应碳循环的分室模型、碳输入与贮量[J].植物学通报,1998,15(2):14-22.

李鹏.青藏高原植被枯黄期的时空变化及其对极端气候事件的响应[D].咸阳:西北农林科技大学,2017.

李山山,李国平.一次高原低涡与高原切变线演变过程与机理分析[J].大气科学,2017,41(4):713-726.

李树岩,陈怀亮.河南省夏玉米气候适宜度评价[J].干旱气象,2014,32(5):751-759.

李晓文,李维亮,周秀骥.中国近30年太阳辐射状况研究[J].应用气象学报,1998,9(1):24-31.

李岩瑛.祁连山地区降水气候特征及其成因分析研究[D].兰州:兰州大学,2008.

李英年,张法伟,祝景彬.青海海北高寒草甸碳通量年际动态及驱动机制[M].北京:气象出版社,2021.

李英年,张法伟,王军邦,等.青海高寒草地地表水热碳通量时空变化及碳增汇对策[M].北京:中国农业科学技术出版社,2020.

李英年,贺慧丹,杨永胜,等.覆被变化与高寒草甸水分过程概论[M].兰州:兰州大学出版社,2019.

李英年,赵亮,徐世晓,等.祁连山海北高寒草甸紫外辐射与气象要素的关系[J].干旱区研究,2008,25(2):266-272.

李英年,赵亮,赵新全,等.高寒湿地生态系统土壤有机物质补给及地-气CO2交换特征[J].冰川冻土,2007,29(6):940-946.

李英年,王勤学,杜明远,等.寒冻雏形土有机质补给、分解及大气CO2通量交换[J].草地学报,2006a,14(2):165-169.

李英年,赵亮,王勤学,等.高寒金露梅灌丛生物量及年周转量[J].草地学报,2006b,14(1):72-76.

李英年,赵亮,徐世晓,等,海北高寒草甸生态系统定位站辐射气候特征[J].山地学报,2006c,24(3):298-305.

李英年,赵亮,徐世晓,等.祁连山海北高寒湿地植物群落结构及生态特征[J].冰川冻土,2006d,28(1):76-84.

李英年,关定国,赵亮,等.海北高寒草甸的季节冻土及在植被生产力形成过程中的作用[J].冰川冻土,2005,27(3):311-319.

李英年,王勤学,古松,等.高寒植被类型及其植物生产力的监测[J].地理学报,2004a,59(1):40-48.

李英年,赵亮,赵新全,等.5年模拟增温后矮嵩草草甸群落结构及生产量的变化[J].

草地学报,2004b,12(3):236-239.

李英年,赵新全,曹广民,等.海北高寒草甸生态系统定位站气候、植被生产力背景的分析[J].高原气象,2004c,23(4):558-567.

李英年,赵亮,古松,等.海北高寒草甸地区能量平衡特征[J].草地学报,2003a,11(4):289-295.

李英年,赵新全,王勤学,等.高寒草甸五种植被类型生物量及环境条件的比较研究[J].山地学报,2003b,21(3):257-264.

李英年,赵新全,赵亮,等.祁连山海北高寒湿地气候变化及植被演替分析[J].冰川冻土,2003c,25(3):243-249.

李英年,赵新全,曹广民,等.海北高寒草甸地区太阳总辐射、植被反射辐射的有关特征[J].草地学报,2002a,10(1):33-39.

李英年,周华坤.祁连山海北高寒草甸地区植物生长期的光合有效辐射特征[J].高原气象,2002b,21(1):90-95.

李英年,王文英,赵亮,等.祁连山海北高寒草甸地区紫外辐射特征及其对植物生理作用的探讨[J].高原气象,2002c,21(6):615-621.

李英年,周华坤,沈振西.高寒草甸牧草产量形成过程及与气象因子的关联分析[J].草地学报,2001a,9(3):232-238.

李英年,鲍新奎,曹广民.青藏高原正常有机土与草毡寒冻雏形土地温观测的比较研究[J].土壤学报,2001b,38(2):145-152.

李英年,沈振西,周华坤.寒冻雏形土不同地形部位土壤湿度及其与主要植被类型的对应关系[J].山地学报,2001c,19(3):220-225.

李英年.祁连山海北寒冻雏形土不同地形部位的地温状况及诊断特性[J].山地学报,2001a,19(5):408-412.

李英年.高寒草甸地区冷季水分资源及对牧草产量的可能影响[J].草业学报,2001b,10(3):15-20.

李英年.高寒草甸牧草产量和草场载畜量模拟研究及对气候变暖的响应[J].草业学报,2000,9(2):77-82.

李英年,鲍新奎,曹广民.祁连山海北高寒湿地40~80cm土壤温度状况观测分析[J].冰川冻土,2000a,22(2):151-158.

李英年,师生波,曹广民,等.祁连山海北高寒草甸地区微气候特征的观测研究[J].高原气象,2000b,19(4):512-519.

李英年,王启基,赵新全,等.气候变暖对高寒草甸气候生产潜力的影响[J].草地学报,2000c,8(1):23-29.

李英年,张景华.祁连山海北冬春气温变化对草地生产力的影响[J].高原气象,1998,17(4):443-446.

李英年.高寒草甸区土壤水分动态的模拟研究[J].草地学报,1998a,6(2):77-83.

李英年.高寒草甸植物地上生物量生长过程的某些特征[J].中国农业气象,1998b,20(1):44-47.

李英年.高寒草甸植物地下生物量与气象条件的关系及周转值分析[J].中国农业气象,1998c,19(1):36-38.

李英年,张景华.祁连山区气候变化及其对高寒草甸植物生产力的影响[J].中国农业气象,1997,18(2):29-32.

李英年,周兴民.地温影响高寒草甸牧草产量的效应分析[J].草地学报,1997,5(3):168-174.

李英年,曹广民,鲍新奎.高寒草甸植被生育期耗水量和耗水规律的分析[J].中国农业气象,1996a,17(1):41-43.

李英年,王启基,周兴民.矮嵩草草甸年净生产量对气象条件响应的判别分析[J].草地学报,1996b,4(2):155-161.

李英年,王启基,周兴民.矮嵩草草甸地上生物量与气候因子的关系及其预报模式的建立[M]//高寒草甸生态系统.北京:科学出版社,1995(4):1-10.

李岳坦,李小雁,崔步礼,等.青海湖流域50年来(1956—2007年)河川径流量变化趋势——以布哈河和沙柳河为例[J].湖泊科学,2010,22(5):757-766.

李跃清.近40年青藏高原东侧地区云、日照、温度及日较差的分析[J].高原气象,2002,21(3):327-331.

连玉珍,曹丽花,刘合满,等.色季拉山西坡表层土壤有机碳的小尺度空间分布特征[J].北京林业大学学报,2020,42(9):70-79.

廖菲,洪延超,郑国光.地形对降水的影响研究概述[J].气象科技,2007,35(3):209-316.

林纪曾.观测数据的数学处理[M].北京:地震出版社,1981.

刘安花,李英年,张法伟,等.高寒矮嵩草草甸植物生长季土壤水分动态变化规律[J].干旱区资源与环境,2008,22(10):125-130.

刘安花,李英年,张法伟,等.海北高寒湿地地气长、短波辐射的季节变化特征[J].草地学报,2007,15(3):283-289.

刘安花.高寒草甸土壤水分动态变化、蒸散量及植被蒸散系数的研究[D].北京:中国科学院,2008.

刘昌明,王会肖.土壤—作物—大气界面水分过程与节水调控[M].北京:科学出版社,1999.

刘昌明.水量转换——实验与计算分析[M].北京:科学出版社,1988.

刘华训.我国山地植被的垂直分布规律[J].地理学报,1981,36:267-279.

刘建栋,傅抱璞,卢其尧,等.林农复合生态系统晴天光谱特征分析[J].中国农业气象,1997,18(3):8-10.

刘伟龙,赵慧,王小丹,等.气候变化下西藏湿地草甸生态系统研究的意义和特点

[J].山地学报,2014,32(4):481-487.

刘卫国,刘奇俊.祁连山夏季地形云结构和云微物理过程的模拟研究(I):模式云物理方案和地形云结构[J].高原气象,2007,26(1):1-15.

刘卫国,刘奇俊.祁连山夏季地形云结构和云微物理过程的模拟研究(II):云微物理过程和地形影响[J].高原气象,2007,26(1):16-29.

刘卫平,魏文寿,唐湘玲.阿克苏地区近45年日照时数变化特征[J].干旱区地理,2008,31(2):891-202.

刘晓东,侯萍.青藏高原及其邻近地区近30年气候变暖与海拔高度的关系[J].高原气象,1998,17(3):245-249.

刘晓琴,张翔,张立锋,等.封育年限对高寒草甸群落组分和物种多样性的影响[J].生态学报,2016,36(16):5150-5162.

刘晓琴.青藏高原高寒草甸植物群落构建机制研究[D].天津:南开大学,2018.

刘兴元,龙瑞军,尚占环.草地生态系统服务功能及其价值评估方法研究[J].草业学报,2011,20(1):167-174.

龙玉桥,李伟.太原市降水、气温变化趋势分析[J].陕西水利,2011,3:137-138.

陆龙骅,戴加洗.唐古拉地区的热状况[J].科学通报,1980,25(9):404-406.

罗勇,秦大河,翟盘茂,等.方兴未艾的冰冻圈科学分支学科——冰冻圈气候学[J].中国科学院院刊,2020,35(4):407-41.

罗方林,张法伟,张光茹,等.放牧强度对高寒草甸群落特征及植被生存状态的影响[J].草业科学,2021,38(11):2097-2105.

罗怀良,陈国阶,朱波.农业生态气候适宜度研究进展[J].中国农业资源与区划,2004,25(1):28-32.

罗谨,王军邦,杨永胜,等.1991—2015年三江源河曲高寒草甸干湿状况及牧草产量变化的气候归因研究[J].冰川冻土,2021,43(3):1542-1550.

吕国红,王笑影,张玉书,等.农田土壤碳氮及其与气象因子的关系[J].农业环境科学学报,2010,29(8):1612-1617.

吕越敏,李宗省,冯起,等,近60年来祁连山极端气温变化研究[J].高原气象,2019,38(5):959-970.

马京津,高晓清.华北地区夏季平均水汽输送通量和轨迹的分析[J].高原气象,2006,25(5):893-899.

马钦彦,陈遐林,王娟,等.华北主要森林类型建群种的含碳率分析[J].北京林业大学学报,2002,24(5):96-100.

马树庆.吉林省农业气候研究[M].北京:气候出版社,1996.

马树庆.气候变化对东北区粮食产量的影响及其适应性对策[J].气象学报,1996,54(4):484-492.

买苗,曾燕,邱新法,等.黄河流域近40年日照百分率的气候变化特征[J].气象,

2005,32(5):62-66.

毛飞,卢志光,郑凌云,等.近40年那曲地区日照时数和风速变化特征[J].气象,2006,32(9):77-83.

毛绍娟,吴启华,李红琴,等.放牧强度对高寒杂草类草甸群落结构及生物量的影响[J].冰川冻土,2015,37(5):1372-1380.

梅晓丹,李丹,田静,等.2000—2018年黑龙江省干旱时空特征分析[J].测绘工程,2022,31(3):16-22.

孟猛,倪健,张治国.地理生态学的干燥度指数及其应用评述[J].植物生态学报,2004(6):853-861.

闵天禄,方瑞征.杜鹃属(*RhododendronL.*)的地理分布及其起源问题[J].云南植物研究,1979(2):17-28.

牛亚菲.青藏高原生态环境问题研究[J],地理科学进展,1999,18(2):163-171.

彭敏,赵京,陈桂琛.青海省东部地区的自然植被[J].植物生态学与地植物学学报,1989,13(3):250-257.

蒲继延,李英年,赵亮,等.矮嵩草草甸生物量季节动态及其与气候因子的关系[J].草地学报,2005,13(3):238-241.

蒲金涌,姚小英,王位泰.气候变化对甘肃省冬小麦气候适宜性的影响[J].地理研究,2011,30(1):153-160.

乔艳丽,古松,唐艳鸿,等.青藏高原的散射辐射特征[J].南开大学学报(自然科学版),2008,41(3):69-78.

青藏高原气象科学研究拉萨会战组.夏半年青藏高原500毫巴低涡切变线的研究[M].北京:科学出版社,1981.

仁青吉,崔现亮,赵彬彬.放牧对高寒草甸植物群落结构及生产力的影响[J].草业学报,2008,17(6):134-140.

仁青吉,武高林,任国华.放牧强度对青藏高原东部高寒草甸植物群落特征的影响[J].草业学报,2009,18(5):256-261.

任宏利,张培群,李维京,等.西北区东部春季降水及其水汽输送的低频振荡特征[J].高原气象,2006,25(2):285-292.

桑建人,刘玉兰,林莉.银川市太阳总辐射对气候变化的影响分析[J].气象科技,2006,34(4):421-425.

申双和,褚荣浩,吕厚荃,等.气候变化情景下黄淮海冬麦区降水量及其适宜度变化分析[J].中国农业气象,2015,36(4):454-464.

沈元芳,冗石.紫外线模式预报方法的研究和试验[J].应用气象学报,2002,13(特刊):223-230.

盛绍学,张建军,王晓东.安徽省夏玉米气候适宜性及时空格局特征[J].地理研究,2014,33(8):467-1476.

师锐,何光碧.移出与未移出高原的高原切变线背景环流对比分析[J].高原气象,2011,30(6):1453-1461.

师生波,贲桂英,韩发.不同海拔地区紫外线B辐射状况及植物叶片紫外线吸收物质含量的分析[J].植物生态学报,1999,23(6):529-535.

施能.气象统计预报中的多元分析方法[M].北京:气象出版社,1992.

四川植被协作组.四川植被[M].成都:四川人民出版社,1980.

宋磊,董全民,李世雄,等.放牧对青海湖北岸高寒草原植物群落特征的影响[J].草业科学,2016,33(8):1625-1632.

宋永昌.植被生态学[M].上海:华东师范大学出版社,2001.

孙洪烈.中国生态系统[M].北京:科学出版社,2005.

孙美平,张海瑜,巩宁刚,等.基于TRMM降水订正数据的祁连山地区最大降水高度带研究[J].自然资源学报,2019,34(3):646-657.

孙儒泳,李庆芬,牛翠娟,等.基础生态学[M].北京:高等教育出版社,2002.

汤懋苍,沈志宝,陈有虞.高原季风的平均气候特征[J].地理学报,1979,34(1):33-42.

汤懋苍,许曼春.祁连山区的风系[M]//山地气象文集.北京:气象出版社,1984.

汤懋苍,许曼春.祁连山区气温的气候特征[J].气象学报,1983,44(3):265-274.

汤懋苍.祁连山区的气压[J].气象学报,1963,33(2):176-188.

陶贞,沈承德,高全洲,等.高寒草甸土壤有机碳储量和CO_2通量[J].中国科学(D辑,地球科学),2007,37(4):553-563.

汪青春,秦宁生,唐红玉,等.青海高原近44年来气候变化的事实及其特征[J].干旱区研究,2007,24(2):234-239.

汪诗平,王艳芬,陈佐忠.气候变化和放牧活动对糙隐子草种群的影响[J].植物生态学报,2003,27(3):337-343.

王翀.高寒草地土壤有机碳影响因子与模拟模型的研究[D].兰州:兰州大学,2018.

王根绪,沈永平,钱鞠,等.高寒草地植被覆盖变化对土壤水分循环影响研究[J].冰川冻土,2003,25(6):653-670.

王海东,张璐璐,朱志红.刈割、施肥对高寒草甸物种多样性与生态系统功能关系的影响及群落稳定性机制[J].植物生态学报,2013,37(4):279-295.

王海东.高寒草甸群落物种多样性、地上净初级生产力及其稳定性机制研究[D].西安:陕西师范大学,2013.

王会军,贺圣平.ENSO和东亚冬季风之关系在20世纪70年代中期之后的减弱[J].科学通报,2012,57(9):1713-1718.

王建雷,李英年,杜明远,等.祁连山冷龙岭南坡小气候及植被分布特征[J].山地学报,2009,27(4):418-426.

王建雷,李英年,王勤学,等.祁连山海北地区两种高寒草甸植被类型的土壤热通量比较[J].中国农业气象,2010,31(1):19-24.

王江山,李锡福.青海天气气候[M].北京:气象出版社,2004.

王金亭.青藏高原高山植被的初步研究[J].植物生态学与地植物学学报,1988(12):81-89.

王丽霞,任志远.山西省大同市农业生态气候适宜度评价[J].地理研究,2007,26(1):53-59.

王连喜,顾嘉熠,李琪,等.江苏省冬小麦适宜度时空变化研究[J].生态环境学报,2016,25(1):67-75.

王菱.华北山区年降水量的推算和分布特征[J].地理学报,1996,15(2):164-171.

王明君,韩国栋,崔国文,等.放牧强度对草甸草原生产力和多样性的影响[J].生态学杂志,2010,29(5):862-868.

王宁练,贺建桥,蒋熹,等.祁连山中段北坡最大降水高度带观测与研究[J].冰川冻土,2009,31(3):395-403.

王启基,王文颖,邓自发.青海海北地区高山嵩草草甸植物群落生物量动态及能量分配[J].植物生态学报,1998,22(3):222-230.

王启基,周兴民,张堰青,等.青藏高原金露梅灌丛的结构特征及其生物量[J].西北植物学报,1991,11(4):333-340.

王启基,周兴民,沈振西,等.高寒藏嵩草沼泽化草甸植物群落结构及其利用[M]//高寒草甸生态系统(4).北京:科学出版社,1995a:91-100.

王启基,周立,王发刚,等.放牧强度对冬春草场植物群落结构及功能的效应分析[M]//高寒草甸生态系统(4).北京:科学出版社,1995b:353-364.

王启基,周兴民,沈振西,等.不同调控策略下退化草地恢复与重建的效益分析[M]//高寒草甸生态系统(4).北京:科学出版社,1995c:269-280.

王启基,周兴民,王文颖.高寒草甸主要植物群落物种多样性的初步研究[M]//高原生物学集刊(4).北京:科学出版社,1999:77-87.

王启基,周兴民,张堰青,等.放牧对金露梅生长发育和生物量的影响[M]//高寒草甸生态系统(3).北京:科学出版社,1991:89-96.

王启基,周兴民,张堰青,等.高寒小嵩草草原化草甸植物群落结构特征及其生物量[J].植物生态学报,1995,19(3):225-235.

王启兰,曹广民,姜文波,等.高寒湿地植物残体降解的动态分析[J].草业学报,2004,13(4):39-44.

王启兰,曹广民,王长庭.高寒草甸不同植被土壤微生物数量及微生物生物量的特征[J].生态学杂志,2007,26(7):1002-1008.

王权业,张堰铭,魏万红,等.高原鼢鼠食性的研究[J].兽类学报,2000,20(3):193-199.

王绍令,赵秀峰,郭东信,等.青藏高原冻土对气候变化的响应[J].冰川冻土,1996,

18(suppl.):157-165.

王绍令.若尔盖高原及其周围山地的冻土和环境[J].冰川冻土,1997,19(1):39-46.

王树廷,王伯民.气象资料的整理和统计方法[M].北京:气象出版社,1984.

王素萍,李耀辉,冯建英,等.1961—2012年甘肃省干湿变化特征及其影响因子[J].中国沙漠,2014,34(6):1624-1632.

王婷.黄河源区高寒草原退化特征及健康评价研究[D].兰州:甘肃农业大学,2019.

王为义,黄荣福.垫状植物对青藏高原高山环境的形态-生物学适应的研究[M]//高原生物学集刊(9).北京:科学出版社,1990:13-26.

王为义.高山植物结构特异性的研究[M]//高原生物学集刊(4).北京:科学出版社,1985:19-32.

王云英,裴薇薇,辛莹,等.2008—2015年高寒草甸土壤有机碳变化特征及影响因素解析[J].中国草地学报,2021,43(12):47-54.

王允,刘普幸,曹立国,等.基于湿润指数的1960—2011年中国西南地区地表干湿变化特征[J].自然资源学报,2014,29(5):830-838.

王长庭,龙瑞军,曹广民,等.高寒草甸不同类型草地土壤养分与物种多样性——生产力关系[J].土壤通报,2008,39(1):1-8.

王长庭,王启基,龙瑞军,等.高寒草甸群落植物多样性和初级生产力沿海拔梯度变化的研究[J].植物生态学报,2004,28(2):240-245.

王兆礼,黄泽勤,李军,等.基于SPEI和NDVI的中国流域尺度气象干旱及植被分布时空演变[J].农业工程学报,2016,32(14):177-186.

韦志刚,黄荣辉,董文杰.青藏高原气温和降水的年际和年代际变化[J].大气科学,2003,27(2):157-170.

魏瑞江,王鑫.气候适宜度国内外研究进展及展望[J].地球科学进展,2019,34(6):584-595.

吴国雄,刘辉.气候物理学[M].北京:气象出版社,1995.

吴建国,吕佳佳.气候变化对青藏高原高寒草甸适宜气候分布范围的潜在影响[J].草地学报,2009,17(6):699-705

吴青柏,沈永平,施斌.青藏高原冻土及水热过程与寒区生态环境的关系[J].冰川冻土,2003,25(3):250-255.

吴绍洪,尹云鹤,郑度,等.青藏高原近30年气候变化趋势[J].地理学报,2005,60(1):3-11.

伍光和.青海省综合自然区划[M].兰州:兰州大学出版社,1990.

夏武平,周兴民,刘季科,等.高寒草甸地区的生物群落[M]//高寒草甸生态系统(3).北京:科学出版社,1991:1-7.

向明学,郭应杰,古桑群宗,等.不同放牧强度对拉萨河谷温性草原植物群落和物种多样性的影响[J].草地学报,2019,27(3):668-674.

肖翔，格日才旦，侯扶江.青藏高原放牧和地形对高寒草甸群落α多样性和土壤物理性质的影响[J].草业科学，2019，36(12)：3041-3051.

肖运峰.青海省门源县高寒草甸生态系统的初步调查[J].植物生态学与地植物学丛刊，1981，5(2)：121-130.

肖钟湧，邱小英，谢伊宁，等.中国区域紫外辐射红斑剂量时空变化特征[J].地球环境学报，2019，10(3)：291-298.

谢贤群，左大康，唐登银.农田蒸发——测定与计算[M].北京：气象出版社，1991.

徐丽娇，胡泽勇，赵亚楠，等.1961—2010年青藏高原气候变化特征分析[J].高原气象，2019，38(5)：911-919.

徐玲玲，吕厚荃，方利.气候变化对黄淮海地区夏玉米气候适宜度的影响[J].资源科学，2014，36(4)：782-787.

徐祥德.青藏高原"敏感区"对我国灾害天气气候的影响及其监测[J].中国工程科学，2009，11(10)：96-107.

徐振锋，尹华军，赵春章，等.陆地生态系统凋落物分解对全球气候变暖的响应[J].植物生态学报，2009，33(6)：1208-1219.

徐宗学，赵芳芳.黄河流域日照时数变化趋势分析[J].资源科学，2005，27(5)：153-159.

许岳飞，益西措姆，付娟娟，等.青藏高原高山嵩草草甸植物多样性和土壤养分对放牧的响应机制[J].草地学报，2012，20(6)：1027-1032.

薛晓娟，李英年，杜明远，等.祁连山东段南麓不同海拔土壤有机质及全氮的分布状况[J].冰川冻土，2009，31(4)：642-649.

杨大升，刘余滨，刘适式.动力气象学[M].北京：气象出版社，1983.

杨殿林，韩国栋，胡跃高，等.放牧对贝加尔针茅草原群落植物多样性和生产力的影响[J].生态学杂志，2006，25(12)：1470-1475.

杨福囤，王启基，史顺海.矮嵩草草甸生物量季节动态与年间动态[M]//高寒草甸生态系统国际学术讨论会论文集.北京：科学出版社，1989：61-72.

杨福囤，王启基.青海海北地区矮嵩草草甸生物量和能量的分配[J].植物生态学与地植物学学报，1987，11(2)：106-111.

杨鉴初，陶诗言，叶笃正，等.西藏高原气象学[M].北京：科学出版社，1960.

杨景梅，邱金恒.用地面湿度参量计算我国整层大气可降水量及有效水汽含量方法的研究[J].大气科学，2002，26(1)：9-22.

杨时海，李英年，蒲继延，等.三种高寒草甸植被类型植物群落结构及土壤环境因子的调查[J].草地学报，2006，14(1)：77-83.

杨耀先，胡泽勇，路富全，等.青藏高原近60年来气候变化及其环境影响研究进展[J].高原气象，2022，41(1)：1-10.

杨宗英，谢洪.阿坝州西北部气候变化特征及其对旅游舒适度的影响[J].安徽农学通报,2020,26(22):160-164.

姚莉,吴庆梅.青藏高原气候变化特征[J].气象科技,2002,30(3):163-164.

姚檀栋,秦大河,田立德,等.青藏高原2 ka来温度与降水变化——古里雅冰芯记录[J].中国科学(D辑),1996,26(4):348-353.

姚秀萍,孙建元,康岚,等.高原切变线研究的若干进展[J].高原气象,2014,33(1):294-300.

姚秀萍,包晓红,刘俏华,等.近10 a高原切变线研究进展综述[J].暴雨灾害,2021,40(6):569-576.

于贵瑞,何念鹏,王秋风.中国生态系统碳收支及碳汇功能理论基础与综合评估[M].北京:科学出版社,2013.

于贵瑞,孙晓敏.陆地生态系统通量观测的原理与方法[M].北京:高等教育出版社,2006.

宇万太,于永强.植物地下生物量研究进展[J].应用生态学报,2001(6):927-932.

袁芙蓉,朱志红,李英年,等.异针茅在不同生境下补偿生长特性及其影响因素的研究[J].草业科学,2011,28(11):1972-1981.

岳天祥,马世骏.生态系统稳定性研究[J].生态学报,1991,11(4):361-366.

张成霞,南志标.不同放牧强度下陇东天然草地土壤微生物三大类群的动态特征[J].草业科学,2010,27(11):131-136.

张法伟,李红琴,李英年,等.青藏高原高寒草甸温度、降水和地上生产力变化特征的周期特征[J].应用生态学报,2009,20(3):525-530.

张法伟,李红琴,刘安花,等.青藏高原矮嵩草草甸地面热源强度与生物量的初步研究[J].中国草地学报,2007,29(1):6-12.

张法伟,李英年,赵亮,等.高寒矮嵩草(*Kobresia humilis*)草甸能量平衡和闭合状况的初步研究[J].山地学报,2006,24(增刊):258-265.

张法伟.青海海北高寒矮嵩草草甸系统蒸散发特征及环境驱动机制[D].北京:中国科学院大学,2018.

张光茹,李红琴,杨永胜,等.基于主成分分析对退化高寒草甸不同恢复方式下草地质量的综合评价[J].中国草地学报,2020,42(2):76-82.

张光茹,李文清,张法伟,等.退化高寒草甸关键生态属性对多途径恢复措施的响应特征[J].生态学报,2020,40(18):6293-6303.

张光茹.不同恢复措施对三江源退化高寒草甸生态功能的影响及评价[D].北京:中国科学院大学,2020.

张贺全,逯庆章,孙慧婷.青海祁连山地生态功能定位研究[J].青海草业,2009,18(4):16-19.

张辉,蔡文华,张伟光,等.低丘陵山坡地逆温趋势分析[J].中国生态农业学报,2007,15(4):22-25

张杰，李栋梁.祁连山及黑河流域雨量的分布特征分析[J].高原气象，2004，23(1)：81-88.

张经炜，王金亭，陈伟烈，等.试论青藏高原植被的纬向地带性[J].中国科学，1980.(11)：1090-1098.

张良，张强，冯建英，等.祁连山地区大气水循环研究(Ⅰ)：空中水汽输送年际变化分析[J].冰川冻土，2014，36(5)：1079-1091.

张林源.青藏高原上升对我国第四纪环境演变的影响[J].兰州大学学报(自然科学版)，1981(3)：142-155.

张骞，马丽，张中华，等.青藏高寒区退化草地生态恢复：退化现状、恢复措施、效应与展望[J].生态学报，2019，39(20)：7441-7451.

张强，张杰，孙国武，等.祁连山山区空中水汽分布特征研究[J].气象学报，2007，65(4)：633-642.

张锐，刘普幸，张克新，等.祁连山区日照时数的空间差异、突变与多尺度分析[J].资源科学，2010，32(12)：2413-2418.

张宪洲，杨永平，朴世龙，等.青藏高原生态变化[J].科学通报，2015，60(32)：3048-3056.

张小红，宋彦涛，乌云娜，等.放牧强度对克氏针茅草原植物功能群的影响[J].草业科学，2017，34(10)：2033-2041.

张新时，杨奠安，倪文革.植被的PE(可能蒸散)指标与植被-气候分类(三)几种主要方法与PEP程序介绍[J].植物生态与地植物学学报，1993，17(2)：97-109.

张新时.西藏植被的高原地带性[J].植物学报，1978，20(2)：140-149.

张兴华，胡波，王跃思，等.拉萨紫外辐射特征分析及估算公式的建立[J].大气科学，2012，36(4)：744-754.

张扬建，朱军涛，沈若楠，等.放牧对草地生态系统影响的研究进展[J].植物生态学报，2020，44(5)：553-564.

张镱锂，李炳元，刘林山，等.再论青藏高原范围[J].地理研究，2021，40(6)：1543-1553.

张镱锂，李炳元，郑度.论青藏高原范围与面积[J].地理研究，2002，21(1)：1-8.

张智，林莉，孙银川，等.银川市日照时数气候变化特征分析[J].干旱区研究，2006，23(2)：344-347.

张忠孝.青海地理[M].西宁：青海人民出版社，2004：13-19.

赵大军，姚秀萍.高原切变线形态演变过程中的个例研究：结构特征[J].高原气象，2018，37(2)：420-431.

赵丽娅，钟韩珊，赵美玉，等.围封和放牧对科尔沁沙地群落物种多样性与地上生物量的影响[J].生态环境学报，2018，27(10)：1783-1790.

赵茂盛，Ronald P Neilson，等.气候变化对中国植被影响的模拟[J].地理学报，2002，

57(1):28-38.

赵新全.高寒草甸生态系统与全球变化[M].北京:科学出版社,2009.

赵新全.三江源区退化草地生态系统恢复与可持续管理[M].北京:科学出版社,2011.

郑成洋,方精云.福建黄岗山东南坡气温的垂直变化[J].气象学报,2004,62(2):251-254.

郑度,张荣祖,杨勤业.试论青藏高原的自然地带[J].地理学报,1979,34(1):1-11.

郑伟,董全民,李世雄,等.放牧强度对环青海湖高寒草原群落物种多样性和生产力的影响[J].草地学报,2012,20(6):1033-1038.

中国科学院植物研究所,中国科学院长春地理研究所.西藏植被[M].北京:科学出版社,1988.

中国气象局成都高原气象研究所,中国气象局成都高原气象委员会.青藏高原低涡切变线年鉴2010[M].北京:科学出版社,2011.

中国植被编辑委员会.中国植被[M].北京:科学出版社,1980.

中华人民共和国林业部防治沙漠化办公室.联合国关于在发生严重干旱和/或沙漠化的国家特别是在非洲防治沙漠化的公约[M].北京:中国林业出版社,1994.

中国气象局.地面气象观测规范[M].北京:气象出版社,1983.

钟海民,杨福囤.矮嵩草高寒草甸地上生物量与气象因子的关系[J].中国草地,1991(4):7-11.

钟永德,李迈和,Norbert K.全球暖化促进植物迁移与入侵[J].地理研究,2004,23(3):347-356.

周秉荣,李凤霞,肖宏斌,等.三江源区潜在蒸散时空分异特征及气候归因[J].自然资源学报,2014,29(12):2068-2077.

周秉荣,李凤霞,颜亮东,等.青海省太阳总辐射估算模型研究[J].中国农业气象,2011,32(4):495-499.

周道玮.草原枯落物生态效应的研究[J].中国草地,1993(2):48-51.

周广胜,王玉辉.全球生态学[M].北京:气象出版社,2003.

周广胜,张新时.全球气候变化的中国自然植被的净第一性生产力研究[J].植物生态学报,1996,20(1):11-19.

周广胜.气候-植被关系研究(Ⅱ)——植被的净第一性生产力研究[M]//植物科学综论.哈尔滨:东北林业大学出版社,1993.

周恒,田福平,路远,等.草地土壤有机碳储量影响因素研究进展[J].中国农学通报,2015,31(23):153-157.

周华坤,赵新全,赵亮,等.青藏高原高寒草甸生态系统的恢复能力[J].生态学杂志,2008,27(5):697-704.

周华坤,周立,赵新全,等.金露梅灌丛地下生物量形成规律的研究[J].草业学报,

2002,11(2):59-65.

周华坤,周立,赵新全,等.青藏高原高寒草甸生态系统稳定性研究[J].科学通报,2006,51(3):320-327.

周立.高寒草甸生态系统非线性振荡行为周期性的研究[M]//高寒草甸生态系统(4).北京:科学出版社,1995(4):219-262.

周立华.青海省植被图(1:1000000)[M].北京:中国科学技术出版社,1990.

周莉,李保国,周广胜.土壤有机碳的主导影响因子及其研究进展[J].地球科学进展,2005,20(1):99-105

周明煜,徐祥德,卞林根,等.青藏高原大气边界层观测分析与动力学研究[M].北京:气象出版社,2000.

周顺武,假拉.西藏高原雨季开始和中断的气候特征及其环流分析[J].气象,1999,25(12):38-42.

周霞,陈东景.天山南坡气候垂直变化特征[J].山地研究,1998,16(1):47-52.

周兴民,王质彬,杜庆.青海植被[M].西宁:青海人民出版社,1987.

周兴民,吴珍兰.中国科学院海北高寒草甸生态系统定位站植被与植物检索表[M].西宁:青海人民出版社,2006.

周兴民,赵新全.高寒草甸草场封育后植物类群消长的数值预测[M]//高寒草甸生态系统国际学术讨论论文集.北京:科学出版社,1988:95-102.

周兴民.青藏高原嵩草(*Kobresia*)草甸的基本特征和主要类型[M]//高原生物学集刊(1).北京:科学出版社,1982:151-161.

周兴民.中国嵩草草甸[M].北京:科学出版社,2001.

周兴民,张松林.矮嵩草(*Kobresia humills*)草甸在封育条件下群落结构和生物量变化的初步观察[M]//高原生物学集刊(5).北京:科学出版社,1986:1-6.

周秀骥,史久恩.中国地区臭氧总量变化与青藏高原低值中心[J].科学通报,1995,40(15):1396-1398.

周幼吾,郭东信,邱国庆,等.中国冻土[M].北京:科学出版社,2000.

周允华,项月琴,单福芝.光合有效辐射(PAR)的气候学研究[J].气象学报,1984,42(4):387-397.

周长艳,何金海,李薇,等.夏季东亚地区水汽输送的气候特征[J].南京气象学院学报,2005,28(1):18-27.

朱飙,张强,卢国阳,等.祁连山区空中水汽分布特征及变化趋势分析[J].高原气象,2019,38(5):935-943.

朱宾宾,孙双红,李艳红,等.呼伦贝尔沙地紫外辐射和太阳总辐射特征[J].中国沙漠,2021,41(1):111-118.

朱国良,严韬,秦粮朋,等.安徽省旱涝受灾时空特征及与降水关系研究[J].安徽农业大学学报,2020,47(6):971-978.

朱乾根,林锦瑞,寿绍文,等.天气学原理和方法[M].北京:气象出版社,2000.

祝景彬.祁连山南麓三种草甸类型生态系统CO_2通量年际变化及其驱动机制[D].北京:中国科学院大学,2020.

祝青林,于贵瑞,蔡福,等.中国紫外辐射的空间分布特征[J].资源科学,2005,7(1):108-113.

ALISON DONNELLY, RONG YU, LINGLING LIU, et al. Comparing in-situ leaf observations in early spring with flux tower CO_2 exchange, MODIS EVI and modeled LAI in a northern mixed forest[J]. Agricultural and Forest Meteorology, 2019, 278: 107673.

ANGERT A, BIRAUD S, BONFILS C, et al. Drier summers cancel out the CO_2 uptake enhancement induced by warmer springs[J]. Proceedings of the National Academy of Sciences, 2005, 102(31): 10823-10827.

ANSQUER P, AI HAJ KHALED R, CRUZ P, et al. Characterizing and predicting plant phenology in species-rich grasslands[J]. Grass and Forage Science, 2009, 64: 57-70.

AUBINET M, GRELLE A, IBROM A, et al. Estimates of the annual net carbon and water exchange of European forests: the EUROFLUX methodology[J]. Advances in ecological Research, 2000, 30: 113-174.

BAI Y F, HAN X G, WU J G, et al. Ecosystem stability and compensatory effects in Inner Mongolia grassland[J]. Nature, 2004, 431: 181-184.

BAI Y, WU J, XING Q, et al. Primary production and rain use efficiency across a precipitation gradient on the Mongolia Plateau[J]. Ecology, 2008, 89(8): 2140-2153.

BALDOCCHI D. Assessing the eddy covariance technique for evaluating carbon dioxide exchange rates of ecosystems: past, present and future[J]. Global Change Biology, 2003, 9(4): 479-492.

BALDOCCHI D. How eddy covariance flux measurements have contributed to our understanding of Global Change Biology[J]. Global Change Biology, 2020, 26(1): 242-260.

BALDOCCHI D, HICKS B B, MEYERS T P. Measuring biosphere-atmosphere exchanges of biologically related gases with micrometeorological methods[J]. Ecology, 1988, 69: 1331-1340.

BALDOCCHI D, MEYERS T P. On using eco-physiological, micrometeorological and biogeochemical theory to evaluate carbon dioxide, water vapor and gaseous deposition fluxes over vegetation[J]. Agricultural and Forest Meteorology, 1998, 90: 1-26.

BALDOCCHI D, VALENTINI R, RUNNING S, et al. Strategies for measuring and modeling carbon dioxide and water vapour fluxes over terrestrial ecosystems[J]. Global Change Biology, 1996, 2(3): 159-168.

BAO K, TIAN H, SU M, et al. Stability of Ecosystem CO_2 Flux in Response to Changes in Precipitation in a Semiarid Grassland[J]. Sustainability, 2019, 11(9): 2597.

BARICHIVICH J, BRIFFA K R, MYNENI R B, et al. Large-scale variations in the vegetation growing season and annual cycle of atmospheric CO_2 at high northern latitudes from 1950 to 2011[J]. Global Change Biology, 2013, 19(10): 3167–3183.

BATJES N H. Mitigation of atmospheric CO_2 concentrations by increased carbon sequestration in the soil[J]. Biological Fertilization and Soils, 1998, 27: 230–235.

BEDIA J, BUSQUÉ J. Productivity, grazing utilization, forage quality and primary production controls of species-rich alpine grasslands with Nardus stricta in northern Spain[J]. Grass and Forage Science, 2012, 68: 297–312.

BERBIGIER P, BONNEFOND J M, MELLMANN P. CO_2 and water vapour fluxe for 2 years above Euroflux forest site[J]. Agricultural and Forest Meteorology, 2001, 108: 183–197.

BINET J L, PROBST C, BATIOT J L, et al. Global warming and acid atmospheric deposition impacts on carbonate dissolution and CO_2 fluxes in French karst hydrosystems: Evidence from hydrochemical monitoring in Recent decades [J]. Geochimica Cosmochimica Acta, 2020, 270: 184–200.

BLACK D M, CUMMINGS S R, KARPF D B, et al. Randomised trial of effect of alendronate on risk of fracture in women with existing vertebral fractures. Fracture Intervention Trial Research Group[J]. Lancet, 1996, 348(9041): 1535–1541.

BOUCHARD V, TESSIER M, DIGAIRE F, et al. Sheep grazing as management tool in western European saltmarshes[J]. Comptes Rendus Biologies, 2003, 326(8): 148–157.

BUSINGER J A. Evaluation of the accuracy with which dry deposition can be measured with current micrometeorological technique[J]. Journal of Climate and Applied Meteorology, 1986, 25: 1100–1124.

CAO J, HOLDEN N M, LU X T, et al. The effect of grazing management on plant species richness on the Qinghai-Tibetan Plateau[J]. Grass and Forage Science, 2011, 66: 333–336.

CAO M, WOODWARD F I. Net primmay and ecosystem production and carbon stocks of terrestrial ecosystems and their response to climate change[J]. Global Change Biology, 1998, 4: 185–198.

CHAI X, SHI P L, ZONG N, et al. Biophysical Regulation of carbon flux in different rainfall Regime in a northern Tibetan alpine meadow. Journal of Resources and Ecology[J], 2017, 8: 30–41.

CHAI X, SHI P, SONG M, et al. Carbon flux phenology and net ecosystem productivity simulated by a bioclimatic index in an alpine steppe-meadow on the Tibetan Plateau[J]. Ecological Modelling, 2019, 394: 66–75.

CHAPIN F S, MATSON P A, MOONEY H A. Principles of terrestrial ecosystem ecology [M]. New York: Springer Verlag, 2002.

CHE M, CHE B, TONS J L, et al. Spatial and temporal variations in the end data of the vegetation growing season throughout the Qinghai-Tibetan Plateau from 1982 to 2011[J]. Agricultural and Forest Meteorology, 2014, 189-190(189): 81-90.

CHEN A, HUANG L, LIU Q, et al. Optimal temperature of vegetation productivity and its linkage with climate and elevation on the Tibetan Plateau [J]. Global Change Biology, 2021, 27(9): 1942-1951.

CHEN J, LUO Y, XIA J, et al. Differential responses of ecosystem respiration components to experimental warming in a meadow grassland on the Tibetan Plateau[J]. Agricultural and Forest Meteorology, 2016, 220: 21-29.

CHEN L T, XIN J, DAN F B, et al. Change of carbon stocks in alpine grassland soil from 2002 to 2011 on the Tibetan Plateau and their climatic causes [J]. Geoderma, 2017, 288: 166-174.

CHIMNER R A, COOPER D J. Influence of water table levels on CO_2 emissions in a colorado subalpine fen: an in situ microcosm study[J]. Soil Biology & Biochemistry, 2003, 35 (3): 345-351.

CHURKIN G, RUNNING, S. Contrasting climatic controls on the estimated productivity of global terrestrial biomes [J]. Ecosystems, 1998, 1(2): 206-215.

COX P M, BETTS R A, JONES C D, et al. Acceleration of global warming due to carbon-cycle feedbacks in a coupled climate model[J]. Nature, 2000, 408(6809): 184-187.

DAHLMAN R C, KUCERA C L. Root productivity and turnover in native prairie [J]. Ecology, 1965, 46(1): 84-89.

DAVIDSON E A, JANSSENS I V, LUO Y Q. On the variability of Respiration in terrestrial ecosystems: moving beyond Q10[J]. Global Change Biology, 2006, 12(2): 154-164.

DAVY R, ESAU I, CHERNOKULSKY A, et al. Diurnal asymmetry to the observed global warming[J]. International Journal of Climatology, 2017, 10: 850-864.

DAWSON T E. Hydraulic lift and water parasitism by plant s: implications for water balance, performance, and plant-plant interaction[J]. Oecologia, 1993, 95: 565-574.

DELAIGUE L, THOMAS H, MUCCI A. Spatial variations in CO_2 fluxes in the Saguenay Fjord (Quebec, Canada) and results of a water mixing model [J]. Biogeosciences, 2017, 17 (2): 547-566.

DIAZ S , LAVOREL S, NTYRES S, et al. Plant trait response to grazing a global synthesis [J]. Global Change Biology, 2007, 13: 313-341.

DONG S K, WANG X X, LIU S L, et al. Reproductive responses of alpine plants to grassland degradation and artificial restoration in the Qinghai-Tibetan Plateau[J]. Grass and Forage Science, 2015, 70: 229-238.

DREESEN F E, DE BOECK H J, JANSSENS I A, et al. Do successive climate extremes weaken the resistance of plant communities? An experimental study using plant assemblages

[J]. Biogeosciences Discussions, 2014, 10(10): 9149-9177.

DU M, J LIU, X ZHANG, et al. Spatial distributions of surface-air-temperature on the Tibetan Plateau and its recent changes [J]. International journal of energy and environment, 2017, 11: 88-93.

DU M, S KAWASHIMA, S YONEMURA, et al. Temperature distribution in the high mountain regions on the Tibetan Plateau - Measurement and simulation [J]. MODSIM, 2007: 2146-2152.

DUAN A M, WU G X. Weakening trend in the atmospheric heat source over the Tibetan Plateau during recent decades. Part II: connection with climate warming [J]. Journal of Climate, 2009, 22(15): 4197-4212.

DUAN A M, XIAO Z X. Does the climate warming hiatus exist over the Tibetan Plateau? [J]. Scientific Reports, 2015, 5: 13711.

DUAN M, LI A, WU Y, et al. Differences of soil CO_2 flux in two contrasting subalpine ecosystems on the eastern edge of the Qinghai - Tibetan Plateau: A four-year study [J]. Atmospheric Environment, 2019, 198(FEB.): 166-174.

EIKE L, ZHANG M, GALE M G, et al. Validation of winter chill models using historic records of walnut phenology [J]. Agricultural and Forest Meteorology, 2009, 149(11): 1854-1864.

ELMENDORF S C, HENRY G H R, HOLLISTER R D, et al. Global assessment of experimental climate warming on tundra vegetation: heterogeneity over space and time [J]. Ecology Letters, 2012, 15(2): 164-175.

EPSTEIN H E, BURKE I C, LAUENROTH W K. Response of the shortgrass steppe to changes in rainfall seasonality [J]. Ecosystems, 1999, 2(2): 139-150.

EPSTEIN H E, LAUENROTH W K, BURKE I C. Effects of temperature and soil texture on ANPP in the U.S. Great Plains [J]. Ecology, 1997, 78: 2628-2631.

ESCOTO-RODRÍGUEZ M, FACELLI J M, WATLING J R. Do wide crowns in arid woodland trees reflect hydraulic limitation and reduction of self-shading? [J]. Functional Plant Biology, 2014, 41(12): 1221-1229.

FANG J Y, PIAO S L, TANG Z Y, et al. Interannual variability in net primary production and precipitation [J]. Science, 2001, 293: 1723-1723.

FAY P A, CARLISLE J D, DANNER B T, et al. Altered rainfall patterns, gas exchange, and growth in grasses and forbs [J]. International Journal of Plant Sciences, 2002, 163(4): 549-557.

FAY P A, CARLISLE J D, KNAPP A K, et al. Altering rainfall timing and quantity in a mesic grassland ecosystem: design and performance of rainfall manipulation shelters [J]. Ecosystems, 2000, 3(3): 308-319.

FRANK A B. Carbon dioxide fluxes over a grazed prairie and seeded pasture in the Northern GReat Plains[J]. Environmental Pollution, 2002, 116: 397-403.

FRIEDLINGSTEIN P, COX P, BETTS R, et al. Climate-carbon cycle feedback analysis: results from the C_4 MIP model intercomparison[J]. Journal of Climate, 2006, 19(14): 3337-3353.

FU G, SHEN Z X, ZHANG X Z, et al. Response of ecosystem Respiration to experimental warming and clipping at daily time scale in an alpine meadow of Tibet[J]. Journal of Mountain Science, 2013, 10(3): 455-463.

GANJURJAV H, GAO Q, ZHANG W, et al. Effects of warming on CO_2 fluxes in an alpine meadow ecosystem on the central Qinghai-Tibetan Plateau[J]. PLOS One, 2015, 10(7): e0132044.

GILL A L, GALLINAT A S, SANDERSDEMOTT R, et al. Changes in autumn senescence in northern hemisphere deciduous trees: a meta-analysis of autumn phenology studies [J]. Annals of Botany, 2015, 116(6): 875-888.

GONZALEZ A, LOREAU M. The causes and consequences of compensatory dynamics in ecological communities[J]. Annual Review of Ecology, Evolution, and Systematics, 2009, 40: 393-414.

GOUGH C M, FLOWER C E, VOGEL C S, et al. Phenological and temperature controls on the temporal non-structural carbohydrate dynamics of Populus grandidentata and Quercus rubra[J]. Forests, 2010, 1(1): 65-81.

GOULDEN M L, MUNGER J W, FAN S M, et al. Measurements of Carbon Sequestration by Long-Term Eddy Covariance: Methods and a Critical Evaluation of Accuracy[J]. Global Change Biology, 1996, 2(3): 169-182.

GRACE J, LLOYD J, MCINTYRE J, et al. Net carbon dioxide uptake by an undisturbed tropical rain forest in South West Amazonia during 1992 to 1993[J]. Science, 1995, 270: 778-780.

GRANIER A, REICHSTEIN M, BRÉDA N, et al. Evidence for soil water control on carbon and water dynamics in European forests during the extremely dry year: 2003[J]. Agricultural and forest meteorology, 2007, 143(1-2): 123-145.

GRIFFIN K L, TURNBULL M, MURTHY R, et al. Leaf Respiration is differentially affected by leaf vs. stand-level night-time warming[J]. Global Change Biology, 2002, 8(5): 479-485.

GRIFFIS T J, BLACK T A, MORGENSTERN K, et al. Ecophysiological controls on the carbon balances of three southern boreal foRests[J]. Agricultural and Forest Meteorology, 2003(2000), 117: 53-71.

GRIMM V, SCHMIDT E, WISSEL C. On the appliation of stability concept in ecology

[J]. Ecological Modelling,1992,63:143-161.

GROENDAHL L,FRIBORG T,SOEGAARD H. Temperature and snow-melt controls on interannual variability in carbon exchange in the high Arctic[J]. Theoretical and applied climatology,2007,88(1/2):111-125.

GU S,TANG Y,DU M,et al. Short-term variation of CO_2 flux in relation to environmental controls in an alpine meadow on the Qinghai-Tibetan Plateau[J]. Journal of Geophysical Research: Atmospheres,2003,108:4670-4679.

HAO Y B,CUI X Y,WANG Y F,et al. Predominance of Precipitation and Temperature Controls on Ecosystem CO_2 Exchange in Zoige Alpine Wetlands of Southwest China[J]. Wetlands,2011,31(2):413-422.

HELMUT LIETH. Primary production terrestrial ecosystems[J]. Human Ecology,1973,1(4):303-332.

HILL G B,HENRY G H. Responses of High Arctic wet sedge tundra to climate warming since 1980[J]. Global Change Biology,2011,17(1):276-287.

HIROTA M,TANG Y,HU Q,et al. Carbon Dioxide Dynamics and Controls in a Deep-water Wetland on the Qinghai-Tibetan Plateau[J]. Ecosystems,2006,9(4):673-688.

HOBBS R J,YATES S,MOONEY H A. Long-term data reveal complex dynamics in grassland in relation to climate and disturbance[J]. Ecological Monographs,2007,77(4):545-568.

HODGSON J. Grazing Management: Science into Practice [M]. Longman Scientific &Technical,New York,1990.

HOOPER D U,VITOUSEK P M. The effects of plant composition and diversity on ecosystem processes[J]. Science,1997,277:1302-1305.

HSU J S,POWELL J,ADLER P B. Sensitivity of mean annual primary production of precipitation[J]. Global Change Biology,2012,18:2246-2255.

HU Z,YU G R,FAN J W,et al. Precipitation-use efficiency along a 4500-km grassland transect[J]. Global Ecology and Biogeography,2010,19:842-851.

HUDSON J M G,HENRY G H R. Increased plant biomass in a High Arctic heath community from 1981 to 2008[J]. Ecology,2009,90(10):2657-2663.

HUXMAN T E,SMITH M D,FAY P A,et al. Convergence across biomes to a common rain-use efficiency[J]. Nature,2004,429:651-654.

INGRISCH J,BIERMANN T,SEEBER E,et al. Carbon pools and fluxes in a Tibetan alpine Kobresia pygmaea pasture partitioned by coupled eddy-covariance measurements and $13CO_2$ pulse labeling[J]. Science of the Total Environment,2015,505:1213-1224.

IPCC. Climate Change 2021—The Physical Science Basis: Contribution of Working Group I to the Sixth Assessment Report of the Intergovernmental Panel on Climate Change

[M]. Cambridge:Cambridge University Press,2021.

IPCC.Climate Change 2013—The Physical Science Basis:Working Group I Contribution to the Fifth Assessment Report of the Intergovernmental Panel on Climate Change[M]. Cambridge:Cambridge University Press,2013.

IPCC. Climate Change 2007—The Physical Science Basis: Working Group I Contribution to the Fourth Assessment Report of the Intergovernmental Panel on Climate Change[M]. Cambridge:Cambridge University Press,2007.

JANZEN H H,CAMPBELL C A,IZAURRALDE R C,et al. Management effects on soil C storage on the Canadian prairies[J]. Soil and Tillage Research,1998,47:181-195.

JOLLY W,NEMANI R,RUNNING S. A generalized,bioclimatic index to predict foliar phenology in response to climate[J]. Global Change Biology,2010,11(4):619-632.

KATO T,TANG Y,SONG G U,et al. Temperature and biomass influences on interannual changes in CO_2 exchange in an alpine meadow on the Qinghai-Tibetan Plateau[J]. Global Change Biology,2006,12(7):1285-1298.

KIM J,VERMA S B,Clement R J. Carbon dioxide budget in temperate grassland ecosystem[J]. Journal of Geophysical Research,1992,97:6057-6063.

KIMM H,GUAN K,GENTINE P,et al. Redefining droughts for the U.S. Corn Belt:The dominant role of atmospheric vapor pressure deficit over soil moisture in regulating stomatal behavior of Maize and Soybean [J]. Agricultural and Forest Meteorology,2020,287:107930.

KIRA T. Terristrial Ecosystem—An Introduction[M]. Tokyo:Kyoritsu Shuppan, 1976.

KLEIN J A,HARTE J,ZHAO X Q. Experimental warming causes large and rapid species loss,dampened by simulated grazing,on the Tibetan Plateau[J]. Ecology Letters,2004,7:1170-1179.

KLIRONOMOS J N. Feedback with soil biota contributes to plant rarity and invasiveness in communities[J]. Nature,2002,417:67-70.

KNAPP A K,FAY P A,BLAIR J M,et al. Rainfall variability,carbon cycling,and plant species diversity in a mesic grassland[J]. Science,2002,298(5601):2202-2205.

KNAPP A K,SMITH M D. Variation among biomes in temporal dynamics of aboveground primary production[J]. Science,2001,291(5503):413-414.

LANDRY,JEAN-SÉBASTIEN,MATTHEWS H D. The global pyrogenic carbon cycle and its impact on the level of atmospheric CO_2 over past and future centuries[J]. Global Change Biology,2017,23(8):3205-3218.

LAUENROTH W K,BURKE I C,PARUELO J M. Patterns of production and precipitation-use efficiency of winter wheat and native grasslands in the central great plains of the United States[J]. Ecosystems,2000,3:344-351.

LAUENROTH W K,SALA O E. Long-tern forage production of north American shortgrass steppe[J]. Ecological Applications, 1992, 2(4):397–403.

LAUNIAINEN S, RINNE J, PUMPANEN J, et al. Eddy covariance measurements of CO_2 and sensible and latent heat fluxes during a full year in a boreal pine forest trunk-space[J]. Boreal Environment Research, 2005, 10:569–588.

LAVOREL S, ROCHETTE C, LEBRETON J. Functional groups for response to disturbance in Mediterranean old field [J]. Oikos, 1999, 84:480–498.

LI H, ZHANG F, LI Y, et al. Seasonal and interannual variations of ecosystem photosynthetic features in an alpine dwarf shrubland on the Qinghai-Tibetan Plateau, China[J]. Photosynthetica, 2014, 52(3):321–331.

LI H, ZHANG F, LI Y, et al. Seasonal and inter-annual variations in CO_2 fluxes over 10 years in an alpine shrubland on the Qinghai-Tibetan Plateau, China[J]. Agricultural and Forest Meteorology, 2016, 228:95–103.

LI Y, DONG S, LIU S, et al. Seasonal changes of CO_2, CH_4 and N_2O fluxes in different types of alpine grassland in the Qinghai-Tibetan Plateau of China[J]. Soil Biology and Biochemistry, 2015, 80:306–314.

LIANG W, LÜ YIHE, ZHANG W, et al. Grassland gross carbon dioxide uptake based on an improved model tree ensemble approach considering human interventions: global estimation and covariation with climate[J]. Global Change Biology, 2017, 23:2720–2742.

LIU S L, ZHANG F W, DU Y G, et al. Ecosystem carbon storage in alpine grassland on the Qinghai Plateau[J]. PLOS ONE, 2016, 11(8):e0160420.

LU M, ZHOU X, YANG Q, et al. Responses of ecosystem carbon cycle to experimental warming: A meta-analysis[J]. Ecology, 2013, 3:726.

LUO C Y, ZHU X X, WANG S P, et al. Ecosystem carbon exchange under different land use on the Qinghai-Tibetan plateau[J]. Photosynthetica, 2015, 4:527–536.

LUO C, WANG S, ZHANG L, et al. CO_2, CH_4 and N_2O fluxes in an alpine meadow on the Tibetan Plateau as affected by N-addition and grazing exclusion[J]. Nutrient Cycling in Agroecosystems, 2020, 117(1):29–42.

LUO Y. Terrestrial Carbon-Cycle Feedback to Climate Warming[J]. Annual Review of Ecology Evolution & Systematics, 2007, 38:683–712.

MA S, BALDOCCHI D D, XU L, et al. Inter-annual variability in carbon dioxide exchange of an oak/grass savanna and open grassland in California [J]. Agricultural & Forest Meteorology, 2007, 147(3–4):157–171.

MACARTHUR R. Fluctuations of animal populations and a measure of community stability[J]. Ecology, 1955, 36:533–536.

MADRONICH S, MCKENZIE R L, BJÖRN L O, et al. Changes in biologically active ultraviolet radiation reaching the Earth's surface [J]. Photochemical & Photobiological Sciences,1998,46(1-3):5-19.

MAY R M. Stability and complexity in model ecosystems. Population biology monographs [M]. New Jersey:Princeton University Press,1973.

MCCALMONT, JON P, MCNAMARA, et al. An interyear comparison of CO_2 flux and carbon budget at a commercial-scale land-use transition from semi-improved grassland to Miscanthus x giganteus[J]. Global Change Biology Bioenergy,2016,9:229-245.

MCNAUGHTON S J. Diversity and stability of ecological communities: a comment on the role of empiricism in ecology[J]. American Naturalist,1977,111:515-525.

MCNICOL I M, RYAN C M, DEXTER K G, et al. Aboveground carbon storage and its links to stand structure, tree diversity and floristic composition in south-eastern Tanzania[J]. Ecosystems,2018,21(4):740-754.

MELILLO J M, MCGUIRE A D, KICKLIGHTER D W, et al. Global climate change and terrestrial net primary production[J]. Nature,1993,363(6426):234-240.

MONCRIEFF J B, MALHI Y, LEUNING R. The propagation of errors in long-term measurement of land-atmosphere fluxes of carbon and water[J]. Global Change Biology,1996,2:231-240.

MULHOLLAND R J. Stability analysis of the response of ecosystem to perturbations [M]//Levin S A, Eds. Ecosystem Analysis and Prediction. Philadelphia: Society for Industrial and Applied Mathematics,1974:166-181.

NAEEM S, LI S. Biodiversity enhances ecosystem reliability [J]. Nature, 1997, 390: 507-509.

NICOLINI G, CASTALDI S, FRATINI G, et al. A literature overview of micrometeorological CH_4 and N_2O flux measurements in terrestrial ecosystems[J]. Atmospheric Environment, 2013,81:311-319.

NIU S L, SHERRY R A, ZHOU X H, et al. Ecosystem Carbon Fluxes in Response to Warming and Clipping in a Tallgrass Prairie[J]. Ecosystems,2013,16(6):948-961.

NOVIS P M, WHITEHEAD D, HUNT J E, et al. Annual carbon fixation in terrestrial populations of Nostoc commune (Cyanobacteria) from an Antarctic dry valley is driven by temperature regime[J]. Global Change Biology,2007,13(6):1224-1237.

NOY-MEIR I, WALKER B H. Stability and resilience of rangelands [M] //Joss P J, Lynch P W, Williams O B, Eds. Rangelands: A Resource Under Seige. Proceedings of the Second International Rangelands Congress, Adelaide, Australia, 1984. Canberra: Australian Academy of Science,1986:21-25.

PARUELO J M, LAUENROTH W K, BURKE I C, et al. Grassland precipitation-use efficiency varies across a resource gradient[J]. Ecosystems,1999,2(1):64-68.

PATTON W J, STEWART J W B, COLE C V. Dynamics of C, N, P and S in grassland soils: a model [J]. Biogeochemistry, 1988, 5: 109-131.

PAULE A, CLARKF E. Soil microbiology and biochemistry [M]. San Diego: Academic Press, 1989.

PIAO S L, CIAIS P, FRIEDLINGSTEIN P, et al. Net carbon dioxide losses of northern ecosystems in response to autumn warming[J]. Nature, 2008, 451(7174): 49-43.

PLATT T, DENMAN K L. Spectral analysis in ecology [J]. Annual Review of Ecology and Systematics, 1975, 6(1): 189-210.

PRESCOTT C E, CHAPPELL N H, VESTERDA L. Nitrogen turnover in forest floors of coastal Douglasfir at sites differing in soil nitrogen capital[J]. Ecology, 2000, 81: 1878-1886.

RAICH J W, SCHLESINGER W H. The global carbon dioxide flux in soil Respiration and its Relationship to vegetation and climate[J]. Tellus, 1992, 44(2): 81-99.

RAM J, SINGH S. Effect of fertilizer on plant biomass distribution and net accumulation rate in an alpine meadow in central Himalaya, India[J]. Journal of Range Management, 1991, 44(2): 140-143.

REVERTER B R, SÁNCHEZ-CAÑETE E P, RESCO V, et al. Analyzing the major drivers of NEE in a Mediterrane an alpine shrubland [J]. Biogeosciences, 2010, 7 (9): 2601-2611.

RICHARDS J M. A Simple expression for the saturation vapor pressure of water in the range 50 to 140 ℃[J]. Journal of Physics D: Applied Physics, 1971, 4: 15-18.

ROBINSON T M P, LA PIERRE K J, VADEBONCOEUR M A, et al., Seasonal, not annual precipitation drives community productivity across ecosystems [J]. Oikos, 2013, 122: 727-738.

SAITO M, KATO T, TANG Y, et al. Temperature controls ecosystem CO_2 exchange of an alpine meadow on the northeastern Tibetan Plateau [J]. Global Change Biology, 2013, 15: 221-228.

SALA O E, GHERARDI L A, REICHMANN L, et al. Legacies of precipitation fluctuations on primary production: theory and data synthesis [J]. Philosophical Transactions of the Royal Society of London Series B-Biological Sciences, 2012, 367: 3135-3144.

SALA O E, PARTON W J, JOYCE L A, et al. Primary production of the central grassland region of the United States[J]. Ecology, 1988, 69(1): 40-45.

SCHIMEL D S. Terrestrial ecosystems and the carbon cycle[J]. Global Change Biology, 1995, 1: 77-91.

SCHLESINGER W H. Biongeochemisty: An Analysis of Global Change[M]. New York: Academic Press, 1997.

SHARMA N, YADAV A, KHETARPAL S, et al. High day-night transition temperature alters nocturnal starch metabolism in rice [J]. Acta Physiologiae Plantarum, 2017, 39(3): 74.

SHEN M, PIAO S, JEONG S J, et al. Evaporative cooling over the Tibetan Plateau induced by vegetation growth[J]. Proceedings of the National Academy of Sciences, 2015, 112 (30):9299-9304.

SHEN M, TANG Y, CHEN J, et al. Influences of temperature and precipitation before the growing season on spring phenology in grasslands of the central and eastern Qinghai - Tibetan Plateau[J]. Agricultural and Forest Meteorology, 2011, 151(12):1171-1722.

SILVERTOWN J, DODD M E, MCCONWAY K, et al., Rainfall, biomass variation, and community composition in the Park Grass Experiment[J]. Ecology, 1994, 75(8):2430-2437.

SIMS P L, BRADFORD J A. Carbon dioxide fluxes in a southern plains prairie[J]. Agricultural and FoRest Meteorology, 2001, 109:117-134.

SINGY J S, YADAVA P S. Seasonal variation in composition, plant biomass and net primary productivity of a tropical grassland at Kuruksherva [J]. India Ecological Monograph, 1974, 44:351-376.

SONG W, WANG H, WANG G, et al. Methane emissions from an alpine wetland on the Tibetan Plateau: Neglected but vital contribution of the nongrowing season[J]. Journal of Geophysical Research-Biogeosciences, 2015, 120(8):1475-1490.

SONG Y, JIN L, WANG H. Vegetation changes along the Qinghai - Tibet Plateau engineering corridor since 2000 induced by climate change and human activities [J]. Remote Sensing, 2018, 10(1):95.

STREET L E, SHAVER G R, WILLIAMS M, et al. What is the relationship between changes in canopy leaf area and changes in photosynthetic CO_2 flux in arctic ecosystems?[J]. Journal of Ecology, 2007, 95(1):139-150.

STURM M, SCHIMEL J, MICHAELSON G, et al. Winter biological processes could help convert arctic tundra to shrubland[J]. Biogeosciences, 2005, 55 (1):17-26.

SUTTLE K B, THOMSEN M A, POWER M E. Species Interactions Reverse Grassland Responses to Changing Climate[J]. Science, 2007, 315:640-642.

TAYLOR P G, CLEVELAND C C, WIEDER W R, et al. Temperature and rainfall interact to control carbon cycling in tropical forests[J]. Ecology Letters, 2017, 20:783-795.

TILMAN D, DOWNING J A. Biodiversity and stability in grasslands[J]. Nature, 1994, 367:363-365.

TILMAN D, REICH P B, KNOPS J, et al. Diversity and productivity in a long-term grassland experiment[J]. Science, 2001, 294:843-845.

TILMAN D. Biodiversity: population versus ecosystem stability [J]. Ecology, 1996, 77 (2):350-363.

UEYAMA M, IWATA H, HARAZONO Y, et al. Growing season and spatial variations of carbon fluxes of Arctic and boreal ecosystems in Alaska (USA) [J]. Ecological, Appliciations, 2013, 23(8): 1798-1816.

VALENTINI R, MATTEUCCL G, DOLMAN A J, et al. Respiration as the main determinant of carbon balance in European forests[J]. Nature, 2000, 404: 861-865.

WALKER B H, STEFFEN W L. The nature of global change[M]//Wallker B H, Steffen W L, Canadell J, et al. Eds. The Terrestrial Biosphere and Global Change. Cambridge: Cambridge University Press, 1999: 1-18.

WALTHER G, BEBINER S, BURGA C A. Trends in the upward shift of alpine plants [J]. Journal of Vegetation Science, 2009, 16(5): 541-548.

WAN S, XIA J, LIU W, et al. Photosynthetic overcompensation under nocturnal warming enhances grassland carbon sequestration[J]. Ecology, 2009, 10: 2700-2710.

WANG H, YU L, ZHANG Z. Molecular mechanisms of water table lowering and nitrogen deposition in affecting greenhouse gas emissions from a Tibetan alpine wetland [J]. Global Change Biology, 2016, 23(2): 815-829.

WANG J F, WANG G X, WANG Y B, et al. Influences of the degradation of swamp and alpine meadows on CO_2 emission during growing season on the Qinghai - Tibet Plateau [J]. Chinese Science Bulletin, 2007, 52(18): 2565-2574.

WANG L, WANG D L, BAI Y G, et al. Spatially complex neighboring relationships among grassland plant species as an effective mechanism of defense against herbivory [J]. Oecologia, 2010, 164: 193-200.

WANG L, WANG D L, LIU J S, et al. Diet selection variation of a large herbivore in a feeding experiment with increasing species numbers and different plant functional group combinations[J]. Acta Oecologica, 2011, 37, 263-268.

WANG S, DUAN J, XU G, et al. Effects of warming and grazing on soil N availability, species composition, and ANPP in an alpine meadow[J]. Ecology, 2012, 93(11): 2365-2376.

WANG S, SHENG Y, CHEN J, et al. The characteristics and changing tendency of permafrost in the source Regions of the Datong River, Qilian Mountains[J]. Journal of Glaciology & Geocryology, 2015, 37: 27-37.

WANG S P, NIU H S, CUI X Y, et al. Plant communities: Ecosystem stability in Inner Mongolia[J]. Nature, 2005, 435(7045): E5-E6.

WANG X, LIU L, PIAO S, et al. Soil Respiration under climate warming: Differential response of heterotrophic and autotrophic respiration[J]. Glob Chang Biology, 2014, 10: 3229-3237.

WARDLE D A, BONNER K I, BARKER G M, et al. Plant removals in perennial grassland: Vegetation dynamics, decomposers, soil biodiversity, and ecosystem properties[J]. Ecological Monographs, 1999, 69: 535-568.

WEBB E K, PEARMAN G I, LEUNING R. Correction of flux measurements for density effects due to heat and water vapour transfer[J]. Quarterly Journal of the Royal Meteorological Society,1980,106(447):85-100.

WELTZIN J F,LOIK M E,SCHWINNING S,et al. Assessing the response of terrestrial ecosystems to potential changes in precipitation[J]. BioScience,2003,53(10):941-952.

WHITEA,CANNEL M G R,FRIEND A D,et al. Climate change impacts on ecosystems and the terrestrial carbon sink:A new assessment[J]. Global Environmental Change,1999,9:21-30.

WIENS J A. Spatial scaling in ecology[J]. Functional Ecology,1989,3(4):385-397.

WOFSY S C,GOULDEN M L,MUNGER J W,et al. Net Exchange of CO_2 in a Mid-Latitude Forest[J]. Science,1993,260(5112):1314-1317.

WOHLFAHRT G, ANDERSONDUNN M, BAHN M, et al. Biotic, abiotic, and management controls on the net ecosystem CO_2 exchange of European mountain grassland ecosystems [J]. Ecosystems,2008,8:1338-1351.

WU J G,BAI Y F,HAN X G,et al. Plant communities:Ecosystem stability in Inner Mongolia(reply) [J]. Nature,2005,435(7045):E6-E7.

XIAO W G,LI C D,QIAN L I,et al. Study on flux of main greenhouse gases and its affecting factors of grazing alpine meadow under different degradation levels on the Qinghai-Tibetan Plateau[J]. Grassland and turf,2019,39(3):72-78.

YANG K,WU H,QIN J,et al. Recent climate changes over the Tibetan Plateau and their impacts on energy and water cycle: A review[J]. Global and Planetary Change, 2014, 112: 79-91.

YANG Y,FANG J,FAY P A,et al. Rain use efficiency across a precipitation gradient on the Tibetan Plateau[J]. Geophysical Research Letters,2010,37:L15702.

YANG Y,FANG J,MA W,et al. Relationship between variability in aboveground net primary production and precipitation in global grasslands [J]. Geophysical Research Letters, 2008,35:L23710.

YU G R,ZHU X J,FU Y L,et al. Spatial patterns and climate drivers of carbon fluxes in terrestrial ecosystems of China[J]. Global Change Biology,2013,19(3):798-810.

ZHANG Y,GAO Q Z,DONG S K,et al. Effects of grazing and climate warming on plant diversity, productivity and living state in the alpine rangelands and cultivated grasslands of the Qinghai-Tibetan Plateau[J]. Rangeland Journal,2015,37(1):57-65.

ZHANG F W,LIU A H,LI Y N,et al. CO_2 flux in alpine wetland ecosystem on the Qinghai-Tibetan Plateau[J]. Acta Ecologica Sinica,2008,28(2):453-462.

ZHANG F,LI Y,CAO G,et al. Response of alpine plant community to simulated climate change: two-year results of reciprocal translocation experiment (Tibetan Plateau) [J]. Polish Journal of Ecology,2011,59(4):381-389.

ZHANG G,ZHANG Y,DONG J,et al. Green-up dates in the Tibetan Plateau have continuously advanced from 1982 to 2011[J]. Proceedings of the National Academy of Sciences, 2013,110(11):4309-4314.

ZHANG X, YAO X P, MA J L, et al. Climatology of transverse shear lines related to heavy rainfall over the Tibetan Plateau during boreal summer [J]. Journal of Meteorological Research,2016,30(6):915-926.

ZHANG Y,WANG G,WANG Y. Changes in alpine wetland ecosystems of the Qinghai-Tibetan plateau from 1967 to 2004[J]. Environmental Monitoring & Assessment,2011,180: 189-199.

ZHAO L,LI J,XU S,et al. Seasonal variations in carbon dioxide exchange in an alpine wetland meadow on the Qinghai-Tibetan Plateau[J]. Biogeosciences, 2010, 7(4): 1207-1221.

ZHAO L,LI Y N,ZHAO X Q,et al. Comparative study of the net exchange of CO_2 in 3 types of vegetation ecosystems on the Qinghai-Tibetan Plateau[J]. Chinese Science Bulletin, 2005,50(16):1767-1774.

ZHAO L,LI Y,XU S,et al. Diurnal,seasonal and annual variation in net ecosystem CO_2 exchange of an alpine shrubland on Qinghai-Tibetan plateau[J]. Global change biology, 2006,12(10):1940-1953.

ZHOU H K,ZHOU L,ZHAO X Q,et al. Stability of alpine meadow ecosystem on the Qinghai-Tibetan Plateau[J]. Chinese Science Bulletin,2006,51(3):320-327.

ZHOU Y M,HAGEDORN F,ZHOU C L,et al. Experimental warming of a mountain tundra increases soil CO_2 effluxes and enhances CH_4 and N_2O uptake at Changbai Mountain,China[J]. Scientific Reports,2016,6(1):21108.